BIBLIA DE BOSQUEJOS Y SERMONES

TOMO 13

Apocalipsis

EDITORIAL
PORTAVOZ

La misión de *Editorial Portavoz* consiste en proporcionar productos de calidad —con integridad y excelencia—, desde una perspectiva bíblica y confiable, que animen a las personas a conocer y servir a Jesucristo.

Título del original: *The Preacher's Outline and Sermon Bible,* Vol. 13, Revelation,

La *Biblia de bosquejos y sermones* fue escrita para que el pueblo de Dios la use tanto en sus vidas personales como en la predicación y enseñanza.

EDITORIAL PORTAVOZ
2450 Oak Industrial Dr. NE
Grand Rapids, Michigan 49505 EE. UU.

Visítenos en: www.portavoz.com

ISBN 978-0-8254-1018-5

6 7 8 9 edición / año 24 23 22 21

Impreso en los Estados Unidos de América
Printed in the United States of America

ÍNDICE

ABREVIATURAS VARIAS

a.C.	=	antes de Cristo	p.	=	página
AT	=	Antiguo Testamento	p.ej.	=	por ejemplo
caps.	=	capítulos	pp.	=	páginas
concl.	=	conclusión	pto.	=	punto
cp.	=	compárese	s.	=	siguiente
d.C.	=	después de Cristo	ss.	=	siguientes
EF	=	Estudio a fondo	v.	=	versículo
Nº	=	número	vs.	=	versus
NT	=	Nuevo Testamento	vv.	=	versículos

LA REVELACIÓN DE JESUCRISTO A JUAN EL APOSTOL

INTRODUCCIÓN

AUTOR: Juan, el Apóstol.

1. El autor se identifica a sí mismo cuatro veces como Juan (Ap. 1:1; 4, 9; 22:8).

2. El autor utiliza varias palabras que solo Juan el apóstol empleó en el Evangelio y en las Epístolas. El denomina a Jesucristo el "Logos", que significa *la Palabra* (ver Ap. 19:13; cp. Jn. 1:1; 1 Jn. 1:1). "*La Palabra*" se utiliza nueve veces en el Evangelio de Juan y cuatro en las Epístolas de Juan. También llama a Jesucristo "*el Cordero de Dios*" (ver Ap. 5:6; 6:1; 7:9; 12:11; 13:8; 14:1; 15:3; 17:14; 19:9; 21:22. cp. Jn. 1:36). Usa la palabra "*verdad*" (alethinos) diez veces en Apocalipsis. Juan es la única persona que emplea la palabra "*tabernáculo*" (skenoo). La usa cuatro veces en Apocalipsis y una en el Evangelio (Ap. 21:3; cp. Jn. 1:14). También es el único que se refiere a la lanza clavada en el costado de Cristo (Ap. 1:7; cp. Jn. 19:34).

3. La primera iglesia decía que Juan el apóstol era el autor. Justino Mártir también lo dijo (150 d.C.). Uno de los primeros discípulos de Juan fue un hombre llamado Policarpo. Cuando Policarpo comenzó su propio ministerio, tenía un pupilo o discípulo llamado Ireneo (murió en el año 190 d.C.). Ireneo dijo que Policarpo pensaba que Juan el apóstol era el autor. Hay muchos otros que verifican la misma conclusión (Canon Leon Morris, "*The Revelation*" [El Apocalipsis], "The Tyndale New Testament Commentaries", editado por RVG Tasker. Grand Rapids, MI: Eerdmans, 1969, pp. 26ss). Además de toda esta evidencia, Juan vivió y ministró en toda Asia, el mismo lugar en el que se escribió el Apocalipsis.

FECHA: Incierta. Probablemente entre los años 95 y 96 d.C.

Algunos aluden a una fecha temprana durante el reinado de Nerón (alrededor del año 68 d.C.); otros, a una fecha más tardía durante el reinado de Domiciano (alrededor de los años 95-96 d.C.). La fecha temprana es poco probable. La fecha tardía encaja mucho mejor con las circunstancias. Hay dos motivos principales para esto.

1. Juan había sido exiliado a una isla rocosa en el Mediterráneo, la Isla de Patmos. En cuanto se puede saber, no fue exiliado por el emperador Nerón. La persecución de Nerón fue más personal y local. Nerón había sido acusado de incendiar Roma durante un estado de locura. Para distraer la atención de sí mismo, acusó a los cristianos de Roma y lanzó un ataque contra ellos. Miles fueron martirizados con los métodos más inhumanos imaginables. El tema a tener en cuenta es que Nerón no exilió a los creyentes. Pero el emperador Domiciano sí lo hizo. La persecución domiciana fue una política legal del estado y fue mucho más difundida. Hizo un intento deliberado de prohibir a los creyentes cristianos en el imperio. Así, es mucho más probable que Juan haya sido exiliado durante el reinado de Domiciano.

2. El estado de las iglesias retratado en Apocalipsis difiere de la iglesia descripta por Pablo en los años 60 y 70. Apocalipsis muestra a las iglesias existiendo durante décadas. Efesio había perdido su *primer amor* (Ap. 2:4). Sardis estaba *muerto* (Ap. 3:1). Hay una notable diferencia entre las iglesias de la época de Pablo y las iglesias de la época de Apocalipsis. Esto definitivamente apunta a la última fecha.

PARA QUIÉN FUE ESCRITO: "A las siete iglesias que están en Asia" (Ap. 1:4; cp. 2:1-3:22). Las siete iglesias eran:

=> Éfeso
=> Esmirna
=> Pérgamo
=> Tiatira
=> Sardis
=> Filadelfia
=> Laodicea

PROPÓSITO: Juan tenía tres propósitos para escribir Apocalipsis.

1. El *propósito inmediato*: Permitir a Jesucristo proclamar "Vendré a ti pronto" (Ap. 2:16; 3:11; 22:7, 12; 20). Las siete iglesias de Asia y su mundo necesitaban una palabra de aliento, de consejo y de advertencia.

2. El *propósito histórico*: Permitir que Jesucristo proclame a sus seguidores y al mundo de cada generación: "Vendré a ti pronto" (Ap. 2:16; 3:11; 22:7, 12, 20). Dios sabe que toda generación necesita una palabra de aliento, de consejo y de advertencia.

3. El *propósito divino*: Darle a la iglesia y al mundo "La Revelación de Jesucristo" (Ap. 1:1). Esta revelación es tanto el descubrimiento de la persona de Jesucristo como la figura central de la historia y el descubrimiento del mensaje de su corazón. Es tanto *la alegría y el descubrimiento* de la revelación. ¿Qué es la revelación de Jesucristo? La revelación comprende "cosas que deben suceder pronto" (Ap. 1:1). Concierne al Cordero, al Señor Jesucristo mismo, que solo es digno de abrir y estudiar...

• el libro del destino.
• el libro del futuro del mundo.
• el libro del poder redentor de Dios.

(Ver bosquejo y notas, Ap. 4:1ss).

Las palabras *el propósito divino* han sido escogidas para describir este último punto por dos motivos.

a. La imagen retratada por Apocalipsis es que Dios toma una parte activa en la Revelación. Dios tiene algunas cosas que decir sobre el futuro, algunas cosas que descubrir, revelar, mostrar a la iglesia y al mundo. Es su propio propósito divino develar estos acontecimientos. Al develarlos, Él está enviando una palabra de aliento al mundo. Pero también está enviando una palabra de consejo y de advertencia. El hombre debe seguir el mensaje del gran libro de Apocalipsis así como también ser alentado por él.

b. El verdadero título de Apocalipsis es "La revelación de Jesucristo", no "La revelación de Juan" (Ap. 1:1). El propio propósito de Dios es centrar la atención en el Cordero, en Jesucristo mismo, y su último triunfo sobre el mundo y su falta de divinidad y su maldad. El propósito de Dios es mostrar la gran redención que Él está preparando para todos los que realmente creen y siguen a su Hijo. El propósito de Dios es mostrar al hombre que puede ser salvo de las cosas terribles que vienen a la tierra. Dios quiere que el hombre sepa que puede ser salvo mientras todavía hay tiempo para que se arrepienta. Es el propósito de Dios conducir a la gente al arrepentimiento y a la salvación; conducirlos a la herencia gloriosa de la gran redención que se le dará a todos los verdaderos creyentes del Señor Jesucristo.

CARACTERÍSTICAS ESPECIALES:

1. Apocalipsis es "*Un libro apocalíptico*". Es el único libro de las Escrituras que se clasifica con frecuencia como apocalíptico. La literatura apocalíptica era escrita en la antigüedad por personas que estaban bajo gran tensión. Sin embargo, por lo general eran personas que tenían gran esperanza de liberación. Los escritos apocalípticos están marcados por simbolismo, sueños, visiones y poderes cósmicos que finalmente son vencidos por Dios en un gran juicio de cataclismo. Los autores nunca revelan sus propios nombres; en cambio, usualmente asignan los escritos a un gran carácter en la historia bíblica. Varios ejemplos son *El libro de Enoc; La ascensión de Isaías y La suposición de Moisés. El Apocalipsis* difiere de esta bibliografía en por lo menos dos aspectos.

   a. Primero, Juan da su nombre.
   b. Segundo, Apocalipsis es "La revelación de Jesús mismo". Se revela bajo la inspiración de Cristo mismo. Por lo tanto, el gran libro de Apocalipsis es parte de las Escrituras; es la propia Palabra de Dios mismo.

2. Apocalipsis es "*Un libro de profecía*". Está casi por completo dedicado a la profecía. Tiene más profecías que cualquier otro libro del Nuevo Testamento. Es sobre cosas "que deben suceder pronto" (Ap. 1:1), sobre cosas que no han sucedido cuando fueron dadas a Juan por el Señor resucitado.

3. Apocalipsis es "*Un libro de interpretación del Antiguo Testamento*". Se dice que por lo menos hay cuatrocientas alusiones a las Escrituras del Antiguo Testamento.

4. Apocalipsis es "*Un libro de consumación*" o "*Un libro de las cosas finales*". Trata fundamentalmente con el "Libro del destino". El *Libro del destino* es un libro que es guardado por Dios mismo, un libro que describe los acontecimientos que rodean el clímax de la historia humana. Es un libro del propósito redentor de Dios (ver bosquejo y notas, Ap. 4:1ss).

5. Apocalipsis es "*El libro escrito para el lector obediente*". Da una promesa especial al lector obediente, a la persona que sigue el mensaje de Apocalipsis (Ap. 1:3; 22:18).

6. Apocalipsis es "*La revelación de Jesucristo*". (Ver Propósito, punto 3 - Introducción).

7. Apocalipsis es "*La última Palabra de Dios a un mundo que está por terminar*". (Ver punto 4 arriba. Ver nota 2, 2 P. 3:3; también ver nota, 1 Jn. 2:18).

8. Apocalipsis es "*El libro de cuatro interpretaciones fundamentales*".

   a. La *interpretación pretérita o histórica*. Se dice que el autor escribe sobre los acontecimientos de su propia época, de los acontecimientos del primer siglo. Describe únicamente los hechos que suceden durante su propia vida. Apocalipsis no es más que un grito moral en contra de la forma en que Roma estaba tratando a la iglesia cristiana del primer siglo. No tiene nada que ver con la profecía. Es historia del primer siglo y nada más.

   La fuerza de este enfoque es que obliga a una persona a estudiar la historia y la vida de la primera iglesia. La mayor parte de los intérpretes sinceros ven la necesidad de estudiar el contexto de cualquier escrito para poder entender su mensaje. Por esta razón, hacen algún uso de este enfoque. Dicho estudio le ayuda a una persona a aprender de la historia. Refuerza la propia vida de la persona y le permite tener una mejor posición frente a los abusos de su propio entorno. Sin embargo, el enfoque tiene grandes debilidades graves.

   => Niega el mensaje profético de Apocalipsis cuando el libro sostiene específicamente ser una profecía (Ap. 1:1; 4:1; 22:18).
   => Rechaza el mensaje inmediato para los creyentes de las sucesivas generaciones, limitando el mensaje a los creyentes del primer siglo.
   => En realidad violenta a los creyentes de las generaciones venideras. Limita la bendición espiritual que pueden recibir si siguen el mensaje profético del libro (Ap. 1:1-3; 22:17-19).

   b. La *interpretación idealista o espiritualista*. Se dice que el autor está expresando solo verdades y principios espirituales. Se dice que Apocalipsis es solamente una imagen simbólica de la gran lucha cósmica entre el bien y el mal. No hay ningún contexto histórico ni mensaje profético.

   La fuerza de esta opinión es que Apocalipsis no enseña grandes verdades y principios espirituales. De esto hay poco o nada que decir. La iglesia puede aprender del mensaje de Apocalipsis. Puede comprender mejor su lucha espiritual en un mundo antagonista. Puede aprender a amar más, confiar más, tolerar más y tener más esperanzas.

   Sin embargo, la interpretación espiritual tiene dos grandes debilidades:

   => Mal interpreta gravemente la historia y la profecía y permite que una persona niegue la historia y lea el lenguaje simbólico y la conclusión espiritual que desee. No hay evento histórico ni profético que guíe la comprensión de una persona del Apocalipsis. Queda a criterio de una persona sacar su propia conclusión espiritual. Solo puede esperar que sea la correcta.
   => De nuevo, con el punto de vista preterista se niega lo que la revelación reclama de manera específica: ser un libro de profecías.

c. *La interpretación histórica continua.* Se dice que el autor está describiendo los principales acontecimientos de la historia desde el primer siglo hasta el final del mundo. Apocalipsis es un calendario de los acontecimientos del mundo relacionados con la iglesia.

La fuerza de esta opinión es que sí muestra una serie de acontecimientos en el libro. Obliga al alumno honesto a estudiar la secuencia y el orden cronológico de los hechos.

La debilidad de esta visión se ha demostrado a lo largo de los años.

=> Hay casi tantas interpretaciones diferentes de los símbolos de Apocalipsis como hay intérpretes. Si los símbolos de Apocalipsis están describiendo la historia mundial, entonces el autor no prestó ninguna ayuda. Simplemente no hay un calendario claro de la historia mundial en Apocalipsis.

=> Hay otra clara debilidad. No hay ningún calendario de la historia mundial en las Escrituras. Si Apocalipsis es un calendario simbólico de la historia mundial, entonces no hay Escritura que rija las interpretaciones de las profecías de Apocalipsis. La interpretación queda a criterio de la persona. No hay Escrituras para interpretar las Escrituras. Pero si las profecías de Apocalipsis tratan primariamente con el fin de la historia mundial: los acontecimientos que rodean la gran tribulación, el anticristo, el milenio y los nuevos cielos y tierra, esto lo enseñan otros pasajes de las Escrituras. Las Escrituras pueden ser comprobadas por otras Escrituras.

d. *La interpretación futurista.* Se dice que el autor está prediciendo acontecimientos que sucederán a medida que se acerque el fin del mundo. Sin embargo, se dice que los mensajes a las siete iglesias de los capítulos 1-3 son una excepción. Prácticamente todos los intérpretes dicen que hay un trasfondo histórico respecto de estas iglesias. Los mensajes están escritos directamente a las siete iglesias de Asia. Pero hay algunos que van más allá e interpretan cada iglesia como que representan una etapa de la iglesia, un período en particular de la historia de la iglesia que conduce directamente al tiempo final.

La fuerza de la visión futurista es que toma a Apocalipsis como un libro de profecías, cuando sostiene ser una profecía. Y no cabe duda de que el libro sostiene ser una imagen del futuro.

"La revelación de Jesucristo, que Dios le dio, para manifestar a sus siervos *las cosas que deben suceder pronto*; y la declaró enviándola por medio de su ángel a su siervo Juan" (Ap. 1:1).

"Después de esto miré, y he aquí una puerta abierta en el cielo; y la primera voz que oí, como de trompeta, hablando conmigo, dijo: Sube acá, y yo te mostraré *las cosas que sucederán después de estas"* (Ap. 4:1).

"Yo testifico a todo aquel que oye las palabras de la *profecía de este libro*. Si alguno añadiere a estas cosas, Dios traerá sobre él las plagas que están escritas en este libro". (Ap. 22:18).

• En primer lugar, se dice que roba a los primeros creyentes de cualquier significado y ayuda inmediata que el autor significó para que ellos los recibieran. Se dice que la visión futurista pierde todo significado y ayuda inmediata que los creyentes van a recibir de este mensaje histórico. Pero advierta lo siguiente: esta acusación deja de lado todo el tema de la *esperanza.* Es *esperanza en el futuro,* esperanza en el futuro que motiva e impulsa al hombre a continuar presionando y tolerar todo el resto de la vida. Elimine la esperanza del hombre y destruirá al hombre. Por lo cual, esta acusación en contra de la interpretación futurista de Apocalipsis está equivocada. La acusación ignora y pasa por alto la misma naturaleza del hombre.
Los acontecimientos futuros revelados por el gran libro de Apocalipsis le dan al hombre la mayor de las esperanzas, la esperanza de la redención eterna, de estar con el Señor Jesucristo por y para siempre. No podría proclamarse mayor esperanza y mayor mensaje que los acontecimientos futuros proclamados por Apocalipsis. Dios va a juzgar y a eliminar todo lo malo y no divino de este mundo y salvar a toda persona que realmente siga a su Hijo, el Señor Jesucristo.

• En segundo lugar, también está el cargo de que se pone gran acento en despertar *curiosidad carnal*, en *conocer todos los acontecimientos* del futuro —que poco énfasis se coloca en las verdades espirituales para hoy día— y que la gente con frecuencia ignora que Apocalipsis se basa en el arrepentimiento y en la preparación espiritual para el juicio por venir.
Este cargo es válido. Hay mucha verdad en esta declaración. Dentro de todos nosotros hay una *tendencia carnal* a jugar a ser Dios, a ser reconocidos como que conocemos el futuro y podemos decirle a los demás qué va a ocurrir y cómo prepararse para ello. Además de esto, todos hemos visto y oído sobre personas que se concentran en acontecimientos futuros negando el resto de las Escrituras. Lo que debemos hacer es esto: *estudiar y proclamar todo el consejo de Dios.* No debemos negar el Apocalipsis ni ninguno de los acontecimientos futuro proclamados por las Escrituras. Pero tampoco debemos negar ninguna de las otras enseñanzas de las Escrituras. Debemos proclamar todo el consejo de Dios.

• En tercer lugar, una gran debilidad es el intento de muchos por leer demasiado el lenguaje simbólico de Apocalipsis. Algunos han desarrollado un esquema duro y rápido y producen un calendario inflexible y rápido de acontecimientos que sucederán en los días postreros. Esto ha traído aparejado un cambio trágico que algunos en su calendario de acontecimientos convierten en una *prueba de compañerismo*. Y la acusación es trágicamente cierta. Demasiadas personas lo han hecho. Demasiados muestran un aire o una actitud de superioridad, de saber más, de dogmatismo —todo lo cual rechaza y aliena a los demás—, inclusive sólidos creyentes bíblicos. Esto, por supuesto, no debería ser así, y los verdaderos creyentes lo saben. Sabemos que el compañerismo debe basarse únicamente en los factores esenciales de la deidad de Cristo y de la salvación, no en los acontecimientos de los días postreros. Lo que debemos hacer es amarnos los unos a los otros sin importar de qué manera disentimos en nuestra interpretación del día postrero. Si no lo hacemos, entonces no estamos siguiendo el gran mensaje de Apocalipsis. Si perdemos nuestro amor por Cristo y por uno hacia el otro, entonces estamos destinados como los creyentes de Éfeso estuvieron destinados por perder su primer amor. No debemos basar nuestro compañerismo en cómo interpretamos los acontecimientos de Apocalipsis.

Este no es el motivo por el que Dios nos dio Apocalipsis. Nos dio Apocalipsis para que podamos saber qué va a suceder en el fin del mundo y para que podamos colocar nuestra esperanza donde corresponde: en el Señor Jesucristo y en su último triunfo sobre todo el mal y lo no santo de este mundo.

9. Apocalipsis es *"El libro que debe interpretarse bíblicamente"*. Lo que nosotros, como autores, escribimos es importante y debe ser estudiado por los creyentes, pero solo después de haber estudiado la Palabra de Dios. Somos las fuentes secundarias de comprensión de la Palabra de Dios; la Palabra de Dios en sí misma es la fuente primaria. Hay demasiada dependencia de las fuentes secundarias, y demasiado poco estudio de la fuente primaria, la Biblia misma. Esta probablemente sea la mayor causa para la negación de la fe y de la Palabra de Dios, mucho más que cualquier otra cosa. Es muy difícil negar que la Biblia es la Palabra de Dios si una persona verdaderamente estudia y vive en la Biblia. Esta habla por sí misma y habla poderosamente. Una persona que niega la Biblia como la Palabra de Dios por lo general no ha vivido en el estudio de la Biblia. No ha estudiado sincera y abiertamente la fuente primaria.

El punto es este: Apocalipsis es un libro que debe ser leído, estudiado y admitido que hable por sí mismo. *Es un libro que debe ser interpretado bíblicamente*. Apocalipsis está tan lleno de símbolos que una persona debe buscar en otro lado de las Escrituras para descubrir qué significan los símbolos a fin de conocer cuál es su significado en Apocalipsis. Por lo tanto, una persona debe estar dispuesta a tomarse el tiempo para buscar en las Escrituras si es que desea estudiar Apocalipsis. Y debemos estudiarlo, porque Apocalipsis es parte de la Palabra Santa de Dios. Además, su mensaje es muy, pero muy especial para Dios. Es tan especial que Dios promete una bendición especial a la persona que estudia y sigue su gran mensaje (Ap. 1:3; 22:18, 19).

POR FAVOR LEA ESTO

Recuerde: El propósito de la *Biblia de bosquejos y sermones* es presentar solo lo que dicen las Escrituras, no dar opiniones personales. El palpitar de nuestro corazón debe ser verdadero a la Palabra de Dios y dejar que la Palabra hable por sí misma. Esto lo hacemos en la mejor de nuestras capacidades. Dejamos las declaraciones de las posiciones denominacionales y teológicas libradas al individuo ministro de Dios y a los que se sienten llamados para hacer dichas declaraciones. Nuestro llamado con la *Biblia de bosquejos y sermones* es solo *bosquejar las Escrituras y desarrollar los puntos* del bosquejo lo mejor que esté a nuestro alcance. Oramos porque este enfoque ayude al ministro a ingresar más y más en la Palabra de Dios y a ayudarlo en su exposición de la Palabra de Dios a la gente que Dios ama.

Ahora bien, habiendo dicho esto, nuestro *propósito y esperanza...*

- es *dar un bosquejo* de Apocalipsis, dejando que Apocalipsis hable por sí mismo.
- es *desarrollar los puntos del bosquejo*, nuevamente dejando que Apocalipsis hable por sí solo en lo mejor de nuestras capacidades.
- es hacer exactamente lo que dice Apocalipsis: No agregar ni quitar nada del mensaje de Apocalipsis. Siempre debemos recordar el gran peligro que corremos, los que creemos en la Biblia, si se le agrega algo a la Palabra de Dios. Los que no creen en la Palabra de Dios tienden a negar determinadas partes y enseñanzas de la Biblia. Pero nosotros, los que creemos en la Palabra de Dios enfrentamos el peligro de agregar algo a la Palabra de Dios y de ir más allá de lo que realmente ha dicho Dios. Este es el motivo por el cual las Escrituras nos advierten contra agregar o quitar algo del mensaje de Apocalipsis. Con nuestro mayor empeño, *la Biblia de bosquejos y sermones* está haciendo un intento por no hacer ninguna de estas dos cosas. En cambio, es nuestro propósito, esperanza y oración que Apocalipsis hable por sí mismo. Estamos intentando dejar que el mensaje haga lo que hemos intentado hacer con el resto de las Escrituras: dejar que hable fuerte y claramente la Palabra de Dios para todos nosotros. Que Dios utilice estos bosquejos para volvernos humildes y para conducirnos a comprometer nuestra vida más plenamente a Cristo Jesús nuestro Señor y a su misión de llegar a las personas para la salvación eterna.

Se debe permitir que Apocalipsis hable por sí mismo. Cuando no se lo entiende, porque se emplea lenguaje simbólico, el símbolo debe ser buscado y explicado por otros pasajes de las Escrituras. Hay por lo menos dos motivos para esto.

- Primero, Dios da una promesa y advertencia especiales al lector de Apocalipsis (Ap. 1:3; 22:18, 19). Dios intenta que el lector lea y comprenda el libro. Fue escrito para ser comprendido. No es necesario ser un erudito para entenderlo. Se debe ser un creyente que estudia seriamente con un corazón abierto y sincero que dejará que las Escrituras hablen por sí mismas, sin residir únicamente en lo que otras personas puedan decir. Es necesaria una persona que dependa de las Escrituras y del Espíritu Santo para comprender lo que Dios está diciendo.

- En segundo lugar, hay tantas interpretaciones que si uno lee otros libros antes de leer Apocalipsis, puede llegar a confundirse antes de incluso intentar leer Apocalipsis. El libro debe leerse y estudiarse con un corazón abierto. Se le debe permitir que pronuncie su mensaje sin ninguna desviación, tanto como sea sinceramente posible. Los estudiantes serios de la Biblia, los legos y los eruditos por igual —sí, todos nosotros— debemos apartarnos de leer y estudiar libros *sobre* la Biblia primero y volver a leer y a estudiar *primero las Escrituras.*

BOSQUEJO DE APOCALIPSIS

La *Biblia de bosquejos y sermones* es *única.* Difiere de todo otro material de recursos de estudio de la Biblia y de sermones en cuanto a que cada pasaje y tema está bosquejado justo al lado de las Escrituras. Cuando elija cualquier *Tema* mencionado más abajo y vaya a la referencia, no solo encontrará las Escrituras, sino que descubrirá las Escrituras y el Tema *ya bosquejado, versículo tras versículo.*

Como ejemplo rápido, elija uno de los temas que figuran más abajo y vaya a las Escrituras y encontrará esta maravillosa ayuda para un uso más rápido, sencillo y preciso.

Además, cada punto de las Escrituras y Tema está *plenamente desarrollado en un Comentario con las Escrituras* correspondientes en el final de la página. Nuevamente, esta disposición hace que la preparación del sermón sea más sencilla y rápida.

Advierta algo más: Los temas de Apocalipsis tienen títulos que son tanto bíblicos como *prácticos.* Los títulos prácticos a veces son más atractivos para las personas. Este *beneficio* se ve claramente en el uso de boletines, folletos de la iglesia, etc.

Una sugerencia: Para una visión más rápida de APOCALIPSIS, primero lea *los títulos principales* (I, II, III, etc.), luego vuelva y lea los subtítulos.

BOSQUEJO DE APOCALIPSIS

I. LA GRAN REVELACIÓN A LOS SIERVOS DE DIOS, 1:1-8
   A. La gran revelación, 1:1-3
   B. El gran anuncio a las iglesias, 1:4-8

PRIMERA VISIÓN, 1:9—3:22

II. LOS MENSAJES DEL CRISTO GLORIFICADO A LAS SIETE IGLESIAS, 1:9—3:22
   A. El Hijo del Hombre, el Cristo glorificado, 1:9-20
   B. El mensaje a Éfeso: La iglesia ortodoxa, pero sin amor, 2:1-7
   C. El mensaje a Esmirna: La iglesia perseguida, 2:8-11
   D. El mensaje a Pérgamo: La iglesia corrupta que está casada con el mundo, 2:12-17
   E. El mensaje a Tiatira: La iglesia transigente o permisiva, 2:18-29
   F. El mensaje a Sardis: La iglesia con reputación, pero agonizante, 3:1-6
   G. El mensaje a Filadelfia: La iglesia que es fiel y está viva, 3:7-13
   H. El mensaje a Laodicea: La iglesia que es rica, pero tibia y comprometida a medias, 3:14-22

SEGUNDA VISIÓN, 4:1—16:21

III. EL CUADRO DE LAS COSAS DE AQUÍ EN ADELANTE, 4:1—5:14

En esta visión se observan dos cosas importantes. En primer lugar, se ve el trono de Dios; luego, en segundo lugar, se ve a Dios mismo sosteniendo un Libro que contiene el destino del mundo en los días postreros. Sin embargo, el Libro está sellado, ya que nadie es digno de abrir y ejecutar los acontecimientos del Libro. Justo cuando Juan se desespera, da un paso adelante el que es digno, el Cordero de Dios, el Señor Jesucristo, que fue ofrecido en sacrificio antes de la fundación de la tierra.

   A. El trono de Dios: El punto principal de la historia, 4:1-11
   B. El Libro del destino está sellado: El futuro del mundo, 5:1-4
   C. Se abre el Libro del destino: Únicamente el Cordero es digno de abrir el Libro, 5:5-14

IV. LOS JUICIOS DE LOS SIETE SELLOS: ACONTECIMIENTOS PRECEDENTES A LA GRAN TRIBULACIÓN, 6:1—7:17

Cristo rompe los primeros seis sellos del Libro o Rollo, sin abrirlo todavía. Simplemente rompe los sellos que mantienen cerrado el rollo. Al romper cada uno de los sellos, Él revela algún acontecimiento que va a tener lugar inmediatamente antes de la *gran tribulación.*
Sin embargo, a pesar de estos acontecimientos terribles, habrá un remanente de creyentes salvos, un remanente que se levanta por Cristo.

   A. El Cordero rompe los primeros cuatro sellos del Libro del destino: La aparición del anticristo y su poder, 6:1-8
   B. El Cordero rompe el quinto sello: Los mártires asesinados, 6:9-11
   C. El Cordero rompe el sexto sello: El gran día de la ira de Dios comienza, el universo será aniquilado, 6:12-17
   D. El destino de los creyentes en la gran tribu-

lación (Parte 1): Un resto de 144.000 de Israel será salvo, 7:1-8
E. El destino de los creyentes en la gran tribulación (Parte 2): Una multitud innumerable de mártires será salvada, 7:9-17

V. LOS JUICIOS DE LAS SIETE TROMPETAS: ACONTECIMIENTOS DURANTE LA GRAN TRIBULACIÓN, 8:1—11:19

Al romper el séptimo sello, se hace una asombrosa revelación. Siete juicios terribles, denominados los juicios de las trompetas, caerán sobre la tierra. Estos son los acontecimientos reales de la *gran tribulación*. No obstante, hay un mensaje profético de salvación:

Se salvará un remanente. El sonido de la séptima trompeta trae una imagen total de las cosas por venir. Tres de estas cosas son de tal importancia que se dice que son *maravillas* o *señales* y están tratadas de manera detallada.

A. La ruptura del séptimo sello: Preparación asombrosa para el juicio, 8:1-5
B. El tronar de las primeras cuatro trompetas: Catástrofes naturales; 8:6-12
C. El tronar de la quinta trompeta: Una plaga de langostas de tipo demoníaco sobre los impíos y los malos, 8:13-9:11
D. El tronar de la sexta trompeta: Jinetes militares de tipo demoníaco, 9:12-21.
E. El gran anuncio del triunfo final sobre la maldad (Parte 1): El pequeño libro, 10:1-11
F. El triunfo final sobre la maldad (Parte 2): La gran destrucción de Israel y Jerusalén, 11:1-2
G. El triunfo final sobre la maldad (Parte 3): Los dos testigos. Cómo Israel se vuelve a Dios, 11:3-13
H. El triunfo final sobre la maldad (Parte 4). Un panorama general de las cosas que vendrán, 11:14-19

VI. LA SÉPTIMA TROMPETA EN DETALLE (PARTE 1): DOS SEÑALES ESPIRITUALES LUCHANDO DETRÁS DE LA GRAN TRIBULACIÓN, 12:1-17

La séptima trompeta, parte 1, muestra que hay grandes seres espirituales y cósmicos luchando tras las escenas históricas terrenales.

A. Los personajes centrales de la gran tribulación, 12:1-5
B. La gran lucha espiritual tras la gran tribulación, 12:6-17

VII. LA SÉPTIMA TROMPETA EN DETALLE (PARTE 2): LA GUERRA DEL DRAGÓN SOBRE LA TIERRA, 13:1-18

La séptima trompeta, parte 2, revela cómo el dragón, esa antigua serpiente el diablo, lleva adelante su ataque sobre el pueblo de Dios a través de la política y la religión humanas.

A. El ataque a través de la primera bestia: Un gobernador político, 13:1-10
B. El ataque a través de la segunda bestia: Un falso profeta; 13:11-18

VIII. LA SÉPTIMA TROMPETA EN DETALLE (PARTE 3): LA VICTORIA DEL CORDERO ESTÁ ASEGURADA, 14:1-20

La séptima trompeta, parte 3, proporciona la garantía necesaria de que todas las cosas están en las manos de Dios. El falso Cristo, la bestia y la civilización sin Dios serán destruidos, y el verdadero Cristo y sus seguidores serán eternamente salvos.

A. Garantía 1: Los redimidos estarán con Jesús, 14:1-5
B. Garantía 2: El evangelio será predicado al mundo entero, 14:6, 7
C. Garantía 3: Babilonia, el Estado impío y la religión, caerá, 14:8
D. Garantía 4: La justicia será ejercida, 14:9-12
E. Garantía 5: Los muertos descansarán y serán recompensados, 14:13
F. Garantía 6: La gloriosa cosecha de los santos tendrá lugar, 14:14-16
G. Garantía 7: La terrible cosecha de los impíos tendrá lugar, 14:17-20

IX. LA SÉPTIMA TROMPETA EN DETALLE (PARTE 4): LA TERCERA GRAN MARAVILLA, LOS SIETE JUICIOS DE LAS COPAS, 15:1—16:21

La séptima trompeta truena sus juicios y los juicios vienen raudos y con furia. ¿Por qué? Porque son los últimos juicios. Dios ha decidido dar fin a la historia de la humanidad. Ha decidido detener todo lo impío y lo malo del mundo. Ya no puede tolerar la rebelión, la negación, la maldición, la inmoralidad, los robos, las borracheras, la hechicería y el asesinato del hombre. Por lo tanto, Jesucristo destruirá todo lo impío y malo de este mundo y lo hará rápidamente.

A. La preparación celestial para el juicio, 15:1-8
B. El vertimiento de las copas del juicio, 16:1-21

TERCERA VISIÓN, 17:1—20:15

X. EL JUICIO TANTO DE LA BABILONIA RELIGIOSA COMO DE LA BABILONIA POLÍTICA, 17:1—18:24

Jesucristo regresará a esta tierra, y establecerá la justicia de Dios por siempre y para siempre. Pero antes de que pueda venir y establecer la justicia en la tierra, deben hacerse algunas cosas.

=> Deben destruirse todos los ejércitos impíos y malos de este mundo. Esto lo hemos visto en el capítulo anterior (Apocalipsis, Capítulo 16).

=> Debe destruirse toda la falsa religión de este mundo. De esto se ocupa este capítulo (Apocalipsis, Capítulo 17).

=> Deben destruirse todos los gobiernos, políticas y sistemas sociales impíos de este mundo. Esto se tratará en el próximo capítulo (Apocalipsis, Capítulo 18).

Cuando hayan sucedido estas tres cosas, entonces se quitará todo lo impío y malo de este mundo y Jesucristo podrá venir a la tierra y establecer su reino de justicia. Como ya se ha dicho, los ejércitos fueron destruidos en el capítulo anterior. Ahora Dios nos muestra tanto la falsa religión como los gobiernos y las políticas impías de este mundo, que serán destruidos.

A. La destrucción de la Babilonia religiosa, de la falsa religión, 17:1-6
B. El poder tras la Babilonia religiosa, tras la falsa religión: La bestia o el anticristo, 17:7-18.
C. La caída de la Babilonia política, 18:1-24.

XI. LA GRAN CENA DE BODAS DEL CORDERO, DEL SEÑOR JESUCRISTO, 19:1-10

Esta es la *gran cena de bodas del Cordero*, del Señor Jesucristo. Esta será la gran cena en la que todos los del cielo estarán presentes para celebrar la unión de Cristo con los creyentes que lo han seguido a lo largo de los siglos. Todos los del cielo estarán allí: Dios, Cristo, los creyentes y las huestes celestiales. Será el acontecimiento más celebrado y regocijante jamás experimentado hasta ese momento en la historia. ¿Por qué? Porque será la gran cena de bodas del Señor Jesucristo mismo, la celebración de todas las cosas por las que murió. Será la primera vez que todos los *redimidos* de todas las épocas se reunirán para honrar al Cordero que fue inmolado para redimir al universo. Debido a lo que ha hecho por el hombre, Él se merece toda la honra y alabanza posible. Para darle tal glorioso honor, Dios ha planeado la mayor celebración y banquete imaginables, la celebración de lo que Él denomina la gran *cena de bodas del Cordero* (v. 9).

XII. EL TRIUNFO FINAL: EL INGRESO AL MILENIO, 19:11—20:15

Este es el triunfo final de Jesucristo en la tierra. Sucederán seis acontecimientos que traerán un nuevo cielo y una nueva tierra que ingresarán en la eternidad. Estos acontecimientos traerán el hecho mismo por el cual Dios ha presentado la historia humana: el compañerismo y la comunión perfectos entre Dios y el hombre a lo largo de toda la eternidad. Estos acontecimientos traerán aparejados el día glorioso en que los creyentes adorarán y servirán a Dios, trabajarán y obrarán por Él en todo el universo y lo harán en perfección por siempre y para siempre.

A. La venida de Cristo como conquistador, 19:11-16
B. La gran batalla de Armagedón, 19:17-21
C. La gran remoción y atadura de Satanás, 20:1-3
D. La primera resurrección y el reinado milenario de Cristo, 20:4-6
E. El regreso de Satanás y su destino eterno, 20:7-10.
F. La resurrección final y el juicio de los incrédulos: El juicio del gran trono blanco, 20:11-15

CUARTA VISIÓN, 21:1—22:21

XIII. LA ETERNIDAD DE DIOS: LOS NUEVOS CIELOS Y TIERRA Y LA NUEVA JERUSALÉN, 21:1—22:5

A. Los nuevos cielos y la nueva tierra, 21:1-8
B. La nueva Jerusalén. La ciudad de Dios (Parte 1): Su descripción, 21:9-23
C. La nueva Jerusalén. La ciudad de Dios (Parte 2): Sus ciudadanos y provisiones, 21:24—22:5

XIV. EL GRAN MENSAJE DE APOCALIPSIS: ONCE HECHOS MOTIVADORES, 22:6-21

LA REVELACIÓN DE JESUCRISTO A JUAN EL APÓSTOL

1 La revelación fue dada por Cristo mismo **2 La revelación concierne cosas que pasarán pronto**	**CAPÍTULO 1** **I. LA GRAN REVELACIÓN A LOS SIERVOS DE DIOS, 1:1-8** **A. La gran revelación, 1:1-3** 1 La revelación de Jesucristo, que Dios le dio, para manifestar a sus siervos las cosas que deben suceder pronto; y la declaró	enviándola por medio de su ángel a su siervo Juan, 2 que ha dado testimonio de la palabra de Dios, y del testimonio de Jesucristo, y de todas las cosas que ha visto. 3 Bienaventurado el que lee, y los que oyen las palabras de esta profecía, y guardan las cosas en ella escritas; porque el tiempo está cerca.	**3 La revelación le fue dada a Juan** a. Fue dada por un ángel. b. Fue informada con precisión por Juan. **4 La revelación bendice al hombre que lee, oye y obedece el mensaje**

DIVISIÓN I

LA GRAN REVELACIÓN A LOS SIERVOS DE DIOS, 1:1-8

A. La gran revelación, 1:1-3

(1:1-3) ***Introducción:*** Esta es la gran revelación de Jesucristo. La palabra "revelación" (apokalupsis) significa develar y revelar. Significa quitar una cubierta o un velo que está ocultando algo. Significa dar a conocer algo desconocido; revelar algo que una persona no pudo averiguar por sus propios medios. Es una revelación de verdad que el hombre nunca pudo descubrir por sí mismo. Esto es lo que es el libro de Apocalipsis: es la gran revelación de Jesucristo a sus siervos o seguidores. Esto significa un hecho muy maravilloso: significa que hay algunas cosas que Dios quiere que sepamos, algunas cosas que nunca llegaríamos a saber si fuéramos dejados por nuestra propia cuenta. Significa que Dios se ocupa de nosotros, que nos ama lo suficiente como para revelarnos algunas cosas. Y advierta: Dios se ocupa tanto por nosotros que Él nos ha revelado todo un libro de acontecimientos. ¿Qué son estos acontecimientos? Son acontecimientos o verdades que residen en el futuro, que conciernen al fin del mundo. Se dicen cuatro cosas significativas sobre la Revelación de Jesucristo.

1. La revelación fue dada por Cristo mismo (v. 1).
2. La revelación concierne cosas que pasarán pronto (v. 1).
3. La revelación le fue dada a Juan (vv. 1, 2).
4. La revelación bendice al hombre que lee, oye y obedece el mensaje (v. 3).

1 (1:1) ***Revelación, la:*** La Revelación fue dada por Jesucristo mismo. Jesucristo es el autor de la Revelación. Pero advierta: Fue dada a Jesucristo por Dios el Padre. Cuando Jesucristo estaba en la tierra, dijo lo siguiente sobre su retorno y el fin del mundo:

> **"Pero de aquel día y de la hora nadie sabe, ni aun los ángeles que están en el cielo, ni el Hijo, sino el Padre" (Mr. 13:32).**

Sin embargo, cuando Jesucristo ascendió al cielo, Dios el Padre reveló estas cosas a Cristo. Esto es importante, puesto que significa que las cosas que estamos por aprender no vinieron del hombre, sino de *Dios mismo*. La Revelación concierne cosas que *Dios mismo* quiere que sepamos. Por lo tanto, Él se las dio a su Hijo y su Hijo ahora ha revelado algunas de esas cosas a nosotros.

> ***Pensamiento 1:*** Este es un fuerte contraste respecto de los profetas, los habladores, los astrólogos y los fanáticos religiosos del mundo. Piense en los miles y miles de profetas y fanáticos religiosos que se proclaman a sí mismos en la tierra. Cada uno sostiene conocer acerca de Dios y tener alguna revelación de Él. Pero aquí en la Biblia, en la Palabra de Dios misma, se trata de un libro que ha venido del Hijo de Dios, un libro completo del que Él mismo es autor. El libro trata algunas cosas muy especiales que Dios quiere que sepamos. ¿Cuáles son esas cosas? Este es el tema del siguiente punto.
>
> **"Muchas cosas tengo que decir y juzgar de vosotros; pero el que me envió es verdadero; y yo, lo que he oído de él, esto hablo al mundo" (Jn. 8:26).**
>
> **"Porque yo no he hablado por mi propia cuenta; el Padre que me envió, él me dio mandamiento de lo que he de decir, y de lo que he de hablar" (Jn. 12:49).**
>
> **"Ya no os llamaré siervos, porque el siervo no sabe lo que hace su señor; pero os he llamado amigos, porque todas las cosas que oí de mi Padre, os las he dado a conocer" (Jn. 15:15).**
>
> **"Porque las palabras que me diste, les he dado; y ellos las recibieron, y han conocido verdaderamente que salí de ti, y han creído que tú me enviaste" (Jn. 17:8).**

2 (1:1) ***Fin de los tiempos - Revelación, la:*** La revelación da a conocer cosas que van a suceder pronto. Advierta cuatro hechos significativos.

1. La revelación pronostica *acontecimientos futuros*, acontecimientos que van a suceder en el fin de los tiempos. Los acontecimientos no habían sucedido todavía cuando Jesucristo dio la revelación.
2. Los primeros creyentes habían pensado que esos acontecimientos sucederían muy pronto. La idea es de algo corto, rápido, inminente a lo largo de sus vidas. Esto significa que los primeros creyentes esperaban que el Señor regresara mientras ellos estaban vivos. Estaban haciendo exactamente lo que Cristo les había dicho que hicieran: esperar su retorno.

> **"Velad, pues, porque no sabéis a qué hora ha de venir vuestro Señor" (Mt. 24:42).**
>
> **"Por tanto, también vosotros estad preparados; porque el Hijo del Hombre vendrá a la hora que no pensáis" (Mt. 24:44).**

"Velad, pues, porque no sabéis el día ni la hora en que el Hijo del Hombre ha de venir" (Mt. 25:13).

3. El reloj de Dios mide el tiempo en forma diferente al reloj del hombre. Esto es claro, puesto que han transcurrido miles de años desde que Jesucristo dio esta revelación al hombre. Sin embargo, Él no ha regresado a la tierra y el fin del mundo no ha acontecido. ¿Esto significa que Juan estaba equivocado al decir que los acontecimientos iban a pasar pronto? ¡No!

=> Dios claramente revela que estamos viviendo los últimos días, y que los acontecimientos van a suceder en los últimos días (ver nota, Últimos días - 2 P. 3:3 para mayor discusión al respecto).

=> Dios también revela claramente que mil años son como un día con Él (ver nota,2 P. 3:8 para mayor información).

El punto es este: El retorno de Cristo y el fin del mundo son asuntos de Dios, no del hombre. Por lo tanto, el marco temporal de los acontecimientos se basan en el tiempo de Dios, no en el del hombre. Los acontecimientos están en las manos de Dios. De hecho, basado en la medición del tiempo que hace Dios, han pasado solo dos días desde que Jesucristo reveló los acontecimientos de Apocalipsis.

Pensamiento 1: Toda generación de creyentes debe buscar el retorno de Cristo. Esto es exactamente lo que Él ordena. Él enseña que puede regresar en cualquier momento, por lo tanto, debemos obedecerlo. Debemos esperar su regreso, estar atentos y preparados para ello. Pero también debemos darnos cuenta de que puede que Él no venga hoy. Por lo tanto, debemos planear y establecer ministerios a largo plazo en la tierra para que los perdidos puedan seguir siendo alcanzados por Cristo. La actitud adecuada es esta: debemos esperar que Cristo regrese hoy, pero debemos planear como si no fuera a venir hasta dentro de mil años.

4. Jesucristo dio la Revelación a sus siervos. ¿Quiénes son sus siervos? Creyentes que *verdaderamente siguen y sirven a Cristo.* Esto es importante advertirlo, puesto que hay muchos que profesan creer y seguir a Cristo y no lo hacen. Apocalipsis no ha sido escrito para ellos. Apocalipsis es un *libro cerrado* para los que no siguen genuinamente a Jesucristo. Es un libro cerrado para el mundo. Jesucristo dio la Revelación únicamente a sus siervos.

Pensamiento 1: Apocalipsis no es un libro para el mundo, no para los que profesan a Cristo pero omiten servirlo. Es un libro que fue escrito solo para creyentes genuinos. La idea es que el mundo no puede entender Apocalipsis y solo se burla de él. Tal vez este es el motivo por el cual hay burlas tan frecuentes de las cosas de Dios por parte del mundo. Nosotros, los que verdaderamente amamos a Cristo hemos proclamado cosas con mucha frecuencia que fueron solamente para nuestra exhortación. Los acontecimientos revelados por Cristo en este gran libro son para los verdaderos siervos de Dios, no para el mundo. (Ver bosquejo y notas, 2 P. 3:3-7; 3:8-10; 3:11-14 para mayor discusión al respecto.)

"Mas el Consolador, el Espíritu Santo, a quien el Padre enviará en mi nombre, él os enseñará todas las cosas, y os recordará todo lo que yo os he dicho" (Jn. 14:26).

"Pero el hombre natural no percibe las cosas que son del Espíritu de Dios, porque para él son locura, y no las puede entender, porque se han de discernir espiritualmente" (1 Co. 2:14).

"Y nadie toma para sí esta honra, sino el que es llamado por Dios, como lo fue Aarón" (He. 5:4).

"Pero la unción que vosotros recibisteis de él permanece en vosotros, y no tenéis necesidad de que nadie os enseñe; así como la unción misma os enseña todas las cosas, y es verdadera, y no es mentira, según ella os ha enseñado, permaneced en él" (1 Jn. 2:27).

"Y Jehová los desarraigó de su tierra con ira, con furor y con grande indignación, y los arrojó a otra tierra, como hoy se ve" (Dt. 29:29).

3 (1:1-2) ***Revelación, la - Ángel:*** La Revelación le fue dada a Juan. Este apóstol fue el hombre elegido por Jesucristo para recibir la Revelación. Pero advierta esto: Juan tenía que estar disponible. Jesucristo siempre elige a un hombre para que anuncie los mensajes de Dios a los hombres. Pero antes de que pueda elegir a un hombre, este tiene que estar disponible. El hombre tiene que amar al Señor; debe entregarse a Cristo. Juan era un hombre así, por lo tanto, Jesucristo pudo escogerlo para recibir la Palabra de Dios y para compartirla con los siervos de Dios. Advierta dos hechos significativos.

1. Fue el ángel de Cristo el que le dio el mensaje a Juan. La palabra *ángel* significa mensajero. Se dice que este ángel en particular es "Su ángel", esto es, el ángel personal de Cristo. La imagen es la de algún ángel que sirve a Cristo como su mensajero muy especial, algún ángel que ha sido designado como el siervo muy especial de Cristo.

2. Juan dice que él dio preciso testimonio de lo que vio. ¿Qué es lo que vio?

a. Juan vio la Palabra de Dios. Las cosas de Apocalipsis son la Palabra de Dios. Él no está en algún lugar remoto en el espacio exterior sin preocuparse por el hombre. A Dios le importa el hombre, le importa tanto que Él ha enviado su Palabra a nosotros a través de este libro del gran Apocalipsis. Sabemos que Dios se ocupa de nosotros porque nos ha hablado: nos ha dicho el gran mensaje de Apocalipsis.

b. Juan vio el testimonio de Jesucristo. Él le mostró exactamente a Juan lo que Dios le había dado para revelar a sus seguidores. Lo que Juan compartió en la revelación es el mismo testimonio de Jesucristo, el Hijo mismo de Dios.

c. Juan vio todas las cosas que se informan en Apocalipsis, todos los acontecimientos.

Pensamiento 1: Es una cuestión de creencia. Creemos o no creemos en Juan. Juan está diciendo la verdad o bien está mintiendo. ¿En qué creemos? ¿Jesucristo regresará a la tierra? ¿Los acontecimientos del fin de los tiempos sucederán como están registrados en Apocalipsis o no? ¿Debemos esperar a Cristo y estos acontecimientos o no? Si la Revelación es por cierto la Palabra de Dios y el testimonio de Jesucristo, entonces debemos estar preparados, puesto que cada evento ciertamente tendrá lugar y nada lo detendrá. Seremos testigos de cada uno de los acontecimientos ya sea del cielo o en la tierra.

4 (1:3) ***Revelación, la - Palabra de Dios:*** La revelación bendice a la persona que lee, oye y obedece el mensaje. En la primera iglesia no había, por supuesto, imprentas para imprimir copia tras copia de la carta de Juan. Solo estaba la copia original escrita por él y quizás algunas otras pocas copias que habían sido transcriptas a mano para ser pasadas entre la gente. Por lo tanto, la *lectura* de la que se habla en este versículo se refiere a la carta leída ante toda la iglesia o ante grupos especiales dentro de la iglesia. Pero advierta un punto crítico: leer no es suficiente. Los creyentes deben...

- *leer*
- *oír* las palabras de esta profecía
- *guardar* aquellas cosas que están escritas.

Nunca es suficiente solo leer y oír la Palabra de Dios. Siempre debemos hacer lo que Dios dice, cumplir con sus mandamientos. Esto es especialmente cierto cuando se trata de Apocalipsis. ¿Por qué? Advierta la última declaración que se hace en el versículo 3: porque "el tiempo está cerca". Los acontecimientos están próximos, muy próximos. Jesucristo regresará a la tierra muy pronto. Los acontecimientos del fin de los tiempos están por suceder. Están cerca, justo sobre el horizonte. Por lo tanto, debemos leer, oír y seguir las cosas escritas en Apocalipsis. Debemos estar mirando y preparándonos para la venida de Cristo y para los acontecimientos que apuntan hacia el fin del mundo. El creyente que hace lo que dice Apocalipsis será ricamente bendito por Dios.

"De cierto, de cierto os digo, que el que guarda mi palabra, nunca verá muerte" (Jn. 8:51).

"Respondió Jesús y le dijo: El que me ama, mi palabra guardará; y mi Padre le amará, y vendremos a él, y haremos morada con él" (Jn. 14:23).

"Enseñándonos que, renunciando a la impiedad y a los deseos mundanos, vivamos en este siglo sobria, justa y piadosamente, aguardando la esperanza bienaventurada y la manifestación gloriosa de nuestro gran Dios y Salvador Jesucristo" (Tit. 2:12-13).

"Pero el día del Señor vendrá como ladrón en la noche; en el cual los cielos pasarán con grande estruendo, y los elementos ardiendo serán deshechos, y la tierra y las obras que en ella hay serán quemadas. Puesto que todas estas cosas han de ser deshechas, ¡cómo no debéis vosotros andar en santa y piadosa manera de vivir, esperando y apresurándoos para la venida del día de Dios, en el cual los cielos, encendiéndose, serán deshechos, y los elementos, siendo quemados, se fundirán! Pero nosotros esperamos, según sus promesas, cielos nuevos y tierra nueva, en los cuales mora la justicia" (2 P. 3:10-13).

Pensamiento 1: Ningún creyente genuino tiene el derecho de ignorar o rechazar Apocalipsis. Toda cosa dicha en esta declaración de apertura muestra la importancia de la Revelación. No solo se debe leer y oír Apocalipsis, sino que debe seguírselo. Esto significa que el mensaje puede ser comprendido por verdaderos creyentes.

Pensamiento 2: Hay siete *bendiciones* o beatitudes en Apocalipsis.

=> La bendición o beatitud de la obediencia.

"Bienaventurado el que lee, y los que oyen las palabras de esta profecía, y guardan las cosas en ella escritas; porque el tiempo está cerca" (Ap. 1:3).

=> La bendición o beatitud de la vida eterna.

"Oí una voz que desde el cielo me decía: Escribe: Bienaventurados de aquí en adelante los muertos que mueren en el Señor. Sí, dice el Espíritu, descansarán de sus trabajos, porque sus obras con ellos siguen" (Ap. 14:13).

=> La bendición o beatitud de la espera y la pureza, de esperar el regreso del Señor y vivir una vida pura.

"He aquí, yo vengo como ladrón. Bienaventurado el que vela, y guarda sus ropas, para que no ande desnudo, y vean su vergüenza" (Ap. 16:15).

=> La bendición o beatitud del cielo, de ser llamado a la cena de bodas del Cordero.

"Y el ángel me dijo: Escribe: Bienaventurados los que son llamados a la cena de las bodas del Cordero. Y me dijo: Estas son palabras verdaderas de Dios" (Ap. 19:9).

=> La bendición o beatitud de la resurrección, de ser resucitado de entre los muertos, de conquistar la muerte y vivir eternamente con Cristo.

"Bienaventurado y santo el que tiene parte en la primera resurrección; la segunda muerte no tiene potestad sobre éstos, sino que serán sacerdotes de Dios y de Cristo, y reinarán con él mil años" (Ap. 20:6).

=> La bendición o beatitud de la obediencia, de seguir lo indicado en Apocalipsis.

"¡He aquí, vengo pronto! Bienaventurado el que guarda las palabras de la profecía de este libro" (Ap. 22:7).

=> La bendición o beatitud de la obediencia, de cumplir con los mandamientos de Dios.

"Bienaventurados los que lavan sus ropas, para tener derecho al árbol de la vida, y para entrar por las puertas en la ciudad" (Ap. 22:14).

Advierta la importancia crucial de la obediencia. Tres de las siete bendiciones tienen que ver con obedecer a Dios, con cumplir con sus mandamientos, hacer solo lo que Él dice. No puede enfatizarse más la obediencia. Debemos hacer lo que Dios dice que hagamos en el libro de Apocalipsis.

Pensamiento 3: Observe que el libro de Apocalipsis comienza con una bendición prometida (Ap. 1:3) y cierra

	B. El gran anuncio a las iglesias, 1:4-8		
1 Anuncio 1: La gracia y la paz son de vosotros a. De Dios: el Dios eterno e inmutable b. Del Espíritu Santo: el Siervo de Dios c. De Jesucristo	4 Juan, a las siete iglesias que están en Asia: Gracia y paz a vosotros, del que es y que era y que ha de venir, y de los siete espíritus que están delante de su trono;	6 y nos hizo reyes y sacerdotes para Dios, su Padre; a él sea gloria e imperio por los siglos de los siglos. Amén. 7 He aquí que viene con las nubes, y todo ojo le verá, y los que le traspasaron; y todos los linajes de la tierra harán lamentación por él. Sí, amén.	c. El príncipe de los reyes de la tierra d. Nos ha redimido, v. 5 e. Nos ha exaltado **3 Anuncio 3: He aquí, Cristo viene** a. Será visto por todos b. Será visto por los que lo mataron: se lamentarán a causa de Él.
2 Anuncio 2: Jesucristo es el gran Salvador, el gran Redentor a. El testigo fiel b. El primero en resucitar de entre los muertos	5 y de Jesucristo el testigo fiel, el primogénito de los muertos, y el soberano de los reyes de la tierra. Al que nos amó, y nos lavó de nuestros pecados con su sangre,	8 Yo soy el Alfa y la Omega, principio y fin, dice el Señor, el que es y que era y que ha de venir, el Todopoderoso.	**4 Anuncio 4: Cristo es el Dios Todopoderoso** a. El Alfa y Omega b. El Dios Todopoderoso

con una bendición prometida (Ap. 22:7).

DIVISIÓN I

LA GRAN REVELACIÓN A LOS SIERVOS DE DIOS, 1:1-8

B. El gran anuncio a las iglesias, 1:4-8

(1:4-8) ***Introducción:*** Este es el gran anuncio a las iglesias. Advierta: había siete iglesias en Asia a las cuales se les hizo este gran anuncio. Las iglesias serán nombradas y tratadas en otro pasaje. Cuando se las trate, se verá que son representativas de todas las iglesias de Jesucristo en todo el mundo. Por ahora, el gran anuncio es el tema en discusión. ¿Cuál es el gran anuncio proclamado a las iglesias del mundo? Es cuádruple.

1. Anuncio 1: La gracia y la paz son de vosotros (vv. 4-5).
2. Anuncio 2: Jesucristo es el gran Salvador, el gran Redentor (vv. 5-6).
3. Anuncio 3: He aquí, Cristo viene (v. 7).
4. Anuncio 4: Cristo es el Dios Todopoderoso (v. 8).

[1] (1:4-5) ***Gracia - Paz:*** Anuncio uno: La gracia y la paz son de vosotros. La iglesia debe saber que puede experimentar gracia y paz.

=> *Gracia* significa el favor y las bendiciones de Dios. Significa que Dios toma un papel activo en nuestra vida, que Él nos cuida y se preocupa por nosotros; que Él provee todas las cosas buenas y beneficiosas de la vida para nosotros ya sean físicas, materiales o espirituales. No merecemos la gracia de Dios, pero Dios nos ama. Por lo tanto, Él nos baña con su gracia, su favor y sus bendiciones.

=> *Paz* significa que podemos tener paz con Dios y con los hombres; que ya no tenemos que sentir que Dios está lejos de nosotros, ni que Dios nos está revoloteando, mirando cada pequeño movimiento que hagamos. Dios no es malo. Él no está en busca de toda oportunidad para condenarnos y castigarnos. Dios busca solo una cosa con nosotros y eso es la paz.

La paz también significa que los hombres ya no estarán divididos, separados y discriminados, ni que tendrán que pelear, guerrear, robar y matarse entre sí. El hombre ahora puede tener paz, paz con Dios y paz entre sí.

Esta es la primera gran declaración a la iglesia. Los grandes dones de gracia y paz están ahora disponibles para el hombre. Pero advierta dónde. No se halla entre los hombres. Ni la gracia (favor) de Dios ni el gran don de la paz pueden encontrarse en la tierra. La gracia y la paz vienen solo del cielo, solo de Dios y de su Espíritu y de su Hijo, el Señor Jesucristo.

1. La gracia y la paz vienen solo del Dios eterno e inmutable. Advierta cómo se describe a Dios: "*el que es, el que era y el que ha de venir*".

=> Dios es.

=> Dios era.

=> Dios vendrá.

Esto es, Dios es eterno e inmutable. Él es el Dios infinito, el único Dios viviente y verdadero. Hoy día es como era, y será el mismo en los años por venir. Esto significa la cosa más maravillosa: Dios tiene poder y conocimiento infinitos. Él sabe que necesitamos su gracia, su cuidado y provisión y su paz. Y Él tiene el poder de darnos gracia y paz. Todo lo que tenemos que hacer es ir a Él, a Él que es la fuente de gracia y paz.

"Pero Dios, que es rico en misericordia, por su gran amor con que nos amó, aun estando nosotros muertos en pecados, nos dio vida juntamente con Cristo (por gracia sois salvos), y juntamente con él nos resucitó, y asimismo nos hizo sentar en los lugares celestiales con Cristo Jesús, para mostrar en los siglos venideros las abundantes riquezas de su gracia en su bondad para con nosotros en Cristo Jesús" (Ef. 2:4-7).

"Y la paz de Dios, que sobrepasa todo entendimiento, guardará vuestros corazones y vuestros pensamientos en Cristo Jesús" (Fil. 4:7).

"Porque la gracia de Dios se ha manifestado para salvación a todos los hombres, enseñándonos que, renunciando a la impiedad y a los deseos mundanos, vivamos en este siglo sobria, justa y piadosamente, aguardando la esperanza bienaventurada y la manifestación gloriosa de nuestro gran Dios y Salvador Jesucristo, quien se dio a sí mismo por nosotros para

redimirnos de toda iniquidad y purificar para sí un pueblo propio, celoso de buenas obras. Esto habla, y exhorta y reprende con toda autoridad. Nadie te menosprecie" (Tit. 2:11-15).

"Nos salvó, no por obras de justicia que nosotros hubiéramos hecho, sino por su misericordia, por el lavamiento de la regeneración y por la renovación en el Espíritu Santo, el cual derramó en nosotros abundantemente por Jesucristo nuestro Salvador, para que justificados por su gracia, viniésemos a ser herederos conforme a la esperanza de la vida eterna" (Tit. 3:5-7).

2. La gracia y la paz vienen del Espíritu Santo de Dios. Advierta que al Espíritu Santo se lo denomina los "siete Espíritus". El número siete en la Biblia simplemente significa completo, plenitud y perfección. Entonces, los *siete espíritus* significan el Espíritu Santo en toda su plenitud. El Espíritu Santo está ante el trono de Dios en toda su perfección y plenitud. Por tanto, el creyente debe encontrar gracia en la plenitud del Espíritu Santo. Es el Espíritu de Dios el que vive dentro del creyente para llenarlo con la gracia y la paz de Dios.

Pensamiento 1: Nuestro deber es aprender a andar en el Espíritu; permitirle que nos llene con la gracia y la paz de Dios.

"Y si el Espíritu de aquel que levantó de los muertos a Jesús mora en vosotros, el que levantó de los muertos a Cristo Jesús vivificará también vuestros cuerpos mortales por su Espíritu que mora en vosotros" (Ro. 8:11).

"Mas el fruto del Espíritu es amor, gozo, *paz*, paciencia, benignidad, bondad, fe, mansedumbre, templanza; contra tales cosas no hay ley" (Gá. 5:22-23).

3. La gracia y la paz vienen de Jesucristo. Es Cristo quien trajo la gracia y la paz de Dios a la tierra. Esto se ve claramente en la nota siguiente.

"La paz os dejo, mi paz os doy; yo no os la doy como el mundo la da. No se turbe vuestro corazón, ni tenga miedo" (Jn. 14:27).

"Estas cosas os he hablado para que en mí tengáis paz. En el mundo tendréis aflicción; pero confiad, yo he vencido al mundo" (Jn. 16:33).

"Siendo justificados gratuitamente por su gracia, mediante la redención que es en Cristo Jesús" (Ro. 3:24).

"En quien tenemos redención por su sangre, el perdón de pecados según las riquezas de su gracia" (Ef. 1:7).

"Porque él es nuestra paz, que de ambos pueblos hizo uno, derribando la pared intermedia de separación" (Ef. 2:14).

"A los santos y fieles hermanos en Cristo que están en Colosas: Gracia y paz sean a vosotros, de Dios nuestro Padre y del Señor Jesucristo" (Col. 1:2).

2 (1:5-6) ***Jesucristo - Redención:*** Anuncio dos: Jesucristo es el gran Salvador, el gran Redentor. En estos dos versículos se declaran cinco grandes cosas acerca de Jesucristo.

1. Jesucristo es el testigo fiel. Él es la persona de la que podemos depender. Podemos confiar en lo que Jesucristo nos dice. Cristo vino de Dios, del mismo cielo, para revelarnos la verdad, la verdad sobre Dios y el hombre y su mundo. Se puede confiar en lo que Jesús ha revelado. Él es el testigo fiel.

"De cierto, de cierto te digo, que lo que sabemos hablamos, y lo que hemos visto, testificamos; y no recibís nuestro testimonio" (Jn. 3:11).

"Respondió Jesús y les dijo: Aunque yo doy testimonio acerca de mí mismo, mi testimonio es verdadero, porque sé de dónde he venido y a dónde voy; pero vosotros no sabéis de dónde vengo, ni a dónde voy" (Jn. 8:14).

"Le dijo entonces Pilato: ¿Luego, eres tú rey? Respondió Jesús: Tú dices que yo soy rey. Yo para esto he nacido, y para esto he venido al mundo, para dar testimonio a la verdad. Todo aquel que es de la verdad, oye mi voz" (Jn. 18:37).

2. Jesucristo es el primero en resucitar de entre los muertos. Esto es, Él es el primero en resucitar que nunca más tuvo que morir. Las palabras "nacido primero" significan ser el primero en la clasificación, ser supremo y preeminente en la resurrección. De toda las personas que han resucitado de entre los muertos, Jesucristo es Supremo. Él es quien es el Hijo de Dios, por lo tanto, es su resurrección la suprema y preeminente. Todas las otras personas resucitaron porque Él resucitó. Todos los creyentes resucitarán para vivir con Dios eternamente porque Él resucitó y conquistó la muerte para nosotros. Puesto que Él resucitó, nosotros también lo haremos si *creemos* que Él murió y resucitó por nosotros.

3. Jesucristo es el príncipe de los reyes de la tierra. Jesucristo ha sido resucitado de entre los muertos y exaltado a la diestra del trono de Dios. Él y solo Él ha dado el asiento del gobierno soberano sobre la tierra. El mundo puede parecer caótico y los problemas demasiado enormes para ser manejados. Pero Jesucristo está en control y Él puede manejar todo eso. Sin embargo, los hombres pueden preguntar legítimamente: ¿Por qué Dios no viene y endereza todo el caos y la maldad del mundo? Dios nos lo dice tan claramente como lo puede expresar el lenguaje humano:

"El Señor no retarda su promesa, según algunos la tienen por tardanza, sino que es paciente para con nosotros, no queriendo que ninguno perezca, sino que todos procedan al arrepentimiento" (2 P. 3:9; cp. vv. 3-10).

Jesucristo está demorando su regreso para que más personas puedan ser salvas y vivir eternamente con Dios. Pero algún día, y a partir del peso de la evidencia será muy pronto, Jesucristo regresará para tomar el gobierno del mundo. Solamente Él va a gobernar y traer el reinado de la justicia a la tierra porque Él es el príncipe de los reyes de la tierra.

"De Jehová es la tierra y su plenitud; el mundo, y los que en él habitan" (Sal. 24:1).

"Alzad, oh puertas, vuestras cabezas, y alzaos vosotras, puertas eternas, y entrará el Rey de gloria" (Sal. 24:7).

"Por tanto, al Rey de los siglos, inmortal, invisible, al único y sabio Dios, sea honor y gloria por los siglos de los siglos. Amén" (1 Ti. 1:17).

"La cual a su tiempo mostrará el bienaventurado y solo Soberano, Rey de reyes, y Señor de señores" (1

Ti. 6:15).

"El séptimo ángel tocó la trompeta, y hubo grandes voces en el cielo, que decían: Los reinos del mundo han venido a ser de nuestro Señor y de su Cristo; y él reinará por los siglos de los siglos" (Ap. 11:15).

"Pelearán contra el Cordero, y el Cordero los vencerá, porque él es Señor de señores y Rey de reyes; y los que están con él son llamados y elegidos y fieles" (Ap. 17:14).

"Y en su vestidura y en su muslo tiene escrito este nombre: REY DE REYES Y SEÑOR DE SEÑORES" (Ap. 19:16).

4. Jesucristo nos ha redimido. Él *nos amó y nos lavó de los pecados con su sangre* (v. 5). La palabra *amó* está en tiempo presente en el idioma griego. Esto significa que Jesucristo *siempre nos ama*. Nos ama hoy día tal como nos ha amado en el pasado. La palabra "lavó" (lusanti) significa estar suelto, liberado del pecado. ¿Cómo es que la sangre de Jesucristo nos liberó del pecado?

=> Jesucristo tomó nuestros pecados y murió por ellos. Él había vivido una vida sin pecado y perfecta como Hombre en la tierra. Por lo tanto, pudo presentarse como el Hombre Ideal y Perfecto ante Dios. Pudo morir como el sacrificio ideal y perfecto. Pudo tomar nuestros pecados: la culpa y el juicio de nuestros pecados sobre sí y cargar con el castigo por ellos. Fue el Hombre Ideal y Perfecto. Por lo tanto, Dios puede aceptar su muerte como el sacrificio ideal y perfecto por el pecado.

El punto es este: Jesucristo murió por nuestros pecados. En realidad tomó nuestros pecados de nosotros, los quitó y murió por ellos. Por lo tanto, somos libres y desapegados del pecado. El pecado ha sido quitado de nosotros. Estamos frente a Dios libres de pecado y aceptables para Él. Pero recuerde cómo: por la sangre derramada por Jesucristo en la cruz. Es la sangre derramada de Cristo en la cruz: Su muerte por nuestros pecados la que nos libera del pecado.

"El cual se dio a sí mismo por nuestros pecados para librarnos del presente siglo malo, conforme a la voluntad de nuestro Dios y Padre" (Gá. 1:4).

"En quien tenemos redención por su sangre, el perdón de pecados según las riquezas de su gracia" (Ef. 1:7).

"En quien tenemos redención por su sangre, el perdón de pecados" (Col. 1:14).

"Sabiendo que fuisteis rescatados de vuestra vana manera de vivir, la cual recibisteis de vuestros padres, no con cosas corruptibles, como oro o plata, sino con la sangre preciosa de Cristo, como de un cordero sin mancha y sin contaminación" (1 P. 1:18-19).

"Y cantaban un nuevo cántico, diciendo: Digno eres de tomar el libro y de abrir sus sellos; porque tú fuiste inmolado, y con tu sangre nos has redimido para Dios, de todo linaje y lengua y pueblo y nación" (Ap. 5:9).

5. Jesucristo nos ha exaltado. Realmente nos ha hecho reyes y sacerdotes.

=> Por *reyes* se quiere significar un reinado, un gobierno, alguna autoridad y responsabilidad que involucra vigilancia, gestión, supervisión y gobierno. Los creyentes gobernarán y reinarán con Cristo. Todos vigilaremos y administraremos los asuntos del universo por Cristo a lo largo de la eternidad.

"El les dijo: A la verdad, de mi vaso beberéis, y con el bautismo con que yo soy bautizado, seréis bautizados; pero el sentaros a mi derecha y a mi izquierda, no es mío darlo, sino a aquellos para quienes está preparado por mi Padre" (Mt. 20:23).

"El Espíritu mismo da testimonio a nuestro espíritu, de que somos hijos de Dios. Y si hijos, también herederos; herederos de Dios y coherederos con Cristo, si es que padecemos juntamente con él, para que juntamente con él seamos glorificados" (Ro. 8:16-17).

"¿O no sabéis que los santos han de juzgar al mundo? Y si el mundo ha de ser juzgado por vosotros, ¿sois indignos de juzgar cosas muy pequeñas?" (1 Co. 6:2).

"Y juntamente con él nos resucitó, y asimismo nos hizo sentar en los lugares celestiales con Cristo Jesús, para mostrar en los siglos venideros las abundantes riquezas de su gracia en su bondad para con nosotros en Cristo Jesús" (Ef. 2:6-7).

"Si sufrimos, también reinaremos con él; si le negáremos, él también nos negará" (2 Ti. 2:12).

"Al que venciere y guardare mis obras hasta el fin, yo le daré autoridad sobre las naciones, y las regirá con vara de hierro, y serán quebradas como vaso de alfarero; como yo también la he recibido de mi Padre" (Ap. 2:26-27).

"Y vi tronos, y se sentaron sobre ellos los que recibieron facultad de juzgar; y vi las almas de los decapitados por causa del testimonio de Jesús y por la palabra de Dios, los que no habían adorado a la bestia ni a su imagen, y que no recibieron la marca en sus frentes ni en sus manos; y vivieron y reinaron con Cristo mil años" (Ap. 20:4).

=> Por *sacerdotes* se quiere significar que tenemos acceso a la presencia de Dios en cualquier momento. Los creyentes ya no necesitan sacerdotes humanos o mediadores. Los creyentes se han tornado sacerdotes ante Dios, todo por Jesucristo. Los creyentes ahora deben ofrecer sus propias oraciones, alabanzas, adoraciones, acción de gracias y ofrendas a Dios.

"Así que, hermanos, os ruego por las misericordias de Dios, que presentéis vuestros cuerpos en sacrificio vivo, santo, agradable a Dios, que es vuestro culto racional" (Ro. 12:1).

"Así que, ofrezcamos siempre a Dios, por medio de él, sacrificio de alabanza, es decir, fruto de labios que confiesan su nombre" (He. 13:15).

"Vosotros también, como piedras vivas, sed edificados como casa espiritual y sacerdocio santo, para ofrecer sacrificios espirituales aceptables a Dios por medio de Jesucristo" (1 P. 2:5).

3 (1:7) ***Jesucristo, Regreso:*** Anuncio tres: He aquí, Cristo viene. Este es el tema de Apocalipsis, la venida nuevamente de Jesucristo y la justicia y el juicio que Él va a ejecutar en la tierra. Jesucristo vendrá otra vez, y cuando lo haga, este versículo dice

que sucederán dos cosas.

1. Todo ojo lo verá. La gloria de Dios es tan brillante y tan llena de luz que en realidad brilla más fuerte que el sol (cp. Ap. 21:23). Cuando Jesucristo regrese, habrá una demostración de su gloria que rodeará la tierra y el reflejo de la gloria del Señor será visto por todo ojo. Recuerde también que habrá una hueste innumerable de ángeles y creyentes que estarán acompañando a Cristo de regreso a la tierra. La idea es esta: Habrá muchos que rodearán la tierra. Cualquiera sea el caso, Cristo en toda su gloria y majestad regresará a la tierra, y cuando lo haga, todo ojo lo verá.

2. Toda persona que ha rechazado a Jesucristo y lo ha crucificado gemirá y se lamentará por Él. Esto se refiere a todos los enemigos de Cristo, no solo a los que crucificaron a Cristo. Toda persona que se ha rebelado contra Jesucristo lo verá y clamará con angustia porque lo han...

- maldecido
- rechazado
- ignorado
- negado
- rebelado en su contra
- opuesto

Los hombres no creen en Jesucristo: Ellos rechazan su declaración de ser el Hijo de Dios, de que vino de Dios *fuera del* (ek) cielo para salvar al mundo. La mayoría de las personas aceptan que Jesucristo fue un gran hombre y uno de los mayores maestros religiosos de todos los tiempos, pero rechazan su deidad. Creen que el hombre puede ser lo suficientemente bueno como para convertirse en aceptable ante Dios por sus propios medios. Por lo tanto, rechazan el hecho de que Jesucristo tuvo que morir por los pecados del mundo.

El resultado será catastrófico: Cuando los hombres vean a Jesucristo regresar a la tierra, entonces sabrán que Él es exactamente quien sostuvo ser: El Mesías, el Ungido de Dios, el Salvador del mundo. Sabrán que Dios ama al mundo, que lo ama tanto que envió a su Hijo a morir por los pecados del hombre. Pero advierta: Cuando Cristo regrese, la idea no es la de la salvación. Es la de lamentarse, quejarse y llorar, por el juicio que Jesucristo traerá con Él. Jesucristo, el Señor del universo, regresará en gloria para ejecutar justicia a todos los que lo rechazaron e hicieron el mal en la tierra.

"Entonces aparecerá la señal del Hijo del Hombre en el cielo; y entonces lamentarán todas las tribus de la tierra, y verán al Hijo del Hombre viniendo sobre las nubes del cielo, con poder y gran gloria" (Mt. 24:30).

"Cuando el Hijo del Hombre venga en su gloria, y todos los santos ángeles con él, entonces se sentará en su trono de gloria, y serán reunidas delante de él todas las naciones; y apartará los unos de los otros, como aparta el pastor las ovejas de los cabritos" (Mt. 25:31-32).

"Porque el que se avergonzare de mí y de mis palabras en esta generación adúltera y pecadora, el Hijo del Hombre se avergonzará también de él, cuando venga en la gloria de su Padre con los santos ángeles" (Mr. 8:38).

"Y a vosotros que sois atribulados, daros reposo con nosotros, cuando se manifieste el Señor Jesús desde el cielo con los ángeles de su poder, en llama de fuego, para dar retribución a los que no conocieron a Dios, ni obedecen al evangelio de nuestro Señor Jesucristo" (2 Ts. 1:7-8).

"De éstos también profetizó Enoc, séptimo desde Adán, diciendo: He aquí, vino el Señor con sus santas decenas de millares, para hacer juicio contra todos, y dejar convictos a todos los impíos de todas sus obras impías que han hecho impíamente, y de todas las cosas duras que los pecadores impíos han hablado contra él" (Jud. 14-15).

"He aquí que viene con las nubes, y todo ojo le verá, y los que le traspasaron; y todos los linajes de la tierra harán lamentación por él. Sí, amén" (Ap. 1:7).

"El séptimo ángel tocó la trompeta, y hubo grandes voces en el cielo, que decían: Los reinos del mundo han venido a ser de nuestro Señor y de su Cristo; y él reinará por los siglos de los siglos. Y los veinticuatro ancianos que estaban sentados delante de Dios en sus tronos, se postraron sobre sus rostros, y adoraron a Dios, diciendo: Te damos gracias, Señor Dios Todopoderoso, el que eres y que eras y que has de venir, porque has tomado tu gran poder, y has reinado. Y se airaron las naciones, y tu ira ha venido, y el tiempo de juzgar a los muertos, y de dar el galardón a tus siervos los profetas, a los santos, y a los que temen tu nombre, a los pequeños y a los grandes, y de destruir a los que destruyen la tierra" (Ap. 11:15-18).

"Entonces vi el cielo abierto; y he aquí un caballo blanco, y el que lo montaba se llamaba Fiel y Verdadero, y con justicia juzga y pelea. Sus ojos eran como llama de fuego, y había en su cabeza muchas diademas; y tenía un nombre escrito que ninguno conocía sino él mismo. Estaba vestido de una ropa teñida en sangre; y su nombre es: EL VERBO DE DIOS. Y los ejércitos celestiales, vestidos de lino finísimo, blanco y limpio, le seguían en caballos blancos. De su boca sale una espada aguda, para herir con ella a las naciones, y él las regirá con vara de hierro; y él pisa el lagar del vino del furor y de la ira del Dios Todopoderoso. Y en su vestidura y en su muslo tiene escrito este nombre: REY DE REYES Y SEÑOR DE SEÑORES" (Ap. 19:11-16; cp. vv. 17-21).

"El que da testimonio de estas cosas dice: Ciertamente vengo en breve. Amén; sí, ven, Señor Jesús" (Ap. 22:20).

4 (1:8) ***Jesucristo, Persona; deidad:*** Anuncio cuatro: Jesús es el Dios Todopoderoso. En este versículo se dan tres grandes descripciones de Cristo.

1. Jesucristo es el Alfa y Omega. Alfa es la primera letra del alfabeto griego y Omega, la última. Es decir, Jesucristo es el principio y el fin de todo lo que hay. Él comenzó todas las cosas y Él las terminará. Todas las cosas encuentran su propósito, significado e importancia en Cristo. El hombre, el mundo, la historia, sin importar cuán caótica y desarticulada pueda parecer la vida, todo está bajo el control de Jesucristo.

Pensamiento 1: La exhortación es clara: Debemos colocarnos bajo la confianza de Jesucristo y volcar nuestra vida en Él. Cuando lo hagamos, recibiremos el gran don de Dios al que se hace referencia en el versículo cuatro. Recibiremos la gracia del cuidado de Dios y la provisión y el gran don de la paz, y nos volveremos seguros para la eternidad.

"Y yo les doy vida eterna; y no perecerán jamás, ni nadie las arrebatará de mi mano. Mi Padre que me las dio, es mayor que todos, y nadie las puede arrebatar de la mano de mi Padre" (Jn. 10:28-29).

"La paz os dejo, mi paz os doy; yo no os la doy como el mundo la da. No se turbe vuestro corazón, ni tenga miedo" (Jn. 14:27).

"Estas cosas os he hablado para que en mí tengáis paz. En el mundo tendréis aflicción; pero confiad, yo he vencido al mundo" (Jn. 16:33).

"Pero Dios, que es rico en misericordia, por su gran amor con que nos amó, aun estando nosotros muertos en pecados, nos dio vida juntamente con Cristo (por gracia sois salvos), y juntamente con él nos resucitó, y asimismo nos hizo sentar en los lugares celestiales con Cristo Jesús, para mostrar en los siglos venideros las abundantes riquezas de su gracia en su bondad para con nosotros en Cristo Jesús" (Ef. 2:4-7).

2. Jesucristo es el Señor *que es, que será y que vendrá.* Esto es, Él es eterno e inmutable. Hoy día Él es la misma persona que siempre ha sido, y siempre será la misma Persona.

Pensamiento 1: Este es un gran mensaje para el hombre. Jesucristo *nos ama a todos;* nos ama tanto como amó a los que vivieron cuando vino por primera vez a la tierra. Su amor es inmutable. Pero recuerde: también lo son su justicia y juicio. Si confiamos en Él, conoceremos su amor. Si lo rechazamos, conoceremos su ira.

"Porque el Hijo del Hombre vendrá en la gloria de su Padre con sus ángeles, y entonces pagará a cada uno conforme a sus obras" (Mt. 16:27).

"Y: Tú, oh Señor, en el principio fundaste la tierra, y los cielos son obra de tus manos. Ellos perecerán, mas tú permaneces; y todos ellos se envejecerán como una vestidura, y como un vestido los envolverás, y serán mudados; pero tú eres el mismo, y tus años no acabarán" (He. 1:10-12).

"Jesucristo es el mismo ayer, y hoy, y por los siglos" (He. 13:8).

"Toda buena dádiva y todo don perfecto desciende de lo alto, del Padre de las luces, en el cual no hay mudanza, ni sombra de variación" (Stg. 1:17).

"Oh Jehová, eterno es tu nombre; tu memoria, oh Jehová, de generación en generación" (Sal. 135:13).

"Tu reino es reino de todos los siglos, y tu señorío en todas las generaciones" (Sal. 145:13).

3. Jesucristo es el Todopoderoso (pantokrator). La palabra quiere decir el que lo controla todo, el que lo gobierna todo. Él es el que controla todas las cosas y gobierna todas las cosas en todo el universo. Esto significa que Jesucristo posee todo el poder: Él es omnipotente, capaz de hacer todo. Lo controla todo: el universo y cada ser dentro del universo. Él controla los átomos, los protones, los neutrones y los electrones del espacio y la materia. Inclusive controla toda circunstancia, evento y hecho en todo el universo.

Pensamiento 1: Jesucristo es el Todopoderoso. Esto significa una cosa muy maravillosa: no importa lo que atraviese una persona, si pertenece a Jesucristo, todo será manejado para su bien. Jesucristo controlará las circunstancias y las guiará para el bien del creyente. Nada puede arrancar al creyente del control de Jesucristo.

"Y sabemos que a los que aman a Dios, todas las cosas les ayudan a bien, esto es, a los que conforme a su propósito son llamados" (Ro. 8:28).

"Por lo cual estoy seguro de que ni la muerte, ni la vida, ni ángeles, ni principados, ni potestades, ni lo presente, ni lo por venir, ni lo alto, ni lo profundo, ni ninguna otra cosa creada nos podrá separar del amor de Dios, que es en Cristo Jesús Señor nuestro" (Ro. 8:38-39).

"El es la imagen del Dios invisible, el primogénito de toda creación. Porque en él fueron creadas todas las cosas, las que hay en los cielos y las que hay en la tierra, visibles e invisibles; sean tronos, sean dominios, sean principados, sean potestades; todo fue creado por medio de él y para él. Y él es antes de todas las cosas, y todas las cosas en él subsisten" (Col. 1:15-17).

"Dios, habiendo hablado muchas veces y de muchas maneras en otro tiempo a los padres por los profetas, en estos postreros días nos ha hablado por el Hijo, a quien constituyó heredero de todo, y por quien asimismo hizo el universo; el cual, siendo el resplandor de su gloria, y la imagen misma de su sustancia, y quien sustenta todas las cosas con la palabra de su poder, habiendo efectuado la purificación de nuestros pecados por medio de sí mismo, se sentó a la diestra de la Majestad en las alturas" (He. 1:1-3).

1 El lugar: Patmos
- a. Juan era hermano y compañero de los creyentes
  - 1) En las pruebas
  - 2) En el reino
  - 3) En la perseverancia
- b. Juan recibió la Palabra en la isla de Patmos
- c. Juan estaba en el espíritu en el Día del Señor

2 Su gran voz, como de trompeta
- a. Su declaración: Yo soy el Alfa y la Omega
- b. Sus instrucciones: Escribe a las iglesias

3 Su presencia en medio de los siete candeleros de oro o las iglesias, cp. 20

4 Su apariencia asombrosa y atemorizadora
- a. Con una larga túnica
- b. Con un cinto de oro ceñido alrededor de su pecho

PRIMERA VISIÓN, 1:9—3:22

II. LOS MENSAJES DEL CRISTO GLORIFICADO A LAS SIETE IGLESIAS, 1:9—3:22

A. El Hijo del Hombre, el Cristo glorificado, 1:9-20

9 Yo Juan, vuestro hermano, y copartícipe vuestro en la tribulación, en el reino y en la paciencia de Jesucristo, estaba en la isla llamada Patmos, por causa de la palabra de Dios y el testimonio de Jesucristo.

10 Yo estaba en el Espíritu en el día del Señor, y oí detrás de mí una gran voz como de trompeta,

11 que decía: Yo soy el Alfa y la Omega, el primero y el último. Escribe en un libro lo que ves, y envíalo a las siete iglesias que están en Asia: a Éfeso, Esmirna, Pérgamo, Tiatira, Sardis, Filadelfia y Laodicea.

12 Y me volví para ver la voz que hablaba conmigo; y vuelto, vi siete candeleros de oro,

13 y en medio de los siete candeleros, a uno semejante al Hijo del Hombre, vestido de una ropa que llegaba hasta los pies, y ceñido por el pecho con un cinto de oro.

14 Su cabeza y sus cabellos eran blancos como blanca lana, como nieve; sus ojos como llama de fuego;

15 y sus pies semejantes al bronce bruñido, refulgente como en un horno; y su voz como estruendo de muchas aguas.

16 Tenía en su diestra siete estrellas; de su boca salía una espada aguda de dos filos; y su rostro era como el sol cuando resplandece en su fuerza.

17 Cuando le vi, caí como muerto a sus pies. Y él puso su diestra sobre mí, diciéndome: No temas; yo soy el primero y el último;

18 y el que vivo, y estuve muerto; mas he aquí que vivo por los siglos de los siglos, amén. Y tengo las llaves de la muerte y del Hades.

19 Escribe las cosas que has visto, y las que son, y las que han de ser después de estas.

20 El misterio de las siete estrellas que has visto en mi diestra, y de los siete candeleros de oro: las siete estrellas son los ángeles de las siete iglesias, y los siete candeleros que has visto, son las siete iglesias.

- c. Con el cabello como lana blanca, tan blanca como la nieve
- d. Con los ojos como llama de fuego
- e. Con los pies como bronce bruñido
- f. Con una voz como muchas aguas
- g. Con siete estrellas en su mano derecha
- h. Con una espada en su boca
- i. Con su rostro brillando como el sol

5 Su segura presencia y cuidado
- a. La reacción de terror de Juan
- b. El seguridad tranquilizadora de Jesús.
- c. La identificación de Jesús.
  - 1) Él es Dios, el primero y el último
  - 2) Él es el Señor resucitado
  - 3) Él es el juez

6 Sus claras instrucciones

7 Su interpretación de la visión
- a. Las siete estrellas: Son siete pastores
- b. Los siete candeleros: Son siete iglesias

PRIMERA VISIÓN, 1:9—3:22

DIVISIÓN II

LOS MENSAJES DEL CRISTO GLORIFICADO A LAS SIETE IGLESIAS, 1:9—3:22

A. El Hijo del Hombre, el Cristo glorificado, 1:9-20

(1:9-20) ***Introducción:*** Esta es la *primera visión* que Cristo le da a Juan. Es una visión de Cristo mismo, de Cristo en su gloria y exaltación. Es en esta visión que el Cristo glorificado proclama su mensaje a las siete iglesias. Pero antes de hablarle a las iglesias, Cristo le da a Juan una imagen de sí mismo. Cristo quiere que los creyentes a lo largo de los siglos sepan quién es el que ha dado estos mensajes a las iglesias. Cristo quiere que todos los creyentes sepan que el mensaje a las iglesias viene de la Majestad Suprema del universo, de Alguien que debe ser seguido, de Alguien que posee todo el poder y el conocimiento, de Alguien que puede proveer y proteger, asegurar y garantizar, juzgar y destruir. Esta es la visión del Autor de Apocalipsis, del que nos ha dado este asombroso mensaje de Revelación. Esta es la visión del Hijo del Hombre, del Cristo glorificado.

1. El lugar: Patmos (vv. 9-10).
2. Su gran voz, como de trompeta (vv. 10-11).
3. Su apariencia en medio de los siete candeleros de oro o las iglesias (vv. 12-13).
4. Su presencia asombrosa y atemorizadora (vv. 13-16).
5. Su segura presencia y cuidado (vv. 17-18).
6. Sus claras instrucciones (v. 19).
7. Su interpretación de la visión (v. 20).

[1] (1:9-10) ***Juan el Apóstol - Patmos:*** El lugar de la visión

fue la isla de Patmos (ver Estudio a fondo 1, Patmos - Ap. 1:9). Juan dice tres cosas.

1. Se llama a sí mismo hermano y compañero de los creyentes de las iglesias. Por *hermano* quiere significar que él es un creyente como lo son ellos también. Son hermanos en la familia de Dios, hermanos del Señor Jesucristo y entre sí, habiendo sido todos adoptados por la familia de Dios. Por *compañero* Juan quiere significar que ha vivido entre los creyentes. Ha andado día tras día entre ellos como un compañero. Pero advierta: Juan tuvo una experiencia particular en mente. Había sido compañero de ellos en sus...

- tribulaciones diarias, aflicciones, persecuciones, sufrimientos, presión.
- búsquedas diarias del reino: buscando el reino de Dios, ansiando y anhelándolo.
- paciencias diarias: tolerando y perseverando contra todas las pruebas y tentaciones; rápidamente buscando el reino de Dios.

"Mas el que persevere hasta el fin, éste será salvo" (Mt. 24:13).

"Confirmando los ánimos de los discípulos, exhortándoles a que permaneciesen en la fe, y diciéndoles: Es necesario que a través de muchas tribulaciones entremos en el reino de Dios" (Hch. 14:22).

"Si sufrimos, también reinaremos con él; si le negáremos, él también nos negará" (2 Ti. 2:12).

2. Juan dice que él estaba en la isla de Patmos cuando Cristo le dio las visiones de Apocalipsis. Advierta: Él dice que estaba allí por la causa de Cristo, es decir, había sido exiliado a la isla por predicar la Palabra de Dios y el testimonio de Cristo (ver Estudio a fondo 1, Patmos - Ap. 1:9).

3. Juan dice que él estaba *en el Espíritu en el Día del Señor.* Indudablemente, el *Día del Señor* significa el domingo, el primer día de la semana, el día en que Cristo resucitó de entre los muertos. *En el espíritu* significa que Cristo puso a Juan en un trance, que le dio a Juan una experiencia espiritual que elevó su mente y espíritu por sobre este mundo y lo puso ante la misma presencia de Cristo.

Pensamiento 1: Advierta cómo Dios satisfizo la necesidad de Juan. Él estaba solo, atrapado en una isla que era tan yerma y aislada como podía serlo. Imagine estar solo, alejado de la sociedad, de los seres queridos y de los amigos. Pero Juan conocía a Cristo y Él satisfizo su necesidad.

"Enseñándoles que guarden todas las cosas que os he mandado; y he aquí yo estoy con vosotros todos los días, hasta el fin del mundo. Amén" (Mt. 28:20).

"Sean vuestras costumbres sin avaricia, contentos con lo que tenéis ahora; porque él dijo: No te desampararé, ni te dejaré" (He. 13:5).

"Echando toda vuestra ansiedad sobre él, porque él tiene cuidado de vosotros" (1 P. 5:7).

"No temas, porque yo estoy contigo; no desmayes, porque yo soy tu Dios que te esfuerzo; siempre te ayudaré, siempre te sustentaré con la diestra de mi justicia" (Is. 41:10).

ESTUDIO A FONDO 1

(1:9) ***Patmos:*** Esta era la isla en la que Juan el Apóstol fue exiliado.

=> Estaba en un mar solo a sesenta kilómetros de la gran ciudad de Éfeso.

=> Estaba en medio de un grupo de islas llamadas las Espóradas.

=> Tenía solo quince kilómetros de largo y nueve de ancho.

=> Era una isla aislada, yerma y rocosa con colinas de hasta trescientos metros.

Hay una pequeña cuestión sobre el hecho de que Juan fuera recluido en la isla por predicar el evangelio de Cristo. William Barclay nos da abundante evidencia sobre esto.

Era tradición unánime de la primera Iglesia que Juan fuera exiliado a la isla de Patmos en el reinado de Domiciano.

=> Tertuliano dice: "El apóstol Juan fue exiliado a la isla" (*On the Prescription of Heretics*, 36).

=> Orígenes dice:"El emperador romano, como nos dice la tradición, condenó a Juan a la isla de Patmos por dar testimonio de la palabra de la verdad" (Homilías sobre Mateo).

=> Clemente de Alejandría nos dice: "A la muerte del tirano, Juan regresó a Éfeso desde la isla de Patmos" (La salvación del hombre rico, 42).

=> Jerónimo dice que Juan fue exiliado en el año catorce después de Nerón y que fue liberado luego de la muerte de Domiciano. (Concerning Illustrious Men, 9).

*"Esto significaría que Juan fue exiliado a Patmos aproximadamente en el 94 d.C. y que fue liberado aproximadamente en 96 d.C." (*Lo que dice Barclay se encuentra, para mayor claridad, en *El Apocalipsis de Juan,* Vol. 1; "The Daily Study Bible", Filadelfia, PA: The Westminster Press, 1959, p. 51).

Pensamiento 1: En las horas más oscuras de la necesidad humana Dios siempre está allí. Dios nos encontrará si solo nos volvemos hacia Él y lo llamamos. Esto fue cierto con Juan cuando fue exiliado, al igual que con otros en sus oscuros exilios. El Comentario de Púlpito dice lo siguiente.

=> Fue en el exilio que Jacob vio a Dios en Betel (Gn. 35:6ss.)

=> Fue en el exilio que Moisés vio a Dios en la zarza ardiente (Éx. 3:1ss.)

=> Fue en el exilio que Elías oyó la voz suave y apacible (1 R. 19:3ss.)

=> Fue en el exilio que Ezequiel vio la gloria del Señor en el río Quebar (Ez. 1:3ss)

=> Fue en el exilio que Daniel vio al Anciano de días (Dn. 7:9ss.)

(A. Plummer, *Apocalipsis,* "The Pulpit Commentary", Vol. 22, comp. por HDM Spence y Joseph S. Exell. Grand Rapids, MI: Eerdmans, 1950, p. 5).

ESTUDIO A FONDO 2

(1:10) ***En el Espíritu:*** Se dice que Juan estuvo *en el Espíritu* cuatro veces (Ap. 1:9-10; 4:1-2; 17:1-3; 21:9-10). Esto marca las cuatro principales visiones de Apocalipsis. Advierta que la primera visión está dada por Cristo bajando hacia Juan. Pero para las últimas tres visiones, a Juan se le ordena que "suba aquí"; se le da la perspectiva del cielo en los acontecimientos que sucederán.

2 (1:10-11) ***Jesucristo, Exaltación - Gloria:*** Hubo una gran voz como de trompeta del Señor. La visión comienza. Juan oye una *gran voz* tras de él, una voz que sonó como el tronar de una trompeta. La idea de la trompeta es la de autoridad, la de una voz sobrecogedora y de mando.

=> El Señor proclama que Él es el Alfa y la Omega (ver nota, punto 1 - Ap. 1:8 para el significado).

=> El Señor ordena a Juan que escriba lo que ve en un libro y que lo envíe a las siete iglesias de Asia.

Pensamiento 1: Advierta que Cristo no le estaba dando a Juan un mensaje para sí, sino para la iglesia. Debía usar lo que Cristo le estaba dando para la edificación de los creyentes, para construirlos en la fe. Este es el gran propósito de Apocalipsis, el motivo por el cual debe ser enseñado en la iglesia: edificar y construirnos en la fe.

3 (1:12-13) ***Jesucristo - Iglesia:*** Ahí estaba Cristo de pie entre los candeleros de oro, esto es, en medio de las iglesias. Los candeleros representan a las iglesias (v. 20). ¿Por qué este símbolo? Jesucristo es la Luz del mundo y es tarea de la iglesia sostenerlo ante el mundo. La iglesia debe proclamar la luz de Cristo al mundo, y debe hacerlo con el brillo y la velocidad de la luz. Advierta que Cristo está en medio de los candeleros. Las iglesias reciben su luz de Cristo. A no ser que esté en medio de la iglesia, la iglesia no tendrá luz. La iglesia debe ocuparse de que Cristo esté en el medio y la iglesia debe proclamar la luz de Cristo al mundo.

Pensamiento 1: Que Cristo esté en medio de la iglesia significa que el mensaje de Cristo es el verdadero punto focal de la iglesia. El mensaje de Cristo es, por supuesto, la Palabra de Dios, las Santas Escrituras. Él es el verdadero tema de las Escrituras y fueron las Escrituras que Él mismo proclamó. La iglesia debe asegurarse absolutamente de que se lean, estudien, enseñen y prediquen las Santas Escrituras entre su pueblo y en la comunidad en general.

"El pueblo que andaba en tinieblas vio gran luz; los que moraban en tierra de sombra de muerte, luz resplandeció sobre ellos" (Is. 9:2).

"En él estaba la vida, y la vida era la luz de los hombres" (Jn. 1:4).

"Otra vez Jesús les habló, diciendo: Yo soy la luz del mundo; el que me sigue, no andará en tinieblas, sino que tendrá la luz de la vida" (Jn. 8:12).

"Entonces Jesús les dijo: Aún por un poco está la luz entre vosotros; andad entre tanto que tenéis luz, para que no os sorprendan las tinieblas; porque el que anda en tinieblas, no sabe a dónde va" (Jn. 12:35).

"Porque Dios, que mandó que de las tinieblas resplandeciese la luz, es el que resplandeció en nuestros corazones, para iluminación del conocimiento de la gloria de Dios en la faz de Jesucristo" (2 Co. 4:6).

"Por lo cual dice: Despiértate, tú que duermes, y levántate de los muertos, y te alumbrará Cristo" (Ef. 5:14).

"La ciudad no tiene necesidad de sol ni de luna que brillen en ella; porque la gloria de Dios la ilumina, y el Cordero es su lumbrera" (Ap. 21:23).

"Vosotros sois la luz del mundo; una ciudad asentada sobre un monte no se puede esconder" (Mt. 5:14).

"Porque así nos ha mandado el Señor, diciendo: Te he puesto para luz de los gentiles, a fin de que seas para salvación hasta lo último de la tierra" (Hch. 13:47).

"Porque en otro tiempo erais tinieblas, mas ahora sois luz en el Señor; andad como hijos de luz" (Ef. 5:8).

"Para que seáis irreprensibles y sencillos, hijos de Dios sin mancha en medio de una generación maligna y perversa, en medio de la cual resplandecéis como luminares en el mundo" (Fil. 2:15).

4 (1:13-16) ***Jesucristo, Exaltación - Gloria:*** Hubo una aparición asombrosa y atemorizante de Cristo. Advierta quién está de pie en medio de los candeleros de oro o iglesias. Es el Hijo del Hombre, Cristo mismo. Esto significa una cosa sumamente maravillosa: el mensaje de Apocalipsis es del Señor mismo. No es el mensaje de un hombre, no es el mensaje que debemos cuestionar y buscar para ver si hay verdad en él. Apocalipsis es el mensaje de Jesucristo, del Señor exaltado mismo. Es un mensaje en el que se puede confiar, un mensaje que es verdadero del principio al fin. Es un mensaje que debemos seguir, puesto que es el mensaje del Señor mismo.

Ahora bien, advierta la visión. La visión de Cristo que tuvo Juan era tan asombrosa que desafiaba toda descripción. No habría lenguaje humano para describirlo. Todo lo que Juan pudo hacer fue tomar algunas de las cosas preciosas y asombrosas de la tierra y decir que el Señor glorificado es así.

1. Jesucristo estaba vestido con una ropa que le llegaba a los pies (v. 13). Esta era la túnica de los profetas (Zac. 3:4), de los sacerdotes (Éx. 28:4; 39:29; Lev. 16:4) y de los reyes y príncipes (1 S. 24:5, 12). La túnica representa el ministerio profético, sacerdotal y real de Cristo.

=> Como profeta, Jesucristo proclama la Palabra de Dios a nosotros.

=> Como sacerdote, Jesucristo nos da acceso a la presencia de Dios y nos hace aceptables ante Dios.

=> Como rey, Jesucristo gobierna y reina sobre todos los asuntos del universo y protege, provee y obra todas las cosas para el bien de los que lo aman y lo siguen.

2. El pecho de Jesucristo tenía un cinto de oro ceñido alrededor de Él (v. 13). Esto era algo como el cinto de un alto sacerdote donde se grababan los nombres de su gente (cp. Éx. 28:4; 39:29). El cinto cubría el corazón. Esto simbolizaba que Cristo mantiene a su pueblo y a su iglesia muy cerca siempre de su corazón. Todos están grabados en el cinto de su corazón y son muy queridos por Él.

"Por lo cual estoy seguro de que ni la muerte, ni la vida, ni ángeles, ni principados, ni potestades, ni lo presente, ni lo por venir, ni lo alto, ni lo profundo, ni

ninguna otra cosa creada nos podrá separar del amor de Dios, que es en Cristo Jesús Señor nuestro" (Ro. 8:38-39).

3. El cabello y la cabeza de Jesucristo eran tan blancos como la lana blanca y la nieve (v. 14). Esta es la imagen de Cristo como el Antiguo de los Días, como el Señor eterno del universo. Es posible que también sea una imagen de su falta de pecado y pureza de mente. La guerra espiritual se libra en la mente, y Cristo nunca pecó. Nunca tuvo un pensamiento malo o negativo que no alcanzara la gloria de Dios. Era el Hijo de Dios mismo sin pecado.

"Estuve mirando hasta que fueron puestos tronos, y se sentó un Anciano de días, cuyo vestido era blanco como la nieve, y el pelo de su cabeza como lana limpia; su trono llama de fuego, y las ruedas del mismo, fuego ardiente" (Dn. 7:9).

"Que Dios estaba en Cristo reconciliando consigo al mundo, no tomándoles en cuenta a los hombres sus pecados, y nos encargó a nosotros la palabra de la reconciliación... Al que no conoció pecado, por nosotros lo hizo pecado, para que nosotros fuésemos hechos justicia de Dios en él" (2 Co. 5:19, 21).

"E indiscutiblemente, grande es el misterio de la piedad: Dios fue manifestado en carne, justificado en el Espíritu, visto de los ángeles, predicado a los gentiles, creído en el mundo, recibido arriba en gloria" (1 Ti. 3:16).

4. Jesucristo tenía ojos que eran como llamas de fuego (v. 14). Esto simboliza un poder horadante, penetrante. Él ve en todos los sentidos, incluso en los lugares oscuros y tras puertas cerradas. Sus ojos buscan los lugares más internos del corazón. Él lo conoce todo. Es omnisciente y puede conquistar a todos los que lo rechazan y hacen el mal. Nadie puede ocultarse de Él ni puede ocultarle nada a Él.

"Su cuerpo era como de berilo, y su rostro parecía un relámpago, y sus ojos como *antorchas de fuego*, y sus brazos y sus pies como de color de bronce bruñido, y el sonido de sus palabras como el estruendo de una multitud" (Dn. 10:6).

"Y no hay cosa creada que no sea manifiesta en su presencia; antes bien todas las cosas están desnudas y abiertas a los ojos de aquel a quien tenemos que dar cuenta" (He. 4:13).

"Yo Jehová, que escudriño la mente, que pruebo el corazón, para dar a cada uno según su camino, según el fruto de sus obras" (Jer. 17:10).

"¿Se ocultará alguno, dice Jehová, en escondrijos que yo no lo vea? ¿No lleno yo, dice Jehová, el cielo y la tierra?" (Jer. 23:24).

5. Jesucristo tenía los pies como de bronce bruñido. Esto simboliza fuerza y perseverancia. Sus pies son los pies que predicaron el evangelio, las mareas alegres de la paz. Pero también son los pies que aplastarán a sus enemigos. Sus pies también pueden correr para rescatar a su pueblo.

"¡Cuán hermosos son sobre los montes los pies del que trae alegres nuevas, del que anuncia la paz, del que trae nuevas del bien, del que publica salvación, del que dice a Sion: ¡Tu Dios reina!" (Is. 52:7).

"Su cuerpo era como de berilo, y su rostro parecía un relámpago, y sus ojos como antorchas de fuego, y sus brazos y sus pies como de color de *bronce bruñido*, y el sonido de sus palabras como el estruendo de una multitud" (Dn. 10:6).

"¿Y cómo predicarán si no fueren enviados? Como está escrito: ¡Cuán hermosos son los pies de los que anuncian la paz, de los que anuncian buenas nuevas!" (Ro. 10:15).

"Porque no tenemos un sumo sacerdote que no pueda compadecerse de nuestras debilidades, sino uno que fue tentado en todo según nuestra semejanza, pero sin pecado. Acerquémonos, pues, confiadamente al trono de la gracia, para alcanzar misericordia y hallar gracia para el oportuno socorro" (He. 4:15-16).

6. Jesucristo tenía una voz que era como el sonido de muchas aguas corriendo juntas (v. 15). Su voz simboliza la autoridad.

=> Envía el mensaje glorioso de la salvación, la esperanza, el gozo, la confianza y la comodidad.

"El que tiene la esposa, es el esposo; mas el amigo del esposo, que está a su lado y le oye, se goza grandemente de la voz del esposo; así pues, este mi gozo está cumplido" (Jn. 3:29).

"Y cuando ha sacado fuera todas las propias, va delante de ellas; y las ovejas le siguen, porque conocen su voz" (Jn. 10:4).

"Le dijo entonces Pilato: ¿Luego, eres tú rey? Respondió Jesús: Tú dices que yo soy rey. Yo para esto he nacido, y para esto he venido al mundo, para dar testimonio a la verdad. Todo aquel que es de la verdad, oye mi voz" (Jn. 18:37).

"Porque el Señor mismo con voz de mando, con voz de arcángel, y con trompeta de Dios, descenderá del cielo; y los muertos en Cristo resucitarán primero. Luego nosotros los que vivimos, los que hayamos quedado, seremos arrebatados juntamente con ellos en las nubes para recibir al Señor en el aire, y así estaremos siempre con el Señor. Por tanto, alentaos los unos a los otros con estas palabras" (1 Ts. 4:16-18).

=> Truena como un reproche, una condena y un juicio majestuosos.

"Voz de Jehová con potencia; voz de Jehová con gloria" (Sal. 29:4)

"Tú, pues, profetizarás contra ellos todas estas palabras y les dirás: Jehová rugirá desde lo alto, y desde su morada santa dará su voz; rugirá fuertemente contra su morada; canción de lagareros cantará contra todos los moradores de la tierra" (Jer. 25:30).

"No os maravilléis de esto; porque vendrá hora cuando todos los que están en los sepulcros oirán su voz; y los que hicieron lo bueno, saldrán a resurrección de vida; mas los que hicieron lo malo, a resurrección de condenación" (Jn. 5:28-29).

"Mas yendo por el camino, aconteció que al llegar cerca de Damasco, repentinamente le rodeó un resplandor de luz del cielo; y cayendo en tierra, oyó una voz que le decía: Saulo, Saulo, ¿por qué me persigues?" (Hch. 9:3-4).

"He aquí, yo estoy a la puerta y llamo; si alguno oye mi voz y abre la puerta, entraré a él, y cenaré con él, y él conmigo" (Ap. 3:20).

7. Jesucristo sostenía siete estrellas en su mano derecha (v. 16; cp. v. 20). Las siete estrellas simbolizan los mensajeros, los ministros de las iglesias. Su mano sostiene con firmeza a los mensajeros con habilidad, fuerza y consuelo.

"Los entendidos resplandecerán como el resplandor del firmamento; y los que enseñan la justicia a la multitud, como las estrellas a perpetua eternidad" (Dn. 12:3).

"No me elegisteis vosotros a mí, sino que yo os elegí a vosotros, y os he puesto para que vayáis y llevéis fruto, y vuestro fruto permanezca; para que todo lo que pidiereis al Padre en mi nombre, él os lo dé" (Jn. 15:16).

"El Señor le dijo: Ve, porque instrumento escogido me es éste, para llevar mi nombre en presencia de los gentiles, y de reyes, y de los hijos de Israel" (Hch. 9:15).

"Pero levántate, y ponte sobre tus pies; porque para esto he aparecido a ti, para ponerte por ministro y testigo de las cosas que has visto, y de aquellas en que me apareceré a ti" (Hch. 26:16).

"Por tanto, id, y haced discípulos a todas las naciones, bautizándolos en el nombre del Padre, y del Hijo, y del Espíritu Santo; enseñándoles que guarden todas las cosas que os he mandado; y he aquí yo estoy con vosotros todos los días, hasta el fin del mundo. Amén" (Mt. 28:19-20).

"Sean vuestras costumbres sin avaricia, contentos con lo que tenéis ahora; porque él dijo: No te desampararé, ni te dejaré" (He. 13:5).

"Doy gracias al que me fortaleció, a Cristo Jesús nuestro Señor, porque me tuvo por fiel, poniéndome en el ministerio" (1 Ti. 1:12).

"Por lo cual asimismo padezco esto; pero no me avergüenzo, porque yo sé a quién he creído, y estoy seguro que es poderoso para guardar mi depósito para aquel día" (2 Ti. 1:12).

"Y el Señor me librará de toda obra mala, y me preservará para su reino celestial. A él sea gloria por los siglos de los siglos. Amén" (2 Ti. 4:18).

8. Jesucristo tenía una espada de doble filo saliendo de su boca (v. 16). Esto simboliza la Palabra de Dios y su penetrante poder (cp. 2 Ts. 2:8).

"Porque la palabra de Dios es viva y eficaz, y más cortante que toda espada de dos filos; y penetra hasta partir el alma y el espíritu, las coyunturas y los tuétanos, y discierne los pensamientos y las intenciones del corazón" (He. 4:12).

"Toda la Escritura es inspirada por Dios, y útil para enseñar, para redargüir, para corregir, para instruir en justicia" (2 Ti. 3:16).

9. Jesucristo tenía un semblante que era como el sol brillando en plenitud. Esto simboliza el gran brillo de su presencia en toda su majestad y honor y gloria como Dios.

"Porque el Hijo del Hombre vendrá en la gloria de su Padre con sus ángeles, y entonces pagará a cada uno conforme a sus obras" (Mt. 16:27).

"Y se transfiguró delante de ellos, y resplandeció su rostro como el sol, y sus vestidos se hicieron blancos como la luz" (Mt. 17:2).

"Ahora pues, Padre, glorifícame tú al lado tuyo, con aquella gloria que tuve contigo antes que el mundo fuese" (Jn. 17:5).

"Saulo, respirando aún amenazas y muerte contra los discípulos del Señor, vino al sumo sacerdote, y le pidió cartas para las sinagogas de Damasco, a fin de que si hallase algunos hombres o mujeres de este Camino, los trajese presos a Jerusalén. Mas yendo por el camino, aconteció que al llegar cerca de Damasco, repentinamente le rodeó un resplandor de luz del cielo; y cayendo en tierra, oyó una voz que le decía: Saulo, Saulo, ¿por qué me persigues? El dijo: ¿Quién eres, Señor? Y le dijo: Yo soy Jesús, a quien tú persigues; dura cosa te es dar coces contra el aguijón" (Hch. 9:1-5).

"Que decían a gran voz: El Cordero que fue inmolado es digno de tomar el poder, las riquezas, la sabiduría, la fortaleza, la honra, la gloria y la alabanza" (Ap. 5:12).

5 (1:17-18) ***Jesucristo - Seguridad:*** Estaba la presencia aseguradora y el cuidado del Señor. Juan estaba aterrorizado. Cayó a los pies del Señor como si estuviera muerto. Pero advierta la seguridad calmada de Cristo. Él lo alcanzó con su mano derecha y suave y tiernamente tocó a Juan, asegurándole que Él no estaba allí para consumarlo. Cristo dijo cuatro cosas a Juan.

1. "No temas " (v. 17). Estaba declarando que no se le había aparecido a Juan en juicio sino en amor y cuidado. Estaba apareciendo en comisión a Juan y para emplearlo en la gran misión de construir las iglesias y de alcanzar a los perdidos para Dios.

"Pues aun vuestros cabellos están todos contados. Así que, no temáis; más valéis vosotros que muchos pajarillos" (Mt. 10:30-31).

"Cuando le vi, caí como muerto a sus pies. Y él puso su diestra sobre mí, diciéndome: No temas; yo soy el primero y el último" (Ap. 1:17).

"No temas, porque yo estoy contigo; no desmayes, porque yo soy tu Dios que te esfuerzo; siempre te ayudaré, siempre te sustentaré con la diestra de mi justicia" (Is. 41:10).

"Ahora, así dice Jehová, Creador tuyo, oh Jacob, y Formador tuyo, oh Israel: No temas, porque yo te redimí; te puse nombre, mío eres tú. Cuando pases por las aguas, yo estaré contigo; y si por los ríos, no te anegarán. Cuando pases por el fuego, no te quemarás, ni la llama arderá en ti" (Is. 43:1-2).

2. "Yo soy el primero y el último" (v. 17). Esto es, Él es el principio y el fin. Él es que puede estar con una persona para siempre, cuando la persona nace y cuando muere y durante todos los días entre medio. Él puede estar con una persona a lo largo de toda la eternidad. Juan no debía temer la asombrosa y aterradora presencia de Cristo, puesto que Él es el Señor eterno del universo así como también el Salvador del hombre.

"Jesús les dijo: De cierto, de cierto os digo: Antes que Abraham fuese, yo soy" (Jn. 8:58).

"Ahora pues, Padre, glorifícame tú al lado tuyo, con aquella gloria que tuve contigo antes que el mundo fuese... Padre, aquellos que me has dado, quiero que donde yo estoy, también ellos estén conmigo, para que vean mi gloria que me has dado; porque me has amado desde antes de la fundación del mundo" (Jn. 17:5, 24).

"Yo soy el Alfa y la Omega, el principio y el fin, el primero y el último" (Ap. 22:13).

3. "Y el que vivo, y estuve muerto; mas he aquí que vivo por los siglos de los siglos" (v. 18). No es necesario temerle al Señor exaltado y glorificado, puesto que Él es la misma Persona que vino a la tierra y murió y resucitó por nuestra salvación. Él es exaltado y mora en la gloria más asombrosa y atemorizante, pero vive allí para salvarnos, no para condenarnos. Vive por los siglos de los siglos para hacernos aceptables a Dios y para llevarnos a través del mal y de la muerte de este mundo.

> **"En él estaba la vida, y la vida era la luz de los hombres" (Jn. 1:4).**
>
> **"El ladrón no viene sino para hurtar y matar y destruir; yo he venido para que tengan vida, y para que la tengan en abundancia" (Jn. 10:10).**
>
> **"Le dijo Jesús: Yo soy la resurrección y la vida; el que cree en mí, aunque esté muerto, vivirá" (Jn. 11:25).**
>
> **"Jesús le dijo: Yo soy el camino, y la verdad, y la vida; nadie viene al Padre, sino por mí" (Jn. 14:6).**
>
> **"Que fue declarado Hijo de Dios con poder, según el Espíritu de santidad, por la resurrección de entre los muertos" (Ro. 1:4).**
>
> **"Que si confesares con tu boca que Jesús es el Señor, y creyeres en tu corazón que Dios le levantó de los muertos, serás salvo" (Ro. 10:9).**
>
> **"Bendito el Dios y Padre de nuestro Señor Jesucristo, que según su grande misericordia nos hizo renacer para una esperanza viva, por la resurrección de Jesucristo de los muertos, para una herencia incorruptible, incontaminada e inmarcesible, reservada en los cielos para vosotros" (1 P. 1:3-4).**

4. "Y tengo las llaves de la muerte y del Hades" (v. 18). Jesucristo es el Salvador del mundo. Él ha conquistado la muerte y nos puede liberar del juicio y del infierno. Él tiene las llaves para desbloquear tanto la muerte como el infierno y para liberarnos de las ataduras de ambos.

> **"Pero que ahora ha sido manifestada por la aparición de nuestro Salvador Jesucristo, el cual quitó la muerte y sacó a luz la vida y la inmortalidad por el evangelio" (2 Ti. 1:10).**
>
> **"Así que, por cuanto los hijos participaron de carne y sangre, él también participó de lo mismo, para destruir por medio de la muerte al que tenía el imperio de la muerte, esto es, al diablo, y librar a todos los que por el temor de la muerte estaban durante toda la vida sujetos a servidumbre" (He. 2:14-15).**
>
> **"Enjugará Dios toda lágrima de los ojos de ellos; y ya no habrá muerte, ni habrá más llanto, ni clamor, ni dolor; porque las primeras cosas pasaron" (Ap. 21:4).**
>
> **"De cierto, de cierto os digo: El que oye mi palabra, y cree al que me envió, tiene vida eterna; y no vendrá a condenación, mas ha pasado de muerte a vida" (Jn. 5:24).**
>
> **"Todavía un poco, y el mundo no me verá más; pero vosotros me veréis; porque yo vivo, vosotros también viviréis" (Jn. 14:19)**
>
> **"Destruirá a la muerte para siempre; y enjugará Jehová el Señor toda lágrima de todos los rostros; y quitará la afrenta de su pueblo de toda la tierra; porque Jehová lo ha dicho" (Is. 25:8).**

[6] (1:19) ***Revelación, La:*** Estaban las claras instrucciones de Jesucristo. Cristo repite su comisión a Juan. Le dice a Juan que escriba tres cosas. Advierta: estas tres cosas brindan un bosquejo del libro de *Apocalipsis*. Juan debía escribir...

- *las cosas que había visto;* esto es, la visión del Cristo glorificado (capítulos 1-2).
- *las cosas que son:* esto es, el estado y la condición de las iglesias (capítulos 2-3).
- *las cosas que serán en el futuro:* esto es, la consumación de la historia humana, la nueva llegada del Señor Jesucristo y el fin del mundo (capítulos 4-22).

[7] (1:20) ***Iglesia, La:*** Estaba Cristo interpretando la visión para Juan. La interpretación está manifestada claramente.

=> Las siete estrellas son los ángeles de las siete iglesias. La palabra "ángeles" (angelos) significa mensajero así como también ángeles celestiales. Hay diversas ideas acerca de a quién hace referencia el Señor aquí. El peso de la evidencia apunta al significado de que son los ministros de las iglesias.

=> Los siete candeleros son símbolos de las siete iglesias. Recuerde que el símbolo significa: la iglesia mantiene la luz del mundo, la luz gloriosa del Señor Jesucristo.

> **"Vosotros sois la luz del mundo; una ciudad asentada sobre un monte no se puede esconder" (Mt. 5:14).**
>
> **"Porque así nos ha mandado el Señor, diciendo: Te he puesto para luz de los gentiles, a fin de que seas para salvación hasta lo último de la tierra" (Hch. 13:47).**
>
> **"Porque en otro tiempo erais tinieblas, mas ahora sois luz en el Señor; andad como hijos de luz" (Ef. 5:8).**
>
> **"Para que seáis irreprensibles y sencillos, hijos de Dios sin mancha en medio de una generación maligna y perversa, en medio de la cual resplandecéis como luminares en el mundo" (Fil. 2:15).**
>
> **"Porque todos vosotros sois hijos de luz e hijos del día; no somos de la noche ni de las tinieblas" (1 Ts. 5:5).**

	CAPÍTULO 2 **B. El mensaje a Éfeso: La iglesia ortodoxa, pero sin amor, 2:1-7**	4 Pero tengo contra ti, que has dejado tu primer amor. 5 Recuerda, por tanto, de dónde has caído, y arrepiéntete, y haz las primeras obras; pues si no, vendré pronto a ti, y quitaré tu	**4 La queja: Habían abandonado su primer amor** **5 El consejo: Recordar, arrepentirse, hacer**
1 Los destinatarios a. El mensajero de la iglesia b. La iglesia de Éfeso **2 El que habla: Jesús**	1 Escribe al ángel de la iglesia en Éfeso: El que tiene las siete estrellas en su diestra, el que anda en medio de los siete candeleros de oro, dice esto:	candelero de su lugar, si no te hubieres arrepentido. 6 Pero tienes esto, que aborreces las obras de los nicolaítas, las cuales yo también aborrezco.	**6 La advertencia** a. Tu iglesia, tu candelero será quitado b. Tu pureza doctrinal no es suficiente
3 La recomendación a. Para obras y trabajo b. Para constancia c. Para no ser malo d. Para probar y rechazar falsos apóstoles e. Para resistir y no desmayar	2 Yo conozco tus obras, y tu arduo trabajo y paciencia; y que no puedes soportar a los malos, y has probado a los que se dicen ser apóstoles, y no lo son, y los has hallado mentirosos; 3 y has sufrido, y has tenido paciencia, y has trabajado arduamente por amor de mi nombre, y no has desmayado.	7 El que tiene oído, oiga lo que el Espíritu dice a las iglesias. Al que venciere, le daré a comer del árbol de la vida, el cual está en medio del paraíso de Dios.	**7 La promesa: A los vencedores** a. El árbol de la vida b. El Paraíso

DIVISIÓN II

LOS MENSAJES DEL CRISTO GLORIFICADO A LAS SIETE IGLESIAS, 1:9—3:22

B. El mensaje a Éfeso: La iglesia ortodoxa, pero sin amor, 2:1-7

(2:1-7) ***Introducción:*** El pasaje da inicio al gran mensaje de Cristo a las siete iglesias de Asia. Pero advierta un punto significativo: el versículo uno dice que Jesucristo se está dirigiendo a la iglesia de Éfeso, pero Él está en medio de todas las iglesias. Esto significa algo muy maravilloso: la Revelación es para todos los siervos y seguidores del Señor. Él dio la Revelación para que todos los creyentes pudieran conocer las cosas que van a suceder en el fin de los tiempos. Pero advierta: si Jesucristo estaba realizando la Revelación a todos sus siervos, ¿por qué la carta está dirigida a solo siete iglesias en Asia? ¿Por qué no estaba dirigida a todas las iglesias a lo largo de los siglos? El siguiente cuadro muestra claramente qué estamos preguntando.

La revelación fue dirigida a estas iglesias en Asia	***La revelación no fue dirigida a estas iglesias en Asia***
=> Éfeso	=> Troas (Hch. 20:5; 2 Co. 2:12)
=> Esmirna	=> Mileto (Hch. 20:17)
=> Pérgamo	=> Colosas (Col. 1:2)
=> Tiatira	=> Hierápolis (Col. 4:12)
=> Sardis	
=> Filadelfia	
=> Laodicea	

La historia de la Iglesia nos dice que había otras iglesias en Asia además de estas once. Juan por cierto las conocía a todas. ¿Por qué entonces dirigir la revelación solo a siete de las iglesias? Tiene que haber un motivo, puesto que Jesucristo estaba dando la revelación para que todos sus siervos pudieran conocer los acontecimientos del final de los tiempos (v. 1). ¿Cuál es ese motivo? Advierta que Juan no lo dice. Ni siquiera da una pauta. Pero dos cosas nos lo dicen.

=> Pensar sobre el tema nos lleva a una clara conclusión. Las siete iglesias deben ser representativas de otras iglesias. Las características que se encuentran en estas iglesias deben ser el mismo tipo de características que se encuentran en otras iglesias. Cada una de estas iglesias debe representar un determinado tipo o clase de iglesia. Al hablar de las siete iglesias, Jesucristo espera que cada iglesia se identifique y siga la exhortación que se le da a cada una. Él quiere que todos los seguidores sigan las verdades de Apocalipsis; por lo tanto, Él ha elegido siete iglesias que son representativas de todas las iglesias.

=> Las *características* de las iglesias demuestran claramente que las iglesias son *representativas de otras iglesias.* Las condiciones que existieron en cada una de las siete iglesias diferían, y al estudiar los diferentes tipos de iglesias en la sociedad y a lo largo de la historia, vemos claramente que hay siete tipos de iglesias. Por lo tanto, al dirigirse a las siete iglesias, Jesucristo se estaba dirigiendo a todas las iglesias del mundo. Cada iglesia, sin importar su condición, puede descubrir qué tipo de iglesia es haciendo sinceramente un inventario de sus principales rasgos y verificándolos con estas siete iglesias. Esto se ve claramente al estudiar los mensajes a las iglesias.

El punto es este: Los mensajes a las siete iglesias fueron dados para una aplicación personal. Jesucristo espera que nosotros —todas las iglesias y los creyentes— apliquemos los mensajes a la propia situación. Jesucristo espera de nosotros que busquemos en nuestros corazones y sigamos los mensajes dados a estas iglesias. El primer mensaje es a Éfeso, una iglesia ortodoxa, una iglesia que fue fiel a Cristo y a la Palabra de Dios, pero que fue una iglesia sin amor.

1. Los destinatarios (v. 1).
2. El que habla: Jesús (v. 1).
3. La recomendación (vv. 2-3).
4. La queja: Habían abandonado su primer amor (v. 4).
5. El consejo: Recordar, arrepentirse, hacer (v. 5).
6. La advertencia (vv. 5-6).
7. La promesa: A los vencedores (v. 7).

[1] (2:1) ***Iglesia - Ministro:*** Están los destinatarios de esta carta. La carta está dirigida al ministro de la iglesia así como también a la iglesia. Esto es llamativo, puesto que significa que el Señor hace responsable al ministerio por la iglesia y su bienestar. Cristo espera que el ministro estudie y siga el mensaje él mismo y que conduzca a los creyentes a seguir el mensaje.

ESTUDIO A FONDO 1

(2:1) ***Éfeso:*** En su esplendor Éfeso fue la ciudad más importante a lo largo de la costa de Asia Menor. Doscientas treinta ciudades marcaban la línea costera de Asia Menor. Muchas tenían puertos ideales, pero Éfeso era la reina entre estas comunidades costeras. La ciudad había sido fundada para comandar una de las principales rutas de Asia Menor. Su atracción era solo su puerto natural, pero la tierra rica y fértil cubría el área interior.

Por supuesto, Éfeso, era una gran ciudad comercial. Sin embargo, en la mitad del primer siglo, el puerto había tenía tanto limo que el comercio se había reducido dramáticamente desde los días de la gloria de Éfeso. Se habían hecho intentos por dragar el limo, pero los esfuerzos fueron infructuosos y finalmente se abandonaron. Los corazones de las personas no estaban puestos en el empeño. Parte del motivo de esta actitud era el comercio exitoso y fructífero que Éfeso gozaba por su culto religioso. El gran templo de Diana, o Artemisa, estaba allí. Diana era la diosa que tenía una cabeza grotesca y muchos pechos y que se concentraba en el placer sensual de la carne. Los peregrinos encontraban su satisfacción en la prostitución con una hueste de sacerdotisas que rendían culto a la diosa. Se había desarrollado a lo largo de los años un gran comercio de objetos de plata y el comercialismo turístico tenía un gran auge durante todo el año. Esto da cuenta de los plateros que encontraban en las multitudes una fácil manera de generar oposición contra Pablo (Hch. 19:24). A medida que pasaron los años, el gran puerto se llenó cada vez más de limo y los efesios dependían cada vez más del comercio que provenía de su religión y superstición. El puerto natural de Esmirna, que estaba cerca, se convirtió en un puerto más adecuado y comenzó a quitarle cada vez más el tráfico comercial a Éfeso. Como resultado de ello, Éfeso se convirtió en una ciudad agonizante, viviendo de su reputación pasada como centro religioso y filosófico. La gran ciudad de Éfeso estaba enferma, la enfermedad de la injusticia sensual, y la enfermedad hizo su trabajo: corrompió a las personas. La gente, sensual y egocéntrica, perdió su voluntad y su disposición por hacer un comercio recomendable. Así, la enfermedad de Éfeso resultó mortal. El "faro" de Éfeso se hizo pedazos y la luz de Éfeso se apagó (ver Ap. 2:1-7, esp. 5).

La iglesia en Éfeso tuvo un inicio modesto. Cuando Pablo visitó Éfeso, encontró solo a doce creyentes en la ciudad. Habían sido ganados al Señor por el inmaduro y grandilocuente Apolo. Como resultado, habían estado mal informados sobre la presencia del Espíritu Santo. Parecían tener una falta de conciencia del Espíritu en la vida del creyente y de que Él ya había sido enviado al mundo (Hch. 19:1-7). Luego de la orden de Pablo a estos doce, él comenzó a enseñar en la sinagoga. Lo hizo por espacio de tres meses. Pero los judíos estaban endurecidos y se negaban a creer. Murmuraban en contra del mensaje. Por lo tanto, Pablo trasladó la iglesia a la escuela de un filósofo, Tirano. Allí, predicó a Cristo durante dos años completos. Durante este tiempo se dice que la iglesia fue fundamental para difundir la Palabra por toda Asia. "Todos los que habitaban en Asia, judíos y griegos, oyeron la palabra del Señor Jesús" (Hch. 19:10).

El Señor obró milagros especiales a través de Pablo en Éfeso y la iglesia vio algunas cosas asombrosas. De toda la evidencia, lo espectacular era necesario para llegar a la gente. Como siempre, Dios hizo todo lo posible para alcanzar a las personas. Estas experiencias demuestran el gran amor y el movimiento de Dios hacia el hombre (ver Hch. 19:11-20). Al ver estos relatos, debemos tener en mente el contexto de la ciudad. Éfeso era un lecho caliente de magia y superstición oriental. La gente tenía una actitud sensual y emocional, con facilidad de moverse hacia los sentimientos. Eran personas devotas, personas expresivas, personas amorosas, con mucho amor (Ap. 2:1-7, esp. 4).

Mientras Pablo predicaba y Dios obraba milagros, muchos creyeron y la iglesia creció fuertemente. Los creyentes dieron una gran evidencia de cambio de vida viviendo por Cristo en medio de una sociedad inmoral y pagana. En una ocasión, la iglesia demostró su nueva fe fundacional haciendo un gran fuego e incinerando toda su literatura pagana y mágica.

[2] (2:1) ***Jesucristo - Iglesia:*** Está el vocero, Jesucristo mismo. Advierta dos hechos significativos.

1. Jesús es el que tiene el ministerio de las iglesias en sus manos. Esto significa que el ministro...
   - es elegido y escogido del mundo por la mano de Cristo.
   - es nutrido y alimentado por la mano de Cristo.
   - es ubicado donde está por la mano de Cristo.
   - es cuidado, asegurado y protegido por la mano de Cristo.
   - se le da una cercanía especial con Cristo estando sostenido por su mano.
   - se espera que sea un instrumento en la mano de Cristo.
   - es responsable ante la mano de Cristo.
   - se lo hará responsable por la mano de Cristo.

2. Jesucristo es el que anda en medio de las iglesias o de los candeleros de oro. Esto significa...
   - que Cristo está presente en medio de la iglesia.
   - que Cristo ve y conoce todo sobre la iglesia.
   - que Cristo está presente para enseñar y hacer crecer la iglesia.

- que Cristo está presente para proveer a y proteger la iglesia.
- que Cristo está presente para guiar y dirigir la iglesia.
- que Cristo está presente como la Luz del mundo para dar luz a la iglesia.

Advierta también que Cristo está en medio de *todas* las iglesias. No tiene favoritos, no muestra ninguna parcialidad. No hay denominaciones ni barreras con Cristo. Si un cuerpo de creyentes sigue verdaderamente a Cristo, Él está en el medio, justo allí con ellos.

3 (2:2-3) ***Iglesia - Creyentes:*** Está la recomendación. A la iglesia se le encomiendan cinco cosas importantes.

1. La iglesia *obró y trabajó* por Cristo. En griego significa trabajar hasta el punto de agotamiento, sudor y extenuación; obrar y trabajar hasta el límite de las posibilidades de uno. La iglesia era una iglesia trabajadora, obradora, una iglesia comprometida a servir a Cristo y a servirlo hasta la plenitud.

Pensamiento 1: No hay lugar para la pereza o el letargo en la iglesia de Cristo. Cristo espera que todo creyente trabaje para Él, que trabaje hasta el punto de agotamiento. Advierta que Cristo lleva un registro de nuestro trabajo y obra. La idea es que lleva un registro diario: Él sabe de cada gramo de energía que gastamos. Él conoce cuando nos cansamos y nos agotamos y ya no podemos seguir. También sabe cuando debemos estar trabajando y cuándo no.

"Porque tuve hambre, y me disteis de comer; tuve sed, y me disteis de beber; fui forastero, y me recogisteis; estuve desnudo, y me cubristeis; enfermo, y me visitasteis; en la cárcel, y vinisteis a mí" (Mt. 25:35-36).

"Así alumbre vuestra luz delante de los hombres, para que vean vuestras buenas obras, y glorifiquen a vuestro Padre que está en los cielos" (Mt. 5:16).

"Que hagan bien, que sean ricos en buenas obras, dadivosos, generosos" (1 Ti. 6:18).

"Y de hacer bien y de la ayuda mutua no os olvidéis; porque de tales sacrificios se agrada Dios" (He. 13:16).

2. La iglesia *soportó pacientemente.* La palabra significa perseverar y estar listo para servir a Cristo y estar en contra de todas las tentaciones y pruebas de la vida. La iglesia fue rápida en estudiar y proclamar el evangelio y en ministrar a los necesitados.

"Así que, hermanos míos amados, estad firmes y constantes, creciendo en la obra del Señor siempre, sabiendo que vuestro trabajo en el Señor no es en vano" (1 Co. 15:58).

"Con vuestra paciencia ganaréis vuestras almas" (Lc. 21:19).

"Porque os es necesaria la paciencia, para que habiendo hecho la voluntad de Dios, obtengáis la promesa" (He. 10:36).

"Hermanos míos, tened por sumo gozo cuando os halléis en diversas pruebas, sabiendo que la prueba de vuestra fe produce paciencia. Mas tenga la paciencia su obra completa, para que seáis perfectos y cabales, sin que os falte cosa alguna" (Stg. 1:2-4).

"Bienaventurado el varón que soporta la tentación; porque cuando haya resistido la prueba, recibirá la corona de vida, que Dios ha prometido a los que le aman" (Stg. 1:12).

"Por tanto, hermanos, tened paciencia hasta la venida del Señor. Mirad cómo el labrador espera el precioso fruto de la tierra, aguardando con paciencia hasta que reciba la lluvia temprana y la tardía" (Stg. 5:7).

3. La iglesia no puede tolerar a los que fueron malos. Esto se refiere al pecado y la maldad, a los hombres que fueron corruptos y contaminados y que vivieron por el mundo en cambio de hacerlo por Dios. La iglesia no podrá soportar el pecado y la vergüenza, la suciedad y la polución, la mugre y la destrucción del mal.

"Bienaventurados los de limpio corazón, porque ellos verán a Dios" (Mt. 5:8).

"Por lo cual, salid de en medio de ellos, y apartaos, dice el Señor, y no toquéis lo inmundo; y yo os recibiré, y seré para vosotros por Padre, y vosotros me seréis hijos e hijas, dice el Señor Todopoderoso" (2 Co. 6:17-18).

"Así que, amados, puesto que tenemos tales promesas, limpiémonos de toda contaminación de carne y de espíritu, perfeccionando la santidad en el temor de Dios" (2 Co. 7:1).

"Y no participéis en las obras infructuosas de las tinieblas, sino más bien reprendedlas" (Ef. 5:11).

"Pero os ordenamos, hermanos, en el nombre de nuestro Señor Jesucristo, que os apartéis de todo hermano que ande desordenadamente, y no según la enseñanza que recibisteis de nosotros" (2 Ts. 3:6).

"A fin de que el hombre de Dios sea perfecto, enteramente preparado para toda buena obra" (2 Ti. 3:17).

"Seguid la paz con todos, y la santidad, sin la cual nadie verá al Señor" (He. 12:14).

"Puesto que todas estas cosas han de ser deshechas, ¡cómo no debéis vosotros andar en santa y piadosa manera de vivir" (2 P. 3:11).

"No pondré delante de mis ojos cosa injusta. Aborrezco la obra de los que se desvían; ninguno de ellos se acercará a mí" (Sal. 101:3).

"De tus mandamientos he adquirido inteligencia; por tanto, he aborrecido todo camino de mentira" (Sal. 119:104).

"Porque mi boca hablará verdad, y la impiedad abominan mis labios" (Pr. 8:7).

"El temor de Jehová es aborrecer el mal; la soberbia y la arrogancia, el mal camino, y la boca perversa, aborrezco" (Pr. 8:13).

4. La iglesia probó a todos los predicadores y maestros de la iglesia y rechazó a los falsos. Si un maestro confesaba que Jesucristo, el Hijo de Dios, había venido en la carne, era aceptado y se le permitía enseñar. Si negaba que Jesucristo había venido en la carne, no se le permitía enseñar. La iglesia no podía tolerar a los falsos maestros y se mantenía en contra de toda enseñanza falsa. Eran leales a Cristo. Hacían justo lo que exhortan las Escrituras: probaban los espíritus de los maestros.

"Amados, no creáis a todo espíritu, sino probad los espíritus si son de Dios; porque muchos falsos profetas han salido por el mundo. En esto conoced el Espíritu de Dios: Todo espíritu que confiesa que Jesucristo ha venido en carne, es de Dios; y todo espíritu que no confiesa que

Jesucristo ha venido en carne, no es de Dios; y este es el espíritu del anticristo, el cual vosotros habéis oído que viene, y que ahora ya está en el mundo" (1 Jn. 4:1-3; cp. 1 Jn. 2:22-23; Mt. 7:15-20).

5. La iglesia cargó con todo por el bien del nombre de Cristo. Este es un versículo descriptivo, una descripción que conmueve el corazón de los creyentes tiernos: la iglesia...

- soportó
- toleró pacientemente
- trabajó
- no desmayó

¿Por qué? Por el nombre de Cristo. Lo hicieron todo y toleraron tanto por el bien de Cristo.

=> Trabajaron y obraron hasta el punto del agotamiento.
=> Toleraron pacientemente.
=> No soportaron ni trataron con el diablo.
=> Probaron y rechazaron a los falsos maestros.

Esta es una imagen significativa de una iglesia verdadera, de una iglesia que se ha entregado al Señor Jesucristo. Es la imagen de una iglesia que es leal y devota a Cristo, que es totalmente ortodoxa. Es la imagen de lo que una iglesia debe ser. Pero hay algo que falta, algo devastador y destructivo que recae mucho en la vida de la iglesia. Este es el tratamiento de la siguiente nota.

"Y seréis aborrecidos de todos por causa de mi nombre; mas el que persevere hasta el fin, éste será salvo" (Mt. 10:22).

"El que halla su vida, la perderá; y el que pierde su vida por causa de mí, la hallará" (Mt. 10:39).

"Y cualquiera que haya dejado casas, o hermanos, o hermanas, o padre, o madre, o mujer, o hijos, o tierras, por mi nombre, recibirá cien veces más, y heredará la vida eterna" (Mt. 19:29).

"Porque yo les mostraré cuánto le es necesario padecer por mi nombre" (Hch. 9:16).

"Nosotros somos insensatos por amor de Cristo, mas vosotros prudentes en Cristo; nosotros débiles, mas vosotros fuertes; vosotros honorables, mas nosotros despreciados" (1 Co. 4:10).

"Por lo cual, teniendo nosotros este ministerio según la misericordia que hemos recibido, no desmayamos... Por tanto, no desmayamos; antes aunque este nuestro hombre exterior se va desgastando, el interior no obstante se renueva de día en día" (2 Co. 4:1, 16).

"Porque nosotros que vivimos, siempre estamos entregados a muerte por causa de Jesús, para que también la vida de Jesús se manifieste en nuestra carne mortal" (2 Co. 4:11).

"Por lo cual, por amor a Cristo me gozo en las debilidades, en afrentas, en necesidades, en persecuciones, en angustias; porque cuando soy débil, entonces soy fuerte" (2 Co. 12:10).

"Mas tú, oh hombre de Dios, huye de estas cosas, y sigue la justicia, la piedad, la fe, el amor, la paciencia, la mansedumbre. Pelea la buena batalla de la fe, echa mano de la vida eterna, a la cual asimismo fuiste llamado, habiendo hecho la buena profesión delante de muchos testigos" (1 Ti. 6:11-12).

"Presentándote tú en todo como ejemplo de buenas obras; en la enseñanza mostrando integridad, seriedad" (Tit. 2:7).

"Y has sufrido, y has tenido paciencia, y has trabajado arduamente por amor de mi nombre, y no has desmayado" (Ap. 2:3).

4 (2:4) ***Iglesia - Amor - Reincidencia:*** Está la queja. La iglesia perdió a su primer amor. Esto probablemente signifique dos cosas.

1. La iglesia y sus creyentes habían perdido sus sentimientos por Cristo. En griego dice: "amas el primer amor". Los creyentes habían abandonado su primer amor. Cristo ya no estaba *primero* en sus vidas. Estaban colocándose a ellos mismos y a sus propios asuntos en primer lugar, y lo mismo sucedía con la iglesia: sus programas, servicios, ministerios y compañerismo de la iglesia. Se habían vuelto más apegados a la iglesia que a Cristo.

=> Habían perdido sus sentimientos de calidez y ternura por Cristo.
=> Habían perdido su sensibilidad por Cristo, su fervor, su chispa y unción.
=> Ya no tenían compañerismo ni comunión ni oración ni compartían con Cristo, no como lo habían hecho cuando fueron convertidos por primera vez.
=> No andaban en conciencia de la presencia de Cristo, gozando y regocijándose en Él a lo largo del día.

Dicho en forma más simple, no estaban teniendo un compañerismo personal con Cristo, andando y compartiendo con Él como lo habían hecho alguna vez. Ya no estaban tan apegados a Cristo como lo habían estado. Estaban más apegados a otras cosas y a otros asuntos de la vida. Amaban a su iglesia y tenían los sentimientos correctos, y hasta estaban preparados para luchar por la verdad de Cristo. Pero no amaban a Cristo, no en forma personal e íntima, no hasta el grado en que andaban y compartían con Él, en compañerismo y comunión con Él durante todo el día, no en el sentido de que tomaran períodos y estuvieran a solas con Él y oraran y compartieran con Él.

Pensamiento 1: Imagine a un joven que se enamora de una muchacha. Quiere pasar tiempo con ella y compartir con ella. Quiere estar apegado a ella y colocarla en primer lugar en su vida. Este siempre debería ser nuestro deseo con Cristo.

"Y por haberse multiplicado la maldad, el amor de muchos se enfriará" (Mt. 24:12).

"Respondió Jesús y le dijo: El que me ama, mi palabra guardará; y mi Padre le amará, y vendremos a él, y haremos morada con él" (Jn. 14:23).

"Pues el Padre mismo os ama, porque vosotros me habéis amado, y habéis creído que yo salí de Dios" (Jn. 16:27).

"La gracia sea con todos los que aman a nuestro Señor Jesucristo con amor inalterable. Amén" (Ef. 6:24).

"A quien amáis sin haberle visto, en quien creyendo, aunque ahora no lo veáis, os alegráis con gozo inefable y glorioso" (1 P. 1:8).

"Pero tengo contra ti, que has dejado tu primer amor" (Ap. 2:4).

"He aquí, yo estoy a la puerta y llamo; si alguno oye

mi voz y abre la puerta, entraré a él, y cenaré con él, y él conmigo" (Ap. 3:20).

"Anda y clama a los oídos de Jerusalén, diciendo: Así dice Jehová: Me he acordado de ti, de la fidelidad de tu juventud, del amor de tu desposorio, cuando andabas en pos de mí en el desierto, en tierra no sembrada" (Jer. 2:2).

2. La iglesia había perdido su amor por su gente. La iglesia vio una ruptura que sucedió en su compañerismo y su amor entre sí. Cuando se fundó por primera vez la iglesia, existía un profundo amor entre sus miembros (cp. Hch. 20:17-38). La iglesia tenía un corazón amoroso y una mano que tendía con ayuda, una disponibilidad para trabajar juntos incluso durante la persecución. Pero algo ocurrió. ¿Qué? No hay explicación. De modo que todas las cosas que quiebran el compañerismo o que borran el amor son aplicables también: la crítica, las quejas, la envidia y una mente egoísta.

"Un mandamiento nuevo os doy: Que os améis unos a otros; como yo os he amado, que también os améis unos a otros. En esto conocerán todos que sois mis discípulos, si tuviereis amor los unos con los otros" (Jn. 13:34-35).

"Este es mi mandamiento: Que os améis uno a otros, como yo os he amado" (Jn. 15:12).

"El amor sea sin fingimiento. Aborreced lo malo, seguid lo bueno" (Ro. 12:9).

"Os ruego, pues, hermanos, por el nombre de nuestro Señor Jesucristo, que habléis todos una misma cosa, y que no haya entre vosotros divisiones, sino que estéis perfectamente unidos en una misma mente y en un mismo parecer" (1 Co. 1:10).

"Porque aún sois carnales; pues habiendo entre vosotros celos, contiendas y disensiones, ¿no sois carnales, y andáis como hombres?" (1 Co. 3:3).

"Habiendo purificado vuestras almas por la obediencia a la verdad, mediante el Espíritu, para el amor fraternal no fingido, amaos unos a otros entrañablemente, de corazón puro" (1 P. 1:22).

5 (2:5) ***Arrepentimiento - Recordar:*** Hay un consejo. El Señor aconseja a la iglesia que vuelva a Él. Cuando una iglesia o un creyente se desvían, el Señor emite el mismo llamado que emite aquí: Regresar. Hay tres etapas que conforman el regreso.

1. En primer lugar, recordar desde dónde uno ha caído. Hay que volver a pensar sobre su anterior amor por el Señor. Recordar su presencia:

=> los sentimientos de afecto y ternura.
=> el fervor, la chispa y la unción.
=> el compañerismo y la comunión con Él.
=> orar y testificar.
=> la conciencia de su presencia.
=> el gozo y el regocijo de su presencia que llenó su corazón.

Nuevamente, recuerde la presencia del Señor, el amor que existía entre usted y Él.

2. En segundo lugar, arrepentirse, alejarse de lo que fuera que se interpuso entre usted y Cristo y volver a Él. Algo lo alejó de Cristo. Usted está apegado a algo más que lo que lo está a Cristo. Algo está consumiendo sus pensamientos y energías y manteniendo su mente alejada de concentrarse en Cristo y en el compañerismo y la comunión con Él. No está centrando su mente en Él en oración mientras anda a lo largo del día. No está compartiendo y teniendo comunión con Él como entonces. Algo lo ha reemplazado a Él en sus pensamientos y atención. Y usted está más apegado a eso que lo que lo está a Cristo. *Arrepiéntase*, aléjese de ese apego y vuelva a Cristo.

"Y diciendo: Arrepentíos, porque el reino de los cielos se ha acercado"(Mt. 3:2).

"Bienaventurados los que lloran, porque ellos recibirán consolación" (Mt. 5:4).

"Os digo: No; antes si no os arrepentís, todos pereceréis igualmente" (Lc. 13:3).

"Pedro les dijo: Arrepentíos, y bautícese cada uno de vosotros en el nombre de Jesucristo para perdón de los pecados; y recibiréis el don del Espíritu Santo" (Hch. 2:38).

"Así que, arrepentíos y convertíos, para que sean borrados vuestros pecados; para que vengan de la presencia del Señor tiempos de refrigerio" (Hch. 3:19).

"Arrepiéntete, pues, de esta tu maldad, y ruega a Dios, si quizá te sea perdonado el pensamiento de tu corazón" (Hch. 8:22).

"Pero Dios, habiendo pasado por alto los tiempos de esta ignorancia, ahora manda a todos los hombres en todo lugar, que se arrepientan" (Hch. 17:30).

"Si se humillare mi pueblo, sobre el cual mi nombre es invocado, y oraren, y buscaren mi rostro, y se convirtieren de sus malos caminos; entonces yo oiré desde los cielos, y perdonaré sus pecados, y sanaré su tierra" (2 Cr. 7:14).

"Deje el impío su camino, y el hombre inicuo sus pensamientos, y vuélvase a Jehová, el cual tendrá de él misericordia, y al Dios nuestro, el cual será amplio en perdonar" (Is. 55:7).

3. Tercero, haga las primeras cosas que hizo.

=> Empiece ahora a centrar su mente en Cristo y en tomarse el momento justo para orar. Hágalo todo el día con mucha frecuencia. Reconózcalo a Él en todos sus caminos, y Él dirigirá sus senderos (Pr. 3:6).
=> Tómese lapsos fijos para estar a solas con Cristo y estudiar su Palabra y orar (2 Ti. 2:15; 3:16; Ef. 6:18).
=> Comience a caminar como caminaría Cristo si estuviera andando a su lado, paso a paso y hora tras hora. Haga esto desde el momento en que se despierta por la mañana hasta el momento en que se va a dormir por la noche.

6 (2:5-6) ***Advertencia:*** Está la advertencia. Cristo advierte a la iglesia que pierde su amor por Él. La advertencia es doble.

1. Está la advertencia de que Cristo quitará la iglesia (el candelero) de su lugar. ¿Qué significa esto? Significa que Cristo hará que la iglesia deje de ser...

• una verdadera iglesia.
• una verdadera representante de Cristo en la tierra.
• una iglesia del verdadero reino de Dios.
• una iglesia que esté en contacto y en unión con Dios.
• una verdadera luz y testigo respecto del mundo.

• una iglesia del evangelio de Dios.
• cerca de su presencia, de la luz de su presencia.

Este es un juicio terrible. Cuán terrible puede verse observando lo opuesto a lo anterior. Si una iglesia ha sido quitada por Cristo, entonces significa que la iglesia. . .

• no es una verdadera iglesia; es una iglesia falsa.
• no es parte del reino de Dios; es una parte del reino del mundo.
• no está en contacto y unión con Dios; solo está en contacto y unión con el mundo.
• no es una verdadera luz y contacto con el mundo; es una luz y un testigo falsos respecto del mundo.
• no está ante la presencia de Cristo y su luz; está en la oscuridad de este mundo.
• no es una iglesia del evangelio; es una iglesia con un falso evangelio.

Pensamiento 1: ¿Cuántas iglesias han sido quitadas por Cristo? ¿Cuántas iglesias...

• no tienen vida?
• son apagadas?
• son mecánicas?
• no son más que forma?
• carecen de la presencia de Cristo en los cultos?
• carecen de la luz y el testimonio de Cristo y de su poder?

2. Hay una advertencia de que la pureza doctrinal no es suficiente. Esta advertencia será movilizadora para algunos cuando Cristo regrese. ¿Por qué? Porque son sólidos desde el punto de vista doctrinal, pero han perdido su primer amor por Cristo. Advierta cuán doctrinalmente sólidos eran los creyentes efesios.

Se mantuvieron tan firmes en contra de los nicolaítas: Quiénes son los nicolaítas no se sabe. Se piensa que acentuaban dos cosas:

=> que Cristo dejó detrás la ley del Antiguo Testamento e instituyó la ley de la libertad cristiana.

=> que el alma y el espíritu del hombre era mucho más importante que su cuerpo.

Los resultados de esta doctrina pueden verse claramente. Si no hay ley que nos gobierne, entonces podemos hacer lo que queremos y profesamos que creemos en Cristo. Y si el espíritu es lo que realmente significa, entonces puedo hacer lo que quiero con mi cuerpo para hacerme cargo de mi espíritu.

=> Piense cuánta gente cree que puede vivir como quiere para asistir y apoyar la iglesia. Si asisten a la iglesia, creen que pueden vivir como quieren durante la semana.

=> Piense cuánta gente cree que está eternamente segura porque cree en Cristo, ha sido bautizada y pertenece a una iglesia. Sin embargo, viven como quieren durante la semana. Continúan buscando los placeres y las posesiones del mundo y negando la difusión del evangelio y un mundo de necesidades desesperadas. No hay ninguna evidencia de arrepentimiento y de una vida cambiada y santa, no hay evidencia de negación propia, del sacrificio de *todo lo que uno tiene y es.*

El punto es este: La iglesia efesia había predicado y enseñado en contra del error de los nicolaítas. Se habían negado a permitir el error de ingresar a la iglesia. Eran sólidos desde el punto de vista doctrinario, sostenían con firmeza la verdad de Cristo y la Palabra de Dios. Pero carecían de lo principal: el amor por Cristo. Habían perdido su amor por Cristo.

Pensamiento 1: Advierta dos cosas.

1) Cristo no dejó de lado la ley; Él la cumplió. En otras palabras, Jesucristo abraza la ley y mucho más. Él es nuestro ideal y norma. Ya no seguimos la ley, seguimos a Cristo. Pero recuerde: Cristo abraza la ley y mucho más. Por lo tanto, al seguir a Cristo, terminamos cumpliendo con la ley y caminando en mucha mayor pureza y santidad que lo que exige la ley. (Ver Estudio a fondo 2 - Mt. 5:17; Estudio a fondo 2 - Ro. 8:3.)

"No penséis que he venido para abrogar la ley o los profetas; no he venido para abrogar, sino para cumplir" (Mt. 5:17).

"Porque lo que era imposible para la ley, por cuanto era débil por la carne, Dios, enviando a su Hijo en semejanza de carne de pecado y a causa del pecado, condenó al pecado en la carne" (Ro. 8:3).

2) El alma y el espíritu son importantes, pero también lo es el cuerpo. Debemos cuidar toda nuestra persona: espíritu, alma y cuerpo. Debemos mantener puros y santos nuestro cuerpo y espíritu.

"Así que, hermanos, os ruego por las misericordias de Dios, que presentéis vuestros cuerpos en sacrificio vivo, santo, agradable a Dios, que es vuestro culto racional. No os conforméis a este siglo, sino transformaos por medio de la renovación de vuestro entendimiento, para que comprobéis cuál sea la buena voluntad de Dios, agradable y perfecta" (Ro. 12:1-2).

"¿No sabéis que sois templo de Dios, y que el Espíritu de Dios mora en vosotros? Si alguno destruyere el templo de Dios, Dios le destruirá a él; porque el templo de Dios, el cual sois vosotros, santo es" (1 Co. 3:16-17).

"¿O ignoráis que vuestro cuerpo es templo del Espíritu Santo, el cual está en vosotros, el cual tenéis de Dios, y que no sois vuestros? Porque habéis sido comprados por precio; glorificad, pues, a Dios en vuestro cuerpo y en vuestro espíritu, los cuales son de Dios" (1 Co. 6:19-20).

7 (2:7) ***Promesa - Vencedores - Victoria:*** Está la promesa a los vencedores. La palabra *vencedor* da la idea de conflicto y lucha. El *vencedor* es una persona que vence, conquista y obtiene la victoria. Es el triunfador y el conquistador. ¿Qué debe vencer? Todo lo que aleje su corazón y amor de Cristo y lo apegue al mundo. Cualquier posesión, cualquier placer, cualquier cosa que haya empañado el primer amor del creyente por Cristo, eso es lo que debe vencer el creyente.

Advierta que la promesa se realiza a los creyentes en forma individual; por lo tanto, todos los creyentes deben oír los mensajes a las iglesias. Se puede descarriar toda una iglesia, pero es el creyente el que debe vencerlo personalmente. ¿Cómo? Que el que tenga oídos oiga lo que dice el Espíritu y que lo siga y haga lo que dice el Espíritu. Si lo hace, entonces será un vencedor.

Estas son las gloriosas promesas para el vencedor.

1. Al vencedor se le permitirá comer del árbol de la vida. Este es el árbol de Dios, el árbol que da vida, tanto vida plena como eterna.

El árbol de la vida se ve por primera vez en el Huerto del Edén. Adán perdió su derecho de comer de él por su pecado y desobediencia a Dios. Entonces fue echado del huerto y se le prohibió comer del árbol (Gn. 2:9; 16-17; 3:22-24). Ahora bien, el árbol de la vida se le da a los seguidores fieles y victoriosos de Cristo, pero no está garantizado. Solo algunos tienen el derecho a él (Ap. 22:14), y el árbol puede ser quitado (Ap. 22:19).

"Y Jehová Dios hizo nacer de la tierra todo árbol delicioso a la vista, y bueno para comer; también el árbol de vida en medio del huerto, y el árbol de la ciencia del bien y del mal" (Gn. 2:9).

"Y dijo Jehová Dios: He aquí el hombre es como uno de nosotros, sabiendo el bien y el mal; ahora, pues, que no alargue su mano, y tome también del árbol de la vida, y coma, y viva para siempre" (Gn. 3:22).

"Ella es árbol de vida a los que de ella echan mano, y bienaventurados son los que la retienen" (Pr. 3:18).

"El fruto del justo es árbol de vida; y el que gana almas es sabio" (Pr. 11:30).

"Y volviendo yo, vi que en la ribera del río había muchísimos árboles a uno y otro lado...Y junto al río, en la ribera, a uno y otro lado, crecerá toda clase de árboles frutales; sus hojas nunca caerán, ni faltará su fruto. A su tiempo madurará, porque sus aguas salen del santuario; y su fruto será para comer, y su hoja para medicina" (Ez. 47:7, 12).

"El que tiene oído, oiga lo que el Espíritu dice a las iglesias. Al que venciere, le daré a comer del árbol de la vida, el cual está en medio del paraíso de Dios" (Ap. 2:7).

"En medio de la calle de la ciudad, y a uno y otro lado del río, estaba el árbol de la vida, que produce doce frutos, dando cada mes su fruto; y las hojas del árbol eran para la sanidad de las naciones" (Ap. 22:2).

"Yo soy el pan vivo que descendió del cielo; si alguno comiere de este pan, vivirá para siempre; y el pan que yo daré es mi carne, la cual yo daré por la vida del mundo" (Jn. 6:51).

"¿Por qué gastáis el dinero en lo que no es pan, y vuestro trabajo en lo que no sacia? Oídme atentamente, y comed del bien, y se deleitará vuestra alma con grosura" (Is. 55:2).

2. El vencedor se convertirá en ciudadano del paraíso de Dios. El paraíso es el cielo, el lugar donde mora Dios, el lugar...

- de felicidad y éxtasis eternos.
- de perfección y vida eternos.
- de plenitud eterna.
- de amor y gozo eternos.
- de paz y control eternos.
- de trabajo y placer eternos.
- de deber y honra eternos.
- de servicio y satisfacción eternos.

La lista podría continuar infinitamente. Todo lo que es la vida y siempre intentó ser, eso es lo que habrá en el paraíso del cielo. Esta es la promesa gloriosa para el vencedor. (Ver Estudio a fondo 2, Paraíso - Lc. 16:23; Estudio a fondo 2 - 2 Co. 12:4 para mayor discusión al respecto.)

"Entonces Jesús le dijo: De cierto te digo que hoy estarás conmigo en el paraíso" (Lc. 23:43).

"Que fue arrebatado al paraíso, donde oyó palabras inefables que no le es dado al hombre expresar" (2 Co. 12:4).

"El que tiene oído, oiga lo que el Espíritu dice a las iglesias. Al que venciere, le daré a comer del árbol de la vida, el cual está en medio del paraíso de Dios" (Ap. 2:7).

Pensamiento 1: Las promesas al vencedor descriptas a lo largo de este pasaje son significativas. Son un reto dinámico, un reto por conquistar todo lo que evita que vivamos para Cristo.

	C. El mensaje a Esmirna: La iglesia perseguida, 2:8-11		
1 Los destinatarios a. El mensajero de la iglesia b. La iglesia de Esmirna **2 El que habla: Jesús** **3. La recomendación** a. Para la tribulación b. Para soportar la pobreza c. Para la riqueza espiritual d. Para soportar la blasfemia	8 Y escribe al ángel de la iglesia en Esmirna: El primero y el postrero, el que estuvo muerto y vivió, dice esto: 9 Yo conozco tus obras, y tu tribulación, y tu pobreza (pero tú eres rico), y la blasfemia de los que se dicen ser judíos, y no lo son, sino sinagoga de Satanás.	10 No temas en nada lo que vas a padecer. He aquí, el diablo echará a algunos de vosotros en la cárcel, para que seáis probados, y tendréis tribulación por diez días. Sé fiel hasta la muerte, y yo te daré la corona de la vida. 11 El que tiene oído, oiga lo que el Espíritu dice a las iglesias. El que venciere, no sufrirá daño de la segunda muerte.	**4 El consejo** a. El diablo perseguirá b. La persecución será limitada c. No teman, sino sean fieles **5 La promesa: A los vencedores** a. Una corona de vida, v. 10 b. Liberación de la segunda muerte

DIVISIÓN II

LOS MENSAJES DEL CRISTO GLORIFICADO A LAS SIETE IGLESIAS, 1:9—3:22

C. El mensaje a Esmirna: La iglesia perseguida, 2:8-11

(2:8-11) ***Introducción:*** A veces se llama a la iglesia para sufrir una terrible persecución. Esto siempre ha sido cierto a lo largo de la historia, y fue verdaderamente cierto en Esmirna. La iglesia estaba bajo un fuerte ataque de los funcionarios de la comunidad y la ciudad. Y había una persecución más horrible esperando en el horizonte (v. 10). Pero advierta: La iglesia fue fiel a Cristo y a su misión. La iglesia tenía una firme posición por la verdad en contra de todo ataque. Era una iglesia en la que nada estaba equivocado, esto es, nada de gran importancia. Por lo tanto, era una de las pocas iglesias a la que Cristo no tuvo que hacer ninguna advertencia. Esmirna es la imagen de lo que una iglesia debe ser: un testigo dinámico de Jesucristo en todas las circunstancias, independientemente de las pruebas o las tentaciones. Es la imagen de una iglesia que ama al Señor lo suficiente como para apoyarlo incluso cuando la comunidad ataca a sus testigos.

1. Los destinatarios (v. 8).
2. El que habla: Jesús (v. 8).
3. La recomendación (v. 9).
4. El consejo (v. 10).
5. La promesa: A los vencedores (vv. 10-11).

[1] (2:8) ***Iglesia - Ministro:*** Están los destinatarios de la carta. La carta está dirigida al ministro de la iglesia. Recuerde: la palabra griega para ángel (angelos) significa tanto ángel como mensajero. En el caso de la iglesia el mensaje es el mensajero o ministro de la iglesia. Esto es importante, porque significa que el ministro es responsable por la iglesia. En el caso de Esmirna, la iglesia perseguida, el ministro debe tomar la iniciativa para contrarrestar la persecución.

=> Debe mantener una posición de apoyo a Cristo y conducir a que lo haga su gente.

=> No debe doblarse y negar a Cristo; él debe conducir a su gente a que no se doble y niegue a Cristo.

No importa cuan grave sea la persecución, el ministro de la iglesia debe conducir a su gente a sostener alto el bastión de Cristo. Incluso si significa martirio, el ministro y su gente deben hacer lo que Cristo dice en esta carta.

ESTUDIO A FONDO 1

(2:8) ***Esmirna:*** Hay tres hechos históricos que parecen tener peso sobre el mensaje a la iglesia.

1. Esmirna significa amargo. Recibió su nombre de la mirra, uno de sus principales productos comerciales. La mirra era una resina de tipo gomoso tomado de un arbusto y era muy amarga. Se la usaba para fabricar perfume (Sal. 45:8), aceite (Éx. 30:23), para embalsamar (Jn. 19:39), para la purificación de las mujeres (Est. 2:12) y para aliviar y calmar el dolor (Mr. 15:23). Cabe advertir que esta iglesia estaba experimentando lo que su nombre significaba: dolor amargo, aflicción y persecución (Ap. 2:9-10).

2. Esmirna era una ciudad orgullosa, orgullosa de su cultura, de su belleza, de su riqueza comercial, de su vida social. Sus ciudadanos la llamaban *la primera ciudad* de Asia. Había una vanidad municipal entre la gente. Todos trataban de subir la escalera social un escalón más que su prójimo. Todos querían ocupar el primer lugar, el asiento más alto, el mayor de los reconocimientos. Para estos, Cristo proclama fuerte y claramente: "*Yo soy* el primero y el postrero". "*Yo te daré* la corona de la vida" (v. 10).

3. Esmirna estaba persiguiendo severamente a la iglesia. La ciudad tenía una gran cantidad de judíos que tenían gran influencia en la política de la ciudad. Por supuesto, los judíos seguían el Antiguo Testamento y las profecías del Mesías. Muchos de los primeros conversos a Cristo eran judíos. Aquí en Esmirna, la reacción de los judíos era severa. Reaccionaron severamente e hicieron todo lo que pudieron para influir sobre los funcionarios de la ciudad para eliminar la iglesia. El creyente cristiano conocía a Dios personal e íntimamente, por lo tanto, no podía adorar ni participar en los festivales del dios y las diosas de su época. Él estaba marcado. En algunos casos se perdían trabajos y en todos los casos, la vida social dentro de la ciudad estaba demarcada. Se aplicaban burla, abuso, mofa y persecución. Cuando Jesús dice que Él es el primero y el último, es una promesa de que Él está con el creyente en todo momento, desde el primero al último (v. 11). El sabe lo que está atravesando el creyente, porque Él ha sufrido no solo la amenaza de muerte, sino la muerte misma (v. 8).

2 (2:8) ***Jesucristo - Iglesia:*** Está el que habla, Jesucristo mismo. Cristo tiene un mensaje muy especial para la iglesia que está sufriendo problemas y persecución, y su mensaje está envuelto en dos títulos.

1. Cristo dice que Él es *el primero y el último.* Él es la autoridad suprema y el gobernador sobre la vida. Los perseguidores, los funcionarios gubernamentales y algunos ciudadanos que persiguen y ocasionan problemas a otras personas pueden pensar que tienen autoridad sobre la vida, pero no es así. Pueden sostener ser los primeros y los últimos, tener la palabra y la autoridad final, pero son engañados. Hay un único primero y último, una única autoridad suprema, y ese es el Señor Jesucristo, el Hijo de Dios mismo.

a. Esto significa que todos los perseguidores, todos los que afligen y causan problemas a los demás, es mejor que sigan a Cristo. Serán juzgados si usurpan y toman la autoridad sobre la vida humana en sus propias manos. Hay una única autoridad sobre la vida, y ese es el Señor Jesucristo. Por ende, todas las personas deben mirarlo a Él. Toda persona que persigue y ocasiona problemas a otras personas enfrentará su juicio.

"Y de la manera que está establecido para los hombres que mueran una sola vez, y después de esto el juicio" (He. 9:27).

b. Esto significa que todos los creyentes siempre tienen la presencia de Cristo con ellos a lo largo de todos los problemas y persecuciones de la vida. Jesucristo fue el primero y el último; Él siempre está allí. Él está con el creyente...

- cuando se inicia el problema
- cuando se desarrolla el problema
- cuando finaliza el problema

Jesucristo es el primero y el último; Él abarca el tiempo, todos los minutos y las horas del tiempo. Su presencia cubre todos los problemas, circunstancias y dificultades de la vida humana. Jesucristo siempre está a cargo de lo que nos sucede. Controla las circunstancias y el problema sin importar qué pase. Por lo tanto, obrará todas las cosas para nuestro bien.

"Jesús les dijo: De cierto, de cierto os digo: Antes que Abraham fuese, yo soy" (Jn. 8:58).

"Padre, aquellos que me has dado, quiero que donde yo estoy, también ellos estén conmigo, para que vean mi gloria que me has dado; porque me has amado desde antes de la fundación del mundo" (Jn. 17:24).

"Y sabemos que a los que aman a Dios, todas las cosas les ayudan a bien, esto es, a los que conforme a su propósito son llamados" (Ro. 8:28).

"¿Quién nos separará del amor de Cristo? ¿Tribulación, o angustia, o persecución, o hambre, o desnudez, o peligro, o espada?... Antes, en todas estas cosas somos más que vencedores por medio de aquel que nos amó. Por lo cual estoy seguro de que ni la muerte, ni la vida, ni ángeles, ni principados, ni potestades, ni lo presente, ni lo por venir, ni lo alto, ni lo profundo, ni ninguna otra cosa creada nos podrá separar del amor de Dios, que es en Cristo Jesús Señor nuestro" (Ro. 8:35, 37-39).

2. Cristo dice que Él es el único que *estuvo muerto y está vivo de nuevo*. La palabra estuvo (genomenos) en realidad significa *se volvió muerto.* Su muerte fue solo una fase transitoria, un episodio por el que tuvo que pasar. Experimentó la muerte, pero la muerte fue solo algo transitorio para Él. Él triunfó sobre ella. *Vivo* es tiempo aoristo en griego, un acto único y de una vez por todas. Una vez sucedido, está hecho, completado, terminado. Jesús *volvió a la vida*. Resucitó. Por lo tanto, el mensaje a la iglesia de Esmirna es que no importa lo que atraviesen, es un episodio temporal. Incluso si experimentan la muerte, será conquistada. Cristo ha estado personalmente allí y triunfó sobre el dolor y la muerte. Por lo tanto, el creyente vivirá para siempre aunque sea martirizado.

"Porque de tal manera amó Dios al mundo, que ha dado a su Hijo unigénito, para que todo aquel que en él cree, no se pierda, mas tenga vida eterna" (Jn. 3:16).

"De cierto, de cierto os digo: El que oye mi palabra, y cree al que me envió, tiene vida eterna; y no vendrá a condenación, mas ha pasado de muerte a vida" (Jn. 5:24).

"Y esta es la voluntad del que me ha enviado: Que todo aquél que ve al Hijo, y cree en él, tenga vida eterna; y yo le resucitaré en el día postrero" (Jn. 6:40).

"No os ha sobrevenido ninguna tentación que no sea humana; pero fiel es Dios, que no os dejará ser tentados más de lo que podéis resistir, sino que dará también juntamente con la tentación la salida, para que podáis soportar" (1 Co. 10:13).

"Y el Señor me librará de toda obra mala, y me preservará para su reino celestial. A él sea gloria por los siglos de los siglos. Amén" (2 Ti. 4:18).

"Así que, por cuanto los hijos participaron de carne y sangre, él también participó de lo mismo, para destruir por medio de la muerte al que tenía el imperio de la muerte, esto es, al diablo, y librar a todos los que por el temor de la muerte estaban durante toda la vida sujetos a servidumbre" (He. 2:14, 15).

"Bendito el Dios y Padre de nuestro Señor Jesucristo, que según su grande misericordia nos hizo renacer para una esperanza viva, por la resurrección de Jesucristo de los muertos, para una herencia incorruptible, incontaminada e inmarcesible, reservada en los cielos para vosotros" (1 P. 1:3-4).

"Sabe el Señor librar de tentación a los piadosos, y reservar a los injustos para ser castigados en el día del juicio" (2 P. 2:9).

3 (2:9) ***Iglesia - Creyentes:*** Está la recomendación. La iglesia tiene cuatro recomendaciones.

1. La iglesia soportó una terrible tribulación (thlipsin). La palabra significa aflicción, la presión de una aplastante aflicción. Esta palabra indica que las pruebas y persecución fueron muy severas. Pero los creyentes soportaron los ataques y se rehusaron a negar a Cristo. Fueron fieles a Cristo a pesar de todo el ridículo, la burla, el abuso, las maldiciones, la pérdida de propiedades, el posible encarcelamiento y el martirio.

"Y guardaos de los hombres, porque os entregarán a los concilios, y en sus sinagogas os azotarán; y aun ante gobernadores y reyes seréis llevados por causa

de mí, para testimonio a ellos y a los gentiles" (Mt. 10:17-18).

"Entonces os entregarán a tribulación, y os matarán, y seréis aborrecidos de todas las gentes por causa de mi nombre" (Mt. 24:9).

"Pero antes de todas estas cosas os echarán mano, y os perseguirán, y os entregarán a las sinagogas y a las cárceles, y seréis llevados ante reyes y ante gobernadores por causa de mi nombre" (Lc. 21:12).

"Acordaos de la palabra que yo os he dicho: El siervo no es mayor que su señor. Si a mí me han perseguido, también a vosotros os perseguirán; si han guardado mi palabra, también guardarán la vuestra. Mas todo esto os harán por causa de mi nombre, porque no conocen al que me ha enviado" (Jn. 15:20-21).

"Os expulsarán de las sinagogas; y aun viene la hora cuando cualquiera que os mate, pensará que rinde servicio a Dios" (Jn. 16:2).

"Porque a vosotros os es concedido a causa de Cristo, no sólo que creáis en él, sino también que padezcáis por él" (Fil. 1:29).

"Y también todos los que quieren vivir piadosamente en Cristo Jesús padecerán persecución" (2 Ti. 3:12).

"Considerad a aquel que sufrió tal contradicción de pecadores contra sí mismo, para que vuestro ánimo no se canse hasta desmayar" (He. 12:3).

"Amados, no os sorprendáis del fuego de prueba que os ha sobrevenido, como si alguna cosa extraña os aconteciese, sino gozaos por cuanto sois participantes de los padecimientos de Cristo, para que también en la revelación de su gloria os gocéis con gran alegría" (1 P. 4:12-13).

2. La iglesia soportó la pobreza. La idea es la de no tener nada y ser destituido y mendigar. Al parecer muchos fueron echados de sus trabajos y sus propiedades fueron confiscadas por quebrantar la ley. Lo que sucedió fue esto: Roma había instituido una ley que decía que el Estado debía ser la primera lealtad de un ciudadano. Para demostrar dicha lealtad, el ciudadano debía proclamar su lealtad una vez al año. Lo hacía yendo ante los funcionarios locales del gobierno y realizando la declaración: "César es el Señor". Por supuesto, un verdadero creyente y seguidor de Cristo no podía hacer esto, puesto que hay un solo Señor, el Señor Jesucristo. Este fue el motivo por el cual la iglesia fue tan severamente atacada y sufrió tanto. (Ver Estudio a fondo 1, punto 3 - Ap. 2:12 para mayor discusión al respecto.)

"Jesús le dijo: Las zorras tienen guaridas, y las aves del cielo nidos; mas el Hijo del Hombre no tiene dónde recostar su cabeza" (Mt. 8:20).

"Como entristecidos, mas siempre gozosos; como pobres, mas enriqueciendo a muchos; como no teniendo nada, mas poseyéndolo todo" (2 Co. 6:10).

"Porque ya conocéis la gracia de nuestro Señor Jesucristo, que por amor a vosotros se hizo pobre, siendo rico, para que vosotros con su pobreza fueseis enriquecidos" (2 Co. 8:9).

3. La iglesia era rica espiritualmente. Eran pobres exteriormente, pero interiormente eran ricos hacia el Señor y su misión. Eran leales al Señor...

- amándolo y amándose unos a los otros y hasta los que se oponían a ellos (amor *ágape).*
- ministrando a todos los necesitados.
- estudiando y enseñando las Escrituras.
- viviendo vidas justas y santas.

Y debido a su fidelidad, fueron llenados con toda la plenitud de la presencia de Dios. Él vertió sobre ellos las riquezas de su gracia y el fruto de su Espíritu. Al caminar día tras día, fueron llenados con...

- amor
- paciencia
- fe
- gozo
- cordialidad
- humildad
- paz
- bondad
- control propio

Dios los llenó y los llevó a través de todas sus pruebas. Los fortaleció y los asentó, los facultó y les aseguró con su presencia, la presencia de Dios mismo.

"Sino haceos tesoros en el cielo, donde ni la polilla ni el orín corrompen, y donde ladrones no minan ni hurtan" (Mt. 6:20).

"Jesús le dijo: Si quieres ser perfecto, anda, vende lo que tienes, y dalo a los pobres, y tendrás tesoro en el cielo; y ven y sígueme" (Mt. 19:21).

"Vended lo que poseéis, y dad limosna; haceos bolsas que no se envejezcan, tesoro en los cielos que no se agote, donde ladrón no llega, ni polilla destruye" (Lc. 12:33).

"Alumbrando los ojos de vuestro entendimiento, para que sepáis cuál es la esperanza a que él os ha llamado, y cuáles las riquezas de la gloria de su herencia en los santos, y cuál la supereminente grandeza de su poder para con nosotros los que creemos, según la operación del poder de su fuerza" (Ef. 1:18-19).

"Pero Dios, que es rico en misericordia, por su gran amor con que nos amó, aun estando nosotros muertos en pecados, nos dio vida juntamente con Cristo (por gracia sois salvos), y juntamente con él nos resucitó, y asimismo nos hizo sentar en los lugares celestiales con Cristo Jesús, para mostrar en los siglos venideros las abundantes riquezas de su gracia en su bondad para con nosotros en Cristo Jesús" (Ef. 2:4-7).

"Y ciertamente, aun estimo todas las cosas como la pérdida por la excelencia del conocimiento de Cristo Jesús, mi Señor, por amor del cual lo he perdido todo, y lo tengo por basura, para ganar a Cristo" (Fil. 3:8).

"Mi Dios, pues, suplirá todo lo que os falta conforme a sus riquezas en gloria en Cristo Jesús" (Fil. 4:19).

"Pero la gracia de nuestro Señor fue más abundante con la fe y el amor que es en Cristo Jesús" (1 Ti. 1:14).

"Atesorando para sí buen fundamento para lo por venir, que echen mano de la vida eterna" (1 Ti. 6:19).

"Por la fe Moisés, hecho ya grande, rehusó llamarse hijo de la hija de Faraón, escogiendo antes ser maltratado con el pueblo de Dios, que gozar de los deleites temporales del pecado, teniendo por mayores riquezas el vituperio de Cristo que los tesoros de los egipcios; porque tenía puesta la mirada en el galardón" (He. 11:24-26).

"Hermanos míos amados, oíd: ¿No ha elegido Dios a los pobres de este mundo, para que sean ricos en fe y herederos del reino que ha prometido a los que le aman?" (Stg. 2:5).

4. La iglesia soportó todo tipo de calumnias. Las calumnias provenían especialmente de los judíos de la ciudad. Había una gran comunidad de judíos en Esmirna. Sabemos por los historiadores que eran muy prósperos y que hacían muchos presentes a las artes y al desarrollo cultural de la ciudad. Como resultado de ello, tenían gran influencia sobre los funcionarios del gobierno y el gobierno romano local. Como ya se dijo, fueron los judíos los que estaban agitando tanto problema contra la iglesia. Advierta cómo lo hicieron: calumniaron a los creyentes. Utilizaron sus lenguas para...

- ridiculizar
- acusar
- hablar en contra de
- burlarse
- calumniar
- subestimar
- mentir
- criticar
- discriminar
- difundir rumores
- murmurar
- dividir

Pero observe lo que Cristo dice sobre los judíos calumniadores. Pueden profesar ser judíos, pero no lo son. Son la sinagoga de Satanás. ¿Qué significa esto? Los judíos fueron el pueblo elegido por Dios durante el período de la historia del Antiguo Testamento, antes de que Cristo viniera al mundo. Era el pueblo que Dios había criado para que fuera su testigo en la tierra. Pero mucho de ellos fallaron en su creencia y seguimiento de Dios. De hecho, incluso habían matado al Hijo de Dios, el Señor Jesucristo. Los judíos de Esmirna profesaban ser judíos, seguidores de Dios, pero no lo eran. Perseguían a los verdaderos seguidores de Dios, aquellos que creían y adoraban al Señor Jesucristo, el mismo Hijo de Dios. Por lo tanto, no eran adoradores de Dios, no del Dios verdadero y viviente. Por el contrario, eran adoradores de Satanás.

Pensamiento 1: Este es un fuerte mensaje a toda iglesia. Somos un conjunto de Dios, del Dios verdadero y viviente, o bien de Satanás. Todo depende de si adoramos o no al Señor Jesucristo. Somos una verdadera iglesia si proclamamos a y nos ponemos de pie por Cristo en medio de un mundo malo y corrupto, un mundo que calumnia a los que viven vidas justas y santas.

"A cualquiera, pues, que me confiese delante de los hombres, yo también le confesaré delante de mi Padre que está en los cielos. Y a cualquiera que me niegue delante de los hombres, yo también le negaré delante de mi Padre que está en los cielos" (Mt. 10:32-33).

"Porque el que se avergonzare de mí y de mis palabras en esta generación adúltera y pecadora, el Hijo del Hombre se avergonzará también de él, cuando venga en la gloria de su Padre con los santos ángeles" (Mr. 8:38).

"Si sufrimos, también reinaremos con él; si le negáremos, él también nos negará" (2 Ti. 2:12).

"Pero hubo también falsos profetas entre el pueblo, como habrá entre vosotros falsos maestros, que introducirán encubiertamente herejías destructoras, y aun negarán al Señor que los rescató, atrayendo sobre sí mismos destrucción repentina" (2 P. 2:1).

"¿Quién es el mentiroso, sino el que niega que Jesús es el Cristo? Este es anticristo, el que niega al Padre y al Hijo. Todo aquel que niega al Hijo, tampoco tiene al Padre. El que confiesa al Hijo, tiene también al Padre" (1 Jn. 2:22-23).

"Amados, no creáis a todo espíritu, sino probad los espíritus si son de Dios; porque muchos falsos profetas han salido por el mundo. En esto conoced el Espíritu de Dios: Todo espíritu que confiesa que Jesucristo ha venido en carne, es de Dios; y todo espíritu que no confiesa que Jesucristo ha venido en carne, no es de Dios; y este es el espíritu del anticristo, el cual vosotros habéis oído que viene, y que ahora ya está en el mundo" (1 Jn. 4:1-3).

"Todo aquel que confiese que Jesús es el Hijo de Dios, Dios permanece en él, y él en Dios" (1 Jn. 4:15).

[4] (2:10) ***Fiel - Iglesia:*** Está el consejo. Advierta: Cristo le dice a la iglesia que vendrá más persecución. El diablo agitará a los incrédulos del mundo para atacarlos durante diez días. La idea de diez es de brevedad, solo un lapso corto. Advierta un hecho significativo: Dios estaba permitiendo la persecución, y se da el motivo: que los creyentes pudieran ser probados. ¿Qué significa esto? Dios estaba permitiendo que los juzgaran. .

- para que pudieran estar cada vez más cerca de Él y aprender más de Él.
- para que su fe se fortaleciera cada vez más y por ello pudieran ser testigos fuertes ante el mundo. Cuando algunos incrédulos vieran a los creyentes sufrir por la esperanza de la salvación, el Espíritu Santo podría usar su sufrimiento para hablarles. (Ver nota y Estudio a fondo 1 - 1 P. 4:12 para mayor discusión al respecto.)

El consejo de Cristo es un mensaje claro a la iglesia cuando está siendo perseguida: no teman pero sean fieles. No temer parece algo difícil cuando uno está en medio de una persecución. Pero debemos recordar quién es Cristo:

=> El primero y el último: Él está a cargo de todos los acontecimientos y nuestra vida está en sus manos. Él está con nosotros desde el primer acto de persecución hasta el último acto de persecución (ver nota 2, Jesucristo - Iglesia - Ap. 2:8 para mayor discusión).

=> El que estuvo muerto y ahora está vivo: Él vive y es exaltado como el Señor Supremo del universo. Él es capaz de ocuparse de nosotros y convertirnos en testigos dinámicos para Él en medio de la terrible persecución. Él nos consolará y fortalecerá para que seamos fieles. Él nos ayudará a soportar las pruebas y tentaciones de la vida.

"Pues aun vuestros cabellos están todos contados. Así que, no temáis; más valéis vosotros que muchos pajarillos" (Mt. 10:30-31).

"Por lo cual, teniendo nosotros este ministerio según

la misericordia que hemos recibido, no desmayamos" (2 Co. 4:1).

"Y en nada intimidados por los que se oponen, que para ellos ciertamente es indicio de perdición, mas para vosotros de salvación; y esto de Dios. Porque a vosotros os es concedido a causa de Cristo, no sólo que creáis en él, sino también que padezcáis por él" (Fil. 1:28-29).

"Esforzaos y cobrad ánimo; no temáis, ni tengáis miedo de ellos, porque Jehová tu Dios es el que va contigo; no te dejará, ni te desamparará" (Dt. 31:6).

5 (2:10-11) ***Promesa - Vencedor:*** Está la promesa de los vencedores. (Ver nota, Ap. 2:7 para mayor discusión.) La promesa es doble.

1. El vencedor recibirá una corona de vida. Esto simplemente significa la recompensa de la vida eterna, de la vida que continúa por los siglos de los siglos. Los perseguidores pueden tomar nuestra vida en la tierra, pero más rápido que un pestañear de ojos. Dios nos transfiere al cielo. Los hombres pueden matar el cuerpo, pero no pueden matar el alma. No pueden extinguir nuestra vida. Si somos fieles a Cristo, Dios nos lleva a nuestro hogar en el cielo para vivir con Él eternamente. Nos corona con vida eterna. (Ver nota, Stg. 1:12 para mayor discusión al respecto.)

"Y como Moisés levantó la serpiente en el desierto, así es necesario que el Hijo del Hombre sea levantado, para que todo aquel que en él cree, no se pierda, mas tenga vida eterna" (Jn. 3:14-15).

"El que cree en el Hijo tiene vida eterna; pero el que rehúsa creer en el Hijo no verá la vida, sino que la ira de Dios está sobre él" (Jn. 3:36).

"Trabajad, no por la comida que perece, sino por la comida que a vida eterna permanece, la cual el Hijo del Hombre os dará; porque a éste señaló Dios el Padre" (Jn. 6:27).

"Y yo les doy vida eterna; y no perecerán jamás, ni nadie las arrebatará de mi mano" (Jn. 10:28).

"El que ama su vida, la perderá; y el que aborrece su vida en este mundo, para vida eterna la guardará" (Jn. 12:25).

"Y esta es la vida eterna: que te conozcan a ti, el único Dios verdadero, y a Jesucristo, a quien has enviado" (Jn. 17:3).

"Y esta es la promesa que él nos hizo, la vida eterna" (1 Jn. 2:25).

2. El vencedor será librado de la segunda muerte. ¿Qué es la segunda muerte? Las Escrituras nos lo dicen claramente.

"Y la muerte y el Hades fueron lanzados al lago de fuego. Esta es la muerte segunda" (Ap. 20:14).

"Pero los cobardes e incrédulos, los abominables y homicidas, los fornicarios y hechiceros, los idólatras y todos los mentirosos tendrán su parte en el lago que arde con fuego y azufre, que es la muerte segunda" (Ap. 21:8).

La segunda muerte es el lago de fuego, el juicio del infierno eterno y el tormento fuera de la presencia de Dios por los siglos de los siglos. El creyente que vence la persecución escapará a la segunda muerte, al lago de fuego y tormento. El creyente puede que pase la muerte física, pero nunca experimentará la segunda muerte. Será transportado de inmediato a la presencia de Dios para vivir por los siglos de los siglos.

Advierta la exhortación: El que tiene oídos, que oiga lo que el Espíritu Santo le dice a las iglesias. Es el deber de todo creyente y de toda iglesia escuchar este mensaje. Todos debemos mantenernos firmes ante la persecución del mundo: el ridículo, la burla, el abuso, ser ignorados y pasados por alto, ser encarcelados y asesinados. Debemos ser fieles. Las promesas son demasiado grandes como para perderlas: recibiremos la corona de la vida y nunca sufriremos la segunda muerte.

Pensamiento 1: Advierta la certidumbre de este punto: Habrá una segunda muerte. No hay duda, no hay equivocación sobre el asunto. Se lo declara en forma simple y directa. Habrá una segunda muerte, una muerte de la que escaparán todos los hombres. ¿Cómo? Siendo fiel al Señor Jesucristo a través de todas las pruebas y tentaciones de esta vida. Debemos ser fieles al Hijo de Dios incluso si significa posicionarse firmemente en medio de la persecución.

"Y ellos salieron de la presencia del concilio, gozosos de haber sido tenidos por dignos de padecer afrenta por causa del Nombre" (Hch. 5:41).

"Después de haberles azotado mucho, los echaron en la cárcel, mandando al carcelero que los guardase con seguridad. El cual, recibido este mandato, los metió en el calabozo de más adentro, y les aseguró los pies en el cepo. Pero a medianoche, orando Pablo y Silas, cantaban himnos a Dios; y los presos los oían" (Hch. 16:23-25).

"El Espíritu mismo da testimonio a nuestro espíritu, de que somos hijos de Dios. Y si hijos, también herederos; herederos de Dios y coherederos con Cristo, si es que padecemos juntamente con él, para que juntamente con él seamos glorificados" (Ro. 8:16-17).

"Porque esta leve tribulación momentánea produce en nosotros un cada vez más excelente y eterno peso de gloria" (2 Co. 4:17).

"Por tanto, todo lo soporto por amor de los escogidos, para que ellos también obtengan la salvación que es en Cristo Jesús con gloria eterna" (2 Ti. 2:10).

"Porque de los presos también os compadecisteis, y el despojo de vuestros bienes sufristeis con gozo, sabiendo que tenéis en vosotros una mejor y perdurable herencia en los cielos" (He. 10:34).

"Teniendo por mayores riquezas el vituperio de Cristo que los tesoros de los egipcios; porque tenía puesta la mirada en el galardón" (He. 11:26).

	D. El mensaje a Pérgamo: La iglesia corrupta que está casada con el mundo, 2:12-17	a poner tropiezo ante los hijos de Israel, a comer de cosas sacrificadas a los ídolos, y a cometer fornicación.	
1 Los destinatarios a. El mensajero de la iglesia b. La iglesia de Pérgamo **2 El que habla: Jesús** **3 La recomendación:** a. De lealtad al nombre de Cristo b. De pureza en la doctrina	12 Y escribe al ángel de la iglesia en Pérgamo: El que tiene la espada aguda de dos filos dice esto: 13 Yo conozco tus obras, y dónde moras, donde está el trono de Satanás; pero retienes mi nombre, y no has negado mi fe, ni aun en los días en que Antipas mi testigo fiel fue muerto entre vosotros, donde mora Satanás.	15 Y también tienes a los que retienen la doctrina de los nicolaítas, la que yo aborrezco. 16 Por tanto, arrepiéntete; pues si no, vendré a ti pronto, y pelearé contra ellos con la espada de mi boca. 17 El que tiene oído, oiga lo que el Espíritu dice a las iglesias. Al que venciere, daré a comer del maná escondido, y le daré una piedrecita blanca, y en la piedrecita escrito un nombre nuevo, el cual ninguno conoce sino aquel que lo recibe.	b. La doctrina de los nicolaítas. Se infiltró en la iglesia. **5 El consejo: Arrepentirse** **6 La advertencia: Dios vendrá, se opondrá y luchará** **7 La promesa: A los vencedores** a. El maná escondido b. Una piedrecita blanca con un nombre nuevo escrito en ella
4 La queja: Doctrina falsa y mundanalidad a. La doctrina de Balaam: se infiltró en la iglesia	14 Pero tengo unas pocas cosas contra ti: que tienes ahí a los que retienen la doctrina de Balaam, que enseñaba a Balac		

DIVISIÓN II

LOS MENSAJES DEL CRISTO GLORIFICADO A LAS SIETE IGLESIAS, 1:9—3:22

D. El mensaje a Pérgamo: La iglesia corrupta que está casada con el mundo, 2:12-17

(2:12-17) ***Introducción:*** La mundanalidad corrompe a una iglesia. Hay cuatro cosas que hacen que una iglesia se vuelva mundana.

=> La iglesia y sus miembros comienzan a participar de funciones mundanas.

=> La iglesia y sus miembros permiten que se lleven a cabo actividades mundanas en la iglesia y el hogar de sus miembros.

=> La iglesia comienza a bautizar y a aceptar a personas como miembros que no se han arrepentido verdaderamente y se han vuelto del mundo a Cristo.

=> La iglesia y sus miembros permiten enseñanzas y predicación falsas.

Nada corrompe con mayor rapidez una iglesia que la mundanalidad. Pérgamo era una iglesia corrupta, una iglesia mundana. Pérgamo es la imagen de la iglesia corrupta que está casada con el mundo.

1. Los destinatarios (v. 12).
2. El que habla: Jesús (v. 12).
3. La recomendación (v. 13).
4. La queja: Doctrina falsa y mundanalidad (vv. 14-15)
5. El consejo: Arrepentirse (v. 16).
6. La advertencia: Dios vendrá, se opondrá y luchará (v. 16).
7. La promesa: A los vencedores (v. 17).

[1] (2:12) ***Ministro - Iglesia:*** Está el destinatario de esta carta. Esta carta está dirigida al ministro de la iglesia. Si una iglesia se vuelve mundana, el ministro es responsable. Cristo ha convocado al ministro para que conduzca a los creyentes a una vida de negación propia y santidad, a negar las posesiones y placeres de este mundo y a vivir una vida pura y santa. Ha llamado a los ministros a conducir a los creyentes a que se concentren en el cielo y a que vivan en sacrificio. Él ha llamado al ministro para que enseñe a los creyentes a dar todo lo que son y alcanzar a los perdidos y satisfacer las demandas desesperadas de los necesitados. Por lo tanto, si el ministro no está conduciendo a su gente a vivir vidas espirituales, si les está permitiendo seguir tras los placeres y las posesiones del mundo está permitiendo a la iglesia a que se vuelva corrupta con la mundanalidad, el ministro es el responsable. Este es el motivo por el cual la carta está dirigida al ministro. Es tarea del ministro proclamar la verdad de la santificación y separación de una iglesia mundana.

ESTUDIO A FONDO 1

(2:12) ***Pérgamo:*** La ciudad tenía tres motivos de fama que parecen tener un peso sobre el mensaje a la iglesia.

1. Pérgamo era una ciudad bellamente situada con un aire de realeza. Estaba asentada en la cima de una gran montaña, surgiendo empinada y majestuosamente de un hermoso valle. Los ciudadanos de la ciudad podían ver el Mar Mediterráneo a unos veinticinco kilómetros de distancia. Para el viajante que se aproximaba, la ciudad lo impactaba con una sensación de asombro estatal y autoridad real. La iglesia tenía una imagen de "donde mora Satanás" (v. 13) por lo cual iba a sufrir la persecución en manos de la ciudad real bajo el poder del príncipe de este mundo.

2. Pérgamo era uno de los centros culturales y religiosos del mundo. Había sido una ciudad capital durante alrededor de 400 años. Su biblioteca era la segunda después de Alejandría, Egipto. Pero el rasgo más prominente de la ciudad era su acrópolis, que se elevaba unos trescientos metros en medio

de la ciudad. Templo tras templo fue edificado sobre él. Por ejemplo, había un templo a Asclepio, un dios de sanidad con forma de serpiente. Era famoso por su universidad de sacerdotes médicos. Pero el altar más famoso era el de Zeus. Era una visión sobrecogedora, construida sobre un enorme arrecife que hacia las veces de una torre sobre la ciudad. Era el altar más grande, más ornamentado y más famoso del mundo. Tenía doce metros de altura y noventa pies cuadrados. La iglesia sabía qué significaba vivir en una sociedad pagana, como si el trono de Satanás estuviera allí (v. 13). Sabían que iba a ser perseguida (v. 13). Pero también sabía que iba a poner su fe en Él con la espada de dos filos (v. 12). Sabían que Él iba a proveer el maná espiritual verdadero (v. 17) y garantizarle un nuevo nombre en el futuro (v. 17).

3. Pérgamo era el centro imperial y administrativo de Asia. Como tal, era la primera ciudad de Asia que apoyaba abiertamente la adoración imperial, esto es, la adoración del Estado y de su líder. Lo que sucedió fue esto: La conquista romana del mundo había traído paz por lo cual se podría asegurar con mayor facilidad el alimento y el comercio. La vida se volvió mucho más fácil y más cómoda para algunos. Como resultado de ello, surgió un *espíritu romano* en muchas áreas. El gobierno romano capitalizó este espíritu unificador y lo comenzó a centrar en el emperador César. Gradualmente, el gobierno construyó templos, altares e imágenes en honor del César y él se convirtió en un dios. Finalmente, se proclamó una ley que requería que todo ciudadano del imperio fuera al templo una vez al año, se inclinara y dijera: "El César es el Señor". Para demostrar que un hombre había realizado este acto leal a Roma, se requería un certificado por escrito que estuviera en su posesión. Nuevamente, la iglesia sabía qué significaba Cristo cuando proclamó ser el que tenía "una espada de dos filos" (v. 12). Se confiaron mucho en el hecho de que Él sabía "donde moraban" (v. 13). Sabían que iba a vivir donde está "el trono de Satanás" (v. 13) y que iba a sufrir martirios porque se rehusaban a negar a Cristo (v. 13).

2 (2:12) ***Jesucristo - Iglesia:*** Está el que habla, el mismo Señor Jesucristo. Una iglesia que está corrupta por la mundanalidad está cometiendo un delito muy serio contra Cristo. Es un asunto tan crítico que Cristo mismo envía su mensaje a la iglesia. Y advierta cómo Cristo se describe a sí mismo: Él es el que tiene la *espada de dos filos* en la boca. Esto significa al menos dos cosas.

1. La espada de su boca significa su Palabra, la Palabra de Dios. Lo único necesario en una iglesia mundana es la Palabra de Dios.

=> La Palabra de Dios es filosa: Cortará el corazón más mundano y endurecido. Condenará y convencerá a los mundanos de sus pecados y hará un gran corte, separando al pecador de su pecado.

=> La Palabra de Dios es una espada de dos filos: Proclama la ley de Dios y la imperiosa necesidad de vivir una vida justa o bien de enfrentar el juicio y la destrucción. Por otra parte, proclama el amor y la gracia de Dios para los que se separan del mundo y siguen a Jesucristo. Como dice Matthew Henry: "Hay un borde para hacer una herida, y un borde para abrir una herida infectada para que se cure" (*Matthew Henry's Commentary*, Vol. 6. Old Tappan, NJ: Fleming H. Revell, p. 1127).

"Y tomad el yelmo de la salvación, y la espada del Espíritu, que es la palabra de Dios" (Ef. 6:17).

"Y entonces se manifestará aquel inicuo [El anticristo], a quien el Señor matará con el espíritu de su boca, y destruirá con el resplandor de su venida" (2 Ts. 2:8).

"Porque la palabra de Dios es viva y eficaz, y más cortante que toda espada de dos filos; y penetra hasta partir el alma y el espíritu, las coyunturas y los tuétanos, y discierne los pensamientos y las intenciones del corazón" (He. 4:12).

"Tenía en su diestra siete estrellas; de su boca salía una espada aguda de dos filos; y su rostro era como el sol cuando resplandece en su fuerza" (Ap. 1:16).

2. La espada de su boca significa el poder y el juicio de su Palabra. Como se verá en la próxima nota, los creyentes de Pérgamo eran perseguidos y algunos hasta eran martirizados por su fe. Algunos de los funcionarios del gobierno estaban haciendo un mal uso del poder de la espada o ejecución. Estaban asesinando a personas inocentes, en particular a creyentes que se rehusaban a negar a Cristo. Jesucristo está proclamando que el poder de su espada: el poder de su Palabra es mucho mayor. Él tiene el poder de la vida y la muerte sobre todos los hombres. Él puede pronunciar la Palabra y quitar la vida de cualquier persona. Por lo tanto, todos los hombres deben seguir este mensaje. Los que hacen el mal están advertidos de esta manera.

"Por tanto, arrepiéntete; pues si no, vendré a ti pronto, y pelearé contra ellos con la espada de mi boca" (Ap. 2:16).

Advierta otro punto también: Esta es una gran promesa a los creyentes. Si la Palabra de Cristo es tan poderosa, entonces Cristo puede cuidarnos sin importar lo que enfrentamos. Su poder, la espada de su Palabra, es capaz de fortalecer, liberar y salvarnos. Y si ha llegado nuestro momento de dejar este mundo, su Palabra es capaz de transferirnos directamente ante la presencia de Dios para vivir perfeccionados por los siglos de los siglos.

"El cual nos libró, y nos libra, y en quien esperamos que aún nos librará, de tan gran muerte" (2 Co. 1:10).

"Y el Señor me librará de toda obra mala, y me preservará para su reino celestial. A él sea gloria por los siglos de los siglos. Amén" (2 Ti. 4:18).

"Así que, por cuanto los hijos participaron de carne y sangre, él también participó de lo mismo, para destruir por medio de la muerte al que tenía el imperio de la muerte, esto es, al diablo, y librar a todos los que por el temor de la muerte estaban durante toda la vida sujetos a servidumbre" (He. 2:14-15).

"Jehová es mi roca y mi fortaleza, y mi libertador" (2 S. 22:2).

3 (2:13) ***Iglesia - Creyentes:*** Está la recomendación. Se le recomiendan tres cosas a la iglesia.

1. La iglesia era leal al nombre de Cristo a pesar del entorno. La iglesia había estado establecida en un pozo negro de mundanalidad, una ciudad de personas que estaban consumidas

con los placeres, las posesiones y las comodidades del mundo. Advierta: Cristo se refiere a la ciudad como el lugar donde "*mora Satanás*". Sin embargo, los creyentes se rehusaban a negar a Cristo. Una vez al año podían hacer fácilmente su confesión pública de que *César es el Señor*, pero se negaban. Sabían algo mejor; sabían que Cristo y solo Cristo era su Señor. Podrían haber ido silenciosamente con sus asuntos y nunca mencionar a Cristo salvo cuando se encontraban para adorar. Pero se negaron a hacerlo. Querían que sus seres queridos, sus prójimos y amigos conocieran la salvación y la esperanza de la vida eterna que ahora estaba disponible en Cristo. Por lo tanto, daban testimonio de Cristo. Se rehusaban a negarlo. Se rehusaban a postrarse y hacer una profesión falsa a un dios falso, incluso si ese dios era César, la religión del Estado. Se mantenían apegados al único nombre que podía salvarlos, el nombre del Señor Jesucristo.

"A cualquiera, pues, que me confiese delante de los hombres, yo también le confesaré delante de mi Padre que está en los cielos. Y a cualquiera que me niegue delante de los hombres, yo también le negaré delante de mi Padre que está en los cielos" (Mt. 10:32-33).

"Porque el que se avergonzare de mí y de mis palabras en esta generación adúltera y pecadora, el Hijo del Hombre se avergonzará también de él, cuando venga en la gloria de su Padre con los santos ángeles" (Mr. 8:38).

"Os digo que todo aquel que me confesare delante de los hombres, también el Hijo del Hombre le confesará delante de los ángeles de Dios" (Lc. 12:8).

"Que si confesares con tu boca que Jesús es el Señor, y creyeres en tu corazón que Dios le levantó de los muertos, serás salvo. Porque con el corazón se cree para justicia, pero con la boca se confiesa para salvación" (Ro. 10:9-10).

"Y toda lengua confiese que Jesucristo es el Señor, para gloria de Dios Padre" (Fil. 2:11).

"Si sufrimos, también reinaremos con él; si le negáremos, él también nos negará" (2 Ti. 2:12).

"¿Quién es el mentiroso, sino el que niega que Jesús es el Cristo? Este es anticristo, el que niega al Padre y al Hijo. Todo aquel que niega al Hijo, tampoco tiene al Padre. El que confiesa al Hijo, tiene también al Padre" (1 Jn. 2:22-23).

"Todo aquel que confiese que Jesús es el Hijo de Dios, Dios permanece en él, y él en Dios" (1 Jn. 4:15).

2. La iglesia era pura en doctrina. No habían negado la *fe de Cristo*. Creían en Cristo y en la Palabra de Dios, la estudiaban y la enseñaban. No habían negado a Cristo ni a su Palabra. La Palabra de Dios era predicada y enseñada todas las semanas desde el púlpito y las clases de la iglesia.

"Pues habiendo antes padecido y sido ultrajados en Filipos, como sabéis, tuvimos denuedo en nuestro Dios para anunciaros el evangelio de Dios en medio de gran oposición. Porque nuestra exhortación no procedió de error ni de impureza, ni fue por engaño, sino que según fuimos aprobados por Dios para que se nos confiase el evangelio, así hablamos; no como para agradar a los hombres, sino a Dios, que prueba nuestros corazones. Porque nunca usamos de palabras lisonjeras, como sabéis, ni encubrimos avaricia; Dios es testigo; ni buscamos gloria de los hombres; ni de vosotros, ni de otros, aunque podíamos seros carga como apóstoles de Cristo" (1 Ts. 2:2-6).

"Si esto enseñas a los hermanos, serás buen ministro de Jesucristo, nutrido con las palabras de la fe y de la buena doctrina que has seguido" (1 Ti. 4:6).

"Te encarezco delante de Dios y del Señor Jesucristo, que juzgará a los vivos y a los muertos en su manifestación y en su reino, que prediques la palabra; que instes a tiempo y fuera de tiempo; redarguye, reprende, exhorta con toda paciencia y doctrina" (2 Ti. 4:1-2).

"Retenedor de la palabra fiel tal como ha sido enseñada, para que también pueda exhortar con sana enseñanza y convencer a los que contradicen" (Tit. 1:9).

"Pero tú habla lo que está de acuerdo con la sana doctrina" (Tit. 2:1).

3. La iglesia era perseguida y lo soportaba. Por lo menos un creyente fue martirizado, Antipas. Nada se sabe sobre este querido creyente que esté registrado aquí. La tradición dice que fue colocado en un toro de bronce y que fue lentamente tostado hasta morir (A. T. Robertson, *Word Pictures in the New Testament*, Vol. 6. Nashville, TN: Broadman Press, 1933, p. 305).

Advierta: La palabra "mártir" (martus) es la palabra griega común para testigo. A. T. Robertson dice que Antipas fue un testigo tal como decimos que lo fue Jesús (Hch. 1:8). Cristo dio a este hombre su propio título: "mi fiel" (cp. Ap. 1:5; 3:14). Fue fiel hasta la muerte.

Pensamiento 1: Este es un regaño agudo para nosotros hoy día. Solo piense: Las palabras mártir y testigo significan lo mismo. Los primeros creyentes sabían exactamente qué significaba ser un seguidor de Cristo: significaba el compromiso de todo lo que eran y tenían. Significaba la posibilidad de la muerte. Como dice William Barclay:

> *"En la iglesia primitiva ser un mártir y ser un testigo eran la misma cosa. Con mucha frecuencia, ser testigo significaba el martirio. Un cristiano de esas épocas sabía muy bien lo que estaba haciendo, tan pronto como se convertía en cristiano era pasible de muerte. Este es un regaño para nosotros. Hay tantos que están preparados para demostrar su cristianismo en los círculos cristianos, pero que están igualmente no preparados para demostrar su cristianismo en círculos donde el cristianismo se encuentra con el ridículo, el enojo, la indiferencia o la oposición. El cristiano debe recordar que la palabra martus significa a la vez mártir y testigo, y que ser testigo cristiano puede ser, y con frecuencia debe ser, algo costoso" (El Apocalipsis de Juan,* Vol. 1, pp. 113ss.)

"Y guardaos de los hombres, porque os entregarán a los concilios, y en sus sinagogas os azotarán; y aun ante gobernadores y reyes seréis llevados por causa de mí, para testimonio a ellos y a los gentiles" (Mt. 10:17-18).

"Entonces os entregarán a tribulación, y os matarán, y seréis aborrecidos de todas las gentes por causa de mi nombre" (Mt. 24:9).

"Pero antes de todas estas cosas os echarán mano, y os perseguirán, y os entregarán a las sinagogas y a las cárceles, y seréis llevados ante reyes y ante gobernadores por causa de mi nombre" (Lc. 21:12).

"Acordaos de la palabra que yo os he dicho: El siervo no es mayor que su señor. Si a mí me han perseguido, también a vosotros os perseguirán; si han guardado mi palabra, también guardarán la vuestra. Mas todo esto os harán por causa de mi nombre, porque no conocen al que me ha enviado" (Jn. 15:20-21).

"Os expulsarán de las sinagogas; y aun viene la hora cuando cualquiera que os mate, pensará que rinde servicio a Dios" (Jn. 16:2).

"Porque a vosotros os es concedido a causa de Cristo, no sólo que creáis en él, sino también que padezcáis por él" (Fil. 1:29).

"Y también todos los que quieran vivir piadosamente en Cristo Jesús padecerán persecución" (2 Ti. 3:12).

"Considerad a aquel que sufrió tal contradicción [hostilidad] de pecadores contra sí mismo, para que vuestro ánimo no se canse hasta desmayar" (He. 12:3).

"Amados, no os sorprendáis del fuego de prueba que os ha sobrevenido, como si alguna cosa extraña os aconteciese, sino gozaos por cuanto sois participantes de los padecimientos de Cristo, para que también en la revelación de su gloria os gocéis con gran alegría" (1 P. 4:12-13).

4 (2:14-15) ***Enseñanza, falsa - Balaam - nicolaítas:*** Estaba la queja. La iglesia era culpable de falsa doctrina y de gran mundanalidad. Advierta dos acusaciones en contra de la iglesia mundana.

1. La iglesia mundana es culpable de la doctrina de Balaam. ¿Qué significa esto? Significa que la corrupción y la mundanalidad están dentro de la misma iglesia; significa una mezcla de religión con mundanalidad. Balac, el rey moabita que reinaba adyacente a Palestina, le temía a Israel. Para proteger su reino, buscó los servicios de Balaam, un profeta, para maldecir a Israel. Cuando el rey le hizo la propuesta a Balaam, este la rechazó, pero aceptó la segunda oferta. Tres veces Balaam maldijo a Israel, pero sin resultados. Luego concibió un plan insidioso. Él iba a corromperlos. Sugirió que niñas moabitas sedujeran a los hombres israelitas para que se casaran con ellas y los condujeran a adorar a sus dioses idólatras. (Nm. 22-25; cp. 31-16). El esquema funcionó. E Israel, si bien arraigado en Dios, se mezcló con la mundanalidad y por lo tanto, corrupto.

Al parecer lo que había sucedido en la iglesia de Pérgamo era esto: La iglesia...

- había bautizado a algunas personas que nunca se habían arrepentido y abandonado las maneras del Señor.
- había permitido que algunos mundanos enseñaran en la iglesia.
- había permitido una feligresía mezclada de creyentes y no creyentes: algunos vivían vidas separadas de santidad y compromiso de sacrificio por la causa de Cristo y otros vivían vidas mundanas buscando los placeres y las posesiones de este mundo.

El resultado fue trágico: estaban los que fornicaban dentro de la iglesia, esto es, cometían todo tipo de pecados sexuales; y estaban los que participaban en las fiestas de borrachera del mundo, incluso hasta el punto de participar en las fiestas de adoradores idólatras. (Ver bosquejo y notas, 1 Co. 10:14—11:1 para mayor discusión.)

"Y con otras muchas palabras testificaba y les exhortaba, diciendo: Sed salvos de esta perversa generación" (Hch. 2:40).

"Más bien os escribí que no os juntéis con ninguno que, llamándose hermano, fuere fornicario, o avaro, o idólatra, o maldiciente, o borracho, o ladrón; con el tal ni aun comáis" (1 Co. 5:11).

"No os unáis en yugo desigual con los incrédulos; porque ¿qué compañerismo tiene la justicia con la injusticia? ¿Y qué comunión la luz con las tinieblas?" (2 Co. 6:14).

"Por lo cual, salid de en medio de ellos, y apartaos, dice el Señor, y no toquéis lo inmundo; y yo os recibiré, y seré para vosotros por Padre, y vosotros me seréis hijos e hijas, dice el Señor Todopoderoso" (2 Co. 6:17-18).

"Y no participéis en las obras infructuosas de las tinieblas, sino más bien reprendedlas" (Ef. 5:11).

"Pero os ordenamos, hermanos, en el nombre de nuestro Señor Jesucristo, que os apartéis de todo hermano que ande desordenadamente, y no según la enseñanza que recibisteis de nosotros" (2 Ts. 3:6).

"Guárdate de hacer alianza con los moradores de la tierra donde has de entrar, para que no sean tropezadero en medio de ti" (Éx. 34:12).

"Bienaventurado el varón que no anduvo en consejo de malos, ni estuvo en camino de pecadores, ni en silla de escarnecedores se ha sentado" (Sal. 1:1).

2. La iglesia mundana es culpable de la falsa profesión de los nicolaítas (ver nota, punto 2 - Ap. 2:5-6 para mayor discusión).

5 (2:16) ***Arrepentimiento:*** El consejo es arrepentirse. La iglesia y sus creyentes necesitaban arrepentirse y cambiar sus modos. ¿Qué significa esto? La iglesia y los creyentes verdaderos. . .

- necesitaban tratar con los que eran mundanos y conducirlos al arrepentimiento.
- necesitaban cambiar su práctica de aceptar gente en la iglesia solo porque profesaban a Cristo. Debía haber evidencia de arrepentimiento.
- necesitaban disciplina a los que se rehusaban a arrepentirse y elegían continuar con su vida mundana.
- necesitaban dejar de transmitir una sensación de falsa esperanza y de falsa seguridad a los incrédulos bautizándolos cuando hacían una profesión sin verdadero arrepentimiento.
- necesitaban dejar de permitir que los mundanos sedujeran, engañaran y confundieran el camino de otros creyentes de la iglesia.

"Arrepentíos, porque el reino de los cielos se ha acercado" (Mt. 3:2).

"Os digo: No; antes si no os arrepentís, todos pereceréis igualmente" (Lc. 13:3).

"Pedro les dijo: Arrepentíos, y bautícese cada uno de vosotros en el nombre de Jesucristo para perdón de los pecados; y recibiréis el don del Espíritu Santo" (Hch. 2:38).

"Así que, arrepentíos y convertíos, para que sean borrados vuestros pecados; para que vengan de la presencia del Señor tiempos de refrigerio" (Hch. 3:19).

"Arrepiéntete, pues, de esta tu maldad, y ruega a Dios, si quizá te sea perdonado el pensamiento de tu corazón" (Hch. 8:22).

"Pero Dios, habiendo pasado por alto los tiempos de esta ignorancia, ahora manda a todos los hombres en todo lugar, que se arrepientan" (Hch. 17:30).

"Si se humillare mi pueblo, sobre el cual mi nombre es invocado, y oraren, y buscaren mi rostro, y se convirtieren de sus malos caminos; entonces yo oiré desde los cielos, y perdonaré sus pecados, y sanaré su tierra" (2 Cr. 7:14).

"Deje el impío su camino, y el hombre inicuo sus pensamientos, y vuélvase a Jehová, el cual tendrá de él misericordia, y al Dios nuestro, el cual será amplio en perdonar" (Is. 55:7).

6 (2:16) ***Advertencia:*** Está la advertencia. Cristo advierte a la iglesia que se vuelve mundana. Él vendrá rápidamente y le hará la guerra a los mundanos. Advierta esto: El Señor no va a castigar a los creyentes fieles que tienen una mentalidad espiritual. Solo va a castigar a los que se rehúsan a arrepentirse de su mundanalidad. El enojo de Cristo es siempre contra los impuros. Cristo nunca va a castigar a los miembros espirituales de una iglesia, solo a los miembros mundanos. Advierta cómo: con la espada de su boca, esto es, con el poder de su Palabra. Su Palabra es lo suficientemente fuerte como *para juzgar* todo lo mundano, sin importar quiénes son o cuántos puedan ser.

Pensamiento 1: Advierta esto: La iglesia en su totalidad es responsable de permitir que se bautice a los mundanos. El mandamiento de Cristo es arrepentirse y creer en el evangelio. La creencia verdadera siempre involucra arrepentimiento: alejarse del mundo hacia Cristo, negación total del yo, el compromiso total de todo lo que uno es y tiene hacia Cristo y su causa de misiones mundanas.

"¿Cómo escaparemos nosotros, si descuidamos una salvación tan grande? La cual, habiendo sido anunciada primeramente por el Señor, nos fue confirmada por los que oyeron" (He. 2:3).

"No dejando de congregarnos, como algunos tienen por costumbre, sino exhortándonos; y tanto más, cuanto veis que aquel día se acerca" (He. 10:25).

"Así que vosotros, oh amados, sabiéndolo de antemano, guardaos, no sea que arrastrados por el error de los inicuos, caigáis de vuestra firmeza" (2 P. 3:17).

7 (2:17) ***Vencedores - Promesa:*** Está la gran promesa a los vencedores. La promesa es doble.

1. Al vencedor se le da el derecho de comer el maná o el pan del cielo. Esta es una referencia al maná que se utilizó para alimentar a los hijos de Israel durante su estadía en el desierto. Dios realmente hizo que el maná o pan lloviera del cielo sobre ellos (Éx. 16:4). El punto a tener en cuenta es que el maná fue dado por Dios para alimentarlos y mantenerlos vivos durante su deambular por el desierto. Ahora bien, ¿qué significa el *maná escondido*? ¿Qué es el pan del cielo? Significa Cristo mismo. Al vencedor se le da el derecho de alimentarse de Cristo. Esto es exactamente lo que dijo Cristo mismo.

"Otro es el que da testimonio acerca de mí, y sé que el testimonio que da de mí es verdadero. Vosotros enviasteis mensajeros a Juan, y él dio testimonio de la verdad" (Jn. 6:32-33).

"Jesús les dijo: Yo soy el pan de vida; el que a mí viene, nunca tendrá hambre; y el que en mí cree, no tendrá sed jamás" (Jn. 6:35).

"Yo soy el pan vivo que descendió del cielo; si alguno comiere de este pan, vivirá para siempre; y el pan que yo daré es mi carne, la cual yo daré por la vida del mundo" (Jn. 6:51).

"Este es el pan que descendió del cielo; no como vuestros padres comieron el maná, y murieron; el que come de este pan, vivirá eternamente" (Jn. 6:58).

El pan o maná de Dios no es pan físico ni material. Dios en realidad promete proveer las necesidades físicas de *sus seguidores* (Mt. 6:24-23). Pero el pan físico y material no es de lo que estaba hablando Cristo en este pasaje. El pan material y físico dura solo un corto lapso. Una vez consumido, se termina. Su satisfacción pasa y el hambre feroz del hombre vuelve a aparecer. Pero el pan de Dios es pan espiritual, es decir, alimento espiritual para el alma (ver nota, Ef. 1:3). Es el pan que el hombre realmente necesita más que ninguna otra cosa en la tierra. Es el único pan que puede alimentar y satisfacer *permanentemente* la necesidad del hombre de...

- apetito feroz
- vacío
- desasosiego
- soledad
- carencia
- falta de propósito, significado y sentido

"Este es el pan que desciende del cielo, para que el que de él come, no muera. Yo soy el pan vivo que descendió del cielo; si alguno comiere de este pan, vivirá para siempre; y el pan que yo daré es mi carne, la cual yo daré por la vida del mundo" (Jn. 6:50-51).

"Jesús les dijo: De cierto, de cierto os digo: Si no coméis la carne del Hijo del Hombre, y bebéis su sangre, no tenéis vida en vosotros. El que come mi carne y bebe mi sangre, tiene vida eterna; y yo le resucitaré en el día postrero" (Jn. 6:53-54).

"Como me envió el Padre viviente, y yo vivo por el Padre, asimismo el que me come, él también vivirá por mí. Este es el pan que descendió del cielo; no como vuestros padres comieron el maná, y murieron; el que come de este pan, vivirá eternamente" (Jn. 6:57-58).

El pan celestial, Cristo mismo, da vida al hombre. El propósito mismo del pan es el de dar vida. El pan da vida al...

- nutrir y sostener
- satisfacer
- energizar
- crear deseo (la necesidad) de más (Ver nota, Lc. 4:3-4. Cp. Neh. 9:15).
- ser comido en forma periódica.

Advierta que Jesucristo mismo da vida al vencedor haciendo lo mismo. Jesucristo...

- nutre y sostiene
- satisface

- energiza
- crea deseo (la necesidad) de más (Ver nota Lc. 4:34. Cp. Neh. 9:15).
- alimenta en forma periódica

El punto se ve claramente: La persona que vence la mundanalidad, que deja de alimentarse del mundo, a esa persona le será dado el alimento del cielo. Se le permitirá comer el pan eterno del cielo. Nunca morirá.

Advierta que el maná está escondido. Esto simplemente significa que Cristo está escondido a las personas mundanas de la tierra. Los mundanos no ven ni se alimentan del pan del cielo. Cristo está escondido de los mundanos.

2. Al vencedor se le da una piedrecita blanca con un nuevo nombre escrito en ella. Hay una innumerable cantidad de especulaciones respecto de qué es esa piedra. Hay una sola cosa clara en su referencia a ella, y es mejor atenerse a las Escrituras. La piedrecita blanca es el medio de ser admitido al cielo, a la presencia de Dios. Al vencedor se le permite estar ante la presencia de Dios debido a la piedrecita blanca. Advierta que se escribe un nombre nuevo en la piedra. Esto debe significar el nombre de Jesucristo o bien el del mismo creyente.

=> Si el nombre es el de Cristo, entonces el significado es este: El nombre de Jesucristo es el único nombre aceptado para entrar al cielo. Una persona debe tener la piedrecita blanca con el nombre de Cristo escrito en ella para poder ser admitido ante la presencia de Dios.

=> Si el nombre es el del creyente, entonces al creyente se le entrega la piedrecita blanca como un boleto de entrada al cielo. La piedra debe tener su nombre en ella para poder ser admitido.

Advierta: El miembro de la iglesia que tiene oídos debe oír este mensaje a la iglesia mundana. Nunca podrá vencer los ataques de la mundanalidad a no ser que siga este mensaje. Oír y seguir es su única esperanza de conquistar la mundanalidad seductora de esta tierra.

> **"Jesús le dijo: Yo soy el camino, y la verdad, y la vida; nadie viene al Padre, sino por mí" (Jn. 14:6).**
>
> **"Porque todo aquel que invocare el nombre del Señor, será salvo" (Ro. 10:13).**

	E. El mensaje a Tiatira: La iglesia transigente o permisiva, 2:18-29		
1 Los destinatarios a. El mensajero de la iglesia b. La iglesia de Tiatira **2 El que habla: Jesús** **3 La recomendación de obras** a. De amor y servicio b. De fe y paciencia c. De expandir ministerios **4 La queja: Permitir enseñar a Jezabel** a. Toleran profetizas falsas b. Toleran enseñanzas falsas, seducción, fornicación e idolatría **5 La advertencia a los condescendientes y corruptos** a. A Jezabel: Ella será arrojada en una cama de grandes pruebas	18 Y escribe al ángel de la iglesia en Tiatira: El Hijo de Dios, el que tiene ojos como llama de fuego, y pies semejantes al bronce bruñido, dice esto: 19 Yo conozco tus obras, y amor, y fe, y servicio, y tu paciencia, y que tus obras postreras son más que las primeras. 20 Pero tengo unas pocas cosas contra ti: que toleras que esa mujer Jezabel, que se dice profetisa, enseñe y seduzca a mis siervos a fornicar y a comer cosas sacrificadas a los ídolos. 21 Y le he dado tiempo para que se arrepienta, pero no quiere arrepentirse de su fornicación. 22 He aquí, yo la arrojo en cama, y en gran tribulación a los que con ella adulteran, si no se arrepienten de las obras de ella.	23 Y a sus hijos heriré de muerte, y todas las iglesias sabrán que yo soy el que escudriña la mente y el corazón; y os daré a cada uno según vuestras obras. 24 Pero a vosotros y a los demás que están en Tiatira, a cuantos no tienen esa doctrina, y no han conocido lo que ellos llaman las profundidades de Satanás, yo os digo: No os impondré otra carga; 25 pero lo que tenéis, retenedlo hasta que yo venga. 26 Al que venciere y guardare mis obras hasta el fin, yo le daré autoridad sobre las naciones, 27 y las regirá con vara de hierro, y serán quebradas como vaso de alfarero; como yo también la he recibido de mi Padre; 28 y le daré la estrella de la mañana. 29 El que tiene oído, oiga lo que el Espíritu dice a las iglesias.	b. A los seguidores de Jezabel: El mismo destino c. El propósito de la advertencia: 1) Honrar a Jesús 2) Hacer justicia **6 El consejo: A los fieles** a. No habrá ninguna otra carga ni exigencia para los fieles b. Deben mantenerse fieles **7 La promesa: A los vencedores** a. Se les dará autoridad y poder sobre las naciones b. Se les dará la estrella de la mañana

DIVISIÓN II

LOS MENSAJES DEL CRISTO GLORIFICADO A LAS SIETE IGLESIAS, 1:9—3:22

E. El mensaje a Tiatira: La iglesia transigente o permisiva, 2:18-29

(2:18-29) ***Introducción:*** La transigencia destruirá a una iglesia. Vivimos en un mundo de concesiones donde la gente busca sus propios intereses a cualquier costo. Las personas venden su alma por las posesiones, el poder y los placeres de este mundo. Tanto los jóvenes como los ancianos concederán y seguirán adelante; harán casi todo para...

- obtener atención
- ser populares y aceptables
- asegurar sus trabajos
- obtener promociones
- obtener buenas notas
- obtener más dinero
- obtener casas más grandes
- vivir en un vecindario mejor
- obtener más poder

La lista puede continuar infinitamente, pero el punto está claramente marcado. La gente concede lo que sabe que es correcto con el objeto de obtener lo que quieren. Esto es lo que estaban haciendo los miembros de la iglesia de Tiatira. La iglesia de Tiatira es una imagen de la iglesia transigente, una iglesia llena de creyentes que estaban cediendo al mundo para cumplir sus deseos personales.

1. Los destinatarios (v. 18).
2. El que habla: Jesús (v. 18).
3. La recomendación de obras (v. 19).
4. La queja: Permitir enseñar a Jezabel (vv. 20-21).
5. La advertencia a los condescendientes y corruptos (vv. 22-23).
6. El consejo: A los fieles (vv. 24-25).
7. La promesa: A los vencedores (vv. 26-29).

[1] (2:18) ***Iglesia - Ministro:*** Está el destinatario. El ministro es responsable por la iglesia. Por lo tanto, el Señor dirige esta carta a él. El ministro debe proclamar la verdad a la iglesia de que está siendo condescendiente con el mundo. Si algunos de los miembros han comenzado a conceder cosas al mundo, es deber del ministro declararles la Palabra de Dios, proclamar exactamente lo que Cristo dice en este mensaje. Y advierta cuán serio es para Jesús el problema de la condescendencia. Tiatira era la más pequeña de las siete iglesias, pero este mensaje es más largo que los demás. Cristo tiene más para decir a una iglesia condescendiente que a cualquier otra.

ESTUDIO A FONDO 1

(2:18) ***Tiatira:*** Hay dos hechos históricos que parecen tener peso sobre el mensaje del Señor a la iglesia.

1. Tiatira era una ciudad de frontera, la ciudad menos importante de las siete mencionadas en Apocalipsis. Estaba ubicada en un camino que se extendía a lo largo de un gran valle entre Pérgamo y Sardis. No tenía entornos que se pudieran defender. Sus ciudadanos solo podían esperar luchar una acción demorada de Pérgamo. La iglesia sabía qué era esperar de Alguien que podía *ver* todas las circunstancias y que atraparía a todos los enemigos bajo sus pies (vv. 18, 26-27). La iglesia sabía lo que era *actuar con rapidez* (vv. 26-27).

2. Tiatira era renombrada por sus sindicatos o uniones comerciales. Estas uniones tenían dos funciones principales: comerciales y sociales. Las dos principales industrias de la ciudad eran la tintura y la lana. Estos productos además del gran camino que atravesaba la ciudad traía a mercaderes de todo el mundo. Toda la vida de la comunidad estaba centrada en los sindicatos o uniones comerciales. Su función con frecuencia involucraba una comida que habitualmente se llevaba a cabo dentro de los recintos del templo. Lo social incluía un sacrificio a los dioses y generalmente terminaba con algún asunto inmoral de borrachera.

Advierta que la iglesia conocía la atracción de las enseñanzas seductoras de Jezabel. Esto probablemente se refiera a una mujer dentro de la iglesia que enseñaba una idea que parecía ser muy práctica y razonable. ¿De qué se trataba? De que los creyentes apoyaran las funciones sociales de sus sindicatos o uniones comerciales, incluso si la función social fuera mundana. Los creyentes tenían que participar en las funciones comerciales y sociales de la comunidad para asegurarse a sí mismos y sus trabajos y a fin de prosperar. Reducir la santidad y la moralidad cristiana era algo necesario para garantizar la aceptación social y la supervivencia del trabajo o actividad comercial (v. 20). Se pensaba que Dios iba a comprender. Pero la iglesia conocía al que "tiene ojos como llama de fuego" y lo ve todo (vv. 18-19). Conocía al que iba a aplastar a todos los enemigos bajo sus pies (v. 18) y al que iba a buscar los corazones de todos y recompensarlos de acuerdo a sus obras (v. 23). Advierta que Tiatira es la ciudad de donde provino Lidia, la vendedora de púrpura (Hch. 16:14, 40).

[2] (2:18) ***Jesucristo - Iglesia:*** Está el que habla, el Señor Jesucristo mismo. Advierta cómo Cristo se describe a sí mismo ante la iglesia condescendiente.

1. Cristo declara que Él es el Hijo de Dios. Él es el único a quien una persona le debe la vida. Una persona no debe dar su vida al mundo ni a nadie más. Debe dar su vida al Hijo de Dios, a Jesucristo mismo. Una persona debe...

- creer en Cristo
- seguir a Cristo
- obedecer a Cristo
- volverse apegado a Cristo
- amar a Cristo

Ninguna persona, especialmente un creyente, debe ser condescendiente con el mundo. No debe haber ningún apego ni amor por el mundo. Una persona le debe su vida, todo lo que tiene y es, al Hijo de Dios.

"Y decía a todos: Si alguno quiere venir en pos de mí, niéguese a sí mismo, tome su cruz cada día, y sígame" (Lc. 9:23).

"Si alguno viene a mí, y no aborrece a su padre, y madre, y mujer, e hijos, y hermanos, y hermanas, y aun también su propia vida, no puede ser mi discípulo. Y el que no lleva su cruz y viene en pos de mí, no puede ser mi discípulo" (Lc. 14:26-27).

"Porque si vivís conforme a la carne, moriréis; mas si por el Espíritu hacéis morir las obras de la carne, viviréis" (Ro. 8:13).

"Pero los que son de Cristo han crucificado la carne con sus pasiones y deseos" (Gá. 5:24).

"No améis al mundo, ni las cosas que están en el mundo. Si alguno ama al mundo, el amor del Padre no está en él. Porque todo lo que hay en el mundo, los deseos de la carne, los deseos de los ojos, y la vanagloria de la vida, no proviene del Padre, sino del mundo" (1 Jn. 2:15-16).

2. Cristo declara que sus ojos son como llama de fuego. Cristo lo ve todo. Ve cuando una persona está concediendo, concediendo en la oscuridad, detrás de puertas cerradas, en las oficinas y casas del mundo. Ve toda concesión que miente, roba, engaña, comete inmoralidad, se intoxica, toma drogas. Ve toda enseñanza seductora y la confusión de la gente por parte de otras personas dentro de la iglesia. Ve, oye y recompensa a todos según sus obras (v. 23). Y advierta: también ve y ayuda a los fieles a mantenerse firmes cuando se los tienta (v. 25).

"Si pequé, tú me has observado, y no me tendrás por limpio de mi iniquidad" (Job 10:14).

"Pero ahora me cuentas los pasos, y no das tregua a mi pecado" (Job 14:16).

"Aunque te laves con lejía, y amontones jabón sobre ti, la mancha de tu pecado permanecerá aún delante de mí, dijo Jehová el Señor" (Jer. 2:22).

"Porque mis ojos están sobre todos sus caminos, los cuales no se me ocultaron, ni su maldad se esconde de la presencia de mis ojos" (Jer. 16:17).

"Y vino sobre mí el Espíritu de Jehová, y me dijo: Di: Así ha dicho Jehová: Así habéis hablado, oh casa de Israel, y las cosas que suben a vuestro espíritu, yo las he entendido" (Ez. 11:5).

"Y no consideran en su corazón que tengo en memoria toda su maldad; ahora les rodearán sus obras; delante de mí están" (Os. 7:2).

"Porque yo sé de vuestras muchas rebeliones, y de vuestros grandes pecados; sé que afligís al justo, y recibís cohecho, y en los tribunales hacéis perder su causa a los pobres" (Am. 5:12).

"Porque nada hay encubierto, que no haya de descubrirse; ni oculto, que no haya de saberse" (Lc. 12:2).

"Así que, no juzguéis nada antes de tiempo, hasta que venga el Señor, el cual aclarará también lo oculto de las tinieblas, y manifestará las intenciones de los corazones; y entonces cada uno recibirá su alabanza de Dios" (1 Co. 4:5).

3. Cristo declara que sus pies son como bronce. Cristo puede aplastar con firmeza toda enseñanza seductora y condescendencia. Sus pies aplastarán a todos los que hagan concesiones al mundo. Además, sus pies aplastarán a todos los falsos maestros de la

condescendencia. El motivo es claro: Él es el único portavoz y mensajero de Dios. Todos los demás son falsos. Por lo tanto, se los debe juzgar y maldecir. Advierta que Jezabel proclamaba ser una profetisa, una portavoz, una mensajera de Dios.

> **"El sabio tiene sus ojos en su cabeza, mas el necio anda en tinieblas; pero también entendí yo que un mismo suceso acontecerá al uno como al otro" (Ec. 2:14).**
>
> **"En el día en que Dios juzgará por Jesucristo los secretos de los hombres, conforme a mi evangelio" (Ro. 2:16).**
>
> **"De éstos también profetizó Enoc, séptimo desde Adán, diciendo: He aquí, vino el Señor con sus santas decenas de millares, para hacer juicio contra todos, y dejar convictos a todos los impíos de todas sus obras impías que han hecho impíamente, y de todas las cosas duras que los pecadores impíos han hablado contra él" (Jud. 14, 15).**
>
> **"De su boca sale una espada aguda, para herir con ella a las naciones, y él las regirá con vara de hierro; y él pisa el lagar del vino del furor y de la ira del Dios Todopoderoso" (Ap. 19:15).**
>
> **"Delante de Jehová que vino; porque vino a juzgar la tierra. Juzgará al mundo con justicia, y a los pueblos con su verdad" (Sal. 96:13).**

3 (2:19) ***Iglesia - Creyentes:*** Está la recomendación. Tiatira era una iglesia muy activa, involucrada en todo tipo de obras para el Señor. Y advierta: Cristo dice que Él sabe todo acerca de sus *obras para Él:*

> **"Yo conozco tus obras, y amor, y fe, y servicio, y tu paciencia, y que tus obras postreras son más que las primeras" (v. 19).**

1. Hubo obras de amor y servicio. Entre estas se encontrarían los ministerios que especialmente demostraran amor. Esto es, los ministerios que se concentraran en demostrar preocupación e interés, ocupación y provisión. Dichos ministerios incluirían...

- el evangelismo: alcanzar a los perdidos
- los hambrientos
- los jóvenes: hacerlos crecer y desarrollarse
- los que no tienen dónde vivir
- los adultos
- los que están encerrados
- los ancianos
- los extranjeros
- los estudiantes universitarios
- los prisioneros
- los necesitados
- los pobres
- los huérfanos
- los padres solteros y el hijo

2. Hubo obras de fe y de paciente tolerancia. Estas incluirían ministerios que exigían una fuerte fe y tolerancia para poder llevarlas a cabo. Estas incluirían...

- carencia de dinero o de personal o de espacio o de cualquier otro recurso, pero creyendo en Dios y apegándose a Él hasta que funcionara el ministerio.
- enfrentar a la oposición, pero creyendo en Dios y yendo hacia adelante y perseverando en el ministerio.
- enfrentar un ministerio difícil tal como visitar incrédulos o prisioneros o lo que fuera, pero confiando en Dios y siguiendo adelante de todos modos.
- ser requerido sacrificar tiempo o dinero o posesiones, pero haciéndolo porque se cree en Dios.
- estar cansado y exhausto y no querer participar en un ministerio en particular, pero confiando en Dios y avanzando y perseverando en Él.
- sentirse inadecuado e incapaz, pero aceptando el desafío, creyendo en Dios y soportando en el ministerio.

3. Incluso hubo un gran crecimiento en los ministerios de la iglesia. La iglesia creció y se expandió. Creció cada vez más. Aparentemente era lo más activa posible, ministrando a la comunidad de todas las maneras en que debería hacerlo una iglesia, y continuó creciendo.

> ***Pensamiento 1:*** Piense en el tipo de iglesia que se está describiendo: Dinámica, vibrante, viva, satisfaciendo todas las necesidades de la comunidad, teniendo todos los ministerios que iban desde un armario para alimentos y vestidos hasta alcanzar a los perdidos con un programa periódico de visitas. La iglesia estaba llena de actividad y energía y atestada de gente. Sin embargo, la iglesia estaba muy lejos de ser lo que debía haber sido. Era una iglesia condescendiente y corrupta.
>
> Permitía que una maestra que hacía concesiones al mundo enseñara allí, y permitía que los mundanos fueran bautizados y aceptados en la iglesia sin arrepentirse y alejarse de los placeres, las posesiones y las inmoralidades del mundo. La iglesia parecía ser la más viviente y dinámica de la zona, pero no lo era, no para el Señor. Para el Señor, la iglesia era corrupta por su condescendencia al mundo. Este es el tema a tratar en la siguiente nota.

4 (2:20-21) ***Iglesia - Reincidencia - Enseñanza, falsa:*** Estaba la queja. La queja hace surgir nuestro interés de inmediato, puesto que se emplea el nombre Jezabel. La iglesia estaba acusada de permitir que una Jezabel enseñara en la iglesia. Esto significa dos cosas.

1. La iglesia estaba tolerando que una falsa profetisa enseñara dentro de la iglesia. Advierta que ella se denominaba a sí misma profetisa. Sostenía que Dios la había convocado y le había dado el don de enseñar y proclamar la verdad. Por lo tanto, la iglesia la designó como maestra y le dio el derecho de enseñar en la iglesia.

2. La iglesia estaba tolerando *enseñanzas falsas, seducción, fornicación e idolatría.* Esto es exactamente lo que se dice en el versículo.

a. En primer lugar, Jezabel, la falsa maestra, estaba realmente *enseñando* en la iglesia. En forma contraria a Cristo y a la Palabra de Dios, la iglesia le estaba permitiendo difundir sus falsas enseñanzas.

b. En segundo lugar, a Jezabel, la falsa maestra, se le permitía seducir a los siervos del Señor. Ella argumentaba, presentaba ideas razonables, engañaba, confundía e ilusionaba con falsas promesas a los siervos y seguidores del Señor. Y la iglesia lo permitía.

c. En tercer lugar, Jezabel, la falsa maestra, estaba seduciendo a los creyentes a cometer fornicación, esto es, todo tipo de actos inmorales. ¿Cómo es posible que dichas enseñanzas fueran permitidas en la iglesia? Mediante una enseñanza muy insidiosa, y advierta: la enseñanza ha continuado a lo largo de los siglos, tanto que ahora se infiltra en muchas iglesias. Ella estaba enseñando...
   - que los creyentes no debían separarse del mundo, no totalmente, no sin volverse exclusivos y fútiles.
   - que los creyentes debían ser sensatos al tratar con el mundo y sus funciones: necesitaban participar en *algunas de las funciones del mundo* para poder ser amistosos, mantener sus trabajos, asegurar ascensos, ayudar a sus negocios, evitar ser considerados fanáticos y ganar a los perdidos.
   - que los creyentes debían alcanzar el mundo con mayor facilidad asociándose con el mundo.
   - que si una persona realmente adoraba a Dios, sería aceptable a Dios aunque no supiera sobre Jesucristo; que Jesucristo no es el único camino a Dios; que no es el único Salvador.
   - que los creyentes debían asistir a las funciones sociales de vecinos y compañeros de trabajo y no ser exclusivos ni separatistas.

Recuerde: Tiatira era reconocida por sus sindicatos comerciales: Eran el centro de gran parte de la vida social y comercial de la ciudad. Por lo tanto, si los creyentes no asistían, existía una posibilidad de que pudiera afectar su empleo y su relación con sus vecinos. El argumento de la falsa maestra, Jezabel, tenía una fuerte atracción. Se necesitaría a un ministro de fuerte mentalidad y maestro para proclamar una vida de separación en una situación como esta.

Por supuesto, lo que sucedió fue que muchos de los acontecimientos sociales se convirtieron en fiestas inmorales y de borracheras. Los creyentes que estaban presentes se sentían atraídos al sexo opuesto y quedaban atrapados en los asuntos inmorales al igual que todos los demás. Los creyentes mantenían asuntos inmorales, cometían fornicación.

Naturalmente, los creyentes no querían estar descolocados, de modo que eran sociables y bebían y danzaban y participaban en las actividades de sus vecinos. El resultado final era el que iba a ocurrir: Los creyentes fueron atrapados en la inmoralidad y borrachera del mundo. Tenían deseos humanos normales como todos los demás seres, por lo tanto, se sentían atraídos al sexo opuesto y algunos se involucraban en aventuras inmorales, cometiendo adulterio. Recuerde por qué: todo a causa de las falsas enseñanzas de Jezabel de que los creyentes no debían separarse del mundo, de que debían ser sensatos y razonables y no alejarse de las funciones comerciales, sociales y placeres del mundo.

d. En cuarto lugar, Jezabel, la falsa maestra, seducía a los creyentes para que cometieran idolatría. Algunas de las funciones de los sindicatos se llevaban a cabo en los recintos del templo de dioses falsos. A veces los acontecimientos sociales consistían en una simple ofrenda de gracias al dios, muy parecido a la ofrenda de gracias que hacemos antes de las comidas. Se colocaba el primer trozo de carne en el altar para el dios. Luego, se servía el resto de la carne a los invitados. Algunos de los creyentes participaban de esas funciones, realmente participaban en las funciones que daban gracias a dioses falsos. (Ver bosquejo y notas, 1 Co. 10:14-11; Ro. 14:1-23 para mayor discusión al respecto.)

Pensamiento 1: Recuerde qué es la idolatría. Un ídolo es cualquier cosa que una persona coloca en primer lugar en su vida, cualquier cosa que consuma la mente, el corazón y el cuerpo de una persona. Un ídolo es a lo que una persona se entrega. Por lo tanto, un ídolo puede ser...
- un trabajo
- el placer
- el yo
- el dinero
- los deportes
- el sexo
- la posición
- un negocio
- el conocimiento
- las posesiones
- la familia
- el poder

Parece que colocando sus tareas y aceptación social ante Dios. Asistían a las funciones sociales para ser socialmente aceptables y para garantizarse sus trabajos y prosperar en el mundo. Pero ocurrió lo inevitable: se dejaron influir por el mundo y fueron atrapados en la condescendencia del mundo. Todo por alguna Jezabel, alguna maestra falsa en la iglesia.

Advierta que Jesucristo le había dado a esta falsa maestra, a esta Jezabel, un período para arrepentirse. Esto significa que ella sabía en el fondo de su corazón que estaba enseñando lo contrario a la Palabra de Dios. Pero se negó a cambiar; se rehusó a arrepentirse.

"Si fuerais del mundo, el mundo amaría lo suyo; pero porque no sois del mundo, antes yo os elegí del mundo, por eso el mundo os aborrece" (Jn. 15:19).

"Y con otras muchas palabras testificaba y les exhortaba, diciendo: Sed salvos de esta perversa generación" (Hch. 2:40).

"Tú, pues, que enseñas a otro, ¿no te enseñas a ti mismo? Tú que predicas que no se ha de hurtar, ¿hurtas? Tú que dices que no se ha de adulterar, ¿adulteras? Tú que abominas de los ídolos, ¿cometes sacrilegio? Tú que te jactas de la ley, ¿con infracción de la ley deshonras a Dios? Porque como está escrito, el nombre de Dios es blasfemado entre los gentiles por causa de vosotros" (Ro. 2:21-24).

"No os conforméis a este siglo, sino transformaos por medio de la renovación de vuestro entendimiento, para que comprobéis cuál sea la buena voluntad de Dios, agradable y perfecta" (Ro. 12:2).

"Conociendo, pues, el temor del Señor, persuadimos a los hombres; pero a Dios le es manifiesto lo que somos; y espero que también lo sea a vuestras conciencias" (2 Co. 5:11).

"No os unáis en yugo desigual con los incrédulos; porque ¿qué compañerismo tiene la justicia con la injusticia? ¿Y qué comunión la luz con las tinieblas?" (2 Co. 6:14).

"De modo que si alguno está en Cristo, nueva criatura es; las cosas viejas pasaron; he aquí todas son hechas nuevas. Y todo esto proviene de Dios, quien nos reconcilió consigo mismo por Cristo, y nos dio el ministerio de la reconciliación" (2 Co. 6:17-18).

"Y no participéis en las obras infructuosas de las tinieblas, sino más bien reprendedlas" (Ef. 5:11).

"Pero os ordenamos, hermanos, en el nombre de nuestro Señor Jesucristo, que os apartéis de todo hermano que ande desordenadamente, y no según la enseñanza que recibisteis de nosotros" (2 Ts. 3:6).

"Ninguno que milita se enreda en los negocios de la vida, a fin de agradar a aquel que lo tomó por soldado" (2 Ti. 2:4).

"Por la fe Moisés, hecho ya grande, rehusó llamarse hijo de la hija de Faraón, escogiendo antes ser maltratado con el pueblo de Dios, que gozar de los deleites temporales del pecado" (He. 11:24-25).

"No améis al mundo, ni las cosas que están en el mundo. Si alguno ama al mundo, el amor del Padre no está en él. Porque todo lo que hay en el mundo, los deseos de la carne, los deseos de los ojos, y la vanagloria de la vida, no proviene del Padre, sino del mundo" (1 Jn. 2:15-16).

5 (2:22-23) ***Advertencia - Iglesia:*** Está la advertencia a los que transigen y son corruptos. Advierta cinco puntos significativos.

1. Hay una advertencia a Jezabel. Será arrojada en un lecho de enfermedad. Esto probablemente signifique una enfermedad venérea u otra enfermedad como cirrosis del hígado debido al exceso de bebida. Su juicio debía coincidir con su pecado, ser un resultado directo de su pecado. Ella iba a cosechar lo que sembró.

"Porque con el juicio con que juzgáis, seréis juzgados, y con la medida con que medís, os será medido" (Mt. 7:2).

"Pero por tu dureza y por tu corazón no arrepentido, atesoras para ti mismo ira para el día de la ira y de la revelación del justo juicio de Dios, el cual pagará a cada uno conforme a sus obras" (Ro. 2:5-6).

"No os engañéis; Dios no puede ser burlado: pues todo lo que el hombre sembrare, eso también segará. Porque el que siembra para su carne, de la carne segará corrupción; mas el que siembra para el Espíritu, del Espíritu segará vida eterna" (Gá. 6:7-8).

2. Está la advertencia a los que cedieron a su seducción y estilo de vida, a los que se negaron a volverse a Cristo y a separarse del mundo. Sufrirían una gran tribulación. La idea es de una gran aflicción, sufrimiento profundo, angustia opresiva.

3. Está la advertencia a los hijos de Jezabel. ¿Quiénes son? ¿Hijos reales o los que se tragaron sus falsas enseñanzas y su estilo de vida mundano? Cualquiera sea el caso, serían asesinados. ¿Qué significa esto?

=> Podría significar la mano castigadora de Dios como la que cayó sobre los creyentes corintios (ver bosquejos y notas, 1 Co. 11:27-30; Estudio a fondo 1 - 1 Jn. 5:16 para mayor discusión).

"Por lo cual hay muchos enfermos y debilitados entre vosotros, y muchos duermen" (1 Co. 11:30).

=> Podría significar la segunda muerte, el juicio de la muerte eterna cuando estemos cara a cara con Cristo en el día del juicio final. (Ver nota, punto 2 - Ap. 2:10-11).

4. Todavía quedaba tiempo para que todos estos se arrepintieran (v. 22). ¡Imagine! Cristo aún amaba y alcanzaba a Jezabel, esta falsa maestra, y a sus seguidores a pesar de toda la corrupción que habían ocasionado en esta gran iglesia. Cristo todavía les dio una oportunidad de arrepentirse. Cristo dijo que el juicio *solo sucedería* si no se arrepentían de sus hechos.

Pensamiento 1: Esto significa algo maravilloso: Podemos arrepentirnos siempre y cuando vivamos en la tierra. No importa qué hayamos hecho ni cuán terrible sea, Cristo nos llama a arrepentirnos. Y si nos arrepentimos, Él nos salva y nos libera del juicio por venir.

"Así que, arrepentíos y convertíos, para que sean borrados vuestros pecados; para que vengan de la presencia del Señor tiempos de refrigerio" (Hch. 3:19).

"Arrepiéntete, pues, de esta tu maldad, y ruega a Dios, si quizá te sea perdonado el pensamiento de tu corazón" (Hch. 8:22).

"Pero Dios, habiendo pasado por alto los tiempos de esta ignorancia, ahora manda a todos los hombres en todo lugar, que se arrepientan" (Hch. 17:30).

"Si se humillare mi pueblo, sobre el cual mi nombre es invocado, y oraren, y buscaren mi rostro, y se convirtieren de sus malos caminos; entonces yo oiré desde los cielos, y perdonaré sus pecados, y sanaré su tierra" (2 Cr. 7:14).

"Deje el impío su camino, y el hombre inicuo sus pensamientos, y vuélvase a Jehová, el cual tendrá de él misericordia, y al Dios nuestro, el cual será amplio en perdonar" (Is. 55:7).

"Mas el impío, si se apartare de todos sus pecados que hizo, y guardare todos mis estatutos e hiciere según el derecho y la justicia, de cierto vivirá; no morirá" (Ez. 18:21).

5. Advierta por qué Cristo va a juzgar a los que transigen con el mundo y corrompen la iglesia.

"Y a sus hijos heriré de muerte, y todas las iglesias sabrán que yo soy el que escudriña la mente y el corazón; y os daré a cada uno según vuestras obras" (v. 23).

=> Cristo va a juzgar a los que condescienden para que todas las iglesias puedan saber y reconocer que Él es el Cristo, la cabeza Soberana del universo. Él es el que busca en las mentes, pensamientos y corazones de la gente.

=> Cristo va a juzgar a los que condescienden para que toda persona sea tratada con justicia, para que se haga justicia dentro de la iglesia y el mundo, ejercida perfectamente.

"Y tuya, oh Señor, es la misericordia; porque tú pagas a cada uno conforme a su obra" (Sal. 62:12).

"Yo Jehová, que escudriño la mente, que pruebo el corazón, para dar a cada uno según su camino, según el fruto de sus obras" (Jer. 17:10).

"Porque el Hijo del Hombre vendrá en la gloria de su Padre con sus ángeles, y entonces pagará a cada uno conforme a sus obras" (Mt. 16:27).

"Porque es necesario que todos nosotros comparezcamos ante el tribunal de Cristo, para que cada uno reciba según lo que haya hecho mientras estaba en el cuerpo, sea bueno o sea malo" (2 Co. 5:10).

"Y si invocáis por Padre a aquel que sin acepción de personas juzga según la obra de cada uno, conducíos en temor todo el tiempo de vuestra peregrinación" (1 P. 1:17).

"Y vi a los muertos, grandes y pequeños, de pie ante Dios; y los libros fueron abiertos, y otro libro fue abierto, el cual es el libro de la vida; y fueron juzgados los muertos por las cosas que estaban escritas en los libros, según sus obras" (Ap. 20:12).

"He aquí yo vengo pronto, y mi galardón conmigo, para recompensar a cada uno según sea su obra" (Ap. 22:12).

6 (2:24-25) ***Fidelidad - Constancia:*** Está el consejo de mantenerse fieles. Advierta la referencia a las *"profundidades de Satanás"*. Condescender con el mundo, rehusarse a separarse del mundo y a vivir una vida pura y santa es vivir en las profundidades del pecado. Está plantado y embutido, inmerso y entremezclado en las *profundidades de Satanás*, en el estilo de vida de la profundidad de Satanás.

Pero advierta la promesa gloriosa al creyente fiel que se ha separado del mundo y de sus placeres y posesiones: Cristo no pondrá otra carga sobre él. ¿Qué significa esto? Dos cosas.

1. *Ninguna otra carga* puede referirse a la prohibición impuesta sobre los cristianos gentiles por el Consejo de Jerusalén. Se les prohibió comer carne ofrendada a los ídolos (v. 20; cp. Hch. 15:19-29, esp. 20, 28-29).

2. *Ninguna otra carga* puede significar que Cristo no espera que el creyente se separe por completo del mundo, no en el sentido de que tenga que vivir como un ermitaño. Debemos vivir en el mundo, pero no de él. Hay pecados evidentes y pecados del mundo y de la carne que no debemos tocar. Pero hay tanto sobre la tierra que debemos utilizar y gozar mientras andamos día tras día. Cristo no impone el peso de restricciones extremas sobre nosotros, Él solo exige que nos separemos y no tengamos nada qué ver con cosas que perjudican y destruyen nuestros cuerpos, mentes y almas.

Ahora bien, advierta el consejo: Debemos ser fieles hasta que venga Cristo. Debemos ser fieles...

- al compromiso que ya hemos hecho a Cristo.
- al crecimiento espiritual que ya hemos logrado.
- a los ministerios que ya hemos lanzado.

No debemos ceder a las seducciones del mundo sin importan cuán atractivas sean.

"Digo, pues: Andad en el Espíritu, y no satisfagáis los deseos de la carne" (Gá. 5:16).

"Yo pues, preso en el Señor, os ruego que andéis como es digno de la vocación con que fuisteis llamados" (Ef. 4:1).

"Mirad, pues, con diligencia cómo andéis, no como necios sino como sabios" (Ef. 5:15).

"Pero en aquello a que hemos llegado, sigamos una misma regla, sintamos una misma cosa" (Fil. 3:16).

"Examinadlo todo; retened lo bueno" (1 Ts. 5:21).

"Pero Cristo como hijo sobre su casa, la cual casa somos nosotros, si retenemos firme hasta el fin la confianza y el gloriarnos en la esperanza" (He. 3:6).

"Por tanto, teniendo un gran sumo sacerdote que traspasó los cielos, Jesús el Hijo de Dios, retengamos nuestra profesión" (He. 4:14).

"Mantengamos firme, sin fluctuar, la profesión de nuestra esperanza, porque fiel es el que prometió" (He. 10:23).

"El que dice que permanece en él, debe andar como él anduvo" (1 Jn. 2:6).

"Acuérdate, pues, de lo que has recibido y oído; y guárdalo, y arrepiéntete. Pues si no velas, vendré sobre ti como ladrón, y no sabrás a qué hora vendré sobre ti" (Ap. 3:3).

7 (2:26-29) ***Vencedores - Promesas:*** Están las promesas a los vencedores. Se hacen dos maravillosas promesas al creyente que vence y no condesciende al mundo: que vence la seducción, la fornicación, la inmoralidad; las fiestas ligeras y de borrachera, la idolatría y las falsas enseñanzas del mundo que sigue viviendo y obrando por Cristo.

1. Al vencedor se le da poder sobre todas las naciones (cp. Sal. 2:8-9). Esta es claramente la promesa de gobernar y reinar con Cristo a lo largo de toda la eternidad. Llegará el día en que Jesucristo regresará a la tierra y conquistará todas las fuerzas de la maldad. Toda rodilla deberá postrarse y confesar que Él es el Señor Dios del universo. Los vencedores participarán de ese día, el glorioso día de redención con Jesucristo. Se les dará posiciones de gobierno y servicio en todo el universo. Servirán al Señor Jesucristo en los nuevos cielos y tierra. (Ver nota, Recompensas - Ap. 14:13; 21:24-27 para mayor discusión.)

"Él le dijo: Está bien, buen siervo; por cuanto en lo poco has sido fiel, tendrás autoridad sobre diez ciudades" (Lc. 19:17).

"¿O no sabéis que los santos han de juzgar al mundo? Y si el mundo ha de ser juzgado por vosotros, ¿sois indignos de juzgar cosas muy pequeñas?" (1 Co. 6:2).

"Al que venciere, le daré que se siente conmigo en mi trono, así como yo he vencido, y me he sentado con mi Padre en su trono" (Ap. 3:21).

"Por cuanto en mí ha puesto su amor, yo también lo libraré; le pondré en alto, por cuanto ha conocido mi nombre" (Sal. 91:14).

"Los entendidos resplandecerán como el resplandor del firmamento; y los que enseñan la justicia a la multitud, como las estrellas a perpetua eternidad" (Dn. 12:3).

"Jehová el Señor es mi fortaleza, el cual hace mis pies como de ciervas, y en mis alturas me hace andar" (Hab. 3:19).

"Pero vosotros sois los que habéis permanecido conmigo en mis pruebas. Yo, pues, os asigno un reino, como mi Padre me lo asignó a mí" (Lc. 22:28-29).

"Si sufrimos, también reinaremos con él; si le negáremos, él también nos negará" (2 Ti. 2:12).

"Y de Jesucristo el testigo fiel, el primogénito de los muertos, y el soberano de los reyes de la tierra. Al que nos amó, y nos lavó de nuestros pecados con su sangre, y nos

hizo reyes y sacerdotes para Dios, su Padre; a él sea gloria e imperio por los siglos de los siglos. Amén" (Ap. 1:5-6).

"Y vi tronos, y se sentaron sobre ellos los que recibieron facultad de juzgar; y vi las almas de los decapitados por causa del testimonio de Jesús y por la palabra de Dios, los que no habían adorado a la bestia ni a su imagen, y que no recibieron la marca en sus frentes ni en sus manos; y vivieron y reinaron con Cristo mil años" (Ap. 20:4).

2. Al vencedor se le entrega la estrella de la mañana. Este es Jesucristo mismo. Ap. 22:16 llama a Jesús " la estrella resplandeciente de la mañana". El que oiga y venza recibirá a Jesucristo por los siglos de los siglos, y nunca se volverá a apartar de Él.

Nota: La persona que tiene oídos, que oiga lo que el Espíritu le dice a esta iglesia. Que se separe del mundo. Que nunca condescienda ni se torne corrupto con los pecados del mundo. Que nunca permita que una Jezabel —una persona transigente o corrupta— enseñe en la iglesia.

      1 Los destinatarios a. El mensajero de la iglesia b. La iglesia de Sardis **2 El que habla: Jesús** **3 La queja: Obras** a. Parecen vivas b. Pero están muertas **4 El consejo: Vigilar y reforzar las obras que quedan** **5 La advertencia**	**CAPÍTULO 3** **F. El mensaje a Sardis: La iglesia con reputación, pero agonizante, 3:1-6** 1 Escribe al ángel de la iglesia en Sardis: El que tiene los siete espíritus de Dios, y las siete estrellas, dice esto: Yo conozco tus obras, que tienes nombre de que vives, y estás muerto. 2 Sé vigilante, y afirma las otras cosas que están para morir; porque no he hallado tus obras perfectas delante de Dios. 3 Acuérdate, pues, de lo que has	recibido y oído; y guárdalo, y arrepiéntete. Pues si no velas, vendré sobre ti como ladrón, y no sabrás a qué hora vendré sobre ti. 4 Pero tienes unas pocas personas en Sardis que no han manchado sus vestiduras; y andarán conmigo en vestiduras blancas, porque son dignas. 5 El que venciere será vestido de vestiduras blancas; y no borraré su nombre del libro de la vida, y confesaré su nombre delante de mi Padre, y delante de sus ángeles. 6 El que tiene oído, oiga lo que el Espíritu dice a las iglesias.	a. Recordar y guardar lo que se ha recibido y oído b. Arrepentirse c. Saber que el juicio caerá inesperadamente **6 La promesa** a. A los que no se han manchado Andarán con el Señor con blancas vestiduras b. A los vencedores: 1) Estarán vestidos de blanco 2) No serán borrados del libro 3) Serán reconocidos por Cristo ante Dios

DIVISIÓN II

LOS MENSAJES DEL CRISTO GLORIFICADO A LAS SIETE IGLESIAS, 1:9—3:22

F. El mensaje a Sardis: La iglesia con reputación, pero agonizante, 3:1-6

(3:1-6) ***Introducción:*** ¿Ha visto alguna vez una iglesia que estuviera muerta y agonizante, completamente sin vida? ¿Una iglesia que estuviera satisfecha consigo misma, con mantener las cosas tal como siempre han estado? ¿Una iglesia que descansa en los laureles de su historia pasada, que se deleita en lo que solía ser? Esta era la iglesia de Sardis. Sardis es la imagen de la iglesia que tiene una excelente reputación y es altamente respetada por la comunidad, pero que está muerta y sin vida.

1. Los destinatarios (v. 1).
2. El que habla: Jesús (v. 1).
3. La queja: Obras (v. 1).
4. El consejo: Vigilar y reforzar las obras que quedan (v. 2).
5. La advertencia (v. 3).
6. La promesa (vv. 4-6).

[1] (3:1) ***Ministro - Iglesia:*** Están los destinatarios de la carta. El Señor Jesucristo dirige la carta al ministro de la iglesia, pero quiere que se la proclame a toda la iglesia. Hay poca esperanza de que una iglesia muerta vuelva a vivir a no ser que el ministro se aboque a ello. Puede haber poco avivamiento, poca agitación, poca vida dentro de una iglesia salvo que el ministro esté comprometido ?totalmente comprometido? con Cristo y su causa de salvación eterna. No es probable el renacimiento a no ser que se lo logre primero con el ministro. Por lo tanto, Cristo habla primero al ministro.

> ***Pensamiento 1:*** Este es un factor fuerte que los ministros deben seguir. Debemos ingresar en la Palabra y con nuestros rostros ante Dios, evaluar nuestros corazones y asegurarnos de que estamos *espiritualmente vivos y revividos.* Como ministros de Cristo, debemos vivir en un estado constante de *avivamiento y renacimiento*, un estado constante que perdura constantemente hasta que venga el Señor.

ESTUDIO A FONDO 1

(3:1) ***Sardis:*** Hay dos hechos históricos que parecen tener influencia en la carta.

1. Sardis era una ciudad con dos sectores. El primer desarrollo estaba asentado en una colina que salía como una protuberancia del costado de una montaña. Tenía ochocientos metros de altura empinada y era impenetrable, perfectamente segura de cualquier enemigo. Sin embargo, cuando la ciudad sobrepasó esta colina, se comenzó un segundo desarrollo en la base de la montaña del valle. La leyenda dice que se descubrió oro en el río que fluía por la ciudad. La historia de la ciudad era de riqueza y seguridad de todos los enemigos. Sin embargo, para la época en que Juan escribió Apocalipsis, la riqueza floreciente de la ciudad ya había pasado y mucha de su gloria se había desvanecido. La población se había vuelto perezosa y blanda, letárgica y complaciente, viviendo de la reputación pasada de la ciudad. La iglesia sabía lo que el Señor quería significar por vivir a expensas de un nombre, pero estaban muertos (v. 1). Sabían qué significaba *haber recibido* lo mejor de todas las cosas, pero ahora necesitaban *arrepentirse* (v. 3).

2. Sardis había sido conquistada solo dos veces. Ambas habían sido debido a una falsa sensación de seguridad tras su fortaleza impenetrable. Omitieron colocar vigilantes adecuados para observar las paredes de la empinada fortaleza. Mientras eran atacados por Ciro de Persia, se vio a un guardia de Sardis arrojar su casco sobre el empinado muro y bajar por las grietas para recuperarlo. La ciudad fue tomada esa misma noche por un pequeño grupo de soldados que subieron por las mismas grietas. Bajo el gobierno uno de los subsiguientes gobernadores de Alejandro el Grande, se recordó el incidente y la ciudad fue tomada de la misma manera. La ciudad sabía por la historia qué quería decir el Señor por “guárdalo, y arrepiéntete. Pues si no velas, vendré sobre ti como ladrón” (v. 3).

2 (3:1) ***Jesucristo - Ministerio - Iglesia:*** Está el que habla: El Señor Jesucristo mismo. Una iglesia sin vida y agonizante debe mirar a Jesucristo, a dos cosas en particular.

1. Jesucristo tiene los siete Espíritus de Dios. Esta es una referencia al Espíritu Santo.

a. El número siete significa el *séptimo ministerio* del Espíritu Santo. Jesucristo mismo lo pronunció en el cuarto superior donde reveló quién sería el Espíritu Santo:

=> Él es el Consolador, el otro Ayudador (Jn. 14:16).
=> Él es el Espíritu de verdad (Jn. 14:17).
=> Él es la presencia personal de Cristo (Jn. 14:18-20).
=> Él es la manifestación muy especial de Cristo dentro del creyente (Jn. 14:21-22).
=> Él es la presencia viviente de la Trinidad (Jn. 14:23-24).
=> Él es el maestro (Jn. 14:25-26).
=> Él es la paz de Cristo (Jn. 14:27).

Algunos comentadores señalan que esta es una referencia al ministerio de siete partes del Espíritu Santo encontrado en Isaías.

"Y reposará sobre él el Espíritu de Jehová; espíritu de sabiduría y de inteligencia, espíritu de consejo y de poder, espíritu de conocimiento y de temor de Jehová" (Is. 11:2).

=> El Espíritu del Señor
=> El Espíritu de sabiduría
=> El Espíritu de comprensión
=> El Espíritu de consejo
=> El Espíritu de poder
=> El Espíritu de conocimiento
=> El Espíritu de temor

b. El número siete también significa plenitud o perfección en la Biblia. Por lo tanto, los *siete* Espíritus significan el Espíritu Santo en toda su plenitud.

El punto es este: Lo que necesita una iglesia agonizante y sin vida es el Espíritu de Dios.

=> Una iglesia agonizante y sin vida necesita buscar a Cristo por el Espíritu de Dios.

"Pues si vosotros, siendo malos, sabéis dar buenas dádivas a vuestros hijos, ¿cuánto más vuestro Padre celestial dará el Espíritu Santo a los que se lo pidan?" (Lc. 11:13).

"Y todo lo que pidiereis al Padre en mi nombre, lo haré, para que el Padre sea glorificado en el Hijo. Si algo pidiereis en mi nombre, yo lo haré. Si me amáis, guardad mis mandamientos. Y yo rogaré al Padre, y os dará otro Consolador, para que esté con vosotros para siempre" (Jn. 14:13-16).

=> Una iglesia agonizante y sin vida necesita buscar el avivamiento del Espíritu.

"Y si el Espíritu de aquel que levantó de los muertos a Jesús mora en vosotros, el que levantó de los muertos a Cristo Jesús vivificará también vuestros cuerpos mortales por su Espíritu que mora en vosotros" (Ro. 8:11).

=> Una iglesia agonizante y sin vida necesita el poder de condena del Espíritu.

"Pero yo os digo la verdad: Os conviene que yo me vaya; porque si no me fuera, el Consolador no vendría a vosotros; mas si me fuere, os lo enviaré" (Jn. 16:7).

=> Una iglesia agonizante y sin vida necesita buscar el fruto del Espíritu.

"Mas el fruto del Espíritu es amor, gozo, paz, paciencia, benignidad, bondad, fe, mansedumbre, templanza; contra tales cosas no hay ley" (Gá. 5:22-23).

=> Una iglesia agonizante y sin vida necesita la guía del Espíritu.

"Pero cuando venga el Espíritu de verdad, él os guiará a toda la verdad; porque no hablará por su propia cuenta, sino que hablará todo lo que oyere, y os hará saber las cosas que habrán de venir" (Jn. 16:13).

"Porque todos los que son guiados por el Espíritu de Dios, éstos son hijos de Dios" (Ro. 8:14).

=> Una iglesia agonizante y sin vida necesita renacer, el fuego pentecostal del Espíritu.

"Yo a la verdad os bautizo en agua para arrepentimiento; pero el que viene tras mí, cuyo calzado yo no soy digno de llevar, es más poderoso que yo; él os bautizará en Espíritu Santo y fuego"(Mt. 3:11).

"Y se les aparecieron lenguas repartidas, como de fuego, asentándose sobre cada uno de ellos. Y fueron todos llenos del Espíritu Santo, y comenzaron a hablar en otras lenguas, según el Espíritu les daba que hablasen" (Hch. 2:3-4).

=> Una iglesia agonizante y sin vida necesita el poder de testimonio del Espíritu.

"Pero recibiréis poder, cuando haya venido sobre vosotros el Espíritu Santo, y me seréis testigos en Jerusalén, en toda Judea, en Samaria, y hasta lo último de la tierra" (Hch. 1:8).

2. Jesucristo tiene las siete estrellas en sus manos, esto es, sostiene los ministerios de las iglesias en sus manos. El ministro es el responsable de llevar adelante el avivamiento. Está sostenido en la mano de Cristo. Pertenece por completo a Cristo. Esto significa que...

• ha sido elegido por la mano de Cristo para hacer exactamente lo que quiere Cristo.
• ha sido ubicado en la iglesia muerta por la mano de Cristo.
• ha sido ubicado allí por un motivo: alentarse a sí mismo y alentar a la iglesia.

(Ver nota 2 - Ap. 2:1 para mayor discusión.)

"No me elegisteis vosotros a mí, sino que yo os elegí a vosotros, y os he puesto para que vayáis y llevéis fruto, y vuestro fruto permanezca; para que todo lo que pidiereis al Padre en mi nombre, él os lo dé" (Jn. 15:16).

"Le dijo la tercera vez: Simón, hijo de Jonás, ¿me amas? Pedro se entristeció de que le dijese la tercera vez: ¿Me amas? y le respondió: Señor, tú lo sabes todo; tú sabes que te amo. Jesús le dijo: Apacienta mis ovejas" (Jn. 21:17).

"El Señor le dijo: Ve, porque instrumento escogido me es éste, para llevar mi nombre en presencia de los gentiles, y de reyes, y de los hijos de Israel" (Hch. 9:15).

"Por tanto, mirad por vosotros, y por todo el rebaño en que el Espíritu Santo os ha puesto por obispos, para apacentar la iglesia del Señor, la cual él ganó por su propia sangre" (Hch. 20:28).

"Pero levántate, y ponte sobre tus pies; porque para esto he aparecido a ti, para ponerte por ministro y testigo de las cosas que has visto, y de aquellas en que me apareceré a ti" (Hch. 26:16).

"Esto manda y enseña" (1 Ti. 4:11).

"Que con mansedumbre corrija a los que se oponen, por si quizá Dios les conceda que se arrepientan para conocer la verdad" (2 Ti. 2:25).

"Apacentad la grey de Dios que está entre vosotros, cuidando de ella, no por fuerza, sino voluntariamente; no por ganancia deshonesta, sino con ánimo pronto" (1 P. 5:2).

"Venid y volvamos a Jehová; porque él arrebató, y nos curará; hirió, y nos vendará" (Os. 6:1).

"Ven, por tanto, ahora, y te enviaré a Faraón, para que saques de Egipto a mi pueblo, los hijos de Israel" (Éx. 3:10).

"Y él respondió: Yo te ruego que si he hallado gracia delante de ti, me des señal de que tú has hablado conmigo" (Jue. 6:17).

"Después oí la voz del Señor, que decía: ¿A quién enviaré, y quién irá por nosotros? Entonces respondí yo: Heme aquí, envíame a mí" (Is. 6:8).

"Hijo de hombre, yo te he puesto por atalaya a la casa de Israel; oirás, pues, tú la palabra de mi boca, y los amonestarás de mi parte" (Ez. 3:17).

"Pero si el atalaya viere venir la espada y no tocare la trompeta, y el pueblo no se apercibiere, y viniendo la espada, hiriere de él a alguno, éste fue tomado por causa de su pecado, pero demandaré su sangre de mano del atalaya" (Ez. 33:6).

3 (3:1) ***Iglesia - Formalismo - Ritualismo - Complacencia:*** Está la queja. Advierta: Aquí no hay recomendación, de ningún tipo, dada a esta iglesia. Esto significa que su pecado es uno de los problemas más serios que una iglesia puede tener. ¿Cuál era el problema? Era una iglesia agonizante, una iglesia sin vida. Pero advierta: la iglesia tenía obras, todo tipo de programas, ministerios y actividades. Tenía tantas actividades llevándose a cabo que su reputación entre las demás iglesias era muy buena. Otras iglesias consideraban a la iglesia como progresista, viva, bien atendida, agradada, próspera, ocupada y llena de buen compañerismo. Tenía ministerios para cada grupo y para cada área de necesidad dentro de la comunidad. Tenía las obras, las creencias y la doctrina correctas y tenía todos los ministerios y las actividades. Pero advierta: estaba agonizando y sin vida. Sin embargo, el versículo dos dice que todavía no estaba totalmente muerta, aún quedaban algunas *cosas vivas*, pero también se estaban muriendo rápidamente. ¿Cómo podía una iglesia ser tan activa y estar tan bien atendida y tener tantos ministerios y aún así estar agonizante? ¿Qué significa esto? Significa morir espiritualmente, significa...

- tener una forma de adoración pero negar su poder (2 Ti. 3:5).
- concentrarse en rituales, ceremonias y adoración en lugar de hacerlo en Jesucristo.
- concentrarse en actividades en lugar de en Jesucristo.
- convertirse formal en la adoración en lugar de estar vivo en Cristo.
- realizar actividades para mantener funcionando la organización en lugar de aprender sobre Cristo y compartir sobre Cristo.
- llevar adelante servicios y actividades para compañerismo social en lugar de hacerlo para el crecimiento espiritual y la edificación.
- perder el propio celo en dar testimonio y compartir a Cristo y ver crecer a los demás.
- volverse complaciente y letárgico en el estudio de la Palabra de Dios y en la oración y el crecimiento espiritual.
- sentarse en clases de adoración y de Biblia como una cuestión de forma en lugar de tener apetito y sed por la justicia.
- predicar y enseñar como una materia de forma.
- usar el ministerio como un medio de vida en lugar de predicar y enseñar para ganar y hacer crecer a las personas en Cristo.

Una iglesia tan activa pocas veces puede ser convencida de que está muerta y sin vida debido a su gran actividad. Está vacía de vida espiritual y energía, vacía del Espíritu de Dios. Sus obras son solo actividades, solo actividades hechas por el hombre y servicios sociales. Las obras no tienen el Espíritu de Dios ni su poder en ellas.

"No todo el que me dice: Señor, Señor, entrará en el reino de los cielos, sino el que hace la voluntad de mi Padre que está en los cielos" (Mt. 7:21).

"Este pueblo de labios me honra; mas su corazón está lejos de mí" (Mt. 15:8).

"Respondiendo él, les dijo: Hipócritas, bien profetizó de vosotros Isaías, como está escrito: Este pueblo de labios me honra, mas su corazón está lejos de mí" (Mr. 7:6).

"Jesús les dijo: De cierto, de cierto os digo: Si no coméis la carne del Hijo del Hombre, y bebéis su sangre, no tenéis vida en vosotros" (Jn. 6:53).

"Y esto, conociendo el tiempo, que es ya hora de levantarnos del sueño; porque ahora está más cerca de nosotros nuestra salvación que cuando creímos" (Ro. 13:11).

"Porque el reino de Dios no es comida ni bebida, sino justicia, paz y gozo en el Espíritu Santo" (Ro. 14:17).

"Guardáis los días, los meses, los tiempos y los años. Me temo de vosotros, que haya trabajado en vano con vosotros" (Gá. 4:10-11).

"Por lo cual dice: Despiértate, tú que duermes, y levántate de los muertos, y te alumbrará Cristo" (Ef. 5:14).

"Por tanto, no durmamos como los demás, sino velemos y seamos sobrios" (1 Ts. 5:6).

"Pero la que se entrega a los placeres, viviendo está muerta" (1Ti. 5:6).

"Que tendrán apariencia de piedad, pero negarán la eficacia de ella; a éstos evita" (2 Ti. 3:5).

"Profesan conocer a Dios, pero con los hechos lo niegan, siendo abominables y rebeldes, reprobados en cuanto a toda buena obra" (Tit. 1:16).

"Escribe al ángel de la iglesia en Sardis: El que tiene los siete espíritus de Dios, y las siete estrellas, dice esto: Yo conozco tus obras, que tienes nombre de que vives, y estás muerto" (Ap. 3:1).

"Señor, abre mis labios, y publicará mi boca tu alabanza. Porque no quieres sacrificio, que yo lo daría; no quieres holocausto" (Sal. 51:16-17).

"Y se acordaron de que Dios era su refugio, y el Dios Altísimo su redentor. Pero le linsojeaban con su boca, y con su lengua le mentían" (Sal. 78:35-36).

"Dice, pues, el Señor: Porque este pueblo se acerca a mí con su boca, y con sus labios me honra, pero su corazón está lejos de mí, y su temor de mí no es más que un mandamiento de hombres que les ha sido enseñado" (Is. 29:13).

"Y vendrán a ti como viene el pueblo, y estarán delante de ti como pueblo mío, y oirán tus palabras, y no las pondrán por obra; antes hacen halagos con sus bocas, y el corazón de ellos anda en pos de su avaricia. Y he aquí que tú eres a ellos como cantor de amores, hermoso de voz y que canta bien; y oirán tus palabras, pero no las pondrán por obra" (Ez. 33:31-32).

4 (3:2) ***Vigilar:*** Está el consejo. Es fuerte: Vigilar y fortalecer las obras que aún tienen algo de vida en ellas. Recuerde: La iglesia tenía los servicios, las reuniones y los ministerios que eran necesarios. La iglesia estaba haciendo las cosas que se suponía debía hacer. Lo que estaba equivocado era el *espíritu* de la gente. Sus espíritus no se concentraban en Jesucristo y en su causa. Estaban...

- sentados en los servicios medio dormidos y permitiendo que sus pensamientos vagaran en lugar de tener apetito por la Palabra de Dios.
- realizando y manteniendo las actividades por el bien del compañerismo y porque era lo que debía hacerse.

La lista podría continuar infinitamente. El tema es ver que la gente no estaba viva, no espiritualmente, no para el Señor Jesucristo. Asistían y participaban porque era lo que había que hacer y porque les daba un sentido de *seguridad religiosa*. Advierta el consejo doble.

1. Observe: "Levántate y mantente despierto" (El Nuevo Testamento Amplificado). Debían despertarse, levantarse, activar su mente y pensamientos, estar alerta y vivos para el Señor Jesucristo y para la Palabra de Dios. Necesitaban volver a pensar por qué ellos y la iglesia estaban en la tierra, cuál era su llamado, por qué se reunían como iglesia, por qué declaraban el nombre de Cristo y hacían obras y llevaban adelante ministerios en el nombre de Cristo. Advierta: Las palabras *sé vigilante* están en modo imperativo. Es un mandamiento de Cristo a la iglesia agonizante. Advierta que las palabras *sé vigilante* también están en tiempo presente. El creyente tiene que convertirse en *un vigilante*, convertirse en un seguidor de Jesucristo. El creyente siempre tiene que vigilar y asegurarse de que está vivo espiritualmente.

"Velad, pues, porque no sabéis a qué hora ha de venir vuestro Señor. Pero sabed esto, que si el padre de familia supiese a qué hora el ladrón habría de venir, velaría, y no dejaría minar su casa" (Mt. 24:42-43).

"Velad y orad, para que no entréis en tentación; el espíritu a la verdad está dispuesto, pero la carne es débil" (Mt. 26:41).

"Y lo que a vosotros digo, a todos lo digo: Velad" (Mr. 13:37).

"Por tanto, velad, acordándoos que por tres años, de noche y de día, no he cesado de amonestar con lágrimas a cada uno" (Hch. 20:31).

"Y esto, conociendo el tiempo, que es ya hora de levantarnos del sueño; porque ahora está más cerca de nosotros nuestra salvación que cuando creímos" (Ro. 13:11).

"Velad, estad firmes en la fe; portaos varonilmente, y esforzaos" (1 Co. 16:13).

"Perseverad en la oración, velando en ella con acción de gracias" (Col. 4:2).

"Por tanto, no durmamos como los demás, sino velemos y seamos sobrios" (1 Ts. 5:6).

"Sed sobrios, y velad; porque vuestro adversario el diablo, como león rugiente, anda alrededor buscando a quien devorar" (1 P. 5:8).

"He aquí, yo vengo como ladrón. Bienaventurado el que vela, y guarda sus ropas, para que no ande desnudo, y vean su vergüenza" (Ap. 16:15).

2. Fortalecer las cosas que quedan. Como ya se dijo, no todos los servicios y actividades eran malas e innecesarias en la iglesia. La iglesia había sido conducida por Cristo para dar inicio a los ministerios en los primeros días cuando la iglesia estaba viva. Pero advierta: incluso esos ministerios ahora estaban agonizando. Los creyentes necesitaban desesperadamente avivarse y hacerse cargo de esos ministerios, dándoles nueva vida. Jesucristo aconseja: "Presten atención inmediata a estas cosas. Vigilen, levántense. Fortalezcan estos ministerios ahora".

Sorprendentemente, Cristo dice que Él no ha encontrado ninguna de sus obras perfectas, es decir, completas, satisfechas o finalizadas. Ni un solo ministerio ha sido completado ni llevado a cabo como debería haberlo sido, no a los ojos de Cristo.

"Pero cualquiera que me oye estas palabras y no las hace, le compararé a un hombre insensato, que edificó su casa sobre la arena; y descendió lluvia, y vinieron ríos, y soplaron vientos, y dieron con ímpetu contra aquella casa; y cayó, y fue grande su ruina" (Mt. 7:26-27).

"Y por haberse multiplicado la maldad, el amor de muchos se enfriará" (Mt. 24:12).

"Aquel siervo que conociendo la voluntad de su señor, no se preparó, ni hizo conforme a su voluntad, recibirá muchos azotes" (Lc. 12:47).

"¿Cómo escaparemos nosotros, si descuidamos una salvación tan grande? La cual, habiendo sido anunciada primeramente por el Señor, nos fue confirmada por los que oyeron" (He. 2:3).

"Hermanos míos, ¿de qué aprovechará si alguno dice que tiene fe, y no tiene obras? ¿Podrá la fe salvarle?" (Stg. 2:14).

"Acercaos a Dios, y él se acercará a vosotros. Pecadores, limpiad las manos; y vosotros los de doble ánimo, purificad vuestros corazones" (Stg. 4:8).

"Y al que sabe hacer lo bueno, y no lo hace, le es pecado" (Stg. 4:17).

"Maldito el que hiciere indolentemente la obra de Jehová, y maldito el que detuviere de la sangre su espada" (Jer. 48:10).

5 (3:3) ***Advertencia:*** Está la advertencia. A los creyentes de una iglesia muerta, sin vida se les advierten cuatro cosas.

1. Deben recordar *cómo recibieron y oyeron el evangelio;* esto es, deben recordar cómo cambiaron sus vidas con un espíritu dinámico de...

- devoción
- prontitud y amor
- alerta y energía
- apetito y sed
- vida y vitalidad
- servicio
- testimonio
- ministerio

2. Deben levantarse, despertarse y apegarse al espíritu original que cambió sus vidas.

3. Deben arrepentirse. Se habían equivocado y habían pecado en contra de Cristo perdiendo su fervor y volviéndose letárgicos. Desesperadamente necesitaban confesar sus errores y arrepentirse. Debían dar la espalda a su error y volver a volcarse a Cristo. Debían mantener reuniones de oración, buscando que Cristo agitara sus corazones y los encendiera para Él.

4. Deben saber que el juicio de Cristo caerá sobre ellos si se rehúsan a arrepentirse, y caerá inesperadamente. Si la iglesia y sus creyentes se rehúsan a vigilar, se rehúsan a avivarse, entonces Cristo caerá sobre ellos como un ladrón. Y advierta: Ellos no sabrán la hora en que Él vendrá a juzgarlos. La idea es que Cristo vendrá y los despojará de todas sus cosas valiosas como si fuera un ladrón. Quedarán desnudos, sin nada de valor. La iglesia y sus creyentes no valdrán nada, no tendrán valor para Cristo y su reino. No importa lo que puedan pensar la iglesia y sus miembros, se los encontrará vanos, vacíos e inútiles. No habrán hecho ningún bien para el reino de Dios. Su profesión habrá sido sin sentido.

"Y descendió lluvia, y vinieron ríos, y soplaron vientos, y dieron con ímpetu contra aquella casa; y cayó, y fue grande su ruina" (Mt. 7:27).

"Porque ¿qué aprovechará al hombre si ganare todo el mundo, y perdiere su alma?" (Mr. 8:36).

"Si alguno viene a mí, y no aborrece a su padre, y madre, y mujer, e hijos, y hermanos, y hermanas, y aun también su propia vida, no puede ser mi discípulo. Y el que no lleva su cruz y viene en pos de mí, no puede ser mi discípulo. Porque ¿quién de vosotros, queriendo edificar una torre, no se sienta primero y calcula los gastos, a ver si tiene lo que necesita para acabarla? No sea que después que haya puesto el cimiento, y *no pueda acabarla*, todos los que lo vean comiencen a hacer burla de él" (Lc. 14:26-29).

"La obra de cada uno se hará manifiesta; porque el día la declarará, pues por el fuego será revelada; y la obra de cada uno cuál sea, el fuego la probará. Si permaneciere la obra de alguno que sobreedificó, recibirá recompensa. Si la obra de alguno se quemare, él sufrirá pérdida, si bien él mismo será salvo, aunque así como por fuego" (1 Co. 3:13-15).

6 (3:4-6) ***Vencedores - Promesas:*** Está la promesa a los vencedores. Advierta: Hay una promesa a los que no se contaminan así como también a los vencedores.

1. Están los que no se habían contaminado. Esto significa que había unos pocos creyentes en la iglesia. No habían contaminado, manchado ni ensuciado su vida con lo mundano de la época. Se habían guardado "sin mancha del mundo" (Stg. 1:27). No estaban centrados en las actividades ni en los programas, sino en Cristo. No utilizaron la iglesia...

- como un bálsamo religioso para su conciencia
- como una actividad social
- como un lugar solo para el compañerismo
- como un lugar para contactos sociales y de negocios
- como un lugar para construir su imagen pública
- como un lugar para brindar actividades para la familia

Los creyentes fieles se mantenían puros. Se concentraban en Jesucristo y en su propósito: todavía estaban creciendo espiritualmente y tratando de compartir a Cristo con un mundo necesitado.

Advierta la promesa: El creyente fiel y puro "anda con Cristo en blanco". Esto significa...

- que el creyente fiel anda día tras día en la presencia de Cristo y tiene la presencia de Cristo cuidándolo y haciéndose cargo de él, manteniéndolo puro (blanco).
- que el creyente fiel anda día tras día y momento tras momento en confesión abierta ante Cristo, que se mantiene limpio confesando constantemente todo pecado y teniendo a Cristo para perdonar sus pecados. Cristo lo mantiene limpio (blanco).
- que el creyente fiel anda en victoria y pureza con Cristo por los siglos de los siglos.

Advierta que el creyente fiel y puro recibe esta promesa porque él lo vale. Cristo se complace de que el creyente se concentre en Él, su Señor. Por tanto, Cristo lo ama con un amor muy especial y considera valioso al creyente.

2. Están los vencedores. Se realizan tres promesas al creyente que mantiene vivo su espíritu, al creyente que se concentra en Jesucristo y en sus propósitos espirituales para la iglesia.

a. El vencedor será vestido de blanco. Esta es la vestidura de la justicia y la pureza, de la perfección que se le entregará al creyente cuando ingrese al cielo. Al creyente se le da esta vestimenta de justicia y pureza...
   - porque confió en la justicia de Cristo.
   - porque siguió a Cristo viviendo una vida justa.

"Y entró el rey para ver a los convidados, y vio allí a un hombre que no estaba vestido de boda" (Mt. 22:11).

"Pero el padre dijo a sus siervos: Sacad el mejor vestido, y vestidle; y poned un anillo en su mano, y calzado en sus pies" (Lc. 15:22).

"La justicia de Dios por medio de la fe en Jesucristo, para todos los que creen en él. Porque no hay diferencia" (Ro. 3:22).

"Al que no conoció pecado, por nosotros lo hizo pecado, para que nosotros fuésemos hechos justicia de Dios en él" (2 Co. 5:21).

"El que venciere será vestido de vestiduras blancas; y no borraré su nombre del libro de la vida, y confesaré su nombre delante de mi Padre, y delante de sus ángeles" (Ap. 3:5).

"Por tanto, yo te aconsejo que de mí compres oro refinado en fuego, para que seas rico, y vestiduras blancas para vestirte, y que no se descubra la vergüenza de tu desnudez; y unge tus ojos con colirio, para que veas" (Ap. 3:18).

"Y alrededor del trono había veinticuatro tronos; y vi sentados en los tronos a veinticuatro ancianos, vestidos de ropas blancas, con coronas de oro en sus cabezas" (Ap. 4:4).

"Después de esto miré, y he aquí una gran multitud, la cual nadie podía contar, de todas naciones y tribus y pueblos y lenguas, que estaban delante del trono y en la presencia del Cordero, vestidos de ropas blancas, y con palmas en las manos" (Ap. 7:9).

"Y a ella se le ha concedido que se vista de lino fino, limpio y resplandeciente; porque el lino fino es las acciones justas de los santos" (Ap. 19:8).

"Y creyó a Jehová, y le fue contado por justicia" (Gn. 15:6).

"Me vestía de justicia, y ella me cubría; como manto y diadema era mi rectitud" (Job 29:14).

"Asimismo vestiré de salvación a sus sacerdotes, y sus santos darán voces de júbilo" (Sal. 132:16).

"En gran manera me gozaré en Jehová, mi alma se alegrará en mi Dios; porque me vistió con vestiduras de salvación, me rodeó de manto de justicia, como a novio me atavió, y como a novia adornada con sus joyas" (Is. 61:10).

"Y habló el ángel, y mandó a los que estaban delante de él, diciendo: Quitadle esas vestiduras viles. Y a él le dijo: Mira que he quitado de ti tu pecado, y te he hecho vestir de ropas de gala" (Zac. 3:4).

b. El vencedor no será borrado del libro de la vida. Este es un libro que tiene Dios. La imagen de las Escrituras es esta: el nombre de cada persona se escribe en el libro de la vida cuando la persona nace. Pero al morir, los nombres de los no creyentes se borran del libro y se los juzga a la muerte eterna. Nunca se tocan los nombres de los verdaderos creyentes. Ellos reciben vida eterna.

"Pero no os regocijéis de que los espíritus se os sujetan, sino regocijaos de que vuestros nombres están escritos en los cielos" (Lc. 10:20).

"Asimismo te ruego también a ti, compañero fiel, que ayudes a éstas que combatieron juntamente conmigo en el evangelio, con Clemente también y los demás colaboradores míos, cuyos nombres están en el libro de la vida" (Fil. 4:3).

"Y el que no se halló inscrito en el libro de la vida fue lanzado al lago de fuego" (Ap. 20:15).

"No entrará en ella ninguna cosa inmunda, o que hace abominación y mentira, sino solamente los que están inscritos en el libro de la vida del Cordero" (Ap. 21:27).

"Y Jehová respondió a Moisés: Al que pecare contra mí, a éste raeré yo de mi libro" (Éx. 32:33).

"Sean *raídos* del libro de los vivientes, y no sean escritos entre los justos" (Sal. 69:28).

"En aquel tiempo se levantará Miguel, el gran príncipe que está de parte de los hijos de tu pueblo; y será tiempo de angustia, cual nunca fue desde que hubo gente hasta entonces; pero en aquel tiempo será libertado tu pueblo, todos los que se hallen escritos en el libro" (Dn. 12:1).

c. El vencedor será reconocido por Cristo ante Dios. Cristo confesará que Él conoce al creyente que venció manteniendo su espíritu vivo y concentrado en el Señor.

"A cualquiera, pues, que me confiese delante de los hombres, yo también le confesaré delante de mi Padre que está en los cielos. Y a cualquiera que me niegue delante de los hombres, yo también le negaré delante de mi Padre que está en los cielos" (Mt. 10:32-33).

"Os digo que todo aquel que me confesare delante de los hombres, también el Hijo del Hombre le confesará delante de los ángeles de Dios" (Lc. 12:8).

"Que si confesares con tu boca que Jesús es el Señor, y creyeres en tu corazón que Dios le levantó de los muertos, serás salvo" (Ro. 10:9).

"Y toda lengua confiese que Jesucristo es el Señor, para gloria de Dios Padre" (Fil. 2:11).

"¿Quién es el mentiroso, sino el que niega que Jesús es el Cristo? Este es anticristo, el que niega al Padre y al Hijo. Todo aquel que niega al Hijo, tampoco tiene al Padre. El que confiesa al Hijo, tiene también al Padre" (1 Jn. 2:22-23).

"Todo aquel que confiese que Jesús es el Hijo de Dios, Dios permanece en él, y él en Dios" (1 Jn. 4:15).

	G. El mensaje a Filadelfia: La iglesia que es fiel y está viva, 3:7-13		
1 Los destinatarios a. El mensajero de la iglesia b. La iglesia de Filadelfia **2 El que habla: Jesús** **3 La recomendación** a. Habían usado la puerta abierta del evangelismo y las misiones b. Habían guardado la Palabra de Cristo c. No habían negado el nombre del Señor	7 Escribe al ángel de la iglesia en Filadelfia: Esto dice el Santo, el Verdadero, el que tiene la llave de David, el que abre y ninguno cierra, y cierra y ninguno abre: 8 Yo conozco tus obras; he aquí, he puesto delante de ti una puerta abierta, la cual nadie puede cerrar; porque aunque tienes poca fuerza, has guardado mi palabra, y no has negado mi nombre.	10 Por cuanto has guardado la palabra de mi paciencia, yo también te guardaré de la hora de la prueba que ha de venir sobre el mundo entero, para probar a los que moran sobre la tierra. 11 He aquí, yo vengo pronto; retén lo que tienes, para que ninguno tome tu corona. 12 Al que venciere, yo lo haré columna en el templo de mi Dios, y nunca más saldrá de allí; y escribiré sobre él el nombre de mi Dios, y el nombre de la ciudad de mi Dios, la nueva Jerusalén, la cual desciende del cielo, de mi Dios, y mi nombre nuevo. 13 El que tiene oído, oiga lo que el Espíritu dice a las iglesias.	b. Habrá una gran liberación: De la hora del juicio **5 El consejo: Cristo viene pronto; por lo tanto, hay que retener** **6 La promesa: A los vencedores** a. Serán una columna en el templo de Dios. b. Recibirán seguridad c. Recibirán el nombre de Dios d. Recibirán el nuevo nombre de la ciudad de Dios e. Recibirán un nuevo nombre
4 Las dos grandes esperanzas a. Habrá una gran reivindicación: los perseguidores de los creyentes serán salvos o juzgados	9 He aquí, yo entrego de la sinagoga de Satanás a los que se dicen ser judíos y no lo son, sino que mienten; he aquí, yo haré que vengan y se postren a tus pies, y reconozcan que yo te he amado.		

DIVISIÓN II

LOS MENSAJES AL CRISTO GLORIFICADO A LAS SIETE IGLESIAS, 1:9—3:22

G. El mensaje a Filadelfia: La iglesia que es fiel y está viva, 3:7-13

(3:7-13) ***Introducción:*** ¿Alguna vez ha visto una iglesia que esté viva y sea fiel a Cristo? ¿Una iglesia que se concentre en Jesucristo? ¿Una iglesia que convierta a Jesucristo en el centro de sus ministerios y actividades? ¿Una iglesia que se centre en alcanzar y hacer crecer gente para Cristo? ¿Una iglesia que se centre en enseñar a las personas a amar a Cristo y a amarse unos a otros más y más? Esta era la iglesia de Filadelfia. La misma palabra *Filadelfia* significa *amor filial o el que ama a su hermano.* Los creyentes de Filadelfia amaban a Cristo, por lo tanto, dieron sus corazones y vidas a Cristo. Vivieron como Cristo dijo que había que vivir y llevaron adelante la misión de Cristo sobre la tierra. La iglesia de Filadelfia estaba viva y era fiel. Representa a todas las iglesias a lo largo de los siglos que están vivas y son fieles. Demuestra exactamente lo que Cristo quiere que sea una iglesia. Advierta: No hay queja ni advertencia en contra de esta iglesia. Jesucristo solo tiene alabanzas y exhortación para la iglesia que está viva y es fiel.

1. Los destinatarios (v. 7).
2. El que habla: Jesús (v. 7).
3. La recomendación (v. 8).
4. Las dos grandes esperanzas (vv. 9-10).
5. El consejo: Cristo viene pronto, por lo tanto, hay que retener (v. 11).
6. La promesa: A los vencedores (vv. 12-13).

1 (3:7) ***Ministro - Iglesia:*** Están los destinatarios de la carta. La carta está dirigida al ministro de la iglesia, pero el Señor espera que el ministro la comparta con la iglesia. La iglesia estaba viva y era fiel a Cristo, y era cuestión del ministro mantener a la iglesia concentrada en la misión de Cristo. El ministro era el líder designado por la iglesia para mantener a la iglesia viva y fiel. Lo más probable era que la iglesia permaneciera viva y fiel si el ministro...

- vivía en la Palabra de Dios.
- vivía en oración.
- predicaba y enseñaba la Palabra de Dios.
- exhortaba a los creyentes a vivir para Cristo, a estudiar la Palabra, a orar, a dar testimonio y a ministrar con fe.
- conducía a la iglesia a establecer ministerios que alcanzaran a los perdidos, que construyeran a los creyentes, que ministraran a los necesitados y que alcanzaran el mundo apoyando misiones a nivel mundial.

Si el ministro aflojaba el paso o fallaba en alguna de estas cosas, la iglesia perdería su punto focal en Jesucristo. Ya no estaría tan viva ni sería tan fiel como debiera. Pero si el ministro se mantenía diligente, vivo y fiel él mismo, la mayor probabilidad era que la iglesia se mantuviera viva y fiel a Cristo. Este es el motivo por el cual Cristo dirige la carta al ministro.

ESTUDIO A FONDO 1

(3:7) ***Filadelfia:*** Hay cinco hechos históricos que parecen tener peso sobre el mensaje a la iglesia.

1. Filadelfia se fundó como una ciudad fronteriza para difundir la cultura griega a las áreas que la rodeaban. De hecho, estaba situada cerca de las fronteras de Lidia, Misia y Frigia. La iglesia sabía perfectamente qué significaba tener una mentalidad misionera, tener una puerta abierta para difundir el evangelio (Ap. 3:8; cp. Hch. 14:27; 1 Co. 16:9; 2 Co. 2:12; Col. 4:3).

2. El nombre Filadelfia significa *amor filial*. El nombre mismo de la iglesia actuaba para los creyentes como un recordatorio constante: debían amarse unos a otros si es que iban a cumplir con su llamado misionero.

3. Filadelfia sabía qué significaba vivir en medio de un entorno inseguro y bajo constante tensión y zozobra. La ciudad estaba asentada sobre una gran falla de terremoto. En el año 17 d.C., un terrible terremoto azotó una gran zona. Destruyó por completo a Sardis y a otras diez ciudades. Filadelfia estuvo en medio de una gran destrucción. Pero durante años la ciudad fue azotada por temblores sin fin, cada uno agregando su propio pánico y paredes derrumbadas a la devastación. La experiencia de tener que correr en busca de seguridad constantemente aterrorizó a la población. La experiencia nunca fue olvidada por las generaciones subsiguientes. La iglesia sabía qué era recibir la esperanza de convertirse en una "columna del templo de Dios" y la promesa al vencedor de que "nunca más saldrá de allí" (v. 12).

4. Filadelfia, luego de su destrucción a causa del terremoto, recibió ayuda del emperador Tiberio para su reconstrucción. En agradecimiento, la ciudad cambió su nombre a Neocesarea, la Nueva Ciudad del César. La iglesia sabía que se le iba a dar un nuevo nombre (v. 12).

5. Filadelfia tenía una sinagoga judía dentro de los límites de la ciudad. Los judíos sostenían ser los únicos seguidores del verdadero Dios (v. 9). Sostenían ser *las llaves de David*, tener el derecho a *abrir* y *cerrar* la puerta de Dios y su Reino (v. 7). La iglesia sabía que debía confiar y conocer solo a Él "el Verdadero [y]... tiene la llave de David [y]... abre y... cierra (v. 7).

2 (3:7) ***Jesucristo - Iglesia:*** Está el que habla, el Señor Jesucristo mismo. Lo que Jesucristo dice sobre sí se dirige al corazón de la iglesia que está viva y es fiel.

1. Jesucristo es *santo*. La palabra *santo* es una descripción de Dios mismo. Jesucristo está sosteniendo tener la misma naturaleza que Dios el Padre, ser perfectamente santo así como lo es Dios. Recuerde que *santidad* significa ser separado y diferente de otros seres, completa y totalmente separado. Cristo es supremamente santo. Él alcanza la cima de ser diferente de otros seres. Esto implica algo significativo para la iglesia que está viva y es fiel. Significa que están adorando y siguiendo a Dios. Al dar sus corazones y vidas a Cristo, se están entregando a sí mismos a la Majestad soberana y a la Fuerza suprema del universo, al santo Dios mismo. Por lo tanto, la iglesia está bajo su cuidado y amor. Cristo Jesús, el Dios más Santo, cuidará y se ocupará de la iglesia si la iglesia continúa estando viva y siendo fiel.

"Exaltad a Jehová nuestro Dios, y postraos ante su santo monte, porque Jehová nuestro Dios es santo" (Sal. 99:9).

"Y el uno al otro daba voces, diciendo: Santo, santo, santo, Jehová de los ejércitos; toda la tierra está llena de su gloria" (Is. 6:3).

"¿Quién de vosotros me redarguye de pecado? Pues si digo la verdad, ¿por qué vosotros no me creéis?" (Jn. 8:46).

"Porque verdaderamente se unieron en esta ciudad contra tu santo Hijo Jesús, a quien ungiste, Herodes y Poncio Pilato, con los gentiles y el pueblo de Israel" (Hch. 4:27).

"Mientras extiendes tu mano para que se hagan sanidades y señales y prodigios mediante el nombre de tu santo Hijo Jesús" (Hch. 4:30).

"Al que no conoció pecado, por nosotros lo hizo pecado, para que nosotros fuésemos hechos justicia de Dios en él" (2 Co. 5:21).

"Porque no tenemos un sumo sacerdote que no pueda compadecerse de nuestras debilidades, sino uno que fue tentado en todo según nuestra semejanza, pero sin pecado" (He. 4:15).

"Porque tal sumo sacerdote nos convenía: santo, inocente, sin mancha, apartado de los pecadores, y hecho más sublime que los cielos" (He. 7:26).

"¿Quién no te temerá, oh Señor, y glorificará tu nombre? pues sólo tú eres santo; por lo cual todas las naciones vendrán y te adorarán, porque tus juicios se han manifestado" (Ap. 15:4).

2. Jesucristo es el que es *verdadero*. La palabra verdadero (alethinos) significa lo verdadero en oposición a lo falso, lo genuino en oposición a lo fraudulento, lo real en oposición a lo irreal. Jesucristo es el Dios verdadero, genuino y real. No hay otro. Todos los dioses adorados por los hombres son falsos, fraudulentos e irreales. Esto, también, significa algo maravilloso. Dios no está en el espacio remoto en algún lugar, demasiado lejos como para ser conocido o alcanzado. Él no es la figura sombreada que la mayoría de las personas imaginan que es. Dios no está distante de nosotros. No nos ha dejado en la oscuridad para andar a tientas y tropezar tratando de encontrarlo. Dios no nos odia. No nos ha dejado en la oscuridad respecto de sí. Dios nos ama. Se nos ha revelado. Envió al Señor Jesucristo a que nos traiga la verdad. Por lo tanto, al adorar a Jesucristo estamos adorando al único Dios verdadero y viviente. Lo que la iglesia fiel debe hacer es continuar adorando a Cristo, continuar colocándolo como el punto principal de todo lo que hace. Cuando la iglesia lo coloca en el centro de todos sus ministerios, actividades y reuniones, entonces la iglesia está siguiendo la verdad, siguiendo a quien es verdadero.

"Aquella luz verdadera, que alumbra a todo hombre, venía a este mundo" (Jn. 1:9).

"Y aquel Verbo fue hecho carne, y habitó entre nosotros (y vimos su gloria, gloria como del unigénito del Padre), lleno de gracia y de verdad" (Jn. 1:14).

"Y Jesús les dijo: De cierto, de cierto os digo: No os dio Moisés el pan del cielo, mas mi Padre os da *el verdadero pan* del cielo" (Jn. 6:32).

"Jesús le dijo: Yo soy el camino, y la verdad, y la vida; nadie viene al Padre, sino por mí" (Jn. 14:6).

"Yo soy la vid verdadera, y mi Padre es el labrador" (Jn. 15:1).

"Le dijo entonces Pilato: ¿Luego, eres tú rey? Respondió Jesús: Tú dices que yo soy rey. Yo para esto he nacido, y para esto he venido al mundo, para dar testimonio a la verdad. Todo aquel que es de la verdad, oye mi voz" (Jn. 18:37).

"Sin embargo, os escribo un mandamiento nuevo, que es verdadero en él y en vosotros, porque las tinieblas van pasando, y la luz verdadera ya alumbra" (1 Jn. 2:8).

3. Solo Jesucristo es la llave de David, la llave que "abre y ninguno cierra, y cierra y ninguno abre". ¿Qué es la llave de David? Hay un acontecimiento en el Antiguo Testamento que nos lo cuenta. El rey Ezequías tenía un fiel sirviente cuyo nombre era Eliaquim. Este sirviente era el secretario del rey Ezequías. Se lo puso a total cargo de los asuntos del rey. Nadie podía llegar ante la presencia del rey sin pasar por Eliaquim. Únicamente este sirviente determinaba quién ingresaba a la corte del rey. Un día, Dios habló con Isaías el profeta y le dijo las siguientes palabras:

"Y pondré la llave de la casa de David sobre su hombro; y abrirá, y nadie cerrará; cerrará, y nadie abrirá" (Is. 22:22).

La llave de David es el símbolo de la autoridad. Solo Jesucristo abre y cierra la puerta ante la corte y la presencia de Dios. Él solo determina quién vive en el cielo con Dios el Padre. Él solo otorga el ingreso a la presencia de Dios. La puerta del cielo la abre y la cierra Él y solamente Él. Ninguna persona o ser tiene esa autoridad. Jesucristo es el único que tiene la llave para abrir y cerrar la puerta a la vida eterna. Por lo tanto, la iglesia que se centra en Jesucristo puede tener por seguro que vivirá por siempre. Cuando llegue el momento, Jesucristo abrirá la puerta del cielo. La iglesia que tome todos sus ministerios, actividades y reuniones y que coloque a Jesucristo en el centro de todos ellos, esa iglesia vivirá por siempre.

"Y también le dio autoridad de hacer juicio, por cuanto es el Hijo del Hombre" (Jn. 5:27).

"Porque hay un solo Dios, y un solo mediador entre Dios y los hombres, Jesucristo hombre" (1 Ti. 2:5).

"Por lo cual puede también salvar perpetuamente a los que por él se acercan a Dios, viviendo siempre para interceder por ellos" (He. 7:25).

"Pero ahora tanto mejor ministerio es el suyo, cuanto es mediador de un mejor pacto, establecido sobre mejores promesas" (He. 8:6).

"Así que, por eso es mediador de un nuevo pacto, para que interviniendo muerte para la remisión de las transgresiones que había bajo el primer pacto, los llamados reciban la promesa de la herencia eterna" (He. 9:15).

"Porque no entró Cristo en el santuario hecho de mano, figura del verdadero, sino en el cielo mismo para presentarse ahora por nosotros ante Dios" (He. 9:24).

"A Jesús el Mediador del nuevo pacto, y a la sangre rociada que habla mejor que la de Abel" (He. 12:24).

"Hijitos míos, estas cosas os escribo para que no pequéis; y si alguno hubiere pecado, abogado tenemos para con el Padre, a Jesucristo el justo" (1 Jn. 2:1).

3 (3:8) ***Iglesia - Creyente:*** Está la recomendación. Esta es la imagen de cómo debería ser una iglesia, la imagen de una iglesia que está viva y es fiel. El Señor Jesucristo recomienda a esta iglesia por tres cosas.

1. La iglesia utilizó la puerta abierta del evangelismo y las misiones para alcanzar a la gente para Cristo. La iglesia estaba ubicada estratégicamente.

=> Era una ciudad fronteriza que rozaba las fronteras de otras tres ciudades: Lidia, Misia y Frigia. Imagine las oportunidades de evangelismo y misión al estar rodeada de otras tres ciudades.

=> Estaba sobre el camino al Imperio de Roma, uno de los caminos principales que pasaban por la costa y se extendían hacia el Este en Asia menor. Piense en las multitudes que pasaban y la visitaban, que se quedaban y hacían negocios en la ciudad: los hombres de negocios, los vendedores, los militares, los turistas, los que estaban de vacaciones y los que visitaban a parientes.

El punto es asombroso: La ciudad estaba tan estratégicamente ubicada que todo el mundo pudo haber penetrado con el evangelio que se difundiera de la iglesia. Y advierta: Cristo alaba a la iglesia por su obra de evangelización y sus misiones. Estaban alcanzando a otras personas. Y Cristo conocía sus obras. Había colocado una puerta abierta ante ellos y ellos la habían traspasado y habían aprovechado la oportunidad. Él personalmente se ocupará de ver que la puerta al evangelismo y a las misiones permanezca abierta.

Advierta otro hecho significativo: La iglesia tenía muy poca fuerza. Esto probablemente signifique que era una iglesia pequeña, pequeña en cantidad y en recursos. Esto también es llamativo: imagine que siendo una iglesia pequeña, aun así alcanzaba a los perdidos, daba testimonio de la salvación y la esperanza de la vida eterna. Imagine llevar a cabo una misión evangelista tal que Cristo está impresionado, tan impresionado...

- que alaba a la iglesia por ello.
- que garantiza que siempre estará abierta la puerta al evangelismo y a las misiones. No permitirá que nadie la cierre.

Pensamiento 1: Esta es la primera misión de la iglesia. La iglesia que está viva y es fiel es una iglesia que hace exactamente lo que hizo Jesús: Alcanzó a los perdidos.

=> Esto es exactamente lo que Él dijo acerca de su propia misión.

"Porque el Hijo del Hombre vino a buscar y a salvar lo que se había perdido" (Lc. 19:10).

=> Esto es exactamente lo que Él dijo acerca de la misión de sus seguidores y su iglesia.

"Entonces Jesús les dijo otra vez: Paz a vosotros. Como me envió el Padre, *así también yo os envío*" (Jn. 20:21).

Pensamiento 2: ¿Cuántas iglesias están ubicadas estratégicamente? Muchas. De hecho, la mayoría lo están. Algunas están justo en medio de ciudades donde viven miles de personas. Otras, en los caminos principales de las ciudades y otras en los caminos principales de las áreas rurales y granjeras. Entonces, ¿por qué son tantas de nuestras iglesias las que no van en busca de la gente con el impulso del evangelismo y las misiones? ¿Por qué tan pocos de los perdidos son ganados a Cristo? La iglesia que está *viva y es fiel* es una iglesia que utiliza la *puerta abierta* del evangelismo y las misiones. Los creyentes son personas que dan testimonio y hacen todo lo que pueden para alcanzar a los perdidos a Cristo.

=> van casa por casa.

=> dan testimonio a sus compañeros de trabajo, vecinos, amigos y familia.

=> siempre están buscando oportunidades para dar testimonio y compartir a Cristo.

"Por tanto, id, y haced discípulos a todas las naciones, bautizándolos en el nombre del Padre, y del Hijo, y del Espíritu Santo; enseñándoles que guarden todas las cosas que os he mandado; y he aquí yo estoy con vosotros todos los días, hasta el fin del mundo. Amén" (Mt. 28:19-20).

"Y les dijo: Id por todo el mundo y predicad el evangelio a toda criatura" (Mr. 16:15).

"Porque el Hijo del Hombre vino a buscar y a salvar lo que se había perdido" (Lc. 19:10).

"No me elegisteis vosotros a mí, sino que yo os elegí a vosotros, y os he puesto para que vayáis y llevéis fruto, y vuestro fruto permanezca; para que todo lo que pidiereis al Padre en mi nombre, él os lo dé" (Jn. 15:16).

"Entonces Jesús les dijo otra vez: Paz a vosotros. Como me envió el Padre, así también yo os envío" (Jn. 20:21).

"Pero recibiréis poder, cuando haya venido sobre vosotros el Espíritu Santo, y me seréis testigos en Jerusalén, en toda Judea, en Samaria, y hasta lo último de la tierra" (Hch. 1:8).

"Porque no podemos dejar de decir lo que hemos visto y oído" (Hch. 4:20).

"Y habiendo llegado, y reunido a la iglesia, refirieron cuán grandes cosas había hecho Dios con ellos, y cómo había abierto la puerta de la fe a los gentiles" (Hch. 14:27).

"Porque se me ha abierto puerta grande y eficaz, y muchos son los adversarios" (1 Co. 16:9).

"Cuando llegué a Troas para predicar el evangelio de Cristo, aunque se me abrió puerta en el Señor" (2 Co. 2:12).

"Orando también al mismo tiempo por nosotros, para que el Señor nos abra puerta para la palabra, a fin de dar a conocer el misterio de Cristo, por el cual también estoy preso" (Col. 4:3).

"Sino santificad a Dios el Señor en vuestros corazones, y estad siempre preparados para presentar defensa con mansedumbre y reverencia ante todo el que os demande razón de la esperanza que hay en vosotros" (1 P. 3:15).

"Yo conozco tus obras; he aquí, he puesto delante de ti una puerta abierta, la cual nadie puede cerrar; porque aunque tienes poca fuerza, has guardado mi palabra, y no has negado mi nombre" (Ap. 3:8).

"De las misericordias de Jehová haré memoria, de las alabanzas de Jehová, conforme a todo lo que Jehová nos ha dado, y de la grandeza de sus beneficios hacia la casa de Israel, que les ha hecho según sus misericordias, y según la multitud de sus piedades" (Is. 63:7).

"Y dije: No me acordaré más de él, ni hablaré más en su nombre; no obstante, había en mi corazón como un fuego ardiente metido en mis huesos; traté de sufrirlo, y no pude" (Jer. 20:9).

"Entonces los que temían a Jehová hablaron cada uno a su compañero; y Jehová escuchó y oyó, y fue escrito libro de memoria delante de él para los que temen a Jehová, y para los que piensan en su nombre" (Mal. 3:16).

2. La iglesia mantuvo la Palabra de Dios; esto es, fueron fieles a la Palabra de Dios. Obedecieron al Señor Jesucristo, cumplieron sus mandamientos. En términos muy prácticos, esto significa...

• que estudiaron la Palabra de Dios.
• que vivieron la Palabra de Dios.
• que proclamaron la Palabra de Dios a creyentes e incrédulos por igual.

"De cierto, de cierto os digo, que el que guarda mi palabra, nunca verá muerte" (Jn. 8:51).

"Si me amáis, guardad mis mandamientos. Y yo rogaré al Padre, y os dará otro Consolador, para que esté con vosotros para siempre" (Jn. 14:15-16).

"Respondió Jesús y le dijo: El que me ama, mi palabra guardará; y mi Padre le amará, y vendremos a él, y haremos morada con él" (Jn. 14:23).

"Si guardareis mis mandamientos, permaneceréis en mi amor; así como yo he guardado los mandamientos de mi Padre, y permanezco en su amor... Vosotros sois mis amigos, si hacéis lo que yo os mando" (Jn. 15:10, 14).

"Y éstos eran más nobles que los que estaban en Tesalónica, pues recibieron la palabra con toda solicitud, escudriñando cada día las Escrituras para ver si estas cosas eran así" (Hch. 17:11).

"Y ahora, hermanos, os encomiendo a Dios, y a la palabra de su gracia, que tiene poder para sobreedificaros y daros herencia con todos los santificados" (Hch. 20:32).

"Procura con diligencia presentarte a Dios aprobado, como obrero que no tiene de qué avergonzarse, que usa bien la palabra de verdad" (2 Ti. 2:15)

"Toda la Escritura es inspirada por Dios, y útil para enseñar, para redargüir, para corregir, para instruir en justicia" (2 Ti. 3:16).

"Desead, como niños recién nacidos, la leche espiritual no adulterada, para que por ella crezcáis para salvación, si es que habéis gustado la benignidad del Señor" (1 P. 2:2, 3).

"Y en esto sabemos que nosotros le conocemos, si guardamos sus mandamientos" (1 Jn. 2:3).

3. La iglesia confesó a Cristo; ellos no negaron el nombre de Cristo. Esto significa más que solo dar testimonio por Cristo. Por supuesto, significa dar testimonio, pero implica mucho más.

a. En primer lugar, confesar a Cristo significa que la iglesia confiesa a Cristo en todo lo que hace. Significa que Jesucristo se convierte en el punto focal y en el centro...

• de todas las vidas de los creyentes

• de todos los servicios, reuniones, ministerios, programas y actividades de la iglesia.

Confesar a Cristo significa que uno vive, se mueve y tiene su ser en Cristo. Significa que la iglesia no se centra en rituales, ceremonias, programas y actividades, sino en Jesucristo. Jesucristo es confesado. Él se convierte en el punto focal, en el centro, en el propósito principal y en la atracción de todo programa y actividad.

b. En segundo lugar, confesar a Cristo también significa que una persona se mantiene firme frente a la oposición y la persecución. Algunos en el mundo siempre perseguirán a los verdaderos creyentes. Ellos...
   • ridicularizarán
   • ignorarán
   • abusarán
   • matarán
   • se burlarán
   • pasarán por alto
   • se vengarán
   • tentarán
   • se reirán de
   • maldecirán
   • atacarán
   • se aprovecharán
   • rechazarán
   • encarcelarán

Las multitudes del mundo harán todo lo que esté a su alcance para conducir al verdadero creyente a ceder y unirse a ellas. Pero el creyente nunca debe cejar, no debe negar a Cristo. Advierta lo que dice Cristo: La iglesia o el creyente que están vivos y son fieles no niegan el nombre de Cristo. La iglesia fiel confiesa a Cristo.

"A cualquiera, pues, que me confiese delante de los hombres, yo también le confesaré delante de mi Padre que está en los cielos. Y a cualquiera que me niegue delante de los hombres, yo también le negaré delante de mi Padre que está en los cielos" (Mt. 10:32-33).

"Os digo que todo aquel que me confesare delante de los hombres, también el Hijo del Hombre le confesará delante de los ángeles de Dios" (Lc. 12:8).

"Que si confesares con tu boca que Jesús es el Señor, y creyeres en tu corazón que Dios le levantó de los muertos, serás salvo. Porque con el corazón se cree para justicia, pero con la boca se confiesa para salvación" (Ro. 10:9-10).

"¿Quién es el mentiroso, sino el que niega que Jesús es el Cristo? Este es anticristo, el que niega al Padre y al Hijo. Todo aquel que niega al Hijo, tampoco tiene al Padre. El que confiesa al Hijo, tiene también al Padre" (1 Jn. 2:22-23).

"Todo aquel que confiese que Jesús es el Hijo de Dios, Dios permanece en él, y él en Dios" (1 Jn. 4:15).

Pensamiento 1: Advierta cuán fuerte es una iglesia que hace estas tres cosas. La iglesia que está viva y es fiel es una iglesia...
• que es evangelística y con mentalidad misionera.
• que guarda la Palabra de Cristo.
• que confiesa a Cristo en todo lo que hace, en todos sus servicios, reuniones, programas y actividades.

4 (3:9-10) ***Iglesia - Esperanza:*** Está la gran esperanza dada a la iglesia que está viva y es fiel. Advierta cuán descriptivo es este versículo:

"He aquí, yo entrego de la sinagoga de Satanás a los que se dicen ser judíos y no lo son, sino que mienten; he aquí, yo haré que vengan y se postren a tus pies, y reconozcan que yo te he amado" (v. 9).

La sinagoga de Satanás se refiere a los judíos que dicen que siguen al verdadero Dios, pero no lo hacen: Rechazan a Jesucristo. Y Jesucristo es el Hijo de Dios, el que ha venido al mundo para revelar a Dios. Por lo tanto, rechazar a Jesucristo es rechazar la revelación de Dios, rechazar a Dios mismo. Recuerde quién es un verdadero judío a los ojos de Dios:

=> un verdadero judío es cualquier persona que cree en Jesucristo.

"Y recibió la circuncisión como señal, como sello de la justicia de la fe que tuvo estando aún incircunciso; para que fuese padre de todos los creyentes no circuncidados, a fin de que también a ellos la fe les sea contada por justicia" (Ro. 4:11).

=> un verdadero judío no es una persona que sostiene una descendencia racial exterior. Un verdadero judío es una persona que es judío interiormente, que cree en el Señor Jesucristo.

"Pues no es judío el que lo es exteriormente, ni es la circuncisión la que se hace exteriormente en la carne; sino que es judío el que lo es en lo interior, y la circuncisión es la del corazón, en espíritu, no en letra; la alabanza del cual no viene de los hombres, sino de Dios" (Ro. 2:28-29).

=> un verdadero judío es una persona que anda en los pasos de la fe de Abraham, que anda en una fe que se coloca en el Señor Jesucristo.

"Y padre de la circuncisión, para los que no solamente son de la circuncisión, sino que también siguen las pisadas de la fe que tuvo nuestro padre Abraham antes de ser circuncidado" (Ro. 4:12).

=> un verdadero judío no es una persona de una raza terrenal, sino que un verdadero judío es una persona que tiene la misma fe que tuvo Abraham.

"No que la palabra de Dios haya fallado; porque no todos los que descienden de Israel son israelitas, ni por ser descendientes de Abraham, son todos hijos; sino: En Isaac te será llamada descendencia. Esto es: No los que son hijos según la carne son los hijos de Dios, sino que *los que son hijos según la promesa son contados como descendientes.* Porque la palabra de la promesa es esta: Por este tiempo vendré, y Sara tendrá un hijo" (Ro. 9:6-9).

=> el verdadero Israel es la iglesia.

"Y a todos los que anden conforme a esta regla, paz y misericordia sea a ellos, y al Israel de Dios" (Gá. 6:16).

El punto es llamativo: Para Dios, un judío no es de una raza terrenal. Un judío es una persona que verdaderamente cree en Dios, cree en todas las promesas de Dios inclusive en la promesa del Mesías. Un verdadero judío es una persona que cree en el Señor Jesucristo. Recuerde: Dios mismo le dio vida a la raza judía. Crió a los judíos para que fueran sus seguidores y testigos ante la raza humana. Por lo tanto, para Dios, un judío verdadero es una persona de cualquier nación terrenal que sigue a Cristo y da testimonio de Él.

El punto es este: Había judíos en Filadelfia que perseguían a los creyentes. Sostenían ser judíos, el pueblo elegido, los seguidores de Dios, pero no lo eran. Rechazaban al Hijo de Dios, al que vino a revelar a Dios. Por tanto, estaban mintiendo. Eran un grupo de Satanás, no del único Dios viviente y verdadero.

Ahora bien, con esto como trasfondo, advierta la gran esperanza dada a la iglesia que está viva y es fiel. La esperanza es doble.

1. Los creyentes serán reivindicados ante todos sus perseguidores. Los perseguidores de la iglesia serán salvos o juzgados. Advierta que los judíos vendrán y adorarán a los pies de la iglesia.

a. Los creyentes serán reivindicados porque algunos de sus perseguidores serán salvos (v. 9). Advierta el versículo: Los judíos *vendrán y se postrarán* a adorar con los creyentes. Esto apunta hacia la salvación de Israel en el fin de los tiempos. Advierta esto atentamente, puesto que es la imagen retratada por las Escrituras.

=> En el Antiguo Testamento a Israel se lo ve como el verdadero seguidor de Dios y se ve a los demás pueblos del mundo venir y adorar al Dios de Israel.

"Así dice Jehová: El trabajo de Egipto, las mercaderías de Etiopía, y los sabeos, hombres de elevada estatura, se pasarán a ti y serán tuyos; irán en pos de ti, pasarán con grillos; te harán reverencia y te suplicarán diciendo: Ciertamente en ti está Dios, y no hay otro fuera de Dios" (Is. 45:14).

"Reyes serán tus ayos, y sus reinas tus nodrizas; con el rostro inclinado a tierra te adorarán, y lamerán el polvo de tus pies; y conocerás que yo soy Jehová, que no se avergonzarán los que esperan en mí" (Is. 49:23).

"Y vendrán a ti humillados los hijos de los que te afligieron, y a las pisadas de tus pies se encorvarán todos los que te escarnecían, y te llamarán Ciudad de Jehová, Sion del Santo de Israel" (Is. 60:14).

"Y santificaré mi grande nombre, profanado entre las naciones, el cual profanasteis vosotros en medio de ellas; y sabrán las naciones que yo soy Jehová, dice Jehová el Señor, cuando sea santificado en vosotros delante de sus ojos" (Ez. 36:23).

"Y sabrán las naciones que yo Jehová santifico a Israel, estando mi santuario en medio de ellos para siempre" (Ez. 37:28).

=> En el Nuevo Testamento la imagen es inversa y a los judíos se los ve viniendo a la iglesia y adorando con la iglesia. Esto significa que los judíos adoran al Señor Jesucristo. (Ver bosquejos y notas, Ro. 9:1—11:36; esp. 11:25-36 para mayor discusión al respecto y para los versículos que tratan sobre este tema.)

"Como también en Oseas dice: Llamaré pueblo mío al que no era mi pueblo, y a la no amada, amada. Y en el lugar donde se les dijo: Vosotros no sois pueblo mío, allí serán llamados hijos del Dios viviente" (Ro. 9:25-26).

Pensamiento 1: La escena será gloriosa: Israel (los judíos) adorando al Mesías, al Señor Jesucristo, junto con los creyentes gentiles. Esta es la promesa del Señor a la iglesia de Filadelfia.
Advierta esto: La promesa se aplica a todas las iglesias que están vivas y son fieles. Algunos de los perseguidores creerán y aceptarán al Señor Jesucristo como su Salvador. Serán ganados por Cristo y adorarán junto a los creyentes a los que originariamente persiguieron. Esta es una gran promesa realizada a la iglesia que es fiel y está viva. La tarea de la iglesia es continuar siendo fiel a Cristo, dando testimonio de Él.

"Se acordarán, y se volverán a Jehová todos los confines de la tierra, y todas las familias de las naciones adorarán delante de ti. Porque de Jehová es el reino, y él regirá las naciones" (Sal. 22:27-28).

b. Los creyentes también será reivindicados ante todos los perseguidores que rechazan a Jesucristo. Las Escrituras manifiestan claramente que toda rodilla se postrará ante los pies del Señor y confesará que Él es el Señor.

"Porque escrito está: Vivo yo, dice el Señor, que ante mí se doblará toda rodilla, y toda lengua confesará a Dios" (Ro. 14:11).

"Por lo cual Dios también le exaltó hasta lo sumo, y le dio un nombre que es sobre todo nombre, para que en el nombre de Jesús se doble toda rodilla de los que están en los cielos, y en la tierra, y debajo de la tierra; y toda lengua confiese que Jesucristo es el Señor, para gloria de Dios Padre" (Fil. 2:9-11).

"¿Quién no te temerá, oh Señor, y glorificará tu nombre? pues sólo tú eres santo; por lo cual todas las naciones vendrán y te adorarán, porque tus juicios se han manifestado" (Ap. 15:4).

"Mirad a mí, y sed salvos, todos los términos de la tierra, porque yo soy Dios, y no hay más. Por mí mismo hice juramento, de mi boca salió palabra en justicia, y no será revocada: Que a mí se doblará toda rodilla, y jurará toda lengua" (Is. 45:22-23).

2. Los creyentes experimentarán una gran liberación. Serán liberados de la hora del juicio que vendrá sobre la tierra. Esto se refiere a la gran tribulación que vendrá a la tierra en el fin de los tiempos, un período de prueba que superará en exceso cualquier prueba jamás conocida. Cristo mismo dijo:

"Porque habrá entonces gran tribulación, cual no la ha habido desde el principio del mundo hasta ahora, ni la habrá" (Mt. 24:21).

La gran tribulación implicará dos fuerzas terribles que caerán sobre la tierra:

=> Habrá una persecución por parte del anticristo.

"Y se le permitió hacer guerra contra los santos, y vencerlos. También se le dio autoridad sobre toda tribu, pueblo, lengua y nación. Y la adoraron todos los moradores de la tierra cuyos nombres no estaban escritos en el libro de la vida del Cordero que fue inmolado desde el principio del mundo" (Ap. 13:7-8).

=> Estará el terrible juicio de Dios en contra de todos los creyentes que rechazan a su Hijo Jesucristo.

"De éstos también profetizó Enoc, séptimo desde Adán, diciendo: He aquí, vino el Señor con sus santas decenas de millares, para hacer juicio contra todos, y dejar convictos a todos los impíos de todas sus obras impías que han hecho impíamente, y de todas las cosas duras que los pecadores impíos han hablado contra él" (Jud. 14-15).

"Después de esto oí una gran voz de gran multitud en el cielo, que decía: ¡Aleluya! Salvación y honra y gloria y poder son del Señor Dios nuestro; porque sus juicios son verdaderos y justos; pues ha juzgado a la gran ramera que ha corrompido a la tierra con su fornicación, y ha vengado la sangre de sus siervos de la mano de ella. Otra vez dijeron: ¡Aleluya! Y el humo de ella sube por los siglos de los siglos" (Ap. 19:1-3).

Advierta que ningún creyente debe temer prueba alguna, ni siquiera la prueba del martirio. Jesucristo dice que Él liberará al creyente de todas las pruebas.

=> Incluso cuando sea odiado y martirizado, el creyente será liberado. La muerte física no tendrá ningún efecto sobre el creyente. El creyente será liberado ante la misma presencia de Dios más rápido que el parpadeo de un ojo. El creyente nunca sufrirá el tormento de la muerte. Cristo fue muy específico al respecto:

"Mas seréis entregados aun por vuestros padres, y hermanos, y parientes, y amigos; y matarán a algunos de vosotros; y seréis aborrecidos de todos por causa de mi nombre. Pero ni un cabello de vuestra cabeza perecerá. Con vuestra paciencia ganaréis vuestras almas" (Lc. 21:16-19).

Advierta también que Dios promete proteger a los creyentes que tienen que atravesar la tribulación. No sufrirán los juicios que Dios arroja sobre la tierra. Serán protegidos de algún modo como lo fue Israel durante las plagas que recayeron sobre Egipto. Los juicios de Dios caerán solo sobre los no creyentes. Esto se manifiesta claramente:

"Y se les mandó que no dañasen a la hierba de la tierra, ni a cosa verde alguna, ni a ningún árbol, sino solamente a los hombres que no tuviesen el sello de Dios en sus frentes" (Ap. 9:4).

El tema es llamativo: La esperanza del creyente es gloriosa. Jesucristo siempre liberará al creyente y a la iglesia que esté viva y sea fiel.

"He aquí os doy potestad de hollar serpientes y escorpiones, y sobre toda fuerza del enemigo, y nada os dañará" (Lc. 10:19).

"Y el Dios de paz aplastará en breve a Satanás bajo vuestros pies. La gracia de nuestro Señor Jesucristo sea con vosotros" (Ro. 16:20).

"No os ha sobrevenido ninguna tentación que no sea humana; pero fiel es Dios, que no os dejará ser tentados más de lo que podéis resistir, sino que dará también juntamente con la tentación la salida, para que podáis soportar" (1 Co. 10:13).

"Por lo cual asimismo padezco esto; pero no me avergüenzo, porque yo sé a quién he creído, y estoy seguro que es poderoso para guardar mi depósito para aquel día" (2 Ti. 1:12).

"Por lo demás, me está guardada la corona de justicia, la cual me dará el Señor, juez justo, en aquel día; y no sólo a mí, sino también a todos los que aman su venida" (2 Ti. 4:8).

"Pues en cuanto él mismo padeció siendo tentado, es poderoso para socorrer a los que son tentados" (He. 2:18).

"Que sois guardados por el poder de Dios mediante la fe, para alcanzar la salvación que está preparada para ser manifestada en el tiempo postrero" (1 P. 1:5).

"Y a aquel que es poderoso para guardaros sin caída, y presentaros sin mancha delante de su gloria con gran alegría" (Jud. 24).

"Por cuanto has guardado la palabra de mi paciencia, yo también te guardaré de la hora de la prueba que ha de venir sobre el mundo entero, para probar a los que moran sobre la tierra" (Ap. 3:10).

5 (3:11) ***Guardar - Jesucristo, Regreso:*** Está el consejo. Jesucristo declara una y otra vez que Él retornará a la tierra. Advierta la palabra *pronto*. Jesucristo vendrá próximamente. Las Escrituras lo declaran una y otra vez.

"Vuestra gentileza sea conocida de todos los hombres. El Señor está cerca" (Fil. 4:5).

"Porque aún un poquito, y el que ha de venir vendrá, y no tardará" (He. 10:37).

"Tened también vosotros paciencia, y afirmad vuestros corazones; porque la venida del Señor se acerca" (Stg. 5:8).

"He aquí, yo vengo pronto; retén lo que tienes, para que ninguno tome tu corona" (Ap. 3:11).

"¡He aquí, vengo pronto! Bienaventurado el que guarda las palabras de la profecía de este libro" (Ap. 22:7).

El punto es este: Puesto que Cristo viene y viene pronto, la iglesia fiel debe hacer algo. Debe guardar...

- su celo evangelista y misionero.
- la Palabra de Cristo.
- confesar y vivir por Cristo y no negarlo jamás.

Advierta por qué: Porque la iglesia y sus creyentes podrían perder su corona. Esta es la clara advertencia de las Escrituras. Los creyentes deben guardarse. Pueden perder su corona si niegan a Cristo y cometen apostasía.

"Mas el que persevere hasta el fin, éste será salvo" (Mt. 24:13).

"Velad, pues, porque no sabéis el día ni la hora en que el Hijo del Hombre ha de venir" (Mt. 25:13).

"Bienaventurados aquellos siervos a los cuales su

señor, cuando venga, halle velando; de cierto os digo que se ceñirá, y hará que se sienten a la mesa, y vendrá a servirles" (Lc. 12:37).

"No nos cansemos, pues, de hacer bien; porque a su tiempo segaremos, si no desmayamos" (Gá. 6:9).

"Porque todos vosotros sois hijos de luz e hijos del día; no somos de la noche ni de las tinieblas. Por tanto, no durmamos como los demás, sino velemos y seamos sobrios" (1 Ts. 5:5-6).

"Por tanto, ceñid los lomos de vuestro entendimiento, sed sobrios, y esperad por completo en la gracia que se os traerá cuando Jesucristo sea manifestado" (1 P. 1:13).

"No temas en nada lo que vas a padecer. He aquí, el diablo echará a algunos de vosotros en la cárcel, para que seáis probados, y tendréis tribulación por diez días. Sé fiel hasta la muerte, y yo te daré la corona de la vida" (Ap. 2:10).

"He aquí, yo vengo pronto; retén lo que tienes, para que ninguno tome tu corona" (Ap. 3:11).

"Y oí al ángel de las aguas, que decía: Justo eres tú, oh Señor, el que eres y que eras, el Santo, porque has juzgado estas cosas" (Ap. 16:5).

"No obstante, proseguirá el justo su camino, y el limpio de manos aumentará la fuerza" (Job 17:9).

6 (3:12-13) ***Vencedores - Promesas:*** Están las promesas al vencedor. Las iglesias y los creyentes que permanecen vivos y fieles a Cristo tienen cinco hermosas promesas. Recibirán cinco cosas gloriosas.

1. Se convertirán en una columna del templo de Dios. Esto significa que pasarán a ser una parte permanente de la casa de Dios, de la adoración y servicios eternos del cielo. Y serán una parte vital, una columna. La columna es un símbolo de...

- fortaleza
- permanencia
- soporte
- inmortalidad
- durabilidad
- un monumento

"¿No sabéis que sois templo de Dios, y que el Espíritu de Dios mora en vosotros?" (1 Co. 3:16).

"¿O ignoráis que vuestro cuerpo es templo del Espíritu Santo, el cual está en vosotros, el cual tenéis de Dios, y que no sois vuestros?" (1 Co. 6:19).

"¿Y qué acuerdo hay entre el templo de Dios y los ídolos? Porque vosotros sois el templo del Dios viviente, como Dios dijo: Habitaré y andaré entre ellos, y seré su Dios, y ellos serán mi pueblo" (2 Co. 6:16).

"Edificados sobre el fundamento de los apóstoles y profetas, siendo la principal piedra del ángulo Jesucristo mismo, en quien todo el edificio, bien coordinado, va creciendo para ser un templo santo en el Señor; en quien vosotros también sois juntamente edificados para morada de Dios en el Espíritu" (Ef. 2:20-22).

"Vosotros también, como piedras vivas, sed edificados como casa espiritual y sacerdocio santo, para ofrecer sacrificios espirituales aceptables a Dios por medio de Jesucristo" (1 P. 2:5).

2. Recibirán seguridad: Nunca más tendrán que entrar o salir de la ciudad para poder estar seguros. Serán liberados de este mundo pecaminoso y corruptible, libres para vivir en el cielo con Dios el Padre y el Señor Jesucristo. Y serán perfeccionados por los siglos de los siglos.

"Por lo cual asimismo padezco esto; pero no me avergüenzo, porque yo sé a quién he creído, y estoy seguro que es poderoso para guardar mi depósito para aquel día" (2 Ti. 1:12).

"Por lo demás, me está guardada la corona de justicia, la cual me dará el Señor, juez justo, en aquel día; y no sólo a mí, sino también a todos los que aman su venida" (2 Ti. 4:8).

"Que sois guardados por el poder de Dios mediante la fe, para alcanzar la salvación que está preparada para ser manifestada en el tiempo postrero" (1 P. 1:5).

"Por medio de las cuales nos ha dado preciosas y grandísimas promesas, para que por ellas llegaseis a ser participantes de la naturaleza divina, habiendo huido de la corrupción que hay en el mundo a causa de la concupiscencia" (2 P. 1:4).

"Y esta es la promesa que él nos hizo, la vida eterna" (1 Jn. 2:25).

"Y a aquel que es poderoso para guardaros sin caída, y presentaros sin mancha delante de su gloria con gran alegría, al único y sabio Dios, nuestro Salvador, sea gloria y majestad, imperio y potencia, ahora y por todos los siglos. Amén" (Jud. 24-25).

3. Recibirán el nombre de Dios. Este es un símbolo de posesión y de pertenencia. El creyente pertenecerá a Dios en un sentido absoluto y perfecto. Otros podrán reclamar posesión de nuestra vida mientras estamos en esta tierra. Otros podrán reclamar posesión de nuestro tiempo y energía, y algunos hasta pueden esclavizarnos. Pero no en el cielo. El nombre de Dios estará escrito sobre nosotros y estaremos marcados para siempre como pertenencia de Dios. Pertenecemos a Él total y absolutamente. Ni el hombre ni Satanás podrán tocarnos ni marcarnos nunca jamás.

"Yo les daré lugar en mi casa y dentro de mis muros, y nombre mejor que el de hijos e hijas; nombre perpetuo les daré, que nunca perecerá"(Is. 56:5).

"Entonces verán las gentes tu justicia, y todos los reyes tu gloria; y te será puesto un nombre nuevo, que la boca de Jehová nombrará" (Is. 62:2).

"Y dejaréis vuestro nombre por maldición a mis escogidos, y Jehová el Señor te matará, y a sus siervos llamará por otro nombre" (Is. 65:15).

"Y se congregaron allí todo un año con la iglesia, y enseñaron a mucha gente; y a los discípulos se les llamó *cristianos* por primera vez en Antioquía" (Hch. 11:26).

"Al que venciere, yo lo haré columna en el templo de mi Dios, y nunca más saldrá de allí; y escribiré sobre él el nombre de mi Dios, y el nombre de la ciudad de mi Dios, la nueva Jerusalén, la cual desciende del cielo, de mi Dios, y mi nombre nuevo" (Ap. 3:12).

4. Recibirán el nombre de la ciudad de Dios, la nueva Jerusalén. Se volverán ciudadanos de la nueva Jerusalén, de la capital de los nuevos cielos y tierra.

"Mas la Jerusalén de arriba, la cual es madre de todos nosotros, es libre" (Gá. 4:26).

"Mas nuestra ciudadanía está en los cielos, de donde

> **también esperamos al Salvador, al Señor Jesucristo" (Fil. 3:20).**
>
> **"Sino que os habéis acercado al monte de Sion, a la ciudad del Dios vivo, Jerusalén la celestial, a la compañía de muchos millares de ángeles" (He. 12:22).**
>
> **"Pero el día del Señor vendrá como ladrón en la noche; en el cual los cielos pasarán con grande estruendo, y los elementos ardiendo serán deshechos, y la tierra y las obras que en ella hay serán quemadas. Puesto que todas estas cosas han de ser deshechas, ¡cómo no debéis vosotros andar en santa y piadosa manera de vivir, esperando y apresurándoos para la venida del día de Dios, en el cual los cielos, encendiéndose, serán deshechos, y los elementos, siendo quemados, se fundirán! Pero nosotros esperamos, según sus promesas, cielos nuevos y tierra nueva, en los cuales mora la justicia" (2 P. 3:10-13).**
>
> **"Vi un cielo nuevo y una tierra nueva; porque el primer cielo y la primera tierra pasaron, y el mar ya no existía más. Y yo Juan vi la santa ciudad, la nueva Jerusalén, descender del cielo, de Dios, dispuesta como una esposa ataviada para su marido. Y oí una gran voz del cielo que decía: He aquí el tabernáculo de Dios con los hombres, y él morará con ellos; y ellos serán su pueblo, y Dios mismo estará con ellos como su Dios. Enjugará Dios toda lágrima de los ojos de ellos; y ya no habrá muerte, ni habrá más llanto, ni clamor, ni dolor; porque las primeras cosas pasaron. Y el que estaba sentado en el trono dijo: He aquí, yo hago nuevas todas las cosas. Y me dijo: Escribe; porque estas palabras son fieles y verdaderas" (Ap. 21:1-5).**

5. Recibirán el nuevo nombre de Dios. ¿Cuál será este nombre? Nadie lo sabe sino Dios mismo y Él todavía no lo ha revelado.

> **"Sus ojos eran como llama de fuego, y había en su cabeza muchas diademas; y tenía un nombre escrito que ninguno conocía sino él mismo" (Ap. 19:12).**

Esto es lo que sabemos: Cuando Cristo venga con toda su majestuosidad y gloria y conquiste todo, seremos marcados como sus siervos y compartiremos su glorioso triunfo. Él ganará la victoria por nosotros, la victoria sobre todos los enemigos incluyendo al enemigo más terrible de todos: la muerte y el infierno.

> **"Y el Dios de paz aplastará en breve a Satanás bajo vuestros pies. La gracia de nuestro Señor Jesucristo sea con vosotros" (Ro. 16:20).**
>
> **"Al que venciere, le daré que se siente conmigo en mi trono, así como yo he vencido, y me he sentado con mi Padre en su trono" (Ap. 3:21).**
>
> **"Enjugará Dios toda lágrima de los ojos de ellos; y ya no habrá muerte, ni habrá más llanto, ni clamor, ni dolor; porque las primeras cosas pasaron" (Ap. 21:4).**

	H. El mensaje a Laodicea: la iglesia que es rica, pero tibia y comprometida a medias, 3:14-22	18 Por tanto, yo te aconsejo que de mí compres oro refinado en fuego, para que seas rico, y vestiduras blancas para vestirte, y que no se descubra la vergüenza de tu desnudez; y unge tus ojos con colirio, para que veas.	**5 El consejo** a. Comprar oro espiritual, vestiduras y colirio para los ojos
1 Los destinatarios a. El mensajero de la iglesia b. La iglesia de Laodicea **2 El que habla: Jesús**	14 Y escribe al ángel de la iglesia en Laodicea: He aquí el Amén, el testigo fiel y verdadero, el principio de la creación de Dios, dice esto:	19 Yo reprendo y castigo a todos los que amo; sé, pues, celoso, y arrepiéntete.	b. Ser celoso y arrepentirse
3 La queja: No son ni fríos ni calientes, sino tibios	15 Yo conozco tus obras, que ni eres frío ni caliente. ¡Ojalá fueses frío o caliente!	20 He aquí, yo estoy a la puerta y llamo; si alguno oye mi voz y abre la puerta, entraré a él, y cenaré con él, y él conmigo.	c. Oír al Señor... abrir su corazón... compañerismo con Él
4 La advertencia: Serán arrojados a. Por su falsa profesión: decir que es rico y no necesitar nada b. Por su verdadera condición: es desventurado, miserable, ciego, pobre, desnudo	16 Pero por cuanto eres tibio, y no frío ni caliente, te vomitaré de mi boca. 17 Porque tú dices: Yo soy rico, y me he enriquecido, y de ninguna cosa tengo necesidad; y no sabes que tú eres un desventurado, miserable, pobre, ciego y desnudo.	21 Al que venciere, le daré que se siente conmigo en mi trono, así como yo he vencido, y me he sentado con mi Padre en su trono. 22 El que tiene oído, oiga lo que el Espíritu dice a las iglesias.	**6 La promesa: A los vencedores** a. Serán colocados en el trono b. Serán colocados en el trono como lo está Cristo.

DIVISIÓN II

LOS MENSAJES DEL CRISTO GLORIFICADO A LAS SIETE IGLESIAS, 1:9—3:22

H. El mensaje a Laodicea: La iglesia que es rica, pero tibia y comprometida a medias, 3:14-22.

(3:14-22) ***Introducción:*** Esta es la última iglesia a la que se dirige Cristo, y es la peor iglesia. Cristo no alaba por nada a Laodicea. Esta es la iglesia sobre la que no tiene nada bueno qué decir. Imaginen una iglesia que dé igual que no exista, una iglesia que no tiene nada bueno dentro de su cuerpo, una iglesia que no hace ningún bien. ¿Qué fue lo que hizo que esta iglesia fuera tan mala? ¿Tan inútil y falta de valor? La tibieza, lo que significa que la iglesia era indiferente, complaciente, letárgica, con satisfacción propia, indiferente y neutral. La iglesia y sus creyentes estaban solo comprometidos a medias con Cristo, solo indiferentes en sus adoraciones y servicios a Él. ¡Imagine! Para Cristo no hay *nada bueno* en un creyente tibio, indiferente, ¡ y la mayoría de los creyentes eran tibios! Hay pocos que son realmente *calientes*, esto es, verdaderamente comprometidos. Por lo tanto, este es un mensaje crítico que deben seguir todas las iglesias y los creyentes. Debemos estudiar lo que dice Cristo a esta iglesia y seguir su advertencia y consejo.

1. Los destinatarios (v. 14).
2. El que habla: Jesús (v. 14).
3. La queja: No son ni fríos ni calientes, sino tibios (v. 15).
4. La advertencia: Serán arrojados (vv. 16-17).
5. El consejo (vv. 18-20).
6. La promesa: A los vencedores (vv. 21-22).

[1] (3:14) ***Ministro - Iglesia:*** Están los destinatarios. Cristo envía este mensaje al ministro, puesto que él es el responsable final del estado de la iglesia. Cristo espera que el ministro sea el primero en seguir la advertencia en contra de la tibieza y el compromiso indiferente. Entonces, Cristo espera que el ministro tome el mensaje del Señor a la iglesia y declare su advertencia a sus creyentes. El punto a tener en mente es este: El ministro es responsabilizado por Cristo por la indiferencia y complacencia de los creyentes. Él espera que los ministros se levanten y se arrepientan, y que levanten a los creyentes y los conduzcan al arrepentimiento y a un compromiso total.

ESTUDIO A FONDO 1

(3:14) ***Laodicea:*** Hay un hecho histórico que parece tener un peso sobre esta carta. Laodicea fue la primera ciudad de Frigia, una ciudad extremadamente rica y próspera. Estaba ubicada a lo largo de tres de las más importantes carreteras de esa época. Era una ciudad de gran riqueza. La ciudad tenía tres rasgos particulares que la hacían famosa. Era...

- un centro financiero y bancario.
- un centro de fabricación de vestimenta.
- la ubicación de una famosa escuela de medicina reconocida por el colirio para ojos que producía.

Quizá la condición de la iglesia en el v. 17 — "pobre, ciega y desnuda" — tenga referencia con estas tres industrias.

Pablo oró por la iglesia de Laodicea (Col. 2:1-2) y les escribió una carta (Col. 2:1; 4:12-16). Se dice que Arquipo fue el primer Arzobispo (pastor) de la iglesia (*The Apostolic Constitutions* 8:46. Información de "The Pulpit Commentary", tomo 22, p. 114). Parece haber una importancia en lo que Cristo le dice a la iglesia, puesto que Laodicea es una iglesia que Cristo no alaba. Él no tiene nada que decir acerca de la iglesia. Al escribir Colosenses, Pablo exhorta a Arquipo, el pastor de Laodicea: "Mira que cumplas el ministerio que recibiste en el

Señor" (Col. 4:17). La corrupción y la degeneración podrían haber comenzado bajo su ministerio.

2 (3:14) ***Jesucristo:*** Está el que habla, el Señor Jesucristo mismo. Advierta cómo Cristo se describe a sí mismo ante la iglesia y los creyentes tibios y comprometidos a medias.

1. Jesucristo es el "Amén". Este es un título que Cristo dice que le pertenece. El término *Amén* se utiliza para terminar la oración o para declarar la fidelidad de alguna declaración. Es un término que declara y garantiza la verdad. Por lo tanto, Jesucristo es *el Amén,* la declaración, la garantía de la verdad. Lo que Él dice es totalmente cierto y confiable. Esto significa dos cosas para la iglesia tibia.

=> La iglesia tibia puede confiar en las promesas de Cristo. Él satisfará las necesidades de cualquier iglesia que se arrepienta y se aleje de su tibieza y comprometa por completo su vida a Cristo.

=> La iglesia tibia debe seguir la advertencia de Cristo. Él es *el Amén;* sus palabras de juicio se cumplirán. La iglesia y los creyentes tibios enfrentarán el terrible juicio de Cristo, lo enfrentarán tal cual Él lo ha pronunciado en su Palabra. Su Palabra es verdadera, garantizada completamente. Lo que Él dijo, sucederá. Su dictamen de juicio ocurrirá incuestionablemente. La iglesia que ignora o niega su Palabra lo hace a su propio riesgo y pérdida.

"Y aquel Verbo fue hecho carne, y habitó entre nosotros (y vimos su gloria, gloria como del unigénito del Padre), lleno de gracia y de verdad" (Jn. 1:14).

"Jesús le dijo: Yo soy el camino, y la verdad, y la vida; nadie viene al Padre, sino por mí" (Jn. 14:6).

"Le dijo entonces Pilato: ¿Luego, eres tú rey? Respondió Jesús: Tú dices que yo soy rey. Yo para esto he nacido, y para esto he venido al mundo, para dar testimonio a la verdad. Todo aquel que es de la verdad, oye mi voz" (Jn. 18:37).

2. Jesucristo es el "testigo fiel y verdadero". Jesucristo es fiel a Dios el Padre y brinda testimonio verdadero a Dios el Padre.

=> Jesucristo es *perfectamente sincero*. Nunca ha dicho ni una mentira ni una falsedad.

=> Jesucristo también es *totalmente sincero.* No dice otra cosa que la verdad. No nos mantiene preguntándonos o cuestionándonos buscando y conociendo a Dios. No nos ha ocultado cosa alguna que Dios quisiera que supiéramos sobre Él.

Pero advierta: Jesucristo es el *testigo fiel y verdadero.* Es justamente lo que la iglesia no es. La iglesia es tibia. Solo dice parte de la verdad, solo da parte del testimonio. Es solo fiel a medias a Cristo y a Dios. Lo que necesita la iglesia tibia es obtener una visión renovada de Cristo. Deben volver a enfocar su atención en Jesucristo: La única forma en que algún día verán a Dios es oyendo el testimonio de Jesucristo, el testigo que es fiel y verdadero. Si la iglesia está tras otros testigos —según la asistencia a los rituales de bautismo, membresía de la iglesia, ordenanzas, servicios, ceremonias, compañerismo y adoración que los haga aceptables a Dios— entonces a la iglesia le está faltando el testimonio fiel y verdadero de Dios. Le está faltando Cristo, y eso es marcarse el destino fatal.

"De cierto, de cierto te digo, que lo que sabemos hablamos, y lo que hemos visto, testificamos; y no recibís nuestro testimonio" (Jn. 3:11).

"Y lo que vio y oyó, esto testifica; y nadie recibe su testimonio" (Jn. 3:32).

"Respondió Jesús y les dijo: Aunque yo doy testimonio acerca de mí mismo, mi testimonio es verdadero, porque sé de dónde he venido y a dónde voy; pero vosotros no sabéis de dónde vengo, ni a dónde voy" (Jn. 8:14).

"Te mando delante de Dios, que da vida a todas las cosas, y de Jesucristo, que dio testimonio de la buena profesión delante de Poncio Pilato" (1 Ti. 6:13).

"Y de Jesucristo el testigo fiel, el primogénito de los muertos, y el soberano de los reyes de la tierra. Al que nos amó, y nos lavó de nuestros pecados con su sangre" (Ap. 1:5).

3. Jesucristo es el "principio de la creación de Dios". Jesucristo es el gran Creador del universo, el Hacedor y Sustentador del universo y de todo lo que contiene. Por lo tanto, Él es la fuente de todo, todas las cosas buenas, toda la riqueza y satisfacción real, todo propósito, significado y sentido en la vida, todo el amor, el gozo y la paz que experimenta una persona. Por lo tanto, la iglesia no debe depender de su prosperidad: sus rituales, capacidad, energía, riqueza y recursos. Su única esperanza de vida es confiar en Él que es el comienzo de la creación, Él que solamente puede darle a la iglesia tanto vida abundante como eterna. Por lo tanto, no importa cuán próspera sea la iglesia, no es el creador ni el sostenedor. Cristo solo crea y sostiene. La riqueza y la prosperidad de la iglesia no tienen sentido ni utilidad si no están absolutamente centradas en Jesucristo.

"Todas las cosas por él fueron hechas, y sin él nada de lo que ha sido hecho, fue hecho" (Jn. 1:3).

"De cierto, de cierto os digo: Viene la hora, y ahora es, cuando los muertos oirán la voz del Hijo de Dios; y los que la oyeren vivirán" (Jn. 5:25).

"El ladrón no viene sino para hurtar y matar y destruir; yo he venido para que tengan vida, y para que la tengan en abundancia" (Jn. 10:10).

"Para nosotros, sin embargo, sólo hay un Dios, el Padre, del cual proceden todas las cosas, y nosotros somos para él; y un Señor, Jesucristo, por medio del cual son todas las cosas, y nosotros por medio de él" (1 Co. 8:6).

"Porque en él fueron creadas todas las cosas, las que hay en los cielos y las que hay en la tierra, visibles e invisibles; sean tronos, sean dominios, sean principados, sean potestades; todo fue creado por medio de él y para él" (Col. 1:16).

"Y vosotros estáis completos en él, que es la cabeza de todo principado y potestad" (Col. 2:10).

"Dios, habiendo hablado muchas veces y de muchas maneras en otro tiempo a los padres por los profetas, en estos postreros días nos ha hablado por el Hijo, a quien constituyó heredero de todo, y por quien asimismo hizo el universo" (He. 1:1-2).

3 (3:15) ***Iglesia - Tibia - Complacencia - Indiferencia:*** Está la queja. La queja es impactante, porque incuestionablemente describe a la mayoría de los miembros de la iglesia. ¿Cuál es la queja? *La tibieza*. Advierta exactamente lo que dice Cristo. La iglesia y sus miembros no eran "ni fríos ni calientes". Esto significa...

- eran solo tibios, solo comprometidos a medias, solo indiferentes.
- eran complacientes, letárgicos, con satisfacción propia.
- eran indiferentes y neutrales.

Como se mencionó, advierta cómo describe tan claramente a tantos miembros de la iglesia. . Esto es serio, incluso crítico puesto que el juicio que pronuncia Cristo a la iglesia tibia y al creyente es terrible. Esto se observará en la próxima nota. Por ahora, tenemos que pensar cómo la tibieza afecta a la iglesia y a sus miembros.

=> Una iglesia tibia está solo comprometida a medias con Cristo. Además de acentuar a Cristo, acentúa el ritual, la ceremonia y los programas como una forma de volverse aceptable y complacer a Dios.

"Y decía a todos: Si alguno quiere venir en pos de mí, niéguese a sí mismo, tome su cruz cada día, y sígame" (Lc. 9:23).

"Así que, hermanos, os ruego por las misericordias de Dios, que presentéis vuestros cuerpos en sacrificio vivo, santo, agradable a Dios, que es vuestro culto racional. No os conforméis a este siglo, sino transformaos por medio de la renovación de vuestro entendimiento, para que comprobéis cuál sea la buena voluntad de Dios, agradable y perfecta" (Ro. 12:1-2).

=> Una iglesia tibia está solo comprometida a medias proclamando que Jesucristo es el Hijo de Dios.

"¿Quién es el mentiroso, sino el que niega que Jesús es el Cristo? Este es anticristo, el que niega al Padre y al Hijo. Todo aquel que niega al Hijo, tampoco tiene al Padre. El que confiesa al Hijo, tiene también al Padre" (1 Jn. 2:22-23).

"Amados, no creáis a todo espíritu, sino probad los espíritus si son de Dios; porque muchos falsos profetas han salido por el mundo. En esto conoced el Espíritu de Dios: Todo espíritu que confiesa que Jesucristo ha venido en carne, es de Dios; y todo espíritu que no confiesa que Jesucristo ha venido en carne, no es de Dios; y este es el espíritu del anticristo, el cual vosotros habéis oído que viene, y que ahora ya está en el mundo" (1 Jn. 4:1-3).

=> Una iglesia tibia está solo comprometida a medias en la enseñanza de la Palabra de Dios.

"Toda la Escritura es inspirada por Dios, y útil para enseñar, para redargüir, para corregir, para instruir en justicia" (2 Ti. 3:16).

"Que prediques la palabra; que instes a tiempo y fuera de tiempo; redarguye, reprende, exhorta con toda paciencia y doctrina. Porque vendrá tiempo cuando no sufrirán la sana doctrina, sino que teniendo comezón de oír, se amontonarán maestros conforme a sus propias concupiscencias, y apartarán de la verdad el oído y se volverán a las fábulas" (2 Ti. 4:2-4).

=> Una iglesia tibia está solo comprometida a medias al evangelismo y las misiones.

"Por tanto, id, y haced discípulos a todas las naciones, bautizándolos en el nombre del Padre, y del Hijo, y del Espíritu Santo; enseñándoles que guarden todas las cosas que os he mandado; y he aquí yo estoy con vosotros todos los días, hasta el fin del mundo. Amén" (Mt. 28:19-20).

"Y les dijo: Id por todo el mundo y predicad el evangelio a toda criatura" (Mr. 16:15).

"Pero recibiréis poder, cuando haya venido sobre vosotros el Espíritu Santo, y me seréis testigos en Jerusalén, en toda Judea, en Samaria, y hasta lo último de la tierra" (Hch. 1:8).

=> Una iglesia tibia está solo comprometida a medias en acentuar una vida santa y pura para Cristo.

"Por lo cual, salid de en medio de ellos, y apartaos, dice el Señor, y no toquéis lo inmundo; y yo os recibiré, y seré para vosotros por Padre, y vosotros me seréis hijos e hijas, dice el Señor Todopoderoso" (2 Co. 6:17-18).

"Seguid la paz con todos, y la santidad, sin la cual nadie verá al Señor" (He. 12:14).

"Porque escrito está: Sed santos, porque yo soy santo" (1 P. 1:16).

"Habiendo purificado vuestras almas por la obediencia a la verdad, mediante el Espíritu, para el amor fraternal no fingido, amaos unos a otros entrañablemente, de corazón puro" (1 P. 1:22).

=> Una iglesia tibia está solo comprometida a medias a la negación propia y a la vida de sacrificio, en acentuar que su gente debe negarse a sí misma y morir sacrificadamente al yo. Pocas veces enfatizan que se requiere un sacrificio total, que una persona tiene que dar todo lo que es y tiene para alcanzar a los perdidos y satisfacer las necesidades desesperadas del mundo.

"Jesús le dijo: Si quieres ser perfecto, anda, vende lo que tienes, y dalo a los pobres, y tendrás tesoro en el cielo; y ven y sígueme" (Mt. 19:21).

"Entonces Pedro comenzó a decirle: He aquí, nosotros lo hemos dejado todo, y te hemos seguido" (Mr. 10:28).

"Después de estas cosas salió, y vio a un publicano llamado Leví, sentado al banco de los tributos públicos, y le dijo: Sígueme. Y dejándolo todo, se levantó y le siguió" (Lc. 5:27-28).

"Y decía a todos: Si alguno quiere venir en pos de mí, niéguese a sí mismo, tome su cruz cada día, y sígame" (Lc. 9:23).

"Así, pues, cualquiera de vosotros que no renuncia a todo lo que posee, no puede ser mi discípulo" (Lc. 14:33).

"Y él les dijo: De cierto os digo, que no hay nadie que haya dejado casa, o padres, o hermanos, o mujer, o hijos, por el reino de Dios, que no haya de recibir mucho más en este tiempo, y en el siglo venidero la vida eterna" (Lc. 18:29-30).

=> Una iglesia tibia está solo comprometida a medias con la iglesia.

"No dejando de congregarnos, como algunos tienen por costumbre, sino exhortándonos; y tanto más, cuanto veis que aquel día se acerca" (He. 10:25).

=> Una iglesia tibia está solo comprometida a medias con asistir y estar despierto y aprender en los servicios de la iglesia.

"Escudriñad las Escrituras; porque a vosotros os parece que en ellas tenéis la vida eterna; y ellas son las que dan testimonio de mí" (Jn. 5:39).

"Y éstos eran más nobles que los que estaban en Tesalónica, pues recibieron la palabra con toda solicitud, escudriñando cada día las Escrituras para ver si estas cosas eran así" (Hch. 17:11).

"Porque las cosas que se escribieron antes, para nuestra enseñanza se escribieron, a fin de que por la paciencia y la consolación de las Escrituras, tengamos esperanza" (Ro. 15:4).

"Entre tanto que voy, ocúpate en la lectura, la exhortación y la enseñanza" (1 Ti. 4:13).

"No dejando de congregarnos, como algunos tienen por costumbre, sino exhortándonos; y tanto más, cuanto veis que aquel día se acerca" (He. 10:25).

=> Una iglesia tibia está solo comprometida a medias a apoyar a la iglesia.

"Cada primer día de la semana cada uno de vosotros ponga aparte algo, según haya prosperado, guardándolo, para que cuando yo llegue no se recojan entonces ofrendas" (1 Co. 16:2).

"Cada uno dé como propuso en su corazón: no con tristeza, ni por necesidad, porque Dios ama al dador alegre" (2 Co. 9:7).

=> Una iglesia tibia está solo comprometida a medias con dar testimonio.

"Por tanto, no te avergüences de dar testimonio de nuestro Señor, ni de mí, preso suyo, sino participa de las aflicciones por el evangelio según el poder de Dios" (2 Ti. 1:8).

"Lo que has oído de mí ante muchos testigos, esto encarga a hombres fieles que sean idóneos para enseñar también a otros" (2 Ti. 2:2).

"Sino santificad a Dios el Señor en vuestros corazones, y estad siempre preparados para presentar defensa con mansedumbre y reverencia ante todo el que os demande razón de la esperanza que hay en vosotros" (1 P. 3:15).

=> Una iglesia tibia está solo comprometida a medias con el estudio de la Biblia y la oración.

"Procura con diligencia presentarte a Dios aprobado, como obrero que no tiene de qué avergonzarse, que usa bien la palabra de verdad" (2 Ti. 2:15).

"Desead, como niños recién nacidos, la leche espiritual no adulterada, para que por ella crezcáis para salvación, si es que habéis gustado la benignidad del Señor" (1 P. 2:2-3).

=> Una iglesia tibia está solo comprometida a medias con las devociones diarias.

"Porque las cosas que se escribieron antes, para nuestra enseñanza se escribieron, a fin de que por la paciencia y la consolación de las Escrituras, tengamos esperanza" (Ro. 15:4).

"Y lo tendrá consigo, y leerá en él todos los días de su vida, para que aprenda a temer a Jehová su Dios, para guardar todas las palabras de esta ley y estos estatutos, para ponerlos por obra" (Dt. 17:19).

La lista podría continuar indefinidamente, pero la terrible realidad de la tibieza es algo que se ve con claridad. Es aterrador, porque la tibieza se ven en muchas iglesias y miembros.

Advierta lo que dice Jesús: Es mejor ser frío que tibio. Esto es increíblemente impactante: Cristo mismo dice que es mejor para una persona que no tenga ningún tipo de compromiso con Cristo a que sea tibio. ¿Por qué? ¿Cómo es esto posible? Porque una persona tibia no quiere saber que necesita vestimenta ni calor. Una persona fría sabe que necesita vestimenta y calor. Una persona debe ser sensible a su necesidad antes de poder satisfacerla.

"El fariseo, puesto en pie, oraba consigo mismo de esta manera: Dios, te doy gracias porque no soy como los otros hombres, ladrones, injustos, adúlteros, ni aun como este publicano" (Lc. 18:11).

"Jesús les respondió: Si fuerais ciegos, no tendríais pecado; mas ahora, porque decís: Vemos, vuestro pecado permanece" (Jn. 9:41).

La mayoría de las personas que profesan a Cristo asisten a la iglesia para aquietar su conciencia, solo lo suficiente como para sentirse aceptables a Dios. La mayor parte de la gente cree que Dios nunca los rechazará, no en el análisis final. La mayoría cree que Dios finalmente los aceptará en cualquiera sea el cielo que exista en el próximo mundo. Pero Cristo contradice esto por completo. Dice que todos estos: Los tibios y los miembros comprometidos a medias del mundo estarían mucho mejor si no realizaran ninguna profesión. Sentirse con satisfacción propia, cómodo y respetable en la religión de uno es el peor estado imaginable para una persona. Es la persona más dura de todas para surgir y enojarse fuertemente con Cristo. Sí, trágicamente, este es el estado de muchos, el estado del compromiso a medias con Jesucristo, el estado de comodidad, letargo, indiferencia y autosuficiencia.

4 (3:16-17) ***Advertencia - Juicio:*** Está la advertencia. Jesucristo advierte a la persona tibia y comprometida a medias: "Te vomitaré de mi boca". Este es un lenguaje gráfico, pero se utiliza para un propósito. La persona que sostiene ser un seguidor de Jesucristo está sosteniendo ser parte de su cuerpo, sosteniendo ser alimento de su cuerpo, una parte del crecimiento de su cuerpo. Pero cuando la persona es tibia, no es nada de eso. Es como la comida tibia, que no despierta el apetito ni el deseo. Cristo no quiere la nutrición que proporciona ese alimento. No es adecuado para ayudar en la nutrición y el crecimiento de su cuerpo. Por lo tanto, Él rechaza a todos los que son tibios y comprometidos a medias. Hay dos motivos por los cuales los rechaza.

1. El tibio hizo una profesión falsa (v. 17a). Advierta el versículo: La iglesia pensaba que era *rica y próspera y que no necesitaba nada*. Como se dijo anteriormente, la ciudad era extremadamente rica, y prácticamente todos menos los esclavos compartían dicha riqueza. Podemos saber por la misma acusación de Cristo contra la iglesia que los creyentes eran financieramente ricos. Lo que le sucedió a la iglesia es lo que con tanta frecuencia les sucede a los creyentes. Pusieron a la misma altura la riqueza y la prosperidad con la espiritualidad. Sentían que habían sido especialmente benditos por Dios porque habían sido benditos con posesiones materiales y riqueza. Se tornaron...

- autosuficientes
- independientes
- egocéntricos
- orgullosos
- vanidosos
- presumidos

Trasladaron su riqueza a su vida espiritual; confundieron prosperidad y bendiciones materiales con espiritualidad y bendiciones espirituales. Pudieron tener un personal completo de ministros y tener todos los ministerios. Pudieron lanzar cualquier programa, promover cualquier actividad y hacer cualquier cosa que el ministro de la iglesia pensara que podía hacerse.

=> Se centraron en su propia capacidad en lugar de Cristo.
=> Dependieron de su propia capacidad en lugar de Cristo.
=> Confiaron en sus propios recursos en lugar de Cristo.

Adoración, estudios bíblicos, oraciones, misiones, testimonios y actividades, todo se hacía como algo formal y como arte de la actividad normal de la iglesia. No había apetito ni sed de Dios, ningún sentido de necesidad profundamente asentada, ningún deseo de la Palabra de Dios, ningún peso por los perdidos, ninguna sensación de necesidad de crecer espiritualmente. Hablando en términos simples, la iglesia era autosuficiente y cómoda. Tenía el dinero y los miembros para funcionar y obrar los ministerios de la iglesia, y muchos de los miembros, al ser personas de negocios e industriales, tenían la energía y la capacidad. Por lo tanto, los miembros operaron y llevaron adelante las actividades de la iglesia, pero todo se hacía con la energía de la carne y del yo. No se hacía con el poder del Espíritu de Dios.

"Unánimes entre vosotros; no altivos, sino asociándoos con los humildes. No seáis sabios en vuestra propia opinión" (Ro. 12:16).

"Así que, el que piensa estar firme, mire que no caiga" (1 Co. 10:12).

"Porque no nos atrevemos a contarnos ni a compararnos con algunos que se alaban a sí mismos; pero ellos, midiéndose a sí mismos por sí mismos, y comparándose consigo mismos, no son juiciosos" (2 Co. 10:12).

"Porque el que se cree ser algo, no siendo nada, a sí mismo se engaña" (Gá. 6:3).

"No seas sabio en tu propia opinión; teme a Jehová, y apártate del mal" (Pr. 3:7).

"Muchos hombres proclaman cada uno su propia bondad, pero hombre de verdad, ¿quién lo hallará?" (Pr. 20:6).

"¿Has visto hombre sabio en su propia opinión? Más esperanza hay del necio que de él" (Pr. 26:12).

"Hay generación limpia en su propia opinión, si bien no se ha limpiado de su inmundicia" (Pr. 30:12).

"¡Ay de los sabios en sus propios ojos, y de los que son prudentes delante de sí mismos!" (Is. 5:21).

"La soberbia de tu corazón te ha engañado, tú que moras en las hendiduras de las peñas, en tu altísima morada; que dices en tu corazón: ¿Quién me derribará a tierra? Si te remontares como águila, y aunque entre las estrellas pusieres tu nido, de ahí te derribaré, dice Jehová" (Abd. 3-4).

2. El tibio es rechazado por su verdadera condición: Es desventurado, miserable, pobre, ciego y desnudo. ¿Qué significa esto? Todo esto se refiere a la vida espiritual de la iglesia y sus creyentes.

a. La iglesia estaba espiritualmente "desventurada" (hotalaiporos). En realidad, la palabra en griego dice *la desventurada*. La iglesia tenía todo su personal y todos los programas, tanto que creía que no necesitaba nada. Pero la iglesia en realidad era *la desventurada.* La palabra significa estar afligido espiritualmente; ser desdeñable espiritualmente; ser inferior espiritualmente. A los ojos de Dios estaban carentes espiritualmente, demasiado, tanto que estaban afligidos, eran desdeñables e inferiores.

"Por cuanto todos pecaron, y están destituidos de la gloria de Dios" (Ro. 3:23).

"Sabemos que somos de Dios, y el mundo entero está bajo el maligno" (1 Jn. 5:19).

"¿Quién podrá decir: Yo he limpiado mi corazón, limpio estoy de mi pecado?" (Pr. 20:9).

"Todos nosotros nos descarriamos como ovejas, cada cual se apartó por su camino; mas Jehová cargó en él el pecado de todos nosotros" (Is. 53:6).

b. La iglesia era espiritualmente "miserable" (eleeinos). La palabra significa lastimosa, despreciable. Los creyentes se sentían autosuficientes y creían que llevaban a cabo todas las obras de la iglesia, pero lo hacían con sus propias fuerzas. *Se estaban perdiendo* lo más grande del mundo: la presencia de Cristo y el poder de Cristo. Se estaban perdiendo experimentar el poder de Cristo obrando sobre sus vidas y la iglesia. Había que tenerles lástima. A los ojos de Dios eran despreciables, puesto que ignoraban y rechazaban a su Hijo.

"Si decimos que tenemos comunión con él, y andamos en tinieblas, mentimos, y no practicamos la verdad" (1 Jn. 1:6).

"Si decimos que no tenemos pecado, nos engañamos a nosotros mismos, y la verdad no está en nosotros" (1 Jn. 1:8).

"Si decimos que no hemos pecado, le hacemos a él mentiroso, y su palabra no está en nosotros" (1 Jn. 1:10).

"Si bien todos nosotros somos como suciedad, y todas nuestras justicias como trapo de inmundicia; y caímos

todos nosotros como la hoja, y nuestras maldades nos llevaron como viento" (Is. 64:6).

c. La iglesia era "pobre" (ptochos) espiritualmente. Se sentían ricos y que no necesitaban nada, pero a decir verdad eran tan pobres espiritualmente como iglesia y como persona como no puede uno imaginarse.

"Y cuando todo lo hubo malgastado, vino una gran hambre en aquella provincia, y comenzó a faltarle" (Lc. 15:14).

"En aquel tiempo estabais sin Cristo, alejados de la ciudadanía de Israel y ajenos a los pactos de la promesa, sin esperanza y sin Dios en el mundo" (Ef. 2:12).

"Disputas necias de hombres corruptos de entendimiento y privados de la verdad, que toman la piedad como fuente de ganancia; apártate de los tales" (1 Ti. 6:5).

"Porque tú dices: Yo soy rico, y me he enriquecido, y de ninguna cosa tengo necesidad; y no sabes que tú eres un desventurado, miserable, pobre, ciego y desnudo" (Ap. 3:17).

"Pero yo dije: Ciertamente éstos son pobres, han enloquecido, pues no conocen el camino de Jehová, el juicio de su Dios" (Jer. 5:4).

d. La iglesia estaba "ciega" (tophlos) espiritualmente. Podían ver solo lo que estaba en el mundo: dinero, capacidad y esfuerzo humanos. No veían más allá de la necesidad espiritual del alma humana ni la posibilidad del esfuerzo y poder sobrenatural obrando dentro de la iglesia y la vida de las personas.

"Pero si tu ojo es maligno, todo tu cuerpo estará en tinieblas. Así que, si la luz que en ti hay es tinieblas, ¿cuántas no serán las mismas tinieblas?" (Mt. 6:23).

"En los cuales el dios de este siglo cegó el entendimiento de los incrédulos, para que no les resplandezca la luz del evangelio de la gloria de Cristo, el cual es la imagen de Dios" (2 Co. 4:4).

"Teniendo el entendimiento entenebrecido, ajenos de la vida de Dios por la ignorancia que en ellos hay, por la dureza de su corazón" (Ef. 4:18).

e. La iglesia estaba espiritualmente "desnuda" (gumnos). No pudo ver su necesidad de la justicia de Jesucristo, de la vestidura de la justicia de Cristo. Creían que podían ser lo suficientemente buenos y hacer el suficiente bien como para volverse aceptables ante Dios por su propia cuenta. Consideraban que sus obras y dones religiosos que entregaban a la iglesia garantizarían la aprobación de Dios. Pensaron muy poco en su necesidad de la justicia de Cristo y sobre la muerte de Jesucristo por sus pecados.

"Y entró el rey para ver a los convidados, y vio allí a un hombre que no estaba vestido de boda. Y le dijo: Amigo, ¿cómo entraste aquí, sin estar vestido de boda? Mas él enmudeció. Entonces el rey dijo a los que servían: Atadle de pies y manos, y echadle en las tinieblas de afuera; allí será el lloro y el crujir de dientes" (Mt. 22:11-13).

"Pues así seremos hallados vestidos, y no desnudos" (2 Co. 5:3).

"He aquí, yo vengo como ladrón. Bienaventurado el que vela, y guarda sus ropas, para que no ande desnudo, y vean su vergüenza" (Ap. 16:15).

Pensamiento 1: Advierta que muchas personas tibias y comprometidas a medias nunca dan testimonio de Cristo. Dicen que no dan testimonio de Cristo...

- porque quieren ser amables y no ofender a la gente.
- porque son demasiado tímidos y débiles.
- porque hay un lugar para profesar (la iglesia) y un lugar para los asuntos de este mundo.

Pero advierta: Un compromiso tibio con Cristo es nauseabundo para Él. Él rechazará a todos los tibios y comprometidos a medias.

5 (3:18-20) ***Arrepentimiento:*** Está el consejo. Cristo aconseja a la iglesia hacer tres cosas.

1. Cristo les aconseja comprar oro espiritual, vestimentas espirituales y colirio espiritual para los ojos. ¿Qué significan cada uno de ellos?

a. La iglesia necesitaba comprar oro espiritual que se purifica en el fuego. Recuerde que la iglesia de Laodicea era un centro bancario y manufacturero, extremadamente rico. Cristo está enseñando esto a la iglesia: Su riqueza no es verdadera riqueza. Lo que necesitan es oro espiritual, riqueza espiritual. ¿Por qué? Para poder ser verdaderamente *ricos.* Dios representa las riquezas espirituales —toda la *riqueza y legado* ofrecidos por Cristo— todas las cosas espirituales que hacen que la vida sea rica y abundante: amor, gozo, paz, bondad, fe, garantía, confianza, seguridad, esperanza. Es poseer toda la abundancia de la vida. Advierta que las posesiones materiales y la riqueza no pueden dar esas cosas. Las riquezas terrenales no pueden comprar amor, gozo, paz ni felicidad. Las riquezas no pueden hacer que una persona se mantenga sana ni mantenerlo vivo ni borrar el vacío y la soledad. Esto debería decirle algo al hombre, pero tantos están tan ciegos por la riqueza y las posesiones terrenales que lo ignoran: la gran necesidad del hombre es de oro espiritual. Por sobre todas las cosas, necesitamos las riquezas del espíritu. El oro espiritual es lo único que puede satisfacer nuestra alma. Advierta dónde se encuentran los tesoros espirituales: en Cristo. Si queremos ser ricos espiritualmente, debemos ir hacia Cristo y asegurarnos la riqueza que Él tiene.

"Sino haceos tesoros en el cielo, donde ni la polilla ni el orín corrompen, y donde ladrones no minan ni hurtan" (Mt. 6:20).

"O haced el árbol bueno, y su fruto bueno, o haced el árbol malo, y su fruto malo; porque por el fruto se conoce el árbol" (Mt. 12:33).

"Jesús le dijo: Si quieres ser perfecto, anda, vende lo que tienes, y dalo a los pobres, y tendrás tesoro en el cielo; y ven y sígueme" (Mt. 19:21).

"Mas el fruto del Espíritu es amor, gozo, paz, paciencia, benignidad, bondad, fe, mansedumbre, templanza; contra tales cosas no hay ley" (Gá. 5:22-23).

"Y ciertamente, aun estimo todas las cosas como pérdida por la excelencia del conocimiento de Cristo Jesús, mi Señor, por amor del cual lo he perdido todo, y lo tengo por basura, para ganar a Cristo" (Fil. 3:8).

"Atesorando para sí buen fundamento para lo por venir, que echen mano de la vida eterna" (1 Ti. 6:19).

"Teniendo por mayores riquezas el vituperio de Cristo que los tesoros de los egipcios; porque tenía puesta la mirada en el galardón" (He. 11:26).

b. La iglesia necesitaba comprar vestiduras blancas. Recuerde que la ciudad era un centro de confección de prendas, un gran centro textil y manufacturero. Cristo les está diciendo esto: No importa cuánta ropa fabriquen, carecen de la verdadera ropa. Lo que la iglesia necesita es vestimenta espiritual. ¿Por qué? Para que la vergüenza de su desnudez no se vea expuesta. Esto se refiere a la justicia de Cristo, a la pura justicia de Cristo que hace que una persona sea aceptable ante Dios. Una persona debe estar vestida en la justicia de Dios; debe vestir la justicia de Cristo. Dios no acepta a una persona porque...
- es religiosa
- ha sido bautizada
- pertenece a la iglesia
- asiste a la adoración
- hace obras religiosas
- profesa a Cristo
- hace el bien
- da generosamente

Hay una sola forma en que la persona puede ser aceptable ante Dios: Estando vestido con la justicia de Jesucristo. Cristo y solo Cristo es libre de pecado. Él solo es el Hombre Perfecto e Ideal. Él y solo Él ha hecho el sacrificio perfecto por los pecados. Por lo tanto, solo Jesucristo es aceptable ante Dios. Si una persona será alguna vez aceptada por Dios, debe estar vestido en la justicia de Jesucristo. Como el Hombre Perfecto e Ideal, la justicia de Jesucristo puede sostener y cubrir a todos los hombres. Por lo tanto, cuando una persona realmente cree y confía en la justicia de Jesucristo, Dios toma la creencia de esa persona como justicia. Dios considera que esa persona *está siendo en Cristo*, como si *estuviera* en la justicia de Cristo.

Advierta: Si una persona no está *en Cristo*, si no ha sido vestido con la justicia de Cristo, entonces aparecerá desnudo el gran día del juicio. Estará avergonzado ante Dios y rechazado por Dios.

Este es el gran consejo, la gran recomendación del Señor Jesucristo, su gran mensaje a la iglesia y a los creyentes tibios y comprometidos a medias: "Compren de mi la vestidura blanca de mi justicia. Vestir mi ropa, mi justicia, es la única forma en que alguna vez podrán ser aceptados por Dios".

"De modo que si alguno está *en Cristo*, nueva criatura es; las cosas viejas pasaron; he aquí todas son hechas nuevas" (2 Co. 5:17).

"Al que no conoció pecado, por nosotros lo hizo pecado, para que nosotros fuésemos hechos justicia de Dios en él" (2 Co. 5:21).

"Y vestíos del nuevo hombre, creado según Dios en la justicia y santidad de la verdad" (Ef. 4:24).

"Porque habéis muerto, y vuestra vida está escondida con Cristo [vestida en Cristo] en Dios" (Col. 3:3).

"Y revestido del nuevo, el cual conforme a la imagen del que lo creó se va renovando hasta el conocimiento pleno" (Col. 3:10).

c. La iglesia debía comprar colirio para los ojos. Recuerde que la ciudad era reconocida por su escuela de medicina que se concentraba en tratar ojos con un famoso colirio. Cristo les está diciendo que no importa cuánto traten sus ojos, siguen estando ciegos en la oscuridad. ¿Por qué? Porque espiritualmente no ven la Luz del mundo, el mismo Señor Jesucristo. Ello solo se ven a sí mismos...
- su vida próspera y bendiciones
- su buen comportamiento
- sus buenas obras
- sus capacidades
- su sabiduría
- sus dones religiosos
- su iglesia próspera

Poco vieron, si es que lo hicieron, de Cristo mismo. No vieron su necesidad de Él, ni tampoco qué podía hacer por ellos y su iglesia, su presencia y poder. Estaban cegados ante su propia necesidad y ante Cristo y la gran diferencia que podía marcar en sus vidas. El colirio significa la capacidad otorgada por Dios para ver la verdad espiritual. Debían depender de Cristo para que les diera la capacidad de ver la luz del mundo.

"En él estaba la vida, y la vida era la luz de los hombres" (Jn. 1:4).

"Otra vez Jesús les habló, diciendo: Yo soy la luz del mundo; el que me sigue, no andará en tinieblas, sino que tendrá la luz de la vida" (Jn. 8:12).

"Entonces Jesús les dijo: Aún por un poco está la luz entre vosotros; andad entre tanto que tenéis luz, para que no os sorprendan las tinieblas; porque el que anda en tinieblas, no sabe a dónde va" (Jn. 12:35).

"Pero el hombre natural no percibe las cosas que son del Espíritu de Dios, porque para él son locura, y no las puede entender, porque se han de discernir espiritualmente. En cambio el espiritual juzga todas las cosas; pero él no es juzgado de nadie" (1 Co. 2:14-15).

"Porque Dios, que mandó que de las tinieblas resplandeciese la luz, es el que resplandeció en nuestros corazones, para iluminación del conocimiento de la gloria de Dios en la faz de Jesucristo" (2 Co. 4:6).

"Por lo cual dice: Despiértate, tú que duermes, y levántate de los muertos, y te alumbrará Cristo" (Ef. 5:14).

"Para que seáis irreprensibles y sencillos, hijos de Dios sin mancha en medio de una generación maligna y perversa, en medio de la cual resplandecéis como luminares en el mundo" (Fil. 2:15).

2. Cristo les aconseja que sean celosos y se arrepientan. Advierta lo que dice Cristo: Él los ama. Son tibios e indiferentes

a Él, pero aún así Él los ama. La palabra empleada para referirse a amor (philos) significa un amor dulce, tierno, paternal. Este es el motivo por el cual Él regaña y persigue a la persona tibia y comprometida a medias. Se los dice a partir del amor. Ellos deben saber que están equivocándose para poder corregir su comportamiento. Deben saber que el juicio les espera en el futuro para que hagan todo lo necesario para salvarse. La mano de regaño y castigo del Señor tiene un solo propósito: Cristo los ama y quiere que vean sus errores, que corrijan su comportamiento y que cambien sus vidas. Quieren que la gente posea la plenitud de la vida y la esperanza de la vida eterna.

Advierta: El asunto es tan crítico que Cristo los exhorta a *ser celosos en su arrepentimiento*. La palabra celo significa sentir con ahínco, sinceridad y honestidad el arrepentimiento. Significa arrepentirse cueste lo que cueste, llegar al tema del arrepentimiento de inmediato. Ser tibio y con un compromiso a medias con Cristo es un asunto tan serio que una persona debe arrepentirse inmediatamente. Una persona no puede darse el lujo de un minuto más antes de arrepentirse. Está al borde de ser *vomitado* de la boca de Cristo (v. 16).

3. Cristo les aconseja *abrir la puerta de sus corazones* y dejarlo entrar. Esta es una de las imágenes más bellas y significativas de Cristo de todas las Escrituras. Se visualizan al menos cinco imágenes.

a. Está el *Cristo de pie*. Está de pie en la puerta. Esto simboliza su disposición para ingresar a la vida de una persona. Él es que el toma la iniciativa para salvar al hombre.

=> Él es el que ha caminado y llegado hasta el hombre. El hombre no ha llegado a Él.

=> Él es que se ha acercado al hombre. El hombre no se ha acercado a Él.

Jesucristo está de pie frente al corazón del hombre como el Salvador del mundo, amando tanto al hombre que Él ha venido a este mundo a salvar al hombre. Él es el que ha viajado una gran distancia desde la majestad del cielo al corazón del hombre.

"Cercano está Jehová a los quebrantados de corazón; y salva a los contritos de espíritu" (Sal. 34:18).

"Cercano está Jehová a todos los que le invocan, a todos los que le invocan de veras" (Sal. 145:18).

"Nadie subió al cielo, sino el que descendió del cielo; el Hijo del Hombre, que está en el cielo" (Jn. 3:13).

"Porque el pan de Dios es aquel que descendió del cielo y da vida al mundo... Porque he descendido del cielo, no para hacer mi voluntad, sino la voluntad del que me envió" (Jn. 6:33, 38).

"Este es el pan que desciende del cielo, para que el que de él come, no muera. Yo soy el pan vivo que descendió del cielo; si alguno comiere de este pan, vivirá para siempre; y el pan que yo daré es mi carne, la cual yo daré por la vida del mundo" (Jn. 6:50-51).

"Jesús entonces les dijo: Si vuestro padre fuese Dios, ciertamente me amaríais; porque yo de Dios he salido, y he venido; pues no he venido de mí mismo, sino que él me envió" (Jn. 8:42).

b. Está el *Cristo que toca a la puerta*. Él está de pie en la puerta y toca. Esto simboliza al Cristo que busca. Cristo no solo ha venido a la tierra y ha caminado hasta el corazón del hombre. Golpea en el corazón del hombre. Busca activamente ingresar en el corazón del hombre. Golpea una y otra vez a la puerta del corazón del hombre y se niega a ceder. Él sigue y sigue golpeando para que el hombre le abra y lo deje entrar. Cristo golpea tanto que una persona debe abrir o bien cerrar sus oídos para no escuchar los golpes.

"¿Qué os parece? Si un hombre tiene cien ovejas, y se descarría una de ellas, ¿no deja las noventa y nueve y va por los montes a buscar la que se había descarriado?" (Mt. 18:12).

"¿Qué hombre de vosotros, teniendo cien ovejas, si pierde una de ellas, no deja las noventa y nueve en el desierto, y va tras la que se perdió, hasta encontrarla?" (Lc. 15:4).

"¿O qué mujer que tiene diez dracmas, si pierde una dracma, no enciende la lámpara, y barre la casa, y busca con diligencia hasta encontrarla?" (Lc. 15:8).

"Porque el Hijo del Hombre vino a buscar y a salvar lo que se había perdido" (Lc. 19:10).

"El siguiente día quiso Jesús ir a Galilea, y halló a Felipe, y le dijo: Sígueme" (Jn. 1:43).

"Después le halló Jesús en el templo, y le dijo: Mira, has sido sanado; no peques más, para que no te venga alguna cosa peor" (Jn. 5:14).

"Oyó Jesús que le habían expulsado; y hallándole, le dijo: ¿Crees tú en el Hijo de Dios?" (Jn. 9:35).

c. Está el *Cristo que implora*. Implora entrar. Esto simboliza la compasión de Cristo. No solo golpea la puerta, sino que implora y le ruega al hombre que abra su corazón. Es misericordioso y lleno de compasión. Sabe cómo debería ser la vida, puesto que Él creó la vida. Por lo tanto, sabe que la vida debe vivirse con un compromiso de todo corazón con la justicia, sino se la pierde y despilfarra. Ansía que el hombre tenga una vida real, una vida abundante y eterna. Por lo tanto, golpea y sigue golpeando a la puerta del corazón del hombre y mientras está golpeando, ruega e implora para que el hombre lo escuche.

Pensamiento 1: ¡Con cuánta frecuencia la gente oye la voz de Cristo y sin embargo, se rehúsa a dejarlo entrar!

=> Oyen su voz cuando oyen la Palabra de Dios predicada y enseñada por un ministro dinámico o algún creyente.

=> o de algún tratado o literatura bíblica.

Pero endurecen sus oídos y no prestan atención a la súplica de la voz del Señor.

"Venid a mí todos los que estáis trabajados y cargados, y yo os haré descansar" (Mt. 11:28).

"Y envió a sus siervos a llamar a los convidados a las bodas; mas éstos no quisieron venir. Volvió a enviar otros siervos, diciendo: Decid a los convidados: He aquí, he preparado mi comida; mis toros y animales engordados han sido muertos, y todo está dispuesto; venid a las bodas" (Mt. 22:3-4).

"¡Jerusalén, Jerusalén, que matas a los profetas, y apedreas a los que te son enviados! ¡Cuántas veces quise juntar a tus hijos, como la gallina junta sus polluelos debajo de las alas, y no quisiste!" (Mt. 23:37).

"Y a la hora de la cena envió a su siervo a decir a los convidados: Venid, que ya todo está preparado" (Lc. 14:17).

"De cierto, de cierto os digo: El que oye mi palabra, y cree al que me envió, tiene vida eterna; y no vendrá a condenación, mas ha pasado de muerte a vida" (Jn. 5:24).

"Pero acerca de Israel dice: Todo el día extendí mis manos a un pueblo rebelde y contradictor" (Ro. 10:21).

"Antes digo que lo que los gentiles sacrifican, a los demonios lo sacrifican, y no a Dios; y no quiero que vosotros os hagáis partícipes con los demonios" (1 Co. 10:20).

"Y el Espíritu y la Esposa dicen: Ven. Y el que oye, diga: Ven. Y el que tiene sed, venga; y el que quiera, tome del agua de la vida gratuitamente" (Ap. 22:17).

"Venid luego, dice Jehová, y estemos a cuenta: si vuestros pecados fueren como la grana, como la nieve serán emblanquecidos; si fueren rojos como el carmesí, vendrán a ser como blanca lana" (Is. 1:18).

"A todos los sedientos: Venid a las aguas; y los que no tienen dinero, venid, comprad y comed. Venid, comprad sin dinero y sin precio, vino y leche" (Is. 55:1).

d. Está el *Cristo penetrante*. ¡Esta es la promesa más gloriosa imaginable! Imagine el Espíritu de Jesucristo viviendo dentro del corazón, la vida y el cuerpo de una persona. Cuando una persona oye su voz y abre su corazón, Cristo ingresa: *Penetra* en la vida de una persona. Esto simboliza la presencia y el poder de cambio de vida del Cristo viviente. Cuando entra y penetra en la vida de una persona, ocasiona los cambios más radicales imaginables.

=> Hace que la persona *nazca de nuevo.*

"Respondió Jesús y le dijo: De cierto, de cierto te digo, que el que no naciere de nuevo, no puede ver el reino de Dios. Nicodemo le dijo: ¿Cómo puede un hombre nacer siendo viejo? ¿Puede acaso entrar por segunda vez en el vientre de su madre, y nacer? Respondió Jesús: De cierto, de cierto te digo, que el que no naciere de agua y del Espíritu, no puede entrar en el reino de Dios" (Jn. 3:3-5).

=> Hace una *nueva criatura* de la persona.

"De modo que si alguno está *en Cristo*, nueva criatura es; las cosas viejas pasaron; he aquí todas son hechas nuevas" (2 Co. 5:17).

=> Hace un *hombre nuevo* de la persona.

"Y vestíos del nuevo hombre, creado según Dios en la justicia y santidad de la verdad" (Ef. 4:24).

"Y revestido del nuevo, el cual conforme a la imagen del que lo creó se va renovando hasta el conocimiento pleno" (Col. 3:10).

=> Cambia la naturaleza corruptible del hombre y la convierte en una *naturaleza incorruptible*.

"Siendo renacidos, no de simiente corruptible, sino de incorruptible, por la palabra de Dios que vive y permanece para siempre" (1 P. 1:23).

=> Le da a la persona una nueva *naturaleza divina,* la naturaleza misma de Dios.

"Por medio de las cuales nos ha dado preciosas y grandísimas promesas, para que por ellas llegaseis a ser participantes de la naturaleza divina, habiendo huido de la corrupción que hay en el mundo a causa de la concupiscencia" (2 P. 1:4).

e. Está el *Cristo compañero*. Esto simboliza compañerismo. Cuando Jesucristo ingresa y penetra en el corazón de una persona, Él vive para siempre dentro de la vida de la persona. Está *siempre presente* con la persona...

=> cuidando y ocupándose de ella.
=> hablando y compartiendo con ella.
=> conduciéndola y guiándola.
=> fortaleciéndola y facultándola.
=> proveyendo y satisfaciendo sus necesidades.
=> maniobrando y obrando todas las cosas por el bien de ella.
=> equipándola y llenándola de amor, gozo y paz.

Cuando Jesucristo entra a una vida todo lo bueno le pertenece a esa persona. Él tiene el compañerismo más rico posible, el compañerismo y la comunión con el Hijo de Dios mismo. Y la persona lo tiene por siempre.

"Y se decían el uno al otro: ¿No ardía nuestro corazón en nosotros, mientras nos hablaba en el camino, y cuando nos abría las Escrituras?" (Lc. 24:32).

"Yo en ellos, y tú en mí, para que sean perfectos en unidad, para que el mundo conozca que tú me enviaste, y que los has amado a ellos como también a mí me has amado" (Jn. 17:23).

"Fiel es Dios, por el cual fuisteis llamados a la comunión con su Hijo Jesucristo nuestro Señor" (1 Co. 1:9).

"¿No sabéis que sois templo de Dios, y que el Espíritu de Dios mora en vosotros?" (1 Co. 3:16).

"¿O ignoráis que vuestro cuerpo es templo del Espíritu Santo, el cual está en vosotros, el cual tenéis de Dios, y que no sois vuestros? Porque habéis sido comprados por precio; glorificad, pues, a Dios en vuestro cuerpo y en vuestro espíritu, los cuales son de Dios" (1 Co. 6:19-20).

"Con Cristo estoy juntamente crucificado, y ya no vivo yo, mas vive Cristo en mí; y lo que ahora vivo en la carne, lo vivo en la fe del Hijo de Dios, el cual me amó y se entregó a sí mismo por mí" (Gá. 2:20).

"Mas el fruto del Espíritu es amor, gozo, paz, paciencia, benignidad, bondad, fe, mansedumbre, templanza; contra tales cosas no hay ley" (Gá. 5:22-23).

"Para que habite Cristo por la fe en vuestros corazones, a fin de que, arraigados y cimentados en amor, seáis plenamente capaces de comprender con todos los santos cuál sea la anchura, la longitud, la profundidad y la altura, y de conocer el amor de Cristo, que excede a todo conocimiento, para que seáis llenos de toda la plenitud de Dios" (Ef. 3:17-19).

"A quienes Dios quiso dar a conocer las riquezas de la gloria de este misterio entre los gentiles; que es Cristo en vosotros, la esperanza de gloria" (Col. 1:27).

6 (3:21-22) ***Vencedores - Promesa:*** Está la promesa a los vencedores. ¡La promesa es gloriosa! El vencedor se sentará en el trono de Cristo y de Dios. La persona que venza la tibieza y el compromiso a medias con Cristo, que se arrepienta y vuelva su vida hacia Cristo, se sentará en el trono de Cristo y de Dios. ¿Qué significa esto?

- Que gobernaremos y reinaremos con Cristo por los siglos de los siglos.
- Que se nos asignarán determinadas tareas en los nuevos cielos y tierra, se nos dará la responsabilidad de supervisar y manejar el universo para Cristo (Mt. 25:21, 23; Lc. 19:17, 19).
- Que gobernaremos y vigilaremos la obra y los deberes de los ángeles (1 Co. 6:2-3).

Significa que gobernaremos como reyes con Cristo en todo el universo y por toda la eternidad (ver nota, Recompensas - Ap. 14:13 para una lista completa de recompensas a los creyentes. También ver nota, Ap. 21:24-27).

SEGUNDA VISIÓN, 4:1—16:21

CAPÍTULO 4

III. EL CUADRO DE LAS COSAS DE AQUÍ EN ADELANTE, 4:1—5:14

A. El trono de Dios: El punto principal de la historia, 4:1-11

1 A Juan se le otorga la visión
- a. Ve una puerta abierta en el cielo
- b. Oye una voz de mando
- c. Le dicen: "Sube acá" para que veas las cosas que deben suceder
- d. Está en el Espíritu
- e. Ve la asombrosa visión de Dios sentado en su trono

2 El que está en el trono
- a. Su posición: Sentado, como Dios.
- b. Su descripción: Indescriptible

3 Los veinticuatro ancianos
- a. Estaban sentados en tronos que rodeaban el trono de Dios
- b. Vestían ropas blancas
- c. Tenían coronas de oro

4 Lo impresionante del trono
- a. Rayos, truenos, voces
- b. Siete lámparas de fuego, siete espíritus
- c. Un mar de cristal

5 Las cuatro criaturas vivientes que rodean el trono de Dios
- a. Su posición: Lo más cercano a Dios, rodeando su trono
- b. Su descripción
- c. Su función: Glorificar y honrar a Dios

6 La función de los ancianos
- a. Demostrar subordinación
- b. Adorar
- c. Mostrar la dignidad suprema del Señor.
- d. Alabar

1 Después de esto miré, y he aquí una puerta abierta en el cielo; y la primera voz que oí, como de trompeta, hablando conmigo, dijo: Sube acá, y yo te mostraré las cosas que sucederán después de estas.
2 Y al instante yo estaba en el Espíritu; y he aquí, un trono establecido en el cielo, y en el trono, uno sentado.
3 Y el aspecto del que estaba sentado era semejante a piedra de jaspe y de cornalina; y había alrededor del trono un arco iris, semejante en aspecto a la esmeralda.
4 Y alrededor del trono había veinticuatro tronos; y vi sentados en los tronos a veinticuatro ancianos, vestidos de ropas blancas, con coronas de oro en sus cabezas.
5 Y del trono salían relámpagos y truenos y voces; y delante del trono ardían siete lámparas de fuego, las cuales son los siete espíritus de Dios.
6 Y delante del trono había como un mar de vidrio semejante al cristal; y junto al trono, y alrededor del trono, cuatro seres vivientes llenos de ojos delante y detrás.
7 El primer ser viviente era semejante a un león; el segundo era semejante a un becerro; el tercero tenía rostro como de hombre; y el cuarto era semejante a un águila volando.
8 Y los cuatro seres vivientes tenían cada uno seis alas, y alrededor y por dentro estaban llenos de ojos; y no cesaban día y noche de decir: Santo, santo, santo es el Señor Dios Todopoderoso, el que era, el que es, y el que ha de venir.
9 Y siempre que aquellos seres vivientes dan gloria y honra y acción de gracias al que está sentado en el trono, al que vive por los siglos de los siglos,
10 los veinticuatro ancianos se postran delante del que está sentado en el trono, y adoran al que vive por los siglos de los siglos, y echan sus coronas delante del trono, diciendo:
11 Señor, digno eres de recibir la gloria y la honra y el poder; porque tú creaste todas las cosas, y por tu voluntad existen y fueron creadas.

SEGUNDA VISIÓN, 4:1—16:21

DIVISIÓN III

EL CUADRO DE LAS COSAS DE AQUÍ EN ADELANTE, 4:1—5:14

A. El trono de Dios: El punto principal de la historia, 4:1-11

(4:1-11) ***Introducción - Visión - Revelación, Bosquejo - Fin del mundo:*** Esto da inicio a una nueva visión, la segunda gran visión dada a Juan el apóstol. Ya se ha terminado el mensaje personal del Señor a las iglesias individuales. Les ha dicho quién es Él, ha señalado sus fallas y los advirtió y aconsejó para que corrigieran sus fallas. Él también les ha dado las grandes promesas del cielo si solo vencen.

Ahora es el momento para que las iglesias vean los acontecimientos futuros que sobrevendrán sobre la tierra. Es momento para que las iglesias sepan que *Jesucristo volverá a la tierra. Él le dará fin al mundo y establecerá el reino de Dios* por los siglos de los siglos en un nuevo cielo y tierra. Recuerde el breve bosquejo de Apocalipsis dado por Juan:

> **"Escribe las cosas que has visto, y las que son, y las que han de ser después de estas" (Ap. 1:19).**

=> "Las cosas que has visto" (la visión del Cristo glorificado).

=> "Las cosas que son" (las iglesias sobre la tierra, su estado y condición y el mensaje personal del Señor a ellas).

=> "Las cosas que han de ser después de estas" (los acontecimientos futuros que sucederán al fin del mundo y a lo largo de la eternidad).

El presente pasaje, esta visión de Juan, da comienzo a los

acontecimientos futuros. "Las cosas que han de ser después de estas" se revelan ahora. Y advierta cuánto nos revela Dios a nosotros, diecinueve grandes capítulos, una enorme cantidad de detalles sobre acontecimientos futuros (capítulos 4-22).

En esta visión se ven dos grandes cosas: En primer lugar, se ve el trono de Dios. En segundo lugar, se ve a Dios mismo sosteniendo un libro que contiene el destino del mundo en el fin de los tiempos. Sin embargo, el libro está sellado y nadie es considerado digno de abrirlo y revelar el contenido del libro. Esto desalienta a Juan, puesto que la posibilidad de ver el destino del mundo lo había entusiasmado. Pero así como Juan se desespera, uno da un paso adelante en el conocimiento de quién es digno de abrir el libro. Esa Persona es el Cordero de Dios, el Cordero asesinado antes de la fundación de la tierra, Jesucristo mismo.

Ahora en cuanto a este pasaje: El trono de Dios. Juan es transportado al cielo y lo primero que ve es el trono de Dios. Ve a Dios mismo sentado en su gran trono.

1. A Juan se le otorga la visión (vv. 1-2).
2. El que está en el trono (vv. 2-3).
3. Los veinticuatro ancianos (v. 4).
4. Lo impresionante del trono (vv. 5-6).
5. Las cuatro criaturas vivientes que rodean el trono de Dios (vv. 6-9).
6. La función de los ancianos (vv. 10-11).

[1] (4:1-2) ***Cielo - Puerta, Espiritual - Visión:*** A Juan se le otorga la visión. A Juan le sucedieron cinco cosas rápidas.

1. Vio una puerta en el cielo. Lo que estaba por ver venía del cielo, de Dios mismo. Los acontecimientos futuros no pertenecían a su imaginación. Iban a ser de Dios, de la misma Palabra de Dios.

> ***Pensamiento 1:*** Esto significa que podemos confiar en los acontecimientos escritos en Apocalipsis. Sucederán como están registrados. Es la Palabra de Dios.
>
> ***Pensamiento 2:*** Hay tres *puertas* mencionadas en Apocalipsis.
>
> 1) Está la *puerta abierta* para el evangelismo y las misiones, las puertas que Dios abre a las iglesias para que den testimonio del glorioso evangelio del Señor Jesucristo. Es la oportunidad que Dios les abre para transmitir el evangelio a sus vecinos, comunidades, ciudades, estados, países y el mundo, incluso a los rincones más alejados de la tierra.
>
> **"Yo conozco tus obras; he aquí, he puesto delante de ti una puerta abierta, la cual nadie puede cerrar; porque aunque tienes poca fuerza, has guardado mi palabra, y no has negado mi nombre" (Ap. 3:8).**
>
> **"Pero recibiréis poder, cuando haya venido sobre vosotros el Espíritu Santo, y me seréis testigos en Jerusalén, en toda Judea, en Samaria, y hasta lo último de la tierra" (Hch. 1:8).**
>
> 2) Está la *puerta del corazón humano*. Cuando los creyentes transmiten el mensaje del evangelio a sus vecinos, es entonces asunto de la persona individual abrir la puerta de su corazón y recibir el evangelio. La decisión es del prójimo. Cada persona tiene una puerta que debe abrirse antes que Cristo ingrese: la puerta de su corazón.
>
> **"He aquí, yo estoy a la puerta y llamo; si alguno oye mi voz y abre la puerta, entraré a él, y cenaré con él, y él conmigo" (Ap. 3:20).**
>
> 3) Está la *puerta de la revelación*. Una vez que una persona ha abierto la puerta de su corazón a Cristo, Cristo revela las cosas gloriosas de sí, de Dios, del cielo y de este mundo. Además, Cristo revela parte de los acontecimientos que sucederán a medida que la historia se desarrolle, algunos de los acontecimientos que rodean el retorno del Señor Jesucristo en el fin de los tiempos.
>
> **"Después de esto miré, y he aquí una puerta abierta en el cielo; y la primera voz que oí, como de trompeta, hablando conmigo, dijo: Sube acá, y yo te mostraré las cosas que sucederán después de estas" (Ap. 4:1).**
>
> **"Y nosotros no hemos recibido el espíritu del mundo, sino el Espíritu que proviene de Dios, para que sepamos lo que Dios nos ha concedido, lo cual también hablamos, no con palabras enseñadas por sabiduría humana, sino con las que enseña el Espíritu, acomodando lo espiritual a lo espiritual. Pero el hombre natural no percibe las cosas que son del Espíritu de Dios, porque para él son locura, y no las puede entender, porque se han de discernir espiritualmente" (1 Co. 2:12-14).**

2. Juan oyó una voz de mando, la misma voz que había oído en la primera visión (Ap. 1:10).

3. Se le pidió a Juan que *subiera* al cielo. ¡Advierta por qué! La razón es manifestada claramente: Para ver acontecimientos futuros, cosas que *sucederán*. La palabra *sucederán* es una palabra muy importante. Los acontecimientos de la historia del mundo no se producen por casualidad. No suceden así por que sí. Son de Dios, de su voluntad, son cosas que deben suceder. Dios las obra. Están relacionadas con su voluntad divina. Dios es soberano. Él gobierna todo el mundo. La historia está en sus manos y bajo su control final.

4. Juan estuvo de inmediato *en el Espíritu:* Estaba manteniendo una experiencia espiritual profunda, intensa, con Dios. Estaba en un estado de éxtasis con su mente y su espíritu elevados por encima de la tierra al cielo.

5. Juan vio la visión más increíble que uno puede imaginar: Dios y el trono de Dios. Juan enfáticamente declara que Él vio a Dios sentado en su trono.

> ***Pensamiento 1:*** La imagen que se dramatiza es la siguiente: El trono en el cielo, el trono de Dios, es el trono que está por encima de todos los tronos. Es el asiento supremo de honor y majestad, de soberanía y poder. Dios es la Majestad suprema del universo, el que controla y mantiene todos los acontecimientos de la historia en sus manos. Él es la *Autoridad suprema* por sobre todo el mundo y los acontecimientos futuros del fin de los tiempos. Nadie puede hacer que sucedan los acontecimientos excepto Él. El Señor Jesucristo está

retornando a la tierra y los acontecimientos del fin de los tiempos van a suceder. Pero van a suceder por Él y solo por Él. Y advierta: El trono está "establecido en el cielo". Esto es, los acontecimientos están establecidos para siempre. Dios gobierna y reina para siempre. Su gobierno nunca tendrá fin. (Esta es la gran garantía para el creyente. Dios ha prometido liberar y mantener al creyente alejado de la hora de la prueba, de la gran tribulación (cp. Ap. 3:10).

2 (4:2-3) ***Dios, Descrito:*** Está la visión de Dios sentado en el gran trono de Dios. Advierta algo impresionante. La aparición de Dios en el trono es tan gloriosa y majestuosa que Él es indescriptible. Ninguna forma humana puede describirlo. Dios se describe en términos de luz, de la luz enceguecedora de las gemas y joyas más preciosas de esa época. Se lo ve en todo su brillo y esplendor. (Sal. 104:2; 1 Ti. 6:16; 1 Jn. 1:4; cp. Jn. 12:35-36).

Las joyas elegidas para describir a Dios proclaman un mensaje maravilloso a quien lo oye. Eran consideradas las gemas más brillantes, más valiosas, preciosas y deseadas de la tierra. Así, a Dios se lo ve y se lo describe como el ser más brillante, valioso, precioso y deseado, un ser de gloria y esplendor indescriptibles.

=> El rostro de Dios brillaba como la piedra de jaspe. La piedra a que se hace referencia era diferente del jaspe de hoy día. La idea es que la piedra era algún tipo de cristal transparente a través del cual brillaba la luz. Brillaba tanto que al parecer era como la luz concentrada de un láser. Esto representa la perfección penetrante y la pureza de Dios.

=> La cornalina era una piedra de color rojo muy fuerte y representaba a la justicia de Dios.

=> El arco iris que rodeaba al trono era como verde esmeralda. Esto representa la misericordia de Dios y el nuevo pacto de gracia otorgado al hombre por Dios. (Cp. la promesa de misericordia hecha a Noé. Cp. Gn. 9:11-17.)

Pensamiento 1: Advierta esto: El trono de Dios cubre todo el alcance de la salvación.

=> Está Dios en toda su perfección y pureza. Y está el hombre que no llega a la perfección y pureza de Dios, que no llega a la gloria de Dios.

"Por cuanto todos pecaron, y están destituidos de la gloria de Dios" (Ro. 3:23).

=> Está la justicia y el juicio de Dios. El hombre, al no alcanzar la perfección y la pureza de Dios, no puede vivir con Dios. Él puede permitir solo la perfección en su presencia. Si permitiera que el pecado y la injusticia viviera en su presencia, éstos contaminarían al cielo. El cielo ya no sería el cielo. Por lo tanto, Dios debe ejercer el juicio sobre el pecado y la injusticia.

=> Está la misericordia y la gracia de Dios. Él ama al hombre, por lo tanto, envió a su Hijo a cargar con los pecados del hombre. Su Hijo realmente tomó los pecados del hombre sobre sí y cargó con la culpa del juicio en contra de ellos. Por ende, el hombre ahora puede estar libre de pecado. Pude tornarse aceptable a Dios si acepta el sacrificio de Cristo por sus pecados. Dios ha tenido misericordia con el hombre.

Todo esto se ve en el trono de Dios, todo el alcance de la historia humana, de la gloriosa salvación que Dios ha planificado para el hombre. El trono de Dios y Dios mismo declara que Él es perfecto, puro, justo y aún así lleno de misericordia y gracia. Advierta cómo todo esto es exactamente lo que necesita el hombre: Necesita perfección y necesita justicia para ser ejercida sobre lo malo e injusto de esta tierra. Necesita recibir misericordia y gracia para poder vivir por siempre en perfección.

Esta es la luz de Dios, la luz que el hombre necesita. Es la luz penetrante que se refleja gloriosamente desde el trono y la presencia de Dios. Dios es luz y en Él no hay oscuridad.

"El que se cubre de luz como de vestidura, que extiende los cielos como una cortina" (Sal. 104:2).

"El único que tiene inmortalidad, que habita en luz inaccesible; a quien ninguno de los hombres ha visto ni puede ver, al cual sea la honra y el imperio sempiterno. Amén" (1 Ti. 6:16).

"Este es el mensaje que hemos oído de él, y os anunciamos: Dios es luz, y no hay ningunas tinieblas en él" (1 Jn. 1:5).

"Entonces Jesús les dijo: Aún por un poco está la luz entre vosotros; andad entre tanto que tenéis luz, para que no os sorprendan las tinieblas; porque el que anda en tinieblas, no sabe a dónde va. Entre tanto que tenéis la luz, creed en la luz, para que seáis hijos de luz" (Jn. 12:35-36).

3 (4:4) ***Ancianos deApocalipsis:*** Está la visión de veinticuatro ancianos sentados alrededor del trono de Dios. Advierta lo que se dice acerca de los ancianos.

1. Están sentados en tronos que rodean el trono de Dios. Esto demuestra que ellos...

- están cerca de Dios, siendo honrados con su presencia.
- están descansando en Dios, con plenitud, completos y satisfechos.
- están entronizados con Dios, esto es, se les da un lugar permanente en su presencia por los siglos de los siglos.

2. Están vestidos de blanco. Esto significa que están vestidos en la pureza y la santidad de Dios y de Cristo. No hay imperfección para nada en ellos (ver nota, punto 1b- Ap. 3:18-20 para una discusión mayor al respecto).

3. Tienen coronas de oro en sus cabezas. Esto significa que tienen posiciones de autoridad, que se les da cierto deber y responsabilidad para vigilar para Dios; que sirven a Dios supervisando algún gobierno y dominio; y que los demás son sus subordinados. Dicho en palabras sencillas, gobiernan y reinan para Dios, sirviéndole mediante la administración de algún vasto gobierno y dominio del universo.

ESTUDIO A FONDO 1

(4:4) ***Ancianos de Apocalipsis.*** ¿Quiénes son los ancianos de Apocalipsis? Advierta tres puntos.

1. Las opiniones varían y difieren drásticamente. Cuando se consideran todos los puntos de vista, los argumentos más sólidos se reducen a tres pensamientos principales.

a. Se piensa que son los doce patriarcas y los doce apóstoles juntos, las cabezas de los creyentes, de la iglesia y del Antiguo y Nuevo Testamentos. Es decir, se piensa que son las cabezas y los representantes de todos los creyentes tanto del Antiguo como del Nuevo Testamento. Los motivos para afirmar esta posición son los siguientes:

=> Los nombres de los patriarcas están en las doce puertas de la Nueva Jerusalén y los nombres de los apóstoles están en los cimientos (Ap. 21:12, 14).

=> Un fuerte argumento para esta posición es su canto que proclama que el Cordero "nos ha redimido ante Dios". Se llaman a sí mismos los redimidos (Ap. 5:9, Textus, Receptus, el texto griego utilizado en la Biblia traducida. Sin embargo, hay opiniones en contrario. Ver nota, Ap. 5:9).

=> Son numerados y coronados, mientras que los espíritus y los ángeles nunca son específicamente numerados o coronados en las Escrituras.

=> Todo respecto a los ancianos se dice que es una promesa para los creyentes: los tronos, la ropa blanca y las coronas.

b. Se cree que son seres angélicos, un consejo de seres angélicos que rodean a Dios (1 R. 22:19; Sal. 89:7; Is. 24:23). Los motivos para sostener esta posición son los siguientes:

=> Se dice que los ángeles están organizados de acuerdo a ciertos rangos u órdenes. Los diversos rangos posiblemente tengan líderes o ancianos responsables de supervisar cada uno de los rangos (Ro. 8:38; Ef. 3:10; Col. 1:16). Los ángeles visten de blanco (Mt. 28:3; Mr. 16:5; Jn. 20:12; Hch. 1:10).

=> Se asignan tronos a los seres angelicales y se supone que si hay tronos, entonces los ángeles deben llevar coronas, por lo menos los ángeles de mayor rango. Sin embargo, nunca se ha dicho que los ángeles lleven coronas (Ro. 8:38; Ef. 3:10; Col. 1:16). Los ángeles se relacionan más con las cuatro criaturas vivientes y su función que son los santos redimidos, la función de rodear el trono de Dios y de adorarlo y servirlo. La imagen de los ancianos siempre está relacionada con las cuatro criaturas vivientes (Ap. 5:8; 8:3; 7:9-11, 13-14; 11:16-18; 14:1-3; 19:1-4).

=> Se dice que un consejo de seres angélicos rodea el trono de Dios en el Antiguo Testamento (Sal. 89:7; Is. 24:23; 1 R. 22:19).

=> Es más probable que los ángeles ofrezcan las oraciones a los creyentes de Dios que el hecho de que lo hagan algunos creyentes ancianos de entre los santos de Dios (Ap. 5:8).

=> Es más probable que un ángel revele acontecimientos futuros a Juan durante su visión que un creyente anciano. Esto sucede más adelante en la visión de Juan (Ap. 7:13-14).

=> Es más probable que veinticuatro ángeles actúen como contrapartida de los ancianos de Israel (Éx. 24:11).

=> Es más probable que veinticuatro ángeles sirvan como contrapartida de las veinticuatro órdenes de sacerdotes que son creyentes. El patrón terrenal de las cosas celestiales es más probable que sea un patrón de ángeles que de creyentes (1 Cr. 24).

=> Las visiones de los seres rodeando el trono de Dios es esta: Está la innumerable multitud de creyentes, luego los ángeles, luego los ancianos y luego las cuatro criaturas vivientes. El tema es que los ancianos figuran en la lista con los seres angélicos en contraste con los redimidos (cp. Ap. 7:9-11; 19:1-4).

c. En el Antiguo Testamento había miles de sacerdotes. Por supuesto, no iban a reunirse al mismo tiempo para servir al templo. Entonces, el rey David dividió a los sacerdotes en veinticuatro grupos, cada grupo iba a servir dos veces por semana (1 Cr. 24). Cabe advertir algo: Cuando los veinticuatro sacerdotes se reunían en el recinto del templo para servir su ministerio de dos semanas, estaba representada toda la casa sacerdotal. Por lo tanto, los ancianos del cielo podrían ser los representantes simbólicos de *todos los redimidos del Señor*.

=> Las coronas y las ropas blancas son prometidas a los fieles (Ap. 2:10; 3:4).

=> Los tronos de autoridad y responsabilidad son prometidos a los discípulos (Mt. 19:27-30).

2. Todas las Escrituras que mencionan a los ancianos son estas.

a. Los ancianos se sientan en tronos que rodean el trono de Dios.

> **"Y alrededor del trono había veinticuatro tronos; y vi sentados en los tronos a veinticuatro ancianos, vestidos de ropas blancas, con coronas de oro en sus cabezas" (Ap. 4:4).**
>
> **"Y cantaban un cántico nuevo delante del trono, y delante de los cuatro seres vivientes, y de los ancianos; y nadie podía aprender el cántico sino aquellos ciento cuarenta y cuatro mil que fueron redimidos de entre los de la tierra" (Ap. 14:3).**
>
> **"Y los veinticuatro ancianos y los cuatro seres vivientes se postraron en tierra y adoraron a Dios, que estaba sentado en el trono, y decían: ¡Amén! ¡Aleluya!" (Ap. 19:4).**

b. Los ancianos colocan sus coronas ante el trono de Dios.

> **"Los veinticuatro ancianos se postran delante del que está sentado en el trono, y adoran al que vive por los siglos de los siglos, y echan sus coronas delante del trono" (Ap. 4:10).**

c. Los ancianos adoran a Dios.

"Y siempre que aquellos seres vivientes dan gloria y honra y acción de gracias al que está sentado en el trono, al que vive por los siglos de los siglos, los veinticuatro ancianos se postran delante del que está sentado en el trono, y adoran al que vive por los siglos de los siglos, y echan sus coronas delante del trono, diciendo: Señor, digno eres de recibir la gloria y la honra y el poder; porque tú creaste todas las cosas, y por tu voluntad existen y fueron creadas" (Ap. 4:9-11).

"Y cuando hubo tomado el libro, los cuatro seres vivientes y los veinticuatro ancianos se postraron delante del Cordero; todos tenían arpas, y copas de oro llenas de incienso, que son las oraciones de los santos; y cantaban un nuevo cántico, diciendo: Digno eres de tomar el libro y de abrir sus sellos; porque tú fuiste inmolado, y con tu sangre nos has redimido para Dios, de todo linaje y lengua y pueblo y nación; y nos has hecho para nuestro Dios reyes y sacerdotes, y reinaremos sobre la tierra. Y miré, y oí la voz de muchos ángeles alrededor del trono, y de los seres vivientes, y de los ancianos; y su número era millones de millones" (Ap. 5:8-11).

"Los cuatro seres vivientes decían: Amén; y los veinticuatro ancianos se postraron sobre sus rostros y adoraron al que vive por los siglos de los siglos" (Ap. 5:14).

"Y todos los ángeles estaban en pie alrededor del trono, y de los ancianos y de los cuatro seres vivientes; y se postraron sobre sus rostros delante del trono, y adoraron a Dios" (Ap. 7:11).

"Y los veinticuatro ancianos que estaban sentados delante de Dios en sus tronos, se postraron sobre sus rostros, y adoraron a Dios" (Ap. 11:16).

"Y cantaban un cántico nuevo delante del trono, y delante de los cuatro seres vivientes, y de los ancianos; y nadie podía aprender el cántico sino aquellos ciento cuarenta y cuatro mil que fueron redimidos de entre los de la tierra" (Ap. 14:3).

"Y los veinticuatro ancianos y los cuatro seres vivientes se postraron en tierra y adoraron a Dios, que estaba sentado en el trono, y decían: ¡Amén! ¡Aleluya!" (Ap. 19:4).

d. Un anciano alienta a Juan cuando llora.

"Y uno de los ancianos me dijo: No llores. He aquí que el León de la tribu de Judá, la raíz de David, ha vencido para abrir el libro y desatar sus siete sellos" (Ap. 5:5).

e. Un anciano trae el progreso de los santos a Dios.

"Y miré, y vi que en medio del trono y de los cuatro seres vivientes, y en medio de los ancianos, estaba en pie un Cordero como inmolado, que tenía siete cuernos, y siete ojos, los cuales son los siete espíritus de Dios enviados por toda la tierra" (Ap. 5:6).

f. Un anciano le explica parte de la visión a Juan.

"Y uno de los ancianos me dijo: No llores. He aquí que el León de la tribu de Judá, la raíz de David, ha vencido para abrir el libro y desatar sus siete sellos" (Ap. 5:5).

"Entonces uno de los ancianos habló, diciéndome: Estos que están vestidos de ropas blancas, ¿quiénes son, y de dónde han venido? Yo le dije: Señor, tú lo sabes. Y él me dijo: Estos son los que han salido de la gran tribulación, y han lavado sus ropas, y las han emblanquecido en la sangre del Cordero" (Ap. 7:13-14).

3. Advierta tres puntos significativos.

a. Los ancianos se mencionan junto a Dios, Cristo, las criaturas vivientes, los ángeles y con los creyentes redimidos que ya están en el cielo. Están separados o diferenciados y son diferentes entre sí. Por lo tanto, si los ancianos son ángeles, como creen algunos, son los líderes o ancianos de los ángeles. Si son creyentes, entonces deben ser líderes o ancianos entre los creyentes.

b. Juan no dice en ninguna parte quiénes son los ancianos. Él solo habla de ellos como parte de la vasta cantidad de seres celestiales que adoran y sirven a nuestro Dios y a su Hijo, el Señor Jesucristo.

(Recuerde: El propósito de la *Biblia de bosquejos y sermones* es presentar solo lo que dicen las Escrituras y no dar opiniones personales. El palpitar de nuestro corazón consiste en ser fieles a la Palabra de Dios y dejar que la Palabra hable por sí misma. Tratamos de hacerlo lo mejor que podemos. Dejamos las declaraciones de las posiciones denominacionales y teológicas en manos del ministro individual de Dios y de aquellos que se sienten llamados a hacer dichas declaraciones. Nuestro llamado en la *Biblia de bosquejos y sermones* es *únicamente* bosquejar las Escrituras y desarrollar los puntos del bosquejo con la mayor precisión que podamos. Oramos para que este enfoque le ayude a comprender cada vez más la Palabra de Dios y también le ayude a exponer cada vez más la Palabra al amado pueblo de Dios.)

[4] (4:5-6) ***Dios, Trono de - Trono:*** Está lo imponente del trono. Ahora se agregan tres cosas al trono de Dios para demostrar cuán imponente es la presencia de Dios.

1. Está la voz de Dios que es tan de mando que suena como una combinación de muchas voces y de rayos y truenos (v. 5). Esto nos demuestra cuán majestuosa e imponente es la voz de Dios. Su voz relampaguea y truena los grandes pronunciamientos de Dios. La propia voluntad de Dios se oye desde el trono de Dios con *la velocidad del rayo y con la fuerza del trueno*. Y se hará su voluntad. Los acontecimientos de la historia suceden como Él lo ha ordenado. Esta visión particular de los pronunciamientos majestuosos de Dios es una escena del juicio por venir. La terrible tormenta está por caer en la tierra.

2. Las siete lámparas de fuego ardiente son un símbolo del Espíritu Santo en toda su plenitud (v. 5. Ver notas, Ap. 1:4; 3:1 para mayor discusión al respecto).

3. Hay un mar de vidrio extendiéndose ante el trono (v. 6*a*). El mar luce como un mar de vidrio, semejante al cristal.

=> Los ancianos de Israel tuvieron una visión similar.

"Y vieron al Dios de Israel; y había debajo de sus

pies como un embaldosado de zafiro, semejante al cielo cuando está sereno" (Éx. 24:10).

=> Ezequiel mismo tuvo una visión similar.

"Y sobre las cabezas de los seres vivientes aparecía una expansión a manera de cristal maravilloso, extendido encima sobre sus cabezas... Y sobre la expansión que había sobre sus cabezas se veía la figura de un trono que parecía de piedra de zafiro; y sobre la figura del trono había una semejanza que parecía de hombre sentado sobre él" (Ez. 1:22, 26).

=> Dios le había instruido al templo que tuviera un mar de bronce extendiéndose ante él y recuerde: el tabernáculo y el templo eran sombras de cosas reales en el cielo.

"Hizo fundir asimismo un mar de diez codos de un lado al otro, perfectamente redondo; su altura era de cinco codos, y lo ceñía alrededor un cordón de treinta codos" (1 R. 7:23).

El mar de vidrio simboliza al menos tres cosas:

a. El mar de vidrio nos muestra el valor y la preciosidad de la presencia de Dios. En la antigüedad era casi imposible fabricar vidrio puro. El vidrio puro que era tan claro como el cristal era considerado tan valioso y precioso como el oro.

"El oro no se le igualará, ni el diamante, ni se cambiará por alhajas de oro fino" (Job 28:17).

b. El mar de cristal nos muestra con cuánta claridad Dios puede ver todo lo que está más allá de su trono. Significa su omnisciencia y visión penetrante de todas las cosas. Nada le es oculto al que está en el trono del cielo.

c. El mar de cristal nos muestra la pureza espectacular de Dios, tan clara y perfecta como el vidrio y el cristal. Él está tan lejos como un mar hecho de vidrio puro o cristal puro.

5 (4:6-9) ***Criaturas de Apocalipsis, las cuatro:*** Hay cuatro criaturas vivientes que rodean el trono de Dios. Advierta tres cosas respecto de ellas.

1. Está su posición. Son los seres más próximos a Dios. Son los seres angélicos que están apostados en medio de cada lado del trono. Son los guardianes del trono de Dios y de su Santa presencia (cp. Ap. 4:6; 5:6; 14:3).

2. Advierta su descripción.

=> Siempre se los encuentra cerca del trono de Dios (Ap. 4:6; 5:6; 14:3).
=> Tienen seis alas y están llenos de ojos (Ap. 4:6, 8).
=> Su función tiene que ver con la santidad y la ira de Dios (Ap. 6:1, 7; 15:7).
=> Declaran la santidad de Dios día y noche y nunca dejan de declarar su santidad (Ap. 4:8).

¿Quiénes son estos seres vivientes que tienen el privilegio de estar ante la presencia de Dios día y noche y de declarar su santidad majestuosa? Estos seres que nunca dejarán de estar ante la presencia de Dios, ni siquiera por un momento. ¿Quién recibiría tal honra y tener este glorioso privilegio?

Sin duda alguna, estos son seres que fueron creados para este mismo propósito. Parecen ser los mismos seres que el querubín que se observa en la visión de Ezequiel (Ez. 10:4) y el serafín de la visión de Isaías (Is. 6:1-3). Advierta que Juan elige determinados animales de la tierra para describir determinadas características que nota.

=> Un ser era como un león: esto simboliza la supremacía.
=> Un ser era como un buey (becerro): esto simboliza la fuerza.
=> Un ser era como un hombre: esto simboliza la inteligencia.
=> Un ser era como un águila: esto significa la rapidez.

3. Advierta su función: Glorificar y honrar a Dios día y noche. Las criaturas vivientes nos muestran dos cosas sobre Dios. En primer lugar, nos muestran la supremacía, la fuerza, la inteligencia y la rapidez de Dios. Significan todo lo que es Dios. En segundo lugar, nos muestran que toda la naturaleza está de pie frente a Dios y adorándolo. Todo el mundo, animales y hombres, está representado en los cuatro seres vivientes mientras adoran a Dios día y noche, clamando: "Santo, santo, santo es el Señor Dios Todopoderoso, el que era, el que es y el que ha de venir" (v. 8).

=> Todo el mundo debe alabar a Dios por su santidad:

"Porque escrito está: Sed santos, porque yo soy santo" (1 P. 1:16).

"Exaltad a Jehová nuestro Dios, y postraos ante su santo monte, porque Jehová nuestro Dios es santo" (Sal. 99:9).

"Y el uno al otro daba voces, diciendo: Santo, santo, santo, Jehová de los ejércitos; toda la tierra está llena de su gloria" (Is. 6:3).

"¿Quién no te temerá, oh Señor, y glorificará tu nombre? pues sólo tú eres santo; por lo cual todas las naciones vendrán y te adorarán, porque tus juicios se han manifestado" (Ap. 15:4).

"Porque yo soy Jehová, que os hago subir de la tierra de Egipto para ser vuestro Dios: seréis, pues, santos, porque yo soy santo" (Lv. 11:45).

=> Todo el mundo debe alabar a Dios por su soberanía y omnipotencia.

"Yo conozco que todo lo puedes, y que no hay pensamiento que se esconda de ti" (Job 42:2).

"Nuestro Dios está en los cielos; todo lo que quiso ha hecho" (Sal. 115:3).

"Aun antes que hubiera día, yo era; y no hay quien de mi mano libre. Lo que hago yo, ¿quién lo estorbará?" (Is. 43:13).

"Y mirándolos Jesús, les dijo: Para los hombres esto es imposible; mas para Dios todo es posible" (Mt. 19:26).

"Y al que puede confirmaros según mi evangelio y la predicación de Jesucristo, según la revelación del misterio que se ha mantenido oculto desde tiempos eternos" (Ro. 16:25).

=> Todo el mundo debe alabar a Dios por su existencia eterna.

"Porque yo alzaré a los cielos mi mano, y diré: Vivo yo para siempre" (Dt. 32:40).

"El eterno Dios es tu refugio, y acá abajo los brazos eternos; El echó de delante de ti al enemigo, y dijo: Destruye" (Dt. 33:27).

"Oh Jehová, eterno es tu nombre; tu memoria, oh Jehová, de generación en generación" (Sal. 135:13).

"Mas, oh amados, no ignoréis esto: que para con el Señor un día es como mil años, y mil años como un día" (2 P. 3:8).

"Yo soy el Alfa y la Omega, principio y fin, dice el Señor, el que es y que era y que ha de venir, el Todopoderoso" (Ap. 1:8).

Pensamiento 1: ¡Vaya denuncia en contra del hombre! Cuán poco alabamos y adoramos a Dios, adorándolo y adorándolo de verdad. ¡Imagine! Hay cuatro seres que fueron creados para adorar a Dios día y noche, jamás dejando de adorarlo. Cuatro seres que claman día y noche la gloriosa alabanza:"Santo, santo, santo es el Señor Dios Todopoderoso, el que era, el que es y el que ha de venir" (v. 8).

6 (4:10-11) ***Ancianos de Apocalipsis, veinticuatro:*** Está la función de los veinticuatro ancianos. Su función es cuádruple.

1. Muestran sujeción y subordinación. Se postran ante el trono de Dios. Rinden todo lo que son y todo lo que tienen a Él.

Pensamiento 1: ¡Qué lección para nosotros! Cómo debemos aprender cuán grande es Dios, que mora en tal gloria y majestad, dominio y poder que le debemos nuestra vida y todo lo nuestro.

"Así que, hermanos, os ruego por las misericordias de Dios, que presentéis vuestros cuerpos en sacrificio vivo, santo, agradable a Dios, que es vuestro culto racional. No os conforméis a este siglo, sino transformaos por medio de la renovación de vuestro entendimiento, para que comprobéis cuál sea la buena voluntad de Dios, agradable y perfecta" (Ro. 12:1-2).

"¿O ignoráis que vuestro cuerpo es templo del Espíritu Santo, el cual está en vosotros, el cual tenéis de Dios, y que no sois vuestros? Porque habéis sido comprados por precio; glorificad, pues, a Dios en vuestro cuerpo y en vuestro espíritu, los cuales son de Dios" (1 Co. 6:19-20).

"Y poderoso es Dios para hacer que abunde en vosotros toda gracia, a fin de que, teniendo siempre en todas las cosas todo lo suficiente, abundéis para toda buena obra" (2 Co. 9:8).

"¿Qué pagaré a Jehová por todos sus beneficios para conmigo?" (Sal. 116:12).

2. Adoran a Dios como el Dios eterno.

Pensamiento 1: Solamente Él es nuestra esperanza de vivir por siempre. Si no lo adoramos y no lo hacemos con verdad, entonces nos perderemos la vida eterna.

"Venid, adoremos y postrémonos; arrodillémonos delante de Jehová nuestro Hacedor" (Sal. 95:6).

"Adorad a Jehová en la hermosura de la santidad; temed delante de él, toda la tierra" (Sal. 96:9).

"Entonces Jesús le dijo: Vete, Satanás, porque escrito está: Al Señor tu Dios adorarás, y a él sólo servirás" (Mt. 4:10).

"Dios es Espíritu; y los que le adoran, en espíritu y en verdad es necesario que adoren" (Jn. 4:24).

"Diciendo a gran voz: Temed a Dios, y dadle gloria, porque la hora de su juicio ha llegado; y adorad a aquel que hizo el cielo y la tierra, el mar y las fuentes de las aguas" (Ap. 14:7).

"Pero él me dijo: Mira, no lo hagas; porque yo soy consiervo tuyo, de tus hermanos los profetas, y de los que guardan las palabras de este libro. Adora a Dios" (Ap. 22:9).

3. Muestran la adoración suprema del Señor. Arrojan sus coronas ante el Señor. El Señor les ha dado el derecho de gobernar con Él supervisando determinados dominios en todo el universo. Pero en genuina humildad y gratitud se quitan las coronas frente a Él. ¿Por qué? Para demostrar que solo Él es digno y que están reconociendo la verdad por los siglos de los siglos.

"Invocaré a Jehová, quien es digno de ser alabado, y seré salvo de mis enemigos" (2 S. 22:4).

"Señor, digno eres de recibir la gloria y la honra y el poder; porque tú creaste todas las cosas, y por tu voluntad existen y fueron creadas" (Ap. 4:11).

"Que decían a gran voz: El Cordero que fue inmolado es digno de tomar el poder, las riquezas, la sabiduría, la fortaleza, la honra, la gloria y la alabanza" (Ap. 5:12).

4. Verbalmente declaran su dignidad y lo alaban como al Señor Dios del universo y la creación. En griego realmente se lee: "Eres digno, nuestro Señor y nuestro Dios (ho kurios kai ho Theos hemon). Esto significa que Dios es supremo; es el primer ser del universo. Él es el creador glorioso de todas las cosas. Él es el que creó todas las cosas para su placer.

"En el principio creó Dios los cielos y la tierra" (Gn. 1:1).

"Tú solo eres Jehová; tú hiciste los cielos, y los cielos de los cielos, con todo su ejército, la tierra y todo lo que está en ella, los mares y todo lo que hay en ellos; y tú vivificas todas estas cosas, y los ejércitos de los cielos te adoran" (Neh. 9:6).

"El extiende el norte sobre vacío, cuelga la tierra sobre nada" (Job 26:7).

"Desde el principio tú fundaste la tierra, y los cielos son obra de tus manos" (Sal. 102:25).

"Y diciendo: Varones, ¿por qué hacéis esto? Nosotros también somos hombres semejantes a vosotros, que os anunciamos que de estas vanidades os convirtáis al Dios vivo, que hizo el cielo y la tierra, el mar, y todo lo que en ellos hay" (Hch. 14:15).

"Por la fe entendemos haber sido constituido el universo por la palabra de Dios, de modo que lo que se ve fue hecho de lo que no se veía" (He. 11:3).

	CAPÍTULO 5		
	B. El Libro del destino está sellado: El futuro del mundo, 5:1-4	2 Y vi a un ángel fuerte que pregonaba a gran voz: ¿Quién es digno de abrir el libro y desatar sus sellos? 3 Y ninguno, ni en el cielo ni en la tierra ni debajo de la tierra, podía abrir el libro, ni aun mirarlo. 4 Y lloraba yo mucho, porque no se había hallado a ninguno digno de abrir el libro, ni de leerlo, ni de mirarlo.	**2 La búsqueda de alguien digno para abrir el Libro del destino** a. La búsqueda proclamada por un ángel b. La búsqueda fracasa c. El profeta llora d. El contenido del libro está sellado
1 El libro o rollo en sí a. Está en la mano derecha de Dios b. Está escrito por dentro y por fuera c. Está sellado con siete sellos	1 Y vi en la mano derecha del que estaba sentado en el trono un libro escrito por dentro y por fuera, sellado con siete sellos.		

DIVISIÓN III

EL CUADRO DE LAS COSAS DE AQUÍ EN ADELANTE, 4:1—5:14

B. El Libro del destino está sellado: El futuro del mundo, 5:1-4

(5:1-4) ***Introducción:*** No debería haber una separación entre los capítulos 4 y 5. Se trata la misma escena del trono de Dios. Se lo ve a Dios sentado en su trono y sosteniendo un libro sellado en su mano derecha. Advierta nuevamente que el libro está sellado. Nunca ha sido abierto. No se puede acentuar más la importancia del libro sellado. El libro es la clave para comprender el resto de Apocalipsis. El libro o rollo es el documento oficial de los últimos días de la historia humana, los acontecimientos culminantes del universo. El futuro del mundo será develado antes los propios ojos de uno (cp. Ap. 1:1). (Si cuenta con el tiempo suficiente, una persona podría querer combinar este bosquejo y el siguiente).

1. El libro o rollo en sí (v. 1).
2. La búsqueda de alguien digno para abrir el Libro del destino (vv. 2-4).

1 (5:1) ***Destino, Libro del:*** Está el libro o rollo en sí.

1. Juan ve a Dios sosteniendo el libro en la palma de su mano derecha. La imagen es esta: Dios está extendiendo el libro, para entregarlo a alguien, si es que puede encontrarse a una persona suficientemente digna como para abrirlo. El hecho de que Dios mismo esté sosteniendo el libro en su mano derecha nos muestra varias cosas:

=> Dios es la Autoridad suprema sobre el fin del mundo. Él gobierna todos los acontecimientos de la historia, tanto en la tierra como en todo el universo. Dios sostiene el futuro en sus manos, el destino del mundo.

"Por tanto, al Rey de los siglos, inmortal, invisible, al único y sabio Dios, sea honor y gloria por los siglos de los siglos. Amén" (1 Ti. 1:17).

"Y oí como la voz de una gran multitud, como el estruendo de muchas aguas, y como la voz de grandes truenos, que decía: ¡Aleluya, porque el Señor nuestro Dios Todopoderoso reina!" (Ap. 19:6).

"Jehová reinará eternamente y para siempre" (Éx. 15:18).

=> Dios está preparado para llevar a cabo y ejecutar los acontecimientos. Está preparado para que comience el fin de los tiempos, preparado para lanzar el fin del mundo. Solo se trata de encontrar a alguien digno de llevar adelante y supervisar los acontecimientos para Dios.

2. El libro está escrito en ambos lados de las páginas. En realidad, el libro era un rollo o un papiro. Recuerde: En ese entonces no había imprentas ni libros. Escribían en trozos pequeños de papel (papiro) de unos veinticinco por veinte centímetros, similar al tamaño de nuestras hojas de veintiocho por veinte centímetros que usamos en la actualidad. Si se iba a escribir mucho, se unían o pegaban las hojas. Al haber terminado el escrito, enrollaban las hojas y las ataban con un hilo o una cinta alrededor del rollo. Esto es lo que se quiere significar con que el libro está sellado. Muy rara vez escribían en el reverso de la hoja, puesto que cualquier cosa que se escribiera allí estaría expuesta cuando se enrollara y atara la última hoja.

Nuevamente, advierta que el libro o rollo que sostenía Dios *estaba escrito* tanto en el anverso como en el reverso. Esto nos demuestra:

- que los acontecimientos del fin de los tiempos son muchos y que llevarán algún tiempo, mucho tiempo, para que sucedan todos ellos.
- que Dios va a revelarle mucho al hombre sobre el final de los tiempos. ¿Cuándo? Tan pronto como pueda encontrarse alguien lo bastante digno como para abrir el libro.

3. El libro está sellado con siete sellos. Esto nos muestra tres cosas:

a. Los siete sellos nos muestran que el libro es la última voluntad y testamento de Dios. En el mundo romano, el testamento de un hombre tenía que tener el testimonio de siete personas, y cada uno colocaba su sello personal a uno de los hilos del documento. El testamento solo podía abrirse cuando el destinatario viniera a reclamar su parte. Este libro en la mano derecha del hombre puede significar su última voluntad para la tierra; el libro contiene lo que Él quiere para los que lo han rechazado y maldecido y lo que quiere para los que lo han aceptado y adorado. El libro es su última voluntad y testamento para la consumación del mundo.

b. Los siete sellos nos demuestran que el libro es extenso, que tiene mucho material. Tiene tanto material que se requirieron siete sellos para mantenerlo unido. Nuevamente, esto significa...
   - que hay una gran cantidad de acontecimientos que se incluyen en el fin de los tiempos; que sucederán muchos acontecimientos.
   - que Dios va a revelarle mucho al hombre tan pronto como se encuentre alguien digno de abrir el libro.

c. Los siete sellos también nos muestran lo secreto del libro. Dios ha sellado el libro con siete sellos para que no se conozcan los acontecimientos del fin de los tiempos. El hombre no debe conocerlos hasta que Dios mismo está preparado para revelarlo. El hombre nunca podrá conocer los acontecimientos, no por medio de su intelecto.

"¡Oh profundidad de las riquezas de la sabiduría y de la ciencia de Dios! ¡Cuán insondables son sus juicios, e inescrutables sus caminos!" (Ro. 11:33).

2 (5:2-4) ***Destino, Libro del:*** Está la búsqueda de alguien digno para abrir el libro. Advierta cuatro hechos significativos.

1. Juan vio a un ángel fuerte, un ángel tan fuerte que podría gritar por todo el universo y ser oído en el cielo y en la tierra. Gritaba la pregunta más penetrante de la historia humana: "¿Quién es digno de abrir el libro y desatar sus sellos". Esto demuestra cuán supremo y majestuoso es en realidad Dios. Está tan por encima de todas las criaturas ?tanto de las criaturas del cielo como de la tierra? que había que emprender una búsqueda para encontrar a alguien que fuera digno de acercarse a Él y llevar adelante su voluntad.

2. La búsqueda fracasa. Simplemente no hay ser alguno que sea digno de acercarse a Dios y ejecutar su voluntad en todo el universo.

a. No se encontró a ninguna persona en el cielo que fuera digna de abrir el libro. ¡Imagínese! Los ángeles gloriosos, los serafines y los querubines, las cuatro criaturas vivas privilegiadas para rodear el trono de Dios, los veinticuatro ancianos, todos los redimidos y no había un solo ser en el cielo que fuera lo suficientemente digno como para acercarse a Dios y abrir el libro.

b. No se encontró a ninguna persona en la tierra que fuera digna de abrir el libro: Ningún estadista, ni educador, ni científico, ni ministro, ni profeta, ni astrólogo ni mago.

c. Ninguna persona bajo la tierra: Ninguna persona de entre los muertos ?tan grandiosos como han sido algunos en la historia? ninguna persona del pasado fue encontrada digna de abrir el libro.

"Mas hablamos sabiduría de Dios en misterio, la sabiduría oculta, la cual Dios predestinó antes de los siglos para nuestra gloria, la que ninguno de los príncipes de este siglo conoció; porque si la hubieran conocido, nunca habrían crucificado al Señor de gloria" (1 Co. 2:7-8).

"Pero el hombre natural no percibe las cosas que son del Espíritu de Dios, porque para él son locura, y no las puede entender, porque se han de discernir espiritualmente" (1 Co. 2:14).

"En los cuales el dios de este siglo cegó el entendimiento de los incrédulos, para que no les resplandezca la luz del evangelio de la gloria de Cristo, el cual es la imagen de Dios" (2 Co. 4:4).

"Teniendo el entendimiento entenebrecido, ajenos de la vida de Dios por la ignorancia que en ellos hay, por la dureza de su corazón" (Ef. 4:18).

3. La búsqueda fracasa y Juan se desmorona y llora amargamente. ¿Por qué? Hubo dos motivos. Porque Juan vio algo que no había visto nunca antes:

=> Juan vio la grandeza de Dios, la suprema majestuosidad y gloria de Dios, cuánto más superior es Dios que todas las criaturas vivientes.

No hubo una sola persona o ser en ningún lado que pudiera hallarse digno de acercarse a Dios y abrir el libro y llevar adelante los acontecimientos de la historia humana. Ninguna criatura alcanzaba la gloria de Dios —ninguna criatura, tanto del cielo como de la tierra—; estaban tan alejados de la gloria y majestad de Dios que simplemente no podían acercarse a Dios, no podían hacerlo sin su gloriosa misericordia y gracia. Como ya se ha dicho, Juan vio como nunca antes la grandiosidad de Dios, la gloria y la majestad, el dominio y poder de Dios, cuán elevado y cuánto más superior es Dios en comparación con todas las criaturas. Dios quebró a Juan en humildad y con un sentido de su propia falta de dignidad. Juan lloró amargamente por su propia falta de dignidad ante Dios que es tan elevado.

"Yo a la verdad os bautizo en agua para arrepentimiento; pero el que viene tras mí, cuyo calzado yo no soy digno de llevar, es más poderoso que yo; él os bautizará en Espíritu Santo y fuego" (Mt. 3:11).

"Respondió el centurión y dijo: Señor, no soy digno de que entres bajo mi techo; solamente di la palabra, y mi criado sanará" (Mt. 8:8).

"Y el que no toma su cruz y sigue en pos de mí, no es digno de mí" (Mt. 10:38).

"Haced, pues, frutos dignos de arrepentimiento, y no comencéis a decir dentro de vosotros mismos: Tenemos a Abraham por padre; porque os digo que Dios puede levantar hijos a Abraham aun de estas piedras" (Lc. 3:8).

"Ya no soy digno de ser llamado tu hijo; hazme como a uno de tus jornaleros... Y el hijo le dijo: Padre, he pecado contra el cielo y contra ti, y ya no soy digno de ser llamado tu hijo" (Lc. 15:19, 21).

"Y dijo: En verdad os digo, que esta viuda pobre echó más que todos" (Lc. 21:3).

Pero Juan lloró además por otro motivo: Él no iba a ser capaz de ver el futuro del mundo, los acontecimientos del fin de los tiempos. Se le había hecho la promesa de que vería estas cosas que "sucederán", pero ahora no las iba a ver. ¿Y por qué?

Porque no había persona suficientemente digna de acercarse a Dios y abrir el libro. Él y todos los otros seres del cielo y de la tierra eran indignos de comprender y ejecutar la voluntad de Dios para el fin de los tiempos.

"Velad, pues, en todo tiempo orando que seáis tenidos por dignos de escapar de todas estas cosas que vendrán, y de estar en pie delante del Hijo del Hombre" (Lc. 21:36).

"Respondió Jesús y le dijo: Lo que yo hago, tú no lo comprendes ahora; mas lo entenderás después" (Jn. 13:7).

"Aún tengo muchas cosas que deciros, pero ahora no las podéis sobrellevar" (Jn. 16:12).

"Ahora vemos por espejo, oscuramente; mas entonces veremos cara a cara. Ahora conozco en parte; pero entonces conoceré como fui conocido" (1 Co. 13:12).

4. El motivo por el cual ninguna persona es digna de abrir el libro es por su contenido. El libro es el destino del mundo, qué sucederá en el fin de los tiempos en el fin del mundo. Los capítulos 6-21 demuestran esto con claridad. Es el libro de la redención (cp. Lc. 21:28; Ro. 8:22-23; Ef. 1:13-14). Los hijos de Dios serán redimidos y las personas malas y corruptas serán arrojadas y juzgadas. La historia humana y toda la materia de todo el universo, todo lo que es corrupto, que se está deteriorando, arruinando y agonizando será arrojado y consumido. Y se crearán una nueva tierra y un nuevo cielo. Todos los redimidos heredarán y habitarán la nueva tierra y cielos. Esto es tanto el destino como la redención del mundo. Esto es historia escrita antes de que suceda. Por lo tanto, la persona que abra este libro debe ser una persona que comprenda exactamente lo que está diciendo el libro, y luego debe ser capaz de llevar adelante la voluntad de Dios y ejecutar los acontecimientos. La persona debe tener la misma mente y poder de Dios. ¿Quién puede ejecutar y regir los acontecimientos del fin de los tiempos? Hay una sola Persona: El Hijo de Dios mismo, el Señor Jesucristo. Cristo y solo Cristo es digno de abrir el libro. Este el es libro de la redención, el libro de optimismo histórico. En Daniel 12:8-9 y en Ezequiel 2:9-10 se hace referencia al mismo libro. El mensaje de este libro está ahora profetizado a medida que se abran los sellos y se vean los acontecimientos de los últimos días. Advierta el tamaño y el espesor de este rollo en particular. Lleva siete sellos para mantener encuadernadas las hojas. Todo lo que figura en el resto de Apocalipsis está contenido allí.

Advierta también que el libro está en la mano de Dios. La historia en la mano de Dios. Él está a cargo. Él tiene un plan, un propósito para el universo. ¿Quién es digno de llevar adelante este plan y este propósito? ¿Quién puede regir y reinar sobre estos acontecimientos? La idea es que Cristo y solo Cristo es digno de hacerlo.

Pensamiento 1: Advierta que se hace referencia al mismo libro en Ezequiel y Daniel.

"Y miré, y he aquí una mano extendida hacia mí, y en ella había un rollo de libro. Y lo extendió delante de mí, y estaba escrito por delante y por detrás; y había escritas en él endechas y lamentaciones y ayes" (Ez. 2:9-10).

"Y yo oí, mas no entendí. Y dije: Señor mío, ¿cuál será el fin de estas cosas? El respondió: Anda, Daniel, pues estas palabras están cerradas y selladas hasta el tiempo del fin" (Dn. 12:8-9).

Pensamiento 2: Advierta tres lecciones significativas para nosotros.

1) El libro está en la mano de Dios. Él está a cargo de la historia humana y Él tiene un plan y un propósito final para el universo. El temor de la *bomba*, una *economía inestable*, el *medio ambiente*, las *drogas*, la *sociedad criminal* y los demás *problemas masivos* del mundo parecen no tener respuesta. Pero Dios sí la tiene: Él llevará la historia hasta un clímax y establecerá la justicia en toda la tierra. El creyente debe ser la persona más optimista sobre la tierra.

"En la casa de mi Padre muchas moradas hay; si así no fuera, yo os lo hubiera dicho; voy, pues, a preparar lugar para vosotros. Y si me fuere y os preparare lugar, vendré otra vez, y os tomaré a mí mismo, para que donde yo estoy, vosotros también estéis" (Jn. 14:2-3).

"Enseñándonos que, renunciando a la impiedad y a los deseos mundanos, vivamos en este siglo sobria, justa y piadosamente, aguardando la esperanza bienaventurada y la manifestación gloriosa de nuestro gran Dios y Salvador Jesucristo" (Tit. 2:12-13).

"Amados, ahora somos hijos de Dios, y aún no se ha manifestado lo que hemos de ser; pero sabemos que cuando él se manifieste, seremos semejantes a él, porque le veremos tal como él es" (1 Jn. 3:2).

2) Todos debemos postrarnos en humildad y dependencia con Dios, porque Él está muy por encima de nosotros, incluso más elevado que los rincones más recónditos del espacio. Su gloria se establece por encima de los cielos. No somos nada ante Él: En consecuencia, debemos vivir en reverencia, temor y adoración a Él, alabándolo día y noche mientras tengamos aliento.

"Venid, adoremos y postrémonos; arrodillémonos delante de Jehová nuestro Hacedor" (Sal. 95:6).

"Adorad a Jehová en la hermosura de la santidad; temed delante de él, toda la tierra" (Sal. 96:9).

"Entonces Jesús le dijo: Vete, Satanás, porque escrito está: Al Señor tu Dios adorarás, y a él sólo servirás" (Mt. 4:10).

"Dios es Espíritu; y los que le adoran, en espíritu y en verdad es necesario que adoren" (Jn. 4:24).

"Diciendo a gran voz: Temed a Dios, y dadle gloria, porque la hora de su juicio ha llegado; y adorad a aquel que hizo el cielo y la tierra, el mar y las fuentes de las aguas" (Ap. 14:7).

"Pero él me dijo: Mira, no lo hagas; porque yo soy consiervo tuyo, de tus hermanos los profetas, y de los que guardan las palabras de este libro. Adora a Dios" (Ap. 22:9).

3) Debemos prestar mucha atención al libro de Apocalipsis, estudiar su mensaje y vivir en él. Es la revelación de la voluntad de Dios para el fin de los tiempos, los acontecimientos que todavía no han sucedido en todo el universo.

"Misterio [de Dios] que en otras generaciones no se dio a conocer a los hijos de los hombres, como ahora es revelado a sus santos apóstoles y profetas por el Espíritu" (Ef. 3:5).

"Procura con diligencia presentarte a Dios aprobado, como obrero que no tiene de qué avergonzarse, que usa bien la palabra de verdad" (2 Ti. 2:15).

"*Toda la Escritura* es inspirada por Dios, y útil para enseñar, para redargüir, para corregir, para instruir en justicia" (2 Ti. 3:16).

"Desead, como niños recién nacidos, la leche espiritual no adulterada, para que por ella crezcáis para salvación, si es que habéis gustado la benignidad del Señor" (1 P. 2:2-3).

"Y éstos eran más nobles que los que estaban en Tesalónica, pues recibieron la palabra con toda solicitud, escudriñando cada día las Escrituras para ver si estas cosas eran así" (Hch. 17:11).

"Y ahora, hermanos, os encomiendo a Dios, y a la palabra de su gracia, que tiene poder para sobreedificaros y daros herencia con todos los santificados" (Hch. 20:32).

	C. Se abre el Libro del destino: Únicamente el Cordero es digno de abrir el Libro, 5:5-14	Dios, de todo linaje y lengua y pueblo y nación; 10 y nos has hecho para nuestro Dios reyes y sacerdotes, y reinaremos sobre la tierra.	1) Porque Él fue muerto por el hombre y redimió al hombre 2) Debido a su salvación universal 3) Debido a su gran don de realeza
1 El anuncio glorioso: Dios intervino y envió a un digno para abrir el libro a. El León de Judá b. La Raíz de David	5 Y uno de los ancianos me dijo: No llores. He aquí que el León de la tribu de Judá, la raíz de David, ha vencido para abrir el libro y desatar sus siete sellos.	11 Y miré, y oí la voz de muchos ángeles alrededor del trono, y de los seres vivientes, y de los ancianos; y su número era millones de millones,	**4 La adoración majestuosa de Cristo por parte de los ángeles** a. Su círculo exterior b. Su gran cantidad c. Su canción 1) Su poder 2) Sus riquezas 3) Su sabiduría 4) Su fuerza 5) Su honra y gloria 6) Su bendición
2 El momento supremo: La primera visión de Cristo en el cielo a. Su posición b. Su redención: Él es el Cordero de Dios. c. Su poder: Él tiene siete cuernos d. Su conocimiento: Él tiene siete ojos e. Su destino y soberanía: Él tomó el libro	6 Y miré, y vi que en medio del trono y de los cuatro seres vivientes, y en medio de los ancianos, estaba en pie un Cordero como inmolado, que tenía siete cuernos, y siete ojos, los cuales son los siete espíritus de Dios enviados por toda la tierra. 7 Y vino, y tomó el libro de la mano derecha del que estaba sentado en el trono.	12 que decían a gran voz: El Cordero que fue inmolado es digno de tomar el poder, las riquezas, la sabiduría, la fortaleza, la honra, la gloria y la alabanza.	
3 La adoración majestuosa de Cristo por parte de las cuatro criaturas vivientes y los ancianos a. Se postran y tocan arpas, alabándolo b. Ofrecen las oraciones de los santos c. Cantan una nueva canción alabándolo por su dignidad.	8 Y cuando hubo tomado el libro, los cuatro seres vivientes y los veinticuatro ancianos se postraron delante del Cordero; todos tenían arpas, y copas de oro llenas de incienso, que son las oraciones de los santos; 9 y cantaban un nuevo cántico, diciendo: Digno eres de tomar el libro y de abrir sus sellos; porque tú fuiste inmolado, y con tu sangre nos has redimido para	13 Y a todo lo creado que está en el cielo, y sobre la tierra, y debajo de la tierra, y en el mar, y a todas las cosas que en ellos hay, oí decir: Al que está sentado en el trono, y al Cordero, sea la alabanza, la honra, la gloria y el poder, por los siglos de los siglos. 14 Los cuatro seres vivientes decían: Amén; y los veinti-cuatro ancianos se postraron sobre sus rostros y adoraron al que vive por los siglos de los siglos.	**5 La adoración majestuosa de Cristo por parte de todo el universo** a. Todas las criaturas adoran a Dios y a Cristo b. Las cuatro criaturas vivientes dicen "Amén" c. Los ancianos se postran y adoran al Dios eterno.

DIVISIÓN III

EL CUADRO DE LAS COSAS DE AQUÍ EN ADELANTE, 4:1—5:14

C. Se abre el Libro del destino: Únicamente el Cordero es digno de abrir el Libro, 5:5-14

(5:5-14) ***Introducción:*** Este se un momento muy dramático. Recuerde, Juan está teniendo una visión, y su mente o espíritu ha sido transportado de la tierra al cielo. Por lo tanto, todo lo que experimenta tiende a ser dramático. Pero este momento debe ser el más dramático de todos: Está por tener la primera visión de Jesucristo mismo. Está por ver al Señor exaltado.

El contexto es el siguiente: Dios está sosteniendo el libro del destino en su mano derecha. Se ha realizado una búsqueda en todo el universo respecto de alguien suficientemente digno como para abrir el libro. Pero nadie es digno; no hay nadie lo suficientemente bueno como para abrirlo. Juan está destrozado y llorando amargamente, puesto que Dios está preparado para revelar los secretos del final de los tiempos al hombre. Pero no puede encontrarse persona alguna que abra el libro y supervise los acontecimientos culminantes del final de los tiempos. La situación parece sin esperanzas. Pero entonces, de repente, uno de los ancianos celestiales da un paso adelante y anuncia que se ha encontrado a alguien para abrir el libro del destino. Hay una Persona que es digna. Este es el gran tema de este pasaje: *Se abre el libro del destino : Únicamente el Cordero es digno.*

1. El anuncio glorioso: Dios intervino y envió a un digno para abrir el libro (v. 5).
2. El momento supremo: La primera visión de Cristo en el cielo (vv. 6-7).
3. La adoración majestuosa por parte de las cuatro criaturas vivientes y los ancianos (vv. 8-10).
4. La adoración majestuosa de Cristo por parte de los ángeles (vv. 11-12).
5. La adoración majestuosa por parte de todo el universo (vv. 13-14).

[1] (5:5) ***Jesucristo, Nombres y Títulos - León de Judá - Raíz de David:*** Está el anuncio glorioso. Dios ha intervenido. Él mismo ha enviado al digno que abra el libro del destino. ¿Quién es Él?

1. Él es el "León de Judá". Este es un título del Mesías. El símbolo del león muestra que Él es el miembro más fuerte y poderoso de la tribu de Israel. Judá era la tribu más fuerte de Israel, por lejos la más fuerte. Por lo tanto, en el pasado, Dios había profetizado a través de Jacob que su propio hijo Judá sería un "cachorro de león" (cría). Si Judá mismo era solo un cachorro, entonces el Mesías mismo debía ser como el Rey de las fieras, el león. Muy simplemente, la profecía predijo que el Mesías que vendría poseería la fuerza y el poder de un león, el rey de la selva. Entonces, ¿quién es digno de abrir el libro? Jesucristo, el león de Judá, el poderoso Mesías y Rey. Él y solo Él es suficientemente digno de tomar el libro y llevar a cabo los acontecimientos del fin de los tiempos.

"Cachorro de león, Judá; de la presa subiste, hijo mío. Se encorvó, se echó como león, así como león viejo: ¿quién lo despertará? No será quitado el cetro de Judá, ni el legislador de entre sus pies, hasta que venga Siloh; y a él se congregarán los pueblos" (Gn. 49:9-10).

2. Él es la "Raíz de David". El Mesías debía pertenecer a la casa de David, a la raíz y linaje de Isaí, a su árbol genealógico, a su sangre, a su tronco. ¿Quién es entonces digno de abrir el libro? El profetizado Hijo de David, el Mesías y Rey del mundo. Él y solo Él es digno de tomar el libro y llevar a cabo los acontecimientos del fin de los tiempos.

"Saldrá una vara del tronco de Isaí, y un vástago retoñará de sus raíces" (Is. 11:1).

3. Él es el que ha prevalecido y conquistado y ganado la victoria. Por lo tanto, Él es capaz de abrir el libro del destino. ¿Sobre qué prevalecía? ¿Qué es lo que conquistó?

"Y uno de los ancianos me dijo: No llores. He aquí que el León de la tribu de Judá, la raíz de David, ha vencido para abrir el libro y desatar sus siete sellos" (v. 5).

=> Él conquistó el pecado.

"En quien tenemos redención por su sangre, el perdón de pecados según las riquezas de su gracia" (Ef. 1:7).

"El cual, siendo el resplandor de su gloria, y la imagen misma de su sustancia, y quien sustenta todas las cosas con la palabra de su poder, habiendo efectuado la purificación de nuestros pecados por medio de sí mismo, se sentó a la diestra de la Majestad en las alturas" (He. 1:3).

"Quien llevó él mismo nuestros pecados en su cuerpo sobre el madero, para que nosotros, estando muertos a los pecados, vivamos a la justicia; y por cuya herida fuisteis sanados" (1 P. 2:24).

"Porque también Cristo padeció una sola vez por los pecados, el justo por los injustos, para llevarnos a Dios, siendo a la verdad muerto en la carne, pero vivificado en espíritu" (1 P. 3:18).

=> Él ha conquistado la muerte.

"Porque preciso es que él reine hasta que haya puesto a todos sus enemigos debajo de sus pies. Y el postrer enemigo que será destruido es la muerte" (1 Co. 15:25-26).

"Pero que ahora ha sido manifestada por la aparición de nuestro Salvador Jesucristo, el cual quitó la muerte y sacó a luz la vida y la inmortalidad por el evangelio" (2 Ti. 1:10).

"Así que, por cuanto los hijos participaron de carne y sangre, él también participó de lo mismo, para destruir por medio de la muerte al que tenía el imperio de la muerte, esto es, al diablo, y librar a todos los que por el temor de la muerte estaban durante toda la vida sujetos a servidumbre" (He. 2:14-15).

=> Él ha conquistado este mundo malvado.

"Estas cosas os he hablado para que en mí tengáis paz. En el mundo tendréis aflicción; pero confiad, yo he vencido al mundo" (Jn. 16:33).

"El cual se dio a sí mismo por nuestros pecados para librarnos del presente siglo malo, conforme a la voluntad de nuestro Dios y Padre" (Gá. 1:4).

=> Él ha conquistado a Satanás y a todas las demás fuerzas del mal.

"Porque ¿cómo puede alguno entrar en la casa del hombre fuerte, y saquear sus bienes, si primero no le ata? Y entonces podrá saquear su casa" (Mt. 12:29).

"Y les dijo: Yo veía a Satanás caer del cielo como un rayo" (Lc. 10:18).

"Ahora es el juicio de este mundo; ahora el príncipe de este mundo será echado fuera" (Jn. 12:31).

"No hablaré ya mucho con vosotros; porque viene el príncipe de este mundo, y él nada tiene en mí" (Jn. 14:30).

"Y de juicio, por cuanto el príncipe de este mundo ha sido ya juzgado" (Jn. 16:11).

"Porque David no subió a los cielos; pero él mismo dice: Dijo el Señor a mi Señor: Siéntate a mi diestra, hasta que ponga a tus enemigos por estrado de tus pies" (Hch. 2:34-35).

"Y despojando a los principados y a las potestades, los exhibió públicamente, triunfando sobre ellos en la cruz" (Col. 2:15; cp. He. 2:14-15).

=> Él ha conquistado todo gobierno, autoridad y poder.

"Luego el fin, cuando entregue el reino al Dios y Padre, cuando haya suprimido todo dominio, toda autoridad y potencia" (1 Co. 15:24).

=> Él ha conquistado el infierno.

"De cierto, de cierto os digo: El que oye mi palabra, y cree al que me envió, tiene vida eterna; y no vendrá a *condenación*, mas ha pasado de muerte a vida" (Jn. 5:24).

"¿Quién es el que *condenará*? Cristo es el que murió; más aun, el que también resucitó, el que además está a la diestra de Dios, el que también intercede por nosotros. ¿Quién nos separará del amor de Cristo? ¿Tribulación, o angustia, o persecución, o hambre, o desnudez, o peligro, o espada? Como está escrito: Por causa de ti somos muertos todo el tiempo; somos contados como ovejas de matadero. Antes, en todas estas cosas somos más que vencedores por medio de aquel que nos amó. Por lo cual estoy seguro de que ni la muerte, ni la vida, ni ángeles, ni principados, ni potestades, ni lo presente, ni lo por venir,

ni lo alto, ni lo profundo, ni ninguna otra cosa creada nos podrá separar del amor de Dios, que es en Cristo Jesús Señor nuestro" (Ro. 8:34-39).

"Y el que vivo, y estuve muerto; mas he aquí que vivo por los siglos de los siglos, amén. Y tengo las llaves de la muerte y del Hades" (Ap. 1:18).

2 (5:6-7) ***Jesucristo, Persona - Cordero de Dios:*** Está el momento supremo, la primera visión de Jesucristo en el cielo. Juan había visto a Cristo en su primera visión, pero Cristo estaba parado en medio de las iglesias. Pero ahora llega el momento supremo, el momento en el que Juan tiene su primera visión del glorificado Hijo de Dios en el cielo. La visión iba a ser la visión más espectacular jamás vista en la historia humana, puesto que Dios estaba permitiendo que un hombre viera a su Hijo en el trono de Dios. Él estaba mostrando por qué su Hijo es digno de gobernar y reinar sobre el universo. Cuando Juan vio por primera vez a Cristo, de inmediato advirtió cinco cosas.

1. Jesucristo es el centro de la escena celestial.

=> Él estaba justo frente al trono de Dios, unido a Dios en el mismo trono de Dios.

=> Luego lo rodeaban los cuatro seres vivientes.

=> Luego está el círculo de ancianos.

Jesucristo es el centro y punto focal de atención: Cada ojo y pensamiento está en Él. Cristo es la pieza central del cuarto del trono de Dios, la figura central en el escenario de la historia universal, la historia tanto del cielo como de la tierra.

2. Jesucristo es el Cordero de sacrificio de Dios que fue asesinado. La imagen de Jesucristo como el Cordero de Dios se observa a lo largo de todas las Escrituras.

Las Escrituras declaran que Jesucristo es el Cordero de Dios que murió por nuestros pecados.

=> El Cordero de Dios fue simbolizado en la Pascua. El cordero era sacrificado para que el juicio de Dios recayera en la gente.

"Hablad a toda la congregación de Israel, diciendo: En el diez de este mes tómese cada uno un cordero según las familias de los padres, un cordero por familia" (Éx. 12:3).

=> Isaías había dicho que el Mesías iba a cargar con nuestros pecados siendo llevado al matadero como un cordero.

"Todos nosotros nos descarriamos como ovejas, cada cual se apartó por su camino; mas Jehová cargó en él el pecado de todos nosotros. Angustiado él, y afligido, no abrió su boca; como cordero fue llevado al matadero; y como oveja delante de sus trasquiladores, enmudeció, y no abrió su boca" (Is. 53:6-7).

=> Juan el Bautista declaró que Jesús era el Cordero de Dios que quita los pecados del mundo.

"El siguiente día vio Juan a Jesús que venía a él, y dijo: He aquí el Cordero de Dios, que quita el pecado del mundo" (Jn. 1:29).

"Y mirando a Jesús que andaba por allí, dijo: He aquí el Cordero de Dios" (Jn. 1:36).

=> Pedro había dicho que las personas son redimidas por la sangre preciosa de Cristo, como la de un cordero sin mácula ni mancha alguna.

"Sabiendo que fuisteis rescatados de vuestra vana manera de vivir, la cual recibisteis de vuestros padres, no con cosas corruptibles, como oro o plata, sino con la sangre preciosa de Cristo, como de un cordero sin mancha y sin contaminación" (1 P. 1:18-19).

Advierta esto: A. T. Robertson, el erudito en griego, señala que la palabra utilizada para *cordero* a lo largo del Nuevo Testamento es *ho amnos*. Pero en Apocalipsis Juan utiliza otra palabra, *arnion*, y la emplea veintinueve veces para el Cristo crucificado. La diferencia es esta: La palabra elegida por Juan acentúa la muerte, el sufrimiento, el dolor, la agonía y la humillación de Cristo. Y *todo el sufrimiento* se sigue viendo en el cielo. Como dice Robertson: "El Cordero está ahora vivo, pero... con las marcas del sacrificio" (*World Pictures In The New Testament*, Vol. 6, p. 334).

El punto es este: Jesucristo es el perfecto sacrificio por nuestros pecados. Él vivió una vida sin pecado cuando estuvo en la tierra; Él era el Hombre Perfecto e Ideal. Por lo tanto, lo que fuera que hizo Jesucristo como Hombre Perfecto e Ideal, podría cubrirnos. Cuando Él murió por nuestros pecados, murió como el sacrificio ideal y perfecto. Su sacrificio por nuestros pecados fue perfectamente aceptable para Dios. Por lo tanto, su sacrificio por el pecado nos cubre.

Lo que sucede es esto: Cuando creemos en Jesucristo, Dios toma nuestra fe y la considera como el sacrificio de Cristo. Dios cuenta el sacrificio de Cristo por nosotros. Esto significa que estamos libres de pecado. Estamos sin pecado frente a Dios, aceptables para Él, todo porque Jesucristo, el Cordero de Dios, quitó nuestros pecados. Estamos limpios de pecado por el sacrificio de Cristo. Somos perfectamente justos por el sacrificio de Cristo. Jesucristo es el Cordero de Dios que ha quitado nuestros pecados y nos ha vestido con las túnicas blancas de la justicia ante Dios.

Este es el motivo por el cual Jesucristo está ubicado en el escenario central del cielo. Pero incluso en el cielo Él figura como el que ha amado y se ha entregado a sí mismo por nosotros, como el Cordero que fue asesinado a modo de *sacrificio perfecto* por nuestros pecados.

"Y no por sangre de machos cabríos ni de becerros, sino por su propia sangre, entró una vez para siempre en el Lugar Santísimo, habiendo obtenido eterna redención. Porque si la sangre de los toros y de los machos cabríos, y las cenizas de la becerra rociadas a los inmundos, santifican para la purificación de la carne, ¿cuánto más la sangre de Cristo, el cual mediante el Espíritu eterno se ofreció a sí mismo sin mancha a Dios, limpiará vuestras conciencias de obras muertas para que sirváis al Dios vivo?" (He. 9:12-14).

"Y ciertamente todo sacerdote está día tras día ministrando y ofreciendo muchas veces los mismos sacrificios, que nunca pueden quitar los pecados; pero Cristo, habiendo ofrecido una vez para siempre un solo sacrificio por los pecados, se ha sentado a la diestra de Dios, de ahí en adelante esperando hasta que sus enemigos sean puestos por estrado de sus pies" (He. 10:11-13).

"Quien llevó él mismo nuestros pecados en su cuerpo sobre el madero, para que nosotros, estando muertos a los pecados, vivamos a la justicia; y por cuya herida fuisteis sanados" (1 P. 2:24).

"Porque también Cristo padeció una sola vez por los pecados, el justo por los injustos, para llevarnos a Dios, siendo a la verdad muerto en la carne, pero vivificado en espíritu" (1 P. 3:18).

3. Jesucristo es el poder omnipotente del universo. Recuerde que el número siete en la Biblia significa plenitud y perfección. A Jesucristo se lo ve con *siete cuernos* que simbolizan la fuerza completa y perfecta y el poder. Está en el cielo como el poder supremo y la fuerza del universo.

"Y Jesús se acercó y les habló diciendo: Toda potestad me es dada en el cielo y en la tierra" (Mt. 28:18).

"Nadie me la quita, sino que yo de mí mismo la pongo. Tengo poder para ponerla, y tengo poder para volverla a tomar. Este mandamiento recibí de mi Padre" (Jn. 10:18).

"Como le has dado potestad sobre toda carne, para que dé vida eterna a todos los que le diste" (Jn. 17:2).

"Que fue declarado Hijo de Dios con poder, según el Espíritu de santidad, por la resurrección de entre los muertos" (Ro. 1:4).

"Porque en él fueron creadas todas las cosas, las que hay en los cielos y las que hay en la tierra, visibles e invisibles; sean tronos, sean dominios, sean principados, sean potestades; todo fue creado por medio de él y para él. Y él es antes de todas las cosas, y todas las cosas en él *subsisten*" (Col. 1:16-17).

"Dios, habiendo hablado muchas veces y de muchas maneras en otro tiempo a los padres por los profetas, en estos postreros días nos ha hablado por el Hijo, a quien constituyó heredero de todo, y por quien asimismo hizo el universo; el cual, siendo el resplandor de su gloria, y la imagen misma de su sustancia, y quien sustenta todas las cosas con la palabra de su poder, habiendo efectuado la purificación de nuestros pecados por medio de sí mismo, se sentó a la diestra de la Majestad en las alturas" (He. 1:1-3).

4. Jesucristo es la inteligencia suprema del universo. Los *siete ojos* simbolizan el conocimiento pleno y perfecto, la inteligencia y la sabiduría. Él es omnisciente: conoce todo y lo ve todo. Absolutamente nada escapa a su vista y conocimiento. Advierta: Hay un símbolo de los siete espíritus de Dios que es el Espíritu Santo (ver notas, Ap. 1:4; 3:1 para discusión). En la persona del Espíritu Santo, Jesucristo está en todas partes, viendo y sabiéndolo todo.

"Y no tenía necesidad de que nadie le diese testimonio del hombre, pues él sabía lo que había en el hombre" (Jn. 2:25).

"Y orando, dijeron: Tú, Señor, que conoces los corazones de todos, muestra cuál de estos dos has escogido" (Hch. 1:24).

"En quien [Cristo] están escondidos todos los tesoros de la sabiduría y del conocimiento" (Col. 2:3).

"Y reposará sobre él el Espíritu de Jehová; espíritu de sabiduría y de inteligencia, espíritu de consejo y de poder, espíritu de conocimiento y de temor de Jehová" (Is. 11:2).

"Porque mis ojos están sobre todos sus caminos, los cuales no se me ocultaron, ni su maldad se esconde de la presencia de mis ojos" (Jer. 16:17).

5. Jesucristo es soberano. Él solo camina y toma el Libro del destino de la mano de Dios. Él y solo Él es digno de ejecutar y llevar a cabo los acontecimientos del final de los tiempos. Esta es simplemente una manera gráfica de decir lo que se dice en el primer versículo de Apocalipsis.

"La revelación de Jesucristo, que Dios le dio, para manifestar a sus siervos las cosas que deben suceder pronto; y la declaró enviándola por medio de su ángel a su siervo Juan" (Ap. 1:1).

[3] (5:8-10) ***Adoración de Cristo:*** Está la adoración majestuosa por parte de las cuatro criaturas vivientes y los ancianos. Tan pronto como Jesucristo tome el libro de la mano de Dios, todo el cielo y la tierra cantarán una canción de alabanza. Y advierta que hay tres olas de alabanza cantadas a Cristo.

=> Está la alabanza de las cuatro criaturas vivientes y de los ancianos que rodean el trono de Dios.

=> Después está la ola de alabanzas de la cantidad innumerable de huestes de ángeles, diez mil por diez mil y miles de miles. La idea es que la cifra es tan grande que el hombre ni sus computadoras podrían contar la cantidad.

=> Luego está la adoración majestuosa de todas las criaturas tanto en el cielo como en la tierra, y de debajo de la tierra en los sepulcros, y en los sellos. Toda la creación, cada ser viviente que ha sido creado se libera en una canción de alabanza al Señor y al Cordero de Dios que está sentado en el trono (Jesucristo).

La presente nota trata de la alabanza de las cuatro criaturas vivientes y de los ancianos que inmediatamente se postran ante el Señor Jesucristo y el trono de Dios. Advierta tres cosas con respecto a la adoración de ellos.

1. Se postran ante Jesús, el Cordero de Dios, y suena el arpa. Recuerde que el arpa era el instrumento habitual utilizado para cantar los Salmos de alabanza a nuestro Señor (cp. Sal. 33:2; 98:5; 147:7).

2. Ofrecen copas llenas de oro con incienso al Señor, que es el símbolo de las oraciones de los creyentes (santos).

Pensamiento 1: Solo piense en esto: Los seres más próximos a Dios ofrecen nuestras oraciones a Jesucristo por nosotros. La hueste celestial está preocupada por nuestro bienestar tal como lo está el Señor. Ansían que recibamos ayuda durante las pruebas y tentaciones de la vida aun más de lo que nosotros queramos ser liberados de ellas. Qué verdad tan preciosa.

3. Cantan una canción nueva centrada en la dignidad de Cristo. Recuerde: Dios acababa de ofrecer el libro del destino y el penetrante llamado recién había horadado el aire solicitando que alguien digno diera un paso adelante y tomara el libro. Se necesitaba que alguien abriera el libro y difundiera los acontecimientos de la tierra. Pero no se encontró a ningún digno. Ni siquiera los que rodeaban el mismo trono de Dios,

las cuatro criaturas vivientes y ancianos, eran dignos. Solo una Persona podía dar un paso adelante: El Cordero de Dios mismo, el Señor Jesucristo. Esta es la escena en este momento: cuando las criaturas vivientes y los ancianos ven al Cordero de Dios dar un paso adelante y tomar el libro de Dios, se postran en adoración y le cantan una canción a Él, una canción que nunca antes se había cantado.

"Y cantaban un nuevo cántico, diciendo: Digno eres de tomar el libro y de abrir sus sellos; porque tú fuiste inmolado, y con tu sangre nos has redimido para Dios, de todo linaje y lengua y pueblo y nación; y nos has hecho para nuestro Dios reyes y sacerdotes, y reinaremos sobre la tierra" (Ap. 5:9-10).

Advierta que alaban a Dios por cuatro cosas.

a. Lo alaban porque Él fue asesinado por el hombre y ha redimido al hombre (v. 9). La correcta traducción del griego en este versículo es *hombre*, no "nosotros" como figura en la traducción bíblica. Debería decir que Cristo "ha redimido al hombre [a ellos] para Dios". Alaban a Cristo porque Él murió por los pecados del hombre y ha liberado al hombre del pecado y la muerte y del castigo por venir. (Ver nota 2, punto 2-Ap. 5:6-7. También ver nota, Ap. 1:5-6 para mayor discusión al respecto.)

"Pues mucho más, estando ya justificados en su sangre, por él seremos salvos de la ira" (Ro. 5:9).

"Cristo nos redimió de la maldición de la ley, hecho por nosotros maldición (porque está escrito: Maldito todo el que es colgado en un madero)" (Gá. 3:13).

"En quien tenemos redención por su sangre, el perdón de pecados según las riquezas de su gracia" (Ef. 1:7).

"En quien tenemos redención por su sangre, el perdón de pecados" (Col. 1:14).

"Quien se dio a sí mismo por nosotros para redimirnos de toda iniquidad y purificar para sí un pueblo propio, celoso de buenas obras" (Tit. 2:14).

"Y no por sangre de machos cabríos ni de becerros, sino por su propia sangre, entró una vez para siempre en el Lugar Santísimo, habiendo obtenido eterna redención" (He. 9:12).

"Sabiendo que fuisteis rescatados de vuestra vana manera de vivir, la cual recibisteis de vuestros padres, no con cosas corruptibles, como oro o plata, sino con la sangre preciosa de Cristo, como de un cordero sin mancha y sin contaminación" (1 P. 1:18-19).

b. Lo alaban por su Salvación universal (v. 9). Ninguna persona está más allá de su alcance. Él salva a las personas de cada tribu, lenguaje, raza y nación. No hay prejuicio ni discriminación con Cristo, no hay favoritos ni parcialidades. Él ama a todas las personas: hombres o mujeres, pobres y ricos, negros y blancos, amarillos y rojos, ignorantes y sabios. Cristo salva a todos los que provienen de cualquier rincón de la tierra. Los que rodean a Cristo y al trono de Dios gritan sus alabanzas a Cristo por su salvación universal.

"Y verá toda carne la salvación de Dios" (Lc. 3:6).

"Porque todo aquel que invocare el nombre del Señor, será salvo" (Ro. 10:13).

"El cual quiere que todos los hombres sean salvos y vengan al conocimiento de la verdad" (1 Ti. 2:4).

"Porque la gracia de Dios se ha manifestado para salvación a todos los hombres, enseñándonos que, renunciando a la impiedad y a los deseos mundanos, vivamos en este siglo sobria, justa y piadosamente" (Tit. 2:11-12).

"El Señor no retarda su promesa, según algunos la tienen por tardanza, sino que es paciente para con nosotros, no queriendo que ninguno perezca, sino que todos procedan al arrepentimiento" (2 P. 3:9).

"He aquí, yo estoy a la puerta y llamo; si alguno oye mi voz y abre la puerta, entraré a él, y cenaré con él, y él conmigo" (Ap. 3:20).

c. Alaban a Cristo porque Él les ha dado a los creyentes el gran don de la realeza (v. 10). Los convierte en reyes y sacerdotes, y advierta: Gobernarán en la tierra sirviendo al Señor Jesucristo por siempre como reyes y sacerdotes. (Ver nota, Ap. 14:13; 21:24-27 para una lista completa de recompensas.)

"Su señor le dijo: Bien, buen siervo y fiel; sobre poco has sido fiel, sobre mucho te pondré; entra en el gozo de tu señor" (Mt. 25:23).

"Pero vosotros sois los que habéis permanecido conmigo en mis pruebas. Yo, pues, os asigno un reino, como mi Padre me lo asignó a mí" (Lc. 22:28-29).

"El Espíritu mismo da testimonio a nuestro espíritu, de que somos hijos de Dios. Y si hijos, también herederos; herederos de Dios y coherederos con Cristo, si es que padecemos juntamente con él, para que juntamente con él seamos glorificados" (Ro. 8:16-17).

"Y de Jesucristo el testigo fiel, el primogénito de los muertos, y el soberano de los reyes de la tierra. Al que nos amó, y nos lavó de nuestros pecados con su sangre, y nos hizo reyes y sacerdotes para Dios, su Padre; a él sea gloria e imperio por los siglos de los siglos. Amén" (Ap. 1:5-6).

"Y vi tronos, y se sentaron sobre ellos los que recibieron facultad de juzgar; y vi las almas de los decapitados por causa del testimonio de Jesús y por la palabra de Dios, los que no habían adorado a la bestia ni a su imagen, y que no recibieron la marca en sus frentes ni en sus manos; y vivieron y reinaron con Cristo mil años" (Ap. 20:4).

"Los entendidos resplandecerán como el resplandor del firmamento; y los que enseñan la justicia a la multitud, como las estrellas a perpetua eternidad" (Dn. 12:3).

4 (5:11-12) ***Adoración - Ángeles:*** Hay una adoración majestuosa por parte de los ángeles. Advierta tres hechos sobre los ángeles.

1. Son el círculo central del coro de alabanzas.
2. Su cantidad es asombrosa: Una *cantidad innumerable* es lo que está declarando las Escrituras.
3. Su canción incluye siete puntos.

a. Alaban a Cristo por su poder. Él es omnipotente. Posee todo el poder. Él es capaz de abrir el libro del destino de Dios y llevar a cabo y ejecutar la voluntad de Dios a lo largo del universo. Él puede llevar a cabo los acontecimientos de la historia y los acontecimientos del final de los tiempos. Él es el Regidor soberano del universo.

"Y Jesús se acercó y les habló diciendo: Toda potestad me es dada en el cielo y en la tierra" (Mt. 28:18).

"Como le has dado potestad sobre toda carne, para que dé vida eterna a todos los que le diste" (Jn. 17:2).

"Que fue declarado Hijo de Dios con poder, según el Espíritu de santidad, por la resurrección de entre los muertos" (Ro. 1:4).

"Mas para los llamados, así judíos como griegos, Cristo poder de Dios, y sabiduría de Dios" (1 Co. 1:24).

"Y a Aquel que es poderoso para hacer todas las cosas mucho más abundantemente de lo que pedimos o entendemos, según el poder que actúa en nosotros" (Ef. 3:20).

b. Ellos alaban a Cristo por sus riquezas. Él posee la riqueza para satisfacer cualquier necesidad a lo largo del universo, cualquier necesidad que tengamos o que otra criatura pudiera tener.

"¿O menosprecias *las riquezas de su benignidad*, paciencia y longanimidad, ignorando que su benignidad te guía al arrepentimiento?" (Ro. 2:4).

"Porque ya conocéis la gracia de nuestro Señor Jesucristo, que por amor a vosotros se hizo pobre, siendo rico, para que vosotros con su pobreza fueseis enriquecidos" (2 Co. 8:9).

"En quien tenemos redención por su sangre, el perdón de pecados según las *riquezas* de su gracia" (Ef. 1:7).

"Para mostrar en los siglos venideros las abundantes riquezas de su gracia en su bondad para con nosotros en Cristo Jesús" (Ef. 2:7).

"A mí, que soy menos que el más pequeño de todos los santos, me fue dada esta gracia de anunciar entre los gentiles el evangelio de las inescrutables riquezas de Cristo" (Ef. 3:8).

"Mi Dios, pues, suplirá todo lo que os falta conforme a sus riquezas en gloria en Cristo Jesús" (Fil. 4:19).

c. Ellos alaban a Cristo por su sabiduría. Él es omnisciente, lo ve y lo sabe todo. Él sabe todo sobre Dios y el cielo, y todo sobre nosotros y nuestro mundo con todas sus tentaciones y pruebas. Por lo tanto, Él puede llevar adelante la voluntad de Dios dispuesta en el libro del destino, y Él puede ayudarnos y socorrernos durante todas las pruebas y tentaciones de la vida.

"Mas por él estáis vosotros en Cristo Jesús, el cual nos ha sido hecho por Dios sabiduría, justificación, santificación y redención" (1 Co. 1:30).

"Porque no tenemos un sumo sacerdote que no pueda compadecerse de nuestras debilidades, sino uno que fue tentado en todo según nuestra semejanza, pero sin pecado. Acerquémonos, pues, confiadamente al trono de la gracia, para alcanzar misericordia y hallar gracia para el oportuno socorro" (He. 4:15-16).

"Jehová es mi fortaleza y mi escudo; en él confió mi corazón, y fui ayudado, por lo que se gozó mi corazón, y con mi cántico le alabaré" (Sal. 28:7).

"Aunque afligido yo y necesitado, Jehová pensará en mí. Mi ayuda y mi libertador eres tú; Dios mío, no te tardes" (Sal. 40:17).

"No temas, porque yo estoy contigo; no desmayes, porque yo soy tu Dios que te esfuerzo; siempre te ayudaré, siempre te sustentaré con la diestra de mi justicia" (Is. 41:10).

d. Ellos alaban a Cristo por su fuerza. Nadie ni nada puede enfrentársele negativamente, Él no lo permite ni siquiera por un momento. Él tiene fuerza infinita, la misma fuerza de Dios. Todo lo que tiene que hacer es pronunciar la Palabra y su voluntad será cumplida. Por lo tanto, Él puede llevar adelante los acontecimientos del libro del destino, y Él puede satisfacer nuestras propias necesidades.

"Y mirándolos Jesús, les dijo: Para los hombres esto es imposible; mas para Dios todo es posible" (Mt. 19:26).

"Porque nada hay imposible para Dios" (Lc. 1:37).

"No os ha sobrevenido ninguna tentación que no sea humana; pero fiel es Dios, que no os dejará ser tentados más de lo que podéis resistir, sino que dará también juntamente con la tentación la salida, para que podáis soportar" (1 Co. 10:13).

"Y a Aquel que es poderoso para hacer todas las cosas mucho más abundantemente de lo que pedimos o entendemos, según el poder que actúa en nosotros" (Ef. 3:20).

"Y el Señor me librará de toda obra mala, y me preservará para su reino celestial. A él sea gloria por los siglos de los siglos. Amén" (2 Ti. 4:18).

"Y a aquel que es poderoso para guardaros sin caída, y presentaros sin mancha delante de su gloria con gran alegría, al único y sabio Dios, nuestro Salvador, sea gloria y majestad, imperio y potencia, ahora y por todos los siglos. Amén" (Jud. 24-25).

"Yo conozco que todo lo puedes, y que no hay pensamiento que se esconda de ti" (Job 42:2).

"Nuestro Dios está en los cielos; todo lo que quiso ha hecho" (Sal. 115:3).

"No temas, porque yo estoy contigo; no desmayes, porque yo soy tu Dios que te esfuerzo; siempre te ayudaré, siempre te sustentaré con la diestra de mi justicia" (Is. 41:10).

"Aun antes que hubiera día, yo era; y no hay quien de mi mano libre. Lo que hago yo, ¿quién lo estorbará?" (Is. 43:13).

e. Ellos lo alaban por su honor. Él es el Hijo de Dios que posee la misma naturaleza de Dios, la Majestad eterna y soberana, el Creador y Sostenedor del universo. Él es quien ha sido designado para abrir el libro del destino y ejecutar sus acontecimientos en todo el universo. Por lo tanto, Él es quien debe ser honrado por todos.

"Por lo cual Dios también le exaltó hasta lo sumo, y le dio un nombre que es sobre todo nombre, para que en el nombre de Jesús se doble toda rodilla de los que están en los cielos, y en la tierra, y debajo de la tierra; y toda lengua confiese que Jesucristo es el Señor, para gloria de Dios Padre" (Fil. 2:9-11).

"Gocémonos y alegrémonos y démosle gloria; porque han llegado las bodas del Cordero, y su esposa se ha preparado" (Ap. 19:7).

"Engrandeced a Jehová conmigo, y exaltemos a una su nombre" (Sal. 34:3).

"Exáltenlo en la congregación del pueblo, y en la reunión de ancianos lo alaben" (Sal. 107:32).

f. Lo alaban por su gloria. Como ya se ha dicho, Él es la Gloria y la Majestad suprema del universo, tan glorioso que su gloria brilla más que el sol para dar luz al mundo o dimensión espiritual. Su propia gloria es la luz del cielo. En Él no hay falla ni defecto de ningún tipo. Por tanto, Él y solo Él es digno de abrir el libro del destino y de llevar a cabo la voluntad de Dios en todo el universo. A Él y solo a Él se le debe toda la gloria del universo.

"Así alumbre vuestra luz delante de los hombres, para que vean vuestras buenas obras, y glorifiquen a vuestro Padre que está en los cielos" (Mt. 5:16).

"En esto es glorificado mi Padre, en que llevéis mucho fruto, y seáis así mis discípulos" (Jn. 15:8).

"Para que unánimes, a una voz, glorifiquéis al Dios y Padre de nuestro Señor Jesucristo" (Ro. 15:6).

"¿O ignoráis que vuestro cuerpo es templo del Espíritu Santo, el cual está en vosotros, el cual tenéis de Dios, y que no sois vuestros? Porque habéis sido comprados por precio; glorificad, pues, a Dios en vuestro cuerpo y en vuestro espíritu, los cuales son de Dios" (1 Co. 6:19-20).

"Dad a Jehová la gloria debida a su nombre; adorad a Jehová en la hermosura de la santidad" (Sal. 29:2).

"Exaltado seas sobre los cielos, oh Dios; sobre toda la tierra sea tu gloria" (Sal. 57:5).

g. Lo alaban por su bendición. Él merece todas las bendiciones que el cielo y la tierra puedan darle, puesto que nos ha bendecido a todos. Él ha dado vida y todas las cosas buenas de la vida a todas las criaturas. Todas las bendiciones han venido de Él. Por lo tanto, todas las bendiciones que el cielo y la tierra puedan dar se le deben a Él.

"Con gozo dando gracias al Padre que nos hizo aptos para participar de la herencia de los santos en luz" (Col. 1:12).

"Y la paz de Dios gobierne en vuestros corazones, a la que asimismo fuisteis llamados en un solo cuerpo; y sed agradecidos" (Col. 3:15).

"Dad gracias en todo, porque esta es la voluntad de Dios para con vosotros en Cristo Jesús" (1 Ts. 5:18).

"Y comerás y te saciarás, y bendecirás a Jehová tu Dios por la buena tierra que te habrá dado" (Dt. 8:10).

"Entrad por sus puertas con acción de gracias, por sus atrios con alabanza; alabadle, bendecid su nombre" (Sal. 100:4).

"Jehová, tú eres mi Dios; te exaltaré, alabaré tu nombre, porque has hecho maravillas; tus consejos antiguos son verdad y firmeza" (Is. 25:1).

5 (5:13-14) ***Adoración:*** Está la adoración majestuosa de todo el universo. Después que cada grupo de seres creados haya cantado su coro de alabanza, entonces toda la creación: todo ser y criatura que haya vivido tanto en la tierra como en el cielo se unirá a cantar en un coro de alabanza tanto a Dios como a Cristo. ¿Por qué tienen que alabar a Dios y a Cristo?

=> por sus bendiciones
=> por su honra
=> por su gloria
=> por su poder

Entonces las cuatro criaturas vivientes gritarán: "Amen". Y los ancianos se postrarán y adorarán al Señor Jesucristo quien vive por los siglos de los siglos.

Nunca ha habido un coro de adoración como el que se verá en el glorioso día de la redención, cuando toda la creación lo alabará a Él, que es nuestro Señor y Salvador, incluso el Hijo de Dios mismo. Y recuerde por qué:

=> porque Él es digno de dar un paso adelante y tomar el libro del destino de la mano de Dios.
=> porque Él es digno de gobernar y reinar sobre toda la historia del mundo, tanto ahora como en los últimos días y en el transcurso de toda la eternidad, sin fin.

"Para que unánimes, a una voz, glorifiquéis al Dios y Padre de nuestro Señor Jesucristo" (Ro. 15:6).

"Porque habéis sido comprados por precio; glorificad, pues, a Dios en vuestro cuerpo y en vuestro espíritu, los cuales son de Dios" (1 Co. 6:20).

"Para que el nombre de nuestro Señor Jesucristo sea glorificado en vosotros, y vosotros en él, por la gracia de nuestro Dios y del Señor Jesucristo" (2 Ts. 1:12).

"Diciendo a gran voz: Temed a Dios, y dadle gloria, porque la hora de su juicio ha llegado; y adorad a aquel que hizo el cielo y la tierra, el mar y las fuentes de las aguas" (Ap. 14:7).

	CAPÍTULO 6 **IV. LOS JUICIOS DE LOS SIETE SELLOS: ACONTECIMIENTOS PRECEDENTES A LA GRAN TRIBULACIÓN, 6:1—7:17** **A. El Cordero rompe los primeros cuatro sellos del Libro del destino: La aparición del anticristo y su poder, 6:1-8**	poder de quitar de la tierra la paz, y que se matasen unos a otros; y se le dio una gran espada.	
		5 Cuando abrió el tercer sello, oí al tercer ser viviente, que decía: Ven y mira. Y miré, y he aquí un caballo negro; y el que lo montaba tenía una balanza en la mano. 6 Y oí una voz de en medio de los cuatro seres vivientes, que decía: Dos libras de trigo por un denario, y seis libras de cebada por un denario; pero no dañes el aceite ni el vino.	**3 El tercer sello: Un caballo negro y su jinete** a. Posee una balanza b. Ocasiona hambruna y escasez. c. Controla la distribución de comida, pero protege la riqueza (aceite y vino).
1 El primer sello: Un caballo blanco y su jinete a. Él posee un arco b. Se le entrega una corona c. Su propósito: Sale para vencer	1 Vi cuando el Cordero abrió uno de los sellos, y oí a uno de los cuatro seres vivientes decir como con voz de trueno: Ven y mira. 2 Y miré, y he aquí un caballo blanco; y el que lo montaba tenía un arco; y le fue dada una corona, y salió venciendo, y para vencer.	7 Cuando abrió el cuarto sello, oí la voz del cuarto ser viviente, que decía: Ven y mira. 8 Miré, y he aquí un caballo amarillo, y el que lo montaba tenía por nombre Muerte, y el Hades le seguía; y le fue dada potestad sobre la cuarta parte de la tierra, para matar con espada, con hambre, con mortandad, y con las fieras de la tierra.	**4 El cuarto sello: Un caballo amarillo y su jinete** a. Él tiene el nombre de la Muerte. b. Es seguido por el Hades c. Se le da un cuarto de la tierra para matarla mediante guerra y hambruna
2 El segundo sello: Un caballo bermejo y su jinete a. Se le otorga poder y una gran espada b. Él elimina la paz y ocasiona homicidios o guerra	3 Cuando abrió el segundo se- llo, oí al segundo ser viviente, que decía: Ven y mira. 4 Y salió otro caballo, bermejo; y al que lo montaba le fue dado		

DIVISIÓN IV

LOS JUICIOS DE LOS SIETE SELLOS: ACONTECIMIENTOS PRECEDENTES A LA GRAN TRIBULACIÓN, 6:1—7:17

A. El Cordero rompe los primeros cuatro sellos de Libro del destino: La aparición del anticristo y su poder, 6:1-8

(6:1-7:17) ***BOSQUEJO DE LA DIVISIÓN: El fin de los tiempos:*** El momento dramático ha llegado. El libro de Dios: el libro del destino, el gran libro de la historia, el libro que pronuncia lo que ocurrirá en el fin de los tiempos puede ser abierto ahora. Pero advierta: El Cordero no abre el rollo en este momento. Simplemente rompe los sellos. Y los acontecimientos de los sellos no culminan la historia en sí. Son acontecimientos que preceden de inmediato al fin. Esto es exactamente lo que dijo Cristo. Recuerde que los apóstoles le hicieron a Cristo dos preguntas: ¿Cuándo se destruiría el templo y cuál sería la señal de su retorno y del fin del mundo (cp. Mt. 24:3)?

=> Cristo respondió dando nueve señales, y denominó a este período de la historia "el comienzo de las tribulaciones" (Mt. 24:5-14, esp. v. 8). Luego de haber dado las nueve señales, Él dijo: "y entonces vendrá el fin (Mt. 24:14).

Advierta que fue después de las nueve señales, luego del *"comienzo de las tribulaciones"* que Cristo dijo que vendría el fin. Hacia el final, Él quiso decir lo que Él mismo denominaba la *gran tribulación* que caería sobre la tierra hacia el fin de los tiempos. (El siguiente cuadro tal vez le ayude a ver qué predijo nuestro Señor y cómo está comenzando a suceder ahora en el libro de Apocalipsis.)

EL FIN DE LOS TIEMPOS

Las palabras de Cristo		***El libro de Apocalipsis***
El comienzo de las tribulaciones: tristezas preliminares, problemas y maldad en la sociedad, sin embargo, el evangelismo del mundo continúa (Mt. 24:5-14).	=>	... Los siete sellos (Ap. 6:1-17).
"La gran tribulación": pruebas sin paralelo (Mt. 24:15-28)	=>	... Las siete trompetas, las copas y la bestia (Ap. 8:1—18:24).
"La venida del Hijo de Dios"	=>	... El triunfo final de Cristo (Ap. 19:1—22:21).

Advierta la clara e impresionante similitud entre lo que dijo nuestro Señor y el libro de Apocalipsis. La misma similitud muestra la *mente de Dios* revelando estas cosas. Esto debería hacer que cada persona, creyente o no creyente por igual, esté asombrado y se postre ante Él que únicamente puede salvarnos y darnos la vida eterna.

=> Hay una similitud entre "el comienzo de las tribulaciones" (Mt. 24:5-14) y los sellos de Apocalipsis (Ap. 6:1-17). El fin del mundo *no vendrá todo junto*. El futuro estará lleno de guerras, desastres naturales, persecuciones y las declaraciones de falsos liberadores (mesías). Y en el fin habrá un incremento y una intensificación de las señales. Pero esto no es todo. Habrá una señal terrible: La aparición del jinete en el caballo blanco (ver nota, Ap. 6:2), "pondrán la abominación desoladora" (Dn. 11:31), "la abominación de la desolación" (BLA), "el hombre de pecado"; "el cuerno pequeño" (Dn. 7), el anticristo. Esta persona afligirá al pueblo de Dios más allá de lo imaginable (Ver nota, Ap. 11:7).

=> Parece haber una similitud entre "la gran tribulación" pronunciada por Cristo y las siete trompetas, los siete juicios de las copas y la bestia tratados en Apocalipsis.

=> Otros apuntan a una gran similitud entre "la bestia" (anticristo) retratado una y otra vez en Apocalipsis y "la abominación de desolación" pronunciada por Cristo (ver Estudio a fondo 1, 2 - Mt. 24:1-31; nota, Ap. 11:7).

La distinción es fundamentalmente importante para comprender el libro de Apocalipsis. ¿Por qué? Porque nuestro Señor dijo lo mismo. En esencia, Él nos ha dicho cómo bosquejar y mirar Apocalipsis. Por lo tanto somos más sabios si seguimos el bosquejo del fin de los tiempos que Él nos ha dado. En el análisis final es mejor *tener una mente sencilla* y seguir lo que Él ha dicho que ser *sabio* y hacer las cosas por nuestra cuenta y terminar agregando algo a su Palabra que no lo complazca (cp. Ap. 22:18-19). Lo reverenciamos y le tememos. Queremos ser aceptables a nuestro Señor maravilloso, y durante estos últimos años, más que ninguna otra cosa en el mundo, queremos demostrar nuestro amor por Él obedeciéndolo y siguiendo su Palabra al pie de la letra. Por este motivo, nos acercamos al Apocalipsis como nuestro Señor predijo el fin del tiempo. (Ver bosquejo y notas, Mt. 24:1-51; 25:1-46 para mayor tratamiento del tema).

(6:1-8) ***Introducción:*** Ha llegado ya el momento dramático. Los sellos que unen el libro de Dios están por ser abiertos. Serán abiertos uno por uno. Sorprendentemente, a medida que se abren los sellos, pasan las cosas más increíbles. Lo que está escrito bajo los sellos del libro supera sus páginas y pone en funcionamiento los acontecimientos del futuro para Juan y la hueste celestial. En realidad ellos ven lo que parece ser una imagen de una película sobre el fin de los tiempos. Esto es importante destacarlo, puesto que Juan y la hueste celestial no están leyendo el libro. Están siendo testigos de los acontecimientos del fin de los tiempos.

Los juicios de los primeros cuatro sellos parecen ser una descripción del anticristo ganando control sobre las naciones de la tierra. Lo hará provocando guerras (el caballo bermejo), ganando control sobre la economía (el caballo negro) y matando a sus oponentes (el caballo amarillo). En el siguiente bosquejo y pasaje, cuando veamos el quinto sello, veremos que revela lo que sucederá a las almas de los mártires cristianos que son asesinados por el anticristo. El sexto sello mostrará la ira de Dios preparado para ejercer juicio contra el anticristo. El séptimo sello es el sello que hace producir "la gran tribulación", el período terrible del juicio de Dios.

En las Escrituras que están delante de nosotros el Cordero de Dios, el Señor Jesucristo mismo, rompe los primeros cuatro sellos. Cuando lo hace, una de las cuatro criaturas vivientes que rodean el trono de Dios grita como un trueno la orden: "Ven y mira". Y cuando pronuncia su mandato, la terrible escena de algún fin del tiempo cruza como trueno la escena de la historia mundial.

1. El primer sello: Un caballo blanco y su jinete (vv. 1-2).
2. El segundo sello: Un caballo bermejo y su jinete (vv. 3-4).
3. El tercer sello: Un caballo negro y su jinete (vv. 5-6).
4. El cuarto sello: Un caballo amarillo y su jinete (vv. 7-8).

1 (6:1-2) ***Anticristo - Cuatro jinetes:*** El primer sello es la aparición como un trueno de un *caballo blanco y su jinete.* ¿Quién es este jinete? Su identidad es muy disputada, pero la conclusión de la mayoría de los comentadores es que es una de dos personas.

1. Simboliza al victorioso Cristo mismo o bien la victoriosa proclamación del evangelio. Se sostiene que el color *blanco* siempre está relacionado con Cristo en todo el Apocalipsis. Además, se dice que el jinete está coronado. Por lo tanto, el jinete debe ser Cristo mismo.

2. La segunda opinión principal es que el jinete es la conquista en general, y el anticristo en particular.

=> El es el que engaña, por lo tanto, aparece de *blanco* (Mt. 24:5; 2 Ts. 2:11).

=> La corona que usa es diferente de la corona utilizada por Cristo en Ap. 19. Es la corona del conquistador (stephenos), no la corona real de un rey (diadema).

=> El arco simboliza la conquista. En el Antiguo Testamento siempre es el símbolo de poder militar (Sal. 46:9; Jer. 51:51; Os. 1:5).

=> Se argumenta también que para ser coherente se debe relacionar a este jinete con los otros tres. Los cuatro presentan una imagen de los *cuatro jinetes del Apocalipsis* que descenderán a la tierra en los últimos días con una terrorífica destrucción.

En la interpretación propia, es sumamente importante advertir esto: Cuando el jinete aparece en escena, *ya poseía un arco*. Pero *la corona* se la entregan. Una vez que se la han dado, entonces sale a conquistar. Esto apunta firmemente a un Cristo fraudulento. Advierta tres hechos:

En primer lugar, el jinete tiene un arco. Cristo no posee un arco. Un arma de guerra no es parte de su ser.

En segundo lugar, al jinete se le entrega una corona. A Cristo no se le entrega una corona. Hay que decir que Cristo ha sido coronado en el transcurso de toda la eternidad o en su ascensión.

En tercer lugar, el jinete sale a conquistar. No hay un punto en el tiempo en el que Cristo salga a conquistar los corazones de los hombres. Siempre ha sido la misión de la salvación. Conquistar los corazones de los hombres continuará siendo su misión hasta que aparezca el día del juicio. Así, no hay punto desde el cual el salga a conquistar. Él está conquistando almas de la misma forma en que siempre ha estado haciéndolo. Pero esto no se aplica al jinete. Este jinete que sale a conquistar es alguien que ya posee un arco y se le entrega una corona en algún punto en el tiempo. A partir de ese momento, *sale* a conquistar. (Cp. El pequeño cuerno de Dn. 7. El hombre de pecado y la Bestia y el Gobernador del Imperio Romano restaurado de Ap. 13; la Abominación de la Desolación de Mt. 24:15.)

Los argumentos más sólidos parecen apuntar hacia el jinete del caballo blanco como el anticristo. ¿Cómo va a conquistar el mundo el anticristo? Las Escrituras nos dicen que va a ser a través del engaño. Debido a los pecados y a la maldad de las personas, porque las personas han elegido emprender el camino del pecado y la maldad, el anticristo podrá engañarlos.

"Y entonces se manifestará aquel inicuo... inicuo cuyo advenimiento es por obra de Satanás, con gran poder y señales y prodigios mentirosos, y con todo engaño de iniquidad para los que se pierden, por cuanto no recibieron el amor de la verdad para ser salvos" (2 Ts. 2:8-10).

Las personas no reciben el amor de la verdad sobre el Señor Jesucristo. A las personas no les importa la salvación de Dios: Por lo tanto, Dios juzgará al mundo. El comienzo de su juicio será permitir que el anticristo entre en la escena del mundo. Dios les va a permitir a los hombres ser engañados porque han rechazado el amor de la verdad. Lo han rechazado y maldecido al igual que su gloriosa salvación revelada en su Hijo, el Señor Jesucristo. Por lo tanto, Dios va a enviar un fuerte engaño a la tierra, el engaño que ansían los hombres, un fuerte gobernador del mundo que al parecer puede resolver los problemas del mundo y traer la utopía a la tierra. Y los hombres le entregarán sus reinos, esto es, firmarán tratados y acuerdos que le permitirán reinar sobre sus naciones y vidas.

"Por esto Dios les envía un poder engañoso, para que crean la mentira" (2 Ts. 2:11).

"Porque Dios ha puesto en sus corazones el ejecutar lo que él quiso: ponerse de acuerdo, y dar su reino a la bestia, hasta que se cumplan las palabras de Dios" (Ap. 17:17).

Pensamiento 1: ¿Qué haría que los hombres le dieran el gobierno del mundo a un solo hombre? Cristo mismo nos lo dijo. (Advierta que todo esto figura dicho por Cristo en Mateo 24:1ss.)

=> Un mundo que está lleno de falsos mesías declarando que ellos tienen las respuestas a la vida prepararán el camino para el anticristo. Pero sus declaraciones son falsas; por lo tanto, dejan al corazón humano vacío y sin esperanzas. Cuando el corazón está vacío y sin esperanzas, se volcará a una persona (el anticristo) que promete la utopía, esto es, el cielo sobre la tierra.

"Porque vendrán muchos en mi nombre, diciendo: Yo soy el Cristo; y a muchos engañarán" (Mt. 24:5).

=> Un mundo que está lleno de violencia, guerras y rumores de guerra preparará el camino para el anticristo. Millones de vidas, hogares y familias serán destruidos. Un pueblo devastado se volcará a cualquier líder que pueda brindar paz y restauración.

"Y oiréis de guerras y rumores de guerras; mirad que no os turbéis, porque es necesario que todo esto acontezca; pero aún no es el fin. Porque se levantará nación contra nación, y reino contra reino; y habrá pestes, y hambres, y terremotos en diferentes lugares" (Mt. 24:6-7).

=> Un mundo que está quebrado por desastre natural tras desastre natural preparará el camino para el anticristo. Desastre tras desastre hará que la gente se estremezca de temor. El temor conducirá a las personas a un líder mundial que puede prometer y proporcionar ayuda y asistencia económica y de salud.

"Porque se levantará nación contra nación, y reino contra reino; y habrá pestes, y hambres, y terremotos en diferentes lugares" (Mt. 24:7*b*).

=> Un mundo que está quebrado religiosamente preparará el camino para el anticristo. Graves persecuciones religiosas y una terrible apostasía y traición barrerán la tierra. Habrá una división dentro de las categorías de religión y familias y entre vecinos barriendo la tierra en el fin de los tiempos. Esto hará que la gente se vuelque a pedir ayuda para traer paz entre las religiones.

"Entonces os entregarán a tribulación, y os matarán, y seréis aborrecidos de todas las gentes por causa de mi nombre. Muchos tropezarán entonces, y se entregarán unos a otros, y unos a otros se aborrecerán" (Mt. 24:9, 10).

=> Un mundo que está lleno de religiones falsas y de falsos predicadores prepararán el camino para el anticristo. La falsa religión dejará el corazón hambriento por algo más real; por lo tanto, estará maduro para las promesas del anticristo.

"Y muchos falsos profetas se levantarán, y engañarán a muchos" (Mt. 24:11).

=> Un mundo que se aleja cada vez más de Dios, que experimenta cada vez más pecado (pecado que simplemente crece y crece) y un amor que crece frío prepararán el camino para el anticristo. La gente implorará ayuda para tratar con la falta de ley, el alcoholismo, las drogas, el esoterismo, el delito y más y más. Se volcarán hacia cualquiera que pueda dar verdadero cuidado y afecto y amor de vuelta a la sociedad.

"Y por haberse multiplicado la maldad, el amor de muchos se enfriará" (Mt. 24:12).

2 (6:3-4) ***Anticristo - Cuatro jinetes:*** El segundo sello es la apabullante aparición de un *caballo bermejo y su jinete*. ¿Quién es este jinete? Es el jinete que tiene poder para eliminar la paz de la tierra de modo de que los hombres se maten entre sí. Él es el jinete al que se le da la *gran* espada. Él es el jinete...

- de la rivalidad
- del maltrato
- del asesinato
- de la violencia
- del enojo
- de la insurrección
- de los asaltos
- del odio
- de la guerra
- de la división
- de la sublevación
- del derramamiento de sangre

Es el jinete que divide raza contra raza, clase contra clase, vecino contra vecino, empleado contra empleador, esposo contra esposa, religión contra religión y nación contra nación. Es el jinete que elimina la paz de la tierra y ocasiona todo tipo de división que puede. Es el jinete que destruye toda relación humana que puede.

Ahora bien, ¿quién es el jinete sobre el caballo? Juan no lo dice, pero advierta estos hechos:

=> Los últimos días traerán días terribles de maldad y quiebre de tregua.

"También debes saber esto: que en los postreros días vendrán tiempos peligrosos. Porque habrá hombres amadores de sí mismos, avaros, vanagloriosos, soberbios, blasfemos, desobedientes a los padres, ingratos, impíos, sin afecto natural, *implacables*, calumniadores, intemperantes, crueles, aborrecedores de lo bueno" (2 Ti. 3:1-3).

=> Los últimos días traerán días terribles de guerras y rumores de guerras.

"Y oiréis de guerras y rumores de guerras; mirad que no os turbéis, porque es necesario que todo esto acontezca; pero aún no es el fin. Porque se levantará nación contra nación, y reino contra reino; y habrá pestes, y hambres, y terremotos en diferentes lugares" (Mt. 24:6-7).

=> El diablo mismo es llamado "el gran dragón rojo".

"También apareció otra señal en el cielo: he aquí un gran dragón escarlata, que tenía siete cabezas y diez cuernos, y en sus cabezas siete diademas" (Ap. 12:3).

=> El diablo es un asesino y un gran mentiroso y engañador y lo ha sido desde el principio.

"Vosotros sois de vuestro padre el diablo, y los deseos de vuestro padre queréis hacer. El ha sido homicida desde el principio, y no ha permanecido en la verdad, porque no hay verdad en él. Cuando habla mentira, de suyo habla; porque es mentiroso, y padre de mentira" (Jn. 8:44).

=> El anticristo que será el representante supremo del diablo en la tierra se convertirá en un asesino de masas y usará la espada en contra del pueblo de Dios y contra quienes se opongan a él. Esta es una forma que él trae al mundo para someterlo bajo su gobierno.

"Y se le permitió hacer guerra [al anticristo] contra los santos, y vencerlos. También se le dio autoridad sobre toda tribu, pueblo, lengua y nación. Y la adoraron todos los moradores de la tierra cuyos nombres no estaban escritos en el libro de la vida del Cordero que fue inmolado desde el principio del mundo" (Ap. 13:7-8; cp. Ap. 17:15-18).

"Que cuando digan: Paz y seguridad, entonces vendrá sobre ellos destrucción repentina, como los dolores a la mujer encinta, y no escaparán" (1 Ts. 5:3).

Ahora bien, ¿quién es el jinete del caballo bermejo? Podemos decir que representa la falta de paz que el anticristo y su gobierno traen al mundo o bien que es el anticristo mismo. Decir una cosa es decir la otra. Cuando el anticristo y su gobierno aparezcan en la escena del mundo en la historia del mundo, traerá paz y seguridad por un período corto. Pero luego habrá un corte en su comportamiento pacífico: él y su gobierno destruirán explosivamente la paz del mundo. Esto sucederá antes de que ocurra la *gran tribulación.* Es el incremento de la violencia mundial que Cristo predijo para el fin de los tiempos, justo antes de la *gran tribulación.*

"Y oiréis de guerras y rumores de guerras; mirad que no os turbéis, porque es necesario que todo esto acontezca; pero aún no es el fin. Porque se levantará nación contra nación, y reino contra reino; y habrá pestes, y hambres, y terremotos en diferentes lugares" (Mt. 24:6-7).

3 (6:5-6) ***Anticristo - Cuatro jinetes:*** El tercer sello es la gran aparición de un *caballo negro y su jinete.* Este jinete también parece ser el anticristo y su poder para controlar la economía y la distribución de los alimentos. En el fin de los tiempos, la comida será racionada. Con frecuencia, el resultado de la guerra es el hambre, y el fin de los tiempos no será diferente. La única diferencia es que la hambruna será mucho más grave e involucrará a mucha más gente. El fin de los tiempos verá una intensificación de todos los terribles sufrimientos conocidos por el hombre.

Advierta dos puntos.

1. Este jinete (el anticristo) tiene una balanza para medir el trigo. El trigo o la cebada eran los alimentos básicos en la época de Juan. Advierta que tomó...

- un denario para comprar una medida de trigo, esto es, aproximadamente un cuarto de galón.
- un denario para comprar tres medidas de cebada.

Un denario era aproximadamente el salario de un día.

¡Imagine trabajar y ganar solo el dinero suficiente para comprar el alimento necesario para ese día! ¿Qué haría una persona para alimentar a su familia y proveer otras necesidades de la vida como vivienda, calefacción, ropas y transporte? Esta será la situación en el fin de los tiempos, *justo antes que suceda la gran tribulación.*

2. El jinete controla la distribución de los alimentos. Esta probablemente sea una forma en la que obtiene y mantiene el control del mundo, por lo menos por una temporada. La idea es que el alimento será estrictamente controlado. Pero advierta: Habrá mucho aceite y vino. ¿Cómo es posible que el aceite y el vino, que provienen de los árboles y vides, estén disponibles cuando escasean el trigo y la cebada? De pilas de acopio y del hecho de que los árboles y las vides tienen raíces mucho más profundas en la tierra que las cosechas. Por lo general pueden sobrevivir y producir más que las cosechas. Además, los árboles producirán durante años sin cuidados especiales. La guerra evitará que los hombres puedan cosechar, pero los árboles seguirán produciendo sin prestarles demasiada atención. El aceite y el vino eran artículos de lujo en la antigüedad. Como es cierto en la mayoría de las hambrunas, los ricos tendrán alimentos y los pobres, no.

El fin de los tiempos estará marcado por períodos de hambre tras hambre en todo el mundo. Tomará todo lo que el hombre pueda hacer solo para sobrevivir.

> **"Y oiréis de guerras y rumores de guerras; mirad que no os turbéis, porque es necesario que todo esto acontezca; pero aún no es el fin. Porque se levantará nación contra nación, y reino contra reino; y habrá pestes, y *hambres*, y terremotos en diferentes lugares" (Mt. 24:6-7).**
>
> **"Más dichosos fueron los muertos a espada que los muertos por el hambre; porque éstos murieron poco a poco por falta de los frutos de la tierra" (Lm. 4:9).**
>
> **"Nuestra piel se ennegreció como un horno a causa del ardor del hambre" (Lm. 5:10).**

5 (6:7-8) ***Anticristo - Cuatro jinetes:*** El cuarto sello es la asombrosa aparición de un *caballo amarillo y su jinete*. El Nuevo Testamento Amplificado traduce la palabra *amarillo* como "caballo pálido de color ceniza [blanco y azul como si se hubiera hecho moretones]" Recuerde: Todavía no es el fin de los tiempos. Este jinete, al igual que los otros tres, aparecerá antes del fin de los tiempos. Pero lo que sucede con su ataque ocasiona una devastación tal que confunde y debilita la mente. Advierta: Este jinete también parece representar la terrible devastación ocasionada por el anticristo y su gobierno o por el anticristo mismo. Se presentan dos hechos significativos sobre él.

1. El jinete (anticristo) tiene un nombre, el de la muerte; y sentado junto detrás de él está el infierno o Hades, el reino de los muertos. Su mismo nombre anuncia que alguna terrible devastación caerá sobre la tierra.

2. Al jinete (anticristo) se le da poder para ocasionar un dolor y un sufrimiento increíbles: Él es personalmente responsable por matar un cuarto de la población de la tierra. ¡Increíble! ¿Cómo es posible que un jinete mate a un cuarto de la población? ¿Un número equivalente a más de dos mil millones hoy día? Hay cuatro formas.

=> La espada puede ayudar a matar a tantas personas. Esto es, guerra y genocidio, deliberadamente estableciendo una política para destruir a determinadas razas o grupos de personas.

Pensamiento 1: Todo lo que se necesitaría es a alguien como Hitler para lanzar una guerra extensa, tal vez una guerra atómica sobre la tierra. O alguien como Hitler para lanzar un holocausto mundial o un Stalin para crear una Siberia mundial donde millones y millones de personas fueron asesinadas (ver nota, Mt. 24:6-7 para mayor discusión al respecto).

=> El hambre puede ayudar a matar tanta gente. Es decir, el jinete puede matar de hambre a la gente y ocasionar hambruna debido a la guerra y al racionamiento de comida.

Pensamiento 1: Hay informes que dicen que anoche, mientras dormíamos, aproximadamente había 40.000 niños solos que se murieron de hambre. ¡Imagine! En el siglo XXI, ¡40.000 niños se mueren de hambre por día! Sin embargo, piense en todo el dinero que tenemos en nuestros bolsillos y en el dinero que muchos tienen en el banco. Decenas de miles muriéndose de hambre y nosotros tenemos el dinero y los recursos para evitar que suceda. Pero por egoísmo y codicia, no hacemos nada. Si tanta muerte por hambre ocurre cuando podríamos detenerlo y no lo hacemos, ¿cuántos morirían de hambre debido al tipo de guerra mundial que podríamos observar en el mundo moderno? ¿Cuánta porción de la tierra estaría quemada y sería inadecuada para trabajarla? ¿Cuán salvaje y desaforada se volvería la gente si se estuvieran muriendo de hambre y vieran a alguien con algo de comida? (Ver nota, Mt. 24:7 para mayor discusión al respecto.)

=> La pestilencia puede ayudar a matar a esa cantidad de personas: Es decir, la guerra de gérmenes y las enfermedades resultantes de las condiciones poco sanitarias de campos de refugiados y de concentración y de la guerra y el genocidio. (Ver nota, punto 2 - Mt. 24:7 para mayor discusión.)

Pensamiento 1: Piense en el resultado de la enfermedad que se producirá cuando ocurra la próxima guerra: Las condiciones poco sanitarias y la irrupción de enfermedades conocidas y desconocidas como las que hemos visto con las enfermedades venéreas, la epidemia de gripe, la viruela, la polio, el sarampión y la difteria. Y habrá pocos medicamentos, si es que los habrá.

=> Las bestias salvajes ayudarán a matar a muchas personas. Esto es, debido a la guerra y a la transferencia de personas, miles de millones, especialmente niños, no tendrán hogar. Este jinete es responsable por exponer a la gente a las bestias de los bosques y las junglas que estarán tan hambrientos e insanos por la falta de comida, al igual que las personas.

> **"Y oiréis de guerras y rumores de guerras; mirad que no os turbéis, porque es necesario que todo esto**

acontezca; pero aún no es el fin. Porque se levantará nación contra nación, y reino contra reino; y habrá pestes, y hambres, y terremotos en diferentes lugares" (Mt. 24:6-7).

Pensamiento 1: La imagen de los cuatro jinetes del Apocalipsis no es una imagen bella; sin embargo, cualquier persona que piense y sea sincera sabe que es una posibilidad real con las armas de guerra que existen hoy día. La verdad es: Las Santas Escrituras dicen que va a suceder. Sucederá justo antes de que Dios lance los acontecimientos del fin de los tiempos. Pero tan terribles como lo son los acontecimientos de los cuatro jinetes, no son los peores juicios que sucederán en la tierra. Lo peor todavía queda para cuando se lance el fin de los tiempos. Estos juicios son justo los juicios de los sellos. A los juicios del fin de los tiempos se los denomina los *juicios de la trompeta* y los *juicios de las copas*. Que Dios nos ayude a volvernos a Jesucristo en busca de salvación antes de que llegue el fin de los tiempos.

	B. El Cordero rompe el quinto sello: Los mártires asesinados, 6:9-11	santo y verdadero, no juzgas y vengas nuestra sangre en los que moran en la tierra?	
1 Están bajo el altar	9 Cuando abrió el quinto sello, vi bajo el altar las almas de los	11 Y se les dieron vestiduras blancas, y se les dijo que descansasen todavía un poco de	**4 Se les da ropas blancas** **5 Se les garantiza justicia**
2 Son muertos por la Palabra y el testimonio de Dios	que habían sido muertos por causa de la palabra de Dios y por el testimonio que tenían.	tiempo, hasta que se completara el número de sus consiervos y sus hermanos, que	
3 Están clamando por justicia	10 Y clamaban a gran voz, diciendo: ¿Hasta cuándo, Señor,	también habían de ser muertos como ellos.	

DIVISIÓN IV

LOS JUICIOS DE LOS SIETE SELLOS: LOS ACONTECIMIENTOS PRECEDENTES A LA GRAN TRIBULACIÓN, 6:1—7:17

B. El Cordero rompe el quinto sello: Los mártires asesinados, 6:9—11

(6:9-11) ***Introducción:*** El momento dramático ha llegado. El libro de Dios: el libro del destino, el gran libro de la historia, el libro que anuncia el futuro del mundo se está abriendo ahora. Hay una sola Persona suficientemente digna como para abrirlo, el Hijo de Dios, el Señor Jesucristo mismo. El libro es tan importante y secreto, contiene tantos temas importantes, que Dios ha tenido siete sellos atados alrededor de él durante toda la eternidad. Nadie ha visto el contenido del libro, nadie ha visto jamás los acontecimientos que sucederán en el fin del mundo. Pero ahora, en el más dramático de los momentos, Jesucristo ha dado un paso al frente al trono de Dios y ha tomado el libro de la mano extendida de Dios. Estando alrededor del trono con corazones palpitantes quemando de anticipación estaba toda la hueste celestial y Juan el apóstol a quien Dios le estaba dando esta visión. Entonces sucedió lo más asombroso. Cuando Jesucristo comenzó a romper los sellos para poder abrir el libro, cuando rompió el primer sello, de debajo del sello salió un jinete. Lo que estaba escrito en el libro estaba sucediendo realmente, saltando de entre sus páginas y produciéndose delante de Juan y la hueste celestial. Era como un libro dramático de imágenes o de una película del futuro, de los acontecimientos que sucederán al fin de los tiempos.

Pero advierta un hecho significativo: Cristo todavía no ha abierto el libro o rollo: Él solamente está quebrando los sellos. Lo que Juan y el cielo están presenciando son los acontecimientos que sucederán justo antes del fin de los tiempos, el período de la historia que Jesucristo denominó "el período de las tribulaciones". Nuevamente, los acontecimientos de los sellos son preliminares al final de los tiempos. Están cayendo sobre la tierra *antes del fin de los tiempos.* Tienen que ser quebrados, su rotura tiene que suceder antes que el libro y sus acontecimientos puedan verse. En el pasaje anterior se rompieron cuatro sellos. Cuando fueron rotos, los cuatro jinetes del Apocalipsis saltaron y ejecutaron su ira sobre el mundo. Ahora es el momento de la rotura dramática del quinto sello, el momento para otro acontecimiento increíble que aparezca en la escena de la historia del mundo.

1. Están bajo el altar (v. 9).
2. Son muertos por la Palabra y el testimonio de Dios (v. 9).
3. Están clamando por justicia (v. 10).
4. Se les da ropas blancas (v. 11).
5. Se les garantiza justicia (v. 11).

1 (6:9) ***Quinto sello - Mártires - Altar, celestial:*** El Cordero de Dios, el Señor Jesucristo, rompe el quinto sello. Cuando lo hace, las almas de todos los mártires del mundo se observan bajo el altar de Dios. Esta podría ser una imagen de todos los mártires que murieron por el Señor Jesucristo a lo largo de los años. Nos dice dónde están sus almas. Pero advierta: Esta referencia particular probablemente tenga que ver con los mártires del fin de los tiempos. El hecho de que clamen por justicia en contra de quienes los mataron y que el juicio cae en el sexto sello apunta a la referencia hecha a los mártires del fin de los tiempos. Pero lo que Juan y la hueste celestial vieron probablemente fueron las almas de los mártires, ya que las almas de todos, sin duda, viven juntas antes Dios. Este es un pensamiento sumamente precioso: Los mártires de Dios son muy especiales para Dios, y debido a su firme testimonio y sacrificio por Él, guardan un lugar muy especial ante Él.

Los mártires asesinados están bajo el altar. Recuerde lo que las Escrituras enseñan acerca del tabernáculo: El equipamiento del tabernáculo era solo un patrón del centro de adoración en el cielo (cp. Éx. 25:8-9, 40; Nm. 8. 4; He. 8:5, 9:23). Esto significa que hay un altar de sacrificio perfeccionado en el cuarto del trono del cielo. ¿Qué es el altar de sacrificio o cómo se denomina en la Biblia al altar de bronce? (Ver nota y Estudio a fondo 1 - He. 9:11-14;cp. Éx. 39:39.) Era el altar donde se sacrificaban los animales. La sangre se vertía en el pie del altar, simbolizando que el animal estaba siendo sacrificado por la persona que lo ofrendaba.

Esta es la imagen: La vida de los mártires, su sangre, ha sido sacrificada y vertida por Dios. Los mártires han ofrecido su vida por Dios, han pagado el precio supremo y literalmente han sacrificado todo lo que eran por Dios. Ofrecieron sus vidas en el altar de sacrificio para Dios. Por lo tanto, en el cielo los mártires tienen un lugar muy especial frente a Dios: están al pie del altar. Son un grupo de creyentes a los que se les da un espacio muy especial cerca de Dios por toda la eternidad.

> ***Pensamiento 1:*** Hay una gran lección en esto para los creyentes de todas las épocas. Dios tiene un lugar muy especial para los que son fieles hasta la muerte, un lugar

que es cercano y querido a su corazón y trono. Esto nos debe motivar a ser fieles cada minuto de cada día. ¡Qué pensamiento tan precioso y cálido! Estar cerca de Dios, cerca de su trono y presencia, sirviéndolo a lo largo de toda la eternidad y luego depositando nuestra vida en Él.

"Porque todo el que quiera salvar su vida, la perderá; y todo el que pierda su vida por causa de mí, la hallará" (Mt. 16:25).

"Y decía a todos: Si alguno quiere venir en pos de mí, niéguese a sí mismo, tome su cruz cada día, y sígame" (Lc. 9:23).

"Así que, hermanos, os ruego por las misericordias de Dios, que presentéis vuestros cuerpos en sacrificio vivo, santo, agradable a Dios, que es vuestro culto racional. No os conforméis a este siglo, sino transformaos por medio de la renovación de vuestro entendimiento, para que comprobéis cuál sea la buena voluntad de Dios, agradable y perfecta" (Ro. 12:1-2).

"¿O ignoráis que vuestro cuerpo es templo del Espíritu Santo, el cual está en vosotros, el cual tenéis de Dios, y que no sois vuestros? Porque habéis sido comprados por precio; glorificad, pues, a Dios en vuestro cuerpo y en vuestro espíritu, los cuales son de Dios" (1 Co. 6:19-20).

"Y aunque sea derramado en libación sobre el sacrificio y servicio de vuestra fe, me gozo y regocijo con todos vosotros" (Fil. 2:17).

2 (6:9) ***Mártires - Testimonio - Palabra de Dios:*** Los mártires asesinados han sido muertos por la Palabra de Dios y por el testimonio que dieron por Cristo. Hay dos factores.

1. Fueron asesinados por la Palabra de Dios. En los últimos días de la historia de la humanidad algunas personas aún aman a Cristo y aún creen en las Escrituras. Ellos amarán la Palabra de Dios...

- la creerán
- darán testimonio de ella
- vivirán de acuerdo a ella
- la enseñarán
- la leerán
- la predicarán
- la estudiarán
- orarán sobre ella

Debido a esto, el mundo reaccionará en contra de la Palabra de Dios y asesinará a creyentes. ¿Por qué?

- El mundo reaccionará porque la Palabra de Dios exige que una persona sea en primer lugar leal a Jesucristo. En el tiempo del fin bajo el anticristo, se le demandará a las naciones del mundo que sean leales en primer lugar al estado. El gobierno exigirá lealtad al estado primero y luego el pueblo tendrá libertad de religión y de culto hacia el dios que deseen. El estado desarrollará la idea de lo que se pudiera llamar una *religión de estado*, parecida a la que existe en algunos países hoy. Como se sabe, los creyentes únicamente pueden ser leales a Cristo en primer lugar, por lo que serán asesinados, ya que no pueden negar la Palabra de Dios.

"Cuando los trajeron, los presentaron en el concilio, y el sumo sacerdote les preguntó, diciendo: ¿No os mandamos estrictamente que no enseñaseis en ese nombre? Y ahora habéis llenado a Jerusalén de vuestra doctrina, y queréis echar sobre nosotros la sangre de ese hombre. Respondiendo Pedro y los apóstoles, dijeron: Es necesario obedecer a Dios antes que a los hombres" (Hch. 5:27-29).

- El mundo reaccionará porque la Palabra de Dios exige que una persona viva una vida justa y pura. En el fin de los tiempos las personas serán como lo han sido siempre: No estarán dispuestos a ceder los reinos de sus vidas. Continuarán rebelándose contra Dios, haciendo lo que desean, lo suyo, en lugar de vivir como Dios dice que hay que vivir. Pero en el fin de los tiempos se intensificará la rebelión contra Dios. La gente...

=> rechazará más a Dios
=> despreciará más a Dios
=> maldecirá más a Dios
=> desobedecerá más a Dios
=> negará más a Dios
=> desconfiará más de Dios
=> ignorará más a Dios

El punto es este: El mundo en el fin de los tiempos rechazará la Palabra de Dios. El mundo y su gobierno exigirá que los creyentes sean fieles al estado y que se mantengan en silencio respecto de la justicia proclamada en las Escrituras. El gobierno será como tantos otros gobiernos que niegan al Dios personal y que tienen una ley en contra de adorar a un Dios personal. El estado será ateo y se exaltará como dios.

"Y éstos eran más nobles que los que estaban en Tesalónica, pues recibieron la palabra con toda solicitud, escudriñando cada día las Escrituras para ver si estas cosas eran así" (Hch. 17:11).

"Por lo cual también nosotros sin cesar damos gracias a Dios, de que cuando recibisteis la palabra de Dios que oísteis de nosotros, la recibisteis no como palabra de hombres, sino según es en verdad, la palabra de Dios, la cual actúa en vosotros los creyentes" (1 Ts. 2:13).

"Toda la Escritura es inspirada por Dios, y útil para enseñar, para redargüir, para corregir, para instruir en justicia" (2 Ti. 3:16).

"Por lo cual, desechando toda inmundicia y abundancia de malicia, recibid con mansedumbre la palabra implantada, la cual puede salvar vuestras almas. Pero sed hacedores de la palabra, y no tan solamente oidores, engañándoos a vosotros mismos. Porque si alguno es oidor de la palabra pero no hacedor de ella, éste es semejante al hombre que considera en un espejo su rostro natural. Porque él se considera a sí mismo, y se va, y luego olvida cómo era. Mas el que mira atentamente en la perfecta ley, la de la libertad, y persevera en ella, no siendo oidor olvidadizo, sino hacedor de la obra, éste será bienaventurado en lo que hace" (Stg. 1:21-25).

2. Fueron asesinados por el testimonio que dieron respecto de Jesucristo. Los mártires creerán que Jesucristo es el Hijo de

Dios, el Salvador del mundo. Creerán que Dios amará tanto al mundo que envió a Su Hijo a salvar el mundo. Pero el mundo rechaza a Jesucristo, a su deidad, a que es el Hijo de Dios. El mundo está dispuesto a aceptar que Jesucristo fue un gran maestro religioso y moral pero no más que eso. En el fin de los tiempos el rechazo del mundo hacia Cristo como el Hijo de Dios se intensificará tanto que matará a todos los que proclamen que Cristo es el Hijo de Dios, el Salvador del mundo.

Los creyentes del fin de los tiempos serán martirizados porque no niegan a Cristo. No negarán a su Salvador y Señor, el Hijo del Dios mismo. (Cp. Ap. 1:9; 12:11,17; 19:10; 20:4 para otras referencias en las que los mártires murieron por su testimonio de Cristo.)

> **"¿Quién es el mentiroso, sino el que niega que Jesús es el Cristo? Este es anticristo, el que niega al Padre y al Hijo. Todo aquel que niega al Hijo, tampoco tiene al Padre. El que confiesa al Hijo, tiene también al Padre" (1 Jn. 2:22-23).**
>
> **"En esto conoced el Espíritu de Dios: Todo espíritu que confiesa que Jesucristo ha venido en carne, es de Dios; y todo espíritu que no confiesa que Jesucristo ha venido en carne, no es de Dios; y este es el espíritu del anticristo, el cual vosotros habéis oído que viene, y que ahora ya está en el mundo" (1 Jn. 4:2-3).**
>
> **"El que cree en el Hijo de Dios, tiene el testimonio en sí mismo; el que no cree a Dios, le ha hecho mentiroso, porque no ha creído en el testimonio que Dios ha dado acerca de su Hijo. Y este es el testimonio: que Dios nos ha dado vida eterna; y esta vida está en su Hijo. El que tiene al Hijo, tiene la vida; el que no tiene al Hijo de Dios no tiene la vida. Estas cosas os he escrito a vosotros que creéis en el nombre del Hijo de Dios, para que sepáis que tenéis vida eterna, y para que creáis en el nombre del Hijo de Dios" (1 Jn. 5:10-13).**

Pensamiento 1: El altar se menciona en todo el Apocalipsis (Ap. 8:3, 5; 9:1, 13; 11:1; 14:18; 16:7. En 8:3, 5 el altar sería el altar de incienso).

3 (6:10) ***Mártires - Justicia:*** Los mártires asesinados claman por justicia. Advierta dos hechos.

1. Ellos se dirigen a Dios como *el Señor soberano, santo y verdadero.*

a. La palabra que aquí se utiliza como "Señor" (despotes) significa Maestro o Soberano. Dios es el Maestro y Soberano supremo del universo. Por lo tanto, toda oración debe ser dirigida a Él, puesto que todas las vidas le pertenecen, las vidas de los mártires y las vidas de sus perseguidores.

b. Dios es santo, completamente diferenciado de todos los otros seres del universo. Merece ver nada más que justicia, pureza y santidad. Los mártires quieren que se borre todo pecado y maldad para que Dios no sea desobedecido nunca más por una vida no santa. Por lo tanto, se dirigen a Él como el Señor Soberano y santo.

c. Dios es verdadero respecto de su Palabra y promesas. Por lo tanto, es que ejecutará justicia y traerá todas las cosas a un clímax en el fin de los tiempos. Él es quien tiene que detener todas las cosas malas y terribles hechas por los hombres. Si se debe ejecutar justicia en la tierra, Él es quien tiene que hacerlo. Por lo tanto, los mártires se dirigen a Dios como el Señor soberano, santo y verdadero.

2. Los mártires claman justicia y venganza en contra de sus perseguidores. Esto es impactante, que los creyentes en el cielo busquen venganza en contra de los hombres en lugar de amarlos y ansiar que sean salvos. ¿Es esta una imagen precisa? No, no lo es. Esto no es lo que están haciendo los mártires. Su clamor es un clamor de reivindicación de la Palabra de Dios y de Cristo, no un grito de venganza. Advierta exactamente qué están diciendo: Están clamando por Dios para que vengue *su sangre.* ¿Por qué fue su sangre derramada? ¿Por qué fueron asesinados? Porque los perseguidores *se rebelaron en contra de la Palabra de Dios y en contra de Jesucristo como el Hijo de Dios.* Por esto están clamando los mártires, por una reivindicación, no por venganza. Están clamando para que Dios...

- detenga la injusticia en contra de su Palabra y de su Hijo, el Señor Jesucristo.
- detenga la injusticia en contra de su propia gloria y justicia.
- detenga la injusticia del pecado y la maldad en contra de sí mismo.
- detenga la injusticia de la falta de justicia y para que traiga justicia al universo.

En esencia, estaban orando por el reino de Dios que vendrá a la tierra. Su Señor les había enseñado a orar "para que venga su reino" así como también "para perdonar a los que les hacen mal en su contra".

Recuerde esto también: Nadie sufre el infierno y la ira del infierno más que un mártir. Un mártir ha soportado la mayor ira y el mayor infierno que el pecado puede hacer recaer sobre una persona: es el fuego y la ira del pecado lo que lo mata. Por lo tanto, el mártir, por sobre todos los demás, conoce cuán terriblemente insulta y llena de ira el pecado contra Dios. Cuando un mártir llega al cielo y ve al Señor y al Padre y toda la gloria y majestad del cielo, y entonces comienza a compartir con el Señor, es probable que clame:

> **"Y clamaban a gran voz, diciendo: ¿Hasta cuándo, Señor, santo y verdadero, no juzgas y vengas nuestra sangre en los que moran en la tierra?" (Ap. 6:10).**
>
> **"¿Hasta cuándo, oh Dios, nos afrentará el angustiador? ¿Ha de blasfemar el enemigo perpetuamente tu nombre?" (Sal. 74:10).**
>
> **"¿Hasta cuándo, oh Jehová? ¿Estarás airado para siempre? ¿Arderá como fuego tu celo? Derrama tu ira sobre las naciones que no te conocen, y sobre los reinos que no invocan tu nombre" (Sal. 79:5-6).**
>
> **"¿Hasta cuándo los impíos, hasta cuándo, oh Jehová, se gozarán los impíos? ¿Hasta cuándo pronunciarán, hablarán cosas duras, y se vanagloriarán todos los que hacen iniquidad?" (Sal. 94:3-4).**

4 (6:11) ***Mártires - Túnicas blancas:*** A los mártires asesinados se les entrega túnicas blancas. Las túnicas blancas significan pureza y justicia. Los creyentes se convierten en puros y justos con la justicia de Jesucristo. Estos mártires están vistiendo las túnicas que todos los creyentes sobre la tierra vestirán, las túnicas blancas de la justicia de Jesucristo. (Ver nota, punto 1- Ap. 3:18-20 para mayor discusión).

5 (6:11) ***Mártires - Justicia:*** A los mártires asesinados se les garantiza justicia.

1. Advierta una cosa gloriosa: Se dice que los mártires están *descansando* en el cielo.

=> Están descansando en la paz de Cristo, libres de toda lucha.

"Por tanto, queda un reposo para el pueblo de Dios" (He. 4:9).

"Y se les dieron vestiduras blancas, y se les dijo que descansasen todavía un poco de tiempo, hasta que se completara el número de sus consiervos y sus hermanos, que también habían de ser muertos como ellos" (Ap. 6:11).

=> Están descansando de toda su agotadora labor en la tierra.

"Oí una voz que desde el cielo me decía: Escribe: Bienaventurados de aquí en adelante los muertos que mueren en el Señor. Sí, dice el Espíritu, descansarán de sus trabajos, porque sus obras con ellos siguen" (Ap. 14:13).

=> Están descansando de los perversos de la tierra.

"Allí los impíos dejan de perturbar, y allí descansan los de agotadas fuerzas" (Job 3:17).

=> Están descansando de todas las pruebas y tentaciones de la vida; serán liberados de todas las lágrimas, angustia, llanto, dolor y muerte.

"Enjugará Dios toda lágrima de los ojos de ellos; y ya no habrá muerte, ni habrá más llanto, ni clamor, ni dolor; porque las primeras cosas pasaron" (Ap. 21:4).

=> Están descansando en la perfección de una vida nueva, incluso en la justicia de Jesucristo.

"De modo que si alguno está en Cristo, nueva criatura es; las cosas viejas pasaron; he aquí todas son hechas nuevas" (2 Co. 5:17).

"Al que no conoció pecado, por nosotros lo hizo pecado, para que nosotros fuésemos hechos justicia de Dios en él" (2 Co. 5:21).

"Y vestíos del nuevo hombre, creado según Dios en la justicia y santidad de la verdad" (Ef. 4:24).

"Y el que estaba sentado en el trono dijo: He aquí, yo hago nuevas todas las cosas. Y me dijo: Escribe; porque estas palabras son fieles y verdaderas" (Ap. 21:5).

"Entrará en la paz; descansarán en sus lechos todos los que andan delante de Dios" (Is. 57:2).

2. Advierta que el Señor les dice a los mártires: Todavía falta un poco hasta que llegue el fin del mundo. La cuestión no es si el fin llegará o no. *Llegará*. Es solo que no todavía. Aún habrá que dar más testimonio sobre la tierra. El nombre de Jesucristo no ha sido suficientemente proclamado en el mundo, no todavía. Y algunos creyentes aún serán martirizados por el nombre de Cristo. La cantidad de mártires aún no se ha cumplido. El lugar de los mártires en el cielo aún no se ha cubierto. Más creyentes tendrán que ser vendidos a Cristo e incendiados proclamando su salvación; más creyentes deben morir por su testimonio antes de que llegue el fin de los tiempos.

Pensamiento 1: ¡Vaya desafío dinámico para nosotros! ¡Estar en el fuego por Dios y proclamar a Jesucristo! No debemos temer; debemos estar dispuestos a dar testimonio por Él, aunque esto signifique que debemos morir por Él y su causa de salvación eterna.

"Por tanto, no te avergüences de dar testimonio de nuestro Señor, ni de mí, preso suyo, sino participa de las aflicciones por el evangelio según el poder de Dios" (2 Ti. 1:8).

"Y tened entendido que la paciencia de nuestro Señor es para salvación; como también nuestro amado hermano Pablo, según la sabiduría que le ha sido dada, os ha escrito" (2 P. 3:15).

"Pero recibiréis poder, cuando haya venido sobre vosotros el Espíritu Santo, y me seréis testigos en Jerusalén, en toda Judea, en Samaria, y hasta lo último de la tierra" (Hch. 1:8).

"Porque no podemos dejar de decir lo que hemos visto y oído" (Hch. 4:20).

	C. El Cordero rompe el sexto sello: El gran día de la ira de Dios comienza, el universo será aniquilado, 6:12-17	rolla; y todo monte y toda isla se removió de su lugar. 15 Y los reyes de la tierra, y los grandes, los ricos, los capita- nes, los poderosos, y todo sier- vo y todo libre, se escondieron en las cuevas y entre las peñas de los montes;	**2 Los efectos de la ira de Dios sobre la gente** a. Un gran temor se apoderará de los incrédulos de la tierra
1 Los efectos de la ira de Dios sobre el universo a. Un gran terremoto b. El sol y la luna se ennegrecerán y eclipsarán, y las estrellas o meteoritos caerán como lluvia sobre la tierra	12 Miré cuando abrió el sexto sello, y he aquí hubo un gran terremoto; y el sol se puso negro como tela de cilicio, y la luna se volvió toda como sangre; 13 y las estrellas del cielo cayeron sobre la tierra, como la higuera deja caer sus higos cuando es sacudida por un fuerte viento.	16 y decían a los montes y a las peñas: Caed sobre nosotros, y escondednos del rostro de aquel que está sentado sobre el trono, y de la ira del Cordero; 17 porque el gran día de su ira ha llegado; ¿y quién podrá sostenerse en pie?	b. Todos los incrédulos clamarán por la muerte **3 El motivo de las catástrofes y el pánico de los hombres** a. El rostro de Dios b. La ira del Cordero c. El gran día de ira y juicio ha llegado d. El juicio de todos
c. Los cielos desaparecerán y las montañas y las islas se trasladarán	14 Y el cielo se desvaneció como un pergamino que se en-		

DIVISIÓN IV

LOS JUICIOS DE LOS SIETE SELLOS: ACONTECIMIENTOS PRECEDENTES A LA GRAN TRIBULACIÓN, 6:1—7:17

C. El Cordero rompe el sexto sello: El gran día de la ira de Dios comienza, el universo será aniquilado, 6:12-17

(6:12-17) ***Introducción:*** Ahora se rompe el sexto sello y comienza el gran día de la ira de Dios. El universo es aniquilado; tanto la tierra y el cielo sienten el juicio de catástrofes naturales. Pero recuerde: Todavía no es el fin del mundo; todavía no es el juicio final. Deben romperse los sellos del Libro del Destino para que pueda leerse el libro. Por lo tanto, los juicios de los sellos son acontecimientos que sucederán justo antes de que comience el fin. Este es el comienzo de la ira de Dios en contra de la violencia, el odio y la rebelión de un mundo corrupto y malo.

1. Los efectos de la ira de Dios sobre el universo (vv. 12-14).
2. Los efectos de la ira de Dios sobre la gente (vv. 15-16).
3. El motivo de las catástrofes y el pánico de los hombres (vv. 16-17).

1 (6:12-14) ***Juicio - Universo - Mundo:*** Están los efectos del juicio de Dios sobre el universo.

1. Habrá un gran terremoto. Advierta la palabra *gran*. Este no será un terremoto común y corriente. La idea es que sobrepasará todo lo conocido por el hombre. Imagine la destrucción de la pobreza, la pérdida de vidas, el temor en los corazones de las personas y el futuro daño causado por los remezones del terremoto.

=> Jesucristo mismo predijo que habría más terremotos en los últimos días que anteriormente.

> **"Y habrá pestes, y hambres, y terremotos en diferentes lugares" (Mt. 24:7).**

=> Apocalipsis menciona tres grandes terremotos.

> **"Miré cuando abrió el sexto sello, y he aquí hubo un gran terremoto; y el sol se puso negro como tela de cilicio, y la luna se volvió toda como sangre" (Ap. 6:12).**
>
> **"En aquella hora hubo un gran terremoto, y la décima parte de la ciudad se derrumbó, y por el terremoto murieron en número de siete mil hombres; y los demás se aterrorizaron, y dieron gloria al Dios del cielo" (Ap. 11:13).**
>
> **"El séptimo ángel derramó su copa por el aire; y salió una gran voz del templo del cielo, del trono, diciendo: Hecho está. Entonces hubo relámpagos y voces y truenos, y un gran temblor de tierra, un terremoto tan grande, cual no lo hubo jamás desde que los hombres han estado sobre la tierra. Y la gran ciudad fue dividida en tres partes, y *las ciudades de las naciones cayeron*; y la gran Babilonia vino en memoria delante de Dios, para darle el cáliz del vino del ardor de su ira" (Ap. 16:17-19).**

=> El Antiguo Testamento predice terremotos en el fin de los tiempos.

> **"Porque he hablado en mi celo, y en el fuego de mi ira: Que en aquel tiempo habrá gran temblor sobre la tierra de Israel" (Ez. 38:19).**
>
> **"Miré a los montes, y he aquí que temblaban, y todos los collados fueron destruidos" (Jer. 4:24).**
>
> **"¿No se estremecerá la tierra sobre esto? ¿No llorará todo habitante de ella? Subirá toda, como un río, y crecerá y mermará como el río de Egipto" (Am. 8:8).**
>
> **"Delante de él temblará la tierra, se estremecerán los cielos; el sol y la luna se oscurecerán, y las estrellas retraerán su resplandor" (Jl. 2:10).**
>
> **"Porque así dice Jehová de los ejércitos: De aquí a poco yo haré temblar los cielos y la tierra, el mar y la tierra seca" (Hag. 2:6).**

2. El sol y la luna serán eclipsados y ennegrecidos y caerán estrellas o meteoritos sobre la tierra. Hay ocasiones en que hoy día dichos sucesos astronómicos ocurren.

=> Los cuerpos celestiales a veces son oscurecidos por catástrofes tales como erupciones volcánicas, tormentas de viento y humo de los incendios. Por supuesto, lo que sea que oscurezca el sol oculta la luz de la luna y de las estrellas desde la tierra.

=> Con bastante frecuencia estrellas o meteoritos de diversos tamaños caen del espacio exterior.

¿Es esto lo que quieren significar estos pasajes o habrá un *desorden increíble* infligido sobre algunas de las estrellas del cielo, un desorden que ocasione explosiones y fuegos masivos y meteoritos que caen desde el espacio, una erupción volcánica en los cielos que afecta a todo el universo? No hay forma de saberlo: Todo lo que sabemos es que habrá una intensificación grave de sucesos astronómicos, y que comenzarán justo antes de que llegue el final de los tiempos.

Las Escrituras declaran con énfasis que estos acontecimientos se producirán durante el fin de los tiempos. (Nota: Las estrellas caen a la tierra solo en dos oportunidades: aquí, cuando se rompe el sexto sello [Ap. 6:13] y luego de la tribulación cuando Cristo regresa a la tierra [Mt. 24:29-31].

=> Los sucesos astronómicos sucederán justo antes del fin de los tiempos.

"Y las estrellas del cielo cayeron sobre la tierra, como la higuera deja caer sus higos cuando es sacudida por un fuerte viento" (Ap. 6:13).

=> Los sucesos astronómicos sucederán durante la tribulación.

"El cuarto ángel tocó la trompeta, y fue herida la tercera parte del sol, y la tercera parte de la luna, y la tercera parte de las estrellas, para que se oscureciese la tercera parte de ellos, y no hubiese luz en la tercera parte del día, y asimismo de la noche" (Ap. 8:12).

"Y abrió el pozo del abismo, y subió humo del pozo como humo de un gran horno; y se oscureció el sol y el aire por el humo del pozo" (Ap. 9:2).

"El quinto ángel derramó su copa sobre el trono de la bestia; y su reino se cubrió de tinieblas, y mordían de dolor sus lenguas" (Ap. 16:10).

=> Los sucesos astronómicos sucederán justo después de la tribulación cuando llegue el día del Señor.

"E inmediatamente después de la tribulación de aquellos días, el sol se oscurecerá, y la luna no dará su resplandor, y las estrellas caerán del cielo, y las potencias de los cielos serán conmovidas" (Mt. 24:29).

"He aquí el día de Jehová viene, terrible, y de indignación y ardor de ira, para convertir la tierra en soledad, y raer de ella a sus pecadores. Por lo cual las estrellas de los cielos y sus luceros no darán su luz; y el sol se oscurecerá al nacer, y la luna no dará su resplandor. Y castigaré al mundo por su maldad, y a los impíos por su iniquidad; y haré que cese la arrogancia de los soberbios, y abatiré la altivez de los fuertes" (Is. 13:9-11).

"Acontecerá en aquel día, que Jehová castigará al ejército de los cielos en lo alto, y a los reyes de la tierra sobre la tierra. Y serán amontonados como se amontona a los encarcelados en mazmorra, y en prisión quedarán encerrados, y serán castigados después de muchos días. La luna se avergonzará, y el sol se confundirá, cuando Jehová de los ejércitos reine en el monte de Sion y en Jerusalén, y delante de sus ancianos sea glorioso" (Is. 24:21-23).

"Y cuando te haya extinguido, cubriré los cielos, y haré entenebrecer sus estrellas; el sol cubriré con nublado, y la luna no hará resplandecer su luz. Haré entenebrecer todos los astros brillantes del cielo por ti, y pondré tinieblas sobre tu tierra, dice Jehová el Señor" (Ez. 32:7-8).

"Y daré prodigios en el cielo y en la tierra, sangre, y fuego, y columnas de humo. El sol se convertirá en tinieblas, y la luna en sangre, antes que venga el día grande y espantoso de Jehová" (Jl. 2:30-31).

"El sol y la luna se oscurecerán, y las estrellas retraerán su resplandor. Y Jehová rugirá desde Sion, y dará su voz desde Jerusalén, y temblarán los cielos y la tierra; pero Jehová será la esperanza de su pueblo, y la fortaleza de los hijos de Israel" (Jl. 3:15-16).

3. Los cielos desaparecerán y las montañas y las colinas serán trasladadas de sus lugares. ¿Qué significa esto? Advierta que los hombres tienen tanto miedo que claman que las montañas y rocas caigan sobre ellos. Esta es una forma profética de describir la devastación de los sucesos astronómicos y del gran terremoto y los meteoritos que caerán sobre la tierra.

"Y todo el ejército de los cielos se disolverá, y se enrollarán los cielos como un libro; y caerá todo su ejército, como se cae la hoja de la parra, y como se cae la de la higuera" (Is. 34:4).

"Desde el principio tú fundaste la tierra, y los cielos son obra de tus manos. Ellos perecerán, mas tú permanecerás; y todos ellos como una vestidura se envejecerán; como un vestido los mudarás, y serán mudados" (Sal. 102:25-26).

"Miré a los montes, y he aquí que temblaban, y todos los collados fueron destruidos" (Jer. 4:24).

"Los montes tiemblan delante de él, y los collados se derriten; la tierra se conmueve a su presencia, y el mundo, y todos los que en él habitan" (Nah. 1:5).

2 (6:15-16) ***Juicio - Universo - Mundo:*** Están los efectos del juicio de Dios sobre la gente. Advierta dos cosas significativas:

1. Los no creyentes del mundo sentirán mucho miedo. Advierta la lista de los que temen:

=> Los reyes y gobernadores de la tierra temerán.
=> Los grandes y poderosos de la tierra temerán.
=> Los ricos y potentados de la tierra temerán.
=> Los jefes militares de la tierra temerán.
=> Los poderosos y los fuertes de la tierra temerán.
=> Los esclavos y sin importancia de la tierra temerán.
=> Los libres e independientes de la tierra temerán.

Todo incrédulo de la tierra será atrapado por el terror, un terror enloquecedor. Estarán tan asustados que el pánico barrerá la tierra. Nadie escapará al juicio de Dios, y todos lo saben. Y no existe parcialidad con Dios; Dios no tiene favoritos. El mundo de los incrédulos temblará de terror y miedo antes de que los acontecimientos inusuales se produzcan en el espacio exterior y en la tierra. Habrá una sensación, una conciencia, un darse cuenta de que el juicio de Dios está esperando justo en el horizonte. La misma atmósfera de la tierra estará pesada con el sentimiento de que el fin está cerca.

"Aullad, porque cerca está el día de Jehová; vendrá como asolamiento del Todopoderoso... y se llenarán de terror; angustias y dolores se apoderarán de ellos; tendrán dolores como mujer de parto; se asombrará cada cual al mirar a su compañero; sus rostros, rostros de llamas" (Is. 13:6, 8).

"Cercano está el día grande de Jehová, cercano y muy próximo; es amarga la voz del día de Jehová; gritará allí el valiente" (Sof. 1:14).

"Tocad trompeta en Sion, y dad alarma en mi santo monte; tiemblen todos los moradores de la tierra, porque viene el día de Jehová, porque está cercano" (Jl. 2:1).

2. Todos los incrédulos clamarán por la muerte. El terror y el miedo serán tan enloquecedores que el mundo entrará en pánico. La gente correrá enloquecida ocultándose en refugios secretos y rocas de la tierra, suplicando morir y ser aniquilada para evitar tener que enfrentar el juicio eterno de Dios.

"Entonces comenzarán a decir a los montes: Caed sobre nosotros; y a los collados: Cubridnos" (Lc. 23:30).

"Y se meterán en las cavernas de las peñas y en las aberturas de la tierra, por la presencia temible de Jehová, y por el resplandor de su majestad, cuando él se levante para castigar la tierra" (Is. 2:19).

"Y Jehová dará su orden delante de su ejército; porque muy grande es su campamento; fuerte es el que ejecuta su orden; porque grande es el día de Jehová, y muy terrible; ¿quién podrá soportarlo?" (Jl. 2:11).

"Y los lugares altos de Avén serán destruidos, el pecado de Israel; crecerá sobre sus altares espino y cardo. Y dirán a los montes: Cubridnos; y a los collados: Caed sobre nosotros" (Os. 10:8).

3 (6:16-17) ***Día del Señor - Juicio:*** Está el motivo para las catástrofes en todo el universo y para el pánico del hombre: El gran día de la ira de Dios llegará pronto. ¿Qué es el día de la ira de Dios? Estos dos versículos nos lo dicen.

=> Es el día en que todos los incrédulos deberán estar de pie ante el rostro de Dios que está sentado en el trono del universo.

=> Es el día en que todos los incrédulos deberán enfrentar la ira del Cordero; el día en que deberán enfrentar al Hijo de Dios mismo, el Señor Jesucristo a quien han rechazado, negado, maldecido, desobedecido, descreído, ignorado y denostado.

=> Es el gran día de su ira, el mismo día en que caerá su ira, el mismo día en que todo incrédulo deberá enfrentarlo.

=> Es el día en el que no habrá ningún incrédulo de pie, el día en el que todos los incrédulos se desmoronarán y estarán sometidos a la humillación de la culpa, condena y castigo eternos.

John Walvoord lo dice con palabras sencillas pero impactantes:

"El Día del Señor es un período en el que Dios tratará directa y dramáticamente con hombres malos en temeroso juicio. Hoy día un hombre puede blasfemar a Dios, ser ateo, puede denunciar a Dios y enseñar malas doctrinas. Al parecer Dios no hace nada al respecto. Pero el día designado en las Escrituras como el "día del Señor" llegará, y Dios castigará el pecado humano y tratará con ira y con juicio en un mundo que rechaza a Cristo. De una cosa estamos seguros: Que Dios de su propia forma llevará a juicio a cada alma" (*The Testimonian Epistles*. Grand Rapids, MI: Zondervan, 1967, p. 76).

Pero recuerde: Hay una imagen de lo que va a suceder justo antes de que llegue el Día del Señor. Todavía no ha llegado. El fin de los tiempos todavía no ha sucedido. Este acontecimiento —la catástrofe en los cielos y en la tierra y el temor y el pánico que golpea a las personas con un terror enloquecedor— todo esto sucederá antes de que comience el fin de los tiempos. Esto es simplemente la rotura de los sellos del libro del destino del mundo de Dios. Los acontecimientos que contiene el libro —los peores juicios— están por llegar.

Pensamiento 1: Aquí el mensaje para todas las personas del mundo es doble:

1) Todos los incrédulos estarán frente a Dios cara a cara el gran día de su ira, y el día está allí en el horizonte.

=> La ira de Dios vendrá sobre los ricos y los poderosos que se creían autosuficientes.

=> La ira de Dios vendrá sobre los religiosos que pensaban que podían ser lo suficientemente buenos y hacer el bien suficiente como para ser aceptables ante Dios.

=> La ira de Dios vendrá sobre los pobres que pensaban que eran demasiado insignificantes o bien pensaban que su opresión ocasionaría que Dios los mirara con misericordia.

=> La ira de Dios vendrá sobre los inteligentes que pensaban que eran muy inteligentes para creer en Cristo.

=> La ira de Dios vendrá sobre el científico y el técnico porque ellos pensaban que habían avanzando tanto que podían desaprobar a Dios.

2) Debemos confiar en Jesucristo y escapar al gran día de la ira de Dios.

"El que me rechaza, y no recibe mis palabras, tiene quien le juzgue; la palabra que he hablado, ella le juzgará en el día postrero" (Jn. 12:48).

"Pero por tu dureza y por tu corazón no arrepentido, atesoras para ti mismo ira para el día de la ira y de la revelación del justo juicio de Dios" (Ro. 2:5).

"Porque el gran día de su ira ha llegado; ¿y quién podrá sostenerse en pie?" (Ap. 6:17).

"La altivez de los ojos del hombre será abatida, y la soberbia de los hombres será humillada; y Jehová solo será exaltado en aquel día. Porque día de Jehová de los ejércitos vendrá sobre todo soberbio y altivo, sobre todo enaltecido, y será abatido" (Is. 2:11-12).

"He aquí el día de Jehová viene, terrible, y de indignación y ardor de ira, para convertir la tierra en soledad, y raer de ella a sus pecadores. Por lo cual las estrellas de los cielos y sus luceros no darán su luz; y el sol se oscurecerá al nacer, y la luna no dará su resplandor. Y castigaré al mundo por su maldad, y a los impíos

por su iniquidad; y haré que cese la arrogancia de los soberbios, y abatiré la altivez de los fuertes" (Is. 13:9-11).

"Cercano está el día grande de Jehová, cercano y muy próximo; es amarga la voz del día de Jehová; gritará allí el valiente. Día de ira aquel día, día de angustia y de aprieto, día de alboroto y de asolamiento, día de tiniebla y de oscuridad, día de nublado y de entenebrecimiento, día de trompeta y de algazara sobre las ciudades fortificadas, y sobre las altas torres" (Sof. 1:14-16).

"He aquí, yo envío mi mensajero, el cual preparará el camino delante de mí; y vendrá súbitamente a su templo el Señor a quien vosotros buscáis, y el ángel del pacto, a quien deseáis vosotros. He aquí viene, ha dicho Jehová de los ejércitos" (Mal. 4:1).

	CAPÍTULO 7 **D. El destino de los creyentes en la gran tribulación (Parte 1): Un resto de 144.000 de Israel será salvado, 7:1-8**	en sus frentes a los siervos de nuestro Dios. 4 Y oí el número de los sellados: ciento cuarenta y cuatro mil sellados de todas las tribus de los hijos de Israel.	**3 Dios dará el maravilloso consejo de sellar a 144.000 judíos de todas las tribus de Israel.**
1 Los vientos del juicio están en las manos de Dios y sus ángeles, no en las manos del mal	1 Después de esto vi a cuatro ángeles en pie sobre los cuatro ángulos de la tierra, que detenían los cuatro vientos de la tierra, para que no soplase viento alguno sobre la tierra, ni sobre el mar, ni sobre ningún árbol. 2 Vi también a otro ángel que subía de donde sale el sol, y tenía el sello del Dios vivo; y clamó a gran voz a los cuatro ángeles, a quienes se les había	5 De la tribu de Judá, doce mil sellados. De la tribu de Rubén, doce mil sellados. De la tribu de Gad, doce mil sellados. 6 De la tribu de Aser, doce mil sellados. De la tribu de Neftalí, doce mil sellados. De la tribu de Manasés, doce mil sellados. 7 De la tribu de Simeón, doce mil sellados. De la tribu de Leví, doce mil sellados. De la tribu de Isacar, doce mil sellados.	
2 Dios dará el mandamiento más maravilloso: Retrasar los juicios hasta que el pueblo de Dios pueda ser sellado	dado el poder de hacer daño a la tierra y al mar, 3 diciendo: No hagáis daño a la tierra, ni al mar, ni a los árboles, hasta que hayamos sellado	8 De la tribu de Zabulón, doce mil sellados. De la tribu de José, doce mil sellados. De la tribu de Benjamín, doce mil sellados.	

DIVISIÓN IV

LOS JUICIOS DE LOS SIETE SELLOS: ACONTECIMIENTOS PRECEDENTES A LA GRAN TRIBULACIÓN, 6:1—7:17

D. El destino de los creyentes en la gran tribulación (Parte 1): Un resto de 144.000 de Israel será salvo, 7:1-8

(7:1-8) ***Introducción:*** Jesucristo está sosteniendo el gran libro de Dios en sus manos, el Libro del Destino, el libro que cuenta qué sucederá en el fin del mundo. El libro es tan importante y tan secreto que Dios lo tiene encuadernado con siete sellos hasta que llegue el momento de abrirlo. Recuerde: Los acontecimientos todavía no han sucedido en la tierra. Son cosas que sucederán en el fin de los tiempos. Pero Dios nos ha permitido echar una ojeada en las cosas. ¿Por qué? Para advertirnos que nos volvamos a su Hijo. Cristo solamente puede salvarnos del juicio por venir. Por lo tanto, debemos seguirlo siempre de manera tan diligente mientras andamos sobre la tierra. Esta ojeada al gran libro de Dios, al destino del mundo, se nos da en este gran libro de Apocalipsis. Acabamos de ver a Jesucristo romper seis sellos que cierran el libro. Para nuestro horror, cuando los abrió, se vio a los cuatro jinetes del Apocalipsis atormentando la faz de la tierra con su terror y devastación. Hemos visto cómo los cuatro jinetes representan las guerras y los asesinatos, la hambruna y las pestes, el hambre y la muerte por hambre, la muerte y el infierno que el anticristo desplegará sobre la tierra. Hemos visto cómo la maldad reunirá en masa toda fuerza de poder demoníaco que pueda para poder hacer un asalto final sobre la tierra. Y hemos visto que la devastación destructiva matará a un cuarto de la población mundial. ¡Impresionante! Un cuarto de la población será asesinada por la devastación catastrófica de la maldad que caerá sobre la tierra. Pero para nuestro horror, esto no es todo. El gran libro de Dios declara que esto es solo el *comienzo de penas y angustias*. Pero esta devastación horrible, horrible como lo es, no es nada comparada con lo que vendrá. Cuando todos los juicios hayan caído, la tierra y el mundo serán literalmente destruidos. Cómo va a suceder esto se verá cuando se rompa el séptimo sello. Cuando se rompa el séptimo sello, los siete juicios de los sellos se habrán terminado: El período de la historia conocido como *el comienzo de penas y angustias* habrá terminado. Pero la *gran tribulación* en sí será lanzada por el séptimo sello...

- la *gran tribulación* que será testigo del fuerte tronar de las siete trompetas del juicio.
- la *gran tribulación* que será testigo de la ira de las siete copas de juicio vertidas sobre la tierra.

Ahora bien, una pregunta crucial: ¿Alguien se salvará en esos días terribles? ¿Podrá alguien sobrevivir a tales sucesos terribles? Como las Escrituras mismas han preguntado:

> **"Porque el gran día de su ira ha llegado; ¿y quién podrá sostenerse en pie?" (Ap. 6:17).**

¿Puede alguien soportar? ¿Alguien se volverá al Señor y será liberado en esta época terrible? ¡Sí! Hay un resto de Israel que será salvo: 144.000 judíos serán salvados.

1. Los vientos del juicio están en manos de Dios y sus ángeles, no en las manos del mal (vv. 1-2).

2. Dios dará el mandamiento más maravilloso: Retardar los juicios hasta que el pueblo de Dios pueda ser sellado (vv. 2-3).

3. Dios dará el maravilloso consejo de sellar a 144.000 judíos de todas las tribus de Israel (vv. 4-8).

1 (7:1-2) ***Fin del tiempo - Israel - Judíos - Salvación:*** Los vientos del juicio están en manos de Dios y sus ángeles, no en las manos del mal. Esta es la verdad más maravillosa, y es exactamente lo que se declara aquí. Cuatro ángeles están en los cuatro rincones de la tierra deteniendo los cuatro vientos de juicio para que no puedan soplar sobre la tierra. "Los cuatro rincones de la tierra son los cuatro puntos principales de la brújula: norte, sur, este y oeste" (Lehman Strauss, *The Book of the Revelation*. Neptune, NJ: Loizeaux Brothers, 1964, p. 170). La imagen es que Dios está en control de toda la tierra, de cada dirección de la tierra. Y Él es misericordioso. No ha soltado a sus ángeles vengadores de ira sobre la tierra, no todavía. En misericordia Él ha escogido esperar un poco más.

Pensamiento 1: Este es un pensamiento muy reconfortante: Saber que el juicio está en manos de Dios; saber que es Dios mismo el que ejecutará el juicio. Es reconfortante por lo que Jesucristo ha hecho por nosotros. ¡Piense! Toda persona tiene el privilegio de escapar al juicio. Ninguna persona tiene que estar de pie ante el rostro de Dios en el trono del juicio. Toda persona puede ser salva y liberada de la condena recibiendo al Señor Jesucristo como su Señor y Salvador.

Pero advierta: Los vientos del juicio serán soltados sobre la tierra. Toda persona enfrentará estos tiempos terribles a no ser que haya entregado su vida a Cristo. Y luego lo más trágico de todo, él deberá enfrentar el juicio eterno y la condena de la presencia de Dios para siempre.

"Cuando el Hijo del Hombre venga en su gloria, y todos los santos ángeles con él, entonces se sentará en su trono de gloria, y serán reunidas delante de él todas las naciones; y apartará los unos de los otros, como aparta el pastor las ovejas de los cabritos" (Mt. 25:31-32).

"Pero los cielos y la tierra que existen ahora, están reservados por la misma palabra, guardados para el fuego en el día del juicio y de la perdición de los hombres impíos" (2 P. 3:7).

"Y vi a los muertos, grandes y pequeños, de pie ante Dios; y los libros fueron abiertos, y otro libro fue abierto, el cual es el libro de la vida; y fueron juzgados los muertos por las cosas que estaban escritas en los libros, según sus obras. Y el mar entregó los muertos que había en él; y la muerte y el Hades entregaron los muertos que había en ellos; y fueron juzgados cada uno según sus obras. Y la muerte y el Hades fueron lanzados al lago de fuego. Esta es la muerte segunda. Y el que no se halló inscrito en el libro de la vida fue lanzado al lago de fuego" (Ap. 20:12-15).

2 (7:2-3) ***Sello - Israel, Salvación de:*** Dios dará el más maravilloso de los mandamientos. El mandamiento será retrasar los juicios de la gran tribulación hasta que todos los siervos de Dios puedan ser sellados. El *sello* significa la marca de posesión, autoridad, poder, protección y preservación.

=> En la antigüedad el anillo de un rey era su sello. Estampaba la marca de su sello en todos los documentos oficiales demostrando su posesión, autoridad y poder. Esto es por cierto parte del significado de esta sección. Los 144.000 serán sellados —protegidos y preservados— por Dios (cp. Gn. 41:42; Est. 3:10; 8:2; Dn. 6:17; Mt. 27:66).

"Y se les mandó que no dañasen a la hierba de la tierra, ni a cosa verde alguna, ni a ningún árbol, sino solamente a los hombres que no tuviesen el sello de Dios en sus frentes" (Ap. 9:4).

"Después miré, y he aquí el Cordero estaba en pie sobre el monte de Sion, y con él ciento cuarenta y cuatro mil, que tenían el nombre de él y el de su Padre escrito en la frente" (Ap. 14:1).

"Y verán su rostro, y su nombre estará en sus frentes" (Ap. 22:4).

"Diciendo: No hagáis daño a la tierra, ni al mar, ni a los árboles, hasta que hayamos sellado en sus frentes a los siervos de nuestro Dios" (Ap. 7:3).

"Y le dijo Jehová: Pasa por en medio de la ciudad, por en medio de Jerusalén, y ponles una señal en la frente a los hombres que gimen y que claman a causa de todas las abominaciones que se hacen en medio de ella" (Ez. 9:4).

=> En el Nuevo Testamento el creyente es sellado con el Espíritu de Dios, esto es, el Espíritu Santo sella y garantiza que el creyente pertenece a Dios. La presencia del Espíritu Santo viviendo dentro del corazón y la vida del creyente es su sello y su garantía de que escapará al juicio de Dios y vivirá eternamente con Dios.

"Que es las arras [garantía] de nuestra herencia hasta la redención de la posesión adquirida, para alabanza de su gloria" (Ef. 1:14).

"El cual también nos ha sellado, y nos ha dado las arras del Espíritu en nuestros corazones" (2 Co. 1:22).

"Mas el que nos hizo para esto mismo es Dios, quien nos ha dado las arras del Espíritu" (2 Co. 5:5).

En contraposición al sello de Dios sobre sus siervos, los seguidores infieles y poco leales de la bestia (el anticristo) llevarán su marca o sello (Ap. 16:2). Dios sellará a sus siervos para identificarlos y garantizar su protección de la ira y destrucción que vendrá sobre la tierra. Recuerde: Dios no condena a sus seguidores. Sus seguidores escapan al juicio de Dios. El juicio y la destrucción en manos de Dios caerán solo sobre "aquellos hombres que no tienen el sello de Dios en sus frentes". Esto se manifiesta claramente en Apocalipsis.

=> Las fuerzas demoníacas que se lanzarán sobre la tierra no tocarán al pueblo de Dios.

"Y se les mandó que no dañasen a la hierba de la tierra, ni a cosa verde alguna, ni a ningún árbol, sino solamente a los hombres que no tuviesen el sello de Dios en sus frentes" (Ap. 9:4).

=> El juicio de la copa de dolor no tocará al pueblo de Dios. El juicio se verterá únicamente sobre los que tienen la marca de la bestia.

"Fue el primero, y derramó su copa sobre la tierra, y

vino una úlcera maligna y pestilente sobre los hombres que tenían la marca de la bestia, y que adoraban su imagen" (Ap. 16:2).

Esto no debería extrañarnos, que Dios juzgue a los incrédulos que siguen al anticristo y que no juzgue a los creyentes. Como se ha dicho, Dios no condena a su gente: Él condena y juzga a los incrédulos. Y los juicios de la gran tribulación recaerán sobre el mundo malo y apóstata. Un buen ejemplo de esto es Moisés y las plagas de Israel. Recuerde el hecho: Las diez plagas, terribles y devastadoras como lo fueron, cayeron sobre todos los egipcios, pero no afligieron a los creyentes entre la gente de Israel. Los verdaderos creyentes fueron *sellados* de las plagas.

Sin embargo, debe recordarse que los creyentes serán perseguidos y asesinados por el anticristo durante los últimos tres años y medio de su reinado, es decir, durante la gran tribulación (cp. Ap. 7:14). Los creyentes del fin del tiempo no sufrirán los juicios de Dios sobre el mundo apóstata, sino que sufrirán la persecución del anticristo.

"El Señor no retarda su promesa, según algunos la tienen por tardanza, sino que es paciente para con nosotros, no queriendo que ninguno perezca, sino que todos procedan al arrepentimiento" (2 P. 3:9).

"De éstos también profetizó Enoc, séptimo desde Adán, diciendo: He aquí, vino el Señor con sus santas decenas de millares, para hacer juicio contra todos, y dejar convictos a todos los impíos de todas sus obras impías que han hecho impíamente, y de todas las cosas duras que los pecadores impíos han hablado contra él" (Jud. 14-15).

"Y tuya, oh Señor, es la misericordia; porque tú pagas a cada uno conforme a su obra" (Sal. 62:12).

"Yo Jehová, que escudriño la mente, que pruebo el corazón, para dar a cada uno según su camino, según el fruto de sus obras" (Jer. 17:10).

Pensamiento 1: Dios da las más maravillosas promesas a los creyentes genuinos. Ningún creyente será juzgado ni condenado a la muerte y el infierno. No hay nada, absolutamente nada, que pueda separar a un creyente genuino del amor de Dios.

"Porque de tal manera amó Dios al mundo, que ha dado a su Hijo unigénito, para que todo aquel que en él cree, no se pierda, mas tenga vida eterna" (Jn. 3:16).

"De cierto, de cierto os digo: El que oye mi palabra, y cree al que me envió, tiene vida eterna; y no vendrá a condenación, mas ha pasado de muerte a vida" (Jn. 5:24).

"Mas Dios muestra su amor para con nosotros, en que siendo aún pecadores, Cristo murió por nosotros. Pues mucho más, estando ya justificados en su sangre, por él seremos salvos de la ira. Porque si siendo enemigos, fuimos reconciliados con Dios por la muerte de su Hijo, mucho más, estando reconciliados, seremos salvos por su vida" (Ro. 5:8-10).

"¿Quién nos separará del amor de Cristo? ¿Tribulación, o angustia, o persecución, o hambre, o desnudez, o peligro, o espada? Como está escrito: Por causa de ti somos muertos todo el tiempo; somos contados como ovejas de matadero. Antes, en todas estas cosas somos más que vencedores por medio de aquel que nos amó. Por lo cual estoy seguro de que ni la muerte, ni la vida, ni ángeles, ni principados, ni potestades, ni lo presente, ni lo por venir, ni lo alto, ni lo profundo, ni ninguna otra cosa creada nos podrá separar del amor de Dios, que es en Cristo Jesús Señor nuestro" (Ro. 8:35-39).

"Mirad cuál amor nos ha dado el Padre, para que seamos llamados hijos de Dios; por esto el mundo no nos conoce, porque no le conoció a él" (1 Jn. 3:1).

[3] (7:4-8) ***Israel - Salvación:*** Dios dará el maravilloso consejo de sellar a 144.000 creyentes judíos. Y advierta: Serán 12. 000 de cada una de las doce tribus. Esto es exactamente lo que dice el pasaje. Esta es una clara indicación de que Israel será salvada en el fin de los tiempos. Esto es exactamente lo que Cristo le reveló a Pablo. (Ver bosquejo y notas, Romanos capítulos 9-11, donde se trata el problema de Israel. Especialmente ver bosquejo y notas, Restauración de Israel y su seguridad - Ro. 11:25-36.)

Este pasaje debería ser tomado tal como se lo muestra, es decir, que 144.000 judíos serán convertidos durante la tribulación. Hay varios motivos fuertes para eso.

1. Este pasaje dice que se convertirán 144.000 judíos. Este es el tema básico del capítulo siete: Demostrar quién se salvará durante la tribulación. La respuesta es que se salvarán tanto gentiles como judíos, unos 144.000 judíos y una innumerable cantidad de gentiles (vv. 9-17 del siguiente bosquejo). Esto está descrito en la más simple y sencilla de las formas.

2. Al parecer, los 144.000 son un cuerpo especial de creyentes judíos que están dedicados a servir al Señor Jesucristo total y absolutamente durante la tribulación de los últimos días. Advierta tres cosas que Apocalipsis dice sobre ellos. (Ver notas, Ap. 14:4-5 para mayor discusión al respecto.)

a. Son vírgenes, es decir, no se han casado. Los días del fin de los tiempos estarán llenos de horror tras horror. El anticristo lanzará el peor holocausto que el mundo jamás haya visto y morirán millones. Se necesitará un compromiso especial para defender a Cristo. Al parecer, estos 144.000 forman un *cuerpo especial de creyentes* que votan y comprometen sus vidas hasta el fin para nunca negar a Cristo. Al parecer toman un voto especial para ser alentadores y ministros de los creyentes y de los otros que serán tan severamente atacados y perseguidos por el anticristo. (El voto y el compromiso que tomarán los 144.000 será algo así como el voto que tomaron los fariseos cuando se formaron por primera vez para enfrentar a Antíoco Epífanes. Ver Estudio a fondo 3, Fariseos, Hch. 23:8.)

"Tengo, pues, esto por bueno a causa de la necesidad que apremia; que hará bien el hombre en quedarse como está. ¿Estás ligado a mujer? No procures soltarte. ¿Estás libre de mujer? No procures casarte" (1 Co. 7:26-27).

"Estos son los que no se contaminaron con mujeres, pues son vírgenes. Estos son los que siguen al Cordero por dondequiera que va. Estos fueron redimidos de entre los hombres como primicias para Dios y para el Cordero; y en sus bocas no fue hallada mentira, pues son sin mancha delante del trono de Dios" (Ap. 14:4-5).

b. Se los llama los siervos de nuestro Señor. Son un cuerpo de creyentes que se dan a sí mismos para servir a Dios mientras suceden los hechos de maldad y perversidad en el fin de los tiempos. Ellos ministrarán, darán testimonio y alentarán a los creyentes y a los judíos que tendrán que huir al desierto y a lugares para ocultarse en el mundo a fin de escapar al holocausto. Los 144.000 tendrán un gran papel que jugar en el vuelco de Israel a Cristo, su verdadero Mesías, en el fin de los tiempos.

"Diciendo: No hagáis daño a la tierra, ni al mar, ni a los árboles, hasta que hayamos sellado en sus frentes a los siervos de nuestro Dios" (Ap. 7:3).

c. Se dice que serán redimidos entre los hombres (hombres judíos), los primeros frutos ofrecidos a Dios y a Cristo. Esto simplemente significa que serán los primeros judíos que serán salvados en la tribulación.

"Estos son los que no se contaminaron con mujeres, pues son vírgenes. Estos son los que siguen al Cordero *por dondequiera que va*. Estos fueron redimidos de entre los hombres como primicias para Dios y para el Cordero" (Ap. 14:4).

3. Esto es indudablemente parte de la restauración de Israel. Cristo reveló claramente que Israel sería salvado en el fin de los tiempos. (Ver bosquejo y notas, Romanos capítulos 9-11; especialmente el capítulo once.)

"No ha desechado Dios a su pueblo, al cual desde antes conoció. ¿O no sabéis qué dice de Elías la Escritura, cómo invoca a Dios contra Israel" (Ro. 11:2).

"Porque si su exclusión es la reconciliación del mundo, ¿qué será su admisión, sino vida de entre los muertos?" (Ro. 11:15).

"Y aun ellos [Israel], si no permanecieren en incredulidad, serán injertados, pues poderoso es Dios para volverlos a injertar. Porque si tú [creyentes gentiles] fuiste cortado del que por naturaleza es olivo silvestre, y contra naturaleza fuiste injertado en el buen olivo, ¿cuánto más éstos, que son las ramas naturales, serán injertados en su propio olivo?" (Ro. 11:23-24).

"Porque no quiero, hermanos, que ignoréis este misterio, para que no seáis arrogantes en cuanto a vosotros mismos: que ha acontecido a Israel endurecimiento en parte, hasta que haya entrado la plenitud de los gentiles; y luego *todo Israel será salvo*, como está escrito: Vendrá de Sion el Libertador, que apartará de Jacob la impiedad" (Ro. 11:25-26).

1 Su origen: De todas partes a. Todas las naciones y tribus b. Todos los pueblos y lenguas **2 Su gloriosa posición** a. Ante el trono y el Cordero b. Vestidos de blanco c. Sosteniendo palmas d. Clamando alabanzas por su salvación **3 Sus gloriosos compañeros** a. La identidad de los compañeros: Los ángeles, los ancianos, las cuatro criaturas b. La función de los compañeros: Alabar a Dios por salvar a los creyentes de la tribulación	**E. El destino de los creyentes en la gran tribulación (Parte 2): Una multitud innumerable de mártires será salvada, 7:9-17** 9 Después de esto miré, y he aquí una gran multitud, la cual nadie podía contar, de todas naciones y tribus y pueblos y lenguas, que estaban delante del trono y en la presencia del Cordero, vestidos de ropas blancas, y con palmas en las manos; 10 y clamaban a gran voz, diciendo: La salvación pertenece a nuestro Dios que está sentado en el trono, y al Cordero. 11 Y todos los ángeles estaban en pie alrededor del trono, y de los ancianos y de los cuatro seres vivientes; y se postraron sobre sus rostros delante del trono, y adoraron a Dios, 12 diciendo: Amén. La bendición y la gloria y la sabiduría y la acción de gracias y la honra y el poder y la fortaleza, sean a	nuestro Dios por los siglos de los siglos. Amén. 13 Entonces uno de los ancianos habló, diciéndome: Estos que están vestidos de ropas blancas, ¿quiénes son, y de dónde han venido? 14 Yo le dije: Señor, tú lo sabes. Y él me dijo: Estos son los que han salido de la gran tribulación, y han lavado sus ropas, y las han emblanquecido en la sangre del Cordero. 15 Por esto están delante del trono de Dios, y le sirven día y noche en su templo; y el que está sentado sobre el trono extenderá su tabernáculo sobre ellos. 16 Ya no tendrán hambre ni sed, y el sol no caerá más sobre ellos, ni calor alguno; 17 porque el Cordero que está en medio del trono los pastoreará, y los guiará a fuentes de aguas de vida; y Dios enjugará toda lágrima de los ojos de ellos.	**4 Su identidad: Un anciano le pregunta a Juan por la identidad de la multitud** a. Son mártires de la gran tribulación b. Han lavado sus ropas en la sangre del Cordero **5 Su función: Servir a Dios continuamente** **6 Sus bendiciones: Dicha** a. Tendrán la presencia de Dios para siempre b. Satisfarán sus necesidades físicas c. Serán protegidos d. Satisfarán sus necesidades espirituales e. Serán conducidos a la fuente de la vida f. Se borrará su tristeza

DIVISIÓN IV

LOS JUICIOS DE LOS SIETE SELLOS: ACONTECIMIENTOS PRECEDENTES A LA GRAN TRIBULACIÓN, 6:1—7:17

E. El destino de los creyentes en la gran tribulación (Parte 2): Una multitud innumerable de mártires será salvada, 7:9-17

(7:9-17) ***Introducción:*** ¿Quiénes serán salvados durante la terrible tribulación que caerá sobre la tierra? La terrible tribulación vendrá en el fin de los tiempos, junto antes del fin del mundo. Ese momento será tan terrible que un cuarto de la población mundial será destruida por la guerra, la hambruna, las pestes, el hambre y la muerte por hambre. Será un momento tan terrible que la Biblia lo llama el período de Muerte e Infierno. Pero recuerde que esto es solo el principio. Habrá un tiempo de tanto horror y temor que solo puede denominárselo la *gran tribulación.* Cuando llegue no habrá fin a la destrucción y a la pérdida de vidas.

La pregunta importante es esta: ¿Hay alguna esperanza? ¿Hay algún modo en que la gente pueda salvarse durante este período de gran tribulación? ¡Sí! Habrá una innumerable multitud de creyentes salvos.

1. Su origen: De todas partes (v. 9).
2. Su gloriosa posición (vv. 9. 10).
3. Sus gloriosos compañeros (vv. 11-12).
4. Su identidad: Un anciano le pregunta a Juan por la identidad de la multitud (vv. 13-14).
5. Su función: Servir a Dios continuamente (v. 15).
6. Sus bendiciones: Dicha (vv. 15-17).

[1] (7:9) ***Salvación - Salvos, los:*** Está el origen de la innumerable multitud. ¿Quiénes son? Son personas de todas partes (cp. Ap. 5:9).

=> De todas las naciones: Todos, no solo algunos; ni siquiera la mayoría, sino de todas las naciones.

=> De todas las tribus: No quedará fuera ninguna tribu de ninguna parte. Todas las tribus tendrán algunas personas dentro de ellas que serán salvadas en la gran tribulación.

=> De todos los pueblos: No habrá ningún pueblo del que no se salven algunos.

=> De todas las lenguas: No habrá ninguna lengua de la que algunos no se salven.

Durante la *gran tribulación* habrá personas que se vuelquen a Cristo por millones. Tan terrible como serán las angustias y las desdichas, la destrucción y la devastación aparentemente volcarán a las personas por millones hacia Cristo. Esta es una novedad gloriosa: Significa que el mayor renacimiento del mundo sucederá durante la tribulación que recaiga sobre la tierra. Simplemente imagine: "una gran multitud, la cual nadie podía contar", millones de pie frente al trono de Dios en el cielo. Y como veremos en algunos instantes, provienen de la terrible tribulación de la tierra. En esos horrorosos días, habrá gente que se salvará.

Pensamiento 1: Esto significa algo sumamente glorioso: Dios nunca le cierra la puerta a nadie que desea dar su corazón y vida a su Hijo, el Señor Jesucristo.

"Y os digo que vendrán muchos del oriente y del occidente, y se sentarán con Abraham e Isaac y Jacob en el reino de los cielos" (Mt. 8:11).

"Porque todo aquel que invocare el nombre del Señor, será salvo" (Ro. 10:13).

"El cual quiere que todos los hombres sean salvos y vengan al conocimiento de la verdad" (1 Ti. 2:4).

"Y cantaban un nuevo cántico, diciendo: Digno eres de tomar el libro y de abrir sus sellos; porque tú fuiste inmolado, y con tu sangre nos has redimido para Dios, de todo linaje y lengua y pueblo y nación" (Ap. 5:9).

"Después de esto miré, y he aquí una gran multitud, *la cual nadie podía contar,* de todas naciones y tribus y pueblos y lenguas, que estaban delante del trono y en la presencia del Cordero, vestidos de ropas blancas, y con palmas en las manos" (Ap. 7:9).

"Estos son los que no se contaminaron con mujeres, pues son vírgenes. Estos son los que siguen al Cordero por dondequiera que va. Estos fueron redimidos de entre los hombres como primicias para Dios y para el Cordero; y en sus bocas no fue hallada mentira, pues son sin mancha delante del trono de Dios" (Ap. 14:4-5).

"Y oí como la voz de una gran multitud, como el estruendo de muchas aguas, y como la voz de grandes truenos, que decía: ¡Aleluya, porque el Señor nuestro Dios Todopoderoso reina! Gocémonos y alegrémonos y démosle gloria; porque han llegado las bodas del Cordero, y su esposa se ha preparado" (Ap. 19:6-7).

[2] (7:9-10) ***Salvos, los - Trono, de Dios:*** Está la gloriosa posición de la innumerable multitud. Advierta los cuatro hechos respecto de ellos.

1. Están de pie frente al trono de Dios y frente al Cordero, el Señor Jesucristo. Tienen el más glorioso de los privilegios:
=> estar cerca de Dios y de Cristo
=> estar cara a cara con Dios y Cristo.
=> ser honrados con la misma presencia de Dios y de Cristo.
=> conocer a Dios y a Cristo en toda su plenitud y ser.

2. Están vestidos con ropa blanca. Esto significa que han sido purificados y liberados de todas las manchas del pecado y de toda la corrupción del mundo, todo por la justicia de Jesucristo. Significa que han sido perfeccionados y que están perfeccionados frente a Dios. La ropa blanca de la justicia es...

- una señal de justicia a través de Cristo.
- una señal de liberación de la contaminación y suciedad del pecado a través de Cristo.
- una señal de la victoria sobre el pecado, la muerte y el juicio, la muerte y la corrupción del mundo.
- una señal de ser perfeccionado para siempre a través de Jesucristo.
- una señal de ser una criatura celestial, de tener el glorioso privilegio de vivir por siempre en la presencia de Dios a través de Cristo.

3. Sostienen palmas en sus manos. Las palmas son símbolos de celebración, triunfo, victoria, liberación y gozo. Los redimidos ante Dios celebran su triunfo sobre la terrible tribulación y el pecado, la maldad, la muerte y la corrupción del mundo.
=> Celebran su victoria en Cristo.
=> Celebran su liberación en Cristo.
=> Celebran su gozo en Cristo.

4. Claman alabanzas por su salvación. Advierta lo que claman:

"La salvación pertenece a nuestro Dios que está sentado en el trono, y al Cordero" (v. 10).

Alaban a Dios por la salvación. Alaban a Dios...

- porque Dios los ha salvado y liberado a través de las grandes pruebas en la tierra.
- porque Dios les ha dado el poder de creer y soportar hasta el fin.
- porque Dios los ha aceptado.
- porque Dios les ha dado el glorioso privilegio de su presencia.
- porque Dios ha completado su salvación, los ha perfeccionado por siempre con su gloria.

Pensamiento 1: William Barclay tiene una declaración sobre este punto que es un desafío dinámico para nosotros. Sus palabras deberían motivarnos a soportar toda prueba o tentación, sin importar cuán graves sean:

"Dios es el gran salvador, el gran rescatador, el gran liberador de su gente. Y la liberación que Dios da es la mayor liberación de todas, puesto que no es la liberación del escape; es la liberación de la conquista. No es la liberación que salva al hombre de los problemas, sino la liberación que lleva al hombre en forma triunfante a través de los problemas. No facilita la vida, pero por cierto hace que la vida sea maravillosa. No es parte de la esperanza cristiana esperar una vida en la que un hombre sea salvado de todo problema o desdicha; la esperanza cristiana es que el hombre en Cristo pueda soportar todo tipo de problema y desdicha, y mantenerse erecto a través de ellos, y salir con gloria por el otro lado" ("The Revelation of John", *Vol. 2,* "The Daily Study Bible", *Filadelfia, PA: The Westminster Press, 1959, p. 32).*

"Porque de tal manera amó Dios al mundo, que ha dado a su Hijo unigénito, para que todo aquel que en él cree, no se pierda, mas tenga vida eterna" (Jn. 3:16).

"Porque la paga del pecado es muerte, mas la dádiva de Dios es vida eterna en Cristo Jesús Señor nuestro" (Ro. 6:23).

"El que no escatimó ni a su propio Hijo, sino que lo entregó por todos nosotros, ¿cómo no nos dará también con él todas las cosas?" (Ro. 8:32).

"¡Gracias a Dios por su don inefable!" (2 Co. 9:15).

"Porque por gracia sois salvos por medio de la fe; y esto no de vosotros, pues es don de Dios" (Ef. 2:8).

"Porque la gracia de Dios se ha manifestado para salvación a todos los hombres, enseñándonos que, renunciando a la impiedad y a los deseos mundanos, vivamos en este siglo sobria, justa y piadosamente" (Tit. 2:11-12).

"Así que, ofrezcamos siempre a Dios, por medio de él, sacrificio de alabanza, es decir, fruto de labios que confiesan su nombre" (He. 13:15).

"Mas vosotros sois linaje escogido, real sacerdocio, nación santa, pueblo adquirido por Dios, para que anunciéis las virtudes de aquel que os llamó de las tinieblas a su luz admirable" (1 P. 2:9).

3 (7:11-12) ***Ángeles - Ancianos - Cuatro criaturas vivientes:*** Están los acompañantes de la innumerable multitud. Esta es una imagen de todos los que están de pie frente al trono de Dios con la innumerable multitud. Es la imagen de ola tras ola de seres diferentes parados en círculos ante el trono de Dios.

=> El círculo externo son los ángeles. Advierta que rodean o circunvalan el trono.

=> Luego vienen los veinticuatro ancianos.

=> Después están las cuatro criaturas vivientes que están de pie en los cuatro rincones de la tierra.

=> Finalmente, como hemos visto, está la innumerable multitud de creyentes que están cara a cara frente al trono de Dios y al Cordero.

La innumerable multitud acaba de cantar sus alabanzas a Dios por su gran salvación. Cuando lo hacen, el resto de los seres celestiales se postra ante el trono y adora a Dios.

1. Alaban a Dios por su *bendición.* Todo don bueno y perfecto proviene de Dios. Estos seres celestiales reconocen este hecho y bendicen por ello el nombre de Dios.

2. Alaban a Dios por su *gloria.* Dios es glorioso, la Persona más gloriosa de todo el universo. Es tan glorioso que su gloria opaca el sol. Es la luz de su gloria la que proporciona la luz del cielo. A Dios hay que alabarlo por la perfección de su gloria. Pero advierta: Dios comparte su gloria con sus criaturas. A cada criatura del cielo se la perfecciona en gloria. Hay que alabar a Dios por el don de su gloria así como por su propia gloria.

3. Alaban a Dios por su *sabiduría.* Dios es la *Inteligencia Suprema y Majestuosa* del universo. Él es omnisciente, posee toda la inteligencia y la inteligencia perfecta. Es Dios quien planificó la creación y todos los mundos y criaturas de todas las dimensiones, quien quiera que sean. Es Dios el que planificó la salvación y la redención a través de su Hijo, el Señor Jesucristo. Es Dios el que tiene el conocimiento para obrar todas las cosas para bien. Se lo debe alabar por su sabiduría.

4. Ofrecen gracias a Dios. Le agradecen por la creación, la vida, la salvación, la redención y por todo lo demás. Nuevamente, saben que todo don bueno y perfecto provino de Dios.

5. Alaban a Dios por su *honor.* Dios es el Ser Supremo y Majestuoso del universo. No hay nadie como Él. Además, Dios es fiel y genuino. Nunca deja de cumplir su Palabra y promesas ni deja de hacer lo que es mejor. Él es la perfección del honor y de la verdad y de lo genuino. Por lo tanto, se alaba el honor de Dios.

6. Alaban a Dios por su *poder.* Dios es la Fuerza Suprema y Majestuosa del universo. Él es la Fuerza que creó el universo y que sostiene y mantiene todo junto y que está avanzando hacia el destino de su fin. Además, Dios es la Fuerza Suprema que maneja la salvación y la redención del hombre y que hace que todas las cosas sean para bien para quienes lo aman. Él es el Poder Supremo que supervisa nuestra vida y nos libera de la maldad, la muerte y la corrupción. Por lo tanto, Dios es alabado por su poder.

7. Alaban a Dios por su fuerza. Dios es fuerte. Nunca se cansa ni se siente agotado. No hay ninguna debilidad en Él. Dios es tan fuerte que siempre es capaz de ayudar a cualquiera de sus criaturas. Cualquiera puede dirigirse a Dios en cualquier momento para pedirle fuerzas y recibir su ayuda. Dios nunca falla. Posee la fuerza perfecta y la poseerá por los siglos de los siglos. Por lo tanto, se alaba la fuerza de Dios.

Pensamiento 1: La alabanza de los seres celestiales es un ejemplo para nosotros. Las Escrituras son claras: Siempre debemos estar agradeciendo y alabando a Dios.

"Así que, ofrezcamos siempre a Dios, por medio de él, sacrificio de alabanza, es decir, fruto de labios que confiesan su nombre" (He. 13:15).

"Mas vosotros sois linaje escogido, real sacerdocio, nación santa, pueblo adquirido por Dios, para que anunciéis las virtudes de aquel que os llamó de las tinieblas a su luz admirable" (1 P. 2:9).

"Porque habéis sido comprados por precio; glorificad, pues, a Dios en vuestro cuerpo y en vuestro espíritu, los cuales son de Dios" (1 Co. 6:20).

"Con gozo dando gracias al Padre que nos hizo aptos para participar de la herencia de los santos en luz" (Col. 1:12).

"Y la paz de Dios gobierne en vuestros corazones, a la que asimismo fuisteis llamados en un solo cuerpo; y sed agradecidos" (Col. 3:15).

"Dad gracias en todo, porque esta es la voluntad de Dios para con vosotros en Cristo Jesús" (1 Ts. 5:18).

"Cantad a Jehová, que habita en Sion; publicad entre los pueblos sus obras" (Sal. 9:11).

"Te alaben los pueblos, oh Dios; todos los pueblos te alaben" (Sal. 67:3).

4 (7:13-14) ***Tribulación, Gran - Creyentes - Ropas blancas - Mártires:*** Está la identidad de la innumerable multitud. Advierta que la innumerable multitud todavía no ha sido identificada. Ahora lo es. Juan está impresionado por la visión y alabanza de la escena celestial. Simplemente está allí de pie, asombrado y en total silencio, incapaz de pensar. Para agitarlo, uno de los ancianos se dirige hacia él y le pregunta a Juan quiénes conforman la innumerable multitud. Por supuesto, Juan no lo sabe, pero el anciano sí. Solo estaba tratando de sacar a Juan de su estado de asombro. Juan hace todo lo que puede. Simplemente responde: "Señor, tú lo sabes". Entonces es cuando el anciano le dice a Juan lo que está observando. Recuerde: La escena todavía no ha sucedido. Dios le está dando a Juan esta visión de las cosas que sucederán en el futuro. Llegará pronto el día en que una innumerable multitud, aparentemente millones, estén de pie frente a Dios habiendo ingresado al cielo. ¿Quiénes son? Se dice dos cosas sobre ellos.

1. Son *creyentes* provenientes de la gran tribulación. ¡Impactante! Pero una gran multitud, que ningún hombre podría

contar —millones de creyentes— morirán en el holocausto de la gran tribulación.

Nota: Esto es exactamente lo que dicen las Escrituras. Habrá millones de creyentes en la gran tribulación, una masa de creyentes que ningún hombre podrá contar. La devastación y la destrucción que tenga lugar ocasionará que millones de todo el mundo se vuelvan a Cristo.

Ahora observe atentamente: Están en el cielo, no en la tierra. Esto significa que el anticristo los ha asesinado. Él ha lanzado un gran ataque contra Cristo, intentando borrar al creyente de la faz de la tierra. Esto está claramente descrito por las Escrituras.

=> Daniel predijo este terrible período de problemas.

> **"En aquel tiempo se levantará Miguel, el gran príncipe que está de parte de los hijos de tu pueblo; y será tiempo de angustia, cual nunca fue desde que hubo gente hasta entonces; pero en aquel tiempo será libertado tu pueblo, todos los que se hallen escritos en el libro" (Dn. 12:1).**

=> Jesús anunció que la *gran tribulación* iba a recaer sobre la tierra.

> **"Porque habrá entonces *gran tribulación*, cual no la ha habido desde el principio del mundo hasta ahora, ni la habrá. Y si aquellos días no fuesen acortados, nadie sería salvo; mas por causa de los escogidos, aquellos días serán acortados" (Mt. 24:21-22).**

=> Pablo describió los ataques del anticristo contra Cristo y todas las religiones.

> **"Nadie os engañe en ninguna manera; porque no vendrá sin que antes venga la apostasía, y se manifieste el hombre de pecado, el hijo de perdición, el cual se opone y se levanta contra todo lo que se llama Dios o es objeto de culto; tanto que se sienta en el templo de Dios como Dios, haciéndose pasar por Dios" (2 Ts. 2:3-4).**

=> Juan dice que el anticristo hará la guerra en contra de los santos (creyentes) de Dios.

> **"Y se le permitió hacer guerra contra los santos, y vencerlos. También se le dio autoridad sobre toda tribu, pueblo, lengua y nación" (Ap. 13:7).**

=> Juan dice que el propósito del anticristo es establecer la adoración del Estado como primera lealtad de los ciudadanos del mundo. (Estos serán los medios que el gobierno utilizará para mantener unida a la gente bajo un gobierno.)

> **"Y se le permitió infundir aliento a la imagen de la bestia, para que la imagen hablase e hiciese matar a todo el que no la adorase" (Ap. 13:15).**

El punto es este: En la *gran tribulación* el gobierno del anticristo lanzará un ataque total contra Cristo y sus seguidores. (El ataque también será contra todas las personas que tienen una fuerte fe religiosa, incluyendo a judíos, musulmanes, hindúes y otros). Un creyente tendrá que negar a Cristo o bien será asesinado. Millones —todos los que son verdaderos creyentes— se negarán. Se negarán por el mismo motivo por el cual cualquier verdadero creyente se rehusaría: Porque aman al Señor con todo su corazón y porque tienen la gloriosa esperanza con Cristo por los siglos de los siglos, adorándolo y sirviéndolo en perfección a lo largo de toda la eternidad.

2. Están aquellos que han lavado sus ropas para que queden blancas. ¿Cómo? En la sangre del Cordero. La vestidura de todos los seres celestiales es de color blanco. El blanco significa pureza y perfección. Significa que la persona no tiene mancha de pecado, maldad o corrupción en ella. Es limpia y pura de toda contaminación, pecado e imperfección. Por tanto, el blanco significa perfección, perfección sin pecado, rectitud perfecta.

Pero advierta un hecho crítico: Ninguna persona sobre la faz de esta tierra está libre de pecado, es recta, perfecta, pura o incorruptible. Todas las personas pecan, y toda persona es corruptible. Todos morimos y terminamos en el sepulcro. ¿Cómo es entonces que estos mártires, los creyentes de la innumerable multitud obtuvieron ropas blancas? Este versículo nos lo dice:

> **"[Ellos] han lavado sus ropas, y las han emblanquecido en la sangre del Cordero" (v. 14. Ver nota, punto 2, Cordero de Dios, Ap. 5:6-7 para mayor discusión y versículos).**

5 (7:15) ***Creyentes, Redimidos - Cielo:*** Está la función de la innumerable multitud. Sirven a Dios continuamente, día y noche. Aquí, el templo significa la misma presencia de Dios, el lugar más santo de todo el universo, el cielo mismo. Significa tener acceso directo a la presencia de Dios en todo momento, en cualquier lugar. La imagen es esta:

=> Los creyentes serán perfeccionados para que nunca se cansen ni se sientan agotados ni necesiten dormir. Podrán servir y trabajar continuamente día y noche.

=> Los creyentes servirán a Dios: Gobernarán y reinarán en todo el universo, supervisando los nuevos cielos y la tierra para Cristo.

> **"Y Jesús les dijo: De cierto os digo que en la regeneración, cuando el Hijo del Hombre se siente en el trono de su gloria, vosotros que me habéis seguido también os sentaréis sobre doce tronos, para juzgar a las doce tribus de Israel" (Mt. 19:28).**
>
> **"Su señor le dijo: Bien, buen siervo y fiel; sobre poco has sido fiel, sobre mucho te pondré; entra en el gozo de tu señor" (Mt. 25:23).**
>
> **"Y dijo el Señor: ¿Quién es el mayordomo fiel y prudente al cual su señor pondrá sobre su casa, para que a tiempo les dé su ración? Bienaventurado aquel siervo al cual, cuando su señor venga, le halle haciendo así. En verdad os digo que le pondrá sobre todos sus bienes" (Lc. 12:42-44).**
>
> **"Él le dijo: Está bien, buen siervo; por cuanto en lo poco has sido fiel, tendrás autoridad sobre diez ciudades... Y también a éste dijo: Tú también sé sobre cinco ciudades" (Lc. 19:17, 19).**
>
> **"Y si hijos, también herederos; herederos de Dios y coherederos con Cristo, si es que padecemos juntamente con él, para que juntamente con él seamos glorificados" (Ro. 8:17).**
>
> **"Si sufrimos, también reinaremos con él; si le negáremos, él también nos negará" (2 Ti. 2:12).**
>
> **"¿O no sabéis que los santos han de juzgar [supervisar,**

gobernar, mandar] al mundo? Y si el mundo ha de ser juzgado por vosotros, ¿sois indignos de juzgar cosas muy pequeñas? ¿O no sabéis que hemos de juzgar a los ángeles? ¿Cuánto más las cosas de esta vida?" (1 Co. 6:2-3).

"Y de Jesucristo el testigo fiel, el primogénito de los muertos, y el soberano de los reyes de la tierra. Al que nos amó, y nos lavó de nuestros pecados con su sangre" (Ap. 1:5).

"Y nos has hecho para nuestro Dios reyes y sacerdotes, y reinaremos sobre la tierra" (Ap. 5:10).

6 (7:15-17) ***Creyentes - Recompensas - Cielo:*** Están las bendiciones y la dicha de la innumerable multitud.

1. Tendrán para siempre la presencia viva de Dios con ellos.
   => La presencia de Dios se manifestará al creyente incesantemente. Dios morará, vivirá, se moverá y tendrá su ser en el creyente en una inquebrantable comunión y compañerismo.

2. Tendrán satisfechas todas sus necesidades físicas. El hambre y la sed significan todas las necesidades físicas de la vida de las que carecieron en la tierra. Muchos de estos queridos creyentes sufrirán en forma terrible. El anticristo y su gobierno los colocará en campos de exterminio. Sentirán hambre hasta morir. Algunos se verán forzados a huir y dejar sus hogares y pertenencias. Morirán de hambre mientras intentan buscar alimento en los bosques. La imagen de un pueblo quebrado por la guerra y perseguido, sufriendo hambre es bien conocida para el mundo moderno. Dichas escenas muchas veces se ven en la televisión. Pero en el cielo los creyentes tendrán satisfechas todas sus necesidades.

3. Estarán protegidos. Este es el símbolo del sol y del calor. La prisión y los campos de trabajo de un pueblo perseguido y destruido por la guerra es la imagen que aquí corresponde. La imagen también incluiría a los que no tienen hogar, que deben vagar expuestos a los elementos de la naturaleza. Un terrible frío llevará la vida de muchos. Pero en el cielo, estarán protegidos de todos los enemigos, incluso del sol y el calor.

4. Tendrán satisfechas todas sus necesidades espirituales. La palabra griega para *alimentar* es pastor. El Cordero de Dios mismo pastoreará a los creyentes. Los alimentará y satisfará todas sus necesidades. Esto se refiere a necesidades espirituales, las necesidades del alma de vida, amor, gozo, paz, seguridad, plenitud, garantía y confianza. Cristo alimentará el alma del creyente (cp. Sal. 23:1ss).

5. Tendrán el liderazgo y conducción del Señor para que los guíe. Nunca más habrá otro error o paso en falso. El Cordero de Dios mismo dará conducción y guía. Él asignará las responsabilidades y les dirá a los creyentes qué hacer exactamente por Él, y ellos lo harán complacidos. Servir a Cristo, ser dirigidos y guiados por Él, será como beber de la fuente de agua viva.

6. La angustia se borrará de sus ojos. Advierta quién lo hará: Dios mismo borrará todas las lágrimas de sus ojos. En el cielo, los creyentes nunca volverán a sufrir, ni siquiera tendrán una sola pena ni dolor. Serán perfeccionados para siempre.

"Bienaventurados los que tienen hambre y sed de justicia, porque ellos serán saciados" (Mt. 5:6).

"Mas el que bebiere del agua que yo le daré, no tendrá sed jamás; sino que el agua que yo le daré será en él una fuente de agua que salte para vida eterna" (Jn. 4:14).

"Jesús les dijo: Yo soy el pan de vida; el que a mí viene, nunca tendrá hambre; y el que en mí cree, no tendrá sed jamás" (Jn. 6:35).

"No se turbe vuestro corazón; creéis en Dios, creed también en mí. En la casa de mi Padre muchas moradas hay; si así no fuera, yo os lo hubiera dicho; voy, pues, a preparar lugar para vosotros. Y si me fuere y os preparare lugar, vendré otra vez, y os tomaré a mí mismo, para que donde yo estoy, vosotros también estéis" (Jn. 14:1-3).

"Porque esta leve tribulación momentánea produce en nosotros un cada vez más excelente y eterno peso de gloria" (2 Co. 4:17).

"Por lo demás, me está guardada la corona de justicia, la cual me dará el Señor, juez justo, en aquel día; y no sólo a mí, sino también a todos los que aman su venida" (2 Ti. 4:8).

"Bendito el Dios y Padre de nuestro Señor Jesucristo, que según su grande misericordia nos hizo renacer para una esperanza viva, por la resurrección de Jesucristo de los muertos, para una herencia incorruptible, incontaminada e inmarcesible, reservada en los cielos para vosotros" (1 P. 1:3-4).

"Amados, no os sorprendáis del fuego de prueba que os ha sobrevenido, como si alguna cosa extraña os aconteciese, sino gozaos por cuanto sois participantes de los padecimientos de Cristo, para que también en la revelación de su gloria os gocéis con gran alegría" (1 P. 4:12-13).

"Echando toda vuestra ansiedad sobre él, porque él tiene cuidado de vosotros" (1 P. 5:7).

"Enjugará Dios toda lágrima de los ojos de ellos; y ya no habrá muerte, ni habrá más llanto, ni clamor, ni dolor; porque las primeras cosas pasaron" (Ap. 21:4).

"No tendrán hambre ni sed, ni el calor ni el sol los afligirá; porque el que tiene de ellos misericordia los guiará, y los conducirá a manantiales de aguas" (Is. 49:10).

	CAPÍTULO 8 **V. LOS JUICIOS DE LAS SIETE TROMPETAS: ACONTECIMIENTOS DURANTE LA GRAN TRIBULACIÓN, 8:1—11:19** **A. La ruptura del séptimo sello: Preparación asombrosa para el juicio, 8:1-5**	3 Otro ángel vino entonces y se paró ante el altar, con un incensario de oro; y se le dio mucho incienso para añadirlo a las oraciones de todos los santos, sobre el altar de oro que estaba delante del trono.	a. Hay siete ángeles a los que se le entregan siete trompetas (juicios específicos) b. Hay un incensario de oro con las oraciones de los santos
		4 Y de la mano del ángel subió a la presencia de Dios el humo del incienso con las oraciones de los santos.	
1 Imagen 1: Un largo silencio	1 Cuando abrió el séptimo sello, se hizo silencio en el cielo como por media hora.	5 Y el ángel tomó el incensario, y lo llenó del fuego del altar, y lo arrojó a la tierra; y hubo truenos, y voces, y relámpagos, y un terremoto.	**3 Imagen 3: Las señales del juicio por venir sobre la tierra**
2 Imagen 2: Los instrumentos del juicio	2 Y vi a los siete ángeles que estaban en pie ante Dios; y se les dieron siete trompetas.		

DIVISIÓN V

LOS JUICIOS DE LAS SIETE TROMPETAS: ACONTECIMIENTOS DURANTE LA GRAN TRIBULACIÓN, 8:1—11:19

A. La ruptura del séptimo sello: Preparación asombrosa para el juicio, 8:1-5

(8:1-5) ***Introducción:*** Recuerde lo que acabamos de ver. Dios le da a Jesucristo el gran *libro del destino*, el libro que nos cuenta sobre el fin de los tiempos. El libro era tan grande y tan secreto que estaba unido con siete sellos. Cuando Cristo comenzó a romper los sellos, sucedió algo de lo más inusual. Se comenzó a desplegar una imagen, una escena como de película, ante Juan y las huestes celestiales. Lo que vieron fue el horror y las cosas terribles que sucederán en el fin de los tiempos.

=> Los primeros cuatro sellos mostraron a los cuatro jinetes del Apocalipsis cayendo sobre la faz de la tierra. Estos cuatro jinetes representaban las catástrofes que traerá el anticristo a la tierra. Muestran su avanzado control sobre el mundo a través de la guerra, la hambruna y los controles económicos. Los acontecimientos son característicos de la mayoría de las épocas, pero se intensificarán en la tribulación en el fin del mundo.

=> El quinto sello (Ap. 6:9) mostró a los mártires que fueron asesinados por el anticristo mientras ganaba control de mucha parte de la tierra y su economía (Ap. 6:6).

=> El sexto sello mostró el rugido del juicio de Dios preparándose y dice simplemente: "el gran día de su ira ha llegado", el umbral de la gran tribulación (Ap. 12ss).

Ahora llegamos al séptimo sello. Pero antes de tratarlo, recuerde que los sellos de un rollo no forman parte del rollo. Son simplemente cintas o adhesivo que está envolviendo el rollo o libro para mantener las hojas unidas. Se los debe romper para abrir el libro. El punto es este: Los juicios de sello son acontecimientos que suceden antes del fin de los tiempos, antes de que se lleguen a ver los acontecimientos del libro en sí. Los juicios de los sellos son los acontecimientos que se producen antes de que ocurra la *gran tribulación.* Esto es exactamente lo que dijo Dios:

=> Cristo denominó a los acontecimientos preliminares *"el principio de los dolores y las desgracias"* (Mt. 24:8. Ver bosquejo y notas, Mt. 24:1-14).

=> Cristo denominó a los acontecimientos más terribles de los últimos días *"la gran tribulación"* (Mt. 24:21. Ver bosquejo y notas, Mt. 24:15-28).

Ahora es el momento de romper el séptimo sello. Cuando se lo haya roto, se verá la asombrosa preparación para el juicio.

1. Imagen 1: Un largo silencio (v. 1).
2. Imagen 2: Los instrumentos del juicio (vv. 2-4).
3. Imagen 3: Las señales del juicio por venir sobre la tierra (v. 5).

[1] (8:1) ***Los juicios del sello:*** Cuando se rompe el séptimo sello, hay una imagen de un profundo silencio. Este era silencio de asombro y de reverencia ante Dios, temiendo lo que pueda suceder. Las huestes celestiales vieron tanto que quedaron enmudecidos en silencio. Cuando se abre el séptimo sello, no sucede nada. Hay quietud, quietud completa y absoluta. Cristo está de pie allí en silencio sepulcral. No se mueve ni habla. Al igual que los demás. No se atreven, porque el Señor no dice nada y el sello no produjo ningún acontecimiento. Como se mencionó anteriormente, el silencio es un silencio de asombro y reverencia ante Dios, temiendo lo que podría suceder. Era un silencio de suspenso y temblorosa anticipación, esperando que algún juicio terrible explote en la escena de la historia humana. Advierta que el silencio dura aproximadamente media hora.

"Que anuncio lo por venir desde el principio, y desde la antigüedad lo que aún no era hecho; que digo: Mi

consejo permanecerá, y haré todo lo que quiero" (Is. 46:10).

"Por tanto, el prudente en tal tiempo calla, porque el tiempo es malo" (Am. 5:13).

"Mas Jehová está en su santo templo; calle delante de él toda la tierra" (Hab. 2:20).

"Calle toda carne delante de Jehová; porque él se ha levantado de su santa morada" (Zac. 2:13).

2 (8:2-4) ***Juicios de trompeta:*** Esta es la imagen de los instrumentos de justicia y juicio. Advierta dos instrumentos de juicio.

1. Hay siete ángeles que repentinamente salen del Libro del Destino e inmediatamente ocupan su lugar ante Dios. Dios les entrega siete trompetas. Nuevamente, advierta esto: Los siete ángeles dan un paso adelante cuando se rompe el séptimo sello. Imagine la escena.

=> Imagine la hueste celestial rodeando al trono de Dios.

=> Imagine todas las escenas espectaculares, el horror y el sufrimiento que han observado.

=> Imagine la rotura del séptimo sello y el silencio sepulcral que duró media hora, silencio sepulcral.

=> Luego surgiendo en la visión aparecen siete ángeles poderosos que ocupan su lugar ante el trono de Dios. Imagínelos de pie allí altos, amplios y erectos. El poder que poseen se ve claramente en sus propias personas.

La hueste celestial sabe algo: Cuando Dios les entrega a estos poderosos mensajeros siete trompetas, los juicios que van a tener lugar vendrán directamente de Dios mismo. Las trompetas siempre simbolizan la intervención de Dios en la historia humana. Dios está por acercarse a la sociedad atea y mala de la tierra. Es importante notar esto, puesto que Dios no condena ni castiga a sus seguidores. Los juicios de Dios recaerán únicamente sobre los incrédulos del mundo, sobre los que han seguido al anticristo, únicamente a los que tienen la marca de la bestia.

"Y se les mandó que no dañasen a la hierba de la tierra, ni a cosa verde alguna, ni a ningún árbol, sino solamente a los hombres que no tuviesen el sello de Dios en sus frentes" (Ap. 9:4).

"Fue el primero, y derramó su copa sobre la tierra, y vino una úlcera maligna y pestilente sobre los hombres que tenían la marca de la bestia, y que adoraban su imagen" (Ap. 16:2).

"Entonces dirá el hombre: Ciertamente hay galardón para el justo; ciertamente hay Dios que juzga en la tierra" (Sal. 58:11).

Pensamiento 1: George Ladd hace una declaración que siempre debemos recordar sobre el juicio de Dios:

La ira de Dios no es meramente de juicio, también comprende un propósito de misericordia. Está diseñado para que los hombres se postren debido a duras experiencias mientras permanece el tiempo de la decisión, antes de que sea demasiado tarde. Esto se bosqueja en varios pasajes.

Luego de la sexta trompeta, leemos: "Y los otros hombres que no fueron muertos con estas plagas, ni aun así se arrepintieron de las obras de sus manos ni dejaron de adorar a los demonios, y a las imágenes de oro". . . Cuando los hombres se enfrentan a la. . . ira de Dios en el juicio, deben humillarse de arrepentimiento y volcarse de su maldad hacia la adoración del Dios del cielo.

La misma nota se aplica en relación con las copas de ira. Luego de la quinta copa, leemos que los hombres "blasfemaron contra el Dios del cielo por los dolores y sus úlceras y no se arrepintieron para darle gloria" (16:10). Si fuera posible llevar a los hombres al arrepentimiento, las plagas de las trompetas y las copas lo harían ("The Revelation of John". *Grand Rapids, MI: Eerdmans, 1972, p. 124).*

Pensamiento 2: William Barclay da tres propósitos para el sonido de la trompeta que vale la pena que lo analicemos:

"Puede sonar la alarma. Puede despertar del sueño o advertir peligro. Y Dios siempre está sonando sus advertencias en los oídos de los hombres.

Puede ser la fanfarria que anuncia el arribo de la lealtad. Es un símbolo adecuado para expresar la invasión del tiempo por parte del Rey de la eternidad.

Puede ser una convocatoria a la batalla. Y Dios siempre está convocando a su pueblo para que se decida en la lucha de la verdad y la falsedad, y para que se conviertan en soldados del Rey de reyes" ("The Revelation of John", *Vol. 2, p. 52).*

2. El segundo instrumento de juicio son las oraciones de todos los santos o creyentes. Advierta que estas son las oraciones de *todos* los santos. Algunos estaban en el cielo y otros todavía en la tierra. Todos habían sufrido y algunos seguían sufriendo la salvaje persecución del anticristo y su gobierno. Recuerde cuán salvaje será la persecución: Literalmente millones, innumerables multitudes serán asesinados (Ap. 7:9-17). Los creyentes clamarán a Dios día y noche para su liberación, por justicia, por reivindicación, para que se maneje la mano de tanta crueldad ya sea por conversión o eliminación, y que se maneje con suma rapidez.

El punto es este: Llegará el día en que Dios responderá las oraciones de su querida gente. Él expresará su juicio en contra del anticristo y su gobierno y de todos lo que lo han seguido. Todos los que se opusieron a Dios van a sufrir el juicio, el juicio más terrible imaginable, todos los que estuvieron en contra de Dios...

- ridiculizando y burlándose de su pueblo
- maldiciendo y maltratando a su pueblo
- atacando y golpeando a su pueblo
- arrestando y encarcelando a su pueblo
- condenando y asesinando a su pueblo

Todos los que se han rebelado en contra de Jesucristo, rechazándolo, negándolo, blasfemando, ignorándolo, despreciándolo, desobedeciendo y no creyendo en Él. El juicio de Dios está por recaer sobre la tierra. Los que han sido tan crueles e inhumanos ahora sufrirán el castigo más terrible imaginable. Y el castigo vendrá de Él que es justo y recto así como al que ama. Dios oirá y contestará las oraciones de su querida gente, sus seguidores que sufrieron tanto en manos de una sociedad atea que eligió seguir el salvajismo del anticristo.

"Y yo os digo: Pedid, y se os dará; buscad, y hallaréis; llamad, y se os abrirá" (Lc. 11:9).

"Si permanecéis en mí, y mis palabras permanecen en vosotros, pedid todo lo que queréis, y os será hecho" (Jn. 15:7).

"Y cualquiera cosa que pidiéremos la recibiremos de él, porque guardamos sus mandamientos, y hacemos las cosas que son agradables delante de él" (1 Jn. 3:22).

"Me invocará, y yo le responderé; con él estaré yo en la angustia; lo libraré y le glorificaré" (Sal. 91:15).

"Y antes que clamen, responderé yo; mientras aún hablan, yo habré oído" (Is. 65:24).

"Clama a mí, y yo te responderé, y te enseñaré cosas grandes y ocultas que tú no conoces" (Jer. 33:3).

"Y meteré en el fuego a la tercera parte, y los fundiré como se funde la plata, y los probaré como se prueba el oro. El invocará mi nombre, y yo le oiré, y diré: Pueblo mío; y él dirá: Jehová es mi Dios" (Zac. 13:9).

3 (8:5) ***Juicio:*** Están las señales del juicio por venir sobre la tierra. Advierta el versículo.

"Y el ángel tomó el incensario, y lo llenó del fuego del altar, y lo arrojó a la tierra; y hubo truenos, y voces, y relámpagos, y un terremoto" (v. 5).

El ángel toma fuego del altar, y advierta dónde lo pone: Lo mezcla con las oraciones de los santos sufrientes. Sus oraciones por reivindicación y justicia y el fuego de la santa ira de Dios se combinan. ¿Por qué? Para que caigan sobre la tierra. Llegará el día en que Dios esté preparado para juzgar a la sociedad sin Dios de la tierra; Él estará preparado para vengar su nombre y la fe de su querida gente que ha sido tratada tan salvajemente. La justicia de Dios golpeará con ira en contra de los impíos y la maldad de la tierra.

Advierta esto: El ángel arroja tanto el fuego como las oraciones a la tierra. Cuando lo hace, todas las voces de la tierra comienzan a preguntarse y cuestionarse, puesto que hay...

- un enorme incremento de tormentas eléctricas violentas con sus truenos y sus rayos.
- un enorme incremento de terremotos.

Los millones de impíos de la tierra saben que algo está por suceder, algo terrible. Y es: el juicio de Dios que recaerá sobre los impíos del mundo. Ya se ha lanzado la *gran tribulación.*

"Por tanto os digo que en el día del juicio, será más tolerable el castigo para Tiro y para Sidón, que para vosotras" (Mt. 11:22).

"Y si en algún lugar no os recibieren ni os oyeren, salid de allí, y sacudid el polvo que está debajo de vuestros pies, para testimonio a ellos. De cierto os digo que en el día del juicio, será más tolerable el castigo para los de Sodoma y Gomorra, que para aquella ciudad" (Mr. 6:11).

"De éstos también profetizó Enoc, séptimo desde Adán, diciendo: He aquí, vino el Señor con sus santas decenas de millares, para hacer juicio contra todos, y dejar convictos a todos los impíos de todas sus obras impías que han hecho impíamente, y de todas las cosas duras que los pecadores impíos han hablado contra él" (Jud. 14-15).

"He aquí que viene con las nubes, y todo ojo le verá, y los que le traspasaron; y todos los linajes de la tierra harán lamentación por él. Sí, amén" (Ap. 1:7).

"El temor de Jehová es limpio, que permanece para siempre; los juicios de Jehová son verdad, todos justos" (Sal. 19:9).

"Delante de Jehová que vino; porque vino a juzgar la tierra. Juzgará al mundo con justicia, y a los pueblos con su verdad" (Sal. 96:13).

Pensamiento 1: Las Escrituras declaran claramente que Dios ejecutará juicio respecto de este mundo corruptible y los impíos.

"De éstos también profetizó Enoc, séptimo desde Adán, diciendo: He aquí, vino el Señor con sus santas decenas de millares" (Jud. 14).

"Por cuanto ha establecido un día en el cual juzgará al mundo con justicia, por aquel varón a quien designó, dando fe a todos con haberle levantado de los muertos" (Hch. 17:31).

"Porque la ira de Dios se revela desde el cielo contra toda impiedad e injusticia de los hombres que detienen con injusticia la verdad" (Ro. 1:18).

"Delante de Jehová que vino; porque vino a juzgar la tierra. Juzgará al mundo con justicia, y a los pueblos con su verdad" (Sal. 96:13).

	B. El tronar de las primeras cuatro trompetas: Catástrofes naturales, 8:6-12		f. Destruye un tercio de las embarcaciones
1 La primera trompeta: Una feroz tormenta a. Incluye granizo y fuego mezclados con sangre b. Destruye un tercio de la vegetación.	6 Y los siete ángeles que tenían las siete trompetas se dispusieron a tocarlas. 7 El primer ángel tocó la trompeta, y hubo granizo y fuego mezclados con sangre, que fueron lanzados sobre la tierra; y la tercera parte de los árboles se quemó, y se quemó toda la hierba verde.	10 El tercer ángel tocó la trompeta, y cayó del cielo una gran estrella, ardiendo como una antorcha, y cayó sobre la tercera parte de los ríos, y sobre las fuentes de las aguas. 11 Y el nombre de la estrella es Ajenjo. Y la tercera parte de las aguas se convirtió en ajenjo; y muchos hombres murieron a causa de esas aguas, porque se hicieron amargas.	**3 La tercera trompeta: Una masa meteórica** a. Afecta un tercio de los sistemas acuáticos b. Se llama ajenjo. c. Contamina un tercio de las aguas, matando a muchos.
2 La segunda trompeta: Una explosión volcánica masiva a. Es una masa de roca tan grande como una montaña b. Sigue habiendo fuego c. Se arroja al mar d. Convierte un tercio del mar en rojo sangre e. Destruye un tercio de la vida del océano	8 El segundo ángel tocó la trompeta, y como una gran montaña ardiendo en fuego fue precipitada en el mar; y la tercera parte del mar se convirtió en sangre. 9 Y murió la tercera parte de los seres vivientes que estaban en el mar, y la tercera parte de las naves fue destruida.	12 El cuarto ángel tocó la trompeta, y fue herida la tercera parte del sol, y la tercera parte de la luna, y la tercera parte de las estrellas, para que se oscureciese la tercera parte de ellos, y no hubiese luz en la tercera parte del día, y asimismo de la noche.	**4 La cuarta trompeta: Un eclipse astronómico** a. Oscurece un tercio de los cuerpos celestiales b. Afecta el día y la noche

DIVISIÓN V

LOS JUICIOS DE LAS SIETE TROMPETAS: ACONTECIMIENTOS DURANTE LA GRAN TRIBULACIÓN, 8:1—11:19

B. El tronar de las primeras cuatro trompetas: Catástrofes naturales, 8:6-12

(8:6-12) ***Introducción:*** Los grandes juicios de las trompetas sonarán sobre la tierra. Recuerde: Este será el juicio de Dios sobre un mundo que asesinará a los inocentes y blasfemará sobre Dios; un mundo de impíos que lanzarán el peor holocausto en la historia del mundo; que asesinará a millones de creyentes que se rehúsan a negar a Jesucristo y a aceptar la marca del anticristo. El juicio de Dios sonará como trompeta en la faz de la tierra. El juicio recaerá sobre los malvados, los impíos y la maldad del mundo.

Nota: Los siete ángeles se prepararán para hacer tronar las trompetas de sus juicios. Este pasaje trata sobre el primer juicio de las cuatro trompetas. Los juicios se concentrarán en catástrofes naturales, tanto en la tierra como en los cuerpos celestiales. El propósito de estos desastres naturales es el de llevar a la gente al arrepentimiento.

1. La primera trompeta: Una feroz tormenta (vv. 6-7).
2. La segunda trompeta: Una explosión volcánica masiva (vv. 8-9).
3. La tercera trompeta: Una masa meteórica (vv. 10-11).
4. La cuarta trompeta: Un eclipse astronómico (v. 12).

[1] (8:6-7) ***Juicios de las trompetas - Juicio:*** Estará el estallido del primer juicio de la trompeta, la de una feroz tormenta. Recuerde los aterradores disturbios que sucederán en el espacio exterior y en la tierra en los últimos días. El universo y las leyes del universo se desviará: disturbios enormes y violentos sucederán en todo el universo. Vemos esto bajo los juicios de los sellos.

> **"Miré cuando abrió el sexto sello, y he aquí hubo un gran terremoto; y el sol se puso negro como tela de cilicio, y la luna se volvió toda como sangre; y las estrellas del cielo cayeron sobre la tierra, como la higuera deja caer sus higos cuando es sacudida por un fuerte viento. Y el cielo se desvaneció como un pergamino que se enrolla; y todo monte y toda isla se removió de su lugar" (Ap. 6:12-14).**

Estos disturbios cósmicos ocasionarán un verdadero caos en el clima de la tierra. Una tormenta violenta ocurrirá en algún lugar de la tierra, una tormenta tan violenta como jamás se ha visto. La tormenta traerá granizo que parece fuego mezclado con sangre. Sin duda, el color rojizo será una mezcla de arena que será elevada hacia las nubes por uno de los vientos más feroces jamás visto por el hombre. Advierta la fuerza de los vientos. La tormenta será tan fuerte que sus vientos se llevarán un tercio de la tierra, suficientemente fuerte como para destruir y devastar un tercio de la vegetación (césped y árboles). Piense en la enorme destrucción y total devastación.

=> Las cosechas destruidas junto con la provisión de alimentos para el hombre y los animales
=> La rotación agrícola interrumpida por la falta de semillas y la capacidad de volver a plantar
=> La escasez de alimentos

=> Las tierras secas y desiertas que serán el resultado de la destrucción de los árboles

Un tercio de la vegetación de la tierra será destruido en este juicio. ¿Por qué? Porque el fin del mundo estará próximo. Dios comenzará a juzgar a los *impíos* y a los *malvados* de esta tierra. Será el momento para que la gente sepa que Dios es verdaderamente Dios, y que hay que obedecerlo o bien la gente será juzgada y castigada. Este juicio será una advertencia: las personas deben arrepentirse o vendrán juicios peores.

=> Este juicio será similar a las plagas de Egipto por medio de Moisés.

"Y Moisés extendió su vara hacia el cielo, y Jehová hizo tronar y granizar, y el fuego se descargó sobre la tierra; y Jehová hizo llover granizo sobre la tierra de Egipto. Hubo, pues, granizo, y fuego mezclado con el granizo, tan grande, cual nunca hubo en toda la tierra de Egipto desde que fue habitada" (Éx. 9:23-24).

=> Este juicio será similar a la tormenta que cayó sobre los enemigos de Josué e Israel.

"Y mientras iban huyendo de los israelitas, a la bajada de Bet-horón, Jehová arrojó desde el cielo grandes piedras sobre ellos hasta Azeca, y murieron; y fueron más los que murieron por las piedras del granizo, que los que los hijos de Israel mataron a espada" (Jos. 10:11).

=> Otras referencias bíblicas sobre las tormentas de granizo son las siguientes:

"Tronó en los cielos Jehová, y el Altísimo dio su voz; granizo y carbones de fuego" (Sal. 18:13).

"He aquí, Jehová tiene uno que es fuerte y poderoso; como turbión de granizo y como torbellino trastornador, como ímpetu de recias aguas que inundan, con fuerza derriba a tierra" (Is. 28:2).

"Di a los recubridores con lodo suelto, que caerá; vendrá lluvia torrencial, y enviaré piedras de granizo que la hagan caer, y viento tempestuoso la romperá" (Ez. 13:11).

"El primer ángel tocó la trompeta, y hubo granizo y fuego mezclados con sangre, que fueron lanzados sobre la tierra; y la tercera parte de los árboles se quemó, y se quemó toda la hierba verde" (Ap. 8:7).

2 (8:8-9) ***Juicios de las trompetas:*** Está el tronar del juicio de la segunda trompeta. Esta probablemente sea una explosión sin paralelo ya sea de debajo del mar o bien cerca del mar. Aparentemente, la explosión será tan poderosa como una explosión atómica, lo suficientemente poderosa como para hacer explotar una masa de roca tan grande como una montaña en algún océano. Advierta estos hechos:

=> La explosión será tan poderosa que la masa de roca que se desprende hacia arriba es tan grande que se parece a una gran montaña.
=> La masa explosiva será como una llamarada ardiente cuando golpee la tierra.
=> La masa explosiva será arrojada a uno de los océanos.
=> Un tercio de ese mar en particular se volverá rojo sangre.
=> Un tercio de la vida de ese mar será destruido.
=> Un tercio de las embarcaciones de ese océano en particular serán destruidas.

Nuevamente, imagine la escasez de vida marítima en relación a los alimentos, la devastación de la industria pesquera, la interrupción del comercio de ultramar, la pérdida financiera debido a los barcos y la carga destruidos. El comercio y la provisión de alimentos tendrá impactos negativos en todo el mundo debido al tronar de la primera y segunda trompetas.

=> La destrucción de los peces será similar a la plaga que cayó sobre Egipto.

"Y Moisés y Aarón hicieron como Jehová lo mandó; y alzando la vara golpeó las aguas que había en el río, en presencia de Faraón y de sus siervos; y todas las aguas que había en el río se convirtieron en sangre. Asimismo los peces que había en el río murieron; y el río se corrompió, tanto que los egipcios no podían beber de él. Y hubo sangre por toda la tierra de Egipto" (Éx. 7:20-21).

"Oíd palabra de Jehová, hijos de Israel, porque Jehová contiende con los moradores de la tierra; porque no hay verdad, ni misericordia, ni conocimiento de Dios en la tierra. Perjurar, mentir, matar, hurtar y adulterar prevalecen, y homicidio tras homicidio se suceden. Por lo cual se enlutará la tierra, y se extenuará todo morador de ella, con las bestias del campo y las aves del cielo; y aun *los peces del mar* morirán" (Os. 4:1-3).

"Porque día de Jehová de los ejércitos vendrá sobre todo soberbio y altivo, sobre todo enaltecido, y será abatido;... sobre todas *las naves* de Tarsis, y sobre todas las pinturas preciadas" (Is. 2:12, 16).

=> El juicio de Dios fue anunciado hace siglos.

"Destruiré por completo todas las cosas de sobre la faz de la tierra, dice Jehová. Destruiré los hombres y las bestias; destruiré las aves del cielo y *los peces del mar*, y cortaré a los impíos; y raeré a los hombres de sobre la faz de la tierra, dice Jehová" (Sof.. 1:2-3).

"Volvió sus aguas en sangre, y mató a sus peces" (Sal. 105:29)

3 (8:10-11) ***Juicios de trompetas:*** Estará el tronar del tercer juicio de la trompeta, la de una masa meteórica. Aparentemente, se tratará de un enorme meteoro que explotará antes de chocar contra la tierra. Arrasará con un tercio del mundo. Las bolas y partículas que caen en los ríos y cursos de agua afectarán dramáticamente los sistemas acuáticos en esa parte del mundo. En realidad envenenará el agua, y antes de que los hombres puedan darse cuenta de ello, muchos morirán al beber esa agua. Debido al gusto amargo del agua, a la estrella se la llama ajenjo. El ajenjo es una planta que es muy amarga. Piense en el efecto de esta masa meteórica sobre la tierra:

=> La escasez de agua
=> La sed de la gente
=> El pánico debido a la sed
=> La movilización de asistencia de emergencia requerida para obtener agua en ese tercio de la tierra
=> El terror, el miedo y la agonía quemando en la mente de la gente debido a estos tres juicios.

Pero recuerde sobre quién recaerán los juicios: Sobre los impíos y los malos de la tierra, sobre el anticristo y su gobierno y sus seguidores, sobre los que literalmente han asesinado a millones del pueblo de Dios en la tierra, sobre aquellos que han maltratado, burlado, maldecido, golpeado, encarcelado y asesinado a los seguidores del Hijo de Dios, el Señor Jesucristo.

Pensamiento 1: Advierta cómo el amargor del ajenjo se utiliza en las Escrituras.

1) El ajenjo se convirtió en un símbolo de idolatría debido a su amargor. La idolatría es un sabor amargo para que trague Dios; por lo tanto, Él le dará al idólatra la *amargura o ajenjo del juicio.*

"Dijo Jehová: Porque dejaron mi ley, la cual di delante de ellos, y no obedecieron a mi voz, ni caminaron conforme a ella; antes se fueron tras la imaginación de su corazón, y en pos de los baales, según les enseñaron sus padres. Por tanto, así ha dicho Jehová de los ejércitos, Dios de Israel: He aquí que a este pueblo yo les daré a comer ajenjo, y les daré a beber aguas de hiel" (Jer. 9:13-15).

2) El ajenjo se emplea para simbolizar la amargura que una persona inmoral trae a la vida de uno.

"Porque los labios de la mujer extraña destilan miel, y su paladar es más blando que el aceite; mas su fin es amargo como el ajenjo, agudo como espada de dos filos. Sus pies descienden a la muerte; sus pasos conducen al Seol" (Pr. 5:3-5).

3) El ajenjo se utiliza para simbolizar la forma en que la gente niega y trata a Dios con desdén.

"No sea que haya entre vosotros varón o mujer, o familia o tribu, cuyo corazón se aparte hoy de Jehová nuestro Dios, para ir a servir a los dioses de esas naciones; no sea que haya en medio de vosotros raíz que produzca hiel y ajenjo" (Dt. 29:18).

"Dijo Jehová: Porque dejaron mi ley, la cual di delante de ellos, y no obedecieron a mi voz, ni caminaron conforme a ella; antes se fueron tras la imaginación de su corazón, y en pos de los baales, según les enseñaron sus padres. Por tanto, así ha dicho Jehová de los ejércitos, Dios de Israel: He aquí que a este pueblo yo les daré a comer ajenjo, y les daré a beber aguas de hiel" (Jer. 9:13-15).

"Por tanto, así ha dicho Jehová de los ejércitos contra aquellos profetas: He aquí que yo les hago comer ajenjos, y les haré beber agua de hiel; porque de los profetas de Jerusalén salió la hipocresía sobre toda la tierra" (Jer. 23:15).

"Buscad a Jehová, y vivid; no sea que acometa como fuego a la casa de José y la consuma, sin haber en Bet-el el quien lo apague. Los que convertís en ajenjo el juicio, y la justicia la echáis por tierra" (Am. 5:6-7).

4 (8:12) ***Juicios de las trompetas:*** Habrá el tronar de la trompeta del cuarto juicio, la de algún eclipse astronómico. Algún tipo de eclipse inusual se producirá en los cielos.

"Delante de él temblará la tierra, se estremecerán los cielos; el sol y la luna se oscurecerán, y las estrellas retraerán su resplandor" (Jl. 2:10).

"Acontecerá en aquel día, dice Jehová el Señor, que haré que se ponga el sol a mediodía, y cubriré de tinieblas la tierra en el día claro" (Am. 8:9).

Lo que las Escrituras están queriendo decir aquí es difícil de comprender. Parecería que una querría significar una de estas tres cosas.

=> Que un tercio del sol, la luna y las estrellas serán eclipsadas.

=> Que habrá un eclipse que oscurecerá un tercio del día, esto es, habrá un tercio menos de luz.

=> Que no habrá nada de luz durante un tercio de la noche, esto es, que la luna será eclipsada un tercio cada noche.

Cualquiera sea el significado, el acontecimiento será un juicio, una plaga de Dios. Él estará detrás de los acontecimientos, echando miedo a los *impíos* y *malos* de este mundo. Dios tendrá dos propósitos: Conducir a los hombres al arrepentimiento y, si se rehúsan, juzgarlos por todos los actos impíos y malos en contra de su nombre y su pueblo.

La imagen es esta: Dios ha tenido bastante. Ha llegado el momento de detener todo el comportamiento maligno y asesino de la gente. Él está preparado para dar fin al mundo y enviar nuevamente a Cristo a la tierra para establecer justicia en la tierra para siempre. Pero todavía quiere alcanzar a cuantos más pueda. En masa, el mundo lo ha rechazado a Él y a su gente, y el mundo ha seguido un rumbo de genocidio, intentando borrar a todos los creyentes de la faz de la tierra. El anticristo y sus seguidores han lanzado un holocausto que asesinó a millones. Por lo tanto, Dios ahora se dirige en juicio arrojando las fuerzas de la naturaleza fuera de su curso. Está preparándose para destruir la tierra y comenzar de nuevo; pero mientras tanto, Él ofrece la oportunidad de arrepentimiento a cualquiera que se aparte de su pecado y se dirija a su amado Hijo, el Señor Jesucristo.

=> Este juicio será similar a la plaga de oscuridad que debió soportar Egipto bajo Moisés.

"Jehová dijo a Moisés: Extiende tu mano hacia el cielo, para que haya tinieblas sobre la tierra de Egipto, tanto que cualquiera las palpe. Y extendió Moisés su mano hacia el cielo, y hubo densas tinieblas sobre toda la tierra de Egipto, por tres días. Ninguno vio a su prójimo, ni nadie se levantó de su lugar en tres días; mas todos los hijos de Israel tenían luz en sus habitaciones" (Éx. 10:21-23).

=> Un acontecimiento astronómico de ese tipo ya ha sucedido en el juicio del sello.

"Miré cuando abrió el sexto sello, y he aquí hubo un gran terremoto; y el sol se puso negro como tela de cilicio, y la luna se volvió toda como sangre; y las estrellas del cielo cayeron sobre la tierra, como la higuera deja caer sus higos cuando es sacudida por un fuerte viento. Y el cielo se desvaneció como un pergamino que se enrolla; y todo monte y toda isla se removió de su lugar" (Ap. 6:12-14).

=> Otros pasajes de las Escrituras predicen dichos acontecimientos astronómicos para los últimos días.

"Delante de él temblará la tierra, se estremecerán los cielos; el sol y la luna se oscurecerán, y las estrellas retraerán su resplandor" (Jl. 2:10).

"Acontecerá en aquel día, dice Jehová el Señor, que haré que se ponga el sol a mediodía, y cubriré de tinieblas la tierra en el día claro" (Am. 8:9).

=> Jesucristo predijo dichos acontecimientos astronómicos para los últimos días.

"Entonces habrá señales en el sol, en la luna y en las estrellas, y en la tierra angustia de las gentes, confundidas a causa del bramido del mar y de las olas; desfalleciendo los hombres por el temor y la expectación de las cosas que sobrevendrán en la tierra; porque las potencias de los cielos serán conmovidas. Entonces verán al Hijo del Hombre, que vendrá en una nube con poder y gran gloria. Cuando estas cosas comiencen a suceder, erguíos y levantad vuestra cabeza, porque vuestra redención está cerca" (Lc. 21:25-28).

1 El tronar del juicio será ahora mucho más severo a. Será contra el hombre mismo (el impío, v. 4). b. Será muy severo: Un juicio triple **2 La estrella o persona sin nombre** a. Cae del cielo b. Se le entrega la llave del abismo **3 Se abre el abismo** **4 Las langostas del abismo son enviadas para infligir castigos insoportables** a. Se les da un poder como de escorpión b. Se impide que destruyan la naturaleza c. Deben afligir solo a las personas que no tienen el sello de Dios	**C. El tronar de la quinta trompeta: una plaga de langostas de tipo demoníaco sobre los impíos y los malos, 8:13—9:11** 13 Y miré, y oí a un ángel volar por en medio del cielo, diciendo a gran voz: ¡Ay, ay, ay, de los que moran en la tierra, a causa de los otros toques de trompeta que están para sonar los tres ángeles! **CAPÍTULO 9** 1 El quinto ángel tocó la trompeta, y vi una estrella que cayó del cielo a la tierra; y se le dio la llave del pozo del abismo. 2 Y abrió el pozo del abismo, y subió humo del pozo como humo de un gran horno; y se oscureció el sol y el aire por el humo del pozo. 3 Y del humo salieron langostas sobre la tierra; y se les dio poder, como tienen poder los escorpiones de la tierra. 4 Y se les mandó que no dañasen a la hierba de la tierra, ni a cosa verde alguna, ni a ningún árbol, sino solamente a los hombres que no tuviesen	el sello de Dios en sus frentes. 5 Y les fue dado, no que los matasen, sino que los atormentasen cinco meses; y su tormento era como tormento de escorpión cuando hiere al hombre. 6 Y en aquellos días los hombres buscarán la muerte, pero no la hallarán; y ansiarán morir, pero la muerte huirá de ellos. 7 El aspecto de las langostas era semejante a caballos preparados para la guerra; en las cabezas tenían como coronas de oro; sus caras eran como caras humanas; 8 tenían cabello como cabello de mujer; sus dientes eran como de leones; 9 tenían corazas como corazas de hierro; el ruido de sus alas era como el estruendo de muchos carros de caballos corriendo a la batalla; 10 tenían colas como de escorpiones, y también aguijones; y en sus colas tenían poder para dañar a los hombres durante cinco meses. 11 Y tienen por rey sobre ellos al ángel del abismo, cuyo nombre en hebreo es Abadón, y en griego, Apolión.	d. No deben matar a las personas, solo atormentarlas e. El resultado: Las personas estarán tan agotadas de los tormentos que desearán morir **5 Las langostas tienen una apariencia y un poder terribles** a. Como caballos de guerra: Atacan b. Coronas de oro: Exitosas c. Caras de hombre: Inteligencia d. Cabello de mujer: Belleza para seducir e. Dientes de león: Devorar f. Corazas en el pecho: Indestructibles g. Sonido de alas: Atemorizante h. Colas que punzan: Tortura demoníaca **6 Se identifica al rey de las langostas** a. Abadón (hebreo): Destrucción b. Apolión (griego): Destructor

DIVISIÓN V

LOS JUICIOS DE LAS SIETE TROMPETAS: ACONTECIMIENTOS DURANTE LA GRAN TRIBULACIÓN, 8:1—11:19

C. El tronar de la quinta trompeta: Una plaga de langostas de tipo demoníaco sobre los impíos y malos, 8:13—9:11

(8:13—9:11) ***Introducción:*** Tendrá lugar el peor holocausto que el mundo haya presenciado. Millones de creyentes serán asesinados por la sociedad impía y el gobierno del anticristo. El gobierno impío insistirá en que la primera lealtad de las personas pertenece al Estado. El anticristo implantará el Estado como un dios y exigirá fidelidad total. Hará lo que tantos gobiernos hacen hoy día y siempre han hecho: Exigir que la gente se concentre en el gobierno y lo reconozca como el gran proveedor y protector de la sociedad. Él y su gobierno declararán la antigua filosofía del Estado supremo, que el Estado únicamente puede satisfacer las necesidades de las personas y traerles utopía. Los que se rehúsen a darle al gobierno su primera lealtad serán perseguidos, encarcelados y ejecutados. Tómese un instante y piense en todos los gobiernos sobre la tierra que mantienen la supremacía del Estado y niegan a Dios, no permitiendo la libertad de culto. Cuando el anticristo llegue al poder, exaltará el gobierno y a su líder en todo el mundo.

Pero esto es solo una fracción de lo que sucederá en el fin de los tiempos. Recién habrá comenzado la gran tribulación y cada persona de la tierra que coloque a Dios en primer lugar será asesinada. Como se ha dicho, millones de creyentes habrán muerto en el peor holocausto de la historia del mundo. Es por esto y por todos los demás terribles pecados y maldades de una sociedad impía que Dios decide juzgar y dar fin al mundo.

Lo que hemos visto hasta ahora es esto: La gran tribulación ahora ha comenzado. El gran Libro de Dios ahora ha sido abierto, el Libro del Destino, el libro que revela lo que sucederá en el fin de los tiempos. El juicio de Dios sobre los impíos y la maldad de este mundo ha comenzado a caer. Cuatro juicios de trompetas han tronado sobre la tierra con desastre natural tras desastre natural. La destrucción y la devastación sobre la tierra no tienen paralelo.

=> Un tercio de la vegetación ha sido destruida.
=> Un tercio de los mares ha sido contaminado y un tercio de la vida acuática ha muerto.
=> Un tercio de los sistemas acuáticos del mundo ha sido contaminado por una masa meteórica del cielo que ha caído sobre la tierra.
=> Un tercio del día y de la noche se ha visto afectado debido a los sucesos astronómicos en todo el espacio.

Ahora, llegamos al tronar de la quinta trompeta: una plaga de langostas de tipo demoníaco caen sobre los impíos y la maldad de la tierra.

1. El tronar del juicio será ahora mucho más severo (v. 13).
2. La estrella o persona sin nombre (cap. 9:1).
3. Se abre el abismo (v. 2).
4. Las langostas del abismo son enviadas para infligir castigos insoportables (vv. 3-6).
5. Las langostas tienen una apariencia y un poder terribles. (vv. 7-10).
6. Se identifica al rey de las langostas (v. 11).

1 (8:13) ***Juicio:*** El tronar de la trompeta del quinto juicio será mucho más severo que los otros juicios. Los otros cuatro juicios de la trompeta estaban dirigidos en contra de la tierra en sí e involucraban catástrofes naturales. Ahora los juicios serán dirigidos en contra de los impíos y la maldad de esta tierra. No afectará a aquellos que se nieguen a dar su lealtad al anticristo, a quienes se nieguen a la marca de la bestia (Ap. 9:4). Recuerde: Dios va a sellar a sus seguidores; protegerá a los creyentes para que sus juicios no caigan sobre ellos. Sus juicios serán para los impíos y los malos, no para los que han confiado en su Hijo. Por supuesto, como en cualquier generación, los creyentes serán martirizados en manos de hombres malos. Pero los creyentes no sufrirán los juicios de Dios. Serán protegidos como fue protegido Israel durante las plagas egipcias bajo Moisés. (Ver nota, Ap. 7:2:3).

Advierta que un águila vuela en medio de los cielos. (En griego es "águila" y no *ángel* como dice la Reina-Valera, 1960.) La idea es que vuela en las alturas de los cielos, directo al cenit del sol del mediodía. ¿Por qué? Para que todos puedan verlo y oír su voz clamar tres veces "ay" a los impíos de la tierra. Esto, por supuesto, es un lenguaje simbólico que acentúa la fuerza, la velocidad y la certidumbre de los juicios. Un águila es fuerte y rápida, y cuando cae sobre su presa, el juicio es certero. El águila es un símbolo de venganza (cp. Dt. 28:49; Os. 8:1; Hab. 1:8). (A. T. Robertson, *Word Pictures in The New Testament*, Vol. 6, p. 360.)

Pensamiento 1. Ninguno de los impíos y malos del mundo escaparán al juicio de Dios. Dios es *justo y recto* así como también amoroso, perfecto en justicia y rectitud. Por lo tanto, se ejecutará una *justicia perfecta* sobre los impíos y los malos. Cosecharán *exactamente* lo que han sembrado. Dios mismo hará justicia y rectitud en los juicios de las trompetas. Este es el tronar de la quinta trompeta haciendo oír su juicio sobre los impíos y los malos. Este es el principio de la *gran tribulación* que vendrá sobre la tierra. Esto es lo que el gran Libro de Dios, el Libro del Destino, revela. Pero recuerde: Como se acaba de mencionar, Dios ama así como también es justo. Por lo tanto, cualquier persona que se arrepienta y se vuelva al Hijo de Dios, al Señor Jesucristo, puede todavía ser salvo, independientemente de cuán impía haya sido su vida.

2 (9:1) ***Satanás - Ángeles, caídos - Abismo:*** Estará la persona o estrella sin nombre. Se dice que una estrella cae del cielo. ¿Qué es esta estrella? Advierta que se utiliza el pronombre *le* para referirse a esta estrella. Es una persona. La palabra *estrella* se emplea en sentido simbólico para referirse a una persona de fama o de alta posición. ¿Quién es esta persona? Advierta estos hechos.

=> Se dice que es una estrella "caída" (peptokota) del cielo. Se habla en tiempo pasado, lo cual significa que ya había caído cuando Dios le dio la llave del abismo.
=> Cristo dijo que Él vio a Satanás caer del cielo.

"Y les dijo: Yo veía a Satanás caer del cielo como un rayo" (Lc. 10:18).

=> Las Escrituras dan una idea de la caída de Satanás. Aparentemente fue el mayor arcángel creado por Dios. Pero hizo lo que ha hecho toda persona, comenzó a mirarse a sí mismo y a elegir ir por su propia cuenta. Por lo tanto, Dios hizo lo que tiene que hacer con cualquiera de nosotros cuando lo rechazamos y nos rebelamos en contra de Él: Dios tuvo que echar a Satanás del cielo, lejos de su santa presencia.

"¡Cómo caíste del cielo, oh Lucero, hijo de la mañana! Cortado fuiste por tierra, tú que debilitabas a las naciones. Tú que decías en tu corazón: Subiré al cielo; en lo alto, junto a las estrellas de Dios, levantaré mi trono, y en el monte del testimonio me sentaré, a los lados del norte; sobre las alturas de las nubes subiré, y seré semejante al Altísimo. Mas tú derribado eres hasta el Seol, a los lados del abismo" (Is. 14:12-15).

=> A él se les da las llaves del abismo, el lugar donde las Escrituras dicen que se guardan los demonios y los diablos. (Esto se trata en la próxima nota.)

El punto es este: Al comparar las Escrituras entre sí, esta estrella o ángel caído parece ser Satanás mismo. Si no es Satanás, entonces probablemente sea algún ángel caído de alta posición en el mundo espiritual. Actualmente Jesucristo tiene las llaves del abismo, pero se las da a Satanás y permite que él aflija al mundo con sus hordas de demonios. ¿Por qué? Para que el mundo de hombres malos pueda cosechar lo que sembró. Sin embargo, advierta que Dios restringe y limita su maligna destrucción como lo hace en nuestros días (cp. Mt. 8:29; Lc. 8:31; Ap. 1:18; 3:7; cp. Ap. 20:11-15).

3 (9:2) ***Abismo:*** Estará el abismo. Será abierto por el ángel caído de Satanás. ¿Qué es el abismo? Es el lugar en el que se guardan los *espíritus malignos y los demonios* hasta el fin del mundo. (Ver Estudio a fondo 1, Infierno - 1 P. 3:19, 20 para todas las prisiones o compartimientos del infierno). Su destino final será el Gehena o el lago de fuego, el lugar donde se condenarán a todos los que se han rebelado en contra de Dios (Ap. 20:10, 14-15). Advierta qué ocurre cuando este ángel caído abre el abismo: Sale humo del abismo, humo que es tal cual como el humo de un gran horno. El humo de la atmósfera se tornó tan pesado y denso que se oscureció el sol. Esto simboliza lo que les sucederá a los impíos y malos:

=> Los atacará la oscuridad del submundo.
=> Se les sofocará el aliento problema tras problema.
=> Experimentarán horror tras horror que surgirá del abismo.

"Y le rogaban que no los mandase ir al abismo" (Lc. 8:31).

"El quinto ángel tocó la trompeta, y vi una estrella que cayó del cielo a la tierra; y se le dio la llave del pozo del abismo. Y abrió el pozo del abismo, y subió humo del pozo como humo de un gran horno; y se oscureció el sol y el aire por el humo del pozo. Y del humo salieron langostas sobre la tierra; y se les dio poder, como tienen poder los escorpiones de la tierra... Y tienen por rey sobre ellos al ángel del abismo, cuyo nombre en hebreo es Abadón, y en griego, Apolión" (Ap. 9:1-3, 11).

"Cuando hayan acabado su testimonio, la bestia que sube del abismo hará guerra contra ellos, y los vencerá y los matará" (Ap. 11:7).

"La bestia [el anticristo] que has visto, era, y no es; y está para subir del abismo e ir a perdición; y los moradores de la tierra, aquellos cuyos nombres no están escritos desde la fundación del mundo en el libro de la vida, se asombrarán viendo la bestia que era y no es, y será" (Ap. 17:8).

"Vi a un ángel que descendía del cielo, con la llave del abismo, y una gran cadena en la mano. Y prendió al dragón, la serpiente antigua, que es el diablo y Satanás, y lo ató por mil años" (Ap. 20:1-2).

4 (9:3-6) ***Espíritus malignos - Juicio:*** Estarán los demonios como langostas del abismo. Serán enviados para infligir un castigo insoportable a los impíos. ¿Por qué se los llama langostas a estos demonios? Porque las langostas son un símbolo del enojo de Dios en contra de los impíos y los malos del mundo (Éx. 10:13; Jl. 1:4). Advierta cinco hechos sobre el juicio de estos demonios como langostas.

1. A los demonios como langostas se les dará poder como de escorpiones (v. 3). El escorpión ataca a su víctima con su cola; su aguijón está en la cola. Tiene un líquido venenoso que inyecta en la herida de su víctima. El aguijón no es fatal, pero ocasiona un terrible sufrimiento.

Lo que se está diciendo es lo siguiente: En la gran tribulación se liberarán del abismo demonios con el poder de escorpiones.

Recuerde: El mundo y las leyes de la naturaleza se ven afectados tan radicalmente que sucederá desastre natural tras desastre natural sobre el mundo. Habrá falta de comida, agua y las necesidades básicas de la vida. Los animales se escabullirán al igual que los hombres, buscando comida frenéticamente. Existe, por supuesto, hasta la posibilidad de que se produzca una mutación animal extraña resultante de todos los cambios naturales y experimentaciones científicas de los últimos días. El punto es este: Conocemos bien estas perspectivas hoy día debido a lo que la ciencia está realizando con los genes y los elementos básicos de la vida. Las monstruosidades indescriptibles son muy posibles actualmente.

Pero advierta: Este es un juicio de Dios. No es algo que el hombre hace por su propia cuenta. Dios puede permitir que los espíritus malignos utilicen algo que el hombre ha desarrollado, pero detrás de todo estará el juicio de Dios. Los espíritus malignos, los demonios del abismo, serán liberados y se les otorgará un poder como de escorpión para afligir a los impíos y los malos de este mundo. Advierta: Ellos no matan a las personas, sino que solo las afligen y las atormentan. Los demonios atormentarán a todos en sus senderos al igual que las langostas en el campo.

2. Los demonios como langostas no podrán dañar la naturaleza (v. 4). Esto demuestra que no serán langostas de la tierra, puesto que las langostas atacan a la vegetación.

3. Los demonios como langostas afligirán solo a las personas que no tengan el sello de Dios (v. 4). Dios sellará a su gente durante la gran tribulación. Su gente estará protegida de sufrir los juicios que caerán sobre los impíos y los malos de este mundo. Muchos creyentes serán atacados y morirán en manos del anticristo, pero ni un solo creyente será tocado por el juicio de Dios. La ira de Dios cae solo sobre los incrédulos. Esto siempre ha sido verdad y siempre lo será (ver notas, Ap. 7:2-3; 8:13 para mayor discusión al respecto).

4. Los demonios como langostas no asesinarán a las personas, solo las atormentarán (v. 5). Esto es algo crítico de destacar. Este hecho solo parece apuntar a la fuerza demoníaca de algún animal parecido a la langosta que en realidad barre con la tierra, un animal que aguijonea a las personas con algún veneno que atormenta pero no mata a sus víctimas. Esto puede parecer cruel, pero siempre debemos tener presente lo que está sucediendo: Los impíos y los malos de los últimos días lanzarán un holocausto sobre el mundo muy superior a lo imaginable. Literalmente atormentarán y asesinarán a millones. Por lo tanto, como siempre lo ha dicho Dios, un hombre cosecha lo que siembra. En consecuencia, los impíos y los malos de los últimos días recibirán el mismo juicio, un tormento equivalente al tormento que infligieron. (Ver Estudio a fondo 1, Juicio judicial de Dios - Jn. 12:39-41; nota, Ro. 1:24.)

Advierta que el tormento durará cinco meses. La idea es un ataque continuo: Los demonios como langostas atacarán continuamente a los impíos durante cinco largos meses. Pero incluso durante este horrible juicio Dios demuestra misericordia y le dará al hombre una oportunidad de arrepentirse (cp. vv. 20-21). Como siempre, la mayoría se rehusará, pero Dios aún ofrecerá su misericordia porque Él ama y ansía que los hombres se salven y conozcan las glorias del cielo y de la vida eterna.

5. El resultado del tormento sobre las personas será tan agonizante y el dolor tan intolerable que las personas implorarán la muerte (v. 6). Pero ellos no morirán. Recuerde: A la mayoría

de la gente le falta el valor de suicidarse. Desean morir, pero no tienen el valor de ir adelante y tomar sus propias vidas. La escena de los últimos días es que la gente estará tan afligida con el tormento que desearán morirse, pero no podrán. La aflicción no es suficientemente poderosa como para matarlos, y ellos no pueden reunir el valor suficiente como para matarse a sí mismos. La muerte está fuera de su alcance. Deben sufrir el tormento del juicio de Dios.

=> Jeremías predijo que los hombres sufrirían tanto que anhelarían la muerte.

> **"Y escogerá la muerte antes que la vida todo el resto que quede de esta mala generación, en todos los lugares adonde arroje yo a los que queden, dice Jehová de los ejércitos" (Jer. 8:3).**

=> Otros pasajes de las Escrituras hablan de la desesperación y desesperanza de los hombres afligidos.

> **"Que esperan la muerte, y ella no llega, aunque la buscan más que tesoros" (Job 3:21).**
>
> **"Entonces me asustas con sueños, y me aterras con visiones. Y así mi alma tuvo por mejor la estrangulación, y quiso la muerte más que mis huesos" (Job 7:14-15).**
>
> **"Está mi alma hastiada de mi vida; daré libre curso a mi queja, hablaré con amargura de mi alma" (Job 10:1).**
>
> **"Nos metiste en la red; pusiste sobre nuestros lomos pesada carga" (Sal. 66:11).**
>
> **"Porque con tu furor somos consumidos, y con tu ira somos turbados" (Sal. 90:7).**
>
> **"Por lo cual yo como ceniza a manera de pan, y mi bebida mezclo con lágrimas, a causa de tu enojo y de tu ira; pues me alzaste, y me has arrojado" (Sal. 102:9-10).**
>
> **"Los pecadores se asombraron en Sion, espanto sobrecogió a los hipócritas. ¿Quién de nosotros morará con el fuego consumidor? ¿Quién de nosotros habitará con las llamas eternas?" (Is. 33:14).**

5 (9:7-10) ***Espíritus malignos - Juicio:*** Estará la aparición y el poder de los demonios como langostas. Se dan ocho descripciones. Lo que quiere demostrarse es la apariencia y el poder aterradores de las fuerzas demoníacas del fin de los tiempos. El hombre debe estar atento y prepararse. Debe prepararse recibiendo a Jesucristo como su Salvador para poder escapar la horda demoníaca que vendrá en los últimos días.

1. Las langostas demoníacas son como caballos preparados para la batalla: *dispuestos y preparados para atacar*. Esto también puede querer decir que serán más grandes que el tamaño promedio de las langostas (cp. Jl. 2:4).

2. Las langostas demoníacas tendrán cabezas que parecerán como que están coronadas con oro: Esto simboliza que tendrán *autoridad* para infligir a los hombres. Serán como *conquistadoras y serán exitosas* en sus ataques.

3. Las langostas demoníacas tendrán rostros de hombres: Esto simboliza la *resolución e inteligencia* de los hombres. Serán determinadas en sus ataques y tendrán la inteligencia para atacar e infligir daño con su veneno como de escorpión.

4. Las langostas demoníacas tendrán el cabello como de mujer: Belleza para seducir y atrapar, para ayudarles a parecer, en primera instancia, inocentes e inocuas. Esto puede significar una antena larga que les ayude en su ataque y escape.

5. Las langostas demoníacas tendrán dientes como de león: Feroces, devoradoras y crueles (Jl. 1:6).

6. Las langostas demoníacas tendrán corazas como de acero: Indestructibles, protegidas y defendidas. La gente no tendrá la posibilidad de matarlas.

7. Las langostas demoníacas tendrán alas que suenen como muchas carrozas yendo a la batalla: Atemorizadoras y abrumadoras. Habrá un sentimiento de desesperanza en tratar de defenderse de ellas (cp. Jl. 2:4-5).

8. Las langostas demoníacas tendrán colas con aguijón como escorpiones: Tortura demoníaca.

> ***Pensamiento 1:*** Cuando se acerque el fin del mundo, obrarán muchas más fuerzas demoníacas que nunca antes. La intensificación supera a la mente humana. Pero Dios nos ama y quiere que escapemos de las garras del diablo y de las hordas demoníacas. Por lo tanto, nos advierte qué vendrá. Debemos escapar a los juicios que vienen que caerán sobre los impíos y los malos de los últimos días. Dios ha encontrado un camino para que escapemos. ¿Cuál es ese camino? El Señor Jesucristo, el Hijo de Dios mismo. Debemos recibir a Jesucristo como a nuestro Señor y Salvador, volcándonos totalmente hacia Él.
>
> **"¿Cómo escaparemos nosotros, si descuidamos una salvación tan grande? La cual, habiendo sido anunciada primeramente por el Señor, nos fue confirmada por los que oyeron" (He. 2:3).**
>
> **"Que cuando digan: Paz y seguridad, entonces vendrá sobre ellos destrucción repentina, como los dolores a la mujer encinta, y no escaparán" (1 Ts. 5:3).**
>
> **"Tarde o temprano, el malo será castigado; mas la descendencia de los justos será librada" (Pr. 11:21).**
>
> **"Por tanto, así ha dicho Jehová: He aquí yo traigo sobre ellos mal del que no podrán salir; y clamarán a mí, y no los oiré" (Jer. 11:11).**
>
> **"¡Ay de los que desean el día de Jehová! ¿Para qué queréis este día de Jehová? Será de tinieblas, y no de luz; como el que huye de delante del león, y se encuentra con el oso; o como si entrare en casa y apoyare su mano en la pared, y le muerde una culebra" (Am. 5:18-19).**

6 (9:11) ***Espíritus malignos - Satanás - Ángeles, caídos:*** Estará el rey de las langostas demoníacas. Se dicen cuatro cosas sobre él.

1. Él es un *ángel:* Una criatura de enorme belleza y fortaleza.

2. Él es *el ángel del abismo:* Un ángel caído. Alguna vez fue un ángel del cielo, un siervo de Dios, pero ahora es un ángel del submundo, del pecado y la maldad y de toda la impiedad y falta de justicia.

3. Él es el rey, el regidor y gobernador, del abismo. Advierta: Hay varios niveles de autoridad, poder y reinado en el mundo espiritual así como los hay en este mundo. Este ángel caído reina sobre el poder de las tinieblas. Está bajo su comando y autoridad.

4. Tiene tanto un nombre griego como hebreo. Su nombre en hebreo es Abadón, que significa *destrucción* y su nombre griego es Apolión, que significa *destructor*. ¿Qué mejor nombre podría describir a este gobernador de las langostas

demoníacas? Ninguna criatura ni ninguna fuerza deja detrás más destrucción que la de las feroces langostas. ¿Quién es este ángel caído? Nuevamente, tiene que ser Satanás mismo o uno de sus principales ángeles.

Pensamiento 1: Advierta un hecho crítico: El enemigo del hombre es la fuerza espiritual que reside tras este mundo, una fuerza que la Biblia denomina Satanás. Lo único que hacemos es engañarnos si no nos volcamos al poder y la salvación de Jesucristo. Él nos libera de las amarras de esta fuerza y persona malas que nos conduce a la maldad y nos destina a la muerte. Jesucristo, el mismo Hijo de Dios, ha vencido a Satanás para poder liberarnos de las garras de Satanás y de su poder de pecado y muerte.

"Cuando alguno oye la palabra del reino y no la entiende, viene el malo, y arrebata lo que fue sembrado en su corazón. Este es el que fue sembrado junto al camino" (Mt. 13:19).

"Vosotros sois de vuestro padre el diablo, y los deseos de vuestro padre queréis hacer. El ha sido homicida desde el principio, y no ha permanecido en la verdad, porque no hay verdad en él. Cuando habla mentira, de suyo habla; porque es mentiroso, y padre de mentira" (Jn. 8:44).

"Ahora es el juicio de este mundo; ahora el príncipe de este mundo será echado fuera" (Jn. 12:31).

"No hablaré ya mucho con vosotros; porque viene el príncipe de este mundo, y él nada tiene en mí" (Jn. 14:30).

"Pero si nuestro evangelio está aún encubierto, entre los que se pierden está encubierto; en los cuales el dios de este siglo cegó el entendimiento de los incrédulos, para que no les resplandezca la luz del evangelio de la gloria de Cristo, el cual es la imagen de Dios" (2 Co. 4:3-4).

"En los cuales anduvisteis en otro tiempo, siguiendo la corriente de este mundo, conforme al príncipe de la potestad del aire, el espíritu que ahora opera en los hijos de desobediencia" (Ef. 2:2).

"Porque no tenemos lucha contra sangre y carne, sino contra principados, contra potestades, contra los gobernadores de las tinieblas de este siglo, contra huestes espirituales de maldad en las regiones celestes" (Ef. 6:12).

"Y despojando a los principados y a las potestades [del diablo], los exhibió públicamente, triunfando sobre ellos en la cruz" (Col. 2:15).

"Así que, por cuanto los hijos participaron de carne y sangre, él también participó de lo mismo, para destruir por medio de la muerte al que tenía el imperio de la muerte, esto es, al diablo, y librar a todos los que por el temor de la muerte estaban durante toda la vida sujetos a servidumbre" (He. 2:14-15).

"Sed sobrios, y velad; porque vuestro adversario el diablo, como león rugiente, anda alrededor buscando a quien devorar" (1 P. 5:8).

"El que practica el pecado es del diablo; porque el diablo peca desde el principio. Para esto apareció el Hijo de Dios, para deshacer las obras del diablo" (1 Jn. 3:8).

	D. El tronar de la sexta trompeta: Jinetes militares de tipo demoníaco, 9:12-21	de leones; y de su boca salían fuego, humo y azufre.	1) Tienen cabezas como de león: Feroces y devoradores
1 Quedan todavía más ayes	12 El primer ay pasó; he aquí, vienen aún dos ayes después de esto.	18 Por estas tres plagas fue muerta la tercera parte de los hombres; por el fuego, el humo y el azufre que salían de su boca.	2) Sus bocas escupen fuego: Naturaleza del infierno
2 Se liberan a los cuatro ángeles caídos a. Al mando de una voz desde el altar b. Estaban atados al río Éufrates	13 El sexto ángel tocó la trompeta, y oí una voz de entre los cuatro cuernos del altar de oro que estaba delante de Dios, 14 diciendo al sexto ángel que tenía la trompeta: Desata a los cuatro ángeles que están atados junto al gran río Éufrates.	19 Pues el poder de los caballos estaba en su boca y en sus colas; porque sus colas, semejantes a serpientes, tenían cabezas, y con ellas dañaban.	3) Matan a un tercio de los impíos y los malos 4) Su poder está en su boca, cabeza y colas como de serpiente: Tortura y muerte
c. Estaban preparados para destruir un tercio de la humanidad	15 Y fueron desatados los cuatro ángeles que estaban preparados para la hora, día, mes y año, a fin de matar a la tercera parte de los hombres.	20 Y los otros hombres que no fueron muertos con estas plagas, ni aun así se arrepintieron de las obras de sus manos, ni dejaron de adorar a los demonios, y a las imágenes de oro, de plata, de bronce, de piedra y de madera, las cuales no pueden ver, ni oír, ni andar;	**4 El juicio tiene un propósito: Conducir a la gente al arrepentimiento** a. Los sobrevivientes no se arrepienten b. El arrepentimiento necesario
3 Aparecen los jinetes militares y sus caballos demoníacos a. Su número: 200 millones b. Los jinetes: Tienen corazas que son indestructibles c. Los caballos	16 Y el número de los ejércitos de los jinetes era doscientos millones. Yo oí su número. 17 Así vi en visión los caballos y a sus jinetes, los cuales tenían corazas de fuego, de zafiro y de azufre. Y las cabezas de los caballos eran como cabezas	21 y no se arrepintieron de sus homicidios, ni de sus hechicerías, ni de su fornicación, ni de sus hurtos.	

DIVISIÓN V

LOS JUICIOS DE LAS SIETE TROMPETAS: ACONTECIMIENTOS DURANTE LA GRAN TRIBULACIÓN, 8:1—11:19

D. El tronar de la sexta trompeta: Jinetes militares de tipo demoníaco, 9:12-21

(9:12-21) ***Introducción:*** El tronar de la trompeta del juicio está por caer sobre la tierra, sobre los impíos y los malos de este mundo. Hemos visto esto en el tronar de las cuatro primeras trompetas que cayeron sobre la naturaleza. Acontecimientos horrorosos y catastróficos destruyeron un tercio de la vegetación, de la provisión de agua, de la vida acuática y del comercio de embarques y pesca del mundo. Los científicos nos advierten todo el tiempo sobre la posibilidad de dichos horrores salvo que se proteja el medio ambiente. Dicha época horrible está por venir. Pero advierta: En los primeros cuatro juicios de las trompetas, el hombre en sí no será atacado, no en una escala masiva. Esto es, el cuerpo del hombre no será atacado, su cuerpo no sufrirá ninguna enfermedad masiva como efecto de las catástrofes. Pero después de los desastres naturales los impíos y los malos del mundo serán juzgados. Los últimos tres juicios de las trompetas serán dirigidos en contra de ellos en forma personal y millones serán afligidos y destruidos. Van a cosechar lo que han sembrado. Han sembrado una impiedad terrible, por lo tanto cosecharán el castigo de su maldad. Y el castigo será tan severo, que solo puede llamárselo un prolongado período de ayes. Los últimos tres juicios de las trompetas son los *juicios de los ayes*, los juicios dirigidos en contra de los impíos y malos de este mundo. El primer juicio del ay fue visto en el pasaje anterior, una plaga de langostas de tipo demoníaco. Las langostas demoníacas solo pueden torturar a los hombres, no matarlos. Pero ahora la sexta trompeta truena su juicio, y viene otra horda de demonios. Sin embargo, esta vez hay una diferencia. Estos son demonios militares y harán lo suyo sobre la vida humana. Un número astronómico de los impíos y malos de este mundo morirán bajo el juicio de la justa mano de Dios en este juicio de los *ayes*. Este es el juicio de los jinetes militares demoníacos.

1. Quedan todavía más ayes (v. 12).
2. Se liberan a los cuatro ángeles caídos (vv. 13-15).
3. Aparecen los jinetes militares y sus caballos demoníacos (vv. 16-19).
4. El juicio tiene un propósito: Conducir a la gente al arrepentimiento (vv. 20-21).

1 (9:12) ***Juicio - Ayes:*** Restan más *ayes.* Habrá una destrucción catastrófica y una devastación en la *gran tribulación* que llegará a la tierra. Será una época tan terrible que solo puede describirse como un período de *ay*, esto es, de suma pena, dolor, sufrimiento, aflicción y calamidad. Los *juicios de los ayes* de Dios son los juicios de las trompetas que caen afligiendo los cuerpos de los impíos. Un ay ya ha sido cubierto, las langostas de tipo demoníaco. Quedan dos juicios de ayes más por caer sobre la gente mala del mundo.

2 (9:13-15) ***Ángeles, caídos - Juicio:*** Están los cuatro ángeles caídos liberados. Se dan tres hechos respecto de por qué se los libera.

1. Se los libera por una orden que proviene del altar dorado. Este es el altar de incienso donde se guardan las oraciones de la gente de Dios (cp. Ap. 6:9-10; 8:3-4). Esto simboliza un hecho significativo: Dios lanza su juicio especialmente para reivindicar a los millones que serán asesinados en el holocausto del anticristo. Dios será perfectamente justo. Él ejercerá justicia perfecta contra el anticristo y sus seguidores que han asesinado a millones. Ellos también serán asesinados por el juicio de Dios. Las mismas oraciones del altar dorado claman porque se reivindique el nombre de Dios en contra de quienes se rieron, se burlaron, rechazaron, negaron, desobedecieron y maldijeron a Dios. Dios oirá estas oraciones.

2. Los cuatro ángeles liberados están atados en el gran río Éufrates. Advierta que se emplea el artículo definido: *el.* Los cuatro ángeles caídos son cuatro ángeles específicos. Como veremos a continuación, serán cuatro ángeles de alto rango militar.

¿Por qué vendrían los ángeles del Éufrates? Las Escrituras no lo dicen, pero hay dos motivos que resultan probables.

=> La cuenca o inicio del Éufrates fluía por el huerto del Edén. Fue allí, por supuesto, donde Satanás tentó por primera vez y venció al hombre. El primer pecado que derivó en la caída de la raza humana tuvo lugar en el inicio del río Éufrates. Fue allí también donde se produjo el primer asesinato y fue en la región del Éufrates donde tuvo lugar la primera rebelión organizada en contra de Dios. (Todo esto es señalado por el excelente expositor bíblico, Lehman Strauss, *The Book of Revelation*, p. 194.)

=> El Éufrates era la frontera occidental de la Tierra Prometida que Dios prometió a Abraham.

Por lo tanto, más allá del Éufrates puede considerarse como los confines más extremos de la tierra, como el lugar en donde están los enemigos espirituales del hombre. Como dice William Barclay:

> *"Por lo tanto, los ángeles vinieron de las tierras distantes, de los lugares extraños y hostiles, de esas mismas partes del mundo desde donde los asirios y los babilonios en su momento descendieron para destruir a Israel. Entonces, los ángeles provienen del sitio en el cual el desastre provino en la antigüedad sobre Israel, el pueblo de Dios... Los cuatro ángeles son Ángeles de Castigo; vienen de la parte del mundo desde donde tantas veces han venido la muerte, los desastres y la esclavitud" (*The Revelation of John, *Vol. 2, p. 64).*

3. Los cuatro ángeles caídos fueron liberados y están preparados para ejercer un juicio sobre la tierra: El juicio de asesinar un tercio de la población impía y mala del mundo. Recuerde por qué: Porque los miles de millones que están sobre la tierra seguirán y darán su lealtad y apoyo total al anticristo y a las políticas de su gobierno. Una de las principales políticas será el holocausto lanzado en contra de los creyentes del mundo. Literalmente, millones serán asesinados. Dicho en términos simples, Dios ya no podrá quitar la maldad diabólica de la gente maligna. Él permitirá que su justicia sea finalmente ejercida y demostrada: Los diabólicos, los impíos y los malos, cosecharán el exterminio que han infligido a otros.

4. Advierta otro hecho: Dios ya ha fijado el momento para este juicio. Hay un año, un mes, un día y hasta una hora exactos en que este juicio caerá sobre los impíos y los malos. La hora ya está determinada.

3 (9:16-19) ***Juicio - Ángeles, caídos:*** Están los jinetes militares y sus caballos demoníacos. Se dicen cinco cosas sobre esta hora demoníaca.

1. Habrá un ejército de doscientos millones. Imagine un ejército de doscientos millones de espíritus demoníacos liberados sobre la tierra. Este será el ejército que comandarán los cuatro ángeles, un ejército como el mundo nunca ha visto antes.

2. Los jinetes llevarán corazas. Las corazas son "de fuego, de zafiro y de azufre". Las corazas simbolizan el hecho de que serán indestructibles, protegidas y defendidas al ir a la guerra en contra de los impíos del mundo. El hombre no será capaz de detenerlos.

3. Los caballos serán horribles y añadirán terror sobre terror a los impíos.

=> Tendrán cabezas como de león: Feroces, devoradoras, crueles y consumidoras.

=> Tendrán bocas que escupen fuego: Una naturaleza del infierno y del fuego; una naturaleza vengativa, de enojo, de ira (cp. Ap. 14:10; 19:20; 21:8).

=> Matarán a un tercio de los impíos y malos de la tierra. ¿Cómo? Mediante la plaga de fuego, humo y azufre. (Advierta: Las armas utilizadas por este ejército demoníaco no se mencionan. Pero observe cómo el fuego, el humo y el azufre parecen referirse a una explosión atómica. Sin embargo, debemos tener presente que este asesinato lo llevarán a cabo espíritus malignos y fuerzas demoníacas, todo esto ejecutado bajo la voluntad de Dios como juicio sobre los impíos y malos del mundo).

=> Su poder está en sus bocas, cabezas y colas. La cabeza simboliza la inteligencia; la boca simboliza el discurso engañoso y un apetito por consumir y destruir y las colas de serpiente simbolizan golpes venenosos y heridas mortales.

> ***Pensamiento 1:*** La imagen de la gran tribulación es una imagen de horror tras horror. Es una escena que da miedo y pavor. Pero advierta: Con lo que sabemos acerca de la posibilidad de la destrucción atómica, de la devastación ambiental y de la posibilidad de monstruosas mutaciones genéticas, ya no puede dudarse de los juicios del libro de Dios. No si Dios es realmente Dios, y no si Él es verdaderamente justo, y no si surge algún dirigente diabólico (como ha sucedido en el pasado) que lanza un holocausto en contra del pueblo de Dios.

Dios ejercerá justicia si algún demonio de una persona asesina a millones y millones de su gente, y si todo el mundo le brinda su apoyo. Esto es lo que ocasionará que el anticristo difiera de todos los anteriores dirigentes mundiales que han asesinado a millones. Ellos tenían un apoyo limitado. Pero en los últimos días, el anticristo tendrá el apoyo de la mayoría de la gente impía y mala de la tierra.

4 (9:20-21) ***Juicio:*** Está el propósito del juicio: El arrepentimiento. Ahora hay dos puntos significativos.

1. Los sobrevivientes impíos y malos de la tierra siguen sin arrepentirse ni volverse a Dios. Dos tercios de la población sobrevivirán, no porque merezcan sobrevivir sino porque Dios es misericordioso. Dios siempre es misericordioso incluso en medio del juicio. Él les dará a los impíos de la tierra otra oportunidad de arrepentirse, hablándoles por medio de los juicios, pero ellos no se arrepentirán.

Pensamiento 1: Lehman Strauss da una opinión excelente sobre este hecho:

> *"Dios nunca se deleitó por la muerte de los malos. En medio de sus juicios más severos, Él se deleita siendo bondadoso con los culpables. Pero he aquí, la muerte de mil millones de personas de la tierra, con el acompañamiento del dolor y la confusión que deben seguir a un desastre, halla al resto de la gente no dispuesta a arrepentirse. Así es el corazón humano, engañoso por sobre todas las cosas y desesperadamente malo. Luego de dos guerras mundiales, y de un ciento de guerras menores en los últimos cincuenta años, el mundo es más despiadado que nunca. En lugar de arrepentimiento, el pecado aumenta" (*The Book of the Revelation, *p. 196).*

2. Habrá varios pecados graves de los cuales los impíos deban arrepentirse. Y recuerde: Habrá un enorme aumento e intensificación de maldades en los últimos tiempos.

a. Habrá un incremento en la adoración de espíritus malignos y en la adoración de ídolos. En realidad, se dice que los demonios están detrás de la adoración de ídolos. Piense en cuánta adoración de espíritus malignos e ídolos se está produciendo hoy día. ¿Cuánto está sucediendo en las ciudades del mundo en un momento dado? Las Escrituras en realidad declaran que la adoración de todos los dioses salvo del Hijo de Dios, el Señor Jesucristo, es la adoración de un espíritu maligno o ídolo. En realidad, las Escrituras llegan a declarar que la codicia es idolatría. ¿Por qué? Porque una persona ha dispuesto su corazón en otra cosa que no es Dios mismo, y el hombre le debe su primera lealtad a Dios.

Advierta que ningún ídolo puede ver, oír ni caminar, y cuán cierto es esto. No pueden responder a una simple oración, dar un gramo de fortaleza, levantar un solo dedo para ayudar, salvar un solo cabello, extender la vida un solo minuto, llevar un centímetro a una persona más cerca del cielo. No pueden hacer surgir ningún momento de aceptación fuera de Dios ni dar un momento de vida eterna a una persona. Un ídolo no tiene vida. No puede hacer nada por un hombre. Pero advierta: Los espíritus malignos que están detrás de los ídolos pueden dañar y destruir el alma de una persona para siempre. Esto será lo que ocasione tanta idolatría y adoración de espíritus malignos en los últimos días. El anticristo exigirá la adoración del Estado. Al parecer se aprobarán leyes que exijan que una persona entregue su primera lealtad al Estado, como vemos en algunas naciones hoy día y lo hemos visto en el pasado. Por supuesto, la adoración del Estado ayuda a que un gobierno tenga el control de su gente. Este es el peor tipo de idolatría, porque una persona debe someterse al Estado, de lo contrario habitualmente es encarcelado y ejecutado. En el gobierno del anticristo, la gente será ejecutada por no otorgar su primera lealtad al Estado.

Dios odia la idolatría y exige en términos muy definitivos que el hombre se aleje de la idolatría y de la adoración de espíritus malignos.

"Antes digo que lo que los gentiles sacrifican, a los demonios lo sacrifican, y no a Dios; y no quiero que vosotros os hagáis partícipes con los demonios" (1 Co. 10:20).

"Hijitos, guardaos de los ídolos" (1 Jn. 5:21).

"Y los otros hombres que no fueron muertos con estas plagas, ni aun así se arrepintieron de las obras de sus manos, ni dejaron de adorar a los demonios, y a las imágenes de oro, de plata, de bronce, de piedra y de madera, las cuales no pueden ver, ni oír, ni andar" (Ap. 9:20).

"No te harás imagen, ni ninguna semejanza de lo que esté arriba en el cielo, ni abajo en la tierra, ni en las aguas debajo de la tierra" (Éx. 20:4).

"No haréis para vosotros ídolos, ni escultura, ni os levantaréis estatua, ni pondréis en vuestra tierra piedra pintada para inclinaros a ella; porque yo soy Jehová vuestro Dios" (Lv. 26:1).

"Las esculturas de sus dioses quemarás en el fuego; no codiciarás plata ni oro de ellas para tomarlo para ti, para que no tropieces en ello, pues es abominación a Jehová tu Dios" (Dt. 7:25).

"Guardaos, pues, que vuestro corazón no se infatúe, y os apartéis y sirváis a dioses ajenos, y os inclinéis a ellos" (Dt. 11:16).

"Yo Jehová; este es mi nombre; y a otro no daré mi gloria, ni mi alabanza a esculturas" (Is. 42:8).

"Y nunca más sacrificarán sus sacrificios a los demonios, tras de los cuales han fornicado; tendrán esto por estatuto perpetuo por sus edades" (Lv. 17:7).

"Le despertaron a celos con los dioses ajenos; lo provocaron a ira con abominaciones. Sacrificaron a los demonios, y no a Dios; a dioses que no habían conocido, a nuevos dioses venidos de cerca, que no habían temido vuestros padres" (Dt. 32:16-17).

"Y sirvieron a sus ídolos, los cuales fueron causa de su ruina. Sacrificaron sus hijos y sus hijas a los demonios, y derramaron la sangre inocente, la sangre de sus hijos y de sus hijas, que ofrecieron en sacrificio a los ídolos de Canaán, y la tierra fue contaminada con sangre. Se contaminaron así con sus obras, y se prostituyeron con sus hechos" (Sal. 106:36-39).

b. Habrá un incremento en el pecado de *homicidio.* Recuerde todos los mártires a los que Juan vio en el cielo, la innumerable cantidad de creyentes asesinados por el anticristo y su gobierno y sus seguidores. Los mártires eran tantos que "nadie podía contar" (Ap. 7:9). Los creyentes serán asesinados en todo el mundo, provenientes de todas las naciones, tribus, idiomas y pueblos. Solo piense en el holocausto que tendrá lugar: Ni una sola tribu de la tierra, no donde exista un creyente, escapa al intento del anticristo y del mundo de matar a los seguidores del Señor Jesucristo. El anticristo tendrá sus seguidores en todo el mundo y ellos apoyarán sus movimientos asesinos en contra de los creyentes del Señor Jesucristo.

"Muchos tropezarán entonces, y se entregarán unos a otros, y unos a otros se aborrecerán" (Mt. 24:10).

=> Advierta: Esta es indudablemente la diferencia entre el holocausto del pasado y el holocausto del anticristo. En el pasado, los dirigentes diabólicos como Hitler y Stalin contaban solo con una cantidad de personas que apoyaban su genocidio. El anticristo tendrá un apoyo a nivel mundial. El hecho de que sea mundial y que sea lanzado en contra de todos los seguidores del Hijo de Dios activará la decisión de Dios de seguir adelante y dar su juicio final.

El hecho es este: El homicidio será uno de los grandes pecados del anticristo y de sus seguidores. Es un pecado por el cual los impíos y los malos deben arrepentirse o bien enfrentar los terribles juicios del fin de los tiempos y de la eternidad.

"Oísteis que fue dicho a los antiguos: No matarás; y cualquiera que matare será culpable de juicio. Pero yo os digo que cualquiera que se enoje contra su hermano, será culpable de juicio; y cualquiera que diga: Necio, a su hermano, será culpable ante el concilio; y cualquiera que le diga: Fatuo, quedará expuesto al infierno de fuego" (Mt. 5:21-22).

"Le dijo: ¿Cuáles? Y Jesús dijo: No matarás. No adulterarás. No hurtarás. No dirás falso testimonio" (Mt. 19:18).

"Así que, ninguno de vosotros padezca como homicida, o ladrón, o malhechor, o por entremeterse en lo ajeno" (1 P. 4:15).

"Todo aquel que aborrece a su hermano es homicida; y sabéis que ningún homicida tiene vida eterna permanente en él" (1 Jn. 3:15).

"No matarás" (Éx. 20:13).

c. Habrá un incremento en el pecado de hechicería (pharmakon). Advierta que la palabra griega se asemeja a la palabra en español *farmacia*, es decir, un lugar en donde se manejan drogas. La hechicería incluye todo tipo de brujería, el uso de drogas o de espíritus malignos para obtener control sobre las vidas de otros o sobre la propia vida. En el presente contexto incluiría toda forma de hechicería incluyendo la astrología, la lectura de manos, sesiones espiritistas, adivinación del futuro, cristales y otras formas de brujería.

"Así murió Saúl por su rebelión con que prevaricó contra Jehová, contra la palabra de Jehová, la cual no guardó, y porque consultó a una adivina" (1 Cr. 10:13).

"Reuníos, pueblos, y seréis quebrantados; oíd, todos los que sois de lejanas tierras; ceñíos, y seréis quebrantados; disponeos, y seréis quebrantados. Tomad consejo, y será anulado; proferid palabra, y no será firme, porque Dios está con nosotros. Porque Jehová me dijo de esta manera con mano fuerte, y me enseñó que no caminase por el camino de este pueblo, diciendo: No llaméis conspiración a todas las cosas que este pueblo llama conspiración; ni temáis lo que ellos temen, ni tengáis miedo" (Is. 8:9-12).

"Asimismo destruiré de tu mano las hechicerías, y no se hallarán en ti agoreros" (Mi. 5:12).

"Idolatría, hechicerías, enemistades, pleitos, celos, iras, contiendas, disensiones, herejías" (Gá. 5:20).

d. Habrá un aumento de la inmoralidad (porneias): Una palabra amplia que incluye toda forma de actos inmorales y sexuales. Es el sexo prematrimonial y el adulterio; es el sexo anormal, todo tipo de vicios sexuales.

"Huid de la fornicación. Cualquier otro pecado que el hombre cometa, está fuera del cuerpo; mas el que fornica, contra su propio cuerpo peca" (1 Co. 6:18).

"Pero fornicación y toda inmundicia, o avaricia, ni aun se nombre entre vosotros, como conviene a santos" (Ef. 5:3).

"Haced morir, pues, lo terrenal en vosotros: fornicación, impureza, pasiones desordenadas, malos deseos y avaricia, que es idolatría" (Col. 3:5).

e. Habrá un incremento en los robos (klemmaton): Engañar y hurtar; tomar inadecuadamente algo de otra persona, ya sea legal o ilegalmente.

"No hurtarás" (Éx. 20:15).

"No hurtaréis, y no engañaréis ni mentiréis el uno al otro" (Lv. 19:11).

"El que hurtaba, no hurte más, sino trabaje, haciendo con sus manos lo que es bueno, para que tenga qué compartir con el que padece necesidad" (Ef. 4:28).

"No defraudando, sino mostrándose fieles en todo, para que en todo adornen la doctrina de Dios nuestro Salvador" (Tit. 2:10).

	CAPÍTULO 10 **E. El gran anuncio del triunfo final sobre la maldad (Parte 1): El pequeño libro, 10:1-11**
1 El mensajero poderoso del gran anuncio a. Estaba vestido con una nube b. Tenía un arco iris sobre su cabeza c. Tenía una cabeza como el sol d. Tenía pies como columnas de fuego e. Sostenía el librito f. Puso sus pies sobre el mar y la tierra g. Emitió siete juicios de trueno h. Una voz detiene a Juan para que no revele el mensaje de los siete truenos	1 Vi descender del cielo a otro ángel fuerte, envuelto en una nube, con el arco iris sobre su cabeza; y su rostro era como el sol, y sus pies como columnas de fuego. 2 Tenía en su mano un librito abierto; y puso su pie derecho sobre el mar, y el izquierdo sobre la tierra; 3 y clamó a gran voz, como ruge un león; y cuando hubo clamado, siete truenos emitieron sus voces. 4 Cuando los siete truenos hubieron emitido sus voces, yo iba a escribir; pero oí una voz del cielo que me decía: Sella las cosas que los siete truenos han dicho, y no las escribas.
2 La declaración y el juramento del gran anuncio a. Envuelve el gran anuncio con el más solemne de los juramentos b. El gran anuncio: No habrá más demora, el misterio de Dios está por terminar 1) En los días del séptimo ángel y la trompeta 2) El misterio profetizado a los profetas de Dios	5 Y el ángel que vi en pie sobre el mar y sobre la tierra, levantó su mano al cielo, 6 y juró por el que vive por los siglos de los siglos, que creó el cielo y las cosas que están en él, y la tierra y las cosas que están en ella, y el mar y las cosas que están en él, que el tiempo no sería más, 7 sino que en los días de la voz del séptimo ángel, cuando él comience a tocar la trompeta, el misterio de Dios se consumará, como él lo anunció a sus siervos los profetas.
3 El gusto amargo y dulce del gran anuncio a. A Juan se le ordena ir hacia el ángel y tomar el libro abierto	8 La voz que oí del cielo habló otra vez conmigo, y dijo: Ve y toma el librito que está abierto en la mano del ángel que está en pie sobre el mar y sobre la tierra.
b. El ángel le ordena a Juan que tome y coma el libro: El mensaje del libro es amargo y dulce 1) La obediencia de Juan 2) Resultado: Es a la vez amargo y dulce	9 Y fui al ángel, diciéndole que me diese el librito. Y él me dijo: Toma, y cómelo; y te amargará el vientre, pero en tu boca será dulce como la miel. 10 Entonces tomé el librito de la mano del ángel, y lo comí; y era dulce en mi boca como la miel, pero cuando lo hube comido, amargó mi vientre.
c. A Juan se le ordena que proclame el mensaje del libro al mundo	11 Y él me dijo: Es necesario que profetices otra vez sobre muchos pueblos, naciones, lenguas y reyes.

DIVISIÓN V

LOS JUICIOS DE LAS SIETE TROMPETAS: ACONTECIMIENTOS DURANTE LA GRAN TRIBULACIÓN, 8:1—11:19

E. El gran anuncio del triunfo final sobre la maldad (Parte 1): El pequeño libro, 10:1-11

(10:1-11) ***Introducción:*** Han tronado seis juicios de trompeta en la faz de la tierra. La tierra ha sido golpeada con...

- la industria y el comercio de embarques
- una masa meteórica que contaminó un tercio del suministro de agua
- un eclipse astronómico que borró transitoriamente un tercio de la luz del día.
- un ataque de langostas demoníacas que ocasionaron una tortura insoportable a los impíos de la tierra.
- un segundo ataque militar demoníaco que asesinó a un tercio de los impíos y los malos de la tierra.

Es ahora el momento de que truene el séptimo juicio de la trompeta. Pero antes de que lo haga, tanto horror y destrucción ha golpeado a la tierra que el corazón humano clama "¿No hay esperanza? ¿Está destinada la tierra? ¿Será un planeta muerto? ¿No habrá más que una bola de lava derretida flotando en el espacio como muchos otros planetas y estrellas muertos? ¿Se destruirá toda la vida? ¿Es este el futuro pesimista y desesperanzado de la tierra?" ¡No! ¡Mil veces no! Toda la destrucción y la devastación ocurrirá en la tierra, pero habrá un triunfo final sobre el mal y la destrucción. Este es el gran anuncio de este pasaje. El plan eterno de Dios para la salvación y para un nuevo cielo y tierra será consumado.

=> Todos los profetas del juicio final están equivocados. Dios salvará a todos los que le entreguen su vida, y Él hará que los nuevos cielos y la tierra sean perfectos y perduren por los siglos de los siglos.

=> Todos los profetas del humanismo (el hombre como su propio dios) están equivocados. La tierra sufrirá horrores convulsivos y catastróficos. La tierra y su tiempo se están acabando, y el hombre por sí no puede detener el proceso.

Pero este es el mensaje glorioso de estos próximos cuatro pasajes (capítulos diez y once). Dios conquistará la maldad. Este es el gran anuncio del triunfo final sobre la maldad.

1. El mensajero poderoso del gran anuncio (vv. 1-4).

2. La declaración y el juramento del gran anuncio (vv. 5-7).
3. El gusto amargo y dulce del gran anuncio (vv. 8-11).

1 (10:1-4) ***Ángel - Salvación - Jesucristo:*** En primer lugar, está el ángel o mensajero poderoso del gran anuncio. Este ángel era al parecer el más poderoso de los mensajeros de Dios. Recuerde: La palabra ángel significa mensajero. Advierta cuán poderoso es.

=> El mensajero bajó del cielo. Provino de la misma presencia y trono de Dios, del lugar más exaltado. Esto nos dice que él es el más elevado de los seres. El gran anuncio que estaba por pronunciar era el anuncio directamente del trono de Dios mismo.

=> El mensajero estaba vestido con una nube: Esto simboliza una apariencia majestuosa, gloriosa y celestial. Así como los cielos están vestidos con la majestuosidad y gloria de las nubes, así estaba vestido este ángel. Estaba vestido en la nube de la majestuosidad y gloria del cielo. El gran anuncio que iba a pronunciar provenía de la majestuosidad y gloria del cielo.

=> El mensajero tenía un arco iris sobre su cabeza: Esto simboliza la gloria y misericordia de Dios. Esto se ve en que un arco iris es parte de la gloria del trono de Dios (Ez. 1:28) y fue la señal de la misericordia de Dios demostrada a Noé (Gn. 9:12-13). Por lo tanto, la gloria de Dios y la misericordia de Dios se ven en este ángel. El gran anuncio que iba a pronunciar iba a ser un anuncio de gloria y misericordia.

=> El mensajero tenía un rostro que brillaba como el sol. Esto simboliza la luz, el brillo, el esplendor y la brillantez del mensajero. El gran anuncio del mensajero iba a ser el mensaje de enorme luz, lustre y esplendor.

=> El mensajero tenía pies como columnas de fuego. Esto simboliza la santidad, pureza, rectitud y fuerza del mensajero. El gran anuncio del mensajero iba a ser la firme columna de la santidad, pureza y rectitud de Dios en la tierra.

=> El mensajero tenía un librito abierto. ¿Qué es ese libro? El versículo once dice que es el mensaje que debe ser proclamado al mundo. ¿Cuál es ese mensaje? La Palabra de Dios, las Santas Escrituras, tanto el amor como la gracia y el juicio y el ay de Dios. El gran anuncio del mensajero iba a ser el mensaje de la Palabra de Dios, en particular el mensaje de Apocalipsis.

=> El mensajero tenía sus pies puestos sobre el mar y la tierra. Esto simboliza el tamaño gigantesco, la fuerza y el poder del mensajero. Estaba proclamando tanto el mar como la tierra, el mundo entero para Dios. El gran anuncio del mensajero era un mensaje que involucraría a todo el universo.

=> El mensajero tenía una voz que rugía como un león. Esto simboliza la voz de Dios, la misma voz del león de Judá, Cristo mismo (Ap. 5:5; Jl. 3:16; Os. 11:10). El gran anuncio iba a ser el mensaje de Dios mismo.

=> El mensajero clamó siete voces de trueno. El número siete simboliza lo completo, el cumplimiento y la finalidad. El trueno simboliza el poder y la fuerza de la voz de Dios. El gran anuncio del mensajero será el mensaje de lo completo, el cumplimiento y la finalidad. Y los siete truenos de la voz de Dios tienen el poder de completar, cumplir y finalizar todas las cosas.

=> Pero advierta: Una voz del cielo detiene a Juan de revelar el mensaje de los siete truenos. La voz le dice a Juan que selle lo que fuera que dijeron los siete truenos.

El punto es este: Un gran anuncio se hará a la tierra, un anuncio tan grande que se envía al más poderoso de los mensajeros del cielo para emitirlo. El mismo poder de este mensajero demuestra que el gran anuncio debe ser oído por todos. La asombrosa importancia del gran anuncio se ve claramente al observar lo que el poderoso mensajero nos muestra. Él nos muestra que el gran anuncio...

- proviene directamente del trono de Dios mismo.
- proviene directamente de la majestad y gloria del cielo.
- es un mensaje de gloria y misericordia.
- es un mensaje de enorme brillo, lustre y esplendor.
- será la firme columna de la santidad, pureza y rectitud de Dios sobre la tierra.
- será el mensaje de la Palabra de Dios.
- será un mensaje que involucre a todo el universo.
- será un mensaje de Dios mismo.
- será el hecho de completar, cumplir y finalizar con todas las cosas.

Pensamiento 1: ¿Quién es este ángel o mensajero poderoso? Algunos comentadores dicen que es Cristo mismo. Otros dicen que es uno de los ángeles más poderosos del cielo. La descripción dada puede encajar fácilmente con Cristo o con uno de los ángeles poderosos, y el significado del pasaje no se ve cambiado por ninguna de las dos posiciones. Sin embargo, advierta esto: El mensajero llama a los dos testigos del capítulo once "mis dos testigos" (Ap. 11:3). Esto apunta al ángel como siendo Cristo mismo.

2 (10:5-7) ***Salvación - Majestad de Dios - Redención:*** En segundo lugar, está la declaración y juramento del gran anuncio. Advierta cuán espectacular es el momento, y aún cuán significativo. El ángel poderoso, tan enorme de tamaño y majestuoso en su ser que cubre toda la tierra con un pie sobre el mar y el otro sobre la tierra, levanta su mano hacia el cielo y emite el gran anuncio en el más solemne de los juramentos. Jura por Dios mismo:

=> "Por el que vive por los siglos de los siglos".
=> "Creó el cielo y las cosas que están en él".
=> "Y la tierra y las cosas que están en ella".
=> "Y el mar y las cosas que están en él".

Una vez que se tomó el solemne juramento, se realizó el gran anuncio. ¿Qué era? Ese tiempo ya no será. La demora del fin ya no será. La consumación de todas las cosas está al alcance de la mano. ¿Cuándo? Cuando todas las catástrofes hayan sucedido: todo el horror que Apocalipsis abarca hasta este punto, cuando todas ellas hayan ocurrido, entonces la voz y la trompeta del séptimo ángel tronará y sucederán los últimos acontecimientos de la historia humana. Dios va a enfrentar a los impíos y a los malos del mundo por última vez, y va a destruirlos y establecer la justicia en la tierra por los siglos de los siglos.

Advierta lo que declara el ángel: Este clímax de la historia humana es el misterio de Dios, el mismo misterio y mensaje que ha sido declarado por los profetas. Los impíos y malos del mundo deben haber aceptado el mensaje de los profetas, pero eligieron ir por su propio camino. Cometieron todo tipo de hechos violentos y malignos en la tierra. Por lo tanto, luego de que los primeros seis juicios de la trompeta tengan lugar en la tierra, Dios va a lanzar los últimos acontecimientos de la historia humana:

=> El anticristo, el gran dirigente mundial que trajo paz y tanta esperanza al mundo mientras el mundo sufría tantas catástrofes, se enfrentará al mundo.
=> El Señor Dios, el Señor Jesucristo mismo, va a lanzar su último juicio sobre la tierra y destruirá tanto al anticristo como a sus seguidores: a todos los impíos y malos de la tierra.
=> El Señor Jesucristo va a establecer su reino y rectitud sobre la tierra y reinará durante mil años.
=> El Señor Jesucristo va a crear nuevos cielos y nueva tierra que durarán por los siglos de los siglos.

La séptima trompeta traerá los últimos acontecimientos de la historia humana. El tiempo pronto ya no será, no como el hombre lo ha conocido, no después de los acontecimientos de la séptima trompeta. Cuando los acontecimientos de la séptima trompeta hayan sucedido, entonces el misterio de Dios habrá finalizado. Entonces tendrá lugar la gloriosa salvación y redención de todo el universo. Este es el gran anuncio. Hay esperanza para el mundo. Podemos ser optimistas y esperar con ansias la salvación más gloriosa imaginable. Dios va a salvar a todos los que lo dejen y además, Él va a crear un nuevo cielo y una nueva tierra que durará por los siglos de los siglos.

"Pues tengo por cierto que las aflicciones del tiempo presente no son comparables con la gloria venidera que en nosotros ha de manifestarse. Porque el anhelo ardiente de la creación es el aguardar la manifestación de los hijos de Dios. Porque la creación fue sujetada a vanidad, no por su propia voluntad, sino por causa del que la sujetó en esperanza; porque también la creación misma será libertada de la esclavitud de corrupción, a la libertad gloriosa de los hijos de Dios. Porque sabemos que toda la creación gime a una, y a una está con dolores de parto hasta ahora" (Ro. 8:18-22).

"Conforme a la fe murieron todos éstos sin haber recibido lo prometido, sino mirándolo de lejos, y creyéndolo, y saludándolo, y confesando que eran extranjeros y peregrinos sobre la tierra. Porque los que esto dicen, claramente dan a entender que buscan una patria; pues si hubiesen estado pensando en aquella de donde salieron, ciertamente tenían tiempo de volver. Pero anhelaban una mejor, esto es, celestial; por lo cual Dios no se avergüenza de llamarse Dios de ellos; porque les ha preparado una ciudad" (He. 11:13-16).

"Pero el día del Señor vendrá como ladrón en la noche; en el cual los cielos pasarán con grande estruendo, y los elementos ardiendo serán deshechos, y la tierra y las obras que en ella hay serán quemadas. Puesto que todas estas cosas han de ser deshechas, ¡cómo no debéis vosotros andar en santa y piadosa manera de vivir, esperando y apresurándoos para la venida del día de Dios, en el cual los cielos, encendiéndose, serán deshechos, y los elementos, siendo quemados, se fundirán! Pero nosotros esperamos, según sus promesas, cielos nuevos y tierra nueva, en los cuales mora la justicia" (2 P. 3:10-13).

"Vi un cielo nuevo y una tierra nueva; porque el primer cielo y la primera tierra pasaron, y el mar ya no existía más. Y yo Juan vi la santa ciudad, la nueva Jerusalén, descender del cielo, de Dios, dispuesta como una esposa ataviada para su marido. Y oí una gran voz del cielo que decía: He aquí el tabernáculo de Dios con los hombres, y él morará con ellos; y ellos serán su pueblo, y Dios mismo estará con ellos como su Dios. Enjugará Dios toda lágrima de los ojos de ellos; y ya no habrá muerte, ni habrá más llanto, ni clamor, ni dolor; porque las primeras cosas pasaron. Y el que estaba sentado en el trono dijo: He aquí, yo hago nuevas todas las cosas. Y me dijo: Escribe; porque estas palabras son fieles y verdaderas" (Ap. 21:1-5).

"Porque he aquí que yo crearé nuevos cielos y nueva tierra; y de lo primero no habrá memoria, ni más vendrá al pensamiento" (Is. 65:17).

"Porque como los cielos nuevos y la nueva tierra que yo hago permanecerán delante de mí, dice Jehová, así permanecerá vuestra descendencia y vuestro nombre" (Is. 66:22).

3 (10:8-11) ***El Librito de Apocalipsis:*** En tercer lugar, está el sabor amargo y dulce del gran anuncio. Advierta tres puntos significativos.

1. La voz del cielo le ordena a Juan que vaya y tome el librito del ángel poderoso.

Pensamiento 1: Aquí hay dos grandes lecciones para nosotros.

1) La Palabra de Dios nunca se nos entrega, nunca se nos da por la fuerza. Si vamos a recibir su mensaje, tenemos que ir a un estante, una mesa o un cajón y tomarla y estudiarla.
2) Dios nos ordena que vayamos y tomemos la Palabra de Dios y que estudiemos sus mensajes.

"Y éstos eran más nobles que los que estaban en Tesalónica, pues recibieron la palabra con toda solicitud, escudriñando cada día las Escrituras para ver si estas cosas eran así" (Hch. 17:11).

"Y ahora, hermanos, os encomiendo a Dios, y a la palabra de su gracia, que tiene poder para sobreedificaros y daros herencia con todos los santificados" (Hch. 20:32).

"Procura con diligencia presentarte a Dios aprobado, como obrero que no tiene de qué avergonzarse, que usa bien la palabra de verdad" (2 Ti. 2:15).

"Toda la Escritura es inspirada por Dios, y útil para

enseñar, para redargüir, para corregir, para instruir en justicia" (2 Ti. 3:16).

"Desead, como niños recién nacidos, la leche espiritual no adulterada, para que por ella crezcáis para salvación, si es que habéis gustado la benignidad del Señor" (1 P. 2:2-3).

2. A Juan se le ordena que tome, coma y consuma el librito. Lo hace, y cuando lo hace, el mensaje del libro es tanto amargo como dulce. ¿Qué significa esto? Significa que la Palabra de Dios contiene...

- tanto pecado como perdón
- tanto muerte como vida
- tanto juicio como salvación
- tanto condena como liberación
- tanto dolor como gozo
- tanto infierno como cielo
- tanto esclavitud como libertad
- tanto destrucción como un mundo nuevo
- tanto corrupción como perfección

Cuando Juan vio la verdad del mundo, su maldad y corrupción y el juicio que sobrevendría sobre él, probó la amargura de la Palabra de Dios. Cuando vio la justicia y la perfección y la salvación que vendría al mundo, probó la dulzura de la Palabra de Dios.

=> Ezequiel tuvo una experiencia similar.

"Y miré, y he aquí una mano extendida hacia mí, y en ella había un rollo de libro. Y lo extendió delante de mí, y estaba escrito por delante y por detrás; y había escritas en él endechas y lamentaciones y ayes. Me dijo: Hijo de hombre, come lo que hallas; come este rollo, y ve y habla a la casa de Israel. Y abrí mi boca, y me hizo comer aquel rollo. Y me dijo: Hijo de hombre, alimenta tu vientre, y llena tus entrañas de este rollo que yo te doy. Y lo comí, y fue en mi boca dulce como miel. Luego me dijo: Hijo de hombre, ve y entra a la casa de Israel, y habla a ellos con mis palabras" (Ez. 2:9—3:4).

=> La gente de la época de Isaías no quiso oír la verdad de su maldad.

"Ve, pues, ahora, y escribe esta visión en una tabla delante de ellos, y regístrala en un libro, para que quede hasta el día postrero, eternamente y para siempre. Porque este pueblo es rebelde, hijos mentirosos, hijos que no quisieron oír la ley de Jehová; que dicen a los videntes: No veáis; y a los profetas: No nos profeticéis lo recto, decidnos cosas halagüeñas, profetizad mentiras; dejad el camino, apartaos de la senda, quitad de nuestra presencia al Santo de Israel" (Is. 30:8-11).

=> Las palabras agradables son dulces, pero si son falsas, al final conducen a la muerte.

"Panal de miel son los dichos suaves; suavidad al alma y medicina para los huesos. Hay camino que parece derecho al hombre, pero su fin es camino de muerte" (Pr. 16:24-25).

3. A Juan se le hace un encargo: Debe proclamar la Palabra de Dios al mundo entero. Debe proclamar lo amargo así como también lo dulce, los juicios que vendrán y la salvación que vendrá. Los últimos días de la historia humana están por llegar, están por comenzar, los días de la séptima trompeta. Los días incluirán algunos juicios que nunca se han experimentado jamás: Estos juicios y la gloriosa promesa de un mundo nuevo deberán ser proclamados por Juan. No debe guardarse nada. Debe proclamar todo el mensaje del libro de Dios, su Santa Palabra.

Pensamiento 1: Todo ministro y maestro de la Palabra de Dios es convocado para proclamar tanto lo dulce como lo amargo de la Palabra de Dios, tanto la gracia como el juicio de Dios. Y el ministro y el maestro deben ser leales a su llamado: deben proclamar el juicio de Dios así como también la gracia de Dios. No deben guardarse nada. La verdad debe proclamarse, dado que está en juego el destino eterno de las personas.

"Id, y puestos en pie en el templo, anunciad al pueblo todas las palabras de esta vida" (Hch.5:20).

"Esto habla, y exhorta y reprende con toda autoridad. Nadie te menosprecie" (Tit. 2:15).

"Y me dijo Jehová: No digas: Soy un niño; porque a todo lo que te envíe irás tú, y dirás todo lo que te mande" (Jer. 1:7).

"Tú, pues, ciñe tus lomos, levántate, y háblales todo cuanto te mande; no temas delante de ellos, para que no te haga yo quebrantar delante de ellos" (Jer. 1:17).

"Les hablarás, pues, mis palabras, escuchen o dejen de escuchar; porque son muy rebeldes" (Ez. 2:7).

"Hijo de hombre, yo te he puesto por atalaya a la casa de Israel; oirás, pues, tú la palabra de mi boca, y los amonestarás de mi parte" (Ez. 3:17).

	CAPÍTULO 11 **F. El triunfo final sobre la maldad (Parte 2): La gran destrucción de Israel y Jerusalén, 11:1-2**
1 La gran destrucción de Israel: Su templo, adoración y pueblo	1 Entonces me fue dada una caña semejante a una vara de medir, y se me dijo: Levántate, y mide el templo de Dios, y el altar, y a los que adoran en él.
2 La gran destrucción de Jerusalén y los judíos durante tres años y medio	2 Pero el patio que está fuera del templo déjalo aparte, y no lo midas, porque ha sido entregado a los gentiles; y ellos hollarán la ciudad santa cuarenta y dos meses.

DIVISIÓN V

LOS JUICIOS DE LAS SIETE TROMPETAS: ACONTECIMIENTOS DURANTE LA GRAN TRIBULACIÓN, 8:1—11:19

F. El triunfo final sobre la maldad (Parte 2): La gran destrucción de Israel y Jerusalén, 11:1-2

(11:1-2) ***Introducción:*** Este es uno de los capítulos más importantes y más emocionantes de Apocalipsis. Existen por lo menos cinco razones por lo cual esto es cierto (advierta: Es parte del mensaje del *librito* que Juan debe declarar):

=> Apunta a la reconstrucción y destrucción del templo en Jerusalén.

=> Demuestra la destrucción de Jerusalén por parte de los gentiles.

=> Se relaciona con las profecías de nuestro Señor y de las Escrituras sobre el fin de los tiempos y el anticristo.

=> Abarca la gran salvación de Israel y el reinado que vendrá de Dios. Da una idea de cómo se salvará Israel y de cómo Dios conquistará la maldad, la corrupción y los reinos de este mundo y establecerá su propio reino.

=> Es un resumen, una visión general del resto del libro. Anuncia e ilustra las cosas que van a suceder en el libro de Apocalipsis.

El gran erudito griego A. T. Robertson dice que no importa cómo una persona interprete este pasaje, hay tres puntos claros: "el castigo de Jerusalén e Israel (versículos 1 y 2), la misión de los dos testigos (versículos 3-12), el rescate del resto (versículo 13)" (*Word Pictures In The New Testament,* Vol. 6, p. 376). El resto, por supuesto, se refiere a los judíos que genuinamente creen que Jesucristo es el Mesías.

El tema de todo este capítulo, el Capítulo once, podría ser *La gran salvación de Israel y la llegada del Reino de Dios.* La primera parte, este pasaje en particular de las Escrituras y bosquejo, es *La gran destrucción de Israel.* (Cp. Ez. 40:3, 6; Zac. 2:1; Am. 7:7-9.)

1. La gran destrucción de Israel: Su templo, adoración y pueblo (v. 1).
2. La gran destrucción de Jerusalén y los judíos durante tres años y medio (v. 2).

[1] (11:1) ***Israel - Templo - Gentiles:*** Está el gran juicio de Israel, su templo, adoración [altar], pueblo y ciudad. A Juan se le ordena que tome una vara y mida el templo, su altar y las personas que adoran allí. Las palabras *vara* y *medir* se emplean en la Biblia de dos maneras.

=> La vara puede utilizarse para medir un edificio para su construcción o restauración, o se la puede usar para medir un lugar para su preservación o protección (cp. Zac. 2:1-5).

Este es un significado posible en este contexto. Dios podría estar diciendo que quiere que los verdaderos adoradores de Israel estén preservados y protegidos mientras el anticristo y las naciones gentiles huellan Jerusalén (v. 2). Podría estar diciendo que Él quiere que un resto de creyentes judíos sean salvos, protegidos y preservados durante la gran tribulación (cp. Romanos capítulos 9 -11).

=> La palabra *vara* puede significar medir un lugar para su destrucción y castigo o corrección (2 S. 7:14; 8:2; 2 R. 21:13; Sal. 2:9; Is. 34:11; Lm. 2:8).

Este también es un significado que puede aplicarse aquí. Dios podría estar diciendo que quiere que se mida el templo y al pueblo judío para su juicio y corrección, que en los últimos días deben ser juzgados junto con todos los demás debido a su falta de creencia, negación, rechazo y blasfemia en contra del Hijo de Dios, el Señor Jesucristo.

¿Cuál de los dos significados se aplica acá? Antes de dar una respuesta, deben considerarse varios hechos.

1. Las Escrituras dicen que el anticristo va a ingresar caminando al templo y exigirá que el mundo le deba su primera lealtad a él y al Estado.

=> Jesucristo mismo dijo que el anticristo estaría en el *lugar santo* de los judíos (su templo) y que haría su proclamación. (Recuerde que Jerusalén es considerada por varias religiones importantes como uno de los centros religiosos del mundo [religiones tales como el judaísmo, el islamismo y el cristianismo]. No podría elegirse un lugar mejor para lanzar la adoración del Estado, en particular cuando se hará un intento de borrar a todos los creyentes cristianos.)

"Por tanto, cuando veáis en el lugar santo la abominación desoladora de que habló el profeta Daniel (el que lee, entienda)" (Mt. 24:15. Ver notas, Anticristo-Mt. 24-15 para mayor discusión al respecto. Cp. Dn. 9:24-27; 11:31; 2:11).

=> En 2 Tesalonicenses dice que el anticristo se sentará en el *templo de Dios* declarando que él es dios, es decir, que él y el Estado pueden satisfacer las necesidades del hombre y traer la utopía al mundo.

"Nadie os engañe en ninguna manera; porque no vendrá sin que antes venga la apostasía, y se manifieste el hombre de pecado, el hijo de perdición, el cual se opone y se levanta contra todo lo que se llama Dios o es objeto de culto; tanto que se sienta en el templo de Dios como Dios, haciéndose pasar por Dios" (2 Ts. 2:3-4).

Estos pasajes de las Escrituras dicen claramente que el anticristo aparecerá en el templo, incluso en el mismo lugar santo del templo. Esto significa que los judíos deben reconstruir el templo en Jerusalén antes de que se pueda producir este acontecimiento. El templo fue destruido en el año 70 d.C.

2. Hay cinco templos mencionados en las Escrituras que deben ser analizados a estas alturas.

=> El templo de Salomón (1 R. 7:1ss.), destruido por Nabucodonosor en 587 a.C.

=> El templo de Zorobabel (Esd. 3:12): Él reconstruyó el templo luego del cautiverio babilónico, pero fue corrompido y dedicado al dios de Júpiter por Antíoco Epífanes en 168-170 a.C.

=> El templo de Herodes (Jn. 2:20): Este era el templo que existía en la época de nuestro Señor y que era tan bien conocido por Él. Fue destruido por Tito en el año 70 d.C.

=> Quedan dos templos futuros por construir.

=> El templo de la tribulación, el que será reconstruido durante los primeros tres años y medio del anticristo (2 Ts. 2:4; Ap. 11:2).

=> El templo del milenio, el templo de nuestro Señor (Hch. 15:16; Ez. Capítulos 40-43).

3. Ahora bien, advierta lo que se le dice a Juan que haga. Se le ordena que tome la vara y mida el templo, el altar y a los adoradores. Si decimos que Dios quiere significar con esto que marque a los judíos con el fin de preservarlos y salvarlos, entonces esto significa una de dos cosas.

=> Que el templo y sus adoradores serán salvados y preservados y no destruidos por el anticristo. A la luz de los pasajes anteriores y de los ataques del anticristo contra todo lo que se llame Dios, esto resulta difícil de ver (cp. 2 Ts. 2:4).

=> Que este es un pasaje simbólico; que no necesariamente se reconstruirá un templo; que lo que Dios quiere significar es marcar a los verdaderos adoradores judíos para su protección y preservación. Hay un serio problema con esta posición. Es muy difícil decir que el templo, el altar y la gente no sean cosas reales, sino símbolos. Esto se aplica especialmente cuando se apunta tan firmemente a Jerusalén como un lugar real, el lugar "donde... nuestro Señor fue crucificado" (v. 8).

Por estos motivos y otros que llevarían mucho tiempo discutir en este momento, parecería mejor ver a Dios diciéndole a Juan que mida el templo para juicio y corrección. Los judíos son tan culpables como los gentiles en rechazar al Hijo de Dios, el Señor Jesucristo. Son tan culpables como muchos otros al rebelarse en contra del Señor...

=> rechazándolo
=> no creyendo en Él
=> desobedeciéndolo
=> maldiciéndolo
=> ignorándolo
=> negándolo
=> blasfemando en su contra

Por lo tanto, Dios tiene que juzgarlos al igual que tiene que juzgar a todos los impíos y malos de este mundo. Dios no tiene favoritos y no muestra parcialidad. Todos los impíos y malos deben ser juzgados en los últimos días, incluyendo a los impíos y malos de entre los judíos. Por tanto, los judíos con su templo y su ciudad serán hollados por el anticristo así como lo serán tantos otros.

Pensamiento 1: Toda persona que no se dirige a Dios a través del Señor Jesucristo está adorando a un falso dios. Hay un único Dios verdadero y vivo que es el Padre de nuestro Señor Jesucristo. Un adorador puede ser judío o gentil ?no tiene importancia? debe adorar a Dios mediante el Señor Jesucristo o bien su adoración es falsa. Este es el motivo por el cual Dios marca el templo judío y su adoración para la destrucción. Él está juzgando y condenando la falsa adoración. Una vez que se destruya el templo en el fin de los tiempos —muy, muy pronto— el espíritu de rectitud propia de los judíos será quebrantado y se volcarán al Señor Jesucristo y muchos miles serán salvados. Pero hasta entonces, los judíos incrédulos son marcados para el juicio así como lo son otros incrédulos.

"No todo el que me dice: Señor, Señor, entrará en el reino de los cielos, sino el que hace la voluntad de mi Padre que está en los cielos" (Mt. 7:21).

"Este pueblo de labios me honra; mas su corazón está lejos de mí. Pues en vano me honran, enseñando como doctrinas, mandamientos de hombres" (Mt. 15:8-9).

"Respondiendo él, les dijo: Hipócritas, bien profetizó de vosotros Isaías, como está escrito: Este pueblo de labios me honra, mas su corazón está lejos de mí" (Mr. 7:6).

"Porque hay un solo Dios, y un solo mediador entre Dios y los hombres, Jesucristo hombre" (1 Ti. 2:5).

"Profesan conocer a Dios, pero con los hechos lo niegan, siendo abominables y rebeldes, reprobados en cuanto a toda buena obra" (Tit. 1:16).

"Pero ahora tanto mejor ministerio es el suyo, cuanto es mediador de un mejor pacto, establecido sobre mejores promesas" (He. 8:6).

"Porque no entró Cristo en el santuario hecho de mano, figura del verdadero, sino en el cielo mismo para presentarse ahora por nosotros ante Dios" (He. 9:24).

"Así que, por eso es mediador de un nuevo pacto, para que interviniendo muerte para la remisión de las transgresiones que había bajo el primer pacto, los llamados reciban la promesa de la herencia eterna" (He. 9:15).

"A Jesús el Mediador del nuevo pacto, y a la sangre rociada que habla mejor que la de Abel" (He. 12:24).

"Hijitos míos, estas cosas os escribo para que no pequéis; y si alguno hubiere pecado, abogado tenemos para con el Padre, a Jesucristo el justo" (1 Jn. 2:1).

2 (11:2) ***Israel - Templo - Patio de los gentiles - Jerusalén - Gentiles:*** Está el hollado o destrucción de Jerusalén y los judíos durante tres años y medio. Advierta varios puntos.

1. El patio de los gentiles y la ciudad de Jerusalén no serán medidos ni marcados para juicio. El patio de los gentiles estaba fuera del patio exterior del templo. El templo estaba dividido en cuatro patios, todos rodeando un edificio central o templo llamado el Lugar Santo o el Santo de los Santos. Los patios exteriores del Lugar Santo eran...

- El patio de los sacerdotes (donde estaba el altar de la ofrenda quemada).
- El patio de Israel o de los hombres judíos.
- El patio de las mujeres.

Estos eran los patios interiores, el templo en sí, el centro de adoración solo para los judíos. No se permitía nunca que un gentil estuviera dentro de las fronteras de este patio. Rodeando estos patios para los adoradores judíos había un patio externo enorme, el patio de los gentiles. Este era el único patio al que se le permitía el acceso a los proselitistas y a las personas interesadas.

¿Por qué el patio de los gentiles y la ciudad de Jerusalén no serían medidas para el juicio? Porque ya estaban bajo el anticristo y su gobierno. El gobierno de Israel y otros gobiernos del mundo ya se habrían sometido al reinado del anticristo. Ya habría un único gobierno mundial. Pero este no será el caso con los verdaderos adoradores judíos, ni con los genuinos adoradores cristianos ni con algunos otros firmes adoradores de otras religiones. El anticristo tendrá un problema para garantizarse la lealtad de toda la gente del mundo que tenga una fe sólida. Los firmes creyentes judíos harán lo que siempre han hecho: se rehusarán a someterse a ningún gobernador gentil. Este pasaje, los versículos uno y dos, es una profecía: el templo será destruido y se perseguirá a los adoradores judíos. El anticristo va a atacarlos con una venganza nunca antes vista en la historia del mundo. Por supuesto, esto ya ha sido mencionado, él también atacará a los creyentes cristianos (Ap. 7:9ss.) y a todas las demás personas de fe firme (2 Ts. 2:4. Cp. Ap. 13:1-18; Mt. 24:15; Dn. 11:40-45; 12:7).

2. Cuarenta y dos meses (tres años y medio) es el tiempo establecido en el que el anticristo y sus terribles persecuciones se producirán en la tierra.

=> Este será el momento en que la ciudad santa será oprimida: cuarenta y dos meses (Ap. 11:2).

=> Este será el momento en que los dos testigos brindarán testimonio a Israel y al mundo: mil doscientos sesenta días (Ap. 11:3).

=> Este será el momento en que la mujer del desierto será preservada: mil doscientos sesenta días (Ap. 12:6, 14).

=> Este será el momento en que se le permitirá a la bestia blasfemar a Dios: cuarenta y dos meses (Ap. 13:5).

3. Las Escrituras enseñan que el anticristo gobernará durante un período de siete años. Tanto Cristo como Daniel lo dicen. Cristo dice que la *abominación de la desolación* (el anticristo) lanzará la peor tribulación que el mundo haya conocido (Mt. 24:15, 21). En sus propias palabras, las señales que sucedan hasta la tribulación se denominan "principio de dolores" (Mt. 24:8), y los juicios posteriores a la abominación de la desolación se denominan "gran tribulación", tribulaciones tan terribles que no tienen paralelo en la historia (Mt. 24:21). Daniel también da una división del tiempo así como lo hace Cristo.

"Y por otra semana confirmará el pacto con muchos; a *la mitad de la semana* hará cesar el sacrificio y la ofrenda" (Dn. 9:27).

"Y por otra semana" (la septuagésima semana de Daniel) apunta indudablemente a un período (una semana) que está dividida en dos partes. Advierta estos factores.

a. Daniel estaba tratando sobre la "septuagésima semana", el *fin* de la profecía de las setenta semanas. Dos hechos nos dicen que Daniel también trataba sobre el *fin de los tiempos* tal como lo hacía Cristo: (1) el hecho de que Cristo estaba tratando sobre el fin de Jerusalén y el fin del mundo y (2) el hecho de que Cristo dijo que se basaba en la profecía de Daniel.

b. Daniel dijo que lo que se inicia en la segunda mitad de su septuagésima semana es "la abominación de la desolación" o el príncipe que causa "ídolos abominables" (H. C. Leupold, *Exposition of Daniel*. Grand Rapids, MI: Baker, 1969, p. 434).

Deben tenerse en cuenta cuidadosamente las palabras de Jesús: "Por tanto, cuando veáis en el lugar santo la abominación desoladora de que habló el profeta Daniel... " (Mt. 24:15). Cristo iba a tratar y a explicar en mayor detalle lo que Daniel profetizó. Así, Cristo explicó que la primera mitad de la semana de Daniel consistiría en señales que eran "el principio de dolores" (Mt. 24:8; cp. Mt. 24:5-14) y que la última mitad de la semana de Daniel consistiría en juicios sin paralelo de "gran tribulación". La segunda mitad de la semana sería lanzada por "en el lugar santo... la abominación desoladora" (Mt. 24:15, 21).

Otro asunto que debe considerarse es el marco temporal del fin de los tiempos (la septuagésima semana) según lo predijeron Cristo y Daniel.

Las Escrituras se refieren a la duración en estas palabras (ver notas - Ap. 11:2; 12:6).

"Tiempo y tiempos, y medio tiempo" (Dn. 7:25; 12:7).

"1260 días" (Ap. 12:6).

"42 meses" (Ap. 11:2; 13:5-6).

Sobre la base de los días y los meses mencionados en el *Libro de Apocalipsis*, si el tiempo de Daniel equivale a un año, entonces sus palabras, "Tiempo [1 año], tiempos [2 años] y medio tiempo [medio año]" equivalen a tres años y medio. Daniel manifestó que la abominación de la desolación se ejecutará "en medio de la semana", esto es, luego de tres años y medio. Se supone que las palabras de Cristo "el principio de los dolores" (es decir, la primera mitad de la semana) también son tres años y medio. Así, combinando los dos períodos (tres años y medio cada uno), se dice que la duración de los últimos días o del fin de los tiempos serían literalmente siete años. Sobre la base de las palabras de Apocalipsis, la profecía de Cristo puede graficarse de la siguiente manera.

EL FIN DEL MUNDO

4. En resumen, todo esto apunta a un período de tres años y medio de gran poder satánico sobre el mundo. Se coloca un énfasis en particular sobre los días finales del anticristo, un

Ver la señal de la abominación desoladora *en medio del tiempo o años* (Mt. 24:15)

3 años y medio. Señales que son "el principio de los dolores" (Mt. 24:8)	3 años y medio. Pruebas sin paralelo de "gran tribulación" (Mt. 24:21)

Ver venir al Hijo del Hombre (Mt. 24:29-30)

"Sus ángeles... juntarán a sus escogidos" (Mt. 24:31)

período conocido como la *gran tribulación.* Es en los últimos tres años y medio de su reinado que el anticristo lanzará la peor tribulación que el mundo jamás ha conocido. En este pasaje hollará al pueblo judío y creará un holocausto como el mundo nunca ha visto. (Ver bosquejo y Estudio a fondo 1 - Mt. 24:15 para mayor discusión al respecto.)

Pensamiento 1: Dios juzga el pecado y la incredulidad. Él siempre juzga a los impíos y a los malos, incluso si son religiosos y declaran ser justos. Esto es lo que Dios está haciendo en el fin de los tiempos: juzgar a los idólatras, hechiceros, homicidas, inmorales y ladrones del mundo. Este es el motivo por el cual Dios juzgará a Israel en el fin de los tiempos. Ellos son tan culpables como todo el resto de la gente del mundo. Pero advierta: Hay un límite en el juicio. Durará solo tres años y medio. Dios detendrá el juicio y tendrá misericordia con todos los que se vuelvan a Él en busca de misericordia.

"Oh Jehová, he oído tu palabra, y temí. Oh Jehová, aviva tu obra en medio de los tiempos, en medio de los tiempos hazla conocer; en la ira acuérdate de la misericordia" (Hab. 3:2).

Pensamiento 2: En el siguiente pasaje se verá que Dios utiliza el sufrimiento del pueblo judío para atraerlos al evangelio y a la glorificación de su nombre. Esta persecución no es más que el primer paso para prepararlos para la salvación que vendrá.

Pensamiento 3: Advierta las palabras "los gentiles" (v. 2). Esto se refiere a lo que se llama los *"tiempos de los gentiles"*. A fin de tener un panorama general, advierta estos hechos.

1) Los "tiempos de los gentiles" se lanzaron con los babilonios bajo Nabucodonosor (2 Cr. 36:1-31).
2) Los "tiempos de los gentiles" terminarán con el clímax de la historia humana cuando Jesucristo regrese con gran gloria y poder y destruya al anticristo y a su gobierno y seguidores (Ap. 19:11-21; Lc. 21:24).

1 Son los testigos de Dios a. Son enviados por Dios b. Son enviados en un tiempo determinado c. Son enviados como profetas d. Dios satisfará sus necesidades	**G. El triunfo final sobre la maldad (Parte 3): Los dos testigos. Cómo Israel se vuelve a Dios, 11:3-13** 3 Y daré a mis dos testigos que profeticen por mil doscientos sesenta días, vestidos de cilicio. 4 Estos testigos son los dos olivos, y los dos candeleros que están en pie delante del Dios de la tierra.	también nuestro Señor fue crucificado. 9 Y los de los pueblos, tribus, lenguas y naciones verán sus cadáveres por tres días y medio, y no permitirán que sean sepultados. 10 Y los moradores de la tierra se regocijarán sobre ellos y se alegrarán, y se enviarán regalos unos a otros; porque estos dos profetas habían atormentado a los moradores de la tierra.	1) En la apóstata Jerusalén 2) Vistos por el mundo 3) Burlados por el mundo
2 Tendrán gran poder a. Como lo tuvo Elías b. Como lo tuvo Moisés	5 Si alguno quiere dañarlos, sale fuego de la boca de ellos, y devora a sus enemigos; y si alguno quiere hacerles daño, debe morir él de la misma manera. 6 Estos tienen poder para cerrar el cielo, a fin de que no llueva en los días de su profecía; y tienen poder sobre las aguas para convertirlas en sangre, y para herir la tierra con toda plaga, cuantas veces quieran.	11 Pero después de tres días y medio entró en ellos el espíritu de vida enviado por Dios, y se levantaron sobre sus pies, y cayó gran temor sobre los que los vieron. 12 Y oyeron una gran voz del cielo, que les decía: Subid acá. Y subieron al cielo en una nube; y sus enemigos los vieron.	**4 Serán resucitados por el aliento de Dios** a. Se ponen de pie b. Generan temor en los observadores c. Son subidos al cielo 1) Por orden de Dios 2) Ante todos los enemigos
3 Serán perseguidos y martirizados por la bestia a. Son asesinados por la bestia, el anticristo: Él sale del abismo b. Sus cadáveres se convierten en un espectáculo ante el mundo	7 Cuando hayan acabado su testimonio, la bestia que sube del abismo hará guerra contra ellos, y los vencerá y los matará. 8 Y sus cadáveres estarán en la plaza de la grande ciudad que en sentido espiritual se llama Sodoma y Egipto, donde	13 En aquella hora hubo un gran terremoto, y la décima parte de la ciudad se derrumbó, y por el terremoto murieron en número de siete mil hombres; y los demás se aterrorizaron, y dieron gloria al Dios del cielo.	**5 Serán reivindicados** a. Por el juicio de Dios: Un terremoto b. Por los que quedan: Glorifican a Dios

DIVISIÓN V

LOS JUICIOS DE LAS SIETE TROMPETAS: ACONTECIMIENTOS DURANTE LA GRAN TRIBULACIÓN, 8:1—11:19

G. El triunfo final sobre la maldad (Parte 3): Los dos testigos. Cómo Israel se vuelve a Dios, 11:3-13

(11:3-13) ***Introducción:*** Lo que acabamos de ver en Apocalipsis es horroroso. La terrible profecía sobre el anticristo está por tener lugar.

=> La profecía de nuestro Señor: “en el lugar santo la abominación desoladora de que habló el profeta Daniel” (Mt. 24:15).

=> La profecía anunciada por Pablo: “[El anticristo] el cual se opone y se levanta contra todo lo que se llama Dios o es objeto de culto; tanto que se sienta en el templo de Dios como Dios, haciéndose pasar por Dios” (2 Ts. 2:4).

El anticristo se volverá en contra de todos los que se vuelvan a Dios y se rehúsen a reverenciar al Estado y a dar al Estado su primera lealtad. El anticristo destruirá Jerusalén y el templo, y lanzará el peor holocausto que el mundo jamás ha visto. Como hemos visto en los pasajes anteriores, el holocausto será lanzado en contra de todos los verdaderos creyentes y seguidores del Señor Jesucristo. También será lanzado en contra de los seguidores de otras religiones que tengan una fe firme, incluyendo a judíos, musulmanes, hindúes y demás. Millones tras millones, una cantidad innumerable, serán asesinados (Ap. 7:9-17). Pero también será lanzado en contra de los judíos y de Israel como nación. El anticristo literalmente destruirá Jerusalén y su templo. Perseguirá con fiereza a los judíos e intentará hollar al pueblo judío (Ap. 11:1-2).

Pero advierta: Este pasaje nos muestra una cosa maravillosa. Dios no abandonará a los judíos. A pesar de la incredulidad de los judíos y de la rebelión en contra del Hijo de Dios como el Mesías, a pesar de su negación del Señor Jesucristo, Dios sigue amando a los judíos. Los ama...

- por Abraham
- por Jacob
- por David

• por Pablo
• por Pedro

Dios aún ama a Israel. Aún ama a los judíos, en nombre de los padres de la nación y de todos los verdaderos creyentes que fundaron la nación por Dios y siguieron al Señor Jesucristo (Ro. 11:28; cp. Ro. 11:16). Debido al gran amor de Dios y a causa de las personas divinas de Israel, Dios se volcará a Israel. Dios salvará a Israel. Este pasaje muestra parte del cambio que se producirá. Dios enviará a Israel a dos grandes testigos. Esto es parte del mensaje que Juan vio en el librito que se le entregó (Ap. 10:10-11). Este es el mensaje glorioso de la salvación de Israel: El mensaje de que se enviarán a dos grandes testigos a dar testimonio a Israel y al mundo. Estos dos grandes mensajeros proclamarán la salvación que se encuentra en el Hijo de Dios, el Señor Jesucristo.

1. Son los testigos de Dios (vv. 3-4).
2. Tendrán gran poder (vv. 5-6).
3. Serán perseguidos y martirizados por la bestia (vv. 7-10).
4. Serán resucitados por el aliento de Dios (vv. 11-12).
5. Serán reivindicados (v. 13).

1 (11:3-4) ***Testigos - Ministros - Llamado:*** Los dos testigos son testigos de Dios.

1. Serán enviados por Dios. Él dice: "Daré poder a mis dos testigos". Es Dios el que llama, les da dones, les hace el encargo y los faculta.

2. Serán enviados por un período determinado, solo por tres años y medio. Esto significa que se los envía solo por el *período de gran tribulación* de la historia (ver nota, punto 2 - Ap. 11:2 para mayor discusión sobre este tema).

3. Serán enviados como verdaderos profetas que condenan el pecado y proclaman la salvación que está en Cristo Jesús el Señor. Esto se demuestra por las vestiduras mencionadas, las de cilicio. Esta era la vestimenta que usaban los profetas de la antigüedad. El tema de la vestimenta es para demostrar que su mensaje será directo y no tiene ambages. Será un mensaje en contra de los pecados de los judíos y del mundo, un mensaje de condena. Pero advierta: También proclamarán al Señor Jesucristo como el Salvador del mundo. Esto se observa en la declaración que se hace sobre ellos: son asesinados en la ciudad donde "*su* Señor fue crucificado". (En griego dice "*su* Señor"). Van a proclamar que la única esperanza y salvación de este mundo se encuentra en el Hijo de Dios, el Señor Jesucristo. Por supuesto, también condenarán la incredulidad y la negación de Cristo como el Mesías, la incredulidad y la negación que fue caracterizada por los judíos a lo largo de los siglos.

4. Dios satisfará sus necesidades (v. 4). Advierta que serán como dos olivos y dos candelabros estando de pie frente al Dios de la tierra. Esta es una referencia a los dos grandes testigos del Antiguo Testamento de Dios: Josué y Zorobabel (cp. Zac. Capítulos 4-5). El tema es que el Dios de toda la tierra satisfará sus necesidades:

=> Dios los hará tan fuertes y fructíferos como dos olivos.
=> Dios hará que su testimonio brille como la luz de dos candelabros.

Pensamiento 1: Se pueden decir estas mismas cuatro cosas respecto de todo ministro verdadero enviado por Dios. Esto nunca debe olvidarse.

1) Es Dios el que envía al ministro: Dios convoca, da dones, da encargos y faculta al ministro para que de testimonio por Él, y cuando Dios lo hace, el ministro debe dar un firme testimonio.
2) Es Dios el que envía al ministro a determinados ministerios y durante períodos fijos.
3) Es Dios el que envía al ministro como un profeta para predicar en contra del pecado y la corrupción de este mundo y para proclamar la salvación que está en Cristo Jesús nuestro Señor.
4) Es Dios el que provee al ministro, el que le da frutos y un firme testimonio, un testimonio que brilla como la luz de un candelabro.

"No me elegisteis vosotros a mí, sino que yo os elegí a vosotros, y os he puesto para que vayáis y llevéis fruto, y vuestro fruto permanezca; para que todo lo que pidiereis al Padre en mi nombre, él os lo dé" (Jn. 15:16).

"El Señor le dijo: Ve, porque instrumento escogido me es éste, para llevar mi nombre en presencia de los gentiles, y de reyes, y de los hijos de Israel" (Hch. 9:15).

"Pero levántate, y ponte sobre tus pies; porque para esto he aparecido a ti, para ponerte por ministro y testigo de las cosas que has visto, y de aquellas en que me apareceré a ti" (Hch. 26:16).

"Que Dios estaba en Cristo reconciliando consigo al mundo, no tomándoles en cuenta a los hombres sus pecados, y nos encargó a nosotros la palabra de la reconciliación. Así que, somos embajadores en nombre de Cristo, como si Dios rogase por medio de nosotros; os rogamos en nombre de Cristo: Reconciliaos con Dios" (2 Co. 5:19-20).

"Después oí la voz del Señor, que decía: ¿A quién enviaré, y quién irá por nosotros? Entonces respondí yo: Heme aquí, envíame a mí" (Is. 6:8).

"En aquel día, dice Jehová de los ejércitos, te tomaré, oh Zorobabel hijo de Salatiel, siervo mío, dice Jehová, y te pondré como anillo de sellar; porque yo te escogí, dice Jehová de los ejércitos" (Hag. 2:23).

2 (11:5-6) ***Ministros - Poder:*** Los dos testigos poseen gran poder. Su poder será el mismo que el de Elías y Moisés.

=> Tendrán el poder del fuego de Elías. Advierta de dónde proviene el fuego: De sus bocas. Esto probablemente signifique el fuego y el poder de sus palabras y sus prédicas. Tendrán tanta influencia y poder de Dios que el anticristo y los dirigentes dudarán en asesinarlos. Su prédica al parecer motivará convicción y hará que muchos se vuelvan a Dios.
=> Tendrán el poder de realizar milagros dentro de la naturaleza: Hacer que llueva y no llueva como lo hizo Elías (cp. 2 R. 1:9ss; 18:1ss.); acechar la tierra con plagas como lo hizo Moisés (cp. Éx. 7:14ss.).

El punto es este: Su poder les es dado por Dios. Y en el fin de los tiempos, se necesitará un poder sobrenatural para proteger sus vidas. Recuerde todas las catástrofes que están teniendo lugar en la tierra y el horror del holocausto que ha sido lanzado por el anticristo. Estos dos testigos necesitarán suficiente poder e influencia para evitar que los dirigentes del mundo los asesinen hasta que se complete el propósito de Dios. Este es el motivo de su poder inusual y milagroso.

Pensamiento 1: Cuando Dios convoca a un ministro, lo está facultando. Dios le dará todo el poder que necesite para completar su tarea. Lo que el ministro debe hacer es aprender a pedirle a Dios cada vez más poder y confiar en Dios por ello y luego actuar consiguientemente.

"Pero recibiréis poder, cuando haya venido sobre vosotros el Espíritu Santo, y me seréis testigos en Jerusalén, en toda Judea, en Samaria, y hasta lo último de la tierra" (Hch. 1:8).

"Y con gran poder los apóstoles daban testimonio de la resurrección del Señor Jesús, y abundante gracia era sobre todos ellos" (Hch. 4:33).

"Y ni mi palabra ni mi predicación fue con palabras persuasivas de humana sabiduría, sino con demostración del Espíritu y de poder" (1 Co. 2:4).

"Para que os dé, conforme a las riquezas de su gloria, el ser fortalecidos con poder en el hombre interior por su Espíritu" (Ef. 3:16).

"Y a Aquel que es poderoso para hacer todas las cosas mucho más abundantemente de lo que pedimos o entendemos, según el poder que actúa en nosotros" (Ef. 3:20).

"Pues nuestro evangelio no llegó a vosotros en palabras solamente, sino también en poder, en el Espíritu Santo y en plena certidumbre, como bien sabéis cuáles fuimos entre vosotros por amor de vosotros" (1 Ts. 1:5).

"Porque no nos ha dado Dios espíritu de cobardía, sino de poder, de amor y de dominio propio" (2 Ti. 1:7).

Pensamiento 2: ¿Quiénes son los dos testigos? Hay muchas ideas diferentes.

=> Algunos dicen que el pasaje es una alegoría que simboliza la ley y los profetas; otros dicen que simboliza la ley y el evangelio; otros dicen que simboliza a los 144.000 judíos convertidos (Ap. 7:1ss); otros dicen que a la iglesia y otros continúan con muchas otras ideas.

=> Algunos dicen que los dos testigos son personas reales, y algunos hasta los identifican diciendo que son Enoc y Elías o Elías y Moisés enviados nuevamente a la tierra.

Es difícil de considerar qué otra cosa podrían ser los testigos que hombres. Hay demasiadas declaraciones específicas sobre ellos que apuntan hacia la personalidad humana, declaraciones que nunca podrían aplicarse a la iglesia o a otras cosas sin realmente torcer este pasaje.

=> George Ladd dice:

*"La descripción de los dos testigos y el carácter de su ministerio se da con tanto detalle que parece más probable que Juan concibió a estos dos testigos como dos personajes... históricos que serán enviados a Israel para traer su conversión" (*The Revelation of John, *p. 154).*

=> William Barclay dice:

*"Pero la imagen de los dos testigos es tan clara y tan definida que no parece ser solo una alegoría; parece referirse a personas reales" (*The Revelation of John, *Vol. 2, p. 86).*

=> Lehman Strauss dice:

*"Los dos testigos no son la ley y el evangelio, ni el Antiguo y el Nuevo Testamento. Ellos hablan. Tienen bocas. Son oídos, manipulados y odiados. Son individuos, dado que luego de su martirio Juan ve sus "cuerpos muertos"([Ap.]11:9). Por ningún artilugio de la imaginación podemos considerar a estos dos testigos como otra cosa que personas reales" (*The Book of Revelation, *p. 211).*

¿Quiénes son? Si son dos personas, entonces ¿quiénes son? Las Escrituras no lo dicen. Pero advierta que los rasgos de su ministerio son los mismos que los de Elías y Moisés. Esto, por supuesto, no quiere significar que estos dos grandes profetas hayan vuelto de la muerte. Solo significa que el mismo tipo de espíritu que existía en estos dos grandes hombres morará en los dos testigos. Los dos grandes testigos del fin de los tiempos tendrán el espíritu de Elías y de Moisés. Recuerde: Esto es exactamente lo que Jesucristo dijo sobre Elías, el precursor del Mesías. Pero Jesús dijo que Juan el Bautista era su precursor, que las Escrituras hablaban del regreso del espíritu de Elías, que el precursor tendría el mismo tipo de espíritu que tenía Elías (cp. Mt. 11:113-14). Es mucho más natural y bíblico decir lo mismo aquí: Que los dos testigos del fin de los tiempos serán dos hombres con el mismo tipo de espíritu que el que tenían Elías y Moisés.

3 (11:7-10) ***Anticristo - Bestia del Apocalipsis:*** Los dos testigos son perseguidos y martirizados por la bestia, es decir, el anticristo. (Ver bosquejos y notas, anticristo, Ap. 11:7; 13:1-10; nota y Estudio a fondo 1, Mt. 24:15; nota, 2 Ts. 2:4-9 para mayor discusión.) Advierta que esta es la primera mención de la bestia o del anticristo por su nombre en el libro de Apocalipsis. Y advierta que la primera información es esta: Su origen, el hecho de que vendrá del diablo mismo, del abismo o del infierno. (Ver nota, Abismo, Ap. 9:2.) La idea es que será un tirano asesino al igual que el diablo (cp. Jn. 7:44) y que su deseo será asesinar a los dos testigos. Pero no los tocará hasta que hayan terminado con su testimonio. Dios los protegerá. Sin embargo, el anticristo guerreará en contra de ellos, complotará y hará todo lo que pueda hacer para desacreditar su testimonio. Luego, en cuanto se termine su testimonio, luego de tres años y medio (v. 3), el anticristo tendrá éxito, los asesinará.

Lo que sucede después demuestra cuán efectivo habrá sido su mensaje. Muchos en todo el mundo, en particular los dirigentes, los odiarán. Sus muertes se convertirán en un asunto internacional. Los dirigentes dejarán yacer sus cuerpos en las calles de Jerusalén durante tres días. Advierta cómo las Escrituras describen gráficamente el hecho:

"Y sus cadáveres estarán en la plaza de la grande ciudad que en sentido espiritual se llama Sodoma y Egipto, donde también nuestro Señor fue crucificado. Y los de los pueblos, tribus, lenguas y naciones verán sus cadáveres por tres días y medio, y no permitirán que sean sepultados" (vv. 9, 10).

La idea es que todo el mundo observe la escena. Esto, por supuesto, apunta hacia la información internacional del acontecimiento por algún tipo de medio o de la televisión. Advierta que se intercambiarán regalos entre la gente porque están tan complacidos de ver a estos dos testigos asesinados. Esto podría estar apuntando a un plan político por parte del anticristo y un asesino profesional. Los regalos serían la paga del asesino. Es difícil ver cuáles serían los regalos de no ser pagas políticas por parte del anticristo a los dirigentes de algún gobierno por haber asesinado a los dos testigos.

El punto de estos versículos es la intriga política del anticristo y otros dirigentes gubernamentales (vv. 7-10). Ellos matan a estos dos grandes siervos de Dios y tienen tanto poder político que pueden matar a dos predicadores con influencia a nivel mundial y dejar sus cuerpos en la calle durante tres días (vv. 8-9). Simplemente imagine uno de los pocos grandes dirigentes religiosos del mundo actual. Luego imagine algún dirigente mundial asesinándolo y teniendo tanto poder que puede dejar sus cuerpos yaciendo en las calles durante tres días. Esto da alguna idea del enorme poder que tendrá el anticristo.

Advierta otro hecho significativo: A Jerusalén se la llama Sodoma y Egipto. Esto está describiendo la condición espiritual de Jerusalén en el fin de los tiempos.

=> Jerusalén será como Sodoma: Una ciudad de mundanalidad, inmoralidad y vergonzoso pecado; una ciudad que no podría recibir a los mensajeros de Dios (cp. Gn. 19:4ss.)

=> Jerusalén será como Egipto: Una nación que esclavizó y mató al pueblo de Dios (Éx. 1:7ss.).

4 (11:7) ***Bestia, la - anticristo:*** ¿Quién es el anticristo? Las Escrituras nunca utilizan el término *anticristo* para referirse al gran "hombre de pecado" que aparecerá en el fin de los tiempos. Sí se refiere a los falsos maestros como anticristos (1 Jn. 2:22). Sin embargo, a lo largo de los siglos, los creyentes siempre se han referido al "hombre de pecado" que vendrá como *el anticristo.* ¿Por qué? Porque él se opondrá a Cristo y perseguirá ferozmente a los creyentes. Él será la verdadera personificación de la maldad en contra de Cristo y los seguidores de Cristo. Él será el único hombre que estará tan en contra de Cristo que realmente podrá ser llamado *el anticristo.*

Ahora bien, ¿quién es el anticristo? Las Escrituras nos lo dicen, y lo que las Escrituras revelan es fascinante y a la vez horroroso. Cuando miramos hacia atrás en la historia humana y pensamos acerca de los hombres malos que han aterrorizado y masacrado a millones, es realmente atemorizador. Piense en los Nerones, Hitlers y Stalins de la historia humana. Y luego piense en qué hubiera sucedido si hubieran sido dictadores de todo el mundo. La muerte de millones se hubiera incrementado a decenas y decenas de millones. Tal es la imagen de horror y catástrofe que traerá el dirigente mundial, el anticristo. Su horror traerá tanto temor que uno de sus nombres es sencillamente *la bestia.* Advierta cómo lo llaman las Escrituras.

=> Él es la *abominación de la desolación* profetizada por Cristo:

"Por tanto, cuando veáis en el lugar santo la abominación desoladora de que habló el profeta Daniel (el que lee, entienda)" (Mt. 24:15).

=> Él es el *hombre de pecado* profetizado por Pablo:

"Nadie os engañe en ninguna manera; porque no vendrá sin que antes venga la apostasía, y se manifieste el hombre de pecado, el hijo de perdición, el cual se opone y se levanta contra todo lo que se llama Dios o es objeto de culto; tanto que se sienta en el templo de Dios como Dios, haciéndose pasar por Dios" (2 Ts. 2:3-4).

=> Él es el *pequeño cuerno* profetizado por Daniel:

"Y hablará palabras contra el Altísimo, y a los santos del Altísimo quebrantará, y pensará en cambiar los tiempos y la ley; y serán entregados en su mano hasta tiempo, y tiempos, y medio tiempo" (Dn. 7:25).

=> Él es la verdadera personificación de Satanás mismo, el hombre de maldad que viene del abismo del infierno.

"Y cuatro bestias grandes, diferentes la una de la otra, subían del mar" (Dn. 7:3).

"Después de esto miraba yo en las visiones de la noche, y he aquí la cuarta bestia, espantosa y terrible y en gran manera fuerte, la cual tenía unos dientes grandes de hierro; devoraba y desmenuzaba, y las sobras hollaba con sus pies, y era muy diferente de todas las bestias que vi antes de ella, y tenía diez cuernos. Mientras yo contemplaba los cuernos, he aquí que otro cuerno pequeño salía entre ellos, y delante de él fueron arrancados tres cuernos de los primeros; y he aquí que este cuerno tenía ojos como de hombre, y una boca que hablaba grandes cosas" (Dn. 7:7-8).

"La bestia que has visto, era, y no es; y está para subir del abismo e ir a perdición; y los moradores de la tierra, aquellos cuyos nombres no están escritos desde la fundación del mundo en el libro de la vida, se asombrarán viendo la bestia que era y no es, y será" (Ap. 17:8).

=> Él es el dirigente mundial que hará la guerra en contra del pueblo de Dios y los asesinará.

"Asimismo acerca de los diez cuernos que tenía en su cabeza, y del otro que le había salido, delante del cual habían caído tres; y este mismo cuerno tenía ojos, y boca que hablaba grandes cosas, y parecía más grande que sus compañeros. Y veía yo que este cuerno hacía guerra contra los santos, y los vencía" (Dn. 7:20-21).

"Y hablará palabras contra el Altísimo, y a los santos del Altísimo quebrantará, y pensará en cambiar los tiempos y la ley; y serán entregados en su mano hasta tiempo, y tiempos, y medio tiempo" (Dn. 7:25).

"Después de esto miré, y he aquí una gran multitud, la cual nadie podía contar, de todas naciones y tribus y pueblos y lenguas, que estaban delante del trono y en la presencia del Cordero, vestidos de ropas blancas, y con palmas en las manos;... Entonces uno de los ancianos habló, diciéndome: Estos que están vestidos de ropas blancas, ¿quiénes son, y de dónde han venido? Yo le dije: Señor, tú lo sabes. Y él me dijo: Estos son los que han salido de la gran tribulación, y han lavado sus ropas, y las han emblanquecido en la sangre del Cordero" (Ap. 7:9, 13-14).

=> Él es el dirigente mundial que conquistará al mundo.

"Dijo así: La cuarta bestia será un cuarto reino en la tierra, el cual será diferente de todos los otros reinos, y a toda la tierra devorará, trillará y despedazará" (Dn. 7:23).

"Y los diez cuernos que has visto, son diez reyes, que aún no han recibido reino; pero por una hora recibirán autoridad como reyes juntamente con la bestia. Estos tienen un mismo propósito, y entregarán su poder y su autoridad a la bestia" (Ap. 17:12-13).

Pensamiento 1: William Barclay lo describe bien:

*"Así como Cristo es el Santo y el Ungido Rey de Dios, así el anticristo es el no santo y el rey de toda maldad. Así como el Cristo, el Mesías, es la encarnación de Dios y de la bondad, así el anticristo es la encarnación del diablo y de la maldad. Así como Cristo es el campeón de Dios, así el anticristo es el campeón de toda fuerza en el universo que se opone a Dios" (*The Revelation of John, *Vol. 2, p. 70).*

5 (11:11-12) ***Testigos del Apocalipsis, Dos:*** Los dos testigos son resucitados y subidos al cielo. Este será uno de los muchos acontecimientos espectaculares de los últimos días. El aliento de Dios será imbuido en los cuerpos muertos de estos dos testigos asesinados. Se pondrán de pie, y cuando lo hagan, el temor golpeará los corazones de todos los que los han visto. ¿Cuántos lo verán? ¿Todo el mundo observará su resurrección así como han observado sus cuerpos muertos yaciendo en las calles? ¿Las cámaras y los medios los estarán enfocando cuando resuciten? No se nos dice, pero la idea que se quiere transmitir es la de que todo el mundo no los verá resucitar, sino que muchos judíos parecen verse afectados por lo que sucede (v. 13). Cualquiera sea el caso, imagine el asombro cuando los dos testigos comiencen a ascender al cielo. Es probable que la visión tenga un enorme impacto entre quienes sean testigos de esto.

Pensamiento 1: Advierta cómo esto coincide con la resurrección y ascensión de nuestro Señor y simboliza lo que sucederá a los creyentes cuando venga Jesucristo. Todo creyente guarda la esperanza de ser resucitado y de encontrarse con el Señor en el aire.

"Para que todos honren al Hijo como honran al Padre. El que no honra al Hijo, no honra al Padre que le envió" (Jn. 5:23).

"Y esta es la voluntad del que me ha enviado: Que todo aquel que ve al hijo, y cree en él, tenga vida eterna; y yo le resucitaré en el día postrero" (Jn. 6:40).

"Le dijo Jesús: Yo soy la resurrección y la vida; el que cree en mí, aunque esté muerto, vivirá" (Jn. 11:25).

"En la casa de mi Padre muchas moradas hay; si así no fuera, yo os lo hubiera dicho; voy, pues, a preparar lugar para vosotros. Y si me fuere y os preparare lugar, vendré otra vez, y os tomaré a mí mismo, para que donde yo estoy, vosotros también estéis" (Jn. 14:2-3).

"Porque el Señor mismo con voz de mando, con voz de arcángel, y con trompeta de Dios, descenderá del cielo; y los muertos en Cristo resucitarán primero. Luego nosotros los que vivimos, los que hayamos quedado, seremos arrebatados juntamente con ellos en las nubes para recibir al Señor en el aire, y así estaremos siempre con el Señor. Por tanto, alentaos los unos a los otros con estas palabras" (1 Ts. 4:16-18).

6 (11:3) ***Testigos - Israel, Salvación:*** Los dos testigos reciben una gran reivindicación. Habrá un gran terremoto que matará a siete mil personas. Luego sucederá la cosa más maravillosa: El resto de los judíos de Jerusalén sentirán miedo y glorificarán al Dios del cielo. Esto apunta firmemente a la conversión de los judíos, por cierto a un gran número de ellos arrepintiéndose y dando *verdadera* gloria a Dios. Advierta exactamente lo que sucedió: "los demás se aterrorizaron y dieron gloria al Dios del cielo". George Ladd señala que cuando se utiliza esta frase en Apocalipsis y en otros pasajes de las Escrituras, sugiere genuino arrepentimiento (*The Revelation of John,* p. 159ss).

"Diciendo a gran voz: Temed a Dios, y *dadle gloria*, porque la hora de su juicio ha llegado; y adorad a aquel que hizo el cielo y la tierra, el mar y las fuentes de las aguas" (Ap. 14:7).

"¿Quién no te temerá, oh Señor, y *glorificará tu nombre*? pues sólo tú eres santo; por lo cual todas las naciones vendrán y te adorarán, porque tus juicios se han manifestado" (Ap. 15:4).

"Y los hombres se quemaron con el gran calor, y blasfemaron el nombre de Dios, que tiene poder sobre estas plagas, y *no se arrepintieron para darle gloria*" (Ap. 16:9).

"Gocémonos y alegrémonos y *démosle gloria*; porque han llegado las bodas del Cordero, y su esposa se ha preparado" (Ap. 19:7).

"Y las naciones que hubieren sido salvas andarán a la luz de ella; y los reyes de la tierra *traerán su gloria* y honor a ella" (Ap. 21:24).

"Manteniendo buena vuestra manera de vivir entre los gentiles; para que en lo que murmuran de vosotros como de malhechores, *glorifiquen a Dios* en el día de la visitación, al considerar vuestras buenas obras" (1 P. 2:12).

"Entonces Josué dijo a Acán: Hijo mío, *da gloria* a Jehová el Dios de Israel, y dale alabanza, y declárame ahora lo que has hecho, no me lo encubras" (Jos. 7:19)

"Den *gloria a Jehová*, y anuncien sus loores en las costas" (Is. 42:12).

"*Dad gloria* a Jehová Dios vuestro, antes que haga venir tinieblas, y antes que vuestros pies tropiecen en montes de oscuridad, y esperéis luz, y os la vuelva en sombra de muerte y tinieblas" (Jer. 13:16).

Esto es o bien la salvación de Israel o uno de los grandes movimientos hacia la salvación que los judíos experimentarán en el fin de los tiempos. Este es el cumplimiento o parte del cumplimiento profetizado por Pablo de que: "todo Israel se salvará".

=> George Ladd presenta un excelente comentario al respecto:

*"Dados estos poderosos actos de Dios en el fin de los tiempos, el pueblo judío se arrepentirá de sus pecados y dará gloria al verdadero Dios. Previamente no han glorificado a Dios; crucificaron a su Mesías y rechazaron a sus profetas. Pero ahora se arrepienten de su desobediencia y glorifican a Dios" (*The Revelation of John, *p. 159ss).*

=> William Barclay dice:

"El gran interés de este pasaje reside en el hecho de que los creyentes fueron ganados por la muerte de sacrificio de los testigos y por la reivindicación que Dios hizo de ellos" (The Revelation of John, *Vol. 2, p. 88*).

=> Robertson cita a H. B. Sweete diciendo:

> *"Un movimiento general hacia el cristianismo, inducido por temor o desesperación, una predicción cumplida más que una vez en la... historia"* (Word Pictures In The New Testament, *Vol. 6, p. 384*).

Pensamiento 1: La gran necesidad de la actualidad es que los hombres le teman a Dios, que teman su juicio de tal manera que se alejen del pecado, se arrepientan y le den gloria a Él.

> **"Y su misericordia es de generación en generación a los que le temen" (Lc. 1:50).**
>
> **"Sino que en toda nación se agrada del que le teme y hace justicia" (Hch. 10:35).**
>
> **"Para que unánimes, a una voz, glorifiquéis al Dios y Padre de nuestro Señor Jesucristo" (Ro. 15:6).**
>
> **"Porque habéis sido comprados por precio; glorificad, pues, a Dios en vuestro cuerpo y en vuestro espíritu, los cuales son de Dios" (1 Co. 6:20).**
>
> **"Así que, ofrezcamos siempre a Dios, por medio de él, sacrificio de alabanza, es decir, fruto de labios que confiesan su nombre" (He. 13:15).**
>
> **"Ahora, pues, Israel, ¿qué pide Jehová tu Dios de ti, sino que temas a Jehová tu Dios, que andes en todos sus caminos, y que lo ames, y sirvas a Jehová tu Dios con todo tu corazón y con toda tu alma" (Dt. 10:12).**
>
> **"Los que teméis a Jehová, alabadle; glorificadle, descendencia toda de Jacob, y temedle vosotros, descendencia toda de Israel" (Sal. 22:23).**
>
> **"¿Quién es el hombre que teme a Jehová? El le enseñará el camino que ha de escoger" (Sal. 25:12).**
>
> **"¡Cuán grande es tu bondad, que has guardado para los que te temen, que has mostrado a los que esperan en ti, delante de los hijos de los hombres!" (Sal. 31:19).**

	H. El triunfo final sobre la maldad (Parte 4): Un panorama general de las cosas que vendrán, 11:14-19	17 diciendo: Te damos gracias, Señor Dios Todopoderoso, el que eres y que eras y que has de venir, porque has tomado tu gran poder, y has reinado.	b. Como el Dios eterno c. Para tomar autoridad suprema
1 El tercer ay viene pronto; esto es, la séptima trompeta es el tercer ay **2 Escena 1: Este mundo se convierte en el reino de Dios**	14 El segundo ay pasó; he aquí, el t ercer ay viene pronto. 15 El séptimo ángel tocó la trompeta, y hubo grandes voces en el cielo, que decían: Los reinos del mundo han venido a ser de nuestro Señor y de su Cristo; y él reinará por los siglos de los siglos.	18 Y se airaron las naciones, y tu ira ha venido, y el tiempo de juzgar a los muertos, y de dar el galardón a tus siervos los profetas, a los santos, y a los que temen tu nombre, a los pequeños y a los grandes, y de destruir a los que destruyen la tierra.	**4 Escena 3: Las naciones realizan una rebelión final y son destruidas** a. Las naciones se rebelan b. Cae la ira de Dios c. Los muertos son juzgados d. Los buenos son recompen-sados e. Los destructores son destruidos
3 Escena 2: El Señor Dios Todopoderoso es aclamado a. Por los ancianos	16 Y los veinticuatro ancianos que estaban sentados delante de Dios en sus tronos, se postraron sobre sus rostros, y adoraron a Dios,	19 Y el templo de Dios fue abierto en el cielo, y el arca de su pacto se veía en el templo. Y hubo relámpagos, voces, truenos, un terremoto y grande granizo.	**5 Escena 4: Se abrirá el templo de Dios** a. El pacto de Dios y sus promesas se ven como ciertas b. Se experimenta la majestad de Dios

DIVISIÓN V

LOS JUICIOS DE LAS SIETE TROMPETAS: ACONTECIMIENTOS DURANTE LA GRAN TRIBULACIÓN, 8:1—11:19

H. El triunfo final sobre la maldad (Parte 4): Un panorama general de las cosas que vendrán, 11:14-19

(11:14-19) ***Introducción:*** El fin de los tiempos será un período de horror y tragedia. El mundo y su gente atravesarán una gran tribulación, una tribulación tal como el mundo nunca ha visto jamás. Escena tras escena de catástrofe y horror ya han sido vistas. Imagine lo que estaba experimentando Juan. Tenía que ver estas escenas y ser un testigo ocular de estos horrores. Este es el motivo por el cual aquí y allá a lo largo de Apocalipsis hemos visto a Cristo darle a Juan una escena de esperanza y de la gloria que vendrá. Esto es de lo que se trata este pasaje. Nuevamente Juan necesita ser elevado y alentado. Por lo tanto, Dios le da un panorama general de lo que está por venir; Juan ve en forma de bosquejo la gloria con el horror. Esta es la imagen general de las cosas que vendrán.

1. El tercer ay viene pronto; esto es, la séptima trompeta es el tercer ay (vv. 14-15).
2. Escena 1: Este mundo se convierte en el reino de Dios (v. 15).
3. Escena 2: El Señor Dios Todopoderoso es aclamado (vv. 16-17).
4. Escena 3: Las naciones realizan una rebelión final y son destruidas (v. 18).
5. Escena 4: Se abrirá el templo de Dios (v. 19).

1 (11:14-15) ***Ay - Juicios de trompeta:*** El tercer ay vendrá pronto. Por "ay" se quiere significar un período de extremo dolor, angustia, sufrimiento, aflicción y calamidad. Recuerde: Habrán solo tres ayes.

=> El primer ay serán las criaturas de tipo langosta demoníaca que barren la tierra y atormentan a las personas (Ap. 8:13-9:11).

=> El segundo ay serán criaturas de tipo caballo militares demoníacos que barren la tierra y matan a un tercio de la población impía y mala (Ap. 9:12-21).

=> El tercer ay es la séptima trompeta, los juicios que resultan del tronar de la séptima trompeta.

Pero advierta que cuando truena la séptima trompeta no hay juicio ni un ay. ¿Por qué? Porque se deben ver algunas cosas antes de que los juicios verdaderamente tengan lugar. Los juicios y el ay de la séptima trompeta son en realidad los siete juicios de las copas; esto es, la séptima trompeta tronará siete juicios más y estos serán mucho peores que cualquiera de los juicios que recaigan sobre la tierra. De hecho, los juicios de las copas traerán el clímax de la historia humana y el fin de los tiempos como lo conocemos.

Pero primero, como ya se dijo, hay algunas cosas que debemos ver y comprender. Y la primera es sumamente interesante: Es un panorama de los acontecimientos que todavía falta que sucedan en Apocalipsis. Este pasaje da un salto hacia adelante y nos muestra en un amplio resumen qué ocurrirá en los siguientes diez capítulos de este gran libro. Dios preparó el corazón de Juan para los terribles acontecimientos que todavía le serían revelados, lo preparó demostrándole que Dios triunfará sobre la maldad y que establecerá su reinado por siempre. Dios le dio a Juan y nos da a nosotros cinco escenas de lo que está por venir.

2 (11:15) ***Reino de Dios - Mundo:*** Escena uno: Los reinos de este mundo se han convertido en los reinos de nuestro Señor y de su Cristo. El tiempo griego es pasado, los reinos se han convertido en el reino del Señor. La escena pega un salto por sobre toda la historia y nos muestra a nuestro Dios y a su Cristo reinando sobre todo el mundo. Todos los reinos de este mundo se han terminado y todas las personas de la tierra viven y trabajan como ciudadanos del reino de Dios. Actualmente, en nuestros días, los gobiernos humanos involucran...

- Autoridad, gobierno y reinado: Algunas autoridades terrenales y gobernadores son buenos y algunos son malos.
- Leyes: Las leyes terrenales favorecen a algunas personas y tratan injustamente a otras.
- Trabajo: Algunos tienen trabajo y otros no.
- Economías: Algunas economías terrenales son sanas y otras son malas.
- Protección: Algunos gobiernos terrenales protegen a sus ciudadanos, otros los maltratan y los esclavizan.
- Provisión: Algunos gobiernos terrenales proveen a sus ciudadanos y ayudan a sus ciudadanos a que se provean a sí mismos y otros no.
- Servicios: Algunos gobiernos terrenales brindan buenos servicios para su gente tales como caminos, servicios de alcantarillado, agua, trabajos y cuidado sanitario o bien brindan un servicio malo.

El punto es este: Los gobiernos terrenales son imperfectos, débiles y no son capaces de hacer realidad la utopía para el hombre. Los gobiernos terrenales están inundados con los pobres, los hambrientos, los sin techo, los enfermos, los egoístas, los ricos, los orgullosos, los ladrones, los asesinos y todas las demás maldades e imperfecciones que esclavizan a los ciudadanos de este mundo. Los gobiernos terrenales se concentran en esta tierra y en todos los placeres y posesiones de esta tierra y en la guerra y los conflictos. Esto se aplicará particularmente en el fin de los tiempos bajo el anticristo. El mundo estará contaminado de pecado y maldad, egoísmo y codicia, guerra y conflicto. Pero este no es el final: Este es el mensaje glorioso de este punto. Los reinos de este mundo se convertirán en el reino de nuestro Dios y de su Cristo. Dios va a reinar en el mundo y traerá el cielo a este universo. ¿Cuándo? Durante el milenio. El milenio simplemente significa el período, un período de mil años, en que Jesucristo regresará a esta tierra y reinará sobre las naciones y la gente de la tierra.

Pensamiento 1: ¡Simplemente piense! La utopía viene a la tierra. Vienen la paz y la prosperidad. Ya no habrá hambre, sed, falta de techo, enfermedad, guerra, homicidio ni ninguna de las otras maldades sobre la tierra. Pero advierta: La utopía solo vendrá cuando Jesucristo regrese a reinar sobre la tierra. El hombre fracasa y fracasa en sus intentos por limpiar el mundo y establecer la paz. Pero Dios ama al hombre y lo ama con todo su corazón. Por lo tanto, Él va a ayudar al hombre. Dios va a enviar a su querido Hijo de vuelta a la tierra para establecer paz y prosperidad para todos. Dios hará por el hombre lo que el hombre tan deficientemente ha fracasado en hacer. Esta es la gloriosa promesa de este pasaje.

"Entonces oí una gran voz en el cielo, que decía: Ahora ha venido la salvación, el poder, y el reino de nuestro Dios, y la autoridad de su Cristo; porque ha sido lanzado fuera el acusador de nuestros hermanos, el que los acusaba delante de nuestro Dios día y noche" (Ap. 12:10).

"Y oí como la voz de una gran multitud, como el estruendo de muchas aguas, y como la voz de grandes truenos, que decía: ¡Aleluya, porque el Señor nuestro Dios Todopoderoso reina!" (Ap. 19:6).

"Y en su vestidura y en su muslo tiene escrito este nombre: REY DE REYES Y SEÑOR DE SEÑORES" (Ap. 19:16).

"Y vi tronos, y se sentaron sobre ellos los que recibieron facultad de juzgar; y vi las almas de los decapitados por causa del testimonio de Jesús y por la palabra de Dios, los que no habían adorado a la bestia ni a su imagen, y que no recibieron la marca en sus frentes ni en sus manos; y vivieron y reinaron con Cristo mil años. Pero los otros muertos no volvieron a vivir hasta que se cumplieron mil años. Esta es la primera resurrección. Bienaventurado y santo el que tiene parte en la primera resurrección; la segunda muerte no tiene potestad sobre éstos, sino que serán sacerdotes de Dios y de Cristo, y reinarán con él mil años" (Ap. 20:4-6).

"Este será grande, y será llamado Hijo del Altísimo; y el Señor Dios le dará el trono de David su padre; y reinará sobre la casa de Jacob para siempre, y su reino no tendrá fin" (Lc. 1:32-33).

"Y en los días de estos reyes el Dios del cielo levantará un reino que no será jamás destruido, ni será el reino dejado a otro pueblo; desmenuzará y consumirá a todos estos reinos, pero él permanecerá para siempre" (Dn. 2:44).

"¡Cuán grandes son sus señales, y cuán potentes sus maravillas! Su reino, reino sempiterno, y su señorío de generación en generación" (Dn. 4:3).

"Mas al fin del tiempo yo Nabucodonosor alcé mis ojos al cielo, y mi razón me fue devuelta; y bendije al Altísimo, y alabé y glorifiqué al que vive para siempre, cuyo dominio es sempiterno, y su reino por todas las edades" (Dn. 4:34).

"De parte mía es puesta esta ordenanza: Que en todo el dominio de mi reino todos teman y tiemblen ante la presencia del Dios de Daniel; porque él es el Dios viviente y permanece por todos los siglos, y su reino no será jamás destruido, y su dominio perdurará hasta el fin" (Dn. 6:26).

"Miraba yo en la visión de la noche, y he aquí con las nubes del cielo venía uno como un hijo de hombre, que vino hasta el Anciano de días, y le hicieron acercarse delante de él. Y le fue dado dominio, gloria y reino, para que todos los pueblos, naciones y lenguas le sirvieran; su dominio es dominio eterno, que nunca pasará, y su reino uno que no será destruido" (Dn. 7:13-14).

3 (11:16-17) ***Dios, Alabar:*** Escena dos: El Señor Dios Todopoderoso es aclamado. Tan pronto como el ángel dio una visión del futuro que mostró la victoria de Dios, los veinticuatro ancianos se postraron sobre sus rostros ante Dios. Adoraron y lo alabaron por tres cosas:

1. Alabaron a Dios como el Señor Dios Todopoderoso.
   => Señor: Él merecía ser el Señor y el Maestro, el Regidor sobre todas las vidas.
   => Dios: Él era el Creador y Hacedor de todo, y Él era el único que merecía ser adorado.

=> Todopoderoso: Él era omnipotente, esto es, todo poder. Él puede hacerlo todo, y siempre será capaz de ejercer su voluntad.

2. Lo alabaron como el Señor que "es, que era y que ha de venir". Es decir, Él es eterno. Él es el que existe ahora, que siempre existió y que siempre existirá. El Señor Dios posee vida por los siglos de los siglos. Por lo tanto, Él es capaz de dar vida a quien Él desea.

3. Lo alabaron por retomar su poder del mundo y comenzar a reinar en su lugar correcto. Dios permitió a Satanás que tuviera acceso al mundo y al hombre. Y, muy desafortunadamente, el hombre ha elegido seguir a Satanás en lugar de a Dios. Pero no todas las personas. Algunas personas han hecho exactamente lo que Dios quiso: han elegido libremente creer en Él y seguirlo, han elegido libremente amar supremamente a Dios. El resultado ha sido un mundo habitado por una masa de personas que niegan e ignoran a Dios y por solo algunas personas que se centran en Dios. Y lo inevitable ha sucedido: el egoísmo y la codicia y la lascivia que engendra la gente que se centra únicamente en sí misma ha consumido el mundo. El mundo está arruinado con tanto pecado y maldad que los problemas se han vuelto tan enormes que ya no pueden resolverse.

Pero advierta: Dios los resolverá. Esta es la declaración de la alabanza de los veinticuatro ancianos. Acaban de observar la escena del futuro, la escena en la que Dios ha retomado su poder sobre el mundo de Satanás. Han observado el gobierno del amor de Dios y de la justicia sobre la tierra.

"Y ahora, concebirás en tu vientre, y darás a luz un hijo, y llamarás su nombre JESÚS. Este será grande, y será llamado Hijo del Altísimo; y el Señor Dios le dará el trono de David su padre; y reinará sobre la casa de Jacob para siempre, y su reino no tendrá fin" (Lc. 1:31-33).

"Por tanto, al Rey de los siglos, inmortal, invisible, al único y sabio Dios, sea honor y gloria por los siglos de los siglos. Amén" (1 Ti. 1:17).

"Y cantan el cántico de Moisés siervo de Dios, y el cántico del Cordero, diciendo: Grandes y maravillosas son tus obras, Señor Dios Todopoderoso; justos y verdaderos son tus caminos, Rey de los santos" (Ap. 15:3).

"Y oí como la voz de una gran multitud, como el estruendo de muchas aguas, y como la voz de grandes truenos, que decía: ¡Aleluya, porque el Señor nuestro Dios Todopoderoso reina!" (Ap. 19:6).

"Jehová reinará eternamente y para siempre" (Éx. 15:18).

"Y dijo: Jehová Dios de nuestros padres, ¿no eres tú Dios en los cielos, y tienes dominio sobre todos los reinos de las naciones? ¿No está en tu mano tal fuerza y poder, que no hay quien te resista?" (2 Cr. 20:6).

"¿Quién es este Rey de gloria? Jehová de los ejércitos, él es el Rey de la gloria" (Sal. 24:10).

4 (11:18) ***Satanás, Rebelión final:*** Escena 3: Las naciones del mundo realizarán una rebelión final en contra de Dios, serán destruidas y enfrentarán el juicio eterno de Dios. Advierta cinco puntos.

1. Habrá una rebelión final de las naciones en contra del Señor Jesucristo al fin del milenio (el reinado de mil años de Cristo sobre la tierra). El diablo y sus seguidores intentarán vencer a Cristo y a sus seguidores en una última batalla en la tierra. Recuerde: Cristo reinará en la tierra durante mil años, y ese es un período muy largo. Después del período de mil años, las personas harán lo que hacen con tanta frecuencia: se volverán apagados y letárgicos ante Cristo y su poder y ante su llamado y voluntad. Por lo tanto, cuando Satanás se libere para tentarlos y conducirlos, muchos intentarán luchar contra Cristo y sus seguidores.

El resultado será rápido y catastrófico para todas las naciones impías y la gente de esta tierra.

"Cuando los mil años se cumplan, Satanás será suelto de su prisión, y saldrá a engañar a las naciones que están en los cuatro ángulos de la tierra, a Gog y a Magog, a fin de reunirlos para la batalla; el número de los cuales es como la arena del mar. Y subieron sobre la anchura de la tierra, y rodearon el campamento de los santos y la ciudad amada; y de Dios descendió fuego del cielo, y los consumió. Y el diablo que los engañaba fue lanzado en el lago de fuego y azufre, donde estaban la bestia y el falso profeta; y serán atormentados día y noche por los siglos de los siglos" (Ap. 20:7-10).

2. Caerá la ira de Dios.

"El que cree en el Hijo tiene vida eterna; pero el que rehúsa creer en el Hijo no verá la vida, sino que la ira de Dios está sobre él" (Jn. 3:36).

"Porque la ira de Dios se revela desde el cielo contra toda impiedad e injusticia de los hombres que detienen con injusticia la verdad" (Ro. 1:18).

"Pero *ira y enojo* a los que son contenciosos y no obedecen a la verdad, sino que obedecen a la injusticia" (Ro. 2:8).

"Nadie os engañe con palabras vanas, porque por estas cosas viene la ira de Dios sobre los hijos de desobediencia" (Ef. 5:6).

"Honrad al Hijo, para que no se enoje, y perezcáis en el camino; pues se inflama de pronto su ira. Bienaventurados todos los que en él confían" (Sal. 2:12).

3. Los muertos serán juzgados.

"Cuando el Hijo del Hombre venga en su gloria, y todos los santos ángeles con él, entonces se sentará en su trono de gloria, y serán reunidas delante de él todas las naciones; y apartará los unos de los otros, como aparta el pastor las ovejas de los cabritos" (Mt. 25:31-32).

"Y de la manera que está establecido para los hombres que mueran una sola vez, y después de esto el juicio" (He. 9:27).

"Sabe el Señor librar de tentación a los piadosos, y reservar a los injustos para ser castigados en el día del juicio" (2 P. 2:9).

"Pero los cielos y la tierra que existen ahora, están reservados por la misma palabra, guardados para el fuego en el día del juicio y de la perdición de los hombres impíos" (2 P. 3:7).

"En esto se ha perfeccionado el amor en nosotros, para que tengamos confianza en el día del juicio; pues como él es, así somos nosotros en este mundo" (1 Jn. 4:17).

"De éstos también profetizó Enoc, séptimo desde Adán, diciendo: He aquí, vino el Señor con sus santas

decenas de millares, para hacer juicio contra todos, y dejar convictos a todos los impíos de todas sus obras impías que han hecho impíamente, y de todas las cosas duras que los pecadores impíos han hablado contra él" (Jud. 14-15).

4. Los buenos serán recompensados, esto es, los creyentes, los profetas y los que temen al nombre de Dios.

> **"Bienaventurados sois cuando por mi causa os vituperen y os persigan, y digan toda clase de mal contra vosotros, mintiendo. Gozaos y alegraos, porque vuestro galardón es grande en los cielos; porque así persiguieron a los profetas que fueron antes de vosotros" (Mt. 5:11-12).**
>
> **"Y cualquiera que dé a uno de estos pequeñitos un vaso de agua fría solamente, por cuanto es discípulo, de cierto os digo que no perderá su recompensa" (Mt. 10:42).**
>
> **"Su señor le dijo: Bien, buen siervo y fiel; sobre poco has sido fiel, sobre mucho te pondré; entra en el gozo de tu señor" (Mt. 25:23).**
>
> **"Amad, pues, a vuestros enemigos, y haced bien, y prestad, no esperando de ello nada; y será vuestro galardón grande, y seréis hijos del Altísimo; porque él es benigno para con los ingratos y malos" (Lc. 6:35).**
>
> **"Sabiendo que el bien que cada uno hiciere, ése recibirá del Señor, sea siervo o sea libre" (Ef. 6:8).**
>
> **"Honrad al Hijo, para que no se enoje, y perezcáis en el camino; pues se inflama de pronto su ira. Bienaventurados todos los que en él confían" (Sal. 2:12).**

5. Los destructores de la vida humana verán sus propias vidas destruidas.

> **"Y a vosotros que sois atribulados, daros reposo con nosotros, cuando se manifieste el Señor Jesús desde el cielo con los ángeles de su poder, en llama de fuego, para dar retribución a los que no conocieron a Dios, ni obedecen al evangelio de nuestro Señor Jesucristo; los cuales sufrirán pena de eterna perdición, excluidos de la presencia del Señor y de la gloria de su poder" (2 Ts. 1:7-9).**
>
> **"Estos son fuentes sin agua, y nubes empujadas por la tormenta; para los cuales la más densa oscuridad está reservada para siempre" (2 P. 2:17).**
>
> **"De éstos también profetizó Enoc, séptimo desde Adán, diciendo: He aquí, vino el Señor con sus santas decenas de millares, para hacer juicio contra todos, y dejar convictos a todos los impíos de todas sus obras impías que han hecho impíamente, y de todas las cosas duras que los pecadores impíos han hablado contra él" (Jud. 14-15).**
>
> **"Y vi un gran trono blanco y al que estaba sentado en él, de delante del cual huyeron la tierra y el cielo, y ningún lugar se encontró para ellos. Y vi a los muertos, grandes y pequeños, de pie ante Dios; y los libros fueron abiertos, y otro libro fue abierto, el cual es el libro de la vida; y fueron juzgados los muertos por las cosas que estaban escritas en los libros, según sus obras. Y el mar entregó los muertos que había en él; y la muerte y el Hades entregaron los muertos que había en ellos; y fueron juzgados cada uno según sus obras. Y la muerte y el Hades fueron lanzados al lago de fuego. Esta es la muerte segunda. Y el que no se halló inscrito en el libro de la vida fue lanzado al lago de fuego" (Ap. 20:11-15).**

Pensamiento 1:. Esta es una fuerte advertencia para todos nosotros, una advertencia que debe seguirse ahora o bien estaremos destinados por toda la eternidad.

1) Una persona no debe unirse a los que se rebelan en contra de Dios. Si se rebela en contra de Dios, entonces deberá enfrentar a Dios como un rebelde que se opone a Dios y que lucha contra el reino de Dios.
2) La ira de Dios caerá sobre los que se rebelen en contra de Dios.
3) Los muertos enfrentarán a Dios. Todos los muertos, toda persona que haya vivido o que vivirá, todos se enfrentarán cara a cara con Dios.
4) Los divinos serán recompensados. Todos los que temen el nombre de Dios serán grandemente recompensados.
5) Los impíos y los malos serán destruidos. Todos los que destruyan la vida humana, su propia vida o la vida de otros serán destruidos.

[5] (11:19) ***Templo de Dios:*** Escena cuatro: Se abrirá el templo de Dios. Esta es la imagen de la eternidad. Dios morará con los suyos en su templo, en todo el universo. Entonces se conocerá que sus promesas son ciertas y se experimentará su majestad. (Ver bosquejos y notas - Ap. 21:1—22:5. Ver Estudio a fondo 3, puntos 3-4 - Mt. 19:23-24.)

1. Hay un templo celestial a partir del cual se modelaron el templo terrenal y el tabernáculo. Las Escrituras lo dicen claramente.

> **"Y los querubines extenderán por encima las alas, *cubriendo con sus alas el propiciatorio*; sus rostros el uno enfrente del otro, mirando al propiciatorio los rostros de los querubines" (Éx. 25:20).**
>
> **"Fue, pues, necesario que las figuras de las cosas celestiales fuesen purificadas así; pero las cosas celestiales mismas, con mejores sacrificios que estos" (He. 9:23).**

Esto es algo maravilloso, dado que significa que nuestra adoración terrenal ha sido modelada a partir de la adoración celestial. Sin embargo, nunca debemos olvidar que el eterno, los nuevos cielos y la tierra, no tendrán templo en él. Lehman Strauss lo dice bien:

> *"Cuando la Nueva Jerusalén baja del Cielo, se la llama "la ciudad santa" (Apocalipsis 21:2), y Juan dice expresamente "Y no vi en ella templo" (21:22). Cuando se cumplan las escenas del capítulo 21 no habrá necesidad de un templo como lugar de adoración. Si todos fuéramos santos en la tierra ahora, no habría necesidad de un templo. Jesús dijo: "Dios es Espíritu; y los que le adoran, en espíritu y en verdad es necesario que adoren" (Jn. 4:24). La verdadera adoración es un asunto del corazón"* (The Book of Revelation, p. 225).

2. Hay otra interpretación de este pasaje que cabe resaltar. William Barclay lo expresa bien:

> *"El Templo es abierto; pero hay más que eso. Se ve al Arca de la Alianza. Ahora el Arca de la Alianza estaba en el Santo de los Santos, el interior del cual ninguna persona*

común ha visto, y en el cual incluso el Sumo Sacerdote solo ingresaba en el Día de la Expiación. Esta visión involucra la apertura del Templo e incluso la apertura del Santo de los Santos. Esto solo puede tener un significado: debe significar que ahora la gloria de Dios será plenamente desplegada. Eso que era un secreto, será revelado; eso que ningún hombre ha visto será abierto a la vista de los hombres. Toda la gloria de Dios va a explotar sobre los hombres.

¿Por qué la referencia especial al Arca de la Alianza? Esto es para recordarle a las personas sobre el pacto especial de Dios con su propia gente. Originariamente ese pacto había sido realizado con el pueblo de Israel, pero el nuevo pacto es el pacto en Jesucristo con todas las naciones que aman y creen en Jesús. Esto significa que en el despliegue total de la gloria de Dios, en la destrucción de los enemigos de Dios, Dios recordará su pacto y Dios será verdadero con los suyos. Cualquiera sea el terror y cualquiera sea la destrucción que esté por venir, Dios no romperá el pacto que ha hecho con su gente y no será falso con sus promesas.

Por lo tanto, la imagen es una imagen de la venida de la gloria plena de Dios, que es una amenaza terrible para los enemigos de Dios, pero una hermosa promesa para la gente del pacto de Dios (The Revelation of John, *Vol. 2, p. 89ss.*)

	CAPÍTULO 12 **VI. LA SÉPTIMA TROMPETA EN DETALLE (PARTE 1): DOS SEÑALES ESPIRITUALES LUCHANDO DETRÁS DE LA GRAN TRIBULACIÓN, 12:1-17** **A. Los personajes centrales de la gran tribulación, 12:1-5**	3 También apareció otra señal en el cielo: he aquí un gran dragón escarlata, que tenía siete cabezas y diez cuernos, y en sus cabezas siete diademas; 4 y su cola arrastraba la tercera parte de las estrellas del cielo, y las arrojó sobre la tierra. Y el dragón se paró frente a la mujer que estaba para dar a luz, a fin de devorar a su hijo tan pronto como naciese.	**2 El segundo personaje: Un gran dragón rojo: Satanás** a. Su descripción b. Su poder c. Su objetivo: Devorar al niño
1 El primer personaje: Una mujer con un niño a. Su descripción b. Su llanto: Por el parto	1 Apareció en el cielo una gran señal: una mujer vestida del sol, con la luna debajo de sus pies, y sobre su cabeza una corona de doce estrellas. 2 Y estando encinta, clamaba con dolores de parto, en la angustia del alumbramiento.	5 Y ella dio a luz un hijo varón, que regirá con vara de hierro a todas las naciones; y su hijo fue arrebatado para Dios y para su trono.	**3 El personaje principal: Un hombre niño: Jesús** a. Su objetivo: Gobernar b. Su ascensión: Ser exaltado

DIVISIÓN VI

LA SÉPTIMA TROMPETA EN DETALLE (PARTE 1): DOS SEÑALES ESPIRITUALES LUCHANDO DETRÁS DE LA GRAN TRIBULACIÓN, 12:1-17

A. Los personajes centrales de la gran tribulación, 12:1-5

(12:1-5) ***Introducción:*** Este es uno de los pasajes más reveladores y fascinantes de toda la Biblia. Enrolla la cortina que divide la tierra del cielo y muestra lo que hay detrás de todo el pecado y el mal y todo el conflicto y lucha de este mundo. Revela una gran *lucha espiritual* que se produce tras las escenas de este mundo. Y en los últimos días esa lucha espiritual será más intensa que nunca. El conflicto será tan intenso que la lucha que se libre en la tierra es llamada por nuestro Señor la *gran tribulación.* Por *gran* Él quiso significar la tribulación más intensa y terrible que el mundo jamás ha visto. Pero, ¿por qué el mundo sufre tribulación? ¿Por qué tiene que haber una tribulación en la tierra? ¿Y por qué habrá una tribulación tan intensa y tan terrible en el fin de los tiempos? Este pasaje nos lo dice: Nos muestra la *guerra espiritual* que se libra tras las escenas de este mundo, la gran guerra espiritual que se libra por las almas de los hombres. Hay tres personajes principales que han sido involucrados en esta guerra espiritual. Estos personajes son el tema de este primer pasaje.

1. El primer personaje: Una mujer con un niño (vv. 1-2).
2. El segundo personaje: Un gran dragón rojo: Satanás (vv. 3-4).
3. El personaje principal: Un hombre niño: Jesús (v. 5).

1 (12:1-2) ***Israel:*** Está el primer personaje en la gran tribulación: Una mujer con un niño. Advierta cómo aparece la mujer en escena. Se dice que es una gran "maravilla" (semeion) o una gran señal del cielo. Advierta también que ella está en el cielo. Esto significa que ella es la representante celestial de algunas personas terrenales. ¿Quién es la mujer en la tierra, a qué personas representa?

1. Esta mujer no es identificada, pero resulta claro saber quién es.

a. Está vestida con el sol, y la luna está bajo sus pies, y tiene sobre su cabeza una corona de estrellas. Esto se refiere al Antiguo Testamento, a un sueño que tuvo José:

> **"Soñó aun otro sueño, y lo contó a sus hermanos, diciendo: He aquí que he soñado otro sueño, y he aquí que el sol y la luna y once estrellas se inclinaban a mí. Y lo contó a su padre y a sus hermanos; y su padre le reprendió, y le dijo: ¿Qué sueño es este que soñaste? ¿Acaso vendremos yo y tu madre y tus hermanos a postrarnos en tierra ante ti? Y sus hermanos le tenían envidia, mas su padre meditaba en esto" (Gn. 37:9-11).**

Advierta que Jacob comprendió exactamente lo que José quería significar: El sol representaba al padre Jacob, la luna a la madre y las doce estrellas a los hermanos. El sueño era una imagen de Israel; José estaba soñando que Israel sería salvado de la destrucción a través de él.

b. Ella está encinta y el niño aparece como habiendo nacido (vv. 2, 5). Advierta lo que se dice sobre el niño.

> **"Y ella dio a luz un hijo varón, que regirá con vara de hierro a todas las naciones; y su hijo fue arrebatado para Dios y para su trono" (v. 5).**

Esto se refiere claramente a Jesucristo. Él y solo Él nació para regir sobre todas las naciones (cp. Sal. 2:9) y Él únicamente fue exaltado al trono de Dios. Como se ha dicho, esta es una clara referencia a Jesucristo.

2. Ahora bien, ¿quién es esta mujer? Hay cuatro posiciones principales acerca de quién es.

a. Algunos dicen que es María, la madre de Jesús. Pero hay demasiadas cosas sobrenaturales dichas sobre esta mujer para que sea un ser humano o un ser terrenal.
b. Algunos dicen que es la iglesia. Pero esto es difícil de ver, puesto que la iglesia no le dio nacimiento a Cristo. Por el contrario, Cristo le dio nacimiento a la iglesia.
c. Algunos dicen que es la Sion ideal, la Jerusalén ideal, la Israel ideal, el pueblo elegido, la comunidad de Dios de dónde provino Cristo. Estos dicen que la madre representa a todas las personas verdaderas de Dios, aquellos que estaban antes de que Jesús viniera y los que estaban luego de que viniera. Pablo habla de la Jerusalén que está por encima, que es la madre del pueblo de Dios en la tierra (Gá. 4:26). Esta posición es una posible identificación de la mujer. Pero nuevamente, no encaja con todas las cosas que se dicen sobre la mujer, no como lo hace Israel.
d. Algunos dicen que la mujer representa a Israel, al propio pueblo que le dio nacimiento a Jesucristo. Esta parece ser la identificación más clara de la mujer. A medida que avanzamos en el pasaje, veremos que todo lo que se dice sobre esta mujer encaja con Israel tal como un guante.

=> Pablo mismo dijo que Jesucristo provino de Israel (Ro. 9:5).
=> Isaías profetizó que Israel tendría trabajo con dolor y daría nacimiento a un hombreniño (Is. 66:7-8).

2 (12:3-4) ***Satanás - Dragón:*** Está el segundo personaje de la gran tribulación: El gran dragón rojo, es decir, el diablo. Advierta que también se dice que el dragón es una *maravilla* o una *señal* del cielo. Deben discutirse tres cosas significativas sobre esta señal.

1. Está la descripción y la autoridad del dragón o diablo. La descripción es totalmente diferente de la que la mayoría de las personas piensan. Cuando la gente piensa en el diablo, se imaginan una feroz criatura del tipo de una serpiente con dos cuernos y una larga y puntiaguda cola y con una horquilla en la mano. Pero esta es una concepción errónea, muy lejos de la verdad. Cuando las Escrituras hablan de Satanás como de un dragón, se están refiriendo al trabajo maligno que realiza, no a su apariencia. Las Escrituras dicen que Satanás es el ser más elevado y glorioso jamás creado por Dios, que su ser es tan magnífico que brilla como el sol y que en realidad posee gloria al igual que Dios. Advierta lo que dice este versículo sobre su descripción, y recuerde: Esta no es una imagen de su apariencia. Está describiendo su autoridad y poder.

=> Satanás tiene siete cabezas: Siete es el número de lo completo y la plenitud. Satanás es completo en inteligencia; tiene pleno conocimiento. Por supuesto, no es omnisciente, pero su conocimiento es completo y pleno.
=> Satanás tiene siete coronas: Esto simboliza autoridad, gobierno y dominio, un gobernador coronado que tiene un reino sobre el cual gobierna. Las Escrituras dicen claramente que Satanás es un gobernador coronado y que su autoridad va más allá de lo que el hombre pueda llegar a pensar.
=> Satanás tiene diez cuernos: Esto simboliza gran poder, pero un poder que horada, rasga y rompe, todo esto de la forma más feroz. Simboliza que utiliza su cabeza y su autoridad de una manera maligna.
=> Satanás es el *dios de este mundo* que ciega las mentes de los hombres.

"En los cuales el dios de este siglo cegó el entendimiento de los incrédulos, para que no les resplandezca la luz del evangelio de la gloria de Cristo, el cual es la imagen de Dios" (2 Co. 4:4).

=> Satanás es el *príncipe de este mundo.*

"Ahora es el juicio de este mundo; ahora el príncipe de este mundo será echado fuera" (Jn. 12:31).
"No hablaré ya mucho con vosotros; porque viene el príncipe de este mundo, y él nada tiene en mí" (Jn. 14:30).
"Y de juicio, por cuanto el príncipe de este mundo ha sido ya juzgado" (Jn. 16:11).

=> Satanás es el *príncipe de la potestad del aire.*

"En los cuales anduvisteis en otro tiempo, siguiendo la corriente de este mundo, conforme al príncipe de la potestad del aire, el espíritu que ahora opera en los hijos de desobediencia" (Ef. 2:2).

=> Satanás es el rey de un reino.

"Y si Satanás echa fuera a Satanás, contra sí mismo está dividido; ¿cómo, pues, permanecerá su reino?" (Mt. 12:26).
"Otra vez le llevó el diablo a un monte muy alto, y le mostró todos los reinos del mundo y la gloria de ellos, y le dijo: Todo esto te daré, si postrado me adorares" (Mt. 4:8-9).

=> Satanás tiene control sobre todo el mundo.

"Sabemos que somos de Dios, y el mundo entero está bajo el maligno" (1 Jn. 5:19).

2. Está el origen del dragón o diablo. Esta declaración está diciendo de dónde provino Satanás. Esto se ve claramente en los tiempos griegos de la declaración. Advierta las dos declaraciones en griego:

=> Su cola "arrastra" (surei, tiempo presente) una tercera parte del cielo. Esto es que Satanás, arrastra, jala y tira de un tercio de las estrellas, esto es, ángeles del cielo.
=> Él los "lanzó fuera" (ebalen) o los arrojó. Esto es tiempo pasado, es decir que nos dice qué hizo Satanás hace mucho tiempo.

El punto es este: Hoy día, en la actualidad, Satanás tiene autoridad sobre un tercio de las estrellas o ángeles del cielo.

¿Cómo? Porque en el pasado él los arrojó hacia abajo con él mismo. Ahora advierta dos puntos.

a. ¿De dónde fueron arrojados Satanás y los ángeles? Del cielo. Eran las estrellas del cielo, pero fueron arrojados del cielo. Miles de años atrás, quizás antes de la aparición del hombre, Dios creó un ángel, el ser más elevado y glorioso jamás creado.
=> Su nombre es *Lucifer* que significa *estrella de la mañana.*
=> Era el *querubín ungido que cubrió* el mismo trono de Dios. Era el ángel puesto a cargo de la gloria del mismo trono de Dios.

Pero algo ocurrió: Hizo lo que tantas personas hacen. Comenzó a mirarse a sí mismo y comenzó a querer vivir como él deseaba en lugar de cómo lo deseaba Dios. Quería hacer sus propias cosas en lugar de hacer lo que Dios decía. Por lo tanto, se rebeló en contra de Dios, y en su rebelión condujo consigo a un tercio de los seres angélicos. En consecuencia, Dios no tuvo otra opción que echarlo fuera de su posición exaltada en el cielo. Por lo que podemos observar en las Escrituras esto es lo que sucedió con Lucifer, cómo se convirtió en el diablo, en el archienemigo de Dios (ver Estudio a fondo 1 - Ap. 12:9; Estudio a fondo 1 -2 Co. 4:4; nota, 1 P. 5:8 para mayor discusión al respecto).

"¡Cómo caíste del cielo, oh Lucero, hijo de la mañana! Cortado fuiste por tierra, tú que debilitabas a las naciones. Tú que decías en tu corazón: Subiré al cielo; en lo alto, junto a las estrellas de Dios, levantaré mi trono, y en el monte del testimonio me sentaré, a los lados del norte; sobre las alturas de las nubes subiré, y seré semejante al Altísimo. Mas tú derribado eres hasta el Seol, a los lados del abismo" (Is. 14:12-15).

"Vino a mí palabra de Jehová, diciendo: Hijo de hombre, levanta endechas sobre el rey de Tiro [un tipo de Satanás], y dile: Así ha dicho Jehová el Señor: Tú eras el sello de la perfección, lleno de sabiduría, y acabado de hermosura. *En Edén, en el huerto de Dios estuviste*; de toda piedra preciosa era tu vestidura; de cornerina, topacio, jaspe, crisólito, berilo y ónice; de zafiro, carbunclo, esmeralda y oro; los primores de tus tamboriles y flautas estuvieron preparados para ti en el día de tu creación. Tú, querubín grande, protector, yo te puse en el santo monte de Dios, allí estuviste; en medio de las piedras de fuego te paseabas. Perfecto eras en todos tus caminos desde el día que fuiste creado, hasta que se halló en ti maldad. A causa de la multitud de tus contrataciones fuiste lleno de iniquidad, y pecaste; por lo que yo te eché del monte de Dios, y te arrojé de entre las piedras del fuego, oh querubín protector. Se enalteció tu corazón a causa de tu hermosura, corrompiste tu sabiduría a causa de tu esplendor; yo te arrojaré por tierra; delante de los reyes te pondré para que miren en ti. Con la multitud de tus maldades y con la iniquidad de tus contrataciones profanaste tu santuario; yo, pues, saqué fuego de en medio de ti, el cual te consumió, y te puse en ceniza sobre la tierra a los ojos de todos los que te miran. Todos los que te conocieron de entre los pueblos se maravillarán sobre ti; espanto serás, y para siempre dejarás de ser" (Ez. 28:11-19).

"También apareció otra señal en el cielo: he aquí un gran dragón escarlata, que tenía siete cabezas y diez cuernos, y en sus cabezas siete diademas; y su cola arrastraba la tercera parte de las estrellas del cielo, y las arrojó sobre la tierra. Y el dragón se paró frente a la mujer que estaba para dar a luz, a fin de devorar a su hijo tan pronto como naciese" (Ap. 12:3-4).

3. Está el objetivo del dragón o diablo. El objetivo de Satanás es el de devorar a la mujer, de destruir Israel. Este siempre ha sido el objetivo de Satanás. ¿Por qué? Porque quiere vengarse de Dios por juzgarlo. Y la mejor manera en que puede hacerlo es alejar de Dios los corazones de la gente y conducirlos al pecado y a seguir el camino de la maldad.

Ahora bien, volvamos nuevamente a la historia, a la época en que Dios prometió enviar al Salvador al mundo. Cuando Dios prometió en primer lugar enviar a Cristo a salvar el mundo, Satanás lo sabía. Él estaba escuchando. Fue la *serpiente* que tentó a Adán y Eva y los condujo al pecado e hirió a Dios. Pero Dios amaba a Adán y Eva y quiso salvarlos del pecado y la muerte, por lo tanto, Dios prometió enviar la *semilla*, el Salvador del mundo, quien aplastaría la cabeza y el poder de Satanás.

"Y pondré enemistad entre ti y la mujer, y entre tu simiente y la simiente suya; ésta te herirá en la cabeza, y tú le herirás en el calcañar" (Gn. 3:15).

Como ya se ha dicho, Satanás oyó la promesa. Como resultado de ello, iba a hacer todo lo que pudiera para demorar la venida de la Simiente, el Salvador. Por supuesto él sabía todo lo que nosotros sabemos: nadie puede detener el plan y la voluntad de Dios. Pero Satanás quiso obtener la mayor cantidad de personas que pudo para pecar y alejarse de Dios de modo tal que el corazón de Dios fuera herido y lastimado. Quería demorar su propio vencimiento y el aplastamiento de la cabeza lo más que pudiera. Esto es lo que se quiere significar en este versículo:

"Y su cola arrastraba la tercera parte de las estrellas del cielo, y las arrojó sobre la tierra. Y el dragón se paró frente a la mujer que estaba para dar a luz, a fin de devorar a su hijo tan pronto como naciese" (v. 4).

Satanás ha intentado desde el principio destruir la semilla de la mujer. Ha estado librando una guerra en contra de la *Semilla* de Dios, el Salvador del mundo, desde el momento en que Dios prometió salvar al mundo. El gran predicador bautista W. A. Criswell señala esto rastreando algunos de los intentos del diablo a lo largo de la Biblia (*Expository Sermon on Revelation*, Vol. 4., Grand Rapids, MI: Zondervan, 1969, pp. 86-87). A los fines de una mayor claridad, los intentos se muestran en forma de cuadro.

La simiente o línea a través de la cual iba a venir la Simiente prometida	***Las estrategias de Satanás para destruir la Semilla o devorar al niño y la gran liberación de Dios***
=> Estaba la línea de Abel, el hijo de Adán.	=> Satanás condujo a Caín a asesinar a Abel, pero Dios le dio a Adán otro hijo, Set (Gn. 5:1ss.)
=> Estaba la línea temprana de la simiente divina.	=> Satanás condujo a la línea divina a mezclarse con los impíos y los llevó a una maldad tan vil que Dios tuvo que destruir la tierra. Pero Dios hizo aparecer a Noé (Gn. 5:5ss.)
=> Estaba la línea de Abraham, Isaac y Jacob.	=> Satanás condujo a Esaú a amenazar con matar a su hermano, Jacob. Pero Dios protegió a Jacob (Gn. 27:4ss.)
=> Estaba la línea de los hijos de Israel.	=> Satanás llevó al faraón a intentar matar a todos los bebés varones de Israel. Pero Dios salvó a Moisés (Éx. 1:8ss.)
=> Estaba la línea de David.	=> Satanás condujo hijo tras hijo de David al pecado y al homicidio y a descalificarse a sí mismos. Pero Dios siempre mantuvo vivo al menos a un hijo de David (2 S. 12ss.)
=> Estaba la línea de los hijos de David	=> Satanás condujo a Jorám, a uno de los hijos de Josafat, a matar a todos su hermanos. Pero Dios hizo que le nacieran hijos a Jorám para que siguieran con el linaje (2 Cr. 21:1ss.)
=> Estaba la línea de los hijos de Josafat	=> Satanás condujo a un enemigo para que viniera y matara a todos los hijos, menos a uno: Ocozías (2 R. 8:25ss.)
=> Estaba la línea de Ocozías.	=> Satanás condujo a Jehú a asesinar a Ocozías, y a la madre del rey, Atalía, tomó el trono y mató a todos los hijos. Pero Dios condujo a la esposa del sumo sacerdote para salvar a un bebé, Joás. A estas alturas, la línea de la semilla prometida residía en la vida de este pequeño (2 R. 9:11ss.)
=> Estaba la línea del pueblo elegido.	=> Satanás condujo al rey Asuero a examinar a todo el pueblo de Dios. Pero Dios le dio una noche sin descanso y con mucho temor. Por lo tanto, el rey mantuvo la línea elegida (Es.)
=> Estaba la línea de la Simiente prometida, Jesús mismo, en su nacimiento.	=> Satanás llevó al rey Herodes a asesinar a todos los bebés de Belén en un intento por matar al niño prometido. Pero Dios advirtió a José y le dijo que huyera con el niño (Mt. 2:1ss.)
=> Estaba la línea de la Simiente prometida, Jesús mismo, en su tentación.	=> Satanás tentó a Jesús a arrojarse del pináculo del templo, a garantizar la lealtad y adoración de la gente por lo espectacular en lugar de la cruz. Pero Jesús eligió el camino de Dios, el camino de la cruz, en lugar del camino de Satanás (Mt. 4:1ss.)
=> Estaba la línea de la Simiente prometida, Jesús mismo, en su ciudad, Nazaret.	=> Satanás condujo a los ciudadanos de Nazaret a echar a Jesús por la pendiente de un cerro, pero Jesús escapó (Lc. 4:29.)
=> Estaba la línea de la Simiente prometida, Jesús mismo, al enfrentar a los extremistas religiosos.	=> Satanás condujo a los extremistas religiosos a odiar a Jesús y a planear su muerte una y otra vez (Jn. 7:1ss.) Pero Jesús escapó una y otra vez.
=> Estaba la línea de la Simiente prometida, Jesús mismo, en la cruz.	=> Satanás condujo al mundo a crucificar a Jesús y a matarlo. Pero Dios resucitó a Jesús de entre los muertos (Jn. 19:1ss).

Así es como Satanás intentó herir a Dios, haciendo todo que podía para devorar a la mujer, la línea de Israel. Hizo todo lo que pudo por evitar que naciera el Salvador, el Señor Jesucristo. Ahora que Cristo ha venido, Satanás hace todo lo que está en sus manos para alejar a la gente del juicio que está por venir. Incluso cuando la gente se arrepiente y se vuelve a Cristo, Satanás hace todo lo que puede para alejar a los seguidores del Señor de Él.

Esta es la batalla, el combate, la lucha que se da detrás de las escenas en el mundo espiritual. Y la guerra continuará hasta que el mundo termine. El tema de este pasaje de Apocalipsis consiste en demostrar cómo se intensificará la lucha durante la *gran tribulación*. Durante la *gran tribulación* Satanás usará todos los recursos disponibles para destruir a la "semilla de la mujer", a los seguidores del Señor Jesucristo. Hará todo lo que pueda para lastimar y herir el corazón de Dios. Él no quiere que muera una sola alma; por lo tanto, cuando Satanás tiene éxito al alejar y destruir a una persona, el corazón de Dios es lastimado y herido como puede hacerlo una cortadura.

> ***Pensamiento 1:*** Advierta: Si bien este pasaje trata básicamente sobre la gran tribulación, se libra la misma batalla espiritual en todas las generaciones de la historia. Satanás está al acecho para alejar toda persona que pueda de Dios. Quiere que las personas lo sigan a él en lugar de a Dios. Quiere la obediencia de la gente en lugar de que la gente obedezca y sea leal a Dios.

[3] (12:5) ***Jesucristo:*** Está el personaje principal en la gran tribulación. Jesucristo mismo. Advierta dos factores.

1. Jesucristo nació o fue enviado al mundo para gobernarlo. Fue enviado por Dios para traer divinidad y justicia a la tierra, para usar una vara de hierro o de juicio a fin de deshacerse del pecado y de la impiedad del mundo.

a. Esto lo hizo, por supuesto, a través de la cruz. Con la cruz Jesucristo posibilitó que los hombres sean perdonados por sus pecados y estén frente a Dios, estar frente a Él libre de pecado. Lo hizo cargando con los pecados de los hombres cuando murió en la cruz. Tomó los pecados y los castigos de los pecados en sí mismo. Por lo tanto, ahora el hombre puede estar libre de pecado y ser aceptable ante Dios. Jesucristo juzgó el pecado, lo condenó en la cruz. Por lo tanto, podemos decir que la vara de hierro fue utilizada por primera vez por Satanás cuando Jesucristo murió en la cruz. Jesucristo juzgó y destruyó el poder de Satanás.

> **"Ahora es el juicio de este mundo; ahora el príncipe de este mundo será echado fuera" (Jn. 12:31).**
>
> **"Así que, por cuanto los hijos participaron de carne y sangre, él también participó de lo mismo, para destruir por medio de la muerte al que tenía el imperio de la muerte, esto es, al diablo" (He. 2:14).**
>
> **"Y despojando a los principados y a las potestades, los exhibió públicamente, triunfando sobre ellos en la cruz" (Col. 2:15).**
>
> **"El que practica el pecado es del diablo; porque el diablo peca desde el principio. Para esto apareció el Hijo de Dios, para deshacer las obras del diablo" (1 Jn. 3:8).**

b. Jesucristo también utilizará la vara de hierro contra las naciones de la tierra: contra todo lo impío y malo del mundo en el fin de los tiempos. Jesucristo gobernará todas las naciones y traerá justicia y divinidad a esta tierra ejerciendo toda la autoridad y disciplina de Dios necesarias. Él traerá el reino de Dios a la tierra.

> **"Los quebrantarás con vara de hierro; como vasija de alfarero los desmenuzarás" (Sal. 2:9).**
>
> **"Y las regirá con vara de hierro, y serán quebradas como vaso de alfarero; como yo también la he recibido de mi Padre" (Ap. 2:27).**
>
> **"De su boca sale una espada aguda, para herir con ella a las naciones, y él las regirá con vara de hierro; y él pisa el lagar del vino del furor y de la ira del Dios Todopoderoso" (Ap. 19:15).**

2. Jesucristo ascendió y fue exaltado al trono de Dios. Esta es una evidencia de que Él reinará y gobernará y traerá justicia a la tierra.

> **"Pero desde ahora el Hijo del Hombre se sentará a la diestra del poder de Dios" (Lc. 22:69).**
>
> **"Que fue declarado Hijo de Dios con poder, según el Espíritu de santidad, por la resurrección de entre los muertos" (Ro. 1:4).**
>
> **"La cual operó en Cristo, resucitándole de los muertos y sentándole a su diestra en los lugares celestiales" (Ef. 1:20).**
>
> **"Por lo cual Dios también le exaltó hasta lo sumo, y le dio un nombre que es sobre todo nombre, para que en el nombre de Jesús se doble toda rodilla de los que están en los cielos, y en la tierra, y debajo de la tierra; y toda lengua confiese que Jesucristo es el Señor, para gloria de Dios Padre" (Fil. 2:9-11).**
>
> **"Quien habiendo subido al cielo está a la diestra de Dios; y a él están sujetos ángeles, autoridades y potestades" (1 P. 3:22).**
>
> **"Porque un niño nos es nacido, hijo nos es dado, y el principado sobre su hombro; y se llamará su nombre Admirable, Consejero, Dios Fuerte, Padre Eterno, Príncipe de Paz. Lo dilatado de su imperio y la paz no tendrán límite, sobre el trono de David y sobre su reino, disponiéndolo y confirmándolo en juicio y en justicia desde ahora y para siempre. El celo de Jehová de los ejércitos hará esto" (Is. 9:6-7).**

	B. La gran lucha espiritual tras la gran tribulación, 12:6-17	de ellos, y menospreciaron sus vidas hasta la muerte.	
1 La mujer huye por su vida a. A un lugar preparado por Dios b. Por tres años y medio	6 Y la mujer huyó al desierto, donde tiene lugar preparado por Dios, para que allí la sustenten por mil doscientos sesenta días.	12 Por lo cual alegraos, cielos, y los que moráis en ellos. ¡Ay de los moradores de la tierra y del mar! porque el diablo ha descendido a vosotros con gran ira, sabiendo que tiene poco tiempo.	**4 Se da la advertencia a la tierra** a. Porque el diablo está enojado por su derrota b. Porque el diablo todavía no ha sido destruido, le queda un poco de tiempo
2 La gran guerra sobre Israel y el pueblo de Dios se libra en el cielo a. Las fuerzas 1) Miguel y sus ángeles 2) Satanás y sus ángeles b. El resultado 1) Satanás será vencido 2) Satanás será prohibido en el cielo 3) Satanás y sus ángeles serán echados fuera del cielo	7 Después hubo una gran batalla en el cielo: Miguel y sus ángeles luchaban contra el dragón; y luchaban el dragón y sus ángeles; 8 pero no prevalecieron, ni se halló ya lugar para ellos en el cielo. 9 Y fue lanzado fuera el gran dragón, la serpiente antigua, que se llama diablo y Satanás, el cual engaña al mundo entero; fue arrojado a la tierra, y sus ángeles fueron arrojados con él.	13 Y cuando vio el dragón que había sido arrojado a la tierra, persiguió a la mujer que había dado a luz al hijo varón. 14 Y se le dieron a la mujer las dos alas de la gran águila, para que volase de delante de la serpiente al desierto, a su lugar, donde es sustentada por un tiempo, y tiempos, y la mitad de un tiempo. 15 Y la serpiente arrojó de su boca, tras la mujer, agua como un río, para que fuese arrastrada por el río.	**5 El dragón lanza un ataque en contra de la mujer** a. La gran persecución b. La gran liberación 1) A su lugar de seguridad 2) Guardada por tres años y medio c. El intento de la serpiente de inundar a la mujer: Utiliza cualquier medio
3 Se ganan la gran victoria y la salvación a. La victoria: Salvación b. El resultado: Satanás ya no puede acusar a los creyentes frente a Dios c. Las armas usadas 1) La sangre del Cordero 2) El testimonio de los creyentes 3) La lealtad de los creyentes	10 Entonces oí una gran voz en el cielo, que decía: Ahora ha venido la salvación, el poder, y el reino de nuestro Dios, y la autoridad de su Cristo; porque ha sido lanzado fuera el acusador de nuestros hermanos, el que los acusaba delante de nuestro Dios día y noche. 11 Y ellos le han vencido por medio de la sangre del Cordero y de la palabra del testimonio	16 Pero la tierra ayudó a la mujer, pues la tierra abrió su boca y tragó el río que el dragón había echado de su boca. 17 Entonces el dragón se llenó de ira contra la mujer; y se fue a hacer guerra contra el resto de la descendencia de ella, los que guardan los mandamientos de Dios y tienen el testimonio de Jesucristo.	d. La gran ayuda de la tierra e. El ataque abierto contra la simiente restante

DIVISIÓN VI

LA SÉPTIMA TROMPETA EN DETALLE (PARTE 1): DOS SEÑALES ESPIRITUALES LUCHANDO DETRÁS DE LA GRAN TRIBULACIÓN, 12:1-17

B. La gran lucha espiritual tras la gran tribulación, 12:6-17

(12:16-17) ***Introducción:*** Se ha desenrollado la cortina entre la tierra y el cielo y hemos visto un gran conflicto espiritual sucediendo tras toda la impiedad y maldad de este mundo. Hemos visto que el dragón, el diablo, está fuera para lastimar y cortar el corazón de Dios. Lo hace alejando a la gente de Cristo y conduciéndolos a destruir sus vidas siguiendo la maldad. La Revelación nos ha mostrado esto: El comportamiento violento del diablo en contra de Dios se intensificará en el fin de los tiempos, en particular durante la *gran tribulación.* Este es el tema que se discute en este pasaje: *la lucha espiritual tras la gran tribulación: los ataques del dragón (Satanás) en contra de la mujer (Israel).*

1. La mujer huye por su vida (v. 6).
2. La gran guerra sobre Israel y el pueblo de Dios se libra en el cielo (vv. 7-9).
3. Se ganan la gran victoria y la salvación (vv. 10-11).
4. Se da la advertencia a la tierra (v. 12).
5. El dragón lanza un ataque en contra de la mujer (vv. 13-17).

[1] (12:6) ***Israel, Tribulación, gran:*** La mujer huye por su vida. Esta es la imagen del terrible holocausto del fin de los tiempos. Lo sabemos porque se mencionan los mil doscientos sesenta días (tres años y medio). Este es el período al que siempre se hace referencia como la *gran tribulación* (ver nota, puntos 2-4 - Ap. 11:2 para mayor discusión al respecto). La mujer, Israel, va a ser severamente perseguida por el anticristo en el fin de los tiempos. Los judíos tendrán que huir por sus vidas, huir al desierto de las montañas, colinas y bosques, a cualquier lugar de

escondite que puedan encontrar. Sin embargo, siempre tenemos que tener presente que el holocausto será lanzado también sobre los creyentes gentiles del fin de los tiempos. Literalmente habrá millones, una cantidad incontable de creyentes gentiles asesinados junto con los judíos (cp. Ap. 7:9). Todos los creyentes e Israel, el pueblo de Dios del Antiguo Testamento, huirán a cada rincón del desierto del mundo, buscando un lugar dónde esconderse.

Advierta la promesa maravillosa: Dios tiene un lugar para que su gente se oculte. Dios salvará a un resto de los creyentes. Va a usar esta persecución para volcar más judíos hacia su Hijo, que es el verdadero Mesías, incluso el Señor Jesucristo.

> **"No ha desechado Dios a su pueblo, al cual desde antes conoció. ¿O no sabéis qué dice de Elías la Escritura, cómo invoca a Dios contra Israel" (Ro. 11:2).**
>
> **"Porque si su exclusión es la reconciliación del mundo, ¿qué será su admisión, sino vida de entre los muertos?" (Ro. 11:15).**
>
> **"Y aun ellos, si no permanecieren en incredulidad, serán injertados, pues poderoso es Dios para volverlos a injertar. Porque si tú fuiste cortado del que por naturaleza es olivo silvestre [Israel], y contra naturaleza fuiste injertado en el buen olivo, ¿cuánto más éstos, que son las ramas naturales, serán injertados en su propio olivo?" (Ro. 11:23-24).**
>
> **"Porque no quiero, hermanos, que ignoréis este misterio, para que no seáis arrogantes en cuanto a vosotros mismos: que ha acontecido a Israel endurecimiento en parte, hasta que haya entrado la plenitud de los gentiles; y luego *todo Israel será salvo*, como está escrito: Vendrá de Sion el Libertador, que apartará de Jacob la impiedad" (Ro. 11:25-26).**
>
> **"Por lo cual asimismo padezco esto; pero no me avergüenzo, porque yo sé a quién he creído, y estoy seguro que es poderoso para guardar mi depósito para aquel día" (2 Ti. 1:12).**
>
> **"Ten misericordia de mí, oh Dios, ten misericordia de mí; porque en ti ha confiado mi alma, y en la sombra de tus alas me ampararé hasta que pasen los quebrantos" (Sal. 57:1).**
>
> **"He aquí, no se adormecerá ni dormirá el que guarda a Israel" (Sal. 121:4).**
>
> **"Porque fuiste fortaleza al pobre, fortaleza al menesteroso en su aflicción, refugio contra el turbión, sombra contra el calor; porque el ímpetu de los violentos es como turbión contra el muro" (Is. 25:4).**
>
> **"Ahora, así dice Jehová, Creador tuyo, oh Jacob, y Formador tuyo, oh Israel: No temas, porque yo te redimí; te puse nombre, mío eres tú. Cuando pases por las aguas, yo estaré contigo; y si por los ríos, no te anegarán. Cuando pases por el fuego, no te quemarás, ni la llama arderá en ti" (Is. 43:1-2).**

2 (12:7-9) ***Satanás - Tribulación, gran - Fin de los tiempos:*** La gran guerra sobre Israel y la gente de Dios se librará en el cielo. La gran lucha por el alma del creyente se produce en el reino espiritual, el mundo espiritual o la dimensión del ser. Esta es la imagen de estos tres versículos. La gran lucha por las almas de Israel y los creyentes en el fin de los tiempos se producirá en el mundo espiritual. Recuerde: Israel y los creyentes están tratando de huir por sus vidas escapando del peor holocausto que el mundo ha presenciado. Ha sido lanzado por el anticristo, el hombre que personifica la misma maldad del diablo. Este versículo nos muestra qué reside tras este terrible holocausto, qué está ocasionando el terrible ataque en contra de Israel y los creyentes.

1. Las fuerzas de la lucha espiritual son Miguel y sus ángeles y Satanás y sus ángeles caídos. Advierta varias cosas.

a. Las Escrituras enseñan que Dios ha asignado ángeles para cuidar y ministrar a los creyentes.

> **"¿No son todos espíritus ministradores, enviados para servicio a favor de los que serán herederos de la salvación?" (He. 1:14. Ver <u>Estudio a fondo 1</u> - He. 1:4-14 para mayor discusión al respecto).**

b. Las Escrituras enseñan que hay rangos y órdenes de ángeles, que hay diversos niveles de autoridad entre los ángeles. Gobiernan como principados y poderes sobre el mundo espiritual. Esto se aplica tanto entre los ángeles buenos como entre los malos.

> **"Por lo cual estoy seguro de que ni la muerte, ni la vida, ni ángeles, ni principados, ni potestades, ni lo presente, ni lo por venir, ni lo alto, ni lo profundo, ni ninguna otra cosa creada nos podrá separar del amor de Dios, que es en Cristo Jesús Señor nuestro" (Ro. 8:38-39).**
>
> **"Sobre todo principado y autoridad y poder y señorío, y sobre todo nombre que se nombra, no sólo en este siglo, sino también en el venidero" (Ef. 1:21).**
>
> **"Para que la multiforme sabiduría de Dios sea ahora dada a conocer por medio de la iglesia a los principados y potestades en los lugares celestiales" (Ef. 3:10).**
>
> **"Porque no tenemos lucha contra sangre y carne, sino contra principados, contra potestades, contra los gobernadores de las tinieblas de este siglo, contra huestes espirituales de maldad en las regiones celestes" (Ef. 6:12).**
>
> **"Porque en él fueron creadas todas las cosas, las que hay en los cielos y las que hay en la tierra, visibles e invisibles; sean tronos, sean dominios, sean principados, sean potestades; todo fue creado por medio de él y para él" (Col. 1:16).**
>
> **"Y vosotros estáis completos en él, que es la cabeza de todo principado y potestad" (Col. 2:10).**
>
> **"Y despojando a los principados y a las potestades, los exhibió públicamente, triunfando sobre ellos en la cruz" (Col. 2:15).**

c. Miguel es uno de los arcángeles que sirven a Dios. En las Escrituras se lo presenta como por encima de todos los demás ángeles. Parece ser el administrador principal de Dios (Dn. 10:21; 12:1; 7-12; 1 Ts. 4:16; Jud. 9). También es presentado como el ángel guardián del pueblo de Dios. Lucha en contra de los ángeles caídos que buscan controlar las naciones y la gente de la tierra (Dn. 10:13, 21; 12:1; cp. Dn. Capítulos 10-12).

2. Se librará una guerra espiritual en el fin de los tiempos entre las fuerzas espirituales del bien y del mal. Satanás y sus ángeles intentarán hacer lo que siempre han intentado hacer: borrar a Israel y a los seguidores de Cristo. Pero habrá una diferencia: El versículo doce nos dice de qué se trata. Satanás

sabe "que tiene poco tiempo". Dios estará preparado para dar fin a la historia humana. Por tanto, Satanás atacará a Israel y a los creyentes como nunca antes. Literalmente tratará de borrar a cada judío y a cada creyente que pueda. ¿Por qué? Porque todo el que sea asesinado nunca podrá aceptar a Cristo ni dar testimonio ni conducir a nadie a Cristo. Dios será herido y lastimado mucho más porque más personas se habrán perdido y nunca se convertirán en adoradores verdaderos de Dios.

Pero advierta cómo será el glorioso resultado de la batalla. Satanás y sus ángeles caídos serán *vencidos* y echados del cielo de una vez y para siempre. Luego de este acontecimiento —cuando esta batalla se produzca en la *gran tribulación*— Satanás nunca más tendrá acceso al cielo. Nunca más acusará a un creyente frente a Dios.

Recuerde: Se dice que Satanás actualmente tiene acceso a lugares celestiales y a Dios (Lc. 10:18; Ef. 6:12, Job. 1:6ss.). Pero esta será la batalla final entre el bien y el mal. Esta es la imagen que retrata Apocalipsis. Luego de esta batalla, Satanás será vencido para siempre.

> **"He venido para hacerte saber lo que ha de venir a tu pueblo en los postreros días; porque la visión es para esos días" (Dn. 10:14).**
>
> **"En aquel tiempo se levantará Miguel, el gran príncipe que está de parte de los hijos de tu pueblo; y será tiempo de angustia, cual nunca fue desde que hubo gente hasta entonces; pero en aquel tiempo será libertado tu pueblo, todos los que se hallen escritos en el libro" (Dn. 12:1).**

Pensamiento 1: En toda la descripción gráfica de lo anterior debemos recordar lo que sucederá en la tierra. Israel y los creyentes estarán sufriendo el peor horror de la maldad lanzado sobre la tierra: El holocausto del anticristo. Hará todo lo que pueda para eliminar a todo judío y creyente de la faz de la tierra. ¿Por qué? Todo debido al dragón, esa vieja serpiente, llamada el diablo y Satanás. (Ver Estudio a fondo 1, Satanás - Ap. 12:9 para mayor discusión al respecto.)

ESTUDIO A FONDO 1

(12:9) ***Satanás:*** Satanás es denominado "el gran dragón... esa vieja serpiente". Su nombre es *Lucifer*. Probablemente haya sido uno de los ángeles más elevados creados por Dios, pero cayó debido a su egoísmo y orgullo (Is. 14:12; cp. 1 Ti. 3:6. Ver nota, Ap. 12:3-4; Estudio a fondo 1 - 2 Co. 4:4; notas - 2 Co. 11:13-15; 1 P. 5:8). Él es "un ángel de luz" con tal poder de engaño y seducción que incluso algunos ministros lo siguen, ministros que son "transformados como los ministros de la justicia" (2 Co. 11:14-15). A lo largo de las Escrituras, Satanás es descrito de la siguiente manera:

1. Es "el dios de este mundo" que ciega las mentes de los hombres (2 Co. 4:4).
2. Es "el príncipe de este mundo" (Jn. 12:31; 14:20; 16:11) y "el príncipe del poder del aire" (Ef. 2:2; 6:12).
3. Es Satanás, que significa el adversario (1 Cr. 21:1; Job. 1:6; 2:1-6; Zac. 3:1; Mt. 4:10; Mr. 1:13; Lc. 4:8; Jn. 13:27; Hch. 5:3; 26:18; Ro. 16:20).
4. Es el diablo, que significa el difamador (Mt. 4:1, 5, 8, 11; Lc. 4:2-6, 13; 1 P. 5:8; Ap. 20:2).
5. Es el engañador del mundo entero (2 Co. 11:3; Ap. 12:9).
6. Es el tentador (Mt. 4:3; 1 Ts. 3:5).
7. Es el maldito (Mt. 6:13; 13:19, 38).
8. Es el padre de las mentiras (Jn. 8:44).
9. Es el acusador de los hermanos (Ap. 12:10).
10. Es un homicida (Jn. 8:44).
11. Se lo denomina Beelzebú (Mt. 12:24; Mr. 3:22; Lc. 11:15).
12. Se lo denomina Belial (2 Co. 6:15).
13. Se lo denomina Abadón (Ap. 9. 11).
14. Se lo llama el ángel del abismo (Ap. 9:11).
15. Se lo denomina Apolión (Ap. 9:11).
16. Se lo denomina el enemigo (Mt. 13:39).
17. Se lo denomina las puertas del infierno (Mt. 16:18).
18. Se lo denomina el gran dragón rojo (Ap. 12:3).
19. Se lo llama el espíritu yaciente (1 R. 22:22).
20. Se lo llama esa vieja serpiente (Ap. 12:9; 20:2; cp. Gn. 3:4, 14; 2 Co. 11:3).
21. Se lo llama el poder de las tinieblas (Co. 1:13).
22. Se lo llama el príncipe de los demonios (Mt. 12:24).
23. Se lo llama el regidor de las tinieblas de este mundo (Ef. 6:12).
24. Se lo llama el espíritu que obra en los niños de la desobediencia (Ef. 2:2).
25. Se lo llama el espíritu impuro (Mt. 12:43).
26. Se lo llama el malvado (Mt. 13:19, 38).

(Ver notas, Lc. 22:3; Estudio a fondo 1- 2 Co. 4:4; nota, Col. 2:15; nota y Estudio a fondo 1- Stg. 4:7; notas - 1 P. 5:8; Ap. 12:3-4 para mayor discusión sobre este tema.)

El propósito de Satanás en hacerle la guerra a Dios es doble:

1. El propósito de Satanás es poder y adoración, recibir tanto poder y adoración del universo como sea posible (Is. 14:12-17; Ez. 11-17). Lo trata de lograr de tres maneras.

=> Se opone y disturba la obra de Dios en el mundo (Is. 14:12-17; Ez. 28:11-17; Job. 1:6; 2:1-6; Mt. 4:10; Mr. 1:13; Lc. 4:8; Ap. 12:7-9).

=> Desalienta a los creyentes mediante diversas estrategias (ver notas - Lc. 22:31; Ef. 6:10-12).

=> Hace surgir la justicia de Dios en contra de la gente conduciendo a las personas al pecado y a negar y rebelarse en contra de Dios. Y cuando lo hacen, la justicia de Dios debe actuar y juzgar a la gente al destino de su elección: La de vivir con Satanás eternamente (ver nota, Mt. 12:25-26; Jn. 13:31-32).

2. El propósito de Satanás es el herir y lastimar el corazón de Dios. ¿Por qué? Porque Dios lo ha juzgado y condenado por rebelarse en su contra. Satanás hace todo lo que puede para vengarse de Dios. La mejor manera en que puede hacerlo es alejar los corazones de la gente de Dios y conducirlos al pecado y seguir el camino de la maldad. (Ver notas, punto 3 - Ap. 12:3-4; punto 2 - Ap. 12:7-9; punto 2 - Ap. 12:10-11 para mayor discusión al respecto.)

Sin embargo, Cristo ha quebrado el poder de Satanás mediante dos acciones (ver notas - Jn. 12:31-32; 16:11; 8:44; Col. 2:15).

1. No cediendo jamás a la tentación del diablo (Mt. 4:1-11) y por no pecar nunca (2 Co. 5:21). Cristo venció al pecado. Él era recto. Él era perfecto.

2. Destruyendo el poder de la muerte del diablo. Cristo no fue sostenido por muerte física ni espiritual (He. 2:14-15). Él resucitó y ascendió a la diestra de Dios.

Es por este motivo que la Biblia dice "mayor es el que está en vosotros, que el que está en el mundo" (1 Jn. 4:4); y nuevamente: "Si Dios es por nosotros, ¿quién contra nosotros?" (Ro. 8:31).

3 12:10-11) ***Salvación - Victoria - Alabanza celestial:*** La victoria y la salvación son ganadas por Cristo. Advierta tres hechos.

1. Una fuerte voz en el cielo gritará que la victoria y la salvación han sido ganadas ahora, para siempre. ¿De quién será esa voz? Del pueblo de Dios. Lo sabemos porque la voz se refiere a "nuestros hermanos". Advierta lo que declarará la voz:

=> La gran salvación de nuestro Dios: Dios estará preparado para lanzar el día glorioso de salvación, el día de la redención, para traer a cada persona que ha confiado alguna vez en Él a la eternidad. Dios estará listo para salvar al mundo entero, haciendo un nuevo cielo y una nueva tierra. El triunfo final de la salvación estará preparada para producirse.

=> La gran fuerza de Dios será sencillamente demostrada. Satanás habrá sido vencido y echado del cielo.

=> El gran reino de nuestro Dios estará ahora listo para establecerse por los siglos de los siglos.

=> Se demostrará el poder del Cristo de Dios y el Mesías. Todo creyente genuino vivirá ahora con Dios por siempre, adorándolo y sirviéndolo, todo debido al poder del Mesías de Dios.

"Porque el reino de Dios no consiste en palabras, sino en poder" (1 Co. 4:20).

"Diciendo: Te damos gracias, Señor Dios Todopoderoso, el que eres y que eras y que has de venir, porque has tomado tu gran poder, y has reinado" (Ap. 11:17).

"Y oí como la voz de una gran multitud, como el estruendo de muchas aguas, y como la voz de grandes truenos, que decía: ¡Aleluya, porque el Señor nuestro Dios Todopoderoso reina!" (Ap. 19:6).

2. El resultado de la salvación de Dios será glorioso: Satanás será prohibido en el cielo. Ya no podrá acusar a los creyentes ante Dios. Las Escrituras enseñan que Satanás toma el pecado de los creyentes y los arroja al rostro de Dios. Señala todo defecto de un creyente. ¿Por qué? Como ya se ha dicho anteriormente, para herir y lastimar a Dios. Dios entregó a su Hijo para que muriera por los pecados de los hombres. Por tanto, toda vez que un creyente peca, el diablo le recuerda a Dios...

- que la muerte de su Hijo fue inútil y un desperdicio; no valió la pena si los creyentes pisarán la sangre de Cristo.
- que el amor de los creyentes por Cristo y por Dios es hipócrita y vergonzoso.
- que al creyente poco podría importarles Dios y Cristo: no le preocupa demasiado obedecer a Dios. Si lo hiciera, el creyente no pecaría.
- que por el creyente no vale la pena tanto esfuerzo y dolor; que Dios debe avanzar y borrar la raza humana.

Podríamos seguir indefinidamente, pero el punto es la acusación de Satanás en contra de los creyentes. Pero advierta: Satanás será arrojado del cielo. Nunca jamás podrá aparecer ante Dios y lastimarlo por los pecados y fracasos de los creyentes.

"Me mostró al sumo sacerdote Josué, el cual estaba delante del ángel de Jehová, y Satanás estaba a su mano derecha para acusarle" (Zac. 3:1).

"Un día vinieron a presentarse delante de Jehová los hijos de Dios, entre los cuales vino también Satanás" (Job 1:6).

3. Las armas utilizadas para ganarle la batalla a Satanás serán tres. Recuerde que estas son las mismas armas que Miguel y sus ángeles utilizarán en la batalla contra Satanás (vv. 7-9). Miguel y los ángeles protegerán a Israel y los creyentes en el fin de los tiempos, y un resto de Israel y de los gentiles serán salvados. ¿Cómo?

a. Por la sangre del Cordero, del Señor Jesucristo (ver nota, punto 2-Ap. 5:6-7).

b. Por la palabra de su testimonio, es decir, al proclamar la Palabra de Dios y continuar confesando al Señor Jesucristo como su Señor y Salvador.

"Porque no podemos dejar de decir lo que hemos visto y oído" (Hch. 4:20).

"Por tanto, no te avergüences de dar testimonio de nuestro Señor, ni de mí, preso suyo, sino participa de las aflicciones por el evangelio según el poder de Dios" (2 Ti. 1:8).

"Sino santificad a Dios el Señor en vuestros corazones, y estad siempre preparados para presentar defensa con mansedumbre y reverencia ante todo el que os demande razón de la esperanza que hay en vosotros" (1 P. 3:15).

c. Siendo leal a Cristo incluso hasta la muerte. Advierta: Muchos morirán, millones, de hecho. Pero vivirán eternamente. Nunca probarán el sabor de la muerte. Más rápido que el parpadear de un ojo Dios los transferirá al cielo ante su misma presencia. Pero recuerde por qué: porque fueron leales; se mantuvieron firmes ante Cristo y se rehusaron a negarlo.

"Porque todo el que quiera salvar su vida, la perderá; y todo el que pierda su vida por causa de mí, la hallará" (Mt. 16:25).

"Y decía a todos: Si alguno quiere venir en pos de mí, niéguese a sí mismo, tome su cruz cada día, y sígame" (Lc. 9:23).

"Si alguno viene a mí, y no aborrece a su padre, y madre, y mujer, e hijos, y hermanos, y hermanas, y aun también su propia vida, no puede ser mi discípulo. Y el que no lleva su cruz y viene en pos de mí, no puede ser mi discípulo" (Lc. 14:26-27).

"Y él les dijo: De cierto os digo, que no hay nadie que haya dejado casa, o padres, o hermanos, o mujer, o hijos, por el reino de Dios, que no haya de recibir mucho más en este tiempo, y en el siglo venidero la vida eterna" (Lc. 18:29-30).

"Así que, hermanos míos amados, estad firmes y

constantes, creciendo en la obra del Señor siempre, sabiendo que vuestro trabajo en el Señor no es en vano" (1 Co. 15:58).

"Y el Señor me librará de toda obra mala, y me preservará para su reino celestial. A él sea gloria por los siglos de los siglos. Amén" (2 Ti. 4:18).

Pensamiento 1: La única forma en que podremos conquistar a Satanás es usando estas mismas tres armas.

1) Debemos estar cubiertos por la sangre del Cordero y debemos proclamar la sangre del Cordero.
2) Debemos tener un firme testimonio de Cristo, proclamar firmemente la Palabra de Dios y continuar confesando al Señor Jesucristo como nuestro Señor y Salvador.
3) Debemos ser leales a Cristo incluso hasta la muerte (Mt. 20:22).

4 (12:12) ***Advertencia - Satanás:*** Se da la advertencia a la tierra. Satanás será arrojado a la tierra y tendrá una oportunidad más de arruinar y destruir todo lo que pueda. Recuerde dos cosas:

=> En primer lugar, el surgimiento del anticristo es un juicio de Dios sobre la tierra y su gente. ¿Por qué? Debido a la impiedad, maldad, idolatría, homicidio, hechicería, inmoralidad y robos de la gente. En el fin de los tiempos la maldad será cada vez peor. Por lo tanto Dios dejará que el hombre esté solo frente a su maldad, que haga como se le antoje; y al final, los hombres se volcarán a un dirigente mundial que promete la utopía en la tierra, el anticristo mismo.

=> En segundo lugar, Satanás ha sido arrojado del cielo. En la *gran tribulación* Satanás es un enemigo vencido, pero él no será destruido, no todavía. Dios va a juzgar al mundo a través de él.

Esto es lo que se describe en este versículo. Cuando Satanás es echado del cielo, él sabe que tiene un corto período. Por lo tanto, motiva al anticristo para crear la peor devastación jamás vista en la tierra.

5 (12:13-17) ***Satanás - Israel - Creyentes:*** El dragón, el diablo, lanzará un ataque terrible en contra de la mujer. Se dan cuatro puntos.

1. Satanás perseguirá severamente a la mujer, Israel, y a todos los creyentes que se rehúsen a negar a Cristo. Habrá un holocausto sin paralelo en la historia humana. Mediante el anticristo, Satanás lanzará un intento para literalmente borrar a los judíos y a los creyentes de la faz de la tierra. El mundo será testigo no de un holocausto nacional o local, sino de un asesinato a nivel mundial. En todo el mundo...

- golpeará las puertas la policía secreta, cuyos golpes serán oídos por judíos asustados y creyentes acurrucados en los rincones de sus casas.
- los arrestos y encarcelamientos serán eficientes y rápidos e incluirán a niños así como también a adultos.
- los vagones rodarán nuevamente como lo han hecho tantas veces en la historia, juntando apretadamente a los judíos y a los creyentes como ganado.
- se restaurarán los campos de concentración y las ejecuciones serán rápidas y eficientes.

2. La mujer (Israel) y los creyentes serán liberados por las alas de un águila. Esta es simplemente una imagen de los brazos liberadores de Dios. Esto no significa, por supuesto, que no serán asesinados ni un judío ni ningún creyente. Lo cierto es exactamente lo opuesto: El anticristo asesinará a millones, mucho más que cualquier otro holocausto sucedido en la historia (cp. Ap. 7:4, 9). Dios le dará a su querida gente las alas de un águila para liberar algunos al cielo y otros con seguridad a la tierra. Advierta que la persecución durará tres años y medio (cp. v. 6).

"Vosotros visteis lo que hice a los egipcios, y cómo os tomé sobre alas de águilas, y os he traído a mí" (Éx. 19:4).

"Como el águila que excita su nidada, revolotea sobre sus pollos, extiende sus alas, los toma, los lleva sobre sus plumas, Jehová solo le guió, y con él no hubo dios extraño" (Dt. 32:11-12).

3. La serpiente, el diablo, intentará inundar a Israel y a los creyentes con tribulación tras tribulación. La idea es una inundación de problemas y persecución, intento tras intento, horror tras horror.

"Me rodearon ligaduras de muerte, y torrentes de perversidad me atemorizaron" (Sal. 18:4).

"Por esto orará a ti todo santo en el tiempo en que puedas ser hallado; ciertamente en la inundación de muchas aguas no llegarán éstas a él" (Sal. 32:6).

"Entonces nos habrían inundado las aguas; sobre nuestra alma hubiera pasado el torrente" (Sal. 124:4).

"Ahora, así dice Jehová, Creador tuyo, oh Jacob, y Formador tuyo, oh Israel: No temas, porque yo te redimí; te puse nombre, mío eres tú. Cuando pases por las aguas, yo estaré contigo; y si por los ríos, no te anegarán. Cuando pases por el fuego, no te quemarás, ni la llama arderá en ti" (Is. 43:1-2).

4. Habrá mucha ayuda proveniente de la tierra. Dios utilizará la tierra para que absorba las aguas de inundación o los ataques del diablo y de su anticristo. Esto probablemente signifique uno o ambos de los siguientes.

=> Las devastaciones y las catástrofes naturales de los juicios de Dios sobre la tierra distraerán y requerirán la atención del anticristo. Las catástrofes, el sufrimiento natural de la tierra salvará a un resto de Israel y de los creyentes. Recuerde la enorme destrucción sobre la tierra que ya sucedió debido al sello y a los juicios de las trompetas (ver bosquejo y notas - Ap. 6:3-8; 6:12-17; 8:6-9:11; 8:6-12; 8:13-9:11; 9:12:21). También habrá naciones que no se lleven bien con las políticas del anticristo y entonces les darán refugio a los judíos y creyentes que escapen a sus fronteras.

=> El dragón lanzará un ataque en contra del resto de la semilla de la mujer. Esto probablemente se refiera al diablo y a su anticristo lanzando un ataque más agresivo contra los judíos y creyentes que no huyeron a otras partes de la tierra en busca de seguridad (naciones o partes yermas y destruidas). Nuevamente, recuerde que habrá vastas áreas de la tierra estériles debido a las catástrofes naturales o los juicios de Dios. Esto podría ser lo que quiere significarse por áreas desérticas a dónde tantos huyen. En nuestros días, cuando viajar es tan fácil y con satélites espías, aviones y helicópteros, el desierto debe significar enormes áreas de terrenos de desechos o bien naciones que se compadecerán de los creyentes perseguidos. Pero no todos huirán. Por lo tanto, el anticristo se pondrá en contra de los que queden detrás con más animosidad que nunca.

Pensamiento 1: Los ataques de Satanás siempre han sido devastadores, devastadores en cuanto a que sus ataques destruyen vidas humanas. Por lo tanto, debemos mantenernos firmes junto a Cristo y proclamar la victoria de Cristo sobre el diablo. Las personas pueden ser salvadas únicamente a través de Jesucristo. Por tanto, el glorioso mensaje de salvación en Cristo debe ser proclamado a todo hombre, mujer y niño de esta tierra. Jesucristo es su única esperanza de liberación de la destrucción de Satanás.

"Pero temo que como la serpiente con su astucia engañó a Eva, vuestros sentidos sean de alguna manera extraviados de la sincera fidelidad a Cristo" (2 Co. 11:3).

"Por lo demás, hermanos míos, fortaleceos en el Señor, y en el poder de su fuerza. Vestíos de toda la armadura de Dios, para que podáis estar firmes contra las asechanzas del diablo" (Ef. 6:10-11).

"Así que, por cuanto los hijos participaron de carne y sangre, él también participó de lo mismo, para destruir por medio de la muerte al que tenía el imperio de la muerte, esto es, al diablo, y librar a todos los que por el temor de la muerte estaban durante toda la vida sujetos a servidumbre" (He. 2:14-15).

"Someteos, pues, a Dios; resistid al diablo, y huirá de vosotros" (Stg. 4:7).

"Sed sobrios, y velad; porque vuestro adversario el diablo, como león rugiente, anda alrededor buscando a quien devorar; al cual resistid firmes en la fe, sabiendo que los mismos padecimientos se van cumpliendo en vuestros hermanos en todo el mundo" (1 P. 5:8-9).

	CAPÍTULO 13 **VII. LA SÉPTIMA TROMPETA EN DETALLE (PARTE 2): LA GUERRA DEL DRAGÓN SOBRE LA TIERRA, 13:1-18** **A. El ataque a través de la primera bestia: Un gobernador político, 13:1-10**	¿Quién como la bestia, y quién podrá luchar contra ella? 5 También se le dio boca que hablaba grandes cosas y blasfemias; y se le dio auto-ridad para actuar cuarenta y dos meses. 6 Y abrió su boca en blasfemias contra Dios, para blasfemar de su nombre, de su tabernáculo, y de los que moran en el cielo.	a. A través de la forma de vida mundana e impía de la gente b. A través de la capacidad y atracción personal c. A través de la fuerza militar d. A través del discurso, la oratoria y la blasfemia e. A través del poder espiritual y sobrenatural (satánico) durante tres años y medio f. A través del ateísmo y humanismo mundial
1 Su origen: El mar **2 Su gran poder político** a. Cabezas: Sabiduría b. Cuernos: Poder confederado c. Diademas: Autoridad de gobierno d. Nombre de blasfemia: Reclama autoridad divina e. Imperios del mundo combinados **3 Su espectacular subida al poder** a. Mediante una alianza con el dragón, Satanás b. Mediante la sanidad de una herida mortal	1 Me paré sobre la arena del mar, y vi subir del mar una bestia que tenía siete cabezas y diez cuernos; y en sus cuernos diez diademas; y sobre sus cabezas, un nombre blasfemo. 2 Y la bestia que vi era semejante a un leopardo, y sus pies como de oso, y su boca como boca de león. Y el dragón le dio su poder y su trono, y grande autoridad. 3 Vi una de sus cabezas como herida de muerte, pero su herida mortal fue sanada; y se maravilló toda la tierra en pos de la bestia,	7 Y se le permitió hacer guerra contra los santos, y vencerlos. También se le dio autoridad sobre toda tribu, pueblo, lengua y nación. 8 Y la adoraron todos los moradores de la tierra cuyos nombres no estaban escritos en el libro de la vida del Cordero que fue inmolado desde el principio del mundo. 9 Si alguno tiene oído, oiga. 10 Si alguno lleva en cautividad, va en cautividad; si alguno mata a espada, a espada debe ser muerto. Aquí está la paciencia y la fe de los santos.	g. A través de la persecución religiosa h. A través de la conquista de muchas naciones i. A través de la adoración imperial **5 Sus adversarios: Los genuinamente salvos** a. Están seguros en el Libro de la vida del Cordero b. Son los que oyen c. Aceptarán la voluntad de Dios, incluso el cautiverio d. No van a defender la fe por la fuerza e. Serán fieles y leales
4 Sus medios para asegurarse el gobierno del mundo	4 y adoraron al dragón que había dado autoridad a la bestia, y adoraron a la bestia, diciendo:		

DIVISIÓN VII

LA SÉPTIMA TROMPETA EN DETALLE (PARTE 2): LA GUERRA DEL DRAGÓN SOBRE LA TIERRA, 13:1-18

A. El ataque a través de la primera bestia: Un gobernador político, 13:1-10

(13:1-10) ***Introducción:*** Este capítulo es la clave de todo el libro de Apocalipsis. Abarca el anticristo, el terrible gobernador mundial que va a surgir en el fin de los tiempos y personifica la profundidad y el terror de la maldad. Si una persona comprende este capítulo, entonces comprenderá el gran libro de *Apocalipsis.* Comprender el anticristo es comprender...

- cómo y por qué el fin de los tiempos vendrán con tanta maldad y horror.
- cómo y por qué los juicios de Dios caerán sobre los impíos y los malos en el fin de los tiempos, caerán con terrible severidad.
- cómo y por qué Dios dará fin al mundo cuando lo haga.
- cómo y por qué se le dan promesas tan gloriosas a Israel y a los creyentes que lo siguen en el fin de los tiempos.
- cómo y por qué se cumplen tantas de las profecías del Antiguo Testamento en el fin de los tiempos.

Este es el capítulo que trata a los dos terribles gobernadores que surgirán en el fin de los tiempos, el anticristo y su cohorte, el dirigente religioso mundial que ayudará al anticristo a obtener y mantener el control del mundo. Su gobierno será tan salvaje y cruel que las Escrituras los denomina bestias. Lanzarán el holocausto más atemorizador jamás presenciado por el mundo. Literalmente millones de personas —una cantidad incontable— serán asesinadas, no solo en una o varias naciones sino en todo el mundo. El homicidio y la maldad serán tan terribles que Dios ya no se ocupará más de la maldad del hombre. El anticristo solo traerá al mundo al borde del desastre, cruzará esa frontera y ocasionará la destrucción del mundo tal como lo conocemos. Bajo el anticristo, el mundo estará terminado y destruido.

Recuerde lo que acaba de ocurrir (capítulo 12). Apocalipsis ha dado una mirada al mundo espiritual, nos ha demostrado qué reside tras el pecado y la maldad de esta tierra. Nos ha demostrado lo siguiente: Hay una gran maldad espiritual luchando por alejar al hombre de Dios, luchando para hacer que la gente viva en forma impía y mala. Pero en el fin de los tiempos esta maldad espiritual —el dragón, esa vieja serpiente, el diablo y Satanás— va a ser arrojada a la tierra. Cuando lo sea, él sabe que solo cuenta con un lapso corto antes de que Dios lo condene por la eternidad. Por lo tanto, desarrollará una ira y una furia que el mundo jamás ha visto antes. En los últimos días el diablo lanzará una campaña de maldad y terror sin paralelo en la historia humana, un horror tal que supera la imaginación. ¿Cómo va a hacer Satanás esto? A través de un dirigente mundial, un dirigente que obtendrá control del mundo tal como cualquier otro dirigente obtiene el control de una nación. ¿Quién es ese dirigente? *El anticristo.* Satanás va a criar a un hombre que será la personificación del mal, todo lo que Satanás quiere que sea un hombre. Esta es la advertencia sobre el terrible anticristo. Este es el pasaje que nos cuenta sobre el dirigente político del fin de los tiempos, el dirigente que reinará sobre todo el mundo, el anticristo.

1. Su origen: El mar (v. 1).
2. Su gran poder político (vv. 1-2).
3. Su espectacular subida al poder (vv. 2-3).
4. Sus medios para asegurarse el gobierno del mundo (vv. 4-8).
5. Sus adversarios: Los genuinamente salvos (vv. 8-10).

1 (13:1) ***Anticristo:*** Está el origen de la bestia o anticristo. Surge "del mar". Esto se explica en Ap. 17:15 cuando se dice que las *aguas* son "pueblos, muchedumbres, naciones y lenguas". El anticristo surge de entre las personas. Recuerde las cosas terribles que estaban sucediendo en la tierra...

- el incremento en la violencia mundial, en los conflictos, actividades terroristas, guerras y rumores de guerra.
- el incremento de catástrofes naturales tales como hambruna, terremotos y enfermedades. (Ver notas - Ap. 6:3-8; 6:12-17; 8:6-12; 8:13-9:11; 9:12-21.)

Los pueblos y las naciones aclamarán a un dirigente que les ofrezca esperanza y ayuda. El anticristo verá su inquietud y turbulencia política y le dará a los pueblos la esperanza que ansían.

> **"¡Ay! multitud de muchos pueblos que harán ruido como estruendo del mar, y murmullo de naciones que harán alboroto como bramido de muchas aguas. Los pueblos harán estrépito como de ruido de muchas aguas; pero Dios los reprenderá, y huirán lejos; serán ahuyentados como el tamo de los montes delante del viento, y como el polvo delante del torbellino. Al tiempo de la tarde, he aquí la turbación, pero antes de la mañana el enemigo ya no existe. Esta es la parte de los que nos aplastan [Dios y su pueblo], y la suerte de los que nos saquean" (Is. 17:12-14).**
>
> **"Pero los impíos son como el mar en tempestad, que no puede estarse quieto, y sus aguas arrojan cieno y lodo. No hay paz, dijo mi Dios, para los impíos" (Is. 57:20-21).**

2 (13:1-2) ***Anticristo:*** Está el gran poder político de la bestia o anticristo. Todo lo que se dice del anticristo es símbolo del enorme poder político que él obtendrá.

1. El anticristo tendrá siete cabezas. Esto significa por lo menos dos cosas.

a. El anticristo tendrá una habilidad enorme, un genio inusual. El número siete en la Biblia significa completo y pleno. El anticristo estará pleno de capacidad. Será un genio sobrenatural, poseyendo un conocimiento y una sabiduría completos. Podrá pensar, planear, actuar, responder y reaccionar ante situaciones más rápido y con más eficiencia que cualquier hombre tuvo la capacidad de hacerlo. Piense cuán lejos podría ir una persona en los círculos políticos y en obtener poder si tuviera lo que podríamos denominar capacidad perfecta, si tiene plenitud de conocimiento, comprensión y sabiduría. Estaría muy por encima de los demás, capaz de maniobrar y manipular el poder y las personas como nunca jamás pudo hacerlo otro hombre. Piense en el mayor dirigente que haya vivido y compárelo con el anticristo: El anticristo tendrá siete veces la capacidad de ese dirigente; el anticristo tendrá una capacidad plena y completa.

b. Las siete cabezas y los diez cuernos también se refieren a las diez naciones sobre las cuales reinará. En el principio habrá diez naciones, pero tomará o se le otorgará el poder y el gobierno de tres, lo que deja a siete. Las cabezas de estos siete con mucha probabilidad someterán sus gobiernos a su reinado. Por tanto, la bestia o anticristo tiene el poder de siete cabezas, siete cabezas de Estado. (Ver Estudio a fondo 1 - Ap. 13:2 para un cuadro y una explicación completa de este punto.)

2. El anticristo tendrá diez cuernos. Esta es la misma cantidad de cuernos que tenía el dragón (diablo). Esto nuevamente apunta al anticristo como el representante o personificación del diablo en la tierra. Los cuernos significan poder y el hecho de que tenga diez cuernos significa un poder confederado de diez naciones. Será la cabeza política de diez naciones. Los cuernos, por supuesto, horadan, rasgan y rompen de la manera más feroz y viciosa. La imagen es la de una confederación de diez naciones que será atemorizadora y generará terror en los corazones del mundo.

3. El anticristo tiene diez diademas sobre sus diez cuernos. Por supuesto, las diademas significan autoridad y poder: él será el dirigente y el gobernador de estas diez naciones. Mantendrá los reinados de poder y autoridad sobre la confederación de diez naciones, naciones que se describen como tan atemorizadoras que se las denomina los *cuernos de las bestias*, cuernos que pueden rasgar y abrir el corazón y los cuerpos de otras naciones y pueblos.

4. El anticristo tendrá diez nombres blasfemos sobre sus siete cabezas. Esto significa que su blasfemia en contra de Dios y los creyentes y en contra de la población del mundo será completa. Será la plenitud y la personificación de la blasfemia.

=> Será la *abominación de la desolación* que estará ubicada en el mismo *lugar santo* del templo en Jerusalén y blasfemará el nombre de Dios. Exigirá que la gente le otorgue su primera lealtad al Estado.

> **"Por tanto, cuando veáis en el lugar santo la abominación desoladora de que habló el profeta Daniel (el que lee, entienda)" (Mt. 24:15).**

=> Será el *hombre de pecado* que se opone a todas las religiones, todo lo que se llame Dios y que sea adorado.

> **"El cual se opone y se levanta contra *todo lo que se llama Dios* o es objeto de culto; tanto que se sienta en el templo de Dios como Dios, haciéndose pasar por Dios" (2 Ts. 2:4).**

=> Él pronunciará palabras grandiosas y terribles en contra del Altísimo.

> **"Y hablará palabras contra el Altísimo, y a los santos del Altísimo quebrantará, y pensará en cambiar los tiempos y la ley; y serán entregados en su mano hasta tiempo, y tiempos, y medio tiempo" (Dn. 7:25).**

=> Él exigirá que todos los adoren a él y al Estado.

> **"Y adoraron al dragón que había dado autoridad a la bestia, y adoraron a la bestia, diciendo: ¿Quién como la bestia, y quién podrá luchar contra ella?" (Ap. 13:4).**

5. El anticristo combinará y personificará tres de los imperios más poderosos del mundo, esto es, imperios que han conquistado y controlado la mayoría del mundo conocido de su época. Esto es lo que se quiere significar al decir que es como tres animales: El leopardo, el oso y el león. La imagen que aquí se retrata es que él personificará todo el deseo y la lujuria por el poder, todas las características y rasgos de estos tres imperios. ¡Imagine! Tome toda la lujuria por el poder que existió dentro de tres de los más grandes imperios para gobernar el mundo conocido y combine esa lujuria por el poder en un dirigente y un gobierno. La intensidad de tanta *lujuria por el poder* será una fuerza con tanto impulso que provocará catástrofes y horror en todo el mundo. Ninguna nación se escapará del pánico y del terror de tal impulso y lujuria por el poder. ¿Cuáles son los tres imperios que serán combinados en la bestia? Advierta que se dice que el anticristo...

- tiene aspecto de leopardo
- tiene pies como de oso
- tiene la boca como de león

¿Qué imperios del mundo representan estos animales? ¿Y cuáles son los rasgos que caracterizan al anticristo? (Ver Estudio a fondo 1 - Ap. 13:2 para un cuadro y discusión al respecto.)

ESTUDIO A FONDO 1

(13:2) ***Anticristo - Daniel, Visiones de - Fin de los tiempos - Roma - Imperio Romano revivido:*** El anticristo poseerá las características y los rasgos de tres imperios del mundo y surgirá de un cuarto y poseerá también esas características. ¿Qué cuatro imperios —imperios mundiales— se combinarán en él? Las visiones de Daniel nos lo dirán. El siguiente cuadro nos muestra cómo las visiones en Daniel coinciden con la visión de Juan en Apocalipsis. Ambos están hablando del fin de los tiempos y del poder del anticristo y de su gobierno que tendrá en el fin de los tiempos. Advierta cómo Daniel dice con resolución que el primer imperio del gobierno es el imperio de Babilonia. Esto es natural, por lo tanto, para comprender los siguientes imperios como los próximos cuatro imperios mundiales que aparecerán en la historia. Esto se aclarará al estudiar las visiones del siguiente cuadro. Advierta cuatro puntos significativos.

1) ESTÁN LAS VISIONES O SUEÑOS EN DANIEL QUE COINCIDEN CON LA VISIÓN DE JUAN EN APOCALIPSIS

Estaba el sueño de Nabucodonosor de la gran imagen	Estaba el sueño de Daniel de las cuatro bestias	Estaba la visión de Juan del imperio mundial combinado del anticristo
Advierta los cuatro metales de la Gran Imagen:	Advierta las cuatro grandes bestias:	Advierta las cuatro grandes bestias:
=> oro => plata => bronce => hierro	=> león => oso => leopardo => una bestia: aterradora, terrible y fuerte	=> leopardo => oso => león => la bestia del anticristo que combina a todas las demás
"Tú, oh rey, veías, y he aquí una gran imagen. Esta imagen, que era muy grande, y cuya gloria era muy sublime, estaba en pie delante de ti, y su aspecto era terrible. La cabeza de esta imagen era de oro fino; su pecho y sus brazos, de plata; su vientre y sus muslos, de bronce; sus piernas, de hierro; sus pies, en parte de hierro y en parte de barro cocido" (Dn. 2:31-33)	**"En el primer año de Belsasar rey de Babilonia tuvo Daniel un sueño, y visiones de su cabeza mientras estaba en su lecho; luego escribió el sueño, y relató lo principal del asunto. Daniel dijo: Miraba yo en mi visión de noche, y he aquí que los cuatro vientos del cielo combatían en el gran mar. Y cuatro bestias grandes, diferentes la una de la otra, subían del mar" (Dn. 7:1-3)**	**"Me paré sobre la arena del mar, y vi subir del mar una bestia que tenía siete cabezas y diez cuernos; y en sus cuernos diez diademas; y sobre sus cabezas, un nombre blasfemo. Y la bestia que vi era semejante a un leopardo, y sus pies como de oso, y su boca como boca de león. Y el dragón le dio su poder y su trono, y grande autoridad" (Ap. 13:1-2).**

2) ESTÁ LA INTERPRETACIÓN DE LA IMAGEN Y DE LAS CUATRO BESTIAS EN DANIEL QUE COINCIDEN CON LOS IMPERIOS MUNDIALES COMBINADOS DEL ANTICRISTO

La interpretación de la imagen	La interpretación de las cuatro bestias	La interpretación de los imperios mundiales combinados del anticristo
La cabeza de oro es el primer imperio mundial: Babilonia bajo Nabucodonosor **“Este es el sueño; también la interpretación de él diremos en presencia del rey. Tú, oh rey, eres rey de reyes; porque el Dios del cielo te ha dado reino, poder, fuerza y majestad. Y dondequiera que habitan hijos de hombres, bestias del campo y aves del cielo, él los ha entregado en tu mano, y te ha dado el dominio sobre todo; tú eres aquella cabeza de oro” (Dn. 2:36-38)**	El león es el primer imperio mundial: Babilonia **“La primera era como león, y tenía alas de águila. Yo estaba mirando hasta que sus alas fueron arrancadas, y fue levantada del suelo y se puso enhiesta sobre los pies a manera de hombre, y le fue dado corazón de hombre” (Dn. 7:4)**	El anticristo va a combinar los rasgos del león: Babilonia **“Y su boca como boca de león ” (Ap. 13:1-2)**
La plata es el segundo imperio mundial: Medo-Persia (cp. Dn. 8:20) **“Y después de ti se levantará otro reino inferior al tuyo” (Dn. 2:39*a*)**	El oso es el segundo imperio mundial: Medo-Persia **“Y he aquí otra segunda bestia, semejante a un oso, la cual se alzaba de un costado más que del otro, y tenía en su boca tres costillas entre los dientes; y le fue dicho así: Levántate, devora mucha carne” (Dn. 7:5; cp. Dn. 8:20)**	El anticristo va a combinar los rasgos del oso: Medo-Persia **“Y sus pies como de oso” (Ap. 13:1-2)**
El bronce es el tercer imperio mundial: Grecia (cp. Dn. 8:21) **“Y luego un tercer reino de bronce, el cual dominará sobre toda la tierra” (Dn. 2:39*b*)**	El leopardo es el tercer imperio mundial: Grecia (cp. Dn. 8:21-22; 10:20; 11:2-4) **“Después de esto miré, y he aquí otra, semejante a un leopardo, con cuatro alas de ave en sus espaldas; tenía también esta bestia cuatro cabezas; y le fue dado dominio” (Dn. 7:6)**	El anticristo va a combinar los rasgos del leopardo: Grecia **“Y la bestia que vi era semejante a un leopardo” (Ap. 13:1-2)**
El hierro es el cuarto imperio mundial: Roma (cp. Dn. 9:26) **“Y el cuarto reino será fuerte como hierro; y como el hierro desmenuza y rompe todas las cosas, desmenuzará y quebran-tará todo” (Dn. 2:40)**	La bestia aterradora, terrible y fuerte es el cuarto imperio: Roma (cp. Dn. 7:23:24; 9:26) **“Después de esto miraba yo en las visiones de la noche, y he aquí la cuarta bestia, espantosa y terrible y en gran manera fuerte, la cual tenía unos dientes grandes de hierro; devoraba y desmenu-**	El anticristo será como el hierro y la bestia terrible con los diez cuernos; esto es, Roma. Él combinará todos los rasgos de Roma **“Me paré sobre la arena del mar, y vi subir del mar una bestia que tenía siete cabezas y diez cuernos; y en sus cuernos diez diademas; y sobre sus cabezas, un nombre blasfemo” (Ap. 13:1).**

zaba, y las sobras hollaba con sus pies, y era muy diferente de todas las bestias que vi antes de ella, y tenía diez cuernos" (Dn. 7:7)

3) ESTÁ LA INTERPRETACIÓN DE LOS DIEZ DEDOS DE LA IMAGEN Y DE LOS DIEZ CUERNOS DE LA CUARTA BESTIA QUE COINCIDEN CON EL IMPERIO MUNDIAL COMBINADO DEL ANTICRISTO

La interpretación de los diez dedos de la imagen	La interpretación de los diez cuernos de la bestia aterradora, terrible y fuerte	La interpretación de la bestia aterradora, terrible y fuerte de Apocalipsis
Los diez dedos del pie son parte hierro y parte arcilla. No se pueden mezclar; el Imperio Romano decae. Pero es en parte hierro, de modo que determinadas partes de él pueden sobrevivir y revivir.	Los diez cuernos dan lugar a un pequeño cuerno y rige tres de los diez cuernos. El pequeño cuerno es un hombre que surge al poder conquistando estas tres naciones	El anticristo tendrá siete cabezas y diez cuernos y diez coronas, y siete cabezas que estarán llenas de blasfemia.
"Y lo que viste de los pies y los dedos, en parte de barro cocido de alfarero y en parte de hierro, será un reino dividido; mas habrá en él algo de la fuerza del hierro, así como viste hierro mezclado con barro cocido. Y por ser los dedos de los pies en parte de hierro y en parte de barro cocido, el reino será en parte fuerte, y en parte frágil. Así como viste el hierro mezclado con barro, se mezclarán por medio de alianzas humanas; pero no se unirán el uno con el otro, como el hierro no se mezcla con el barro" (Dn. 2:41-43).	**"Mientras yo contemplaba los cuernos, he aquí que otro cuerno pequeño salía entre ellos, y delante de él fueron arrancados tres cuernos de los primeros; y he aquí que este cuerno tenía ojos como de hombre, y una boca que hablaba grandes cosas" (Dn. 7:8).**	**"Me paré sobre la arena del mar, y vi subir del mar una bestia que tenía siete cabezas y diez cuernos; y en sus cuernos diez diademas; y sobre sus cabezas, un nombre blasfemo" (Ap. 13:1).**
La idea es que ciertos elementos y rasgos del Imperio Romano sobrevivirán. Luego, más tarde en la historia los rasgos revivirán con la semilla del hombre. Pero estos elementos y rasgos no se mezclarán para producir el mundo o gobierno perfecto.	La idea es que un dirigente surgirá de un "pequeño cuerno", una pequeña nación, y conquistará tres naciones. Luego las otras siete naciones estarán dispuestas a someterse y unirse a él en su blasfemia de Dios y la humanidad.	La idea es que el anticristo será cabeza de siete cabezas o gobiernos, que tendrá diez cuernos, el poder de diez gobiernos. Él habrá conquistado tres gobiernos (Dn. 7:8). Todas las siete cabezas de Estado y los diez gobiernos bajo él blasfemarán el nombre de Dios.

4) ESTÁN LOS RASGOS DE LOS METALES, DE LA IMAGEN Y DE LAS CUATRO BESTIAS QUE COINCIDEN CON LOS RASGOS COMBINADOS DEL ANTICRISTO

Los rasgos de los metales de la Imagen o de sus imperios		El anticristo combinará todos los rasgos de los cuatro imperios
Oro:		
=> es valioso y deseado	... lo que significa que...	=> el anticristo será deseado por el mundo
=> tiene un gran brillo que atrae y le gusta al hombre	... lo que significa que...	=> el anticristo será atractivo y le gustará al mundo
=> es extremadamente inactivo, es decir, no es afectado por la naturaleza: el aire, el calor y la humedad	... lo que significa que...	=> el anticristo será insensible y no se verá afectado por los sufrimientos del entorno y de la gente

=> mantiene el calor y la electricidad; es una energía volátil cuando se siente presionado	... lo que significa que...	=> el anticristo será volátil, irascible, vengador
Plata:		
=> es maleable y fácilmente moldeable en todas las formas	... lo que significa que...	=> El anticristo tendrá gran capacidad de condescender y dar y tomar
=> es fácilmente deducible	... lo que significa que...	=> El anticristo será fácilmente corruptible
=> es el más superior de todos los metales para *conducir* el calor y la electricidad	... lo que significa que...	=> El anticristo será un firme comentador, capaz de traspasar sus ideas e ira a los otros.
Bronce:		
=> más duro que las aleaciones más comunes (excepto el acero)	... lo que significa que...	=> Será duro e indiferente con los demás.
=> fuertemente resistente (con frecuencia se lo usa en cojinetes, accesorios, etc.)	... lo que significa que...	=> Resistirá y se defenderá de sus opositores, fuertemente.
Hierro:		
=> es fácilmente magnetizable	... lo que significa que...	=> Tendrá una atracción magnética; los pueblos y las naciones lo seguirán dispuestos.
=> es fácil de combinar con otros metales	... lo que significa que...	=> Podrá combinar a otros en una confederación de Estados un gobierno mundial.

LOS RASGOS DE LAS CUATRO BESTIAS

El león	El anticristo tendrá boca como de león: => Un rugido feroz que se oirá en todo el mundo y que gritará blasfemias que harán sentir temor en naciones y gente. => Dientes filosos que se hincarán profundamente en la carne del mundo, rasgando, masticando y comiendo a las naciones y a los pueblos del mundo.
El oso	El anticristo tendrá pies como de oso: => Pies grandes y rudos que cubrirán un gran área y perseguirán a su presa de gente y naciones sin cejar. => Fuertes garras que toman la presa de las naciones y la gente sin dejarlos ir y poseyendo el poder de destrozarlos.
El leopardo	El anticristo tendrá un cuerpo como de leopardo: => Suave y hermoso y atractivo, una naturaleza que atrae a las naciones y pueblos del mundo. => Lleno de manchas que simbolizan una naturaleza feroz, mala, engañosa y salvaje.
La bestia aterradora fuerte y terrible	El anticristo combinará todos los rasgos del antiguo imperio romano.

3 (13:2-3) ***Anticristo:*** Está la dramática subida al poder del anticristo. Habrá dos motivos para este surgimiento dramático.

1. El dragón, esto es, las fuerzas espirituales sobrenaturales, estarán obrando. La gran fuerza espiritual, Satanás mismo, va a impulsar al anticristo al poder. El anticristo va a querer entregarse por completo a este mundo, completamente a la sociedad secular y humanística. Se entregará a buscar poder, fama, riquezas, posesiones y placeres de este mundo. Va a entregarse por completo a realizar el mayor daño imaginable. Pero advierta: Habrá una gran diferencia entre su maldad y la maldad de los demás hombres. Cuando hacemos una maldad, lo hacemos en una escala personal o menor, o si somos un dirigente mundial, en una base nacional mucho más grande. Los peores ejemplos de secularismo, mundanalidad y maldad jamás presenciados fueron *dirigentes locos* como Hitler y Stalin. Pero la mundanalidad y la maldad del anticristo será intensificada; será mucho peor. Su maldad recaerá sobre muchas más naciones y pueblos. Su maldad cubrirá el mundo. Imagine a un Hitler o a un Stalin con el poder de lanzar su maldad sobre todo el mundo. ¿Cómo es posible que un hombre obtenga tanto poder? Veremos los detalles en una nota posterior. Pero tras las escenas, tras lo que la gente puede ver con sus ojos, allí está Satanás y va a personificar al hombre. El hombre, el anticristo, va a hacer un pacto con el diablo. Va a entregarse totalmente para realizar las obras de Satanás. Va a estar tan comprometido con la maldad que las Escrituras dicen que provino realmente del "abismo", lo que significa que vino de Satanás mismo o bien fue imbuido por un espíritu maligno que vino directamente del abismo. Recuerde: Esto ya se ha señalado (Ap. 11:7). Advierta que Satanás hará estas cosas por el anticristo.

a. Satanás le entregará su poder al anticristo.
   => el poder de la fuerza interior y de la energía y el espíritu
   => el poder de la personalidad
   => el poder de la habilidad, la persuasión y la influencia
   => el poder de la fuerza y el poder

b. Satanás le dará su asiento al anticristo, esto es, su trono, su gobierno. Satanás le entregará al anticristo lo mismo que le ofreció a Cristo: los gobiernos del mundo (cp. Mt. 4:8. 10).

c. Satanás le entregará al anticristo su autoridad; esto es, le dará autoridad total, reinado dictatorial y comando e influencia. Le dará al anticristo el mayor poder y gobierno jamás conocido en el mundo.

2. El anticristo será sanado de una herida mortal. Es importante considerar lo que se está diciendo aquí. La herida mortal al anticristo se menciona tres veces en este capítulo y en otro lugar de Apocalipsis.

> **"Vi una de sus cabezas como herida de muerte, pero su herida mortal fue sanada; y se maravilló toda la tierra en pos de la bestia" (Ap. 13:3).**
>
> **"Y ejerce toda la autoridad de la primera bestia en presencia de ella, y hace que la tierra y los moradores de ella adoren a la primera bestia, cuya herida mortal fue sanada" (Ap. 13:12).**
>
> **"Y engaña a los moradores de la tierra con las señales que se le ha permitido hacer en presencia de la bestia, mandando a los moradores de la tierra que le hagan imagen a la bestia que tiene la herida de espada, y vivió" (Ap. 13:14).**
>
> **"La bestia que has visto, era, y no es; y está para subir del abismo e ir a perdición; y los moradores de la tierra, aquellos cuyos nombres no están escritos desde la fundación del mundo en el libro de la vida, se asombrarán viendo la bestia que era y no es, y será" (Ap. 17:8).**
>
> **"La bestia que era, y no es, es también el octavo; y es de entre los siete, y va a la perdición" (Ap. 17:11).**

Hay tres interpretaciones posibles de esto.

a. La muerte de la bestia se refiere a la muerte política del Imperio Romano. Recuerde que el Imperio Romano era la bestia que tenía pies de hierro y arcilla mezclados. Pero el imperio de hierro no pudo perdurar porque tenía mezclada arcilla. Por lo tanto, fue destinado a derrumbarse y a ser dividido. Sin embargo, el hierro continúa, esto es, algunos de los rasgos y elementos continúan en el mundo. Por lo tanto en el fin de los tiempos, el antiguo Imperio Romano revivirá y el espíritu de Roma dominará nuevamente el mundo.

b. El anticristo será el regreso de algún dirigente maligno que ha vivido en la historia del pasado. El diablo lo resucitará y lo volverá a enviar a la tierra (cp. Ap. 17:11).

c. La herida mortal es un intento de homicidio o algún accidente que le sucede al anticristo, probablemente al inicio de su gobierno. El falso profeta (la segunda bestia) realiza un milagro y cura al anticristo. Recuerde: El falso profeta tendrá el poder de realizar algunos milagros sobresalientes. Serán estos milagros los que lo ayudarán a obtener credibilidad y el apoyo de las masas del mundo. Esta posibilidad suena razonable a la luz de lo que se dice del falso profeta.

> **"Y engaña a los moradores de la tierra con las señales que se le ha permitido hacer en presencia de la bestia, mandando a los moradores de la tierra que le hagan imagen a la bestia que tiene la herida de espada, y vivió" (Ap. 13:14).**

Ahora bien, ¿cuál de estas interpretaciones es la correcta? Es difícil saber cómo una puede ser verdad sin la otra. Un gobierno tiene que tener un dirigente, y un dirigente tiene que tener un gobierno. La profecía de Daniel dice con resolución que el anticristo surgirá del Imperio Romano derrumbado y que combinará los rasgos de él y de los otros gobiernos mundiales de la historia antigua. Esto se señala claramente en las visiones de la imagen y la bestia, y se señala claramente en esta visión de Juan cuando se la compara con la de Daniel. Nuevamente, un rápido análisis del cuadro lo demuestra (ver Estudio a fondo 1 - Ap. 13:2). Y como ya se ha dicho, la curación del anticristo de una herida mortal parece ser lo que las Escrituras están diciendo (Ap. 13:14).

El anticristo reinará sobre el gobierno final de la tierra. El sueño de un hombre de un gobierno mundial finalmente se convertirá en realidad. Pero el gobierno tendrá un dirigente, un hombre que será emperador, rey o presidente, cualquiera sea el nombre que le dé el mundo. Advierta que las Escrituras también lo señalan.

=> El anticristo será arrojado al lago de fuego. Las naciones y los imperios no son arrojados al lago de fuego, las personas sí.

"Y la bestia fue apresada, y con ella el falso profeta que había hecho delante de ella las señales con las cuales había engañado a los que recibieron la marca de la bestia, y habían adorado su imagen. Estos dos fueron lanzados vivos dentro de un lago de fuego que arde con azufre" (Ap. 19:20).

=> Se dice que el anticristo es un hombre.

"Nadie os engañe en ninguna manera; porque no vendrá sin que antes venga la apostasía, y se manifieste el hombre de pecado, el hijo de perdición" (2 Ts. 2:3).

=> El anticristo estará en el templo de Dios en Jerusalén y se proclamará a sí mismo Dios. Una nación no puede hacer esto; solo puede hacerlo un hombre.

"Por tanto, cuando veáis en el lugar santo la abominación desoladora de que habló el profeta Daniel (el que lee, entienda)" (Mt. 24:15).

"El cual se opone y se levanta contra todo lo que se llama Dios o es objeto de culto; tanto que se sienta en el templo de Dios como Dios, haciéndose pasar por Dios" (2 Ts. 2:4).

=> El anticristo vendrá como un dirigente falso incluso como otros anticristo han venido como dirigentes falsos.

"Hijitos, ya es el último tiempo; y según vosotros oísteis que el anticristo viene, así ahora han surgido muchos anticristos; por esto conocemos que es el último tiempo" (1 Jn. 2:18).

Podríamos seguir indefinidamente con las Escrituras demostrando cómo juntan evidencia sobre evidencia de que el anticristo será un hombre y no solo un renacimiento de los grandes imperios del pasado. Como se dijo anteriormente, los grandes imperios serán revividos y personificados o combinados en un gobierno político. Pero ese gobierno será encabezado y conducido por un dirigente o una cabeza de Estado, la cabeza de Estado al que la Biblia denomina el anticristo.

4 (13:4-8) ***Anticristo - Mundo - Fin de los tiempos:*** Están los medios para asegurar el gobierno mundial. Hay nueve métodos enumerados en este pasaje que el anticristo utilizará.

1. El anticristo se asegurará el poder debido a la forma de vivir mundana e impía de la gente (v. 4). Advierta la declaración sobre la gente que vive en el fin de los tiempos: "adoraban al dragón", es decir, al diablo. Adorar al diablo significa andar en el *camino del pecado y de la impiedad*, no simplemente lo que el hombre moderno denomina adoración al diablo y brujería. En los últimos días la gente se volverá cada vez más pecaminosa, mundana, mala e impía. Se volverá cada vez más secular y humanística.

"Y los otros hombres que no fueron muertos con estas plagas, ni aun así se arrepintieron de las obras de sus manos, ni dejaron de adorar a los demonios, y a las imágenes de oro, de plata, de bronce, de piedra y de madera, las cuales no pueden ver, ni oír, ni andar; y no se arrepintieron de sus homicidios, ni de sus hechicerías, ni de su fornicación, ni de sus hurtos" (Ap. 9:20-21).

"También debes saber esto: que en los postreros días vendrán tiempos peligrosos. Porque habrá hombres amadores de sí mismos, avaros, vanagloriosos, soberbios, blasfemos, desobedientes a los padres, ingratos, impíos, sin afecto natural, implacables, calumniadores, intemperantes, crueles, aborrecedores de lo bueno, traidores, impetuosos, infatuados, amadores de los deleites más que de Dios, que tendrán apariencia de piedad, pero negarán la eficacia de ella; a éstos evita" (2 Ti. 3:1-5).

"Mas los malos hombres y los engañadores irán de mal en peor, engañando y siendo engañados" (2 Ti. 3:13).

2. El anticristo asegurará el poder por la capacidad personal y atracción (v. 4b). Ellos adoran a la bestia y dicen "¿quién como la bestia?" Por adoración se quiere significar lealtad y fidelidad. El anticristo...

- estará lleno de conocimiento
- será un genio inusual
- tendrá un discernimiento increíble
- será inteligente
- será magnético
- tendrá un carisma supremo
- será una maravilla para mirar en capacidad y atracción.

Recuerde: El mundo estará atravesando desastres catastróficos uno tras otro tales como terremotos y hambre. Además, habrá un enorme incremento e intensificación de guerras y rumores de guerra, piquetes militares, insurgencias y ataques terroristas. Amen de eso está el incremento del pecado y la maldad, de drogas e inmoralidades atravesando el mundo. Los últimos días no son una imagen muy hermosa. Pero hay que enfrentar la verdad, y podemos ver la tendencia por la forma en que se están deteriorando las sociedades del mundo. Incluso los dirigentes mundiales reconocen su incapacidad de detener la loca tendencia de caos. Por lo tanto, en algún momento en el futuro, cuando un determinado dirigente entre en escena, y tenga la respuesta a algunos de los problemas, la gente del mundo estará preparada para escuchar. Exclamarán: "¿Quién como este hombre?". Rápidamente le darán su lealtad y fidelidad a él. Habrá un movimiento en la ciudadanía del mundo hacia él así como los ciudadanos de Europa avanzaron hacia un gobierno más democrático en la década de 1990. Los ciudadanos exigirán que los dirigentes de sus gobiernos escuchen y sigan a este hombre que parece tener las respuestas.

=> Todo el mundo se maravillará, se encantará y admirará a la bestia.

"Vi una de sus cabezas como herida de muerte, pero su herida mortal fue sanada; y se maravilló toda la tierra en pos de la bestia" (Ap. 13:3).

=> Él estará lleno de comprensión y capacidad.

"Me paré sobre la arena del mar, y vi subir del mar una bestia que tenía siete cabezas y diez cuernos; y en sus cuernos diez diademas; y sobre sus cabezas, un nombre blasfemo" (Ap. 13:1) (El número siete significa completa capacidad y sabiduría).

"Y al fin del reinado de éstos, cuando los transgresores lleguen al colmo, se levantará un rey altivo de rostro y entendido en enigmas" (Dn. 8:23).

3. El anticristo se garantizará poder por medio de fuerza militar y económica (v. 4). Al principio, cuando ingrese a la escena mundial, él y su gobierno conquistarán tres naciones y él absorberá a estas tres naciones con la suya. Luego otras siete se someterán pacíficamente a su gobierno y reinado. Entonces será poderoso, un gobierno fuerte con el cual el resto del mundo deberá luchar. Será tan poderoso que las Escrituras lo describen como una bestia con siete cabezas (gobiernos) y diez cuernos (naciones) sobre las cuales gobierna. El gobierno sobre el cual tendrá poder serán algunas de las naciones del Medio Oeste y Europa y sus grandes reservas de riqueza. Las naciones que estén bajo su control serán tan ricas y tan fuertes militarmente que la gente se preguntará: "¿Quién podrá luchar contra él? ¿Quién es capaz de detener su despliegue militar?"

"Mientras yo contemplaba los cuernos, he aquí que otro cuerno pequeño salía entre ellos, y delante de él fueron arrancados tres cuernos de los primeros; y he aquí que este cuerno tenía ojos como de hombre, y una boca que hablaba grandes cosas" (Dn. 7:8).

Al parecer el anticristo tendrá bajo su autoridad la máquina militar más poderosa que el mundo jamás ha conocido. Y la gente lo sabrá. Por lo tanto, nación tras nación le dará su lealtad y fidelidad. Se rendirán pacíficamente ante él. Tenga presentes otras profecías que nos dicen que él podrá traer paz y seguridad a la tierra durante un tiempo. Pocos, si algunos, podrán hacerle la guerra o rebelarse bajo el control de su gobierno.

=> Otras naciones le temerán.

"¿Quién como la bestia, y quién podrá luchar contra ella?" (Ap. 13:4).

=> Él controlará enormes cantidades de dinero y riquezas.

"Mas honrará en su lugar al dios de las fortalezas, dios que sus padres no conocieron; lo honrará con oro y plata, con piedras preciosas y con cosas de gran precio... Y se apoderará de los tesoros de oro y plata, y de todas las cosas preciosas de Egipto; y los de Libia y de Etiopía le seguirán" (Dn. 11:38, 43).

=> Podrá designar gobernantes y dirigentes a su antojo.

"Y los diez cuernos que has visto, son diez reyes, que aún no han recibido reino; pero por una hora recibirán autoridad como reyes juntamente con la bestia. Estos tienen un mismo propósito, y entregarán su poder y su autoridad a la bestia. Pelearán contra el Cordero, y el Cordero los vencerá, porque él es Señor de señores y Rey de reyes; y los que están con él son llamados y elegidos y fieles. Me dijo también: Las aguas que has visto donde la ramera se sienta, son pueblos, muchedumbres, naciones y lenguas. Y los diez cuernos que viste en la bestia, éstos aborrecerán a la ramera, y la dejarán desolada y desnuda; y devorarán sus carnes, y la quemarán con fuego; porque Dios ha puesto en sus corazones el ejecutar lo que él quiso: ponerse de acuerdo, y dar su reino a la bestia, hasta que se cumplan las palabras de Dios" (Ap. 17:12-17).

"Con un dios ajeno se hará de las fortalezas más inexpugnables, y colmará de honores a los que le reconozcan, y por precio repartirá la tierra" (Dn. 11:39).

4. El anticristo se garantizará poder a través del discurso, de la oratoria, de la persuasión y de la blasfemia (v. 5). Tendrá una boca que podrá pronunciar grandes cosas. Ofrecerá esperanzas a un mundo que está enfrentando catástrofe tras catástrofe y que se está derrumbando por problemas no resueltos de drogadicción, alcoholismo, hambre, enfermedad, personas sin techo, acciones terroristas y guerra. Será capaz de traer paz y soluciones a algunos de los problemas. Aparecerá como el salvador de la humanidad. Recuerde: Será lo bastante fuerte desde el punto de vista militar como para traer paz a las naciones más pequeñas del mundo que con tanta frecuencia sufren sublevaciones y acciones terroristas. Y será sumamente rico, gobernando tantas naciones con riqueza que podrá ayudar a resolver algunos de los problemas económicos del mundo mencionados anteriormente.

"Mas honrará en su lugar al dios de las fortalezas, dios que sus padres no conocieron; lo honrará con oro y plata, con piedras preciosas y con cosas de gran precio" (Dn. 11:38).

"Y se apoderará de los tesoros de oro y plata, y de todas las cosas preciosas de Egipto; y los de Libia y de Etiopía le seguirán" (Dn. 11:43).

5. El anticristo se garantizará poder durante tres años y medio (v. 5). Será capaz de ofrecer paz y prosperidad al mundo durante tres años y medio. Pero advierta: El poder no es suyo. Es un poder otorgado, un poder que le otorgó Satanás.

"Y se le dio autoridad para actuar cuarenta y dos meses" (Ap. 13:5b).

6. El anticristo se garantizará el poder a través del ateísmo y el humanismo (v. 6). Rechazará y negará a Dios y abiertamente blasfemará en su contra. Y lo hará en el famoso templo judío (a ser reconstruido) en la famosa ciudad religiosa del mundo, Jerusalén. Lo que cabe destacar es su creencia atea y humanista. Vivirá y proclamará lo que el hombre quiere oír en un mundo científico y tecnológico, un mundo que quiere todo el placer y las posesiones que pueda lograr. Fomentará la filosofía del hombre y el Estado, que el hombre y el Estado son lo principal en la vida, que el hombre puede resolver sus propios problemas. Y muchos en el mundo aplaudirán lo que él es capaz de lograr en la paz y en la economía del mundo. Lo seguirán felices en su adoración idólatra del Estado y la blasfemia de Dios. (Ver puntos 2, 3 - Ap. 18:2-7 para mayor discusión al respecto.)

"Y hablará palabras contra el Altísimo, y a los santos del Altísimo quebrantará, y pensará en cambiar los tiempos y la ley; y serán entregados en su mano hasta tiempo, y tiempos, y medio tiempo" (Dn. 7:25).

"Y el rey hará su voluntad, y se ensoberbecerá, y se engrandecerá sobre todo dios; y contra el Dios de los dioses hablará maravillas, y prosperará, hasta que sea consumada la ira; porque lo determinado se cumplirá" (Dn. 11:36).

"Y abrió su boca en blasfemias contra Dios, para blasfemar de su nombre, de su tabernáculo, y de los que moran en el cielo" (Ap. 13:6).

7. El anticristo se garantizará el poder a través de la persecución religiosa (v. 7. Ver notas - Ap. 7:13-14; 11:1; 11:2; 11:3-13 para mayor discusión).

"El cual se opone y se levanta contra todo lo que se llama Dios o es objeto de culto; tanto que se sienta en el templo de Dios como Dios, haciéndose pasar por Dios" (2 Ts. 2:4).

"Después de esto miré, y he aquí una gran multitud, la cual nadie podía contar, de todas naciones y tribus y pueblos y lenguas, que estaban delante del trono y en la presencia del Cordero, vestidos de ropas blancas, y con palmas en las manos... Entonces uno de los ancianos habló, diciéndome: Estos que están vestidos de ropas blancas, ¿quiénes son, y de dónde han venido? Yo le dije: Señor, tú lo sabes. Y él me dijo: Estos son los que han salido de la gran tribulación [martirizados por el anticristo], y han lavado sus ropas, y las han emblanquecido en la sangre del Cordero" (Ap. 7:9, 13-14).

"Oí una voz que desde el cielo me decía: Escribe: Bienaventurados de aquí en adelante los muertos que mueren en el Señor. Sí, dice el Espíritu, descansarán de sus trabajos, porque sus obras con ellos siguen" (Ap. 14:13).

"Vi también como un mar de vidrio mezclado con fuego; y a los que habían alcanzado la victoria sobre la bestia y su imagen, y su marca y el número de su nombre, en pie sobre el mar de vidrio, con las arpas de Dios. Y cantan el cántico de Moisés siervo de Dios, y el cántico del Cordero, diciendo: Grandes y maravillosas son tus obras, Señor Dios Todopoderoso; justos y verdaderos son tus caminos, Rey de los santos. ¿Quién no te temerá, oh Señor, y glorificará tu nombre? pues sólo tú eres santo; por lo cual todas las naciones vendrán y te adorarán, porque tus juicios se han manifestado" (Ap. 15:2-4).

"Y veía yo que este cuerno hacía guerra contra los santos, y los vencía" (Dn. 7:21).

"Y por otra semana confirmará el pacto con muchos; a la mitad de la semana hará cesar el sacrificio y la ofrenda. Después con la muchedumbre de las abominaciones vendrá el desolador, hasta que venga la consumación, y lo que está determinado se derrame sobre el desolador" (Dn. 9:27).

"Y yo mismo, en el año primero de Darío el medo, estuve para animarlo y fortalecerlo. Y ahora yo te mostraré la verdad. He aquí que aún habrá tres reyes en Persia, y el cuarto se hará de grandes riquezas más que todos ellos; y al hacerse fuerte con sus riquezas, levantará a todos contra el reino de Grecia" (Dn. 11:1-2).

"Pero un renuevo de sus raíces se levantará sobre su trono, y vendrá con ejército contra el rey del norte, y entrará en la fortaleza, y hará en ellos a su arbitrio, y predominará" (Dn. 11:7).

"Y oí al varón vestido de lino, que estaba sobre las aguas del río, el cual alzó su diestra y su siniestra al cielo, y juró por el que vive por los siglos, que será por tiempo, tiempos, y la mitad de un tiempo. Y cuando se acabe la dispersión del poder del pueblo santo, todas estas cosas serán cumplidas" (Dn. 12:7).

"Y se le permitió hacer guerra contra los santos, y vencerlos. También se le dio autoridad sobre toda tribu, pueblo, lengua y nación" (Ap. 13:7).

"Y se le permitió infundir aliento a la imagen de la bestia, para que la imagen hablase e hiciese matar a todo el que no la adorase" (Ap. 13:15).

8. El anticristo se garantizará el poder mediante la conquista de muchas naciones (v. 7). Podrá extender su poder sobre cada tribu, pueblo, lengua y nación. Advierta la palabra *cada*. ¿Cómo obtendrá autoridad mundial? En parte mediante la guerra y el poder militar, pero la mayor parte de las naciones lo seguirán dispuestos y en paz, ofrecerán su lealtad y fidelidad... a un gobierno...

=> que pueda definitivamente protegerlos y garantizar la paz.

=> que pueda ayudarlos con gran asistencia económica.

Pensamiento 1: La capacidad de Estados Unidos de hacer esto es un ejemplo. Muchas naciones siguen dispuestos y son leales a esta gran nación por estas mismas razones. Sin embargo, en el fin de los tiempos, la imagen es que el anticristo ofrecerá hacer todavía más. Tenga presente que él controlará muchas de las naciones del Medio Oriente y de Europa, naciones que son tan ricas, tanto en petróleo como en otros productos y recursos. También recuerde: El petróleo es absolutamente esencial para todas las economías del mundo. Las naciones y los pueblos harán cualquier cosa por el petróleo y su riqueza. Esta es por cierto una forma en que el anticristo podría exigir y obtener control sobre las naciones y pueblos de la tierra. Esto se aplica particularmente si quiere aparecer benevolente y ofrecer paz y asistencia a un mundo devastado por desastres naturales, enfermedades sociales y sufrimiento humano.

"Mientras yo contemplaba los cuernos, he aquí que otro cuerno pequeño salía entre ellos, y delante de él fueron arrancados tres cuernos de los primeros; y he aquí que este cuerno tenía ojos como de hombre, y una boca que hablaba grandes cosas" (Dn. 7:8).

"Entrará a la tierra gloriosa, y muchas provincias caerán; mas éstas escaparán de su mano: Edom y Moab, y la mayoría de los hijos de Amón. Extenderá su mano contra las tierras, y no escapará el país de Egipto" (Dn. 11:41-42; cp. Ez. Capítulos 38—39).

"Y se le permitió hacer guerra contra los santos, y vencerlos. También se le dio autoridad sobre toda tribu, pueblo, lengua y nación" (Ap. 13:7).

9. El anticristo se garantizará el poder mediante la adoración imperial (v. 8). Toda la gente impía y mala de la tierra lo adorará. Esto apunta hacia la adoración del Estado en el fin de los tiempos. Solo piense en la gran cantidad de personas con tantas lenguas y culturas diferentes involucradas en un gobierno mundial. Se necesitará algún principio unificador,

algún espíritu común para mantener unida a la gente. Este principio, este espíritu se combinará en el gobierno y el líder del gobierno (el anticristo). Recuerde: Él y su gobierno traerán paz y ayuda económica al mundo, y tendrán soluciones para algunos de los problemas de la sociedad. El anticristo y su gobierno serán representados, honrados y adorados mucho más que cualquier emperador de Roma, o que cualquier Hitler, Mussolini u otro dirigente de la historia pasada. Será un pequeño paso de la honra de las personas a ser convertido en un ídolo por ellas. Para poder mantener unido al mundo, el anticristo y su gobierno instituirán lo mismo que hizo el Imperio Romano: la adoración del Estado. Se le requerirá a cada ciudadano que honre y le otorgue su principal lealtad y fidelidad al Estado. Tenga presente que el Estado (el anticristo) será lo central para las personas del mundo, lo mismo que les trajo paz y prosperidad. Por supuesto, el anticristo se sienta en la cúspide del Estado y toda la atención se centra en él como el *dios* del poder y la provisión.

Recuerde: La adoración del Estado probablemente se lance en medio del período de tribulación. En ese momento, el anticristo ingresará a Jerusalén y marchará hacia el templo y declarará que él y su Estado son los primeros objetos de adoración (dioses). Cualquiera sea el caso y pase lo que pase, las Escrituras dicen claramente que el anticristo será adorado, esto es, que la gente de la tierra le otorgará su primera lealtad. (Ver nota, Ap. 13:13-17 para mayor discusión al respecto.)

"Por tanto, cuando veáis en el *lugar santo* la abominación desoladora de que habló el profeta Daniel (el que lee, entienda)" (Mt. 24:15).

"El cual se opone y se levanta contra todo lo que se llama Dios o es objeto de culto; tanto que se sienta en el templo de Dios como Dios, haciéndose pasar por Dios" (2 Ts. 2:4).

"Y adoraron al dragón que había dado autoridad a la bestia, y adoraron a la bestia, diciendo: ¿Quién como la bestia, y quién podrá luchar contra ella?" (Ap. 13:4).

"Y la adoraron todos los moradores de la tierra cuyos nombres no estaban escritos en el libro de la vida del Cordero que fue inmolado desde el principio del mundo" (Ap. 13:8).

"Y ejerce toda la autoridad de la primera bestia en presencia de ella, y hace que la tierra y los moradores de ella adoren a la primera bestia, cuya herida mortal fue sanada... Y engaña a los moradores de la tierra con las señales que se le ha permitido hacer en presencia de la bestia, mandando a los moradores de la tierra que le hagan imagen a la bestia que tiene la herida de espada, y vivió" (Ap. 13:12, 14).

"Y el tercer ángel los siguió, diciendo a gran voz: Si alguno adora a la bestia y a su imagen, y recibe la marca en su frente o en su mano, él también beberá del vino de la ira de Dios, que ha sido vaciado puro en el cáliz de su ira; y será atormentado con fuego y azufre delante de los santos ángeles y del Cordero; y el humo de su tormento sube por los siglos de los siglos. Y no tienen reposo de día ni de noche los que adoran a la bestia y a su imagen, ni nadie que reciba la marca de su nombre" (Ap. 14:9-11).

"Fue el primero, y derramó su copa sobre la tierra, y vino una úlcera maligna y pestilente sobre los hombres que tenían la marca de la bestia, y que adoraban su imagen" (Ap. 16:2).

"Y el rey hará su voluntad, y se ensoberbecerá, y se engrandecerá sobre todo dios; y contra el Dios de los dioses hablará maravillas, y prosperará, hasta que sea consumada la ira; porque lo determinado se cumplirá" (Dn. 11:36).

5 (13:8-10) ***Anticristo:*** Están los adversarios del anticristo, los verdaderos creyentes. Los verdaderos creyentes no adorarán al anticristo. Cada creyente puede ser leal y apoyar su gobierno plenamente, ciento por ciento. Pero ningún creyente verdadero puede darle su primera lealtad a otro que no sea Dios. Por lo tanto, los verdaderos creyentes no adorarán al anticristo ni a su Estado. Advierta cuatro manifestaciones realizadas sobre los creyentes, los adversarios del anticristo.

1. Ellos están seguros en el libro de la vida del Cordero (ver notas, punto 2b - Ap. 3:4-6; 5:5-7).
2. Son los que oyen este mensaje, las personas que siguen la advertencia del juicio por venir y que se arrepienten y se vuelven al Señor Jesucristo.
3. Son los que saben que Dios juzga de verdad a los impíos y a los malos. El verdadero creyente sabe...
   - que si conduce a otros al cautiverio (ya sea al pecado o a la prisión), él mismo será conducido al cautiverio.
   - que si asesina, será juzgado por Dios y muerto eternamente.

El verdadero creyente es leal a la fe. El verdadero creyente será fácilmente conocido en el fin de los tiempos. Será la persona que esté de pie frente a Cristo, defendiéndolo. Habrá quienes nieguen a Cristo, pero también habrá millones que se vuelquen a Él, una cantidad innumerable (Ap. 7:9). El Espíritu de Dios será tan activo como no lo ha sido nunca. Infundirá a los creyentes con la fuerza para defender a Cristo. Como resultado de ello, millones serán martirizados en el peor holocausto de la historia humana. La escena será a la vez trágica y gloriosa. Dado que muchos estarán dando uno de los más firmes testimonios jamás dados por Cristo: sufrirán persecuciones, pero se defenderán en su fe en Cristo.

"Y seréis aborrecidos de todos por causa de mi nombre; mas el que persevere hasta el fin, éste será salvo" (Mt. 10:22).

"Así que, hermanos míos amados, estad firmes y constantes, creciendo en la obra del Señor siempre, sabiendo que vuestro trabajo en el Señor no es en vano" (1 Co. 15:58).

"Bienaventurado el varón que soporta la tentación [prueba]; porque cuando haya resistido la prueba, recibirá la corona de vida, que Dios ha prometido a los que le aman" (Stg. 1:12).

"Por tanto, ceñid los lomos de vuestro entendimiento, sed sobrios, y esperad por completo en la gracia que se os traerá cuando Jesucristo sea manifestado" (1 P. 1:13).

"Porque esto merece aprobación, si alguno a causa de la conciencia delante de Dios, sufre molestias padeciendo injustamente" (1 P. 2:19).

"Sed sobrios, y velad; porque vuestro adversario el diablo, como león rugiente, anda alrededor buscando a quien devorar; al cual resistid firmes en la fe, sabiendo

que los mismos padecimientos se van cumpliendo en vuestros hermanos en todo el mundo" (1 P. 5:8-9).

"Así que vosotros, oh amados, sabiéndolo de antemano, guardaos, no sea que arrastrados por el error de los inicuos, caigáis de vuestra firmeza" (2 P. 3:17).

"He aquí, yo vengo pronto; retén lo que tienes, para que ninguno tome tu corona" (Ap. 3:11).

	B. El ataque a través de la segunda bestia: Un falso profeta, 13:11-18		
1 Su origen y descripción a. Proviene de la tierra b. Parece un cordero c. Habla como dragón	11 Después vi otra bestia que subía de la tierra; y tenía dos cuernos semejantes a los de un cordero, pero hablaba como dragón.		
2 Su objetivo: Garantizar la lealtad y fidelidad del mundo para el anticristo y su Estado	12 Y ejerce toda la autoridad de la primera bestia en presencia de ella, y hace que la tierra y los moradores de ella adoren a la primera bestia, cuya herida mortal fue sanada.		
3 Sus medios de garantizar lealtad y devoción a. A través del engaño de grandes señales milagrosas, especialmente con fuego b. A través de la religión universal 1) Centrada alrededor de una imagen de la bestia	13 También hace grandes señales, de tal manera que aun hace descender fuego del cielo a la tierra delante de los hombres. 14 Y engaña a los moradores de la tierra con las señales que se le ha permitido hacer en presencia de la bestia, mandando a los moradores de la tierra que le hagan imagen a	la bestia que tiene la herida de espada, y vivió. 15 Y se le permitió infundir aliento a la imagen de la bestia, para que la imagen hablase e hiciese matar a todo el que no la adorase. 16 Y hacía que a todos, pequeños y grandes, ricos y pobres, libres y esclavos, se les pusiese una marca en la mano derecha, o en la frente; 17 y que ninguno pudiese comprar ni vender, sino el que tuviese la marca o el nombre de la bestia, o el número de su nombre.	2) Centrada alrededor de un poder sobrenatural que le permite hablar a la imagen c. Mediante persecución religiosa d. Mediante el control económico sobre el mundo
		18 Aquí hay sabiduría. El que tiene entendimiento, cuente el número de la bestia, pues es número de hombre. Y su número es seiscientos sesenta y seis."	**4 Su número, 666** a. El número de la bestia b. El número de un hombre

DIVISIÓN VII

LA SÉPTIMA TROMPETA EN DETALLE (PARTE 2): LA GUERRA DEL DRAGÓN SOBRE LA TIERRA, 13:1-18

B. El ataque mediante la segunda bestia: Un falso profeta, 13:11-18

(13:11-18) ***Introducción:*** Celo, devoción, lealtad, fidelidad, devoción. Hay un deseo dentro del hombre de comprometer su vida a algo. Toda persona, no importa quien sea, debe tener algo que le interese y lo motive, algo que lo agite para levantarse por la mañana y funcionar, moverse y actuar durante el día, algo de lo que pueda hablar con entusiasmo y compromiso. Puede ser un trabajo, la familia, la escuela, un deporte, una novia, el automóvil, la casa, propiedades, dinero o poder. El hombre tiene que tener algo que lo impulse y lo motive, algo a lo que pueda dedicarse y dar su lealtad.

El gran problema que se enfrenta ante un gobierno mundial —el gobierno que abrazará toda nación y pueblo de la tierra, el gobierno del anticristo— es este: ¿Cómo se hace para que todos los de la tierra sean leales al gobierno? Piense en todas las tribus, las lenguas y las naciones de la tierra.

=> ¿Qué puede unirlos?

=> ¿Qué puede utilizarse para unir su lealtad y fidelidad al Estado?

=> ¿Qué principio unificador, que espíritu unificador puede encontrarse para centrar el apoyo de la gente en el gobierno?

Este será el problema al enfrentar el anticristo y su gobierno en el fin de los tiempos. Pero recuerde la situación caótica del mundo en los últimos días: Habrá desastre natural tras desastre natural. Terremotos, tormentas violentas y hambre barrerán la tierra en cifras sin paralelo en la historia de la humanidad. Habrá enfermedades y pestilencias desconocidas. Además, nación tras nación será atormentada por la guerra y rumores de guerra y por violentos cambios de gobierno y acciones terroristas. Luego está el comportamiento pecaminoso y malo del hombre. Habrá un enorme incremento de drogas, ataques, homicidios, violaciones, inmoralidad, divorcios, robos, brujerías y demás. El mundo estará en una sublevación caótica. Habrá crisis sociales en todo el mundo. La gente estará frenética por obtener algunas respuestas, por algún dirigente que aparezca en la escena y que pueda ayudar y traer algo de orden.

Existirá ese hombre: La bestia, el anticristo. Esto es lo que tratamos en el pasaje anterior. Pero advierta este pasaje: El anticristo va a tener ayuda. Hay una segunda bestia, una bestia que va a ayudarle al anticristo a encontrar el principio unificador para mantener la lealtad de la gente. Esta segunda bestia va a comprender el espíritu del hombre, que el hombre debe tener algo a qué dedicarse, algo a qué apegarse. La segunda bestia le dará al anticristo ese algo, esa devoción, eso que mantendrá a la gente del mundo unida. Esta segunda bestia se convertirá en el portavoz mundial y jefe de propaganda del anticristo. Será la mano derecha del anticristo. Esta es la segunda bestia que atacará la tierra y a su gente en los últimos días, el falso profeta.

1. Su origen y descripción (v. 11).
2. Su objetivo: Garantizar la lealtad y fidelidad del mundo para el anticristo y su Estado (v. 12).
3. Sus medios de garantizar lealtad y devoción (vv. 13-17).
4. Su número, 666 (v. 18).

[1] (13:11) ***Profeta de Apocalipsis, Falso - Bestia de Apocalipsis, Segunda:*** Está el origen y la descripción de la segunda bestia.

1. Proviene de la tierra. Esto significa que proviene de entre la gente común de la tierra. Provendrá de las masas, y aún así tendrá un alto puesto y será el segundo hombre más poderoso en el gobierno de los últimos días. Esto, por supuesto, le dará una fuerte identidad con las masas de la tierra. Lo ayudará a tener influencia y a garantizar su apoyo para los programas del anticristo y su gobierno.

2. Parece un cordero, puesto que tiene solo dos cuernos como un pequeño cordero. A ninguna persona le da miedo un pequeño cordero. No hay nada en esta bestia que parezca malo o malvado. El pequeño cordero simboliza por lo menos tres cosas.

a. Esta bestia parecerá inocente, inocua, suave, débil, atractiva y querible. La mayoría de la gente se sentirá atraída a él, nadie le temerá. No habrá absolutamente nada en su apariencia que dé temor a nadie. La gente se sentirá atraída hacia él y querrá tocarlo y abrazarlo como si fuera un pequeño cordero.

b. Esta bestia parecerá ser el seguidor del Señor Jesucristo, el Cordero de Dios. Parecerá ser una de las pequeñas ovejas o corderos de Dios. Esto es, él será un dirigente religioso. Al igual que un cordero, parecerá estar religiosamente limpio, libre de maldad, violencia, malignidad e impiedad. Parecerá representar al Señor Jesucristo y a la paz, el amor y el gozo. La gente creerá que él no puede hacer nada malo, o por lo menos no algo gravemente malo.

c. La bestia hablará como dragón. Su voz lo va a traicionar. Lo que tiene que decir revelará que él no es un profeta de Dios, sino un falso profeta.
=> No enseñará la Palabra de Dios, sino la palabra del anticristo y del Estado.
=> No dirá la verdad; dirá mentiras.
=> No será el portavoz de Dios, sino el portavoz del gobierno del anticristo.
=> No hablará para que la gente apoye a Dios, sino para que la gente apoye el poder civil.
=> No promoverá al Señor Jesucristo, promoverá las políticas del anticristo.

La segunda bestia vendrá como portavoz, el gran motivador de las masas para el anticristo. Será la persona que traerá un principio unificador, el espíritu de motivación que mantendrá la lealtad de las personas ante el anticristo y su Estado.

Advierta esto: Sabemos que será un dirigente religioso, puesto que después de este pasaje se lo llama *falso profeta* cada vez que se lo menciona (Ap. 16:13; 19:20; 20:10). Tenga presente: Él mantendrá la segunda posición más alta de autoridad en el mundo. El anticristo lo ascenderá para que sea el segundo en la línea de mando, para que sea el funcionario en jefe de su gobierno. Pero advierta su origen y trasfondo: Él viene de la religión, del cristianismo mismo. Es un profeta, un sacerdote, un ministro que profesa ser un seguidor y maestro del Señor Jesucristo.

> **"Porque tales personas no sirven a nuestro Señor Jesucristo, sino a sus propios vientres, y con suaves palabras y lisonjas engañan los corazones de los ingenuos" (Ro. 16:18).**
>
> **"Porque éstos son falsos apóstoles, obreros fraudulentos, que se disfrazan como apóstoles de Cristo. Y no es maravilla, porque el mismo Satanás se disfraza como ángel de luz. Así que, no es extraño si también sus ministros se disfrazan como ministros de justicia; cuyo fin será conforme a sus obras" (2 Co. 11:13-15).**
>
> **"También debes saber esto: que en los postreros días vendrán tiempos peligrosos. Porque habrá hombres amadores de sí mismos, avaros, vanagloriosos, soberbios, blasfemos, desobedientes a los padres, ingratos, impíos,... que tendrán apariencia de piedad, pero negarán la eficacia de ella; a éstos evita... mas los malos hombres y los engañadores irán de mal en peor, engañando y siendo engañados" (2 Ti. 3:1-2, 5, 13).**
>
> **"Porque muchos engañadores han salido por el mundo, que no confiesan que Jesucristo ha venido en carne. Quien esto hace es el engañador y el anticristo" (2 Jn. 7).**

[2] (13:12) ***Profeta de Apocalipsis, Falso - Bestia de Apocalipsis, Segunda:*** Está el objetivo de la segunda bestia o falso profeta. Su objetivo es garantizar la devoción, la lealtad y la fidelidad del mundo al anticristo y su gobierno. Advierta dos puntos muy significativos.

1. Esta segunda bestia ejercerá todo el poder del anticristo. El anticristo le dará al falso profeta el derecho de hablar y de actuar por él. Cuando hable y actúe, lo hará con toda la autoridad y el poder del trono. Será el funcionario en jefe del anticristo, el segundo en la línea de mando, el jefe del personal, el representante pleno del anticristo.

2. Pero recuerde: Esta bestia es un profeta, un prominente dirigente religioso. Viene de las raíces del cristianismo y de la iglesia. Es un ministro o un sacerdote. Representará al Cordero de Dios, al Señor Jesucristo. Pero el anticristo lo advierte y lo seduce para usar su *posición e influencia* religiosa para el Estado. Esto significa algo importante. Significa que el falso profeta...

- mantendrá una posición elevada en la religión.
- tendrá mucha influencia y probablemente sea muy conocido por el mundo.
- será muy carismático, capaz de hablar eficientemente y de comunicarse con las personas cara a cara, en reuniones y en masa, en la televisión y en la radio y en cualquier medio visual y sonoro que exista en esa época. Esta será la única forma concebible en que podrá obtener apoyo de todo el mundo.

Ahora bien, ¿cuál es el objetivo del falso profeta? Garantizar la devoción, la lealtad y la fidelidad al anticristo y su Estado. Como se dijo en la introducción, el gobierno del fin de los tiempos tendrá que encontrar alguna manera de mantener el apoyo de las personas del mundo, personas con tan diversos trasfondos y culturas, necesidades y requisitos. Este será el objetivo de esta bestia, del falso profeta. Se volverá parte del gobierno civil, del Estado mismo...

- Utilizará su alto puesto en la religión para atraer gente a apoyar al anticristo y al Estado.
- Se concentrará en la adoración, es decir, en la devoción y la lealtad de la gente en el anticristo y el Estado.
- Hará lo que pueda para conducir a la gente a ser leal y devota al anticristo y su Estado.

Esto puede resultar repetitivo, pero es esencial ver el objetivo del falso profeta. En el fin de los tiempos, el gobierno y su dirigente, el anticristo, deberán resolver el problema de cómo mantener el apoyo de tantos pueblos diversos de todo el mundo. Una religión mundial, un gran espíritu concentrado en el gobierno y su dirigente será la respuesta. De todas las personas del mundo se esperará que otorguen su primera lealtad y fidelidad al Estado y al anticristo. La segunda lealtad y fidelidad tal vez pueda ser otorgada a cualquier religión de su elección, pero su primera lealtad deberá ser al Estado y a su dirigente, el Estado y el dirigente que han traído paz al mundo y han provisto tanto a la gente del mundo.

3 (13:13-17) ***Profeta de Apocalipsis, Falso - Bestia de Apocalipsis, Segunda:*** Está el medio de garantizar la lealtad y la devoción de la gente de la tierra. El falso profeta utilizará cuatro cosas para garantizar la lealtad de la gente.

1. El falso profeta engañará a la gente con grandes señales milagrosas, especialmente con fuego (v. 13). El falso profeta enfrentará un problema: ¿Cómo puede convencer a las masas del mundo de que Dios comprenderá su acto de demostrar fidelidad y lealtad al Estado? ¿De que Dios aprobará un acto ocasional de adoración y expresión de devoción al Estado y su dirigente? Habrá una única forma: El falso profeta deberá demostrar que él es verdaderamente de Dios, que el tiene la aprobación de Dios para preparar la nueva adoración. ¿Cómo puede comprobar sus credenciales, demostrare que él y su propuesta para una nueva adoración son de Dios? Mediante señales, señales milagrosas. Recuerde: Los dos grandes testigos de Dios ?los testigos que estarán en Jerusalén predicando el Evangelio? podrán obrar milagros y hacer que venga el fuego del cielo. La idea es que este milagro hará que la gente les tema para evitar que el gobierno los mate, al menos durante tres años y medio (Ap. 11:3-13). Este milagro será repetido por el falso profeta. El diablo facultará al falso profeta para repetir el milagro. Entonces la gente pensará que el falso profeta es un profeta verdadero, tan profeta de Dios como los dos testigos de Jerusalén. Lo que el milagro involucra nunca se ha dicho, pero la idea es que será asombroso y que garantizará a la gente de la tierra que el falso profeta es definitivamente un profeta de Dios y está hablando por Dios. Por lo tanto, lo que él sugiera debe ser aceptable para Dios. Piense cuán creíble será si la herida mortal al anticristo (algún intento de asesinato) es realmente sanada por el falso profeta (Ap. 13:3). Para las masas del mundo tanto el anticristo como el falso profeta lucirán como lo más cercano a Dios mismo. Las masas estarán preparadas para seguir la declaración del falso profeta, preparadas para adorar u ocasionalmente mostrar su apoyo y lealtad al anticristo y al Estado.

El punto es este: El falso profeta demostrará que él y sus declaraciones son *ex cathedra,* de Dios, realizando milagros. Esta es una manera en la que engañará y reunirá el apoyo de las masas del mundo.

2. El falso profeta utilizará la religión universal para asegurar la lealtad de la gente (vv. 14-15). Esto es en lo que se están fundamentando las Escrituras, la adoración del anticristo y su Estado. Debemos recordar que la adoración del Estado y su dirigente no es una idea rebuscada. En cada generación hay dictadores y dirigentes de gobierno que insisten en la primera lealtad y fidelidad de los ciudadanos de la nación. La religión es sometida al Estado y se espera que apoye al Estado totalmente o bien ella y sus seguidores serán perseguidos y con frecuencia asesinados. Por supuesto, cada una de estas en una pequeña escala comparada con el mundo entero. Sin embargo, proporcionan un ejemplo en pequeña escala de lo que hará el gobierno del fin del mundo bajo el anticristo.

Un mejor ejemplo todavía es el antiguo Imperio Romano. Roma instituyó la adoración del Estado y el emperador como el principio unificador para mantener unida a la gente del vasto imperio. William Barclay tiene un tratamiento excelente de esto que demuestra cuán fácilmente puede surgir la situación. Esto se aplica especialmente a la luz del hecho de que ya ha sido hecho en algo así como una escala mundial. Los dirigentes del gobierno del fin de los tiempos por cierto no serán ignorantes de la historia. Sabrán exactamente lo que hizo Roma, y la lección de historia no caerá en oídos sordos. De hecho, las Escrituras enseñan que el gobierno del fin de los tiempos será un renacimiento del antiguo Imperio Romano, esto es, que el gobierno del fin de los tiempos tendrá muchos de los rasgos y características del antiguo Imperio Romano.

Pero más importante que cualquiera de estos factores, habrá una cosa por sobre todas las demás que motivará una adoración universal del anticristo y su Estado. ¿Qué es? La paz y la recuperación económica que el anticristo traerá a la tierra. La inquietud política y las crisis económicas y el caos del mundo en el fin de los tiempos prepararán el escenario para el dirigente con algunas respuestas. Como se dijo en la introducción a este pasaje (lo que se dijo en la introducción a este bosquejo se repite aquí debido a su importancia).

> *Recuerde la situación caótica del mundo en los últimos días: habrá desastre natural tras desastre natural. Terremotos, tormentas violentas y hambre barrerán la tierra en cifras sin paralelo en la historia de la humanidad. Habrá enfermedades y pestilencias desconocidas. Además, nación tras nación será atormentada por la guerra y rumores de guerra y por violentos cambios de gobierno y acciones terroristas. Luego está el comportamiento pecaminoso y malo del hombre. Habrá un enorme incremento de drogas, ataques, homicidios, violaciones, inmoralidad, divorcios, robos, brujerías y demás. El mundo estará en una sublevación caótica. Habrá crisis sociales en todo el mundo. La gente estará frenética por obtener algunas respuestas, por algún dirigente que aparezca en la escena y que pueda ayudar y traer algo de orden.*

El anticristo será ese hombre. Recuerde cómo surgió de una nación pequeña, del Oriente. Él conquista a tres naciones y luego siete vienen dispuestos a su gobierno. Al final traerá paz a esa parte del mundo y poseerá enorme riqueza y una de las máquinas militares del mundo más grandes que el mundo haya visto. De alguna manera, él podrá proponer algunas soluciones a algunos de los problemas del mundo y podrá ofrecer paz; y se convertirá en el jefe supremo de alguna organización que tiene influencia enorme. Desde esa posición él podrá maniobrar y hacer juegos de poder para asegurar más y más poder. Y todo el tiempo su idea y programa para la paz del mundo y la prosperidad económica será exitosa. Tendrá tanto éxito que la gente comenzará a decir "¿Quién es cómo la bestia? ¿Quién puede comparársele u oponerse a él?" (cp. Ap. 13:3). El punto es este: El anticristo traerá paz y prosperidad a la tierra, y la gente le estará agradecida y lo colocará en lo más alto de la honra y la estima. Querrán seguir sus políticas y programas.

Ahora bien, observe algo: Advierta cómo todo esto se centra en el anticristo y su gobierno, en quién es él y en lo que puede hacer por la gente y el mundo. Esto solo roza la adulación y la adoración. Se aproxima a lo que él y el Estado querrán: la constante y permanente lealtad de las personas al Estado. El gobierno y el anticristo deberán sellar la lealtad de la gente; deberán tener alguna forma de asegurar el soporte constante de la gente.

Aquí es cuando entra la segunda bestia; aquí es donde entra la idea de la religión universal. Todo lo que el anticristo y el Estado necesitan es que la gente les demuestre en cada momento que sí los apoyan y que les dan su primera lealtad al Estado. Roma obligaba a la gente a hacer un acto de adoración por año, y cuando se postraban en adoración al Estado ante alguna autoridad local, se les daba un certificado para demostrar que honraban al Estado. Ahora con esto como trasfondo para demostrarnos cómo puede suceder fácilmente esto en el fin de los tiempos, advierta dos puntos.

a. La adoración universal se centrará alrededor de una imagen de la bestia. El falso profeta sugerirá que la gente del mundo haga una imagen de la bestia. Advierta dos pasajes de las Escrituras, la primera de Cristo mismo:

"Por tanto, cuando veáis en el *lugar santo* la abominación desoladora de que habló el profeta Daniel (el que lee, entienda)" (Mt. 24:15).

"Nadie os engañe en ninguna manera; porque no vendrá sin que antes venga la apostasía, y se manifieste el hombre de pecado, el hijo de perdición, el cual se opone y se levanta contra todo lo que se llama Dios o es objeto de culto; tanto que *se sienta en el templo de Dios* como Dios, haciéndose pasar por Dios" (2 Ts. 2:3-4).

El templo de Dios es el templo de los judíos en Jerusalén. Está profetizado que será reconstruido en el fin de los tiempos. El falso profeta convencerá a la gente...

- de que el mundo ha sido bendito con la paz y recuperación económica traída por el anticristo.
- de que el anticristo es el que está trayendo el reino utópico a la tierra, la sociedad utópica donde habrá una paz perfecta, y él es el que está resolviendo los problemas de la sociedad y proveyendo suficiente comida, viviendas y trabajos para todos.
- de que todos necesitan demostrar su apoyo y lealtad al Estado utópico que el anticristo ha traído.
- de que la única forma de mantener las cosas avanzando es que todo el mundo honre al Estado y dé su primera lealtad y fidelidad al Estado.
- de que la mejor manera de demostrar la lealtad es tener una imagen del Estado (simbolizada en su líder, el anticristo) en el gran centro religioso del mundo, y luego en una base local que todos expresen su lealtad (adoración) al Estado ante alguna autoridad estatal. Por supuesto, la persona recibiría algún certificado demostrando que él expresó su primera lealtad al anticristo y a su gobierno.

El falso profeta deberá convencer al mundo y a sus masas de que una religión estatal simbolizada en el dirigente del Estado es la mejor forma de mantener el Estado utópico. Y tendrá éxito, dado que este pasaje dice que la profecía de Cristo mencionada antes se realizará. El falso profeta establecerá la imagen de la bestia del anticristo y su gobierno, y la establecerá en el templo de Dios.

"Y se le permitió infundir aliento a la imagen de la bestia, para que la imagen hablase e hiciese matar a todo el que no la adorase" (Ap. 13:15).

"Y el tercer ángel los siguió, diciendo a gran voz: Si alguno adora a la bestia y a su imagen, y recibe la marca en su frente o en su mano, él también beberá del vino de la ira de Dios, que ha sido vaciado puro en el cáliz de su ira; y será atormentado con fuego y azufre delante de los santos ángeles y del Cordero; y el humo de su tormento sube por los siglos de los siglos. Y no tienen reposo de día ni de noche los que adoran a la bestia y a su imagen, ni nadie que reciba la marca de su nombre" (Ap. 14:9-11).

"Vi también como un mar de vidrio mezclado con fuego; y a los que habían alcanzado la victoria sobre la bestia y su imagen, y su marca y el número de su nombre, en pie sobre el mar de vidrio, con las arpas de Dios" (Ap. 15:2).

"Fue el primero, y derramó su copa sobre la tierra, y vino una úlcera maligna y pestilente sobre los hombres que tenían la marca de la bestia, y que adoraban su imagen" (Ap. 16:2).

"Y la bestia fue apresada, y con ella el falso profeta que había hecho delante de ella las señales con las cuales había engañado a los que recibieron la marca de la bestia, y habían adorado su imagen. Estos dos fueron lanzados vivos dentro de un lago de fuego que arde con azufre" (Ap. 19:20).

"Y vi tronos, y se sentaron sobre ellos los que recibieron facultad de juzgar; y vi las almas de los decapitados por causa del testimonio de Jesús y por la palabra de Dios, los que no habían adorado a la bestia *ni a su imagen*, y que no recibieron la marca en sus frentes ni en sus manos; y vivieron y reinaron con Cristo mil años" (Ap. 20:4).

b. Pero advierta también otra cosa: La adoración universal se centrará alrededor de algún poder sobrenatural que permitirá hablar a la bestia (v. 15). Así como hay todo tipo de templos y lugares en donde se supone que han sucedido milagros hoy día, habrá un milagro espectacular en el fin de los tiempos. Satanás hará que ocurra un milagro; algunas personas, adorando en el templo construido para el anticristo, oirán hablar a la imagen o ésta hablará de vez en cuando. Recuerde: El fin de los tiempos será un día de engaño masivo y religión fraudulenta para los impíos y malos de este mundo. Dios va a permitir que el mundo sea engañado como parte del juicio por su impiedad y maldad.

"Y con todo engaño de iniquidad para los que se pierden, por cuanto no recibieron el amor de la verdad para ser salvos. Por esto Dios les envía un poder engañoso, para que crean la mentira" (2 Ts. 2:10-11).

3. El falso profeta utilizará la persecución religiosa para asegurar lealtad al anticristo y al Estado (v. 15*b*). Muy simplemente, cualquiera que no adore al Estado y a la bestia o anticristo será asesinado. Por supuesto, ningún creyente puede confesar lealtad a una persona o gobierno que no sea Dios. El verdadero creyente puede ser leal a su gobierno, ciento por ciento leal, pero no puede poner nada por encima de Dios, ni siquiera al Estado. Por lo tanto, en el fin de los tiempos ocurrirá el peor holocausto jamás conocido por el hombre. Los verdaderos creyentes y todas las demás personas que tengan una firme fe religiosa incluyendo a judíos, musulmanes, hindúes y otros serán asesinados en el holocausto del anticristo. (Ver bosquejo y notas - Ap. 7:9-17; 11:1; 11:2; 11:3-13.)

"Después de esto miré, y he aquí una gran multitud, la cual nadie podía contar, de todas naciones y tribus y pueblos y lenguas, que estaban delante del trono y en la presencia del Cordero, vestidos de ropas blancas, y con palmas en las manos;... Entonces uno de los ancianos habló, diciéndome: Estos que están vestidos de ropas blancas, ¿quiénes son, y de dónde han venido? Yo le dije: Señor, tú lo sabes. Y él me dijo: Estos son los que han salido de la gran tribulación, y han lavado sus ropas, y las han emblanquecido en la sangre del Cordero" (Ap. 7:9, 13-14).

"Y se le permitió hacer guerra contra los santos, y vencerlos. También se le dio autoridad sobre toda tribu, pueblo, lengua y nación" (Ap. 13:7).

"Oí una voz que desde el cielo me decía: Escribe: Bienaventurados de aquí en adelante los muertos que mueren en el Señor. Sí, dice el Espíritu, descansarán de sus trabajos, porque sus obras con ellos siguen" (Ap. 14:13).

"Vi también como un mar de vidrio mezclado con fuego; y a los que habían alcanzado la victoria sobre la bestia y su imagen, y su marca y el número de su nombre, en pie sobre el mar de vidrio, con las arpas de Dios. Y cantan el cántico de Moisés siervo de Dios, y el cántico del Cordero, diciendo: Grandes y maravillosas son tus obras, Señor Dios Todopoderoso; justos y verdaderos son tus caminos, Rey de los santos" (Ap. 15:2-3).

"Y vi tronos, y se sentaron sobre ellos los que recibieron facultad de juzgar; y vi las almas de los decapitados por causa del testimonio de Jesús y por la palabra de Dios, los que no habían adorado a la bestia ni a su imagen, y que no recibieron la marca en sus frentes ni en sus manos; y vivieron y reinaron con Cristo mil años" (Ap. 20:4).

4. El falso profeta utilizará controles económicos para asegurar la lealtad al anticristo y al Estado (vv. 16, 17). Las Escrituras se explican por sí solas. Habrá alguna marca ubicada sobre la cabeza o el brazo de las personas para demostrar que son leales al Estado. Los alimentos, las provisiones y otras adquisiciones —toda la economía— se basará en esa marca. Una persona deberá tener la marca para comprar cualquier cosa. Si no la tiene, entonces es un traidor al anticristo y al Estado. La persona no tendrá opción: o bien le da su primera lealtad al Estado o será asesinado o muerto de hambre o forzado a huir al desierto del mundo para su seguridad y supervivencia. Muchos creyentes, por supuesto, harán esto último, y Dios mantendrá un resto vivo como testimonio de su nombre. (Ver nota, Ap. 12:6, 12:13-17 para mayor discusión al respecto.)

"Y el tercer ángel los siguió, diciendo a gran voz: Si alguno adora a la bestia y a su imagen, y recibe la marca en su frente o en su mano, él también beberá del vino de la ira de Dios, que ha sido vaciado puro en el cáliz de su ira; y será atormentado con fuego y azufre delante de los santos ángeles y del Cordero; y el humo de su tormento sube por los siglos de los siglos. Y no tienen reposo de día ni de noche los que adoran a la bestia y a su imagen, ni nadie que reciba la marca de su nombre" (Ap. 14:9-11).

"Fue el primero, y derramó su copa sobre la tierra, y vino una úlcera maligna y pestilente sobre los hombres que tenían la marca de la bestia, y que adoraban su imagen" (Ap. 16:2).

"Y vi tronos, y se sentaron sobre ellos los que recibieron facultad de juzgar; y vi las almas de los decapitados por causa del testimonio de Jesús y por la palabra de Dios, los que no habían adorado a la bestia ni a su imagen, y que no recibieron la marca en sus frentes ni en sus manos; y vivieron y reinaron con Cristo mil años" (Ap. 20:4).

4 (13:18) ***Anticristo:*** Está el número de la bestia o del anticristo. Es el número infame que es más conocido en la literatura que cualquier otro número: 666. ¿Qué significa? Nadie lo sabe. Las Escrituras no dicen qué significa. Todo lo que sabemos es lo que dicen las Escrituras: "Es el número de un hombre". En las Escrituras el número perfecto es el siete. Por lo tanto, puesto que el número del hombre es el seis, eso significa que el hombre es incompleto y falto de gloria de Dios, falto de la perfección de Dios. *El número de la bestia* es el mismo, y el hombre espiritual lo debe contar como tal. La bestia no es Dios, muy lejos de ello. Él, también, es un hombre, falto del Dios tres en uno. Sus días están contados; el hará lo que otros dirigentes humanos han hecho: morirá y avanzará a enfrentar el juicio eterno de Dios.

Pensamiento 1: Esto es crítico: Nunca debemos olvidar que todos los hombres —sin importar cuán grandes puedan ser o cuánto puedan hacer por nosotros— morirán. Y todos enfrentarán el juicio de Dios. Esto será cierto en cuanto al más poderoso de los dirigentes: el anticristo en el fin de los tiempos. Cuán crítico es para cada hombre estar preparado para estar de pie ante Cristo cuando llegue el fin.

	CAPÍTULO 14 **VIII. LA SÉPTIMA TROMPETA EN DETALLE (PARTE 3): LA VICTORIA DEL CORDERO ESTÁ ASEGURADA, 14:1-20** **A. Garantía 1: Los redimidos estarán con Jesús, 14:1-5**	3 Y cantaban un cántico nuevo delante del trono, y delante de los cuatro seres vivientes, y de los ancianos; y nadie podía aprender el cántico sino aquellos ciento cuarenta y cuatro mil que fueron redimidos de entre los de la tierra.	c. Como arpas: calmante **4 Tendrán el privilegio único ante todos los demás seres**
1 Ellos estarán con Jesús **2 Serán sellados con el nombre de Dios** **3 Oirán la voz misma de Dios** a. Como muchas aguas: satisfactoria b. Como el trueno: asombrosa	1 Después miré, y he aquí el Cordero estaba en pie sobre el monte de Sion, y con él ciento cuarenta y cuatro mil, que tenían el nombre de él y el de su Padre escrito en la frente. 2 Y oí una voz del cielo como estruendo de muchas aguas, y como sonido de un gran trueno; y la voz que oí era como de arpistas que tocaban sus arpas.	4 Estos son los que no se contaminaron con mujeres, pues son vírgenes. Estos son los que siguen al Cordero por donde quiera que va. Estos fueron redimidos de entre los hombres como primicias para Dios y para el Cordero; 5 y en sus bocas no fue hallada mentira, pues son sin mancha delante del trono de Dios.	**5 Serán identificados claramente** a. Los puros b. Los seguidores del Cordero c. Los que se sacrifican por Dios d. Los genuinos e. Los sin culpa

DIVISIÓN VIII

LA SÉPTIMA TROMPETA EN DETALLE (PARTE 3): LA VICTORIA DEL CORDERO ESTÁ ASEGURADA, 14:1-20

A. Garantía 1: Los redimidos estarán con Jesús, 14:1-5

(14:1-5) ***Introducción:*** Los últimos días de la historia del mundo serán días terribles, días de horror. El dragón del submundo, esa vieja serpiente que se llama el diablo y Satanás, va a desatar la furia de su ira sobre la tierra. Va a enviar su propio espíritu e ingresará en un hombre y lo utilizará para ofrecer el Estado utópico al mundo. Va a facultar a ese hombre, el anticristo, para que traiga paz y prosperidad a la tierra, y Satanás va a construir toda la esperanza que el hombre siempre ha tenido de un mundo utópico. El hombre depositará su esperanza en este gobernador mundial, y el anticristo cumplirá la esperanza y el ansia del hombre.

=> Le dará al mundo paz, paz mundial.

=> Va a hacer avanzar al mundo hacia la prosperidad económica, hacia trabajos y una forma de vida para todos.

=> Va a proponer programas para los hambrientos, los sin techo y los enfermos y para los otros problemas del mundo, va a proponer programas que funcionarán hasta cierto grado.

=> Va a traer soluciones para los problemas de la droga, el alcoholismo y las otras enfermedades devastadoras de la sociedad.

=> Va a tener un programa para ayudar a la gente trágicamente afectada por las catástrofes naturales que devastarán al mundo en el fin de los tiempos.

Pero entonces sucederá el terrible horror: Se volverá en contra de los millones de la tierra, en contra de todos los que tengan una firme fe religiosa: los judíos, los cristianos, los musulmanes, los hindúes y demás. Él y su Estado lanzarán el peor holocausto que el mundo jamás ha presenciado. Asesinará a cualquiera que no dé su primera lealtad y fidelidad al Estado y a su dirigente, el anticristo mismo.

Esto es lo que el gran libro de Apocalipsis nos acaba de demostrar, la aterradora imagen del anticristo y de su funcionario principal, el falso profeta. Estas dos bestias traerán tanto horror a la gente del fin de los tiempos que la maldad explotará la mente humana.

Advierta esto: Juan el apóstol, al que Jesucristo le estaba dando esta visión, necesitaba alivio de tales horrores, al igual que nosotros, los lectores. La mente humana y el corazón solo puede soportar determinadas imágenes de tragedia antes de necesitar una infusión de esperanza. Esto es lo que es el capítulo catorce de Apocalipsis: es una imagen de victoria. La victoria del Cordero de Dios, del Señor Jesucristo, está garantizada. En una imagen rápida, a Juan se le dan siete visiones, visiones que muestran el glorioso triunfo que reside más allá para los que siguen al Señor Jesucristo y soportan hasta el final. La primera visión de triunfo concierne a los redimidos. Los redimidos son vistos como victoriosos. Se los ve con Jesús, su Señor. Recuerde: Juan está viendo estas cosas como si realmente existieran. Está observando el triunfo futuro.

1. Ellos estarán con Jesús (v. 1).
2. Serán sellados con el nombre de Dios (v. 1).
3. Oirán la voz misma de Dios (v. 2).
4. Tendrán el privilegio único ante todos los demás seres (v. 3).
5. Serán identificados claramente (vv. 4-5).

1 (14:1) ***Cielo:*** A los redimidos se los verá con Jesús. El Cordero es Jesucristo, nuestro Señor y Salvador, el que aman y

adoran y con quien desean estar todos los verdaderos creyentes. Él es el Cordero que fue asesinado por nuestros pecados, el Cordero que tomó todos nuestros pecados sobre sí y murió por ellos, el Cordero que se sacrificó por nosotros para que pudiéramos ser aceptables ante Dios (ver nota, Ap. 5:6-7 para mayor discusión).

Advierta dónde está: En el Monte Sion. Monte Sion era otra forma de denominar a Jerusalén. Siempre se lo utilizó para referirse al cielo mismo, a la Jerusalén celestial. Aquí Monte Sion significa la ciudad celestial de Dios, el cielo mismo. A estos queridos creyentes se los ve con el Señor Jesucristo en el cielo. Están al lado de su Señor y Salvador, el Cordero de Dios que fue asesinado por ellos, asesinado para que pudieran tener el derecho de vivir en el cielo. Cuánto lo aman, y cuán maravilloso es el privilegio que tienen de estar junto a Él.

Ahora advierta quien está con Él: Los ciento cuarenta y cuatro mil judíos que tomaron el voto de defender a Cristo, los judíos cristianos que no lo negaron durante el holocausto del anticristo. Su compromiso fue recompensado: ellos estarán con el Cordero, el Señor Jesucristo.

> **"Entonces los justos resplandecerán como el sol en el reino de su Padre. El que tiene oídos para oír, oiga" (Mt. 13:43).**
>
> **"Y si hijos, también herederos; herederos de Dios y coherederos con Cristo, si es que padecemos juntamente con él, para que juntamente con él seamos glorificados" (Ro. 8:17).**
>
> **"El cual transformará el cuerpo de la humillación nuestra, para que sea semejante al cuerpo de la gloria suya, por el poder con el cual puede también sujetar a sí mismo todas las cosas" (Fil. 3:21).**
>
> **"Cuando Cristo, vuestra vida, se manifieste, entonces vosotros también seréis manifestados con él en gloria" (Col. 3:4).**
>
> **"No habrá allí más noche; y no tienen necesidad de luz de lámpara, ni de luz del sol, porque Dios el Señor los iluminará; y reinarán por los siglos de los siglos" (Ap. 22:5).**
>
> **"Entonces Jesús le dijo: De cierto te digo que hoy estarás conmigo en el paraíso" (Lc. 23:43).**
>
> **"Si alguno me sirve, sígame; y donde yo estuviere, allí también estará mi servidor. Si alguno me sirviere, mi Padre le honrará" (Jn. 12:26).**
>
> **"En la casa de mi Padre muchas moradas hay; si así no fuera, yo os lo hubiera dicho; voy, pues, a preparar lugar para vosotros. Y si me fuere y os preparare lugar, vendré otra vez, y os tomaré a mí mismo, para que donde yo estoy, vosotros también estéis" (Jn. 14:2-3).**
>
> **"Padre, aquellos que me has dado, quiero que donde yo estoy, también ellos estén conmigo, para que vean mi gloria que me has dado; porque me has amado desde antes de la fundación del mundo" (Jn. 17:24).**
>
> **"Porque yo ya estoy para ser sacrificado, y el tiempo de mi partida está cercano. He peleado la buena batalla, he acabado la carrera, he guardado la fe. Por lo demás, me está guardada la corona de justicia, la cual me dará el Señor, juez justo, en aquel día; y no sólo a mí, sino también a todos los que aman su venida" (2 Ti. 4:6-8).**

[2] (14:1) ***Sellados:*** Los redimidos serán sellados con el nombre de Dios, con el nombre del Padre del Cordero. Esto nos dice por qué estarán en el cielo: estarán identificados con Cristo y con Dios. Se rehusarán a tomar el sello del anticristo (ver nota, Ap. 13:13-7). Harán un voto para servir a Dios y tomar su sello. Por lo tanto, no tendrán nada que ver con el sello del anticristo (ver nota, Sello - Ap. 7:2-3 para discusión y versículos).

> ***Pensamiento 1:*** Hay muchos anticristos en el mundo ahora, muchos falsos maestros, que niegan que el Señor Jesucristo es el Hijo de Dios (cp. 1 Jn. 2:18-23; 4:2-3). Debemos cuidarnos de estos anticristos, de estos falsos maestros. Debemos creer en el Cordero de Dios, en el Señor Jesucristo, el mismo Hijo de Dios que vino a tomar los pecados del mundo. Debemos identificarnos tanto con el Cordero como con su Padre. Debemos estar sellados con el nombre de Dios, con el nombre del Padre del Cordero. Advierta esto: El Cordero tiene un Padre, el Dios verdadero y vivo, el único Dios verdadero y vivo que existe.

[3] (14:2) ***Voz, de Dios:*** Los redimidos oirán la voz de Dios. ¡Imagine tener el glorioso privilegio de oír la voz de Dios! Será el privilegio más maravilloso imaginable, y será el privilegio de los 144.000 siervos judíos que serán fieles a Cristo y a los queridos creyentes en la tribulación.

1. La voz de Dios es como el sonido de *muchas aguas:* Fuerte y poderosa, tan poderosa como el sonido de muchas cataratas del Niágara o de muchas olas rugientes y montañosas del mar. Sin embargo, las muchas aguas pueden también ser la calma, confortante y pacífica correntada de muchas lagunas. Cuando oímos la voz de Dios sabemos que es Él el que habla, dado que será poderosa y confortante al mismo tiempo.

2. La voz de Dios es como el sonido del trueno: Profunda, rugiente, sugestiva, motivadora y distintiva. Cuando Él hable nos agitaremos dejando lo que estamos haciendo. Su voz exigirá atención plena.

> ***Pensamiento 1:*** Vaya lección para nosotros hoy día. Cómo debemos escuchar la voz de Dios en su Palabra. Su Palabra es tan poderosa como será su voz cuando lleguemos al cielo. El problema es este: No estamos escuchando su Palabra, no como debiéramos.

3. La voz de Dios es como el sonido de muchas arpas: Calma, tranquila, calmante, relajante y satisfactoria. La música suave produce eso en nosotros y la voz de Dios es como la música suave: Puede calmar nuestros corazones en los tiempos más difíciles. ¡Y cómo se necesitará la voz de Dios en la tribulación!

El punto es este: Los 144.000 serán recompensados con la voz de Dios. Tendrán el glorioso privilegio de escuchar la voz de Dios.

[4] (14:3) ***Canción celestial:*** Los redimidos tendrán un privilegio único. Tendrán una canción de victoria para cantar ante toda la hueste celestial. Pero advierta: las palabras de la canción no son de aquí. No conocemos las palabras hasta que llegue el glorioso *día de la redención*. Sin embargo, ¡qué glorioso privilegio! Tener una canción especial para cantar y presentar a todos los seres del cielo. Los judíos que reciban al Señor Jesucristo y hagan votos para ser los siervos de Dios durante

la *gran tribulación* obtendrán una canción especial de victoria. Triunfarán sobre el anticristo y su holocausto y sobre la maldad y la muerte. Vivirán para siempre en la presencia de nuestro Dios y Salvador, el Señor Jesucristo. Cuando lleguen al cielo victoriosos y triunfantes, tendrán algo por qué cantar: la gloriosa victoria otorgada en Jesucristo nuestro Señor.

"Te alabaré, oh Jehová, con todo mi corazón; contaré todas tus maravillas" (Sal. 9:1).

"Aclamad a Jehová con arpa; cantadle con salterio y decacordio" (Sal. 33:2).

"Te alaben los pueblos, oh Dios; todos los pueblos te alaben" (Sal. 67:3).

"Venid, aclamemos alegremente a Jehová; cantemos con júbilo a la roca de nuestra salvación" (Sal. 95:1).

"Así que, ofrezcamos siempre a Dios, por medio de él, sacrificio de alabanza, es decir, fruto de labios que confiesan su nombre" (He. 13:15).

"Mas vosotros sois linaje escogido, real sacerdocio, nación santa, pueblo adquirido por Dios, para que anunciéis las virtudes de aquel que os llamó de las tinieblas a su luz admirable" (1 P. 2:9).

5 (14:4-5) ***Judíos, redimidos:*** Los redimidos serán claramente identificados. ¿Quiénes son los 144.000 judíos? Se los vio anteriormente en Apocalipsis (ver bosquejo y notas - Ap. 7. 1-8). Advierta lo que se dice sobre ellos allí.

1. Serán vírgenes: Nunca se casarán. Los días del fin de los tiempos estarán llenos de horror tras horror: el peor holocausto del mundo será lanzado por el anticristo y millones serán asesinados. Se necesitará un compromiso especial para defender a Cristo. Aparentemente, estos 144.000 forman un cuerpo de creyentes que votan y comprometen sus vidas para no negar nunca a Cristo. Aparentemente hacen un voto especial para ser los ministros de la gente que será atacada tan severamente y perseguida por el anticristo.

"Así que, los que somos fuertes debemos soportar las flaquezas de los débiles, y no agradarnos a nosotros mismos" (Ro. 15:1).

"Entonces Pedro comenzó a decirle: He aquí, nosotros lo hemos dejado todo, y te hemos seguido" (Mr. 10:28).

"Después de estas cosas salió, y vio a un publicano llamado Leví, sentado al banco de los tributos públicos, y le dijo: Sígueme. Y dejándolo todo, se levantó y le siguió" (Lc. 5:27-28).

"Así, pues, cualquiera de vosotros que no renuncia a todo lo que posee, no puede ser mi discípulo" (Lc. 14:33).

"Y él les dijo: De cierto os digo, que no hay nadie que haya dejado casa, o padres, o hermanos, o mujer, o hijos, por el reino de Dios, que no haya de recibir mucho más en este tiempo, y en el siglo venidero la vida eterna" (Lc. 18:29-30).

"Y ciertamente, aun estimo todas las cosas como pérdida por la excelencia del conocimiento de Cristo Jesús, mi Señor, por amor del cual lo he perdido todo, y lo tengo por basura, para ganar a Cristo" (Fil. 3:8).

2. Serán seguidores del Cordero: Totalmente comprometidos a Jesucristo y separados del pecado y la maldad de este mundo, esto es, de la lujuria de la carne, de la lujuria de los ojos y del orgullo de la vida. Serán siervos y ministros de Dios que seguirán el liderazgo del Espíritu del Señor: irán por el desierto y lugares ocultos de esta tierra para ministrar a los millones que intenten escapar del holocausto del anticristo. Seguirán al Cordero, el Señor Jesucristo, no importa a dónde los conduzca y no importa cuán difícil sea el llamado y el ministerio. Se darán por completo al Señor Jesucristo.

Pensamiento 1: ¡Qué lección dinámica sobre el compromiso! ¡Cuán desesperadamente necesitamos estar tan comprometidos como lo estarán estos queridos siervos de Dios!

"Y decía a todos: Si alguno quiere venir en pos de mí, niéguese a sí mismo, tome su cruz cada día, y sígame" (Lc. 9:23).

"Si alguno viene a mí, y no aborrece a su padre, y madre, y mujer, e hijos, y hermanos, y hermanas, y aun también su propia vida, no puede ser mi discípulo. Y el que no lleva su cruz y viene en pos de mí, no puede ser mi discípulo" (Lc. 14:26-27).

"Mis ovejas oyen mi voz, y yo las conozco, y me siguen" (Jn. 10:27).

"Si alguno me sirve, sígame; y donde yo estuviere, allí también estará mi servidor. Si alguno me sirviere, mi Padre le honrará" (Jn. 12:26).

"Porque si vivís conforme a la carne, moriréis; mas si por el Espíritu hacéis morir las obras de la carne, viviréis" (Ro. 8:13).

"Pero los que son de Cristo han crucificado la carne con sus pasiones y deseos" (Gá. 5:24).

"Por tanto, de la manera que habéis recibido al Señor Jesucristo, andad en él" (Col. 2:6).

"Pues para esto fuisteis llamados; porque también Cristo padeció por nosotros, dejándonos ejemplo, para que sigáis sus pisadas" (1 P. 2:21).

"El que dice que permanece en él, debe andar como él anduvo" (1 Jn. 2:6).

3. Ellos serán los redimidos entre los hombres, los primeros frutos para Dios y el Cordero. Esto simplemente significa que serán los primeros judíos salvados en la tribulación.

4. Serán genuinos, nunca mentirán ni dirán una falsedad. Al parecer este será parte del voto que tomará el grupo de creyentes. Será fácil en los días del anticristo mentir y decir que uno le dará su primera lealtad al anticristo y a su Estado y luego continuar adorando a Dios en el secreto del hogar. Pero esto es una mentira, y los 144.000 tomarán el voto de no mentir nunca.

Pensamiento 1: Esta es una época de engaños, mentiras y falsedades. Prácticamente todos mienten y engañan:

=> esposos y esposas e hijos
=> gobernantes y dirigentes
=> empleadores y empleados
=> los educados y los no educados
=> estudiantes y maestros
=> ministros y legos
=> vecinos y amigos
=> políticos y ciudadanos

El llamado de la época es la verdad: Un compromiso con la verdad. Desesperadamente necesitamos hombres y mujeres genuinos que hagan un voto de ser sinceros y nunca mentir ni engañar.

> **"Vosotros sois de vuestro padre el diablo, y los deseos de vuestro padre queréis hacer. El ha sido homicida desde el principio, y no ha permanecido en la verdad, porque no hay verdad en él. Cuando habla mentira, de suyo habla; porque es mentiroso, y padre de mentira" (Jn. 8:44).**
>
> **"El cual no hizo pecado, ni se halló engaño en su boca" (1 P. 2:22).**
>
> **"¿Quién es el mentiroso, sino el que niega que Jesús es el Cristo? Este es anticristo, el que niega al Padre y al Hijo" (1 Jn. 2:22).**
>
> **"Bienaventurado el hombre a quien Jehová no culpa de iniquidad, y en cuyo espíritu no hay engaño" (Sal. 32:2).**
>
> **"Y se dispuso con los impíos su sepultura, mas con los ricos fue en su muerte; aunque nunca hizo maldad, ni hubo engaño en su boca" (Is. 53:9).**
>
> **"El remanente de Israel no hará injusticia ni dirá mentira, ni en boca de ellos se hallará lengua engañosa; porque ellos serán apacentados, y dormirán, y no habrá quien los atemorice" (Sof. 3:13).**

5. No tendrán culpa: Sin mancha, sin contaminación, sin polución y sin mácula ante Dios. Se comprometerán y harán sus vidas completamente dedicadas a Dios.

Pensamiento 1: Imagine estar sin culpa ante Dios, viviendo una vida en la que uno estaría sin mancha, sin contaminación y sin mácula. ¡Qué reto! Cuán desesperadamente se necesitan hombres y mujeres así en la actualidad, hombres y mujeres tan fuertes que se comprometan a estar sin culpa ante Dios y el mundo.

> **"Ni tampoco presentéis vuestros miembros al pecado como instrumentos de iniquidad, sino presentaos vosotros mismos a Dios como vivos de entre los muertos, y vuestros miembros a Dios como instrumentos de justicia" (Ro. 6:13).**
>
> **"Así que, hermanos, os ruego por las misericordias de Dios, que presentéis vuestros cuerpos en sacrificio vivo, santo, agradable a Dios, que es vuestro culto racional. No os conforméis a este siglo, sino transformaos por medio de la renovación de vuestro entendimiento, para que comprobéis cuál sea la buena voluntad de Dios, agradable y perfecta" (Ro. 12:1-2).**
>
> **"¿O ignoráis que vuestro cuerpo es templo del Espíritu Santo, el cual está en vosotros, el cual tenéis de Dios, y que no sois vuestros? Porque habéis sido comprados por precio; glorificad, pues, a Dios en vuestro cuerpo y en vuestro espíritu, los cuales son de Dios" (1 Co. 6:19-20).**
>
> **"Por lo cual, salid de en medio de ellos, y apartaos, dice el Señor, y no toquéis lo inmundo; y yo os recibiré, y seré para vosotros por Padre, y vosotros me seréis hijos e hijas, dice el Señor Todopoderoso" (2 Co. 6:17-18).**
>
> **"Según nos escogió en él antes de la fundación del mundo, para que fuésemos santos y sin mancha delante de él" (Ef. 1:4).**
>
> **"Sabiendo que fuisteis rescatados de vuestra vana manera de vivir, la cual recibisteis de vuestros padres, no con cosas corruptibles, como oro o plata, sino con la sangre preciosa de Cristo, como de un cordero sin mancha y sin contaminación" (1 P. 1:18-19).**

	B. Garantía 2: El evangelio será predicado al mundo entero, 14:6, 7
1 El mensajero: Un ángel tendrá el evangelio eterno para darlo al mundo entero	6 Vi volar por en medio del cielo a otro ángel, que tenía el evangelio eterno para predicarlo a los moradores de la tierra, a toda nación, tribu, lengua y pueblo,
2 Los puntos del mensaje a. Temer a Dios: El juicio está por venir b. Adorar a Dios: Él es el Creador	7 diciendo a gran voz: Temed a Dios, y dadle gloria, porque la hora de su juicio ha llegado; y adorad a aquel que hizo el cielo y la tierra, el mar y las fuentes de las aguas.

DIVISIÓN VIII

LA SÉPTIMA TROMPETA EN DETALLE (PARTE 3): LA VICTORIA DEL CORDERO ESTÁ ASEGURADA, 14:1-20

B. Garantía 2: El evangelio será predicado al mundo entero, 14:6, 7

(14:6-7) ***Introducción:*** El Señor Jesucristo será victorioso sobre el mundo. Va a triunfar sobre el mal y traerá justicia y divinidad a la tierra. El reino de Dios reinará sobre la tierra. ¿Cómo podemos saberlo con tanta seguridad? Porque las Escrituras nos lo revelan. Este es el propósito de este gran capítulo: Demostrarnos que la victoria del Señor Jesucristo sobre este mundo y su impiedad está asegurada. Con rapidez Cristo le da a Juan siete visiones que revelan el triunfo de Cristo. En la primera visión se ve a los redimidos con Jesús (Ap. 14:15). Ahora, en las siguientes seis visiones Juan oye seis de los más grandes anuncios. Los anuncios proclaman seis eventos que asombran a la mente humana, pero los eventos ocurrirán. Juan, el verdadero testigo de Dios, ya ha visto los eventos y sus resultados. Cristo mismo reveló los eventos a Juan. Ya han sido anunciados por el cielo: Están establecidos y fijados para que sucedan. Estos gloriosos eventos ocurrirán. Podemos saber y estar seguros de que Jesucristo va a triunfar. La victoria del Cordero está asegurada. Esta es la segunda gran garantía dada a los creyentes: el evangelio será predicado en el mundo entero.

1. El mensajero: Un ángel tendrá el evangelio eterno para darlo al mundo entero (v. 6).
2. Los puntos del mensaje (v. 7).

[1] (14:6) ***Evangelio - Fin de los tiempos - Evangelismo mundial:*** El mensajero que tendrá el evangelio será un ángel. ¿Significa esto que él tendrá el evangelio para predicarlo o que él tendrá el evangelio para dárselo a los creyentes para que lo prediquen? ¿O es simplemente una imagen de que el evangelio será predicado en todo el mundo en el fin de los tiempos? Cristo mismo, cuando estaba en la tierra, predijo la evangelización de todo el mundo (Mt. 24:14). Están los que piensan que la maldad será tan enorme en el fin de los tiempos y que los creyentes escaparán durante tanto tiempo del holocausto del anticristo que no podrán predicar y difundir la Palabra. Piensan que Dios deberá cambiar su método de difundir el evangelio al mundo, cambiarlo volviendo a utilizar ángeles como lo hizo en el Antiguo Testamento (cp. Lc. 2:10ss; He. 2:2). Hay otros que piensan que esta es una visión que simboliza la prédica del evangelio al mundo. Cualquiera sea el caso, recuerde esto: El pueblo de Dios y los judíos van a ser diseminados por la tierra, ocultándose y buscando comida. Tendrán que huir para poder escapar al holocausto del anticristo. Pero el pueblo de Dios, sus verdaderos siervos, siempre comparten el evangelio a donde sea que estén a cualquiera que sientan que pueden confiar. Recuerde también que la tierra ayudará a ocultar y a alimentar a los judíos y a los seguidores de Cristo tal como lo ha hecho en todo holocausto. No todo no creyente tiene el corazón endurecido en el fin de los tiempos (Ap. 12:16). Los siervos judíos, los 144.000 que se han comprometido a ministrar al pueblo de Dios, por cierto estarán dando testimonio. Sin duda se movilizarán a las áreas desiertas y lugares ocultos del mundo. Allí será donde el pueblo de Dios, los judíos, estarán. Y ese es el único lugar donde los 144.000 siervos judíos probablemente estén seguros. También recuerde que la civilización y la población será menor de lo que somos ahora. Habrá una gran devastación sobre la tierra y áreas enteras del mundo se volverán inhabitables, totalmente inadecuadas para la vida humana (ver bosquejos y notas - Ap. 6:7-8; 6:12-17; 8:6-12; 9:12-21). Además de todo esto, piense en el testimonio que se dará entre la incontable multitud de gentiles que compartirán a Cristo unos con otros y a los que los ayuden. Y hay algo seguro: Cuando suceden tantos horrores terrenales y catástrofes y eventos sobrenaturales en el fin de los tiempos, ningún creyente permanecerá en silencio, no cuando esté con otros creyentes y gente que es lo suficientemente amable como para ayudar a ocultarlos durante el holocausto.

El punto es este: Habrá testimonios en los últimos días. El pueblo de Dios proclamará el evangelio. Y si por algún motivo se mantienen en silencio, Dios proclamará el evangelio de su Hijo a través de ángeles. Como Jesús mismo le dijo a los extremistas religiosos de su época: si la gente se mantiene en silencio, entonces clamarán las rocas mismas (Lc. 19:40).

Pensamiento 1: El evangelio debe ser proclamado en toda la tierra. No debe escaparse ningún lugar. Se lo debe proclamar a toda nación, tribu, lengua y pueblo.

"Por tanto, id, y haced discípulos a todas las naciones, bautizándolos en el nombre del Padre, y del Hijo, y del Espíritu Santo; enseñándoles que guarden todas las cosas que os he mandado; y he aquí yo estoy con vosotros todos los días, hasta el fin del mundo. Amén" (Mt. 28:19, 20).

"Y les dijo: Id por todo el mundo y predicad el evangelio a toda criatura" (Mr. 16:15).

"Pero recibiréis poder, cuando haya venido sobre vosotros el Espíritu Santo, y me seréis testigos en Jerusalén, en toda Judea, en Samaria, y hasta lo último de la tierra" (Hch. 1:8).

"A quien anunciamos, amonestando a todo hombre, y enseñando a todo hombre en toda sabiduría, a fin de presentar perfecto en Cristo Jesús a todo hombre" (Col. 1:28).

"Porque no podemos dejar de decir lo que hemos visto y oído" (Hch. 4:20).

"Por tanto, no te avergüences de dar testimonio de nuestro Señor, ni de mí, preso suyo, sino participa de las aflicciones por el evangelio según el poder de Dios" (2 Ti. 1:8).

"Sino santificad a Dios el Señor en vuestros corazones, y estad siempre preparados para presentar defensa con mansedumbre y reverencia ante todo el que os demande razón de la esperanza que hay en vosotros" (1 P. 3:15).

"Y dije: No me acordaré más de él, ni hablaré más en su nombre; no obstante, había en mi corazón como un fuego ardiente metido en mis huesos; traté de sufrirlo, y no pude" (Jer. 20:9).

[2] (14:7) ***Evangelismo - Testimonio - Fin de los tiempos - Evangelio:*** Están los puntos del mensaje. Son dobles. Advierta esto: Son los mismos temas que inundarían las mentes y las conversaciones de la gente en medio del holocausto y de los juicios catastróficos que destruirán tanto de la tierra: temed a Dios, porque el juicio está por venir. Adorad a Dios el Creador, arrepentirse, alejarse de la adoración del pecado y del anticristo y adorar a Dios. Este no es un evangelio diferente. *Temer a Dios* y al mismo tiempo *darle gloria* claramente implica arrepentimiento, verdadero arrepentimiento. *No hay gloria* aceptable ante Dios que no sea la gloria de un corazón verdaderamente arrepentido. (Ver nota - Ap. 11:13 para mayor discusión al respecto.)

1. Habrá el mensaje de temer a Dios.

Pensamiento 1: Pocas personas temen a Dios. Esto es lo que Dios denomina *día de gracia*, el día en que Él sale a buscar a la gente en amor. Pero el día de su juicio está por venir. Este es el mensaje de Apocalipsis. Por lo tanto, debemos temer a Dios incluso en este día de gracia y amor. Dios tolera nuestra rebelión y negación de Él solo por ahora, solo para darnos una oportunidad de ser salvos y de escapar al juicio por venir. Pero esta oportunidad pasará pronto. Debemos, por lo tanto, arrepentirnos y temer a Dios y hacer lo que dice el siguiente punto: "Adorarlo".

"Y no temáis a los que matan el cuerpo, mas el alma no pueden matar; temed más bien a aquel que puede destruir el alma y el cuerpo en el infierno" (Mt. 10:28).

"Y su misericordia es de generación en generación a los que le temen" (Lc. 1:50).

"Bien; por su incredulidad fueron desgajadas, pero tú por la fe estás en pie. No te ensoberbezcas, sino teme" (Ro. 11:20).

"Y si invocáis por Padre a aquel que sin acepción de personas juzga según la obra de cada uno, conducíos en temor todo el tiempo de vuestra peregrinación" (1 P. 1:17).

"Ahora, pues, Israel, ¿qué pide Jehová tu Dios de ti, sino que temas a Jehová tu Dios, que andes en todos sus caminos, y que lo ames, y sirvas a Jehová tu Dios con todo tu corazón y con toda tu alma" (Dt. 10:12).

"Ahora, pues, temed a Jehová, y servidle con integridad y en verdad; y quitad de entre vosotros los dioses a los cuales sirvieron vuestros padres al otro lado del río, y en Egipto; y servid a Jehová" (Jos. 24:14).

"¡Cuán grande es tu bondad, que has guardado para los que te temen, que has mostrado a los que esperan en ti, delante de los hijos de los hombres!" (Sal. 31:19).

"El fin de todo el discurso oído es este: Teme a Dios, y guarda sus mandamientos; porque esto es el todo del hombre" (Ec. 12:13).

2. Habrá el mensaje de adorar a Dios.

"Entonces Jesús le dijo: Vete, Satanás, porque escrito está: Al Señor tu Dios adorarás, y a él sólo servirás" (Mt. 4:10).

"Jesús le dijo: Mujer, créeme, que la hora viene cuando ni en este monte ni en Jerusalén adoraréis al Padre" (Jn. 4:21).

"Diciendo a gran voz: Temed a Dios, y dadle gloria, porque la hora de su juicio ha llegado; y adorad a aquel que hizo el cielo y la tierra, el mar y las fuentes de las aguas" (Ap. 14:7).

"Dad a Jehová la honra debida a su nombre; traed ofrenda, y venid delante de él; postraos delante de Jehová en la hermosura de la santidad" (1 Cr. 16:29).

"Dad a Jehová la gloria debida a su nombre; adorad a Jehová en la hermosura de la santidad" (Sal. 29:2).

"Venid, adoremos y postrémonos; arrodillémonos delante de Jehová nuestro Hacedor" (Sal. 95:6)

"Adorad a Jehová en la hermosura de la santidad; temed delante de él, toda la tierra" (Sal. 96:9).

	C. Garantía 3: Babilonia, el Estado impío y la religión, caerá, 14:8
1 La caída anunciada **2 El motivo por el cual Babilonia será destruida: Será la capital de una civilización apóstata**	8 Otro ángel le siguió, diciendo: Ha caído, ha caído Babilonia, la gran ciudad, porque ha hecho beber a todas las naciones del vino del furor de su fornicación.

DIVISIÓN VIII

LA SÉPTIMA TROMPETA EN DETALLE (PARTE 3): LA VICTORIA DEL CORDERO ESTÁ ASEGURADA, 14:1-20

C. Garantía 3: Babilonia, el Estado impío y la religión, caerá, 14:8

(14:8) ***Introducción:*** Jesucristo triunfará sobre la sociedad impía y la religión corrupta de este mundo. No importa el gobierno y la religión, si el gobierno y la religión son impíos y corruptos, serán juzgados y destinados. La ira de Dios caerá sobre ellos, y serán aplastados como el polvo de la tierra. Esta es la tercera gran garantía dada a la gente pía de esta tierra: Babilonia caerá.

1. La caída anunciada (v. 8).
2. El motivo por el cual Babilonia será destruida: Será la capital de una civilización apóstata (v. 8).

[1] (14:8) ***Babilonia - Civilización - Gobierno mundial, Corrupto:*** La caída es anunciada: Babilonia caerá. En el Antiguo Testamento Babilonia era el gran enemigo de Israel (cp. Is. 21:9; Jer. 50:2; 51:8). Debido a esto, el mismo nombre de Babilonia pasó a representar...

- un sistema político corrupto que estuvo en contra de Dios.
- un sistema económico corrupto que estuvo en contra de Dios.
- una religión corrupta que estuvo en contra de Dios.

Babilonia simbolizaba el centro político, económico y religioso de una sociedad impía. Era una sociedad, nación, gobierno o religión que desafiaba a Dios. Aquí en Apocalipsis, Babilonia representa a la ciudad del anticristo, la capital del mundo: representa el sistema político y económico que él establece. Pero también representa la capital o sistema religioso de la segunda bestia, el Estado y la religión apóstata y universal que él establece ante todo el mundo. (Ver bosquejo y notas - Ap. capítulos 17 y 18. Esto se ve en estos dos capítulos.) Tanto los sistemas políticos y económicos corruptos del fin de los tiempos serán destruidos de una vez y para siempre *en el fin de los tiempos.*

"Y he aquí vienen hombres montados, jinetes de dos en dos. Después habló y dijo: Cayó, cayó Babilonia; y todos los ídolos de sus dioses quebrantó en tierra" (Is. 21:9).

"Anunciad en las naciones, y haced saber; levantad también bandera, publicad, y no encubráis; decid: Tomada es Babilonia, Bel es confundido, deshecho es Merodac; destruidas son sus esculturas, quebrados son sus ídolos" (Jer. 50:2).

"Estruendo de guerra en la tierra, y quebrantamiento grande. ¡Cómo fue cortado y quebrado el martillo de toda la tierra! ¡cómo se convirtió Babilonia en desolación entre las naciones! Te puse lazos, y fuiste tomada, oh Babilonia, y tú no lo supiste; fuiste hallada, y aun presa, porque provocaste a Jehová. Abrió Jehová su tesoro, y sacó los instrumentos de su furor; porque esta es obra de Jehová, Dios de los ejércitos, en la tierra de los caldeos" (Jer. 50:22-25).

"En un momento cayó Babilonia, y se despedazó; gemid sobre ella; tomad bálsamo para su dolor, quizá sane" (Jer. 51:8).

"Y clamó con voz potente, diciendo: Ha caído, ha caído la gran Babilonia, y se ha hecho habitación de demonios y guarida de todo espíritu inmundo, y albergue de toda ave inmunda y aborrecible" (Ap. 18:2).

[2] (14:8) ***Babilonia - Juicio - Ira:*** Está la razón por la que Babilonia será destruida. ¿Por qué el sistema político y religioso del mundo será destruido en el fin de los tiempos? ¿No es un único gobierno y religión algo bueno? ¿No será que el sueño del hombre de un gobierno y una religión mundiales traerá el *reino de utopía* a la tierra? Este versículo dice que Babilonia será destruida por un motivo: Hará que todas las naciones tomen del vino de su fornicación. La imagen es doble.

1. Babilonia, el gobierno del fin de los tiempos, será como una prostituta que seduce a los hombres para llevarlos a la cama dándoles vino e intoxicándolos tanto que ya no podrán resistir su seducción.

El gobierno del fin de los tiempos será como la prostituta: Babilonia seducirá a los gobiernos del mundo para que se unan a ella en la corrupción. ¿Cuál será la corrupción? (Ver nota, Ap. 9:20-21 para mayor discusión.)

a. Estará la corrupción de la idolatría. El Estado empujará a la sociedad secular y humanística, el hecho de que el hombre y su gobierno son la respuesta a la sociedad y el mundo utópicos. Por lo tanto, el anticristo y su gobierno establecerán el Estado como primera lealtad de una persona.

"Porque las cosas invisibles de él, su eterno poder y deidad, se hacen claramente visibles desde la creación del mundo, siendo entendidas por medio de las cosas hechas,

de modo que no tienen excusa. Pues habiendo conocido a Dios, no le glorificaron como a Dios, ni le dieron gracias, sino que se envanecieron en sus razonamientos, y su necio corazón fue entenebrecido. Profesando ser sabios, se hicieron necios,... ya que cambiaron la verdad de Dios por la mentira, honrando y dando culto a las criaturas antes que al Creador, el cual es bendito por los siglos. Amén" (Ro. 1:20-22, 25).

"Y los otros hombres que no fueron muertos con estas plagas, ni aun así se arrepintieron de las obras de sus manos, ni dejaron de adorar a los demonios, y a las imágenes de oro, de plata, de bronce, de piedra y de madera, las cuales no pueden ver, ni oír, ni andar" (Ap. 9:20).

"Antes digo que lo que los gentiles sacrifican, a los demonios lo sacrifican, y no a Dios; y no quiero que vosotros os hagáis partícipes con los demonios" (1 Co. 10:20).

"Hijitos, guardaos de los ídolos. Amén" (1 Jn. 5:21).

"No te harás imagen, ni ninguna semejanza de lo que esté arriba en el cielo, ni abajo en la tierra, ni en las aguas debajo de la tierra" (Éx. 20:4).

"No haréis para vosotros ídolos, ni escultura, ni os levantaréis estatua, ni pondréis en vuestra tierra piedra pintada para inclinaros a ella; porque yo soy Jehová vuestro Dios" (Lv. 26:1).

"Las esculturas de sus dioses quemarás en el fuego; no codiciarás plata ni oro de ellas para tomarlo para ti, para que no tropieces en ello, pues es abominación a Jehová tu Dios" (Dt. 7:25).

"Guardaos, pues, que vuestro corazón no se infatúe, y os apartéis y sirváis a dioses ajenos, y os inclinéis a ellos" (Dt. 11:16).

"Yo Jehová; este es mi nombre; y a otro no daré mi gloria, ni mi alabanza a esculturas" (Is. 42:8).

"Y nunca más sacrificarán sus sacrificios a los demonios, tras de los cuales han fornicado; tendrán esto por estatuto perpetuo por sus edades" (Lv. 17:7).

"Le despertaron a celos con los dioses ajenos; lo provocaron a ira con abominaciones. Sacrificaron a los demonios, y no a Dios; a dioses que no habían conocido, a nuevos dioses venidos de cerca, que no habían temido vuestros padres" (Dt. 32:16-17).

"Y sirvieron a sus ídolos, los cuales fueron causa de su ruina. Sacrificaron sus hijos y sus hijas a los demonios, y derramaron la sangre inocente, la sangre de sus hijos y de sus hijas, que ofrecieron en sacrificio a los ídolos de Canaán, y la tierra fue contaminada con sangre. Se contaminaron así con sus obras, y se prostituyeron con sus hechos" (Sal. 106:36-39).

b. Estará la corrupción del asesinado. Un espíritu de asesinato insensible y de falta de moralidad barrerá la tierra, habrá el asesinato de millones que se rehúsen a ubicar al Estado antes que a Dios.

"Y no se arrepintieron de sus homicidios, ni de sus hechicerías, ni de su fornicación, ni de sus hurtos" (Ap. 9:21).

"No matarás" (Éx. 20:13).

"Oísteis que fue dicho a los antiguos: No matarás; y cualquiera que matare será culpable de juicio. Pero yo os digo que cualquiera que se enoje contra su hermano, será culpable de juicio; y cualquiera que diga: Necio, a su hermano, será culpable ante el concilio; y cualquiera que le diga: Fatuo, quedará expuesto al infierno de fuego" (Mt. 5:21-22).

"Le dijo: ¿Cuáles? Y Jesús dijo: No matarás. No adulterarás. No hurtarás. No dirás falso testimonio" (Mt. 19:18).

"Así que, ninguno de vosotros padezca como homicida, o ladrón, o malhechor, o por entremeterse en lo ajeno" (1 P. 4:15).

"Todo aquel que aborrece a su hermano es homicida; y sabéis que ningún homicida tiene vida eterna permanente en él" (1 Jn. 3:15).

c. Estará la corrupción por brujería: El interés y el gobierno de la vida mediante el horóscopo, la astrología, la brujería y los demonios de este mundo.

"Y no se arrepintieron de sus homicidios, ni de sus hechicerías, ni de su fornicación, ni de sus hurtos" (Ap. 9:21).

"Así murió Saúl por su rebelión con que prevaricó contra Jehová, contra la palabra de Jehová, la cual no guardó, y porque consultó a una adivina" (1 Cr. 10:13).

"Y si os dijeren: Preguntad a los encantadores y a los adivinos, que susurran hablando, responded: ¿No consultará el pueblo a su Dios? ¿Consultará a los muertos por los vivos? ¡A la ley y al testimonio! Si no dijeren conforme a esto, es porque no les ha amanecido" (Is. 8:19-20).

"Asimismo destruiré de tu mano las hechicerías, y no se hallarán en ti agoreros" (Mi. 5:12).

"Idolatría, hechicerías, enemistades, pleitos, celos, iras, contiendas, disensiones, herejías" (Gá. 5:20).

d. Estará la corrupción por fornicación: La inmoralidad del fin de los tiempos no tendrá freno, mucho menos que hoy día.

"Y no se arrepintieron de sus homicidios, ni de sus hechicerías, ni de su *fornicación*, ni de sus hurtos" (Ap. 9:21).

"Huid de la fornicación. Cualquier otro pecado que el hombre cometa, está fuera del cuerpo; mas el que fornica, contra su propio cuerpo peca" (1 Co. 6:18).

"Pero fornicación y toda inmundicia, o avaricia, ni aun se nombre entre vosotros, como conviene a santos" (Ef. 5:3).

"Haced morir, pues, lo terrenal en vosotros: fornicación, impureza, pasiones desordenadas, malos deseos y avaricia, que es idolatría" (Col. 3:5).

e. Estará la corrupción de los ladrones: Robar tanto en lugares altos como bajos, en los negocios y en los lugares de trabajo, vecindarios y de los empleadores no tendrá freno.

"Y no se arrepintieron de sus homicidios, ni de sus hechicerías, ni de su fornicación, ni de sus hurtos" (Ap. 9:21).

"No hurtarás" (Éx. 20:15).

"No hurtaréis, y no engañaréis ni mentiréis el uno al otro" (Lv. 19:11).

"El que hurtaba, no hurte más, sino trabaje, haciendo con sus manos lo que es bueno, para que

tenga qué compartir con el que padece necesidad" (Ef. 4:28).

"No defraudando, sino mostrándose fieles en todo, para que en todo adornen la doctrina de Dios nuestro Salvador" (Tit. 2:10).

Los últimos días serán corruptos y días de maldad y homicidio, y será debido a la sociedad impía y secular y al gobierno del anticristo. Este es el motivo por el cual será destruido el gobierno de todo el mundo. El corazón del hombre es malo y secular y permanecerá así hasta que permita que el Hijo de Dios, el Señor Jesucristo, cree nuevamente su corazón y lo convierta en una criatura nueva.

2. Advierta una segunda imagen: Está la imagen de la ira. Babilonia, la ciudad impía del anticristo, seducirá al mundo a beber el *vino de su ira.* Esto significa que ella piensa que su vino conduce al placer, al Estado utópico, al glorioso gobierno y religión de un mundo en que los hombres siempre han soñado. Pero el gobierno y la religión del fin de los tiempos será discutido: conducirá a la ira, la ira de Dios. La justicia y la furia de Dios caerá sobre el prostíbulo de Babilonia, la sociedad impía del anticristo. Todas las personas impías y malas y las naciones del mundo que lo sigan sufrirán la ira y la furia de Dios.

"Cuando el Hijo del Hombre venga en su gloria, y todos los santos ángeles con él, entonces se sentará en su trono de gloria, y serán reunidas delante de él todas las naciones; y apartará los unos de los otros, como aparta el pastor las ovejas de los cabritos" (Mt. 25:31-32).

"El que cree en el Hijo tiene vida eterna; pero el que rehúsa creer en el Hijo no verá la vida, sino que la ira de Dios está sobre él" (Jn. 3:36).

"Porque la ira de Dios se revela desde el cielo contra toda impiedad e injusticia de los hombres que detienen con injusticia la verdad" (Ro. 1:18).

"Pero ira y enojo a los que son contenciosos y no obedecen a la verdad, sino que obedecen a la injusticia" (Ro. 2:8).

"Nadie os engañe con palabras vanas, porque por estas cosas viene la ira de Dios sobre los hijos de desobediencia" (Ef. 5:6).

"Pero los cielos y la tierra que existen ahora, están reservados por la misma palabra, guardados para el fuego en el día del juicio y de la perdición de los hombres impíos" (2 P. 3:7).

"De éstos también profetizó Enoc, séptimo desde Adán, diciendo: He aquí, vino el Señor con sus santas decenas de millares, para hacer juicio contra todos, y dejar convictos a todos los impíos de todas sus obras impías que han hecho impíamente, y de todas las cosas duras que los pecadores impíos han hablado contra él" (Jud. 14-15).

"Verán sus ojos su quebranto, y beberá de la ira del Todopoderoso" (Job 21:20).

"Porque el cáliz está en la mano de Jehová, y el vino está fermentado, lleno de mistura; y él derrama del mismo; hasta el fondo lo apurarán, y lo beberán todos los impíos de la tierra" (Sal. 75:8).

"Despierta, despierta, levántate, oh Jerusalén, que bebiste de la mano de Jehová el cáliz de su ira; porque el cáliz de aturdimiento bebiste hasta los sedimentos" (Is. 51:17).

"Y tomé la copa de la mano de Jehová, y di de beber a todas las naciones, a las cuales me envió Jehová" (Jer. 25:17).

	D. Garantía 4: La justicia será ejercida, 14:9-12		
1 La persona a ser juzgada: Cualquier persona que siga a la bestia y reciba la marca de la bestia **2 El juicio** a. La ira de Dios: Indignación b. Atormentado con fuego y azufre	9 Y el tercer ángel los siguió, diciendo a gran voz: Si alguno adora a la bestia y a su imagen, y recibe la marca en su frente o en su mano, 10 él también beberá del vino de la ira de Dios, que ha sido vaciado puro en el cáliz de su ira; y será atormentado con	fuego y azufre delante de los santos ángeles y del Cordero; 11 y el humo de su tormento sube por los siglos de los siglos. Y no tienen reposo de día ni de noche los que adoran a la bestia y a su imagen, ni nadie que reciba la marca de su nombre. 12 Aquí está la paciencia de los santos, los que guardan los mandamientos de Dios y la fe de Jesús.	c. Atormentado en la presencia de ángeles y de Cristo d. Atormentado por los siglos de los siglos sin tener descanso de día ni de noche. **3 La persona que escapa al juicio** a. Guarda los mandamientos de Dios b. Guarda la fe de Jesús

DIVISIÓN VIII

LA SÉPTIMA TROMPETA EN DETALLE (PARTE 3): LA VICTORIA DEL CORDERO ESTÁ ASEGURADA, 14:1-20

D. Garantía 4: La justicia será ejercida, 14:9-12

(14:9-12) ***Introducción:*** Este es un pasaje horripilante, una de las imágenes más horribles de la Palabra de Dios. Es la imagen del enojo y la ira de Dios en contra de los impíos y malos de este mundo. Los que no se arrepienten y no se vuelcan a Dios en el fin de los tiempos harán que la ira de Dios caiga sobre ellos. Los que no se conmueven por los sufrimientos y testimonios de la gente de Dios, los millones que morirán como mártires de Cristo, que no sienten que deben arrepentirse, sufrirán la ira de Dios. Esta es la tercera gran garantía: La justicia triunfará. La verdadera justicia se ejecutará sobre la tierra. Toda la impiedad y la maldad y todas las injusticias de esta tierra cometidas en contra de Dios y el hombre serán corregidas. La verdadera justicia se ejecutará en contra de los impíos y los malos de esta tierra.

1. La persona a ser juzgada: Cualquier persona que siga a la bestia y reciba la marca de la bestia (v. 9).
2. El juicio (vv. 10-11).
3. La persona que escapa al juicio (v. 12).

[1] (14:9) ***Juicio - Marca de la bestia:*** Están las personas a ser juzgadas. El juicio de Dios caerá sobre todos los que sigan a la bestia y reciban la marca de la bestia (ver notas, punto 4 - Ap. 13:13-17; 13:18 para mayor discusión). Esta marca demostrará que una persona le da su primera lealtad y fidelidad al Estado y a la sociedad secular y a su dirigente, el anticristo. La persona que declara su fidelidad, que adora y coloca al Estado y a la sociedad secular por encima de Dios, esa es la persona que recibirá la marca de la bestia. Es la persona que le estará diciendo a Dios...

- que Dios ocupa el segundo lugar.
- que el Estado y su dirigente son más importantes que Dios.
- que el Estado y su dirigente pueden hacer más por el hombre que Dios.
- que la sociedad debe concentrarse en el Estado y su dirigente, no en Dios.
- que el Estado y los dirigentes terrenales son la esperanza del hombre, no Dios.

Advierta cómo esta creencia fluye hoy día en la sociedad. De hecho es una creencia común que fluye en todas las generaciones. Siempre hay multitudes que creen que el hombre puede controlar su propio destino, que lo que es importante es un buen gobierno, una buena educación, una buena medicina, buenos servicios sociales y así sucesivamente. Todo esto es necesario y debemos trabajar diligentemente para tener lo mejor de todo. Pero esto no es el fin de la vida. Solo pueden hacer la vida más cómoda y tal vez extender la vida por un tiempo más. No nos pueden ayudar más allá de esta vida. Solo Dios puede. El gobierno y los buenos servicios no son los salvadores del hombre, Dios lo es. El hombre no es un dios, capaz de traer la sociedad perfecta a la tierra; solo Dios es Dios. Esto no significa que no debamos trabajar para tener la mejor sociedad que podamos. Significa que mientras trabajamos para el bien de la sociedad, honramos y adoramos y confiamos en Dios. Esto es en lo que tantos fracasan hoy día y han fracasado en el pasado y fracasarán en el fin de los tiempos. La gente del fin de los tiempos cometerá la misma equivocación grave que tantos están cometiendo en nuestra generación; adorarán al hombre y al gobierno, mirarán al hombre y al gobierno en lugar de Dios. La diferencia es esta: A fin de mantener unidas a las masas en el fin de los tiempos, el gobierno insistirá oficialmente que la primera lealtad de sus ciudadanos sea hacia el Estado. La religión estará sometida al Estado. El resultado final será el asesinato masivo y el holocausto de todos los que se rehúsen. Este es el motivo por el cual la ira de Dios caerá sobre la gente en el fin de los tiempos.

[2] (14:10-11) ***Juicio-Dios; Ira de - Infierno:*** Está el juicio. Se dicen cuatro cosas sobre el juicio de Dios.

1. Los impíos y los malos beberán de la ira y el enojo de Dios.

> **"él también beberá del vino de la ira de Dios, que ha sido vaciado puro en el cáliz de su ira; y será atormentado con fuego y azufre delante de los santos ángeles y del Cordero" (v. 10).**

Al pensar en el juicio de Dios, nunca debemos olvidar un hecho significativo: Dios debe mantener perfecto al cielo. Cuando Él cree los nuevos cielos y la tierra, debe excluir y dejar fuera a todos los que...

• lo han maldecido, negado, descreído y rechazado.
• son hostiles y son enemigos de Él y de su justicia.
• los que no quieren su control y limitación sobre sus vidas.
• los que rechazan la justicia del Hijo de Dios y no dejan que los cubra; los que se rehúsan a creer que Cristo es el Hijo de Dios sin pecado que murió por nuestros pecados.

Dios no tiene opción sino mantener a todos estos fuera del cielo. Recuerde esto también: Dios le ha dado al hombre todas las oportunidades: Él ha hecho todo lo que se puede hacer para buscar y salvar al hombre. Ha enviado al hombre profeta tras profeta y le ha dado al hombre su Palabra. Y por sobre todo, él le ha dado al mundo a su propio Hijo para salvar al hombre. Pero el hombre continúa rechazando y negando y hasta maldiciendo a su Hijo. Cuando el mundo hace eso con el Hijo de Dios, el único Hijo que tiene, ¿qué tipo de actitud podemos esperar que Dios tenga el día del juicio? ¿Suave y tierna? ¿O enojada y llena de ira? Nunca debemos olvidar que Dios no es solo amor (amor perfecto) sino también es justo (justicia perfecta). Así como su amor debe ser perfectamente demostrado hacia el hombre (al dar su propio Hijo para que muera por el hombre), así su justicia debe ser perfectamente demostrada. Tiene que llegar el día cuando Dios muestre su amor perfecto a todos los que han confiado en Él creando unos cielos y una tierra perfectos y nuevos. Pero cuando llegue ese día, Él tiene que ser justo y excluir a todos los impíos y malos. Si Él no fuera justo, entonces los nuevos cielos y la tierra estarían corruptos por los impíos y los malos. Dios es amor perfecto, por lo tanto, Él le dará al creyente un mundo nuevo en el que mora justicia perfecta, amor, gozo y paz. Pero para hacerlo, los impíos y los malos de la tierra deben ser juzgados y separados y dejados fuera. Dios ejercerá justicia perfecta: la ira y el enojo caerá sobre los impíos y los malos del mundo.

=> Los impíos *beberán* la copa de la ira de Dios: Esto es, se beberá la ira de Dios y penetrará en todo su cuerpo, se moverá en todo su cuerpo. Será profunda e incluirá todo. Ni una parte del ser impío ni un momento del momento de impiedad estará libre de la ira de Dios.

=> Los impíos beberán la copa de la ira de Dios sin ninguna mezcla. Ninguna otra cosa será mezclada con su ira, ni amor, ni sentimientos de compasión, ni lástima ni piedad. Toda la ira de Dios caerá sobre los impíos.

=> Los impíos sufrirán una doble porción del juicio de Dios: La copa de su ira y la copa de su enojo. Advierta cuidadosamente el versículo: Tanto la ira como el enojo serán servidos en el terrible día del juicio.

"El que cree en el Hijo tiene vida eterna; pero el que rehúsa creer en el Hijo no verá la vida, sino que la ira de Dios está sobre él" (Jn. 3:36).

"Porque la ira de Dios se revela desde el cielo contra toda impiedad e injusticia de los hombres que detienen con injusticia la verdad" (Ro. 1:18).

"Pero ira y enojo a los que son contenciosos y no obedecen a la verdad, sino que obedecen a la injusticia" (Ro. 2:8).

"Nadie os engañe con palabras vanas, porque por estas cosas viene la ira de Dios sobre los hijos de desobediencia" (Ef. 5:6).

"Otro ángel le siguió, diciendo: Ha caído, ha caído Babilonia, la gran ciudad, porque ha hecho beber a todas las naciones del vino del furor de su fornicación" (Ap. 14:8).

"Porque el cáliz está en la mano de Jehová, y el vino está fermentado, lleno de mistura; y él derrama del mismo; hasta el fondo lo apurarán, y lo beberán todos los impíos de la tierra" (Sal. 75:8).

"Porque así ha dicho Jehová: He aquí que los que no estaban condenados a beber el cáliz, beberán ciertamente; ¿y serás tú absuelto del todo? No serás absuelto, sino que ciertamente beberás" (Jer. 49:12).

2. Los impíos y los malos serán atormentados con fuego y azufre. Esta es probablemente una imagen de Sodoma y Gomorra.

"él también beberá del vino de la ira de Dios, que ha sido vaciado puro en el cáliz de su ira; y será atormentado con fuego y azufre delante de los santos ángeles y del Cordero" (Ap. 14:10).

"El sol salía sobre la tierra, cuando Lot llegó a Zoar. Entonces Jehová hizo llover sobre Sodoma y sobre Gomorra azufre y fuego de parte de Jehová desde los cielos" (Gn. 19:23-24).

Este es indudablemente el juicio más atemorizador que jamás haya caído sobre la tierra hasta el momento. Los hombres a veces dudan de la idea de un juicio por venir y de que dos ciudades fueron destruidas como dicen las Escrituras que fueron Sodoma y Gomorra. Pero varios cientos de años luego del hecho, el Señor mismo confirmó el evento, y Él declaró que el mismo fuego y azufre iban a caer sobre los impíos y malos en el día del juicio.

"De cierto os digo que en el día del juicio, será más tolerable el castigo para la tierra de Sodoma y de Gomorra, que para aquella ciudad" (Mt. 10:15).

"Por tanto os digo que en el día del juicio, será más tolerable el castigo para la tierra de Sodoma, que para ti" (Mt. 11:24).

"Y os digo que en aquel día será más tolerable el castigo para Sodoma, que para aquella ciudad" (Lc. 10:12).

"Mas el día en que Lot salió de Sodoma, llovió del cielo fuego y azufre, y los destruyó a todos" (Lc. 17:29).

El fuego y el azufre es la imagen de la lava derretida y caliente que fluye de la boca de un volcán que ha entrado en erupción. Es un pensamiento terrible pensar que una persona *elija* pasar la eternidad sufriendo como si estuviera atrapado en el lecho de fuego y azufre.

Pensamiento 1: Esta es una imagen horrible, y no es un pensamiento agradable, pero siempre debemos recordar dos cosas:

1) Estas no son las palabras de un predicador. Son las palabras y las advertencias de las Escrituras. Las Escrituras son sinceras y verdaderas; por lo tanto si hay verdaderamente un lugar que representa sufrir en fuego y azufre, entonces las Escrituras nos lo dirán.

Esto no debe ser ignorado: las Escrituras sí nos lo dicen. Por lo tanto, parte del juicio del infierno será como sufrir en fuego y azufre.

2) Hoy, ahora mismo, es el día del amor y gracia de Dios. Por lo tanto, debemos volcarnos al amor de Dios. Debemos seguir la advertencia del fuego y el azufre y arrepentirnos y volcarnos a Dios.

"Y la bestia fue apresada, y con ella el falso profeta que había hecho delante de ella las señales con las cuales había engañado a los que recibieron la marca de la bestia, y habían adorado su imagen. Estos dos fueron lanzados vivos dentro de un lago de fuego que arde con azufre" (Ap. 19:20).

"Y el diablo que los engañaba fue lanzado en el lago de fuego y azufre, donde estaban la bestia y el falso profeta; y serán atormentados día y noche por los siglos de los siglos" (Ap. 20:10).

"Pero los cobardes e incrédulos, los abominables y homicidas, los fornicarios y hechiceros, los idólatras y todos los mentirosos tendrán su parte en el lago que arde con fuego y azufre, que es la muerte segunda" (Ap. 21:8).

"Entonces Jehová hizo llover sobre Sodoma y sobre Gomorra azufre y fuego de parte de Jehová desde los cielos" (Gn. 19:24).

"Y yo litigaré contra él con pestilencia y con sangre; y haré llover sobre él, sobre sus tropas y sobre los muchos pueblos que están con él, impetuosa lluvia, y piedras de granizo, fuego y azufre" (Ez. 38:22).

3. Los impíos y los malos serán atormentados ante la presencia de los santos ángeles y de Cristo.

"él también beberá del vino de la ira de Dios, que ha sido vaciado puro en el cáliz de su ira; y será atormentado con fuego y azufre delante de los santos ángeles y del Cordero" (v. 10).

Cristo dará la orden de arrojar a los incrédulos al infierno y los santos ángeles cumplirán las órdenes. Cristo estará allí y cada ojo de todos los incrédulos lo verán. ¿Por qué? Para que Él sea reivindicado como el Hijo de Dios. La gran mayoría de la raza humana niega, maldice y rechaza a Jesucristo como el Hijo de Dios. Insisten en que estaba equivocado o bien era un mentiroso y engañoso o insano por proclamar ser el Hijo de Dios. Pero en el gran día del juicio, ese horrible día, todas las cosas terribles que los impíos y los malos han hecho en contra de Él se revelará, ellos sabrán que Él es exactamente quien ha proclamado ser.

=> El Hijo del Dios vivo, el verdadero Mesías que vino a salvarlos a todos, a cada uno de ellos.

=> El Hijo de Dios que ahora está ocupando el lugar del Juez del mundo para quitar del universo a todos los impíos y malos.

=> El Señor exaltado que trae justicia y rectitud al universo.

"Entonces aparecerá la señal del Hijo del Hombre en el cielo; y entonces lamentarán todas las tribus de la tierra, y verán al Hijo del Hombre viniendo sobre las nubes del cielo, con poder y gran gloria" (Mt. 24:30).

"Cuando el Hijo del Hombre venga en su gloria, y todos los santos ángeles con él, entonces se sentará en su trono de gloria, y serán reunidas delante de él todas las naciones; y apartará los unos de los otros, como aparta el pastor las ovejas de los cabritos" (Mt. 25:31-32).

"Y a vosotros que sois atribulados, daros reposo con nosotros, cuando se manifieste el Señor Jesús desde el cielo con los ángeles de su poder, en llama de fuego, para dar retribución a los que no conocieron a Dios, ni obedecen al evangelio de nuestro Señor Jesucristo" (2 Ts. 1:7-8).

"De éstos también profetizó Enoc, séptimo desde Adán, diciendo: He aquí, vino el Señor con sus santas decenas de millares" (Jud. 14).

"He aquí que viene con las nubes, y todo ojo le verá, y los que le traspasaron; y todos los linajes de la tierra harán lamentación por él. Sí, amén" (Ap. 1:7).

4. Los impíos y los malos serán atormentados por los siglos de los siglos.

"Y el humo de su tormento sube por los siglos de los siglos. Y no tienen reposo de día ni de noche los que adoran a la bestia y a su imagen, ni nadie que reciba la marca de su nombre" (v. 11).

La imagen es de duración, de cuánto tiempo una persona deberá estar en el infierno. Advierta la imagen: Es de castigo, tormento, agonía y desgracia; es de retorcerse y lamentarse de dolor y sufrimiento, de no ser nunca aliviado, de nunca tener paz ni descanso, ni siquiera un día o una noche. No hay paz en el infierno, no hay descanso en el infierno. Solo hay tormento y horror, castigo y sufrimiento. La agonía y la desgracia, el dolor y el sufrimiento del fuego y el azufre nunca termina. El humo de su tormento asciende *por los siglos de los siglos.* El tormento de los impíos y malos nunca terminará.

Pensamiento 1: Todos debemos enfrentar este hecho: Si Jesucristo es verdaderamente el Hijo de Dios y si las Escrituras verdaderamente son las Escrituras de Dios, entonces estamos destinados al castigo eterno si rechazamos a Jesucristo. Esta es la enseñanza tanto de Jesucristo como de las Escrituras. Un gran día de separación está por venir, un día en el que todos los que creen en Jesucristo serán separados de los que han negado, descreído y maldecido a Dios y a Cristo. El incrédulo no va a vivir en el mismo mundo que el creyente. La persona que realmente cree en Cristo va a vivir en un mundo con Dios. La persona que rechaza a Dios va a vivir en un mundo separado de Dios, un mundo que Cristo y las Escrituras denominan infierno. Y el infierno es un mundo de castigo permanente.

"Entonces dirá también a los de la izquierda: Apartaos de mí, malditos, al *fuego eterno* preparado para el diablo y sus ángeles... E irán éstos al castigo eterno, y los justos a la vida eterna" (Mt. 25:41, 46).

"Y si tu ojo te fuere ocasión de caer, sácalo; mejor te es entrar en el reino de Dios con un ojo, que teniendo dos ojos ser echado al infierno, donde el gusano de ellos no muere, y el fuego nunca se apaga" (Mr. 9:47-48).

"Su aventador está en su mano, y limpiará su era;

y recogerá su trigo en el granero, y quemará la paja *en fuego que nunca se apagará*" (Mt. 3:12).

"Enviará el Hijo del Hombre a sus ángeles, y recogerán de su reino a todos los que sirven de tropiezo, y a los que hacen iniquidad, y los echarán en el horno de fuego; allí será el lloro y el crujir de dientes" (Mt. 13:41-42).

"Por tanto, si tu mano o tu pie te es ocasión de caer, córtalo y échalo de ti; mejor te es entrar en la vida cojo o manco, que teniendo dos manos o dos pies ser echado *en el fuego eterno*" (Mt. 18:8).

"él también beberá del vino de la ira de Dios, que ha sido vaciado puro en el cáliz de su ira; y será atormentado con fuego y azufre delante de los santos ángeles y del Cordero" (Ap. 14:10).

"Y el diablo que los engañaba fue lanzado en el lago de fuego y azufre, donde estaban la bestia y el falso profeta; y serán atormentados día y noche por los siglos de los siglos" (Ap. 20:10).

"Y el que no se halló inscrito en el libro de la vida fue lanzado al lago de fuego" (Ap. 20:15).

"Pero los cobardes e incrédulos, los abominables y homicidas, los fornicarios y hechiceros, los idólatras y todos los mentirosos tendrán su parte en el lago que arde con fuego y azufre, que es la muerte segunda" (Ap. 21:8).

"Los pecadores se asombraron en Sion, espanto sobrecogió a los hipócritas. ¿Quién de nosotros morará con el fuego consumidor? ¿Quién de nosotros habitará con las llamas eternas?" (Is. 33:14).

"Y saldrán, y verán los cadáveres de los hombres que se rebelaron contra mí; porque su gusano nunca morirá, ni su fuego se apagará, y serán abominables a todo hombre" (Is. 66:24).

3 (14:12) ***Juicio, Escape del - Creyentes:*** Está la persona que escapa al juicio de Dios. Se dicen tres cosas sobre la persona que escapa al juicio de Dios.

1. Es un santo que soporta. La palabra *santo* significa apartar y estar separado para Dios. Significa que una persona se ha separado del mundo y ha establecido su vida para Dios. Significa que él dedica y compromete su vida, *todo lo que es y lo que tiene*, a Dios. Pero advierta: El verdadero santo es una persona que soporta. Una vez que ha hecho un compromiso con Dios, si es sincero, lo mantiene. Continúa viviendo una vida...

- que es separada del mundo.
- que es apartada y comprometida a Dios.

En los últimos días, durante la *gran tribulación*, los creyentes enfrentarán momentos terribles. Tendrán que negar a Cristo y aceptar la marca de la bestia o de lo contrario enfrentar la muerte. Si soportan por Cristo, si son sinceros en creer que el cielo es real y que Cristo los ama entonces escaparán al juicio de Dios. Pero solo los que toleren, los que verdaderamente establezcan sus vidas apartados para Dios, solo ellos escaparán al juicio por venir.

"Y seréis aborrecidos de todos por causa de mi nombre; mas el que persevere hasta el fin, éste será salvo" (Mt. 10:22).

"Como el Padre me ha amado, así también yo os he amado; permaneced en mi amor" (Jn. 15:9).

"Así que, hermanos, os ruego por las misericordias de Dios, que presentéis vuestros cuerpos en sacrificio vivo, santo, agradable a Dios, que es vuestro culto racional. No os conforméis a este siglo, sino transformaos por medio de la renovación de vuestro entendimiento, para que comprobéis cuál sea la buena voluntad de Dios, agradable y perfecta" (Ro. 12:1-2).

"Así que, hermanos míos amados, estad firmes y constantes, creciendo en la obra del Señor siempre, sabiendo que vuestro trabajo en el Señor no es en vano" (1 Co. 15:58).

"Por lo cual, salid de en medio de ellos, y apartaos, dice el Señor, y no toquéis lo inmundo; y yo os recibiré, y seré para vosotros por Padre, y vosotros me seréis hijos e hijas, dice el Señor Todopoderoso" (2 Co. 6:17-18).

"Porque os es necesaria la paciencia, para que habiendo hecho la voluntad de Dios, obtengáis la promesa" (He. 10:36).

"Bienaventurado el varón que soporta la tentación; porque cuando haya resistido la prueba, recibirá la corona de vida, que Dios ha prometido a los que le aman" (Stg. 1:12).

"Por tanto, ceñid los lomos de vuestro entendimiento, sed sobrios, y esperad por completo en la gracia que se os traerá cuando Jesucristo sea manifestado" (1 P. 1:13).

"Sed sobrios, y velad; porque vuestro adversario el diablo, como león rugiente, anda alrededor buscando a quien devorar; al cual resistid firmes en la fe, sabiendo que los mismos padecimientos se van cumpliendo en vuestros hermanos en todo el mundo" (1 P. 5:8, 9).

"Así que vosotros, oh amados, sabiéndolo de antemano, guardaos, no sea que arrastrados por el error de los inicuos, caigáis de vuestra firmeza" (2 P. 3:17).

"No améis al mundo, ni las cosas que están en el mundo. Si alguno ama al mundo, el amor del Padre no está en él. Porque todo lo que hay en el mundo, los deseos de la carne, los deseos de los ojos, y la vanagloria de la vida, no proviene del Padre, sino del mundo" (1 Jn. 2:15-16).

2. Él guarda los mandamientos de Dios. Él cree en Dios y ama a Dios, por lo tanto, obedece a Dios. La evidencia de que él ama a Dios se ve en su obediencia.

=> Ama lo suficiente a Dios como para querer complacerlo.
=> Ama lo suficiente a Dios como para querer la aprobación de Dios.
=> Ama lo suficiente a Dios como para querer que Dios lo acepte.

La persona complace a Dios haciendo lo que Dios dice. Recibe la aprobación de Dios y su aceptación obedeciendo a Dios. Por lo tanto, dedica su vida para guardar los mandamientos de Dios. Se rehúsa a aceptar la marca de la bestia; rechaza a la bestia y sigue a Dios. Por lo tanto, escapará al juicio por venir.

"No todo el que me dice: Señor, Señor, entrará en el reino de los cielos, sino el que hace la voluntad de mi Padre que está en los cielos" (Mt. 7:21).

"Cualquiera, pues, que me oye estas palabras, y las hace, le compararé a un hombre prudente, que edificó su casa sobre la roca. Descendió lluvia, y vinieron ríos,

y soplaron vientos, y golpearon contra aquella casa; y no cayó, porque estaba fundada sobre la roca. Pero cualquiera que me oye estas palabras y no las hace, le compararé a un hombre insensato, que edificó su casa sobre la arena; y descendió lluvia, y vinieron ríos, y soplaron vientos, y dieron con ímpetu contra aquella casa; y cayó, y fue grande su ruina" (Mt. 7:24-27).

"Respondió Jesús y le dijo: El que me ama, mi palabra guardará; y mi Padre le amará, y vendremos a él, y haremos morada con él" (Jn. 14:23).

"Si guardareis mis mandamientos, permaneceréis en mi amor; así como yo he guardado los mandamientos de mi Padre, y permanezco en su amor... Vosotros sois mis amigos, si hacéis lo que yo os mando" (Jn. 15:10, 14).

"Respondiendo Pedro y los apóstoles, dijeron: Es necesario obedecer a Dios antes que a los hombres" (Hch. 5:29).

"Bienaventurados los que lavan sus ropas, para tener derecho al árbol de la vida, y para entrar por las puertas en la ciudad" (Ap. 22:14).

3. Guarda su fe en Jesús. Él cree en Jesucristo, en que Jesucristo es el Hijo de Dios que murió por sus pecados. Por lo tanto, el creyente ha dedicado su vida a seguir a Jesucristo. Se ha volcado y depositado su fe en Jesucristo. Ha volcado su vida y su destino a las manos de Cristo, no a las manos del anticristo y su gobierno. Por lo tanto, escapará al juicio por venir.

"Para que todo aquel que en él cree, no se pierda, mas tenga vida eterna" (Jn. 3:15).

"De cierto, de cierto os digo: El que oye mi palabra, y cree al que me envió, tiene vida eterna; y no vendrá a condenación, mas ha pasado de muerte a vida" (Jn. 5:24).

"Le dijo Jesús: Yo soy la resurrección y la vida; el que cree en mí, aunque esté muerto, vivirá" (Jn. 11:25).

"Pero éstas se han escrito para que creáis que Jesús es el Cristo, el Hijo de Dios, y para que creyendo, tengáis vida en su nombre" (Jn. 20:31).

"Porque todo lo que es nacido de Dios vence al mundo; y esta es la victoria que ha vencido al mundo, nuestra fe. ¿Quién es el que vence al mundo, sino el que cree que Jesús es el Hijo de Dios?" (1 Jn. 5:4-5).

"Que si confesares con tu boca que Jesús es el Señor, y creyeres en tu corazón que Dios le levantó de los muertos, serás salvo. Porque con el corazón se cree para justicia, pero con la boca se confiesa para salvación" (Ro. 10:9-10).

	E. Garantía 5: Los muertos descansarán y serán recompensados, 14:13
1 Su identidad: Los muertos que están con el Señor **2 Su recompensa** a. Descansar de trabajos terrenales b. Trabajo celestial para hacer por Cristo	13 Oí una voz que desde el cielo me decía: Escribe: Bienaventurados de aquí en adelante los muertos que mueren en el Señor. Sí, dice el Espíritu, descansarán de sus trabajos, porque sus obras con ellos siguen.

DIVISIÓN VIII

LA SÉPTIMA TROMPETA EN DETALLE (PARTE 3): LA VICTORIA DEL CORDERO ESTÁ ASEGURADA, 14:1-20

E. Garantía 5: Los muertos descansarán y serán recompensados, 14:13

(14:13) ***Introducción:*** Todos nosotros vamos a morir. Llegará el día en que no existamos más en la tierra. Nos habremos ido para siempre. Los creyentes saben esto: Este es el motivo por el cual están dispuestos a separarse del mundo y a vivir por Cristo. Es el motivo por el que están dispuestos a dar todo lo que son y tienen a Cristo y su misión. Es el motivo por el cual los creyentes no pecan, sino que luchan y batallan para conquistar los pecados y las tentaciones de la vida. Esta es la razón por la que se rehúsan a negar a Cristo; el motivo por el que sufren las persecuciones de este mundo, el ridículo, el maltrato, las burlas, las miradas extrañas, las mofas, el aislamiento, las maldiciones y a veces el encarcelamiento y la muerte. Los creyentes saben que tienen una cita con la muerte así como la tienen todas las demás personas. Por lo tanto, entregan su vida a Jesucristo. ¿Por qué? Porque Jesucristo es el Salvador y el Señor del mundo. Jesucristo y solo Jesucristo ha muerto por nuestros pecados, y Él solo puede liberarnos del pecado. Él solo puede liberarnos del pecado y hacernos aceptables a Dios. Jesucristo solo puede darnos el derecho de vivir para siempre. Por lo tanto, los creyentes comprometen su vida a seguir a Cristo. En consecuencia, tienen la más gloriosa de las esperanzas; Dios les da la más grande promesa imaginable. Dios declara que vivirán para siempre. Esta es la quinta gran garantía: *los muertos descansarán y serán recompensados por el Señor Jesucristo.*

1. Su identidad: Los muertos que están en el Señor (v. 13).
2. Su recompensa (v. 13).

[1] (14:13) ***Muerte - En Cristo - Cielo - Vida eterna:*** Están los muertos que mueren en el Señor. ¿Qué significa morir en el Señor? Significa que una persona vivió en el Señor cuando estuvo en la tierra. Significa que cuando vivía, creía en el Señor Jesucristo y seguía al Señor con todo su corazón y su vida. Por lo tanto, al enfrentar la muerte, estaba en el Señor: murió estando en el Señor.

Advierta esto: Cuando una persona *cree verdaderamente en Cristo,* Dios *lo coloca y lo posiciona en Cristo,* en todo lo que Cristo es. Cristo vivió, murió y resucitó, de modo que estar en Cristo significa que una persona vive, muere y resucita en Cristo. La persona que cree en Jesucristo se identifica con Cristo: Esto es, es considerado como estar "en Cristo", reconocido y acreditado como estando "en Cristo".

Dicho con más detalle, cuando una persona cree *en* Cristo, Dios ubica y posiciona al creyente "en" Cristo. La fe del creyente realmente hace que Dios identifique al creyente *con Cristo,* que considere al creyente...

- como habiendo vivido *en* Cristo cuando Cristo vivió en la tierra. Por lo tanto, al creyente se lo considera sin pecado y justo porque Cristo fue sin pecado y justo.
- como habiendo muerto *en* Cristo. Por lo tanto, el creyente no tiene que morir nunca (Jn. 3:16). La pena y la condena de sus pecados ya han sido pagados en la muerte de Cristo.
- como habiendo resucitado *en* Cristo. Por lo tanto el creyente ha recibido la *nueva vida* de Cristo. Al igual que Cristo tuvo una nueva vida después de la resurrección, el creyente también recibe la *nueva vida* en Cristo cuando cree en Cristo. (Ver bosquejo y notas - Ro. 6:2-5. También ver notas y Estudio a fondo 2 - Ro. 4:22; 5:1; 6:14-15.)

Estar *en* Cristo significa que un creyente camina y vive en Cristo día tras día. Significa que "no camina tras la carne, sino tras el Espíritu" (Ro. 8:1, 4). Significa que al negar la impiedad y las lujurias mundanas, él debe vivir con sobriedad, justicia y rectitud, en este mundo (Tit. 2:12). Significa que carga con el fruto del Espíritu (Gá. 5:22-23). Significa que mora *en* Cristo, que se convierte tan conectado y apegado a Cristo...

- como los miembros del cuerpo están conectados y apegados entre sí (1 Co. 12:12-27).
- como el pámpano está conectado y apegado a la vid (Jn. 15:4-7).

A partir de esto se ve claramente que una persona que está *en el Señor* vive día tras día para el Señor. Por lo tanto, cuando llega el día en que tiene que morir, hace lo que hizo el día anterior: vive por el Señor hasta la muerte. Vive por el Señor mientras muere. El día de la muerte es otro día para *vivir en el Señor.* Él está *en el Señor* ya sea que esté vivo o muerto. Por lo tanto, cuando muere, le sucede la cosa más maravillosa al creyente: nunca prueba ni experimenta la muerte. Cuando llega el momento en que tiene que pasar de este mundo al próximo, más rápido que un parpadeo Dios lo transfiere al cielo, a la misma presencia del trono de Dios.

Advierta otro hecho significativo: La persona que muere en el Señor es declarada *bendita*. "Benditos son los muertos que mueren en el Señor". Esta es la declaración de las Escrituras.

> **"Pues si vivimos, para el Señor vivimos; y si morimos, para el Señor morimos. Así pues, sea que vivamos, o que muramos, del Señor somos" (Ro. 14:8).**
>
> **"Pero confiamos, y más quisiéramos estar ausentes del cuerpo, y presentes al Señor" (2 Co. 5:8).**
>
> **"Porque para mí el vivir es Cristo, y el morir es ganancia" (Fil. 1:21).**
>
> **"El que tiene oído, oiga lo que el Espíritu dice a las iglesias. Al que venciere, le daré a comer del árbol de la vida, el cual está en medio del paraíso de Dios" (Ap. 2:7).**
>
> **"Por esto están delante del trono de Dios, y le sirven día y noche en su templo; y el que está sentado sobre el trono extenderá su tabernáculo sobre ellos" (Ap. 7:15).**
>
> **"Bienaventurados los que lavan sus ropas, para tener derecho al árbol de la vida, y para entrar por las puertas en la ciudad" (Ap. 22:14).**
>
> **"Aunque ande en valle de sombra de muerte, no temeré mal alguno, porque tú estarás conmigo; tu vara y tu cayado me infundirán aliento" (Sal. 23:4).**
>
> **"Estimada es a los ojos de Jehová la muerte de sus santos" (Sal. 116:15).**
>
> **"Por su maldad será lanzado el impío; mas el justo en su muerte tiene esperanza" (Pr. 14:32).**
>
> **"Porque el Señor mismo con voz de mando, con voz de arcángel, y con trompeta de Dios, descenderá del cielo; y los muertos en Cristo resucitarán primero. Luego nosotros los que vivimos, los que hayamos quedado, seremos arrebatados juntamente con ellos en las nubes para recibir al Señor en el aire, y así estaremos siempre con el Señor. Por tanto, alentaos los unos a los otros con estas palabras" (1 Ts. 4:16-18).**

2 (14:13) ***Muerte - Recompensas - Creyentes - Cielo - Vida eterna:*** Están las recompensas de los que *mueren en el Señor*. Se mencionan dos grandes recompensas.

1. Está la recompensa del descanso del trabajo terrenal. La imagen es la de trabajo, obra y labor; de trabajo extenuante, agotador y fatigante. Es estar bajo presión, estar tanto bajo presión que es como estar en una caldera; de estar tenso, de estar atrapado en un círculo de tensión. La imagen es la de trabajar tanto que uno está completamente agotado y desgastado.

=> Esta es la forma en que el creyente debe trabajar al testimoniar y ministrar por Cristo.

=> Esta es la forma en que el creyente debe mantenerse firme ante todas la tentaciones y pruebas de la vida.

=> Esta es la forma en que los creyentes del fin de los días deben mantenerse firmes en Cristo y rehusar seguir a la bestia y aceptar su marca.

Cuando una persona es así de fiel a Cristo, cuando está verdaderamente *en el Señor*, viviendo verdaderamente para el Señor, entonces muere en el Señor. Y el Señor lo lleva a su casa en el cielo y le da descanso de su trabajo, obra y agotamiento. Pero advierta qué significa la palabra "descanso" (anapaesontai). Significa ser refrescado, revitalizado, recargado y rejuvenecido. Significa estar libre de toda tentación y prueba, ser consolado y relajado mientras es refrescado y recargado. Cuando lleguemos al cielo, seremos libres de todas las tentaciones, pruebas y trabajos de esta tierra. También seremos perfeccionados en el cuerpo, libres de sentirnos cansados, de dolores musculares y de dolores de cabeza y pesadez en los ojos; libres de sentirnos agotados y cansados nuevamente. Seremos perfeccionados: viviremos en una sociedad perfecta de rectitud y justicia por los siglos de los siglos. En ese glorioso día, descansaremos de todos nuestros trabajos y luchas en este mundo corruptible.

> **"Allí los impíos dejan de perturbar, y allí descansan los de agotadas fuerzas" (Job 3:17).**
>
> **"Y a vosotros que sois atribulados, daros reposo con nosotros, cuando se manifieste el Señor Jesús desde el cielo con los ángeles de su poder" (2 Ts. 1:7).**
>
> **"Por tanto, queda un reposo para el pueblo de Dios" (He. 4:9).**
>
> **"Oí una voz que desde el cielo me decía: Escribe: Bienaventurados de aquí en adelante los muertos que mueren en el Señor. Sí, dice el Espíritu, descansarán de sus trabajos, porque sus obras con ellos siguen" (Ap. 14:13).**
>
> **"Entonces los justos resplandecerán como el sol en el reino de su Padre. El que tiene oídos para oír, oiga" (Mt. 13:43).**
>
> **"Porque esta leve tribulación momentánea produce en nosotros un cada vez más excelente y eterno peso de gloria" (2 Co. 4:17).**
>
> **"Mas nuestra ciudadanía está en los cielos, de donde también esperamos al Salvador, al Señor Jesucristo; el cual transformará el cuerpo de la humillación nuestra, para que sea semejante al cuerpo de la gloria suya, por el poder con el cual puede también sujetar a sí mismo todas las cosas" (Fil. 3:20-21).**
>
> **"Cuando Cristo, vuestra vida, se manifieste, entonces vosotros también seréis manifestados con él en gloria" (Col. 3:4).**
>
> **"Por tanto, todo lo soporto por amor de los escogidos, para que ellos también obtengan la salvación que es en Cristo Jesús con gloria eterna" (2 Ti. 2:10).**

2. Está la recompensa del trabajo celestial por realizar. El cielo no estará en inactividad como tanta gente cree:

=> No será flotar alrededor de una nube esponjosa tocando un arpa. Esta no sería una forma de pasar la eternidad.

=> No será estar de pie cantando las alabanzas a Dios todo el tiempo. Sin duda habrá una conciencia de la presencia de Dios en un estrecho compañerismo y comunión con Él. Pero estar allí y no hacer nada más que cantar y alabar al Señor y hacerlo todo el tiempo no sería una forma de pasar la eternidad. Nuestro Señor es digno de más que palabras y música.

El cielo estará lleno de *adoración y servicio* y acentuamos que será *servicio* debido a la tendencia a ignorar el hecho. Recuerde dos hechos significativos.

a. El cielo es otra dimensión del ser, otro mundo, el mundo espiritual que es el mundo real y permanente. Es el mundo y la dimensión físicos los que son corruptibles, que envejece, se arruina, se deteriora y muere. El mundo real y permanente, el mundo y la dimensión espiritual, es incorruptible. Por lo tanto, Dios va a destruir los cielos y la tierra y creará nuevos cielos y tierra. Va a transformar el universo en la dimensión del ser espiritual, en la dimensión permanente e incorruptible. Esta tierra y los cielos —todo el universo— será transformado en el mundo espiritual, en el mundo permanente, incorruptible y eterno, en la dimensión espiritual del ser, el mundo que perdura por los siglos de los siglos (cp. 2 P. 3:10-13). Por lo tanto, cuando obramos y servimos a Cristo en el nuevo cielo y tierra, nunca nos cansaremos ni nos agotaremos. Podremos trabajar y servir a Cristo por siempre sin nunca sentir presión, tensión, dolores de cabeza o sueño.

b. Los creyentes genuinos se convertirán en reyes y sacerdotes en el cielo. Vamos a gobernar y reinar con Cristo, gobernar y reinar bajo el liderazgo, la dirección y supervisión de Cristo. Jesucristo y las Escrituras lo dijeron claramente. Los creyentes serán recompensados con trabajos para hacer y se harán responsables por su posición y gobierno. (Ver nota, punto 2b-Ap. 19:7-8 para mayor discusión.)

Recompensas relacionadas con nuestra naturaleza o estado del ser

=> Ser adoptados como un hijo de Dios (Gá. 4:4-7; 1 Jn. 3:1).
=> No tener culpa y ser inocuos (Fil. 2:15).
=> Se nos dará vida eterna (Jn. 3:16; 1 Ti. 5:6-19).
=> Se nos dará una sustancia perdurable (He. 10:34).
=> Se nos dará un cuerpo glorioso (Fil. 3:11 , 21; 1 Co. 15:42-44).
=> Se nos dará gloria eterna y honra y paz (Ro. 2:10).
=> Se nos dará descanso eterno y paz (He. 4:9; Ap. 14:13).
=> Se nos dará las bendiciones del Señor (Pr. 10:22).
=> Se nos dará el conocimiento de Jesucristo (Fil. 3:8).
=> Se nos dará riquezas perdurables y rectitud (Pr. 8:18).
=> Seremos sacerdotes (Ap. 20:6).
=> Se nos dará una corona de incorrupción (1 Co. 9:25).
=> Se nos dará una corona de justicia (2 Ti. 4:8).
=> Se nos dará una corona de vida (Stg. 1:12).
=> Se nos dará una corona de gloria (1 P. 5:4).

Recompensas relacionadas con trabajo, posición o gobierno

=> Seremos constituidos en seres exaltados (Ap. 7:9-12).
=> Gobernaremos sobre muchas cosas (Mt. 25:34).
=> Se nos dará el reino de Dios (Stg. 2:5; Mt. 25:34).
=> Se nos dará una posición o gobierno y autoridad (Lc. 12:42-44; Lc. 22:28-29; 1 Co. 6:2-3).
=> Se nos dará responsabilidad y gozo eterno (Mt. 25:21, 23).
=> Se nos dará autoridad sobre las ciudades (Lc. 19:17, 19).
=> Se nos dará tronos y el privilegio de reinar por siempre (Ap. 20:4; 22:5).
=> Se nos dará el privilegio de rodear el trono de Dios (Ap. 7:9-13; 20:4).
=> Seremos sacerdotes (Ap. 20:6).
=> Seremos reyes (Ap. 1:5; 5:10).

Recompensas relacionadas con nuestro legado o riqueza

=> Seremos herederos de Dios (Ro. 8:16-17; Tit. 3:17).
=> Se nos dará una herencia incorruptible (1 P. 1:3-4).
=> Se nos dará las bendiciones del Señor (Pr. 10:22).
=> Se nos dará riquezas perdurables y rectitud (Pr. 8:18).
=> Se nos dará riquezas inescrutables (Ef. 3:8).
=> Se nos dará tesoros del cielo (Mt. 19:21; Lc. 12:33).

	F. Garantía 6: La gloriosa cosecha de los santos tendrá lugar, 14:14-16
1 El cosechador: el Hijo del Hombre a. En una nube blanca b. Lleva una corona de oro c. Tiene una hoz aguda	14 Miré, y he aquí una nube blanca; y sobre la nube uno sentado semejante al Hijo del Hombre, que tenía en la cabeza una corona de oro, y en la mano una hoz aguda.
2 La cosecha de la tierra a. El grito angélico: La cosecha está madura	15 Y del templo salió otro ángel, clamando a gran voz al que estaba sentado sobre la nube: Mete tu hoz, y siega; porque la hora de segar ha llegado, pues la mies de la tierra está madura.
b. La siega	16 Y el que estaba sentado sobre la nube metió su hoz en la tierra, y la tierra fue segada.

DIVISIÓN VIII

LA SÉPTIMA TROMPETA EN DETALLE (PARTE 3): LA VICTORIA DEL CORDERO ESTÁ ASEGURADA, 14:1-20

F. Garantía 6: La gloriosa cosecha de los santos tendrá lugar, 14:14-16

(14:14-16) ***Introducción:*** Jesucristo será victorioso sobre todo lo impío y malo del mundo. Este es el gran anuncio de los dos ángeles en este pasaje. Jesucristo triunfará. En los últimos días de la historia humana, Él volverá, y va a cosechar la tierra. Va a segar a los que crean en Él y los llevará al cielo con Él. Pero juzgará a los impíos y a los malos de esta tierra. Cristo y sus seguidores serán reivindicados: El mundo verá y sabrá que Cristo es verdaderamente el Hijo de Dios que vino a la tierra a salvar al hombre. El mundo va a saber...

- que Él bien valió la pena abandonar el mundo y sus placeres y posesiones.
- que Él bien valió la pena seguirlo y defenderlo.
- que Él bien valió la pena incluso morir por Él.
- que Él bien valió la pena negarse a uno mismo.
- que Él bien valió la pena todo sacrificio.
- que Él bien valió la pena sufrir persecuciones.

Cuando Jesucristo retorne en juicio, el mundo sabrá que Él es exactamente quien proclamó ser: El Hijo de Dios, el Señor y la Majestad del universo. Pero será demasiado tarde. Él regresa para juzgar. Él vino la primera vez en misericordia y gracia para salvar a la gente. Pero ahora, la próxima vez, Él regresa en gloria y majestad para juzgar a la tierra. Esta es la escena de este pasaje. Esta es la sexta gran garantía para los creyentes: *el día de la cosecha está por venir.* El Señor Dios va a segar la tierra. Los creyentes serán llevados a casa al cielo para vivir con Cristo y Dios para siempre. Y todos los impíos y malos serán juzgados y echados de la presencia de Dios. Habrá un mundo perfecto en el que nada reine más que la piedad y la justicia. Dios creará cielos y tierra nuevos, y los creyentes tendrán el glorioso privilegio de vivir allí con Dios por los siglos de los siglos. Esta es la escena de este pasaje: *el gran día de la cosecha de la tierra, la cosecha gloriosa de la querida gente de Dios, la cosecha de la tierra tendrá lugar.*

1. El cosechador: El Hijo del Hombre (v. 14).
2. La cosecha de la tierra (vv. 15-16).

1 (14:14) ***Jesús - Jesucristo, Retorno:*** Está el cosechador de la tierra, el Hijo del Hombre. El Hijo del Hombre es Jesucristo. Jesucristo no es solo lo que es un hombre común, un hijo del hombre; Jesucristo es lo que todo hombre debería ser, el Hijo del Hombre mismo. Cuando vino a la tierra, sufrió todas las tentaciones y pruebas de la vida al igual que todos los hombres. Pero hubo una gran diferencia: Jesucristo nunca pecó. El fue sin pecado. Por lo tanto, Él es el hombre ideal, el Hombre Representativo, la personificación de lo que todo hombre debiera ser. Jesucristo es la imagen perfecta de un hombre. Todo lo que Dios quiere que un hombre sea se ve perfectamente en Jesucristo.

El título también enfatiza al Siervo Ideal del hombre. Cuando Jesucristo vino a la tierra, amó y se ocupó de los pobres, de los desdichados, de los cautivos, de los ciegos, de los tullidos, de los parias, de los afligidos. Jesucristo es el ejemplo perfecto e ideal de la preocupación y el cuidado. Él aseguró y fijó un ejemplo de cómo cada persona debe servir a los demás.

Pero advierta: La gente no cree esto. No creen que Dios envió a su Hijo al mundo para salvarlos. La gente rechaza a Jesucristo como el Hijo de Dios sin pecado, como el Hijo perfecto del Hombre, como el ideal de lo que todos los hijos de los hombres deberían ser. Algunos están dispuestos a aceptarlo como un gran maestro y dirigente religioso, pero se rebelan, niegan y hasta lo maldicen como el Hijo del Hombre. Este es el motivo por el cual Jesucristo va a regresar a la tierra como el Hijo del Hombre: Para reivindicar exactamente quién es Él. El mundo va a saber que el Hombre Jesús, el carpintero de Nazaret, es el que Dios envió a establecer un modelo para todos los hombres, el modelo de cómo debemos vivir y ministrar a los demás. Dios envió a su Hijo Jesús para ser el *Hijo del Hombre* para todos los hombres. Y cuando Él regrese, todos los hombres lo sabrán, puesto que Él regresará como *el Hijo del Hombre.*

Ahora bien, advierta cómo retornará.

1. Jesucristo retornará en una nube blanca: El blanco simboliza la pureza del cielo. Él vendrá...

- del mundo de la pureza y la divinidad.
- en la pureza y la divinidad del cielo.
- para traer pureza y divinidad a todo el universo.

2. Jesucristo retornará usando una corona de oro. El oro simboliza valor y preciosismo y la corona simboliza realeza, gobierno, dominio y soberanía. Jesucristo viene para tomar su lugar justo en la tierra, para conquistar a toda la impiedad y la maldad del mundo y para traer el gobierno y el reinado de Dios al universo. Nada podría ser más precioso ni tener más valor que el gobierno de Dios sobre la tierra. La vida en los nuevos cielos y tierra de Dios serán la experiencia más preciosa y valiosa imaginable.

3. Jesucristo regresará con una hoz aguda en su mano. La hoz en una herramienta aguda con un extremo como de una cuchilla larga que se usa para segar los granos de los campos. Esta es una imagen del juicio. En el fin de los tiempos, cuando Jesús regrese, regresará con la hoz en la mano. Regresará para juzgar al mundo.

> **"Porque el que se avergonzare de mí y de mis palabras en esta generación adúltera y pecadora, el Hijo del Hombre se avergonzará también de él, cuando venga en la gloria de su Padre con los santos ángeles" (Mr. 8:38).**
>
> **"Porque como el Padre tiene vida en sí mismo, así también ha dado al Hijo el tener vida en sí mismo; y también le dio autoridad de hacer juicio, por cuanto es el Hijo del Hombre" (Jn. 5:26-27).**
>
> **"Y dijo: He aquí, veo los cielos abiertos, y al Hijo del Hombre que está a la diestra de Dios" (Hch. 7:56).**
>
> **"Por cuanto ha establecido un día en el cual juzgará al mundo con justicia, por aquel varón a quien designó, dando fe a todos con haberle levantado de los muertos" (Hch. 17:31).**
>
> **"Y a vosotros que sois atribulados, daros reposo con nosotros, cuando se manifieste el Señor Jesús desde el cielo con los ángeles de su poder, en llama de fuego, para dar retribución a los que no conocieron a Dios, ni obedecen al evangelio de nuestro Señor Jesucristo" (2 Ts. 1:7-8).**
>
> **"De éstos también profetizó Enoc, séptimo desde Adán, diciendo: He aquí, vino el Señor con sus santas decenas de millares, para hacer juicio contra todos, y dejar convictos a todos los impíos de todas sus obras impías que han hecho impíamente, y de todas las cosas duras que los pecadores impíos han hablado contra él" (Jud. 14-15).**
>
> **"He aquí que viene con las nubes, y todo ojo le verá, y los que le traspasaron; y todos los linajes de la tierra harán lamentación por él. Sí, amén" (Ap. 1:7).**

2 (14:15-16) ***Juicio - Jesucristo, retorno:*** Está la cosecha de la tierra, la separación de los creyentes de los impíos y los malos de la tierra. La escena es espectacular y asombrosa: Está Jesucristo sobre la tierra con una hoz en su mano, y en un instante todos los ojos lo ven. La vista es maravillosa y gloriosa para los creyentes, puesto que significa que ha llegado el gran día de la redención. Pero significa horror y temor para los incrédulos, dado que significa que el gran día de la ira de Dios ha llegado para caer sobre ellos. Advierta dos cosas importantes.

1. Primero, advierta que la cosecha de la tierra estará madura. Otro ángel sale del templo de Dios, es decir, del cielo mismo. Esto significa que viene de la misma presencia de Dios y está trayendo su mensaje. Lo que tiene que decir proviene de Dios mismo. ¿Cuál es el mensaje?. El momento del Hijo de Dios, el Hijo del Hombre, para segar ha llegado. Por lo tanto el grito del ángel es: "¡Mete *tu* hoz y siega!"

Advierta que la referencia es a Cristo mismo. Es el momento de segar *su cosecha*, a los que le pertenecen. Es el momento de separar a sus propios seguidores de los impíos y malos y de tomar a sus seguidores para que estén con Él. Tenga presente que esto se refiere al final de los tiempos, justo antes de que termine el mundo. Los creyentes, los seguidores de Cristo en la tierra durante esos días, habrán sufrido lo suficiente en las manos del anticristo y de un mundo impío. El corazón de Cristo, por más que ansíe que todas las personas sean salvas, por más que desee continuar siendo paciente para que una persona más pueda ser salvada, ya no puede más. Ya no puede soportar la impiedad y la maldad en contra de su gente y en contra de sí. Es el momento, el momento del gran día de *su cosecha,* el momento de segar el fruto que ha dado, el momento de llevar a sus queridos siervos a casa al cielo, a sus queridos siervos que han soportado tantas pruebas y tantas tentaciones.

2. En segundo lugar, advierta que la cosecha tiene lugar (v. 16). Jesucristo "metió su hoz en la tierra, y la tierra fue segada". Los creyentes son cosechados. Se los lleva de este mundo y fuera de su impiedad y maldad. Son cosechados para estar con Cristo por los siglos de los siglos. Son liberados de todo el trabajo y los sufrimientos de la esta tierra. Nunca más un creyente...

- sufrirá debido al maltrato de una persona impía.
- sufrirá a causa de hambre o frío o calor.
- sufrirá por una enfermedad o un accidente.
- sufrirá por el trabajo y el agotamiento.
- sufrirá debido a la tentación y las pruebas.
- sufrirá debido al pecado, la impiedad, la maldad y la muerte.

Nunca más el creyente derramará una sola lágrima. Los creyentes del fin de los tiempos, esas queridas personas que confían y defienden a Cristo en contra del anticristo y su sociedad pagana, todos los creyentes serán cosechados y llevados a casa al cielo para estar con Cristo por los siglos de los siglos. Cristo nos reunirá: A nosotros y todos nuestros seres queridos que se han ido antes y a todos los santos de la tribulación. Nosotros —todos los creyentes de todos los tiempos— seremos ciudadanos de los nuevos cielos y tierra. Seremos los *siervos* de Dios y de Cristo, los siervos que supervisan el funcionamiento del universo para Dios.

Ahora advierta: Esta es la imagen de los creyentes del fin de los tiempos que han sido cosechados. Esta es la imagen de su ser elevado de la tierra al refugio del cielo, elevado del clima tormentoso y violento de un mundo pagano. Esta es la imagen del trigo separado de la paja, la imagen del Hijo de Dios segando su cosecha, su fruto, su gente. Esto es exactamente lo que dicen Cristo y las Escrituras.

> **"Dejad crecer juntamente lo uno y lo otro hasta la siega; y al tiempo de la siega yo diré a los segadores: Recoged primero la cizaña, y atadla en manojos para quemarla; pero recoged el trigo en mi granero" (Mt. 13:30).**
>
> **"Así será al fin del siglo: saldrán los ángeles, y apartarán a los malos de entre los justos" (Mt. 13:49).**
>
> **"Y serán reunidas delante de él todas las naciones; y apartará los unos de los otros, como aparta el pastor las ovejas de los cabritos" (Mt. 25:32).**
>
> **"Su aventador está en su mano, y limpiará su era, y recogerá el trigo en su granero, y quemará la paja en fuego que nunca se apagará" (Lc. 3:17).**
>
> **"Además de todo esto, una gran sima está puesta entre nosotros y vosotros, de manera que los que quisieren pasar de aquí a vosotros, no pueden, ni de allá pasar acá" (Lc. 16:26).**
>
> **"El mal perseguirá a los pecadores, mas los justos serán premiados con el bien" (Pr. 13:21).**

1 El cosechador: Un gran ángel a. Sale del templo b. Tiene una hoz aguda **2 El terror de la cosecha de los impíos** a. El terror del grito angélico	**G. Garantía 7: La terrible cosecha de los impíos tendrá lugar, 14:17-20** 17 Salió otro ángel del templo que está en el cielo, teniendo también una hoz aguda. 18 Y salió del altar otro ángel, que tenía poder sobre el fuego, y llamó a gran voz al que tenía la hoz aguda, diciendo: Mete	tu hoz aguda, y vendimia los racimos de la tierra, porque sus uvas están maduras. 19 Y el ángel arrojó su hoz en la tierra, y vendimió la viña de la tierra, y echó las uvas en el gran lagar de la ira de Dios. 20 Y fue pisado el lagar fuera de la ciudad, y del lagar salió sangre hasta los frenos de los caballos, por mil seiscientos estadios.	1) Tiene el poder del fuego del juicio 2) Clama para que empiece el juicio b. El terror de la ira de Dios. **3 El terror de Armagedón, el lugar donde cae la ira de Dios** a. Fuera de la ciudad (Jerusalén) b. Un juicio horripilante: Completo y profundo

DIVISIÓN VIII

LA SÉPTIMA TROMPETA EN DETALLE (PARTE 3): LA VICTORIA DEL CORDERO ESTÁ ASEGURADA, 14:1-20

G. Garantía 7: La terrible cosecha de los impíos tendrá lugar, 14:17-20

(14:17-20) ***Introducción:*** El gran día de la cosecha de la tierra está por venir, la cosecha de los impíos y malos de este mundo. Jesucristo va a juzgar a todos los impíos y malos de este mundo. Ni una sola persona escapará. Y Él los juzgará con ira, no con amor. Llegará el día cuando el mundo esté maduro para el juicio, un día cuando la impiedad y la maldad no tengan freno sobre la tierra. Horrores de inmoralidades, maldad y homicidio estarán tan libres que Cristo ya no podrá soportarlo. La gente del mundo estará imbuida de idolatría, homicidio, hechicería, inmoralidad y robos. Serán materialistas y mundanos, ateos y rechazarán a Dios: no habrá ninguna esperanza de que puedan cambiar y volverse a Dios. Vendrá un momento en que la situación en la tierra será totalmente desesperante y desesperanzada. Cuando llegue ese día, entonces vendrá la *gran tribulación* de la tierra. Y en el fin de esa *gran tribulación,* en el último día de la historia mundial, Jesucristo segará la tierra. El último pasaje se trató de la siega de los píos. Este pasaje se ocupa de la siega de los impíos y malos de este mundo. Es *el gran día de la cosecha de la tierra; la terrible cosecha de los impíos y los malos tendrá lugar.*

1. El cosechador: Un gran ángel (v. 17).
2. El terror de la cosecha de los impíos (vv. 18-19).
3. El terror de Armagedón, el lugar donde cae la ira de Dios (v. 20).

1 (14:17) ***Juicio - Impíos - Fin de los tiempos:*** Está el cosechador, un gran ángel.

=> Él sale del templo de Dios. Esto significa que es el del cielo, de Dios, de la misma presencia de Dios y haciendo una misión especial para Dios.

=> Él sostiene una hoz aguda en su mano, la herramienta de cosecha del granjero o del viñatero.

2 (14:18-19) ***Juicio - Impíos - Incrédulos:*** Está el terror de la cosecha de los impíos.

1. Habrá el terror del grito angélico. Este es un segundo ángel, pero no viene de la presencia de Dios. Viene del altar de incienso, es decir, del altar donde se guardan las oraciones de Dios, y donde están los santos martirizados en el cielo. Recuerde: Debe haber millones de creyentes martirizados a lo largo de los siglos, y habrá más millones martirizados en el fin de los tiempos. En todo su sufrimiento han orado por lo mismo por lo que oramos nosotros: Para que venga el reino de Dios a la tierra, para que la rectitud, la justicia y el amor reinen sobre la tierra. Cuando este ángel aparece, él simboliza que estas oraciones de la gente de Dios están por ser contestadas. El Señor Jesucristo está listo ahora para quitar del mundo todo lo impío y lo malo. Advierta dos cosas.

a. El ángel tiene el poder del fuego. Esto significa que el fuego del juicio de Dios está por caer sobre la tierra y que todos los creyentes serán consumidos.

b. El ángel clama para que comience el juicio. Advierta cómo ahora se dice que los impíos y los malos de la tierra son racimos colgando sobre la viña de la tierra. Hay dos viñas en la tierra: la viña de Jesucristo y la viña del mundo.

=> Jesucristo dijo que Él es la viña y que sus seguidores son los pámpanos.

> **"Yo soy la vid, vosotros los pámpanos; el que permanece en mí, y yo en él, éste lleva mucho fruto; porque separados de mí nada podéis hacer" (Jn. 15:5).**

=> Este pasaje también dice que la tierra tiene una viña, una viña de mundanalidad e impiedad y maldad, una viña que llegará a su máximo crecimiento en el fin de los tiempos en el anticristo y sus seguidores.

> **"Mete tu hoz aguda, y vendimia los racimos de la tierra, porque sus uvas están maduras" (v. 18).**

Pensamiento 1: Una persona elige de qué viña va a colgar. Elige de qué racimo quiere formar parte: Los seguidores de Jesucristo o los seguidores del mundo y del anticristo, los seguidores de la justicia o los seguidores de los impíos y los malos.

"Y cuando el fruto está maduro, en seguida se mete la hoz, porque la siega ha llegado" (Mr. 4:29).

"Muchos pueblos en el valle de la decisión; porque cercano está el día de Jehová en el valle de la decisión" (Jl. 3:14).

"Porque dice: En tiempo aceptable te he oído, y en día de salvación te he socorrido. He aquí ahora el tiempo aceptable; he aquí ahora el día de salvación" (2 Co. 6:2).

2. Llegará el momento de la ira de Dios. Esta es una aterrorizadora imagen de terror y horror, del terrible juicio por venir.

"Y el ángel arrojó su hoz en la tierra, y vendimió la viña de la tierra, y echó las uvas en el gran lagar de la ira de Dios" (v. 19).

El ángel levanta la hoz en el aire y con el suave golpe del poder omnipotente de Dios, mete la hoz del juicio eterno en la tierra. La viña de la tierra es cortada, todo lo impío y malo de la tierra es...

- cortado y reunido.
- arrojado en el lagar de la ira de Dios.

¿Qué es el lagar de la ira de Dios? El lagar era una pileta generalmente hecha de piedra o ladrillo que se ubicada sobre una gran cuba. Se colocaban las uvas de la viña en la pileta. La gente pisoteaba las uvas y el jugo fluía por orificios que estaban en la parte inferior de la cuba.

Esta es una imagen gráfica de la ira de Dios. La ira de Dios será como pisotear las uvas. La imagen no es de misericordia, no es de condescendencia ni de gracia. La imagen es doble.

a. Que se pisotearan las uvas era un hecho deliberado. Era a propósito. Era para obtener el jugo de las uvas, no para salvar a las uvas. No había amor, compasión ni sentimientos por las uvas. Las uvas serían pisoteadas. Esta será la ira de Dios. La ira de Dios será deliberada e intencionada. Será para ejercer justicia perfecta sobre los impíos y malos de este mundo. No habrá amor, compasión, misericordia ni sentimientos expresados en el terrible día de la cosecha del mundo. Todas las personas, cada uno de nosotros, estarán de pie frente a Dios que es perfectamente justo, que en su perfección de justicia debe ejercer justicia sobre todas las personas. Todos los impíos y malos de este mundo serán arrojados al lagar de la ira de Dios y pisoteados sin ninguna compasión ni misericordia.

b. El pisoteo de las uvas era profundo. Los racimos se pisaban y se pisaban hasta que se aplastaban todas las uvas. Así será la ira de Dios. La ira de Dios será profunda. Ni una sola persona escapará a la ira de Dios. Todos los impíos y malos de este mundo serán ubicados en el lagar de la ira santa de Dios. La ira de Dios ejercerá justicia perfecta. Dios será totalmente diferente al hombre: Él no demostrará parcialidad, favoritismo ni discriminación. Dios verá que todas las personas reciban exactamente lo que ellos merecen, exactamente lo que fueron sus obras en la tierra. Dios verá que todo acto injusto e impío y malo en contra de Dios y otros se pague, medido exactamente sobre la base de lo que hizo cada persona. La ira de Dios será *retribución perfecta.* Ninguna persona impía será juzgada por algo que no hizo. Pero será juzgado por lo que sí hizo. Los impíos y los malos son culpables: nunca confiaron en que Jesucristo cargara con la culpa de su impiedad y maldad por ellos. Por lo tanto, deberán cargar ellos mismos con la culpa, deberán sufrir la ira de Dios. Y la ira de Dios hollará a todos los impíos y malos de este mundo.

"Y el ángel arrojó su hoz en la tierra, y vendimió la viña de la tierra, y echó las uvas en el gran lagar de la ira de Dios" (Ap. 14:19).

"De su boca sale una espada aguda, para herir con ella a las naciones, y él las regirá con vara de hierro; y él pisa el lagar del vino del furor y de la ira del Dios Todopoderoso" (Ap. 19:15).

"El que cree en el Hijo tiene vida eterna; pero el que rehúsa creer en el Hijo no verá la vida, sino que la ira de Dios está sobre él" (Jn. 3:36).

"Porque la ira de Dios se revela desde el cielo contra toda impiedad e injusticia de los hombres que detienen con injusticia la verdad" (Ro. 1:18).

"Pero ira y enojo a los que son contenciosos y no obedecen a la verdad, sino que obedecen a la injusticia" (Ro. 2:8).

"Nadie os engañe con palabras vanas, porque por estas cosas viene la ira de Dios sobre los hijos de desobediencia" (Ef. 5:6).

"Pero los cielos y la tierra que existen ahora, están reservados por la misma palabra, guardados para el fuego en el día del juicio y de la perdición de los hombres impíos" (2 P. 3:7).

"De éstos también profetizó Enoc, séptimo desde Adán, diciendo: He aquí, vino el Señor con sus santas decenas de millares, para hacer juicio contra todos, y dejar convictos a todos los impíos de todas sus obras impías que han hecho impíamente, y de todas las cosas duras que los pecadores impíos han hablado contra él" (Jud. 14-15).

"Honrad al Hijo, para que no se enoje, y perezcáis en el camino; pues se inflama de pronto su ira. Bienaventurados todos los que en él confían" (Sal. 2:12).

"He pisado yo solo el lagar, y de los pueblos nadie había conmigo; los pisé con mi ira, y los hollé con mi furor; y su sangre salpicó mis vestidos, y manché todas mis ropas" (Is. 63:3).

3 (14:20) ***Armagedón - Juicio:*** Está el terror de Armagedón, el lugar donde caerá la ira de Dios. Advierta dos factores significativos.

1. El lagar del juicio de Dios se vendimia *"fuera de la ciudad". "La ciudad"* siempre se refiere a Jerusalén. Esta es una referencia a la que la Biblia y los creyentes llaman...

- la gran batalla de Armagedón
- el gran día del Señor

- la batalla final de la historia humana
- el juicio de Dios sobre los impíos y malos de este mundo
- el fin del reinado de Satanás sobre la tierra

Esta es una imagen de las fuerzas armadas de la tierra reuniéndose fuera de Jerusalén bajo el mando del anticristo. Están allí con toda su gloria y poder terrenal, o eso creen. Mientras están allí, golpea la hora de medianoche del juicio. Llega el momento del juicio eterno y la ira de Dios, y se produce la victoria más rápida en la historia humana en contra del ejército más grande jamás formado por el hombre. El anticristo y los ejércitos de su poder militar son destruidos por la misma Palabra de la boca del Señor y por la gloria de su aparición. Segunda Tesalonicenses describe la escena (ver nota, 2 Ts. 2:8).

2. Advierta cómo será la horrible escena: La sangre fluirá del lagar de la ira de Dios y la sangre tendrá una profundidad como de un metro en algunos lugares. Se dice que la distancia en que fluirá la sangre será de aproximadamente doscientos setenta kilómetros, aproximadamente el largo de Palestina. La pintura que se retrata es la de un *juicio profundo.* El ejército de los impíos en toda su gloria y poder será inmediata y profundamente destruido por el lagar de la ira de Dios. (Ver notas - Ap. 16:12-16; 19:17-21 para mayor discusión.)

=> Isaías retrata gráficamente la escena.

"¿Quién es éste que viene de Edom, de Bosra, con vestidos rojos? ¿éste hermoso en su vestido, que marcha en la grandeza de su poder? Yo, el que hablo en justicia, grande para salvar. ¿Por qué es rojo tu vestido, y tus ropas como del que ha pisado en lagar? He pisado yo solo el lagar, y de los pueblos nadie había conmigo; los pisé con mi ira, y los hollé con mi furor; y su sangre salpicó mis vestidos, y manché todas mis ropas. Porque el día de la venganza está en mi corazón, y el año de mis redimidos ha llegado. Miré, y no había quien ayudara, y me maravillé que no hubiera quien sustentase; y me salvó mi brazo, y me sostuvo mi ira. Y con mi ira hollé los pueblos, y los embriagué en mi furor, y derramé en tierra su sangre" (Is. 63:1-6).

=> Joel retrata gráficamente la escena.

"Proclamad esto entre las naciones, proclamad guerra, despertad a los valientes, acérquense, vengan todos los hombres de guerra. Forjad espadas de vuestros azadones, lanzas de vuestras hoces; diga el débil: Fuerte soy. Juntaos y venid, naciones todas de alrededor, y congregaos; haz venir allí, oh Jehová, a tus fuertes. Despiértense las naciones, y suban al valle de Josafat; porque allí me sentaré para juzgar a todas las naciones de alrededor. Echad la hoz, porque la mies está ya madura. Venid, descended, porque el lagar está lleno, rebosan las cubas; porque mucha es la maldad de ellos. Muchos pueblos en el valle de la decisión; porque cercano está el día de Jehová en el valle de la decisión. El sol y la luna se oscurecerán, y las estrellas retraerán su resplandor. Y Jehová rugirá desde Sion, y dará su voz desde Jerusalén, y temblarán los cielos y la tierra; pero Jehová será la esperanza de su pueblo, y la fortaleza de los hijos de Israel. Y conoceréis que yo soy Jehová vuestro Dios, que habito en Sion, mi santo monte; y Jerusalén será santa, y extraños no pasarán más por ella" (Jl. 3:9-17).

=> Apocalipsis retrata gráficamente la escena.

"Estaba vestido de una ropa teñida en sangre; y su nombre es: EL VERBO DE DIOS. Y los ejércitos celestiales, vestidos de lino finísimo, blanco y limpio, le seguían en caballos blancos. De su boca sale una espada aguda, para herir con ella a las naciones, y él las regirá con vara de hierro; y él pisa el lagar del vino del furor y de la ira del Dios Todopoderoso. Y en su vestidura y en su muslo tiene escrito este nombre: REY DE REYES Y SEÑOR DE SEÑORES. Y vi a un ángel que estaba en pie en el sol, y clamó a gran voz, diciendo a todas las aves que vuelan en medio del cielo: Venid, y congregaos a la gran cena de Dios, para que comáis carnes de reyes y de capitanes, y carnes de fuertes, carnes de caballos y de sus jinetes, y carnes de todos, libres y esclavos, pequeños y grandes. Y vi a la bestia, a los reyes de la tierra y a sus ejércitos, reunidos para guerrear contra el que montaba el caballo, y contra su ejército. Y la bestia fue apresada, y con ella el falso profeta que había hecho delante de ella las señales con las cuales había engañado a los que recibieron la marca de la bestia, y habían adorado su imagen. Estos dos fueron lanzados vivos dentro de un lago de fuego que arde con azufre. Y los demás fueron muertos con la espada que salía de la boca del que montaba el caballo, y todas las aves se saciaron de las carnes de ellos" (Ap. 19:13-21).

=> Segunda Tesalonicenses retrata gráficamente la escena.

"Y entonces se manifestará aquel inicuo, a quien el Señor matará con el espíritu de su boca, y destruirá con el resplandor de su venida; inicuo cuyo advenimiento es por obra de Satanás, con gran poder y señales y prodigios mentirosos, y con todo engaño de iniquidad para los que se pierden, por cuanto no recibieron el amor de la verdad para ser salvos. Por esto Dios les envía un poder engañoso, para que crean la mentira, a fin de que sean condenados todos los que no creyeron a la verdad, sino que se complacieron en la injusticia" (2 Ts. 2:8-12).

1 La señal del juicio en el cielo

2 El motivo del juicio: Los creyentes serán martirizados por la bestia o el anticristo

a. Será ante el trono de Dios en el mar de vidrio
b. Será victorioso ante el an-ticristo
c. Se les dará arpas: Descanso y alabanza
d. Cantarán las canciones de la victoria
   1) Al Dios Todopoderoso: A sus obras
   2) Al Rey de los santos o naciones: A la verdad y justicia de sus maneras
   3) Al Señor: Al temor y gloria de su nombre
   4) Al Dios justo y santo: Para que todas las naciones lo adoren

3 El juicio de Dios será enviado

a. Se abre la puerta a la presencia de Dios
b. Los siete ángeles salen de la presencia de Dios con las siete plagas.
c. A los siete ángeles se les da siete copas de juicio
d. Se cierra la puerta del cielo y de la salvación

CAPÍTULO 15

IX. LA SÉPTIMA TROMPETA EN DETALLE (PARTE 4): LA TERCERA GRAN MARAVILLA, LOS SIETE JUICIOS DE LAS COPAS, 15:1—16:21

A. La preparación celestial para el juicio, 15:1-8

1 Vi en el cielo otra señal, grande y admirable: siete ángeles que tenían las siete plagas postreras; porque en ellas se consumaba la ira de Dios.
2 Vi también como un mar de vidrio mezclado con fuego; y a los que habían alcanzado la victoria sobre la bestia y su imagen, y su marca y el número de su nombre, en pie sobre el mar de vidrio, con las arpas de Dios.
3 Y cantan el cántico de Moisés siervo de Dios, y el cántico del Cordero, diciendo: Grandes y maravillosas son tus obras, Señor Dios Todopoderoso; justos y verdaderos son tus caminos, Rey de los santos.
4 ¿Quién no te temerá, oh Señor, y glorificará tu nombre? pues solo tú eres santo; por lo cual todas las naciones vendrán y te adorarán, porque tus juicios se han manifestado.
5 Después de estas cosas miré, y he aquí fue abierto en el cielo el templo del tabernáculo del testimonio;
6 y del templo salieron los siete ángeles que tenían las siete plagas, vestidos de lino limpio y resplandeciente, y ceñidos alrededor del pecho con cintos de oro.
7 Y uno de los cuatro seres vivientes dio a los siete ángeles siete copas de oro, llenas de la ira de Dios, que vive por los siglos de los siglos.
8 Y el templo se llenó de humo por la gloria de Dios, y por su poder; y nadie podía entrar en el templo hasta que se hubiesen cumplido las siete plagas de los siete ángeles.

DIVISIÓN IX

LA SÉPTIMA TROMPETA EN DETALLE (PARTE 4): LA TERCERA GRAN MARAVILLA, LOS SIETE JUICIOS DE LAS COPAS, 15:1—16:21

A. La preparación celestial para el juicio, 15:1-8

(15:1-8) ***Introducción:*** Apocalipsis revela que habrá una época terrible sobre la tierra en el fin de los tiempos, una época tan terrible que Cristo mismo la describió como la *gran tribulación* (Mt. 15:21). Apocalipsis utiliza algún lenguaje descriptivo para describir este período. Lo llama los juicios del período de los juicios de la séptima trompeta, dando la imagen del tronar de las trompetas. Ha habido siete juicios de trompetas. Pero cuanto sonó la séptima trompeta, sucedió algo increíble. No hubo tronar de juicio, no de inmediato. En cambio, se mostró una imagen general del fin de los tiempos.

=> Estaba la imagen de Israel elegida como la nación a través de la cual Dios enviaría a su Hijo al mundo, la imagen de Jesucristo viniendo a la tierra como el Salvador del mundo (Ap. 12:1-5).

=> Estaba la imagen del dragón, esa vieja serpiente, que es llamado el diablo y Satanás, obrando para que los hombres sean impíos y malos, todo porque quiere lastimar y herir el corazón de Dios (Ap. 12:6-7).

=> Estaba la imagen del anticristo y de su hombre que funcionaba como su mano derecha viniendo a la tierra, la imagen de cómo ganarán y consolidarán poder sobre toda la tierra y lanzarán el peor holocausto que el mundo jamás ha visto (Ap. 13:1-18).

=> Estaba la gloriosa imagen del mismo fin de los tiempos cuando Jesucristo triunfa sobre todos los impíos y malos de este mundo, la imagen de Jesucristo cosechando la tierra, de llevar creyentes con Él y juzgar a los creyentes (Ap. 14:1-20).

Ahora, la séptima trompeta truena sus juicios. Y los juicios vienen rápidos y furiosos. ¿Por qué? Porque son los últimos juicios. Dios ha decidido dar fin a la historia humana. Ha decidido detener toda la impiedad y la maldad de la tierra. Ya no puede soportar la rebelión, la negación, la maldición, la inmoralidad, los robos, la borrachera, la hechicería y el homicidio del hombre. Por lo tanto, Jesucristo destruirá todo lo impío y malo de este mundo y lo hará con rapidez. Recuerde: Todo el período de tribulación durará siete años. Estará dividido en dos períodos: El primer período será de tres años y medio y se llama el *inicio de las penas.* El último período también durará tres años y medio y se llama *la gran tribulación.*

=> Cuando comience la tribulación, durante los tres primeros años y medio, habrá siete juicios de sello que se llevarán a cabo en la tierra (Ap. 6:1-7:17).

=> Cuando comience la *gran tribulación* en sí, los últimos tres años y medio, habrá siete juicios de trompeta que se llevarán a cabo en la tierra (Ap. 8:1-14:20).

=> Luego, al final del período de tribulación, habrá siete juicios más, los siete juicios de las copas. Los juicios de las copas terminarán con la historia humana tal como la conocemos.

Este pasaje es la preparación celestial para el juicio. Esta es la preparación que se hará para el lanzamiento de los juicios que terminarán con toda la impiedad y maldad del hombre sobre la tierra.

1. La señal del juicio en el cielo (v. 1).
2. El motivo del juicio: Los creyentes serán martirizados por la bestia o el anticristo (vv. 2-4).
3. El juicio de Dios será enviado (vv. 5-8).

1 (15:1) ***Cielo - Ira, de Dios:*** Está la señal del juicio de Dios en el cielo. La escena en el cielo genera reverencia en el corazón humano. Advierta: Se dice que la escena en el cielo es una señal:

=> una señal que es grande y asombrosa.

=> una señal de siete ángeles o mensajeros poderosos preparados para ir adelante por Dios.

=> una señal de siete plagas que se dice que son las *últimas plagas.*

=> una señal de la ira de Dios.

La intención de esta asombrosa señal es la de motivar a la gente a reverenciar a Dios que es *justo.* Dios es amor, pero Dios también es justo. Y su justicia está lista para ser ejercida en la tierra. Su ira en contra de los impíos y los malos en esta tierra está preparada para caer. Dios está listo para limpiar la tierra y traer el reino de la divinidad y la rectitud, del amor y el gozo, de la paz y la gloria. Por lo tanto, el hombre debe prepararse: arrepentirse y estar listo antes de que sea demasiado tarde.

> **"Y diciendo: Arrepentíos, porque el reino de los cielos se ha acercado" (Mt. 3:2).**
>
> **"Os digo: No; antes si no os arrepentís, todos pereceréis igualmente" (Lc. 13:3).**
>
> **"Arrepiéntete, pues, de esta tu maldad, y ruega a Dios, si quizá te sea perdonado el pensamiento de tu corazón" (Hch. 8:22).**
>
> **"Deje el impío su camino, y el hombre inicuo sus pensamientos, y vuélvase a Jehová, el cual tendrá de él misericordia, y al Dios nuestro, el cual será amplio en perdonar" (Is. 55:7).**

2 (15:2-4) ***Fin de los tiempos - Creyentes:*** Está el motivo del juicio. Los creyentes serán asesinados por la bestia o el anticristo. Esto explica por qué la ira de Dios caerá sobre la tierra en los últimos días. La bestia, el anticristo, lanzará el peor holocausto que el mundo ha presenciado. Literalmente millones de creyentes serán asesinados durante su reinado en la tierra. Estos versículos muestran a estos queridos creyentes en el cielo. Advierta cuatro cosas respecto de ellos.

1. Los creyentes martirizados estarán en el mar de vidrio que se extiende ante el mismo trono de Dios (cp. Ap. 4:6). Advierta que el vidrio está mezclado con fuego. Esto simboliza...

• el *fuego de la persecución* por la que atravesaron estos queridos creyentes.
• el *fuego del juicio* que estará por caer sobre los impíos y malos de la tierra.

2. Los creyentes martirizados serán victoriosos sobre el anticristo. Ellos...

• no adorarán su imagen (Ap. 13:15).
• no recibirán su marca (Ap. 13:16-17).
• no recibirán el número de su nombre, el número 666 (Ap. 13:18).

Los verdaderos creyentes del fin de los tiempos no seguirán al anticristo. Se rehusarán a adorar al Estado y a su dirigente. Por lo tanto, el dirigente y su gobierno acusarán y matarán a los creyentes como revolucionarios en contra de su gobierno. Recuerde, el holocausto no abarcará solo una nación o incluso varias naciones como todos los genocidios del pasado. El holocausto del fin de los tiempos será *a nivel mundial.* Habrá millones más que nunca antes asesinados de la manera más cruel y salvaje imaginable. Serán asesinados porque serán falsamente acusados de ser enemigos del Estado. El resultado será que Dios ya no lo soportará más. Va a intervenir y detener la estupidez y la maldad del hombre. Él va a detener el gobierno maligno del hombre sobre esta tierra.

3. Los creyentes martirizados poseerán arpas. Las arpas son símbolos de ser calmados y de habérseles otorgado descanso y de alabar y adorar a Dios. Dios calmará las heridas y el dolor de los creyentes martirizados y les dará descanso, y ellos lo alabarán y lo adorarán.

4. Los creyentes martirizados cantarán dos grandes canciones de victoria: La canción del Cordero y la canción de Moisés que fue cantada por los hijos de Israel cuando cruzaron el Mar Rojo (Éx. 15:1-9). Advierta qué cantan.

a. Cantan al Dios Todopoderoso, alabando sus obras.

> **"Y cantan el cántico de Moisés siervo de Dios, y el cántico del Cordero, diciendo: Grandes y maravillosas son tus obras, Señor Dios Todopoderoso" (v. 3*a*).**

b. Cantan al Rey de los santos o naciones, a la justicia y verdad de sus maneras. (Los textos griegos más precisos dicen naciones o épocas).

> **"Justos y verdaderos son tus caminos, Rey de los santos [naciones]" (v. 3*b*).**

c. Cantan al Señor, al temor y gloria de su nombre.

> **"¿Quién no te temerá, oh Señor, y glorificará tu nombre?" (v. 4*a*).**

d. Cantan al Dios santo y justo, para que todas las naciones vengan y lo adoren porque Él va a juzgar la tierra.

"Pues sólo tú eres santo; por lo cual todas las naciones vendrán y te adorarán, porque tus juicios se han manifestado" (v. 4*b*) (Advierta que en esta alabanza se hace referencia al reinado milenario de Cristo.)

Pensamiento 1: Las personas que defienden a Jesús en contra de las tentaciones y pruebas de esta vida son personas que estarán en el cielo. Pero para estar en el cielo debemos defender a Cristo. Nunca debemos aceptar las marcas de este mundo o identificarnos entre la cantidad de incrédulos. Debemos ser diligentes y cargar solo las marcas de Cristo.

"Y seréis aborrecidos de todos por causa de mi nombre; mas el que persevere hasta el fin, éste será salvo" (Mt. 10:22).

"Así que, hermanos míos amados, estad firmes y constantes, creciendo en la obra del Señor siempre, sabiendo que vuestro trabajo en el Señor no es en vano" (1 Co. 15:58).

"Bienaventurado el varón que soporta la tentación; porque cuando haya resistido la prueba, recibirá la corona de vida, que Dios ha prometido a los que le aman" (Stg. 1:12).

"Así que vosotros, oh amados, sabiéndolo de antemano, guardaos, no sea que arrastrados por el error de los inicuos, caigáis de vuestra firmeza" (2 P. 3:17).

"Porque todo lo que es nacido de Dios vence al mundo; y esta es la victoria que ha vencido al mundo, nuestra fe. ¿Quién es el que vence al mundo, sino el que cree que Jesús es el Hijo de Dios?" (1 Jn. 5:4-5).

"El que tiene oído, oiga lo que el Espíritu dice a las iglesias. Al que venciere, le daré a comer del árbol de la vida, el cual está en medio del paraíso de Dios" (Ap. 2:7).

"Al que venciere y guardare mis obras hasta el fin, yo le daré autoridad sobre las naciones" (Ap. 2:26).

"El que venciere será vestido de vestiduras blancas; y no borraré su nombre del libro de la vida, y confesaré su nombre delante de mi Padre, y delante de sus ángeles" (Ap. 3:5).

"Al que venciere, yo lo haré columna en el templo de mi Dios, y nunca más saldrá de allí; y escribiré sobre él el nombre de mi Dios, y el nombre de la ciudad de mi Dios, la nueva Jerusalén, la cual desciende del cielo, de mi Dios, y mi nombre nuevo" (Ap. 3:12).

"Al que venciere, le daré que se siente conmigo en mi trono, así como yo he vencido, y me he sentado con mi Padre en su trono" (Ap. 3:21).

"El que venciere heredará todas las cosas, y yo seré su Dios, y él será mi hijo" (Ap. 21:7).

3 (15:5-8) ***Juicio - Ira, de Dios:*** Se enviará el juicio de Dios. Advierta cuatro cosas.

1. Se abre la puerta al "templo del tabernáculo" (v. 5). El "templo del tabernáculo se refiere al santuario interior del tabernáculo en el Antiguo Testamento, es decir al *Santo de los santos* o al *Lugar santísimo.* La imagen es esta: El juicio de Dios provendrá del *Lugar santísimo*, de la misma presencia y corazón de Dios. Su presencia y corazón serán suficientemente violados y contaminados por el pecado y la maldad. Por lo tanto, su presencia y corazón serán reivindicados. Dios mismo enviará su juicio final sobre el anticristo y sus seguidores impíos.

2. Los siete ángeles provienen del *Lugar santísimo*, de la presencia de Dios, y son criaturas increíbles (v. 6). La escena es aterrorizadora, dado que...

- sostienen las siete plagas en las manos.
- están vestidos en lino puro y blanco, el símbolo de la *santidad del cielo.* La santidad de Dios, su rectitud y su justicia son ejercidos ahora y traídos a este mundo, para gobernar y reinar en toda la tierra.
- tienen cintos de oro, el símbolo de la realeza, autoridad y poder. Dios tiene el derecho y el poder como el Rey Soberano del universo para ejercer justicia.

3. A los siete ángeles se les dan siete copas de oro que están llenas con la ira de Dios (v. 7). La idea de las copas es que no hay tapa ni cubierta en las copas. Serán vertidos en la tierra rápida y eficientemente. Y todo esfuerzo por detener el juicio y la ira de Dios solo resultará en ser derramada o vertida sobre el antagonista. Esto es, nada podrá detener los juicios de las copas de Dios. Dios estará preparado para detener a los impíos y malos de este mundo. Y advierta: Él tiene el derecho de juzgar al mundo. Él es el que vive por siempre. Él y solo Él es Dios. Por lo tanto, su ira va a caer sobre todos los que se han rehusado a beber la copa de su salvación.

=> Está la copa de la salvación.

"Tomaré la copa de la salvación, e invocaré el nombre de Jehová" (Sal. 116:13).

=> Está la copa de la ira y el juicio.

"Porque el cáliz está en la mano de Jehová, y el vino está fermentado, lleno de mistura; y él derrama del mismo; hasta el fondo lo apurarán, y lo beberán todos los impíos de la tierra" (Sal. 75:8).

4. La puerta al templo de Dios, al cielo y a la salvación, será cerrada. Ya nadie podrá ingresar al cielo, no hasta que se completen los siete juicios. Este es un pensamiento terrorífico. Cuando los juicios finales comiencen a caer en los últimos días, la gracia de Dios será retirada y la oración de misericordia no servirá de nada. La puerta al cielo y a la salvación estará cerrada. El juicio de Dios caerá sobre el anticristo y sus seguidores impíos y malos. Advierta cuán descriptiva es la escena: La gloria y el poder de Dios que brilla más que el sol mismo se vuelve tan furiosa y caliente que comienza a surgir humo de su energía. La gloria y el poder de Dios están energizadas para consumir el mal de esta tierra. Y ningún hombre podrá entrar al templo de la presencia de Dios y detenerlo. Será demasiado tarde.

"El que cree en el Hijo tiene vida eterna; pero el que rehúsa creer en el Hijo no verá la vida, sino que la ira de Dios está sobre él" (Jn. 3:36).

"Porque la ira de Dios se revela desde el cielo contra toda impiedad e injusticia de los hombres que detienen con injusticia la verdad" (Ro. 1:18).

"Pero ira y enojo a los que son contenciosos y no obedecen a la verdad, sino que obedecen a la injusticia" (Ro. 2:8).

"Nadie os engañe con palabras vanas, porque por estas cosas viene la ira de Dios sobre los hijos de desobediencia" (Ef. 5:6).

"Honrad al Hijo, para que no se enoje, y perezcáis en el camino; pues se inflama de pronto su ira. Bienaventurados todos los que en él confían" (Sal. 2:12).

"Desplegaste la ira y nos perseguiste; mataste, y no perdonaste; te cubriste de nube para que no pasase la oración nuestra" (Lm. 3:43-44).

	CAPÍTULO 16 **B. El vertimiento de las copas del juicio, 16:1-21**
1 Una gran voz gritando: Ve y vierte la ira de Dios sobre la tierra	1 Oí una gran voz que decía desde el templo a los siete ángeles: Id y derramad sobre la tierra las siete copas de la ira de Dios.
2 La 1ª copa: Sobre la tierra a. El juicio: Heridas ulcerosas b. El objeto: Adoradores de la bestia	2 Fue el primero, y derramó su copa sobre la tierra, y vino una úlcera maligna y pestilente sobre los hombres que tenían la marca de la bestia, y que adoraban su imagen.
3 La 2ª copa: Sobre el mar a. El juicio: El mar se vuelve como sangre b. El objeto: Todas las criaturas del mar	3 El segundo ángel derramó su copa sobre el mar, y éste se convirtió en sangre como de muerto; y murió todo ser vivo que había en el mar.
4 La 3ª copa: Sobre los ríos a. El juicio: Las aguas se vuelven como sangre	4 El tercer ángel derramó su copa sobre los ríos, y sobre las fuentes de las aguas, y se convirtieron en sangre.
b. El objeto: Un mundo injusto, homicida c. La razón: Dios ejerce justicia	5 Y oí al ángel de las aguas, que decía: Justo eres tú, oh Señor, el que eres y que eras, el Santo, porque has juzgado estas cosas.
1) Debido al homicidio	6 Por cuanto derramaron la sangre de los santos y de los profetas, también tú les has dado a beber sangre; pues lo merecen.
2) Porque Dios es verdadero y justo	7 También oí a otro, que desde el altar decía: Ciertamente, Señor Dios Todopoderoso, tus juicios son verdaderos y justos.
5 La 4ª copa: Sobre el sol a. El juicio: Un calor abrumador	8 El cuarto ángel derramó su copa sobre el sol, al cual fue dado quemar a los hombres con fuego.
b. El objeto: Hombres rebeldes y endurecidos c. La reacción: Los hombres culpan a Dios; blasfeman y no se arrepienten.	9 Y los hombres se quemaron con el gran calor, y blasfemaron el nombre de Dios, que tiene poder sobre estas plagas, y no se arrepintieron para darle gloria.
6 La 5ª copa: Sobre el asiento, trono o reino de la bestia a. El juicio: Una tiniebla densa y agonía b. El objeto: La bestia y los impíos	10 El quinto ángel derramó su copa sobre el trono de la bestia; y su reino se cubrió de tinieblas, y mordían de dolor sus lenguas, 11 y blasfemaron contra el Dios del cielo por sus dolores y por sus úlceras, y no se arrepintieron de sus obras.
c. La reacción: Los hombres culpan a Dios; blasfeman y no se arrepienten.	
7 La 6ª copa: Sobre el río Éufrates a. El juicio: El Éufrates se secó b. El motivo: Permitir que cruce un ejército confederado	12 El sexto ángel derramó su copa sobre el gran río Éufrates; y el agua de éste se secó, para que estuviese preparado el camino a los reyes del oriente.
c. La fuente o espíritu tras la confederación: Los Espíritus malignos d. El día del acontecimiento: El gran día de Dios, el Todopoderoso.	13 Y vi salir de la boca del dragón, y de la boca de la bestia, y de la boca del falso profeta, tres espíritus inmundos a manera de ranas; 14 pues son espíritus de demonios, que hacen señales, y van a los reyes de la tierra en todo el mundo, para reunirlos a la batalla de aquel gran día del Dios Todopoderoso.
e. La gran advertencia de Dios a su pueblo: Observar	15 He aquí, yo vengo como ladrón. Bienaventurado el que vela, y guarda sus ropas, para que no ande desnudo, y vean su vergüenza.
f. El lugar de la gran batalla: Armagedón.	16 Y los reunió en el lugar que en hebreo se llama Armagedón.
8 La 7ª copa: En el aire a. El anuncio atronador de Dios: Se ha hecho	17 El séptimo ángel derramó su copa por el aire; y salió una gran voz del templo del cielo, del trono, diciendo: Hecho está.
b. Los fenómenos de la gloria de Dios: La naturaleza se libera con tormentas violentas y un gran terremoto destruye por completo el mundo pagano y sus ciudades	18 Entonces hubo relámpagos y voces y truenos, y un gran temblor de tierra, un terremoto tan grande, cual no lo hubo jamás desde que los hombres han estado sobre la tierra.
c. La ira justa sobre Babilonia	19 Y la gran ciudad fue dividida en tres partes, y las ciudades de las naciones cayeron; y la gran Babilonia vino en memoria delante de Dios, para darle el cáliz del vino del ardor de su ira.
d. La ruptura de la tierra	20 Y toda isla huyó, y los montes no fueron hallados.
e. La gran tormenta de granizo f. La reacción: Los hombres culpan a Dios; blasfeman y no se arrepienten.	21 Y cayó del cielo sobre los hombres un enorme granizo como del peso de un talento; y los hombres blasfemaron contra Dios por la plaga del granizo; porque su plaga fue sobremanera grande.

DIVISIÓN IX

LA SÉPTIMA TROMPETA EN DETALLE (PARTE 4): LA TERCERA GRAN MARAVILLA, LOS SIETE JUICIOS DE LAS COPAS, 15:1—16:21

B. El vertimiento de los juicios de las copas, 16:1-21

(16:1-21) ***Introducción:*** El juicio está llegando a esta tierra, un juicio de terror, un juicio de horror tal que sobrepasa la imaginación humana. ¿Cuándo? En el fin del mundo, justo en el cierre del período de la historia que la Biblia denomina la *gran tribulación.* Hay tres juicios de terror durante los últimos días de la historia humana.

=> Estarán los siete juicios de los sellos. Estos serán juicios preliminares, juicios que ocurren antes de la gran tribulación. Suceden durante un período que Cristo llamó el *principio de los ayes.*

=> Estarán los siete juicios de la trompeta que ocurren durante los días del período de la *gran tribulación.*

=> Estarán los juicios de las copas de este pasaje. Como ya se dijo, los juicios de las copas suceden justo en el fin del mundo, al final de la *gran tribulación.*

Habrá una diferencia aterrorizadora entre los horrores de los juicios de las copas y los otros juicios. Los juicios de los sellos y los juicios de las trompetas serán juicios limitados, pero no los juicios de las copas. Los juicios de las copas son totales. Una devastación completa y definitiva caerá sobre los impíos y malos de este mundo bajo los juicios de las copas. Los juicios de las copas terminarán y detendrán las maneras impías y malas sobre la tierra.

1. Una gran voz gritando: Ve y vierte la ira de Dios sobre la tierra (v. 1).
2. La 1ª copa: Sobre la tierra (v. 2).
3. La 2ª copa: Sobre el mar (v. 3).
4. La 3ª copa: Sobre los ríos (vv. 4-7).
5. La 4ª copa: Sobre el sol (vv. 8-9).
6. La 5ª copa: Sobre el asiento, trono o reino de la bestia (vv. 10-11).
7. La 6ª copa: Sobre el río Éufrates (vv. 12-16).
8. La 7ª copa: En el aire (vv. 17-21).

1 (16:1) ***Voz de Dios:*** Hay una gran voz gritando: "Id y derramad sobre la tierra las siete copas de la ira de Dios". Esta voz debe ser la voz de Dios. Únicamente Dios pudo dar la orden de terminar con la historia del mundo. Advierta que es la ira de Dios derramada sobre la tierra. Esto nos dice inmediatamente varias cosas:

=> Que Dios es justo y recto. Por lo tanto, podemos tener confianza en que Dios corregirá todos los males e injusticias sobre la tierra.

=> Que Dios ama y se preocupa por la tierra. Él no va a permitir que la impiedad y la maldad continúen sin que nadie lo detenga.

2 (16:2) ***Juicio - Copa:*** está el primer juicio de la copa. Se derrama sobre la tierra. ¿Cuál es el juicio? Algún tipo de herida ulcerosa. La gente vivirá la aflicción de algún tipo de herida purulenta, cancerosa. La idea es...

- que las heridas serán dañinas y malignas, abiertas y fétidas; dolorosas y putrefactas, feas y repulsivas, humillantes y vergonzosas.
- que las heridas causarán agonía y tortura, no dando descanso ni durante el día ni durante la noche.
- que las heridas serán incurables y que no habrá alivio para el dolor.

Pero advierta un hecho significativo: El juicio es vertido solo sobre el anticristo y sus seguidores, solo sobre la gente que recibe la marca de la bestia y lo adora a él y a su gobierno.

> ***Pensamiento 1:*** Advierta que las heridas ulcerosas son algo como el juicio de cenizas que cayó sobre los egipcios (Éx. 9:8-11; cp. Dt. 28:35).

3 (16:3) ***Juicio - Copa:*** Está el segundo juicio de la copa. Se derrama sobre *el mar.* Esto probablemente apunte al Mar Mediterráneo y no a todos los océanos del mundo. Si abarcara a todos los océanos, poca vida humana de ningún tipo podría sobrevivir. Esto se aplica especialmente al próximo juicio. Siempre debemos recordar que el centro del poder del anticristo estará en el Medio Oriente o en alguna nación de Europa que fue parte del Imperio Romano. Por lo tanto, la concentración de juicios probablemente se dé allí. El mar se infectará con algún tipo de contaminación roja de sangre y toda la vida marítima morirá. Imagine la visión de toda la vida marítima yaciendo en las costas del mar, el olor y la visión de la muerte por todas partes.

=> Imagine todas las industrias pesqueras y negocios en la bancarrota y el efecto sobre la economía. Está todo en el proceso de ser destruido debido a la terrible maldad de la impiedad del mundo.

(Nota: Muchos comentadores creen que esto se refiere a todos los mares del mundo, y que el juicio siguiente se refiere a todos los ríos del mundo.)

> ***Pensamiento 1:*** Hay un ejemplo de esto en la *marea roja* que a veces azota las costas del mundo. Cuando hay marea roja, se contamina el agua, a veces a lo largo de kilómetros. La contaminación es con frecuencia tan mala que se destruyen millones de peces y otras especies acuáticas. La pesca para la alimentación se ve afectada durante meses y a veces años cuando la marea roja aparece en un lugar del mar.
> El punto es este: La marea roja nos demuestra que el mar puede contaminarse. En el fin de los tiempos Dios *va a contaminar el mar,* todo el mar. Va a ser destruido.

4 (16:4-7) ***Juicio - Copa:*** Está el juicio de la tercera copa. Se la derrama sobre los ríos donde el anticristo y sus seguidores están concentrados. Nuevamente, este debe ser el significado. Todos en la tierra morirían de esto si no hubiera agua potable para beber, morirían al cabo de unos pocos días. Este es el mismo juicio que recayó sobre el mar. Pero piense por un instante: Los efectos de la contaminación de agua potable serán mucho más devastadores sobre el anticristo y sus seguidores. Habrá poca agua disponible en todo el Medio Oriente y Europa donde este poder está concentrado...

• poca agua para beber.
• nada de agua para lavar y bañarse.

Solo piense en el agua que tendrá que ser transportada y llevada por avión al Medio Oriente y Europa desde otras partes del mundo. Como veremos en un momento, sin duda, las fuerzas armadas recibirán primero los suministros.

Ahora advierta algo: Estos juicios son predicciones sobre lo que va a ocurrir en el fin de los tiempos. Por lo tanto, siempre hay gente que oye hablar de los juicios y los cuestiona porque no caben en su idea de Dios. Para ellos Dios es todo amor y bondad como para hacer algo así como derramar su ira sobre la tierra. Pero advierta: Jesucristo sabía que no habría objeciones a estos juicios. Por lo tanto, justo aquí en medio del tercer juicio, Jesucristo le recuerda a Juan y a todos los demás por qué Dios va a derramar su ira sobre la tierra y destruirla. ¿Cuál es la razón? ¿Por qué Dios destruiría la tierra y castigaría a las personas? Por dos motivos.

1. Primero, debido al asesinato en masa que se lanzará en el fin de los tiempos (v. 16). El anticristo y sus seguidores lanzarán el más terrible holocausto jamás presenciado en el mundo. Todo creyente y todo judío y toda persona que permanezca leal a su religión ?todos los que se rehúsen a adorar al Estado y a su dirigente en el fin de los tiempos? serán asesinados. Habrá millones apilados sobre millones asesinados por los métodos más crueles e inhumanos imaginables.

2. Segundo, porque Dios es verdadero y recto; Él es justo (v. 7). Por lo tanto, en el fin de los tiempos Dios se enfrentará con tal terrible maldad que ya no podrá soportar la impiedad y la maldad de la gente. Dios llegará a un punto en que su amor por la gente pía del mundo y por los justos ya no pueda soportar las maneras homicidas y los rechazos de la gente. Cuando se lance el holocausto a nivel mundial, Él castigará a los que hacen mal y terminará con el mundo.

=> Ellos encarcelaron y torturaron a millones; por lo tanto, Dios va a castigarlos con el mismo castigo, el de heridas cancerosas.

=> Ellos asesinaron y derramaron la sangre de millones. Por lo tanto, Dios va a castigar a los malos permitiendo que una sustancia rojo sanguinolenta contamine el mar y las aguas de la tierra.

Advierta que un ángel declara el juicio verdadero y justo de Dios. El ángel declara que Dios es perfectamente justo, que ejecuta exactamente lo que se merecen los impíos y los malos.

> **"No puedo yo hacer nada por mí mismo; según oigo, así juzgo; y mi juicio es justo, porque no busco mi voluntad, sino la voluntad del que me envió, la del Padre" (Jn. 5:30).**
>
> **"Mas sabemos que el juicio de Dios contra los que practican tales cosas es según verdad" (Ro. 2:2).**
>
> **"Conforme a tu nombre, oh Dios, así es tu loor hasta los fines de la tierra; de justicia está llena tu diestra" (Sal. 48:10).**
>
> **"Jehová es el que hace justicia y derecho a todos los que padecen violencia" (Sal. 103:6).**
>
> **"Justo eres tú, oh Jehová, y rectos tus juicios" (Sal. 119:137).**
>
> **"Justo es Jehová en todos sus caminos, y misericordioso en todas sus obras" (Sal. 145:17).**
>
> **"Proclamad, y hacedlos acercarse, y entren todos en consulta; ¿quién hizo oír esto desde el principio, y lo tiene dicho desde entonces, sino yo Jehová? Y no hay más Dios que yo; Dios justo y Salvador; ningún otro fuera de mí" (Is. 45:21).**

Pensamiento 1: Los ríos de Egipto fueron contaminados por Dios con algún tipo de contaminación rojo sangre (Éx. 7:17-25).

5 (16:8-9) ***Juicio - Copa:*** Está el cuarto juicio de la copa. Se vierte sobre el sol. Severas radiaciones y calor del sol chamuscarán a los impíos y malos de esta tierra. Habrá una ola de calor como la tierra nunca ha conocido antes. El sol quemará y chamuscará a la gente con un calor ardiente, feroz. Ellos estarán sufriendo y atormentados y se quejarán y se sentirán desgraciados. Puede ser golpearse un dedo con un martillo o un accidente automovilístico, no importa qué sea, la respuesta del incrédulo es por lo general maldecir y blasfemar. Y en el fin de los tiempos no será diferente. Los impíos y los malos no se arrepentirán más de lo que lo hacen hoy día. Solo maldecirán el nombre de Dios.

> **"¡Duros de cerviz, e incircuncisos de corazón y de oídos! Vosotros resistís siempre al Espíritu Santo; como vuestros padres, así también vosotros" (Hch. 7:51).**
>
> **"Y os hablé, y no disteis oído; antes fuisteis rebeldes al mandato de Jehová, y persistiendo con altivez subisteis al monte" (Dt. 1:43).**
>
> **"Y les envió profetas para que los volviesen a Jehová, los cuales les amonestaron; mas ellos no los escucharon" (2 Cr. 24:19).**
>
> **"Y me volvieron la cerviz, y no el rostro; y cuando los enseñaba desde temprano y sin cesar, no escucharon para recibir corrección" (Jer. 32:33).**
>
> **"La palabra que nos has hablado en nombre de Jehová, no la oiremos de ti" (Jer. 44:16).**
>
> **"Pero no quisieron escuchar, antes volvieron la espalda, y taparon sus oídos para no oír" (Zac. 7:11).**

6 (16:10-11) ***Juicio - Copa:*** Está el quinto juicio de la copa. Se derrama sobre el asiento o trono del anticristo. Todo el reino del anticristo y sus seguidores se llenará de tinieblas. Esto no se refiere a tinieblas espirituales, sino a un fenómeno que apaga la luz y el calor del día. Advierta: Este es un cambio drástico de la luz y calor abrasadores del cuarto juicio. Ciertas tinieblas, ciertas tinieblas densas y oscuras caerán sobre todo el trono del anticristo, sobre él y todos los que lo siguen. Advierta: Este juicio parece excluir a las naciones que no están activamente incluidas en el reino del anticristo. Recuerde: Habrá muchas naciones cooperando con el anticristo pero que no estarán activamente incluidas en su reino, no en la planificación de su maldad homicida. Por supuesto, son culpables por asociación, culpables porque han formado una alianza con el anticristo. Pero aparentemente quedan fuera de los juicios porque no son tan culpables. No obstante, sus ejércitos serán destruidos y sus gobiernos y ciudades también en Armagedón, todo porque son impíos y malos en muchas otras formas. (Sin embargo, advierta: Nuevamente este juicio —de hecho, todos los juicios de las copas— podrían ser a nivel mundial. Todo el mundo, hasta cierto grado, estará cooperando con el anticristo. Él estará sentado en la cabeza de alguna organización mundial como las Naciones Unidas o el Mercado Común Europeo. Por lo tanto, el asiento y el reino del anticristo puede referirse a todo el mundo).

=> Joel predijo estas tinieblas densas, negras.

> **"Tocad trompeta en Sion, y dad alarma en mi santo monte; tiemblen todos los moradores de la tierra, porque viene el día de Jehová, porque está cercano. Día de tinieblas y de oscuridad, día de nube y de sombra; como sobre los montes se extiende el alba, así vendrá un pueblo grande y fuerte; semejante a él no lo hubo jamás, ni después de él lo habrá en años de muchas generaciones" (Jl. 2:1-2).**

=> Cristo predijo que el sol y toda otra luz sería oscurecida, con una tiniebla densa y oscura.

> **"E inmediatamente después de la tribulación de aquellos días, el sol se oscurecerá, y la luna no dará su resplandor, y las estrellas caerán del cielo, y las potencias de los cielos serán conmovidas" (Mt. 24:29).**

El sufrimiento será de tortura y dolor. El sufrimiento de las heridas, la sed, la suciedad y el olor de la contaminación del agua, el calor abrasador y ahora las tinieblas negras harán que el anticristo y sus seguidores maldigan y blasfemen cada vez más. Adviertan que el tormento será tan doloroso e insoportable que se morderán la lengua (v. 10). Pero aún así no se arrepentirán de sus hechos malignos e impíos. Solo se volverán más testarudos y endurecidos en su maldad y rebelión contra Dios.

> ***Pensamiento 1:*** Las tinieblas negras y densas también fueron uno de los juicios que cayeron sobre Egipto (Éx. 10:21-23).

7 (16:12-16) ***Juicio - Copa:*** Está el juicio de la sexta copa. Se derrama en el río Éufrates (cp. Ap. 9:13-21). Advierta rápidamente el versículo dieciséis: El propósito de este sexto juicio es preparar a las naciones y a los ejércitos del mundo para la gran batalla de Armagedón.

> **"Y los reunió en el lugar que en hebreo se llama Armagedón" (v. 16).**

Es un juicio de engaño, no de aflicción. Armagedón es la última gran guerra de la tierra que será instigada por el anticristo y su gobierno. Advierta seis hechos en este juicio de la sexta copa.

1. El juicio seca el gran río Éufrates. El Éufrates es el río más largo y más importante de Asia occidental. Tiene 2500 kilómetros de largo y un ancho cambiante. Su profundidad va de 3 a 9 metros. Desde el Golfo pérsico hacia el continente se lo puede navegar en pequeños barcos durante aproximadamente 2. 000 kilómetros. ¿Cómo un río de tan enorme tamaño puede llegar a secarse? Hoy día, por supuesto, el hombre puede construir grandes lagos, ríos y canales como el Canal de Panamá. El hombre también puede desviar grandes lagos y ríos. Recuerde esto: En el fin de los tiempos los desastres naturales van a azotar cada vez más la tierra. Áreas enteras del mundo serán devastadas por las fuerzas de la naturaleza sin freno. Cómo se va a secar el gran río Éufrates ?si por el hombre o por alguna devastación de la naturaleza? es algo que no se sabe. Pero las Escrituras claramente dicen que las aguas de ese río se secarán. (Cp. Ap. 6:1-8; 6:12-17; 8:6-12; 8:13-9:11; 9:12-21; 13:11-18).

2. El motivo de secar el Éufrates es para permitir que se forme una gran confederación armada de naciones y que marchen en contra de Israel a fin de exterminar a los judíos. (Ver notas - Ap. 14:20; 19:17-21 para mayor discusión). Advierta: Esta confederación se llama los reyes del este. Recuerde dos cosas:

a. No importa cuán sofisticadas se vuelvan las armas, se necesita un soldado para poner el pie en una tierra y conquistarla.

b. Se necesita un soldado de a pie para conquistar una nación cuando los conquistadores quieren preservar la tierra. Las armas atómicas solo destruirían la tierra y no podría ser usada por décadas. En el fin de los tiempos las naciones o reyes del este querrán preservar a Palestina por su tierra y su enorme riqueza. Por lo tanto, marcharán contra ella con soldados de a pie y armas que preserven la tierra misma. Dios aparentemente ayudará el avance de las tropas haciendo que se seque el gran río Éufrates cuando comience la marcha. El punto es este: Cuando el anticristo y la confederación de las naciones bajo su poder comience a marchar en contra de Israel, las otras naciones del mundo se inquietarán y se pondrán nerviosas. La razón puede ser...

- el temor de un movimiento militar para conquistar el mundo que comience en Palestina.
- los recursos del Medio Oriente y la amenaza a dichos recursos (tales como el petróleo).
- la locura de exterminar a todo un pueblo y nación como los judíos.

> **"El sexto ángel derramó su copa sobre el gran río Éufrates; y el agua de éste se secó, para que estuviese preparado el camino a los reyes del oriente" (Ap. 16:12; cp. Ez. capítulos 38—39).**
>
> **"Y en los días de estos reyes el Dios del cielo levantará un reino que no será jamás destruido, ni será el reino dejado a otro pueblo; desmenuzará y consumirá a todos estos reinos, pero él permanecerá para siempre" (Dn. 2:44; cp. Dn. 7:19-27).**
>
> **"Y juzgará entre las naciones, y reprenderá a muchos pueblos; y volverán sus espadas en rejas de arado, y sus lanzas en hoces; no alzará espada nación contra nación, ni se adiestrarán más para la guerra" (Is. 2:4).**
>
> **"Sino que juzgará con justicia a los pobres, y argüirá con equidad por los mansos de la tierra; y herirá la tierra con la vara de su boca, y con el espíritu de sus labios matará al impío" (Is. 11:4).**
>
> **"Proclamad esto entre las naciones, proclamad guerra, despertad a los valientes, acérquense, vengan todos los hombres de guerra. Forjad espadas de vuestros azadones, lanzas de vuestras hoces; diga el débil: Fuerte soy. Juntaos y venid, naciones todas de alrededor, y congregaos; haz venir allí, oh Jehová, a tus fuertes. Despiértense las naciones, y suban al valle de Josafat;**

porque allí me sentaré para juzgar a todas las naciones de alrededor. Echad la hoz, porque la mies está ya madura. Venid, descended, porque el lagar está lleno, rebosan las cubas; porque mucha es la maldad de ellos. Muchos pueblos en el valle de la decisión; porque cercano está el día de Jehová en el valle de la decisión. El sol y la luna se oscurecerán, y las estrellas retraerán su resplandor. Y Jehová rugirá desde Sion, y dará su voz desde Jerusalén, y temblarán los cielos y la tierra; pero Jehová será la esperanza de su pueblo, y la fortaleza de los hijos de Israel" (Jl. 3:9-16).

"Por tanto, esperadme, dice Jehová, hasta el día que me levante para juzgarlos; porque mi determinación es reunir las naciones, juntar los reinos, para derramar sobre ellos mi enojo, todo el ardor de mi ira; por el fuego de mi celo será consumida toda la tierra" (Sof. 3:8).

"Y de Efraín destruiré los carros, y los caballos de Jerusalén, y los arcos de guerra serán quebrados; y hablará paz a las naciones, y su señorío será de mar a mar, y desde el río hasta los fines de la tierra" (Zac. 9:10).

"Y en aquel día yo procuraré destruir a todas las naciones que vinieren contra Jerusalén" (Zac. 12:9; cp. Zac. 12:1-9).

3. Está la fuente o espíritu detrás de la confederación de naciones. Advierta: Este versículo dice que todas las naciones de la tierra van a estar involucradas en la gran batalla de Armagedón.

=> Los reyes del este: Todas las naciones al este de Palestina, aparentemente involucrando a los árabes, a China y a todas las otras naciones orientales. Estas serán probablemente encabezadas por el anticristo.

=> Los reyes del norte: Todas las naciones al norte de Palestina incluyendo Rusia.

=> Los reyes del sur: Todas las naciones al sur de Palestina incluyendo las naciones de África.

=> Los reyes del oeste: Todas las naciones al oeste de Palestina incluyendo una alianza occidental e involucrando algunas de las ciudades europeas y probablemente incluso a Estados Unidos y a otras naciones de América y Canadá.

Se reunirán ejércitos de toda nación, cada una tomando posiciones para proteger sus propios intereses. Como ya se dijo, el punto de conflicto puede ser el petróleo en el Medio Oriente o la total locura del anticristo por exterminar un pueblo entero como los judíos, o puede ser algún otro interés que todavía desconozcamos. Lo importante que hay que observar es esto: En los últimos días todas las naciones del mundo convergerán en el Medio Oriente y se estacionarán en las fronteras de Palestina en Megido. Cada una de las naciones unirá sus fuerzas con dos o más lados. Estarán allí para proteger sus propios intereses nacionales en el Medio Oriente y Palestina.

Advierta qué hay detrás de la escena: Espíritus malignos. Espíritus malignos le están dando poder a la boca del anticristo y su falso profeta. Esto significa el poder de influir y engañar a los dirigentes de otras naciones. Los espíritus malignos le darán a los dos dirigentes un poder sobrenatural para inspirar su confederación a que marche y conquiste Palestina. Todas las otras naciones marcharán para proteger su interés en la región (tal vez petróleo). La descripción de espíritus malignos como ranas simboliza la capacidad de saltar y difundir el engaño del dragón (el diablo) al anticristo y a su falso profeta o funcionario ejecutivo y luego a cada una de las naciones. La imagen es la de demonios obrando milagros. ¿Qué tipo de milagros? Las Escrituras no lo dicen, pero la idea es de...

- *sueños engañosos* de gloria.
- *triunfos gloriosos* y visiones de grandeza.
- *agitación de pasiones* y generación de temor en el corazón y de resentimiento y odio entre las naciones.

El resultado de los espíritus malignos es reunir a todos los ejércitos del mundo en el lugar de Palestina llamado Armagedón o el valle y la montaña de Megido. Este es el gran valle que pasa por el medio de Palestina desde el Mar Mediterráneo hasta el río Jordán. Tiene unos 300 kilómetros de largo y quince de ancho.

"Y fue lanzado fuera el gran dragón, la serpiente antigua, que se llama diablo y Satanás, el cual *engaña al mundo entero*; fue arrojado a la tierra, y sus ángeles fueron arrojados con él" (Ap. 12:9).

"Y vi salir de la boca del dragón, y de la boca de la bestia, y de la boca del falso profeta, tres espíritus inmundos a manera de ranas; pues son espíritus de demonios, que hacen señales, y van a los reyes de la tierra en todo el mundo, para reunirlos a la batalla de aquel gran día del Dios Todopoderoso" (Ap. 16:13-14).

4. Está el día de Armagedón. El día cuando esto suceda se denomina en las Escrituras "el gran día de Dios, el Todopoderoso". Este es el día en que los ejércitos del mundo serán destruidos, todos los impíos y malos del mundo. Es el día en que Jesucristo regresará para gobernar y reinar sobre la tierra. Cuando todos los ejércitos estén reunidos para la batalla entonces Jesucristo consumará esta época de gracia. El tiempo y la historia tal como las conocemos ya no serán. La piedad y la justicia serán traídas a la tierra por el mismo Señor Jesucristo.

5. Está la gran advertencia de Cristo a la gente de la tierra: Observen y estén preparados. Solo los que se han mantenido incólumes de la mundanalidad de esta tierra y de seguir al anticristo escaparán el terrible juicio que va a venir. Una persona tiene que estar vestida con la ropa blanca de la rectitud de Dios. La persona debe confiar y diligentemente buscar la justicia de Jesucristo o bien se encontrará desnudo y desprovisto de la ropa blanca de la justicia de Dios.

Advierta: Jesucristo dice que vuelve a la tierra como un ladrón, totalmente inesperado. Justo cuando Él está regresando para los creyentes del período de tribulación es algo que no se sabe, no lo sabe nadie. Por lo tanto, todos deben observar y estar preparados.

6. El lugar de la gran batalla se llama Armagedón o el gran valle de Megido en Palestina. (Ver bosquejo y notas - Ap. 19:17-21 para mayor discusión al respecto.)

"Velad, pues, porque no sabéis el día ni la hora en que el Hijo del Hombre ha de venir" (Mt. 25:13).

"Bienaventurados aquellos siervos a los cuales su señor, cuando venga, halle velando; de cierto os digo que se ceñirá, y hará que se sienten a la mesa, y vendrá a servirles" (Lc. 12:37).

"Porque todos vosotros sois hijos de luz e hijos del

día; no somos de la noche ni de las tinieblas. Por tanto, no durmamos como los demás, sino velemos y seamos sobrios" (1 Ts. 5:5-6).

"He aquí, yo vengo pronto; retén lo que tienes, para que ninguno tome tu corona" (Ap. 3:11).

"He aquí, yo vengo como ladrón. Bienaventurado el que vela, y guarda sus ropas, para que no ande desnudo, y vean su vergüenza" (Ap. 16:15).

8 (16:17-21) ***Juicio - Copa:*** Está el juicio de la séptima copa. Se derrama en el aire o la atmósfera. El mismo aire que respira el hombre se ve afectado, es envenenado. Se le quita el mismo aliento de la vida. Advierta tres puntos.

1. La estruendosa voz de Dios anuncia: "Hecho está". El juicio sobre los ejércitos impíos y malos de este mundo se ve consumado: Todos los ejércitos de las naciones impías y malas son borrados por el juicio de Dios.

2. La naturaleza no tiene freno en la más terrible devastación y horror imaginables. Se lanza el despliegue más asombroso y espectacular del poder y la gloria de Dios. Habrá tormentas violentas y un *terremoto catastrófico a nivel mundial.* Imagine un terremoto que violentamente afecte a todo el mundo.

"Entonces hubo relámpagos y voces y truenos, y un gran temblor de tierra, un terremoto tan grande, cual no lo hubo jamás desde que los hombres han estado sobre la tierra" (v. 18).

a. La gran ciudad de Jerusalén será sacudida por el terremoto y dividida en tres partes, es decir, casi destruida. Babilonia, la capital del anticristo, se derrumbará y se romperá en tres partes (v. 19). Es decir, será prácticamente destruida.
b. Habrá ciudades enteras entre las naciones del mundo que se derrumbarán hasta llegar a las ruinas (v. 19). Habrá devastación, destrucción, daños, muerte y confusión de masas.
c. La gran capital del mundo, Babilonia, será recordada por Dios, y Él especialmente verterá sobre ella la copa y ferocidad de su ira (v. 19).
d. Gran parte de la tierra literalmente se quebrará: Algunas islas y montañas desaparecerán (v. 20).
e. Las tormentas vendrán con granizo del cielo que pesarán hasta sesenta kilos (v. 21).

3. Está la reacción de los sobrevivientes impíos y malos de todo el mundo. Siguen blasfemando y culpando a Dios, y no se arrepienten. Esperaríamos arrepentimiento, pero los impíos y los malos de los últimos días serán tan duros y testarudos como lo son los impíos y malos de hoy día.

"Me paré sobre la arena del mar, y vi subir del mar una bestia que tenía siete cabezas y diez cuernos; y en sus cuernos diez diademas; y sobre sus cabezas, un nombre blasfemo" (Ap. 13:1).

"Y blasfemaron contra el Dios del cielo por sus dolores y por sus úlceras, y no se arrepintieron de sus obras" (Ap. 16:11).

	CAPÍTULO 17 **TERCERA VISIÓN, 17:1—20:15** **X. EL JUICIO TANTO DE LA BABILONIA RELIGIOSA COMO DE LA BABILONIA POLÍTICA, 17:1—18:24** **A. La destrucción de la Babilonia religiosa, de la falsa religión, 17:1-6**	3 Y me llevó en el Espíritu al desierto; y vi a una mujer sentada sobre una bestia escarlata llena de nombres de blasfemia, que tenía siete cabezas y diez cuernos. 4 Y la mujer estaba vestida de púrpura y escarlata, y adornada de oro, de piedras preciosas y de perlas, y tenía en la mano un cáliz de oro lleno de abominaciones y de la inmun-dicia de su fornicación;	**5 La Babilonia religiosa recibirá su poder de la bestia o el anticristo** a. Tiene color escarlata b. Tiene los nombres de la blasfemia c. Tiene siete cabezas y diez cuernos **6 La Babilonia religiosa tendrá una apariencia rica pero será corrupta** a. Por fuera: Riqueza lujosa b. Por dentro: Idolatría corrupta
1 Un ángel se acerca a Juan a. Le instruye a Juan: Ven b. Promete mostrarle el juicio de Babilonia **2 La Babilonia religiosa es una gran ramera** **3 La Babilonia religiosa se sienta sobre muchas aguas, es decir, pueblos**	1 Vino entonces uno de los siete ángeles que tenían las siete copas, y habló conmigo dicién-dome: Ven acá, y te mostraré la sentencia contra la gran ramera, la que está sentada sobre muchas aguas;	5 y en su frente un nombre escrito, un misterio: BABILONIA LA GRANDE, LA MADRE DE LAS RAMERAS Y DE LAS ABOMINACIONES DE LA TIERRA.	**7 La Babilonia religiosa tendrá un nombre llamativo** a. Misterio, Babilonia la grande b. La madre de las prostitutas
4 La Babilonia religiosa será apoyada por las naciones del mundo	2 con la cual han fornicado los reyes de la tierra, y los moradores de la tierra se han embriagado con el vino de su fornicación.	6 Vi a la mujer ebria de la sangre de los santos, y de la sangre de los mártires de Jesús; y cuando la vi, quedé asombrado con gran asombro.	**8 La Babilonia religiosa será motivo de prejuicio y tendrá un gran poder**

TERCERA VISIÓN, 17:1—20:15

DIVISIÓN X

EL JUICIO TANTO DE LA BABILONIA RELIGIOSA COMO DE LA BABILONIA POLÍTICA, 17:1—18:24

A. La destrucción de la Babilonia religiosa, de la falsa religión, 17:1-6

(17:1—18:24) ***BOSQUEJO DE LA DIVISIÓN: Babilonia:*** Jesucristo vuelve a esta tierra. Viene a traer justicia a esta tierra. Pero antes de que pueda venir y establecer rectitud en la tierra hay que hacer varias cosas.

=> Todos los ejércitos paganos y malos de esta tierra tienen que ser destruidos. Esto lo hemos visto en el capítulo anterior (Apocalipsis Capítulo 16).

=> Toda la falsa religión de este mundo debe ser destruida. De esto se trata este capítulo (Apocalipsis Capítulo 17).

=> Toda la política y los gobiernos paganos y sistemas sociales de esta tierra deberán ser destruidos. Esto se tratará en el próximo capítulo (Apocalipsis Capítulo 18).

Cuando ocurran estas tres cosas, entonces no estarán los impíos y los malos de esta tierra y Jesucristo podrá venir a la tierra y establecer su reino de justicia. Como ya se ha dicho, los ejércitos fueron destruidos en el capítulo anterior. Ahora, Dios nos muestra cómo se destruirá la falsa religión y los gobiernos y la política paganos.

Advierta una cosa: La falsa religión y el gobierno pagano siempre han estado sobre la tierra, y lo estarán hasta el fin de los tiempos. En el fin de los tiempos el anticristo y el falso profeta instituirán una religión mundial, la adoración del Estado y su líder, el anticristo mismo. Toda la maldad que ha sido comprendida en la falsa religión mostrará su fea cabeza en el fin de los tiempos. La falsa religión y el gobierno pagano estarán en su esplendor, pero también estarán en su parte más malsana y peor. Es la falsa religión y el gobierno pagano del fin de los tiempos, la adoración del Estado y el anticristo, esto es lo que se trata en este pasaje. Pero debemos tener presente esto: Toda la falsa religión y los gobiernos paganos están incorporados en el gobierno y la falsa religión del fin de los tiempos. Todos los gobiernos paganos y la falsa religión serán juzgados y borrados de la faz de la tierra por el juicio de Dios. Este es el gran tema de este pasaje: *el juicio del gobierno pagano y la falsa religión, de lo que las Escrituras llaman Babilonia política y religiosa.*

(17:1-6) ***Introducción:*** La falsa religión ha hecho más por arruinar a la gente que cualquier otra cosa. ¿Cómo? Por su engaño. La falsa religión promete vida, salvación, paz, seguridad y esperanza en algún tipo de vida posterior a esta. Pero esto es falso, es una mentira, un engaño total. Esta será la gran tragedia de la falsa Babilonia, de la falsa religión del fin de los tiempos. Arruinará a la gente por millones, los predestinará al fracaso por toda la eternidad. Este es el motivo de este capítulo en particular de Apocalipsis: advertirnos acerca de la falsa religión y advertirnos de la Babilonia religiosa, la falsa religión que va a barrer la tierra en el fin de los tiempos.

1. Un ángel se acerca a Juan (v. 1).
2. La Babilonia religiosa es una gran ramera (v. 1).
3. La Babilonia religiosa se sienta sobre muchas aguas, es decir, pueblos (v. 1).
4. La Babilonia religiosa será apoyada por las naciones del mundo (v. 2).
5. La Babilonia religiosa recibirá su poder de la bestia o el anticristo (v. 3).
6. La Babilonia religiosa tendrá una apariencia rica pero será corrupta (v. 4).
7. La Babilonia religiosa tendrá un nombre llamativo (v. 5).
8. La Babilonia religiosa será motivo de prejuicio y tendrá un gran poder (v. 6).

1 (17:1) ***Religión, Falsa - Babilonia:*** Un ángel se acerca a Juan. Recuerde que Juan está teniendo una visión de los últimos días de la historia humana. Se le acaba de mostrar la gran devastación de la última guerra, Armagedón, y la destrucción catastrófica de las grandes ciudades de la tierra. Está de pie allí impresionado y en silencio sepulcral como lo estaría cualquier otra persona. Pero de repente uno de los siete ángeles se aproxima a Juan. Este es uno de los siete ángeles que derramaron la ira de Dios sobre la tierra. El ángel le dice a Juan: "Ven acá y te mostraré la sentencia contra la gran ramera, la que está sentada sobre muchas aguas". Juan camina y ve una de las visiones más asombrosas que una persona puede llegar a ver: La destrucción y el juicio de la falsa religión en el mundo.

2 (17:1) ***Religión, Falsa - Babilonia:*** La Babilonia religiosa (falsa religión) es una gran prostituta. En la Biblia la prostitución hace referencia a los dioses falsos, a la adoración falsa, a la religión falsa y a la falsa devoción. Significa idolatría. Significa adorar otra cosa que no sea Dios mismo, otra cosa que el único Dios viviente y verdadero. Esta es la imagen de la Babilonia religiosa. Es una falsa religión, la adoración de un ídolo. Una persona comete prostitución religiosa...

- cuando imagina cómo es Dios y sigue sus propios pensamientos sobre Dios en lugar de lo que las Escrituras revelan que es.
- cuando sigue una religión terrenal y sus rituales, ceremonias y enseñanzas en lugar de seguir a Jesucristo como se reveló en las Escrituras.
- cuando hace un modelo y hace una imagen y la adora.

Prostitución espiritual significa seguir una falsa religión y adorar, la adoración de un dios falso. Esta es la imagen de la Babilonia religiosa. La religión del fin de los tiempos será una religión falsa, la adoración de un ídolo y no de Dios mismo.

> **"Profesando ser sabios, se hicieron necios, y cambiaron la gloria del Dios incorruptible en semejanza de imagen de hombre corruptible, de aves, de cuadrúpedos y de reptiles" (Ro. 1:22-23).**
>
> **"Pero el Espíritu dice claramente que en los postreros tiempos algunos apostatarán de la fe, escuchando a espíritus engañadores y a doctrinas de demonios" (1 Ti. 4:1).**
>
> **"Que tendrán apariencia de piedad, pero negarán la eficacia de ella; a éstos evita" (2 Ti. 3:5).**
>
> **"Hijitos, guardaos de los ídolos. Amén" (1 Jn. 5:21).**
>
> **"Guardaos, pues, que vuestro corazón no se infatúe, y os apartéis y sirváis a dioses ajenos, y os inclinéis a ellos" (Dt. 11:16).**
>
> **"Yo Jehová; este es mi nombre; y a otro no daré mi gloria, ni mi alabanza a esculturas" (Is. 42:8).**
>
> **"Reuníos, y venid; juntaos todos los sobrevivientes de entre las naciones. No tienen conocimiento aquellos que erigen el madero de su ídolo, y los que ruegan a un dios que no salva" (Is. 45:20).**

3 (17:1) ***Engaño - Religión, falsa:*** La Babilonia religiosa (falsa religión) se sienta sobre *muchas aguas,* es decir, gente y naciones. Lo que esto significa se explica en el versículo quince.

> **"Me dijo también: Las aguas que has visto donde la ramera se sienta, son pueblos, muchedumbres, naciones y lenguas" (v. 15).**

La imagen es que la Babilonia religiosa llenará la tierra: muchas razas, multitudes, naciones y lenguas estarán atrapadas en la adoración de la falsa religión.

> ***Pensamiento 1:*** Como se acaba de expresar, millones serán atrapados en la falsa religión en el fin de los tiempos. Pero piense acerca de hoy día: Piense cuántos millones están siguiendo una falsa religión y adorando ídolos alrededor del mundo. Pero incluso alrededor nuestro: Piense cuántos profesan a Cristo y sin embargo, no creen ni enseñan a Cristo y a la Palabra de Dios.

4 (17:2) ***Religión, falsa:*** La Babilonia religiosa (falsa religión) será apoyada por los reyes, es decir, por las naciones y gobiernos del mundo. Los gobiernos del mundo alentarán la adoración de la Babilonia religiosa. Esto, por supuesto, se está refiriendo a la adoración del Estado o gobierno y a la sociedad secular del anticristo (ver nota, Ap. 13:13-17 para mayor discusión. Esta es una nota importante para ver cómo la Babilonia religiosa gana y mantiene el poder en el fin de los tiempos y se convierte en la religión *mundial*). La Babilonia religiosa seducirá al mundo con el vino de su falsa enseñanza. Seducirá a los pueblos de la tierra para que adoren al anticristo y su gobierno y sociedad secular.

Recuerde: El argumento para adorar al Estado y la sociedad secular será fuerte. El anticristo y su gobierno traerán paz y recuperación económica a la tierra. Él también proveerá asistencia masiva para ayudar a las naciones y a los pueblos de la tierra durante los desastres naturales que cada vez más azotarán la tierra (ver bosquejos y notas, Ap. 6:1-8 ; 6:12-17 ; 8:6-12 ; 8:13-9:11 ; 9:12-21 , 13:11-18 para mayor discusión al respecto). Áreas enteras de la tierra serán devastadas por las fuerzas de la naturaleza que estarán sin freno. El mundo y su gente implorará ayuda de algún dirigente que tenga respuestas. Y el anticristo será la persona y el gobierno que tendrá las respuestas, al menos por un tiempo. Por lo tanto, el mundo se volcará a él y a su Estado por ayuda y liderazgo. Muchos de los dirigentes y gobiernos del mundo apoyarán su idea de una religión estatal a fin de mantener a las masas del mundo leales al Estado. Los dirigentes de muchas naciones estarán convencidos que la forma de mantener a la gente apoyando al gobierno es esta: conducir a la gente a adorar al gobierno y a buscar en el gobierno la satisfacción de las necesidades de la sociedad. Los dirigentes harán que el gobierno o el Estado sea el centro de atención, el centro alrededor de los cuales gire la vida. El gobierno o el Estado se convertirán en dios y el hombre será su siervo. (Cp. con el comunismo u otro Estado socialista o dictatorial que se centra totalmente en el gobierno).

El punto es este: En el fin de los tiempos habrá una religión mundial, una religión del Estado. Habrá una Babilonia religiosa, una falsa religión que intentará seducir a todos los pueblos de la tierra bajo su control. La falsa religión tendrá el apoyo de los reyes y líderes del mundo.

> ***Pensamiento 1:*** ¿Cuántas personas prefieren pertenecer a una religión o a una iglesia que permite la mundanalidad, que no enseña y predica la separación ?
>
> **"Así que, hermanos, os ruego por las misericordias de Dios, que presentéis vuestros cuerpos en sacrificio vivo, santo, agradable a Dios, que es vuestro culto racional. No os conforméis a este siglo, sino transformaos por medio de la renovación de vuestro entendimiento, para que comprobéis cuál sea la buena voluntad de Dios, agradable y perfecta" (Ro. 12:1-2).**
>
> **"Por lo cual, salid de en medio de ellos, y apartaos, dice el Señor, y no toquéis lo inmundo; y yo os recibiré, y seré para vosotros por Padre, y vosotros me seréis hijos e hijas, dice el Señor Todopoderoso" (2 Co. 6:17-18).**
>
> **"No améis al mundo, ni las cosas que están en el mundo. Si alguno ama al mundo, el amor del Padre no está en él. Porque todo lo que hay en el mundo, los deseos de la carne, los deseos de los ojos, y la vanagloria de la vida, no proviene del Padre, sino del mundo" (1 Jn. 2:15-16).**
>
> ***Pensamiento 2:*** Muchos gobiernos apoyan religiones importantes por el bien que hacen las religiones. La religión ayuda al Estado a promover la ley y el orden, la lealtad al Estado, la paz, la moralidad y la disciplina.

5 (17:3) ***Babilonia religiosa - Religión, falsa:*** La Babilonia religiosa o la falsa religión del Estado recibirá su poder de la bestia, o sea, del anticristo. La falsa religión en el fin de los tiempos será apoyada por el anticristo y su gobierno (ver nota, Ap. 13:12 para mayor discusión). Advierta tres hechos.

1. La Babilonia religiosa se sienta sobre una bestia de color escarlata. *Sentarse* significa que la falsa religión es apoyada y dependiente del Estado.

2. La bestia de color escarlata es el anticristo. Es él quien está lleno de nombres y blasfema a Dios. Esto significa que todas las cabezas de gobierno bajo su autoridad blasfeman y se rebelan en contra de Dios. La falsa religión en realidad representa a los gobiernos blasfemos. No será para nada una religión, será la adoración del Estado mismo.

3. La bestia con siete cabezas y diez cuernos es el anticristo. Las siete cabezas son las siete naciones que voluntariamente se rendirán al control del anticristo. Él habrá conquistado a tres naciones. Las tres naciones conquistadas y las siete naciones que voluntariamente se sometan a su control le dan al anticristo el poder de diez cuernos o naciones. Esto es, los diez cuernos se refieren a diez naciones poderosas que estarán bajo su control (ver notas, Ap. 13:1-2). Él tendrá el poder de las diez naciones para que lo apoyen en aplicar la religión del Estado (ver nota, Ap. 13:1).

La falsa religión dependerá del poder del anticristo y de los gobiernos bajo su control. Será el poder de estos gobiernos los que mantendrán la religión falsa en el mundo. Las naciones bajo el control del anticristo serán naciones importantes que prediquen la falsa religión de Babilonia, es decir, la adoración del Estado.

> ***Pensamiento 1:*** Hay muchos que tratan de mezclar la religión con el mundo. Basan su religión y moral en sus deseos, en lo que quieren hacer en el mundo. Su religión está determinada por sus deseos por el mundo. El mundo y sus posiciones ocupan el primer lugar y luego se acepta cualquier religión necesaria para salvar sus conciencias.
>
> **"¿O ignoráis que vuestro cuerpo es templo del Espíritu Santo, el cual está en vosotros, el cual tenéis de Dios, y que no sois vuestros? Porque habéis sido comprados por precio; glorificad, pues, a Dios en vuestro cuerpo y en vuestro espíritu, los cuales son de Dios" (1 Co. 6:19-20).**
>
> **"Mirad también por vosotros mismos, que vuestros corazones no se carguen de glotonería y embriaguez y de los afanes de esta vida, y venga de repente sobre vosotros aquel día" (Lc. 21:34).**
>
> **"Poned la mira en las cosas de arriba, no en las de la tierra" (Col. 3:2).**
>
> **"Enseñándonos que, renunciando a la impiedad y a los deseos mundanos, vivamos en este siglo sobria, justa y piadosamente" (Tit. 2:12).**
>
> **"¡Oh almas adúlteras! ¿No sabéis que la amistad del mundo es enemistad contra Dios? Cualquiera, pues, que quiera ser amigo del mundo, se constituye enemigo de Dios" (Stg. 4:4).**

6 (17:4) ***Religión, falsa:*** La riqueza y corrupción de la Babilonia religiosa (falsa religión) en el fin de los tiempos serán trágicas.

1. La falsa religión del fin de los tiempos será extremadamente rica. Esto es lo que quiere significarse por la vestimenta de púrpura y escarlata y por el oro, las piedras preciosas y las perlas.

> ***Pensamiento 1:*** ¡Imagine una religión que es rica en las posesiones de este mundo mientras tantos en el mundo tienen necesidades tan desesperantes ! Hay 40.000 niños que mueren de hambre cada día, y esos son solo los que mueren de hambre. Estos 40.000 no incluyen a los adultos. Y recuerde: En el fin de los tiempos las necesidades serán mucho mayores entre los millones que sufren de la devastación de las catástrofes que azotarán la tierra y debido al holocausto que lanzará el anticristo. Sin embargo, la religión de esa época será rica e incluso alardeará de su riqueza. ¡Qué lección para todos los creyentes y las iglesias!
>
> **"Jesús le dijo: Si quieres ser perfecto, anda, vende lo que tienes, y dalo a los pobres, y tendrás tesoro en el cielo; y ven y sígueme" (Mt. 19:21).**
>
> **"Y decía a todos: Si alguno quiere venir en pos de mí,**

niéguese a sí mismo, tome su cruz cada día, y sígame" (Lc. 9:23).

"Así, pues, cualquiera de vosotros que no renuncia a todo lo que posee, no puede ser mi discípulo" (Lc. 14:33).

"Y él les dijo: De cierto os digo, que no hay nadie que haya dejado casa, o padres, o hermanos, o mujer, o hijos, por el reino de Dios, que no haya de recibir mucho más en este tiempo, y en el siglo venidero la vida eterna" (Lc. 18:29-30).

2. La falsa religión del fin de los tiempos será corrupta. Ofrecerá un cáliz para ayudar a la gente del mundo, pero el cáliz está lleno de abominación e inmundicia. Esto es, lo que la falsa religión ofrece es idolatría, una adoración contaminada y corrupta.

Pensamiento 1: Todas las falsas religiones alimentan a la gente con nada más que abominaciones e inmundicia. Las enseñanzas y doctrinas de la falsa religión son desagradables y repulsivas. Imagine ser alimentado con inmundicia y abominación. Esto es lo que las Escrituras dicen que comemos si celebramos una falsa religión.

"Profesan conocer a Dios, pero con los hechos lo niegan, siendo abominables y rebeldes, reprobados en cuanto a toda buena obra" (Tit. 1:16).

"Pero hubo también falsos profetas entre el pueblo, como habrá entre vosotros falsos maestros, que introducirán encubiertamente herejías destructoras, y aun negarán al Señor que los rescató, atrayendo sobre sí mismos destrucción repentina. Y muchos seguirán sus disoluciones, por causa de los cuales el camino de la verdad será blasfemado" (2 P. 2:1-2).

"Hijitos, guardaos de los ídolos. Amén" (1 Jn. 5:21).

"Guardaos, pues, que vuestro corazón no se infatúe, y os apartéis y sirváis a dioses ajenos, y os inclinéis a ellos" (Dt. 11:16).

7 (17:5) ***Religión falsa - Babilonia, religiosa:*** El nombre de la Babilonia religiosa o de la falsa religión es llamativo.

"Y en su frente un nombre escrito, un misterio: BABILONIA LA GRANDE, LA MADRE DE LAS RAMERAS Y DE LAS ABOMINACIONES DE LA TIERRA" (v. 5).

1. El nombre de la Babilonia religiosa, falsa religión, es un misterio. Es decir, el hecho de que la falsa religión sea falsa no es algo conocido por todas las personas. Muchos no saben que están adorando una falsa religión. Hay que revelarles este hecho.

Pensamiento 1: ¡Cuán cierto es esto ! Piense en cuántos millones están adorando un dios falso o un Cristo falso, un Cristo que difiere totalmente del Cristo revelado por la Palabra de Dios.

2. La Babilonia religiosa será la *madre* de muchas falsas religiones y abominaciones sobre la tierra. Ella da lugar a muchas enseñanzas falsas y engaños, a muchas corrupciones en la adoración de Dios. Esto nos dice quién es la Babilonia religiosa. Vuelve a la construcción de la *torre de Babel* en el Antiguo Testamento. Bajo un líder llamado Nimrod, el hombre decidió construir el *Estado ideal o utopía.* El hombre se alejó de Dios y se decidió a asegurarse por sus propios medios construyendo una torre que llegara al cielo. Es decir, buscaba seguridad, provisión y ayuda de otros hombres en lugar de hacerlo en Dios. Unió sus manos con otras personas para intentar construir el mundo ideal y perfecto por medio de sus propios esfuerzos y sin Dios. Omitieron del todo a Dios, lo dejaron totalmente de lado. Advierta: La torre de Babel es el cimiento de la ciudad de *Babilonia*, la primera vez que la palabra *Babilonia* se menciona en la Biblia. A partir de allí, Babilonia pasó a significar...

- una religión pagana (cp. Is. 1:21; Jer 2:20; 3:1; Ez. 16:15; Os. 2:5; 3:3; 4:15).
- o un gobierno y sociedad paganos (Is. 23:17; Nah. 3:4).

El punto es este: La Babilonia religiosa representa a toda la religión falsa. Representa a todas las religiones que buscan más allá del cielo o utopía o la vida perfecta...

- por medio de las propias obras y el esfuerzo propio del hombre.
- por medio de la bondad y justicia propia del hombre.
- por medio de los rituales y ceremonias propios del hombre.
- por medio de las ideas de Dios y adoración de Dios propias del hombre.
- por medio de la religión y los servicios benevolentes propios del hombre.
- por medio del gobierno y el Estado propios del hombre.
- por medio de la comunidad y la sociedad propias del hombre.

En esencia, la Babilonia religiosa es la madre de todas las religiones falsas. Pero habrá una diferencia notoria con la religión del fin de los tiempos: El sueño del hombre de un gobierno mundial y de una religión mundial se volverá realidad. Todo lo malo y equivocado que existe en la falsa religión se combinará en una religión en el fin de los tiempos, y barrerá y consumirá al mundo. La Babilonia religiosa difundirá sus abominaciones e inmundicias en todo el mundo bajo una religión estatal mundial. La religión probablemente sea ecléctica, es decir, asimile suficiente de las principales religiones del mundo como para satisfacer a la gran masa de gente (cp. Ap. 13:13ss; 17:5, 15). La religión apóstata se verá simbolizada en la misma ciudad en cuyo centro está establecida: Babilonia.

Pensamiento 1: La única forma de lograr la utopía o el cielo es a través de Jesucristo, no por nuestros propios esfuerzos. Debemos trabajar y trabajar diligentemente para construir el mejor mundo y la mejor sociedad que podamos, pero con Dios, no sin Dios.

"Mas buscad primeramente el reino de Dios y su justicia, y todas estas cosas os serán añadidas" (Mt. 6:33).

"Porque todo aquel que invocare el nombre del Señor, será salvo" (Ro. 10:13).

"Porque por gracia sois salvos por medio de la fe; y esto no de vosotros, pues es don de Dios; no por obras, para que nadie se gloríe. Porque somos hechura suya, creados en Cristo Jesús para buenas obras, las cuales

Dios preparó de antemano para que anduviésemos en ellas" (Ef. 2:8-10).

"Echando toda vuestra ansiedad sobre él, porque él tiene cuidado de vosotros" (1 P. 5:7).

"Por la bendición de los rectos la ciudad será engrandecida; mas por la boca de los impíos será trastornada" (Pr. 11:11).

"La justicia engrandece a la nación; mas el pecado es afrenta de las naciones" (Pr. 14:34).

8 (17:6) ***Religión, falsa - Babilonia, religiosa:*** El poder religioso y el fanatismo de la Babilonia religiosa (falsa religión) en el fin de los tiempos será feroz. La religión falsa será líder en lanzar el holocausto para el anticristo. Literalmente millones y millones —una multitud incontable— serán perseguidos y asesinados porque se rehúsan a adorar al Estado y su líder, el anticristo. Advierta: Muchos de los mártires serán seguidores de Jesucristo. (Ver notas, Ap. 6:9-11; 7:9-17; 13:13-17 para mayor discusión).

"Y guardaos de los hombres, porque os entregarán a los concilios, y en sus sinagogas os azotarán; y aun ante gobernadores y reyes seréis llevados por causa de mí, para testimonio a ellos y a los gentiles" (Mt. 10:17-18).

"Entonces os entregarán a tribulación, y os matarán, y seréis aborrecidos de todas las gentes por causa de mi nombre. Muchos tropezarán entonces, y se entregarán unos a otros, y unos a otros se aborrecerán" (Mt. 24:9-10).

"Pero antes de todas estas cosas os echarán mano, y os perseguirán, y os entregarán a las sinagogas y a las cárceles, y seréis llevados ante reyes y ante gobernadores por causa de mi nombre" (Lc. 21:12).

"Acordaos de la palabra que yo os he dicho: El siervo no es mayor que su señor. Si a mí me han perseguido, también a vosotros os perseguirán; si han guardado mi palabra, también guardarán la vuestra. Mas todo esto os harán por causa de mi nombre, porque no conocen al que me ha enviado" (Jn. 15:20-21).

"Os expulsarán de las sinagogas; y aun viene la hora cuando cualquiera que os mate, pensará que rinde servicio a Dios. Y harán esto porque no conocen al Padre ni a mí" (Jn. 16:2-3).

"Y también todos los que quieren vivir piadosamente en Cristo Jesús padecerán persecución" (2 Ti. 3:12).

"No temas en nada lo que vas a padecer. He aquí, el diablo echará a algunos de vosotros en la cárcel, para que seáis probados, y tendréis tribulación por diez días. Sé fiel hasta la muerte, y yo te daré la corona de la vida" (Ap. 2:10).

	B. El poder tras la Babilonia religiosa, tras la falsa religión: La bestia o el anticristo, 17:7-18	visto, son diez reyes, que aún no han recibido reino; pero por una hora recibirán autoridad como reyes juntamente con la bestia.	
1 El misterio y los detalles dados	7 Y el ángel me dijo: ¿Por qué te asombras? Yo te diré el misterio de la mujer, y de la bestia que la trae, la cual tiene las siete cabezas y los diez cuernos.	13 Estos tienen un mismo propósito, y entregarán su poder y su autoridad a la bestia.	
2 La fuente del poder de la Babilonia religiosa: La bestia o el anticristo a. La grandeza de la bestia o el anticristo 1) Su poder terrenal 2) Su poder sobrenatural 3) Su final o destino 4) Su efecto	8 La bestia que has visto, era, y no es; y está para subir del abismo e ir a perdición; y los moradores de la tierra, aquellos cuyos nombres no están escritos desde la fundación del mundo en el libro de la vida, se asombrarán viendo la bestia que era y no es, y será.	14 Pelearán contra el Cordero, y el Cordero los vencerá, porque él es Señor de señores y Rey de reyes; y los que están con él son llamados y elegidos y fieles. 15 Me dijo también: Las aguas que has visto donde la ramera se sienta, son pueblos, muchedumbres, naciones y lenguas.	c. El terrible propósito de la bestia o el anticristo **3 La destrucción de la Babilonia religiosa o falsa religión** a. La Babilonia religiosa (falsa religión) obtendrá un poder enorme
b. El poder de la bestia o el anticristo 1) Comprendido solo por los creyentes espirituales 2) Su poder terrenal 3) Su poder sobrenatural	9 Esto, para la mente que tenga sabiduría: Las siete cabezas son siete montes, sobre los cuales se sienta la mujer, 10 y son siete reyes. Cinco de ellos han caído; uno es, y el otro aún no ha venido; y cuando venga, es necesario que dure breve tiempo. 11 La bestia que era, y no es, es también el octavo; y es de entre los siete, y va a la perdición.	16 Y los diez cuernos que viste en la bestia, éstos aborrecerán a la ramera, y la dejarán desolada y desnuda; y devorarán sus carnes, y la quemarán con fuego; 17 porque Dios ha puesto en sus corazones el ejecutar lo que él quiso: ponerse de acuerdo, y dar su reino a la bestia, hasta que se cumplan las palabras de Dios.	b. La Babilonia religiosa (falsa religión) será casi destruida por el anticristo y su Estado c. La Babilonia religiosa (falsa religión) será casi destruida por Dios
4) Su gran gobierno y dominio	12 Y los diez cuernos que has	18 Y la mujer que has visto es la gran ciudad que reina sobre los reyes de la tierra.	

DIVISIÓN X

EL JUICIO TANTO DE LA BABILONIA RELIGIOSA COMO DE LA BABILONIA POLÍTICA, 17:1—18:24

B. El poder tras la Babilonia religiosa, tras la falsa religión: La bestia o el anticristo, 17:7-18

(17:7-18) ***Introducción:*** En el fin de los tiempos Jesucristo volverá nuevamente a la tierra. Volverá para establecer justicia en la tierra. Traerá la sociedad y el gobierno perfectos e ideales y la adoración pura y el servicio a Dios. Pero antes de hacerlo, tiene que destruir todo lo impío y malo de este mundo. La justicia no puede coexistir con lo impío y lo malo. Esto también significa que toda falsa religión también debe ser destruida. Este es el tema de este pasaje, la destrucción de la Babilonia religiosa, de la falsa religión del mundo. Recuerde: Habrá una religión mundial en el fin de los tiempos, la adoración del Estado y su dirigente, el anticristo. A todos se les requerirá por ley que den su primera lealtad al Estado, de lo contrario enfrentarán la muerte. Esta religión mundial, esta adoración del gobierno y de su dirigente es lo que se quiere significar por *Babilonia religiosa.* La primera parte de la discusión se trató en el pasaje anterior (Ap. 17:1-6). Debido a la longitud del tratamiento ha sido dividida en dos partes. Este pasaje es el *juicio de la Babilonia religiosa, de la falsa religión* (Parte 2).

1. El misterio y los detalles dados (v. 7).
2. La fuente del poder de la Babilonia religiosa: La bestia o el anticristo (vv. 7-14).
3. La destrucción de la Babilonia religiosa o falsa religión (vv. 15-18).

1 (17:7) ***Religión, falsa:*** La Babilonia religiosa, es decir la falsa religión, es un *misterio.* Cómo un grupo de personas puede proclamar creer y seguir a Dios y aún así honrar y colocar a los dirigentes, los gobiernos, los Estados, las doctrinas y los rituales por sobre Dios es un misterio. Es una hipocresía; es un fraude y una religión falsa. Cómo un grupo de gente puede proclamar creer y seguir a Dios y aún así asesinar a millones de personas porque la gente no cree lo mismo que ellos es un misterio. Es una hipocresía, un fraude y una religión falsa.

Sin embargo, eso es exactamente lo que Juan presenció. Él vio una imagen de cómo será la falsa religión en los últimos días de la historia mundial. Y la imagen era horrible. La religión de los últimos días unirá sus manos con el gobierno del anticristo y la falsa religión barrerá el mundo. Juan vio que la mayor parte del mundo será seducida por la atracción de la falsa religión, y la mayoría adorará al gobierno como el gran proveedor y protector de la sociedad. También presenció que la Babilonia religiosa o la falsa religión asesinará a millones y millones de personas porque se rehusarán a colocar al Estado y la sociedad secular antes que su propia religión. Él vio que entre estos millones habrá una gran multitud de creyentes genuinos. Viendo todo esto, Juan quedó en estado de asombro y confusión, preguntándose cómo algo así podía suceder. Mientras estaba allí algo impactado, el ángel se le acercó y le dijo a Juan que ahora le revelaría el misterio y los detalles de la Babilonia religiosa.

2 (17:7-14) ***Anticristo - Religión:*** Está la fuente del poder de la Babilonia religiosa o falsa religión. En el fin de los tiempos la fuente de poder de la falsa religión será la bestia o el anticristo. (Advierta: Prácticamente todos los hechos dados en estos versículos han sido cubiertos en notas anteriores. Cuando esto se aplica, no hay necesidad de repetir la discusión. Por lo tanto, se dará una breve explicación y luego la nota donde se puede encontrar un tratamiento más detallado.)

1. Está la grandeza de la bestia que apoya la falsa religión, la grandeza del anticristo (vv. 7*b*-8).

a. Está el gran poder terrenal del anticristo: Siete cabezas y diez cuernos. El anticristo tendrá siete cabezas o siete gobiernos que voluntariamente se someterán a su gobierno. Pero también tendrá el poder de diez cuernos o gobiernos que lo apoyan. ¿Cómo? Cuando primero acceda al poder, probablemente marche en contra de estos tres gobiernos y los conquiste y los absorba en su propio gobierno o nación. Estos tres más los siete que voluntariamente se someterán a su reinado le darán el poder de diez naciones. (Ver Estudio a fondo 1, cuadro, punto 3 - Ap. 13:2 para mayor discusión.) Imagine el gran poder terrenal que tendrá el anticristo al gobernar sobre todas estas naciones e imperios. La falsa religión del fin de los tiempos tendrá un gran poder tras de ello.

b. Está el poder sobrenatural del anticristo: Él saldrá del abismo, la verdadera encarnación de la maldad o bien estará imbuido de algún poderoso espíritu maligno del abismo. (Ver notas, Ap. 9:2 ; 11:7-10; punto 1 - Ap. 13:2-3 para mayor discusión al respecto.)

c. Está el final o el destino del anticristo: Perdición (apoleian). La palabra significa ser destruido, perder el propio bienestar, estar arruinado y tener una existencia sin valor. No significa que una persona deje de existir. Significa que una persona será destruida, devastada y condenada a una existencia sin valor. Él sufrirá pérdida, destrucción y ruina por los siglos de los siglos.

Pensamiento 1: Independientemente de cuán grande sea una persona, si no conoce a Jesucristo, enfrentará la perdición. El anticristo será un gran hombre a los ojos del mundo. Gobernará todo el mundo, pero estará destinado: Todo porque nunca dio su vida y su corazón a Jesucristo. Independientemente de quién sea la persona, si es un enemigo de la cruz, será destruido. No importa quién sea, ya sea de afuera o de adentro de la iglesia, sufrirá la perdición, es decir la destrucción. ¿Quién es un enemigo de la cruz? La persona...

- que rechaza la cruz de Cristo como el único camino a Dios.
- que no acepta la muerte de Cristo como pago de sus pecados.
- que no cree que Cristo murió por él, es decir, como castigo por sus transgresiones.
- que no cree que la pena por su imperfección fue cargada por Cristo en la cruz.
- que no se acerca a Dios diciendo que viene por la muerte de Cristo, es decir, que quiere que Dios lo acepte en la muerte de Cristo.
- que reclama que hay otras formas de acercarse a Dios, otras que no son la cruz de Cristo.
- que considera que la cruz de Cristo es una tontería.
- que se opone y maldice a Cristo y a su cruz.
- que persigue e intenta deshacerse de Cristo y de su cruz.
- que niega y cuestiona que Cristo haya muerto por sus pecados.

"E irán éstos al castigo eterno, y los justos a la vida eterna" (Mt. 25:46; cp. vv. 25-45).

"Pero cualquiera que blasfeme contra el Espíritu Santo, no tiene jamás perdón, sino que es reo de juicio eterno" (Mr. 3:29).

"Su aventador está en su mano, y limpiará su era, y recogerá el trigo en su granero, y quemará la paja en fuego que nunca se apagará" (Lc. 3:17).

"Pero *ira y enojo* a los que son contenciosos y no obedecen a la verdad, sino que obedecen a la injusticia; *tribulación y angustia* sobre todo ser humano que hace lo malo, el judío primeramente y también el griego" (Ro. 2:8-9).

"Y a vosotros que sois atribulados, daros reposo con nosotros, cuando se manifieste el Señor Jesús desde el cielo con los ángeles de su poder, en llama de fuego, para dar retribución a los que no conocieron a Dios, ni obedecen al evangelio de nuestro Señor Jesucristo; los cuales sufrirán pena de eterna perdición, excluidos de la presencia del Señor y de la gloria de su poder" (2 Ts. 1:7-9).

"¿Cuánto mayor castigo pensáis que merecerá el que pisoteare al Hijo de Dios, y tuviere por inmunda la sangre del pacto en la cual fue santificado, e hiciere afrenta al Espíritu de gracia? Pues conocemos al que dijo: Mía es la venganza, yo daré el pago, dice el Señor. Y otra vez: El Señor juzgará a su pueblo" (He. 10:29-30).

"Sabe el Señor librar de tentación a los piadosos, y reservar a los injustos para ser castigados en el día del juicio" (2 P. 2:9).

"Y el que no se halló inscrito en el libro de la vida fue lanzado al lago de fuego" (Ap. 20:15).

"Pero los cobardes e incrédulos, los abominables y homicidas, los fornicarios y hechiceros, los idólatras y todos los mentirosos tendrán su parte en el lago que arde con fuego y azufre, que es la muerte segunda" (Ap. 21:8).

d. El efecto del anticristo: Él asombrará al mundo (ver nota, punto 2-Ap. 13:4-8).

2. Está el poder de la bestia que apoya la Babilonia religiosa o la falsa religión (vv. 9-14). El poder es fenomenal. Advierta cuatro hechos.

a. La bestia o el anticristo puede ser comprendido solo por creyentes con mentalidad espiritual (v. 9a).
b. El gran poder terrenal del anticristo: Se sienta sobre siete montañas y comprende siete grandes reinos (vv. 9b-10). (Ver Estudio a fondo 1, punto 2 - Ap. 13:2 ; Estudio a fondo 1-17:9-10 a los fines de una discusión.)
c. El gran poder sobrenatural del anticristo (v. 10). Será la encarnación total de la maldad. La bestia o el anticristo atraviesa tres etapas. Tuvo existencia en el pasado, pero deja de existir por un tiempo. Luego asciende del abismo, es decir, o se llena de un espíritu maligno o bien es una encarnación de la maldad satánica como jamás se ha visto. Él es la bestia... el octavo [regidor que]... es uno de los siete gobernadores originales (v. 11). Él va a experimentar las dos etapas de la existencia, y la segunda etapa será una plena encarnación del mal. Él personificará e incluirá todos los rasgos de terror de los imperios antiguos. (Ver nota, punto 2- Ap. 13:2-3 ; cp. Ap. 13:14-17 para mayor discusión.)
d. Está el gran reinado del anticristo (vv. 12-13). Sus diez cuernos son diez reinos. Estos diez reinos estarán bajo el poder del anticristo y formarán una gran alianza con él (v. 13). (Ver notas-Ap. 17:7-14; 13:1; también ver Estudio a fondo 1, cuadro, punto 3 - Ap. 13:2.)

3. Está el terrible propósito del anticristo y su alianza: Hacer la guerra contra el Cordero, el Señor Jesucristo (v. 14). (Ver notas, Ap. 7:13-14; 13:2-3; puntos 6, 7, 9, Ap. 13:4-7; 11:1; 16:12-16 para mayor discusión.)

ESTUDIO A FONDO 1

(17:9-10) ***Anticristo - Fin de los tiempos:*** Muchos dicen que las siete montañas o siete cabezas se refieren a Roma. Esto es, en el fin de los tiempos, la Babilonia religiosa o la falsa religión tendrá asiento en Roma. Esto es porque Roma fue conocida en tiempos antiguos como *la ciudad de las siete colinas.* Pero advierta: Esto no es lo que Juan dice. Él dice claramente que las siete cabezas representan siete reyes o gobiernos (v. 10). Por diez montañas él quiere significar que la falsa religión se asienta sobre siete reinos o imperios que tienen un poder pleno y completo. Advierta que las siete montañas y siete cabezas significan siete reyes de reinos e imperios. Advierta qué dicen las Escrituras:

"Esto, para la mente que tenga sabiduría: Las siete cabezas son *siete montes*, sobre los cuales se sienta la mujer, y son siete reyes. Cinco de ellos han caído; uno es, y el otro aún no ha venido; y cuando venga, es necesario que dure breve tiempo" (vv. 9-10).

¿Quiénes son estos reyes o reinos o imperios? Hay varias ideas, pero las Escrituras no identifican a estos reyes. La mejor manera de descubrir quiénes son es buscar en el Antiguo Testamento y advertir los reyes o imperios que *se opusieron al pueblo de Dios.* Una vez hecho esto, los siguientes imperios *parecen* ser la respuesta más lógica.

=> Cinco de los reyes o imperios han caído. Es decir, ya no existen. Parece tratarse de Egipto, Asiria, Babilonia, Medo-Persia y Grecia.

=> Uno de los reinos todavía permanece. Es decir, permanece y continúa existiendo a lo largo de los siglos. Se trataría de Roma y los rasgos de Roma que han seguido a lo largo de los siglos: rasgos que existen en los cuerpos gobernantes y legislaturas de gobierno, en los gobiernos representativos y en las leyes de las naciones, y en la religión de la Roma Papal.

=> Un rey o reinado todavía no ha llegado. Esto se referiría a un renacimiento del Impero Romano o de muchas de las naciones que formaban parte del Imperio Romano. El anticristo abrazaría los rasgos de los imperios y regiría sobre ellos. Sería el octavo gobernador mencionado en el versículo once.

3 (17:15-18) ***Religión, falsa - Babilonia, religiosa:*** Está la destrucción de la Babilonia religiosa. El anticristo y su alianza política gira nuevamente el movimiento religioso de Babilonia. Recuerde: La religión será utilizada por el anticristo para ganar y mantener la lealtad de las masas de todo el mundo. Se establecerá una religión estatal: todo ciudadano será forzado a dar su primera lealtad al Estado. Será el Estado el que le dé tanto a la gente ; por lo tanto, el Estado esperará la primera lealtad. Pero advierta: El anticristo y el gobierno se volverán en contra de la religión y prácticamente la destruirán. Advierta tres hechos significativos.

1. La Babilonia religiosa (falsa religión) ganará un poder enorme en el fin de los tiempos (v. 15). La religión se sentará, es decir, se apoyará en multitudes y naciones y lenguas. La idea es que prácticamente todos adorarán la imagen de la bestia o del Estado en el fin de los tiempos.

2. La Babilonia religiosa (falsa religión) es prácticamente destruida por el anticristo y su alianza (v. 16). ¿Por qué? La respuesta se da en el punto anterior: poder y dinero.

=> Imagine todo el dinero que cuesta mantener una religión mundial: Todo el control y el personal necesario y las oficinas y otros recursos para supervisar y asegurarse de que los ciudadanos muestran lealtad al Estado.

=> Imagine toda la riqueza que poseería una religión mundial a través de contribuciones y de las propiedades que poseería.

=> Recuerde la devastación que sucede en el mundo durante la gran tribulación, el costo enorme y las grandes sumas de dinero necesarias para satisfacer las necesidades de ciudades y naciones.

Una vez que el anticristo y su Estado han logrado comprometer a la gente con el Estado, ya no necesitarán la religión. El Estado tendrá la lealtad de la gente. Lo que no tendrá es el dinero y la riqueza de la religión. Por lo tanto, destruirá la religión por su riqueza y poder. Advierta exactamente qué se dice.

=> El Estado *odiará* a la Babilonia religiosa: La religión ya habrá servido su propósito. El Estado ahora quiere un control pleno y completo de la gente y de la riqueza.

=> El Estado *desolará* a la Babilonia religiosa: Se le robará a la religión todo su dinero, riqueza, propiedad y tenencias.

=> El estado *desnudará* a la Babilonia religiosa: Expondrá sus corrupciones a la vista pública, demostrando por qué la religión debe ser destruida.

=> El Estado *devorará su carne:* La consumirá y tomará todo lo que valga la pena y sea beneficioso para el Estado. Lo que beneficie al Estado, la lealtad de la gente y la riqueza, será consumido por el Estado.

=> El Estado *quemará la religión con fuego.* No quedará nada más que cenizas.

3. La Babilonia religiosa será destruida por Dios. En el análisis final Dios es el que hará que se destruya la falsa religión. Dios plantará la idea de destruir a la Babilonia religiosa en la mente del anticristo. Luego Dios hará que los otros diez gobiernos lo apoyen. Y la falsa religión, la Babilonia religiosa, será borrada de la faz de la tierra para siempre.

Advierta cuán claramente se identifica la Babilonia religiosa (v. 18). La mujer: La Babilonia religiosa, la religión del Estado es la gran ciudad que reina sobre los dirigentes del mundo. La religión, la falsa religión, será el poder que obtiene y mantiene la lealtad de las personas al Estado. Pero una vez logrado su propósito, una vez que las personas sean leales al Estado ya no hay más necesidad de religión. El Estado tendrá entonces el poder total y la riqueza de la Babilonia religiosa.

1 Está el gran anuncio angélico

2 Los razones por las que Babilonia será destruida

a. Por corrupción espiritual

b. Porque la ciudad corrompería naciones, dirigentes de gobiernos y mercaderes

c. Porque la ciudad corrompería a las personas y las conduciría al pecado

d. Porque la ciudad sería la primera en perseguir al pueblo de Dios

e. Por gloria propia, orgullo, extravagancia egoísta e indulgencia

3 La rapidez de la destrucción de Babilonia

4 El efecto de la caída de Babilonia

a. La lamentación de los líderes gubernamentales del mundo

CAPÍTULO 18

C. La caída de la Babilonia política, 18:1-24

1 Después de esto vi a otro ángel descender del cielo con gran poder; y la tierra fue alumbrada con su gloria.

2 Y clamó con voz potente, diciendo: Ha caído, ha caído la gran Babilonia, y se ha hecho habitación de demonios y guarida de todo espíritu inmundo, y albergue de toda ave inmunda y aborrecible.

3 Porque todas las naciones han bebido del vino del furor de su fornicación; y los reyes de la tierra han fornicado con ella, y los mercaderes de la tierra se han enriquecido de la potencia de sus deleites.

4 Y oí otra voz del cielo, que decía: Salid de ella, pueblo mío, para que no seáis partícipes de sus pecados, ni recibáis parte de sus plagas;

5 porque sus pecados han llegado hasta el cielo, y Dios se ha acordado de sus maldades.

6 Dadle a ella como ella os ha dado, y pagadle doble según sus obras; en el cáliz en que ella preparó bebida, preparadle a ella el doble.

7 Cuanto ella se ha glorificado y ha vivido en deleites, tanto dadle de tormento y llanto; porque dice en su corazón: Yo estoy sentada como reina, y no soy viuda, y no veré llanto;

8 por lo cual en un solo día vendrán sus plagas; muerte, llanto y hambre, y será quemada con fuego; porque poderoso es Dios el Señor, que la juzga.

9 Y los reyes de la tierra que han fornicado con ella, y con ella han vivido en deleites, llorarán y harán lamentación sobre ella, cuando vean el humo de su incendio,

10 parándose lejos por el temor de su tormento, diciendo: ¡Ay, ay, de la gran ciudad de Babilonia, la ciudad fuerte; porque en una hora vino tu juicio!

11 Y los mercaderes de la tierra lloran y hacen lamentación sobre ella, porque ninguno compra más sus mercaderías;

12 mercadería de oro, de plata, de piedras preciosas, de perlas, de lino fino, de púrpura, de seda, de escarlata, de toda madera olorosa, de todo objeto de marfil, de todo objeto de madera preciosa, de cobre, de hierro y de mármol;

13 y canela, especias aromáticas, incienso, mirra, olíbano, vino, aceite, flor de harina, trigo, bestias, ovejas, caballos y carros, y esclavos, almas de hombres.

14 Los frutos codiciados por tu alma se apartaron de ti, y todas las cosas exquisitas y espléndidas te han faltado, y nunca más las hallarás.

15 Los mercaderes de estas cosas, que se han enriquecido a costa de ella, se pararán lejos por el temor de su tormento, llorando y lamentando,

16 y diciendo: ¡Ay, ay, de la gran ciudad, que estaba vestida de lino fino, de púrpura y de escarlata, y estaba adornada de oro, de piedras preciosas y de perlas!

17 Porque en una hora han sido consumidas tantas riquezas. Y todo piloto, y todos los que viajan en naves, y marineros, y todos los que trabajan en el mar, se pararon lejos;

18 y viendo el humo de su incendio, dieron voces, diciendo: ¿Qué ciudad era semejante a esta gran ciudad?

19 Y echaron polvo sobre sus cabezas, y dieron voces, llorando y lamentando, diciendo: ¡Ay, ay de la gran ciudad, en la cual todos los que tenían naves en el mar se habían enriquecido de sus riquezas; pues en una hora ha sido desolada!

b. La lamentación de los empresarios y comerciantes del mundo
   1) Se lamentarán por motivos egoístas: Por la pérdida personal
   2) Estarán aterrorizados, temiendo los efectos de su destino

c. La lamentación de los marinos o transportadores del mundo
   1) Se lamentarán porque la ciudad será el principal centro marítimo para ellos
   2) Se lamentarán porque perderán su medio de obtener riquezas

d. Las huestes del cielo se regocijarán **5 La destrucción real de Babilonia** a. Será violenta b. Será total	20 Alégrate sobre ella, cielo, y vosotros, santos, apóstoles y profetas; porque Dios os ha hecho justicia en ella. 21 Y un ángel poderoso tomó una piedra, como una gran piedra de molino, y la arrojó en el mar, diciendo: Con el mismo ímpetu será derribada Babilonia, la gran ciudad, y nunca más será hallada. 22 Y voz de arpistas, de músicos, de flautistas y de trompeteros no se oirá más en ti; y	ningún artífice de oficio alguno se hallará más en ti, ni ruido de molino se oirá más en ti. 23 Luz de lámpara no alumbrará más en ti, ni voz de esposo y de esposa se oirá más en ti; porque tus mercaderes eran los grandes de la tierra; pues por tus hechicerías fueron engañadas todas las naciones. 24 Y en ella se halló la sangre de los profetas y de los santos, y de todos los que han sido muertos en la tierra.	**6 La repetición del motivo de la destrucción de Babilonia** a. Orgullo: "Grandes" b. Corrupción espiritual c. Engaño d. Persecución de creyentes

DIVISIÓN X

EL JUICIO TANTO DE LA BABILONIA RELIGIOSA COMO DE LA BABILONIA POLÍTICA, 17:1—18:24

C. La caída de la Babilonia política, 18:1-24

(18:1-24) ***Introducción:*** Esta es la destrucción de Babilonia, la gran capital del anticristo. (Ver notas, Ap. 14:8 para mayor discusión). En el fin de los tiempos Babilonia será como cualquier gran ciudad capital: Un gran centro político, comercial, social y cultural. De hecho, hay dos ideas básicas en cuanto a qué representa Babilonia en este pasaje.

=> Primero, algunos comentadores creen que Babilonia representa una ciudad real sobre la tierra. Se dice que la ciudad es Roma o bien la ciudad de Babilonia que fue reconstruida cerca de donde existía en la historia antigua. Babilonia misma se asentaba en algún lugar sobre el río Éufrates en la cabeza del Golfo Persa. El gran predicador W. A. Criswell dice que estos comentadores creen que toda la zona oriental se volverá enormemente rica por sus reservas de petróleo. Ellos creen que las naciones de toda la región se convertirán en naciones de gran influencia y poder comercial. El área tiene la mayor concentración popular del mundo, una población que exige mercaderías y una economía creciente. Además, Oriente está ubicado en medio de lo que podría convertirse en el mercado comercial más grande del mundo: toda la economía de Europa se asienta en el norte y en occidente, y África con sus masas, en el oeste. Entones hacia el este están los vastos mercados de China, Japón, Australia, Indonesia, las islas del Pacífico y luego está el enorme mercado del gran continente americano.

=> Segundo, hay comentadores que dicen que Babilonia representa todos los sistemas políticos, comerciales, sociales y culturales del mundo. Creen que simboliza las sociedades paganas y seculares de este mundo. Nuevamente dice W. A. Criswell que Babilonia podría representar cualquier gran ciudad del mundo tal como Washington, Nueva York, Tokio, Londres, Moscú o París. Estos comentadores creen que este capítulo describe la gran destrucción de las sociedades paganas del fin de los tiempos con sus sistemas políticos, comerciales y culturales. Creen que Babilonia es solo un símbolo de la destrucción del gobierno y sociedad paganos de todo el mundo (*Expository Sermons On Revelation*, Vol. 5, p. 18ss).

Ambas posiciones tienen sentido, y ambas pueden llegar a ser verdad. Las naciones orientales del mundo indudablemente pueden convertirse en algunas de las naciones más ricas del mundo con su vasta población y recursos (cp. las vastas reservas de petróleo y la posibilidad de los minerales que pueden llegar a descubrirse). De hecho, algunas naciones ya son enormemente ricas. Un poder político y comercial a nivel mundial puede sobrevenir cuando surge algún dirigente que pueda unir a algunas de esas naciones en una confederación de Estados cooperativos, algún dirigente como el anticristo o algún precursor antes de que él ingrese a la historia mundial.

Con esto como trasfondo, este pasaje de las Escrituras declara enfáticamente que Babilonia va a ser destruida. La gran ciudad capital del mundo en el fin de los tiempos va a ser destruida por el Señor Jesucristo. Recuerde el *capítulo dieciséis* donde se derrama el juicio de la copa y todas las grandes ciudades del mundo se convierten en cenizas. Aquí es cuando Babilonia será destruida.

> **"Entonces hubo relámpagos y voces y truenos, y *un gran temblor de tierra*, un terremoto tan grande, cual no lo hubo jamás desde que los hombres han estado sobre la tierra. Y la gran ciudad fue dividida en tres partes, y las ciudades de las naciones cayeron; y la gran Babilonia vino en memoria delante de Dios, para darle el cáliz del vino del ardor de su ira" (Ap. 16:18-19).**

Advierta que Dios mismo destruirá Babilonia. Será Dios mismo el que derrame la copa de su ira sobre Babilonia, esa ciudad y sociedad paganas que traerá la *gran tribulación* al mundo. Esta es la imagen del *colapso de la Babilonia política.* (Ver nota-Ap. 14:8 para mayor discusión.)

1. Está el anuncio angélico (v. 1).

2. Las razones por las que Babilonia será destruida (vv. 2-7).
3. La rapidez de la destrucción de Babilonia (v. 8).
4. El efecto de la caída de Babilonia (vv. 9-20).
5. La destrucción real de Babilonia (vv. 21-23).
6. La repetición del motivo de la destrucción de Babilonia (vv. 23-24).

1 (18:1) ***Babilonia - Gobierno:*** Está el gran anuncio angélico del cielo. Un gran ángel desciende del cielo. Viene de Dios mismo, y viene con gran autoridad y poder. Advierta su gloria: Él es tan glorioso que la luz de gloria brilla en toda la tierra. Esto simboliza que su mensaje y su misión son para todo el mundo. La gloria de lo que está por anunciar es para los oídos del mundo entero.

2 (18:2-7) ***Babilonia - Sociedad - Gobierno:*** Están las razones por las que Babilonia, la capital del anticristo, será destruida. Recuerde que Babilonia también puede representar una sociedad pagana. Se dan cinco razones por las que Dios destruirá la ciudad.

1. Babilonia será destruida por la corrupción espiritual (v. 2. Ver nota, punto 2, Ap. 18:23-24). Babilonia, la gran ciudad del fin de los tiempos, no mirará a Dios. Por lo tanto, se convertirá...

- en el lugar para los diablos y su adoración.
- en el lugar para todo espíritu maligno.

Advierta cuán gráficamente se retrata la imagen: Se convertirá en la jaula para todo pájaro impuro y odioso. Las morales y los pecados de Babilonia no tendrán freno, de modo que la ciudad se convertirá en un centro para todo espíritu malo, impuro e inmundo del submundo.

=> Inmoralidad, fornicación, adulterio, homosexualidad, sexo anormal: Todas las formas de comportamiento inmoral no tendrán freno.

=> Mentir, robar y engañar serán cosas de todos los días.

=> Ambicionar más y más de las posesiones y placeres del mundo se incrementará enormemente.

=> Hechicería, adoración del diablo, brujería, lectura de palmas, futurología y astrología serán revividos y no tendrán freno.

=> El secularismo, el materialismo y el humanismo dominarán las filosofías y el comportamiento de las personas.

Habrá pocos que crean y sigan a Cristo y a la Palabra de Dios. Babilonia y la sociedad estarán espiritualmente corruptos.

Pensamiento 1: Las Escrituras dicen que hay varios espíritus que corrompen al hombre.

=> El espíritu de esclavitud.

"Pues no habéis recibido el espíritu de esclavitud para estar otra vez en temor, sino que habéis recibido el espíritu de adopción, por el cual clamamos: ¡Abba, Padre!" (Ro. 8:15).

=> El espíritu del mundo.

"Y nosotros no hemos recibido el espíritu del mundo, sino el Espíritu que proviene de Dios, para que sepamos lo que Dios nos ha concedido" (1 Co. 2:12).

=> El espíritu del hombre.

"Porque ¿quién de los hombres sabe las cosas del hombre, sino el espíritu del hombre que está en él? Así tampoco nadie conoció las cosas de Dios, sino el Espíritu de Dios" (1 Co. 2:11).

=> El espíritu que obra en los hijos de desobediencia.

"En los cuales anduvisteis en otro tiempo, siguiendo la corriente de este mundo, conforme al príncipe de la potestad del aire, el espíritu que ahora opera en los hijos de desobediencia" (Ef. 2:2).

=> El espíritu de las enseñanzas y prédicas falsas.

"Amados, no creáis a todo espíritu, sino probad los espíritus si son de Dios; porque muchos falsos profetas han salido por el mundo" (1 Jn. 4:1).

=> El espíritu de error.

"Nosotros somos de Dios; el que conoce a Dios, nos oye; el que no es de Dios, no nos oye. En esto conocemos el espíritu de verdad y el espíritu de error" (1 Jn. 4:6).

2. Babilonia, la gran ciudad capital, será destruida porque la ciudad corrompió naciones, reyes y mercaderes (v. 3). La palabra "fornicación" nos dice lo que significa: Fornicación significa *fornicación espiritual*, el rechazo de Dios y el volverse a otros dioses. El mundo del fin del tiempo serán días de secularismo, humanismo y materialismo. El hombre se adorará a sí mismo y a su sociedad secular. Centrará su vida alrededor de...

- la tecnología
- los placeres
- la ciencia
- la recreación
- la educación
- las comodidades

Babilonia, la capital del mundo, tomará el liderazgo en la sociedad secular. Tendrá riqueza económica que literalmente intoxicará al mundo. Los empresarios y mercaderes del mundo se volverán ricos debido a su riqueza. Su riqueza será tan grande que podrá controlar naciones y líderes y comerciantes de todo el mundo.

El punto es este: La ciudad capital usará su influencia para la maldad, el secularismo y el poder. La ciudad manipulará a las naciones y a los dirigentes del mundo para que sigan sus propios propósitos malignos. Dichos propósitos malignos serán una sociedad secular, una adoración del Estado y de su dirigente como respuesta a la sociedad utópica, esto es, a satisfacer las necesidades de la gente. La ciudad conducirá a las naciones a exterminar a los judíos, a los creyentes cristianos y a los fieles de todas las demás religiones que se rehúsen a dar su primera lealtad al Estado. Babilonia podrá seducir a las naciones y a los dirigentes para seguir en este plan maligno debido a su riqueza. (Ver punto 6, Ap. 13:4-8 para mayor discusión).

"Porque como está escrito, el nombre de Dios es blasfemado entre los gentiles por causa de vosotros" (Ro. 2:24).

Pensamiento 1: Incluso hoy día, si todas las naciones del Medio Oriente pudieran estar unidas bajo un solo gobierno, la confederación de poder podría hacer enormes demandas y manipular el dinero de las naciones del mundo. ¿Cómo? A través de su petróleo. Agregue a esta confederación algunas de las naciones de Europa, del Antiguo Imperio Romano que será revivido e imagine la riqueza y el poder. Excedería la imaginación.

3. Babilonia será destruida porque la ciudad corromperá a las personas a través del secularismo (vv. 4-5). Una de las cosas más fáciles del mundo es ser influido por el secularismo. El secularismo ofrece comodidad, salud, educación, posesiones, placeres, tiempo, recreación, cultura y arte. Ofrece todo lo que una persona podría querer física y mentalmente. Pero niega y rechaza a Dios. Por lo tanto, los ciudadanos de una sociedad secular son conducidos a centrar la vida en este mundo y en nada más. El resultado es trágico: Los ciudadanos van a la eternidad perdidos y predestinados. Ingresan a lo que sea que haya detrás de este mundo sin preparación. Y las Escrituras declaran que Dios y la eternidad residen más allá de este mundo, ya sea una eternidad de infierno y castigo apartado de Dios o una eternidad de vida y recompensa con Dios. Por lo tanto, Babilonia, la gran ciudad de la sociedad secular, será culpable de conducir equívocamente a la gente al pecado, a la falsa creencia del secularismo y el humanismo. Advierta: Se dice que estos pecados han llegado al cielo y que Dios recuerda sus iniquidades (v. 5).

"También debes saber esto: que en los postreros días vendrán tiempos peligrosos. Porque habrá hombres amadores de sí mismos, avaros, vanagloriosos, soberbios, blasfemos, desobedientes a los padres, ingratos, impíos" (2 Ti. 3:1-2).

"Porque vendrá tiempo cuando no sufrirán la sana doctrina, sino que teniendo comezón de oír, se amontonarán maestros conforme a sus propias concupiscencias" (2 Ti. 4:3).

"Y miró Dios la tierra, y he aquí que estaba corrompida; porque toda carne había corrompido su camino sobre la tierra" (Gn. 6:12).

"Salva, oh Jehová, porque se acabaron los piadosos; porque han desaparecido los fieles de entre los hijos de los hombres" (Sal. 12:1).

"Faltó el misericordioso de la tierra, y ninguno hay recto entre los hombres; todos acechan por sangre; cada cual arma red a su hermano" (Mi. 7:2).

4. Babilonia será destruida porque la ciudad tomará el liderazgo en perseguir a la gente de Dios (v. 6). Advierta las palabras " como ella os ha dado". El anticristo y su gobierno de Babilonia lanzarán el peor holocausto que el mundo haya visto en contra de creyentes, judíos y los religiosos fieles de la tierra. Literalmente millones serán perseguidos y asesinados en las formas más inhumanas y terribles imaginables. La ira de Dios caerá sobre el gobierno y la capital que lanzó este asesinato sin misericordia por la vida humana. Y advierta: La ira será ira doble. Dios vengará la muerte de sus queridos seguidores, aquellos que en verdad confían en su Hijo, el Señor Jesucristo.

5. Babilonia será destruida por la gloria propia, el orgullo, la extravagancia egoísta y la indulgencia (v. 7). Todo bien y todo don perfecto proviene de Dios. Por lo tanto, los líderes y ciudadanos de Babilonia deberían alabar y agradecer a Dios por la riqueza y comodidades de su tierra y nación. Y deberían usar su riqueza para ayudar a satisfacer las necesidades de un mundo que se mueve sobre el peso de tantas necesidades desesperadas. Esto es exactamente lo que Dios espera de cada líder y de las personas del mundo. Las riquezas de la tierra y los recursos no se dan para una vida indulgente y extravagante, ni para la gloria propia o la fanfarronería. Los recursos naturales y las riquezas de la tierra han sido otorgadas por Dios para ocuparse de las necesidades del hombre —de todos los hombres— no de solo unos pocos. Dios, por sobre todo, no tolerará el egoísmo, el acaparamiento, la indulgencia, la extravagancia y luego gloriarse porque uno ha podido acaparar y acopiar más que nadie. Esta es la razón por la cual Babilonia, la capital pagana de los últimos días, será destruida. La ciudad conducirá al mundo a la gloria en la sociedad secular del Estado: La tecnología, la ciencia, el humanismo y la capacidad del Estado de amasar y proveer riquezas al mundo. La ciudad conducirá al mundo a alardear en la ciencia y la tecnología y en los esfuerzos del hombre y su gobierno: ignorar, rechazar y negar a Dios. Por lo tanto, el juicio de Dios caerá y destruirá Babilonia.

"Porque el que se enaltece será humillado, y el que se humilla será enaltecido" (Mt. 23:12).

"Porque tú dices: Yo soy rico, y me he enriquecido, y de ninguna cosa tengo necesidad; y no sabes que tú eres un desventurado, miserable, pobre, ciego y desnudo" (Ap. 3:17).

"Antes del quebrantamiento es la soberbia, y antes de la caída la altivez de espíritu" (Pr. 16:18).

"Altivez de ojos, y orgullo de corazón, y pensamiento de impíos, son pecado" (Pr. 21:4).

"Tú que decías en tu corazón: Subiré al cielo; en lo alto, junto a las estrellas de Dios, levantaré mi trono, y en el monte del testimonio me sentaré, a los lados del norte; sobre las alturas de las nubes subiré, y seré semejante al Altísimo" (Is. 14:13-14).

"Si te remontares como águila, y aunque entre las estrellas pusieres tu nido, de ahí te derribaré, dice Jehová" (Abd. 4).

3 (18:8) ***Juicio - Babilonia:*** Está la rapidez de la destrucción de Babilonia. Ocurrirá en un día. En realidad el versículo diez dice que la ciudad será destruida en *una hora*, lo que se refiere a una destrucción inmediata e instantánea. En una hora las plagas de la muerte, las lamentaciones y el hambre correrán por las calles de la ciudad, y luego sucederá: La ciudad será destruida con fuego. ¿Cómo ? Este versículo nos lo dice: por la fuerza del Señor Dios que nos juzga.

Pensamiento 1: Advierta dos posibilidades.

=> Las palabras *plaga, muerte y lamentaciones* pueden referirse a una plaga inmediata de algún tipo azotando a la ciudad de una sola vez, alguna plaga que tendría el mismo efecto que el gas venenoso.

=> La destrucción de una hora con fuego puede referirse a una destrucción inmediata como la que cayó sobre

Sodoma y Gomorra o a algo que es poderoso y explosivo como una bomba atómica.

"Por tanto os digo que en el día del juicio, será más tolerable el castigo para Tiro y para Sidón, que para vosotras" (Mt. 11:22).

"Entonces aparecerá la señal del Hijo del Hombre en el cielo; y entonces lamentarán todas las tribus de la tierra, y verán al Hijo del Hombre viniendo sobre las nubes del cielo, con poder y gran gloria" (Mt. 24:30).

"Y esta es la condenación: que la luz vino al mundo, y los hombres amaron más las tinieblas que la luz, porque sus obras eran malas" (Jn. 3:19).

"Y a vosotros que sois atribulados, daros reposo con nosotros, cuando se manifieste el Señor Jesús desde el cielo con los ángeles de su poder, en llama de fuego, para dar retribución a los que no conocieron a Dios, ni obedecen al evangelio de nuestro Señor Jesucristo" (2 Ts. 1:7-8).

"Y de la manera que está establecido para los hombres que mueran una sola vez, y después de esto el juicio" (He. 9:27).

"Sabe el Señor librar de tentación a los piadosos, y reservar a los injustos para ser castigados en el día del juicio" (2 P. 2:9).

"Pero los cielos y la tierra que existen ahora, están reservados por la misma palabra, guardados para el fuego en el día del juicio y de la perdición de los hombres impíos" (2 P. 3:7).

"He aquí que viene con las nubes, y todo ojo le verá, y los que le traspasaron; y todos los linajes de la tierra harán lamentación por él. Sí, amén" (Ap. 1:7).

"Proclamad entre las naciones su gloria, en todos los pueblos sus maravillas" (Sal. 96:3).

"Y dije yo en mi corazón: Al justo y al impío juzgará Dios; porque allí hay un tiempo para todo lo que se quiere y para todo lo que se hace" (Ec. 3:17).

4 (18:9-20) ***Juicio - Babilonia:*** Está el efecto de la caída de Babilonia. La gran influencia sobre el mundo puede verse en la reacción del mundo a la destrucción de la ciudad.

1. Habrá grandes lamentaciones por parte de los líderes políticos y gobiernos del mundo que están aliados con el anticristo (v. 9). Habrá algunas naciones cuyo poder depende enteramente del anticristo y su capital, y habrá otras naciones cuyo comercio con la ciudad será menor, pero sus economías se verán grandemente afectadas. Recuerde: Todo el mundo atravesará desastre tras desastre en esta época, y muchas de las grandes ciudades del mundo serán destruidas y reducidas a cenizas (cp. Ap. 16:17-21).

=> Esto significa que las lamentaciones por Babilonia son simbólicas de las lamentaciones que ocurrirán en todo el mundo.

=> Esto también significa que las lamentaciones son centradas en sí mismas. Los líderes de las naciones saben que Babilonia podría haber sido una enorme ayuda en la reconstrucción. Ellos, por supuesto, no saben que Cristo regresará para reinar sobre la tierra.

"Alborota su casa el codicioso; mas el que aborrece el soborno vivirá" (Pr. 15:27).

"El que ama el dinero, no se saciará de dinero; y el que ama el mucho tener, no sacará fruto. También esto es vanidad" (Ec. 5:10).

"Como la perdiz que cubre lo que no puso, es el que injustamente amontona riquezas; en la mitad de sus días las dejará, y en su postrimería será insensato" (Jer. 17:11).

"Porque raíz de todos los males es el amor al dinero, el cual codiciando algunos, se extraviaron de la fe, y fueron traspasados de muchos dolores" (1 Ti. 6:10).

"Vuestro oro y plata están enmohecidos; y su moho testificará contra vosotros, y devorará del todo vuestras carnes como fuego. Habéis acumulado tesoros para los días postreros" (Stg. 5:3).

2. Habrá lamentaciones por parte de los empresarios y los comerciantes del mundo (vv. 11-17a). Habrá negocios en todo el mundo que serán devastados por el colapso de Babilonia y su riqueza, y muchos más negocios y economías se verán drásticamente afectados. Hay por lo menos treinta tipos de mercaderías enumeradas aquí en las Escrituras, mercadería que muestra en qué importante centro comercial se convertirá la ciudad. Será uno de los puntos cruciales comerciales del mundo, uno de los centros de comercio y financieros. Advierta cómo esto se expresa en las Escrituras:

> **"Y los reyes de la tierra que han fornicado [idolatría] con ella, y con ella han vivido en deleites, llorarán y harán lamentación sobre ella, cuando vean el humo de su incendio, parándose lejos por el temor de su tormento, diciendo: ¡Ay, ay, de la gran ciudad de Babilonia, la ciudad fuerte; porque en una hora vino tu juicio! Y los mercaderes de la tierra lloran y hacen lamentación sobre ella, porque ninguno compra más sus mercaderías; mercadería de oro, de plata, de piedras preciosas, de perlas, de lino fino, de púrpura, de seda, de escarlata, de toda madera olorosa, de todo objeto de marfil, de todo objeto de madera preciosa, de cobre, de hierro y de mármol; y canela, especias aromáticas, incienso, mirra, olíbano, vino, aceite, flor de harina, trigo, bestias, ovejas, caballos y carros, y esclavos, almas de hombres. Los frutos codiciados por tu alma se apartaron de ti, y todas las cosas exquisitas y espléndidas te han faltado, y nunca más las hallarás. Los mercaderes de estas cosas, que se han enriquecido a costa de ella, se pararán lejos por el temor de su tormento, llorando y lamentando, y diciendo: ¡Ay, ay, de la gran ciudad, que estaba vestida de lino fino, de púrpura y de escarlata, y estaba adornada de oro, de piedras preciosas y de perlas! Porque en una [simple] hora han sido consumidas tantas riquezas" (vv. 9-17*a*).**

Advierta que son los comerciantes y los empresarios de la tierra los que se lamentan: La pérdida de tanta riqueza (v. 11a). Advierta también la referencia a la esclavitud. Babilonia, la capital del mundo, esclavizará a personas de todo el mundo. Tenga presente el holocausto que se lanzará primero en contra de los verdaderos seguidores de Cristo, de los judíos y de otros extremistas religiosos. La imagen será la misma que se ha visto en todos los holocaustos de la historia: Las almas de los hombres no significarán nada más que otra pieza de mercadería o bien, todo para ser usado para el beneficio del Estado y la comodidad de quienes apoyan al Estado.

"Los renuevos de su casa serán transportados; serán esparcidos en el día de su furor" (Job 20:28).

"Pues verá que aun los sabios mueren; que perecen del mismo modo que el insensato y el necio, y dejan a otros sus riquezas" (Sal. 49:10).

"¿Has de poner tus ojos en las riquezas, siendo ningunas? Porque se harán alas como alas de águila, y volarán al cielo" (Pr. 23:5).

"Porque las riquezas no duran para siempre; ¿y será la corona para perpetuas generaciones?" (Pr. 27:24).

"Asimismo aborrecí todo mi trabajo que había hecho debajo del sol, el cual tendré que dejar a otro que vendrá después de mí" (Ec. 2:18).

"Como la perdiz que cubre lo que no puso, es el que injustamente amontona riquezas; en la mitad de sus días las dejará, y en su postrimería será insensato" (Jer. 17:11).

"Porque nada hemos traído a este mundo, y sin duda nada podremos sacar" (1 Ti. 6:7).

3. Habrá lamentaciones por parte de los marinos o embarcadores del mundo. Como en toda ciudad grande, la mayoría de la mercadería de Babilonia se mandaría o recibiría por barco en algún tipo de transacción comercial. La ciudad será un gran camino para el comercio, tan grande que la industria de los embarques sufrirá un golpe devastador por la destrucción de la ciudad. Piense en el transporte y en las compañías de embarque que estarán en la bancarrota por el colapso de un centro tan importante como es Babilonia. Sin embargo, piense en todas las ciudades que se reducirán a cenizas cuando el juicio catastrófico del fin de los tiempos caiga. Recuerde que esto fue visto en el último juicio de la copa. Cuando la ira de Dios caiga sobre las sociedades y ciudades paganas de este mundo, y las ciudades se derrumben de cien en cien, le tomará tiempo a los sobrevivientes enterarse acerca de la devastación mundial. Tomará tanto tiempo como si irrumpiera una guerra atómica y devastara las grandes ciudades del mundo. La única diferencia entre la destrucción de una guerra atómica y la destrucción del fin de los tiempos es que Dios mismo lanzará la destrucción del fin de los tiempos. De hecho, Él dice que destruirá las ciudades paganas enviando un gran terremoto (Ap. 16:18ss).

El punto es este: La destrucción y los acontecimientos catastróficos de la destrucción serán a nivel mundial. Los sobrevivientes tendrán poco del mundo que siempre conocieron.

"No os hagáis tesoros en la tierra, donde la polilla y el orín corrompen, y donde ladrones minan y hurtan" (Mt. 6:19).

"Ciertamente como una sombra es el hombre; ciertamente en vano se afana; amontona riquezas, y no sabe quién las recogerá" (Sal. 39:6).

"Y tus vacas y tus ovejas se aumenten, y la plata y el oro se te multipliquen, y todo lo que tuvieres se aumente; y se enorgullezca tu corazón, y te olvides de Jehová tu Dios, que te sacó de tierra de Egipto, de casa de servidumbre" (Dt. 8:13-14).

"No confiéis en la violencia, ni en la rapiña; no os envanezcáis; si se aumentan las riquezas, no pongáis el corazón en ellas" (Sal. 62:10).

"El hombre de verdad tendrá muchas bendiciones; mas el que se apresura a enriquecerse no será sin culpa" (Pr. 28:20).

"Entonces Jesús dijo a sus discípulos: De cierto os digo, que difícilmente entrará un rico en el reino de los cielos" (Mt. 19:23).

"Porque los que quieren enriquecerse caen en tentación y lazo, y en muchas codicias necias y dañosas, que hunden a los hombres en destrucción y perdición" (1 Ti. 6:9).

4. Habrá regocijo por parte de las huestes celestiales (v. 20). El colapso de la Babilonia pagana significa...

- que los impíos y malos de este mundo serán conquistados.
- que se establecerá pronto la justicia entre toda la gente.
- que Jesucristo vendrá pronto y establecerá su reino en la tierra.
- que no habrá más rechazo y rebelión permitida por Dios.
- que Dios será adorado y servido por toda la gente de la tierra.
- que toda la gente de Dios que sufrió maltrato y persecuciones serán reivindicados.

"No os venguéis vosotros mismos, amados míos, sino dejad lugar a la ira de Dios; porque escrito está: Mía es la venganza, yo pagaré, dice el Señor" (Ro. 12:19).

"Y a vosotros que sois atribulados, daros reposo con nosotros, cuando se manifieste el Señor Jesús desde el cielo con los ángeles de su poder, en llama de fuego, para dar retribución a los que no conocieron a Dios, ni obedecen al evangelio de nuestro Señor Jesucristo; los cuales sufrirán pena de eterna perdición, excluidos de la presencia del Señor y de la gloria de su poder" (2 Ts. 1:7-9).

"Pues conocemos al que dijo: Mía es la venganza, yo daré el pago, dice el Señor. Y otra vez: El Señor juzgará a su pueblo" (He. 10:30).

"Mía es la venganza y la retribución; a su tiempo su pie resbalará, porque el día de su aflicción está cercano, y lo que les está preparado se apresura" (Dt. 32:35).

"Jehová, Dios de las venganzas, Dios de las venganzas, muéstrate" (Sal. 94:1).

"Y haré en ellos grandes venganzas con reprensiones de ira; y sabrán que yo soy Jehová, cuando haga mi venganza en ellos" (Ez. 25:17).

"Y con ira y con furor haré venganza en las naciones que no obedecieron" (Mi. 5:15).

"Jehová es Dios celoso y vengador; Jehová es vengador y lleno de indignación; se venga de sus adversarios, y guarda enojo para sus enemigos" (Nah. 1:2).

5 (18:21-23) ***Babilonia - Juicio:*** Está la real destrucción de Babilonia. Advierta dos puntos.

1. La destrucción será violenta. Esta es la imagen del poderoso ángel tomando una enorme piedra y arrojándola al mar. Imagine el poder y la fuerza del ángel...

- el impulso y la velocidad de su tiro.
- el efecto violento de la piedra cuando llega al agua.
- la violenta e inmediata desaparición de la piedra.
- las violentas olas que comienzan a generarse alrededor de la piedra en toda dirección.

Se puede observar la violencia de toda la escena. (La

catástrofe descripta es similar a lo que podría suceder en una explosión atómica. Cp. Mal. 4:1 con los versículos que siguen).

2. La destrucción será total. La piedra desapareció, de inmediato. Babilonia, el gobierno y la ciudad paganos, ya no estarán. La destrucción será rápida y violenta, y la ciudad será devastada y reducida a cenizas.

> **"Y voz de arpistas, de músicos, de flautistas y de trompeteros no se oirá más en ti; y ningún artífice de oficio alguno se hallará más en ti, ni ruido de molino se oirá más en ti. Luz de lámpara no alumbrará más en ti, ni voz de esposo y de esposa se oirá más en ti; porque tus mercaderes eran los grandes de la tierra; pues por tus hechicerías fueron engañadas todas las naciones" (vv. 22-23a).**
>
> **"Y ya también el hacha está puesta a la raíz de los árboles; por tanto, todo árbol que no da buen fruto se corta y se echa en el fuego" (Lc. 3:9).**
>
> **"Y a vosotros que sois atribulados, daros reposo con nosotros, cuando se manifieste el Señor Jesús desde el cielo con los ángeles de su poder, en llama de fuego, para dar retribución a los que no conocieron a Dios, ni obedecen al evangelio de nuestro Señor Jesucristo; los cuales sufrirán pena de eterna perdición, excluidos de la presencia del Señor y de la gloria de su poder" (2 Ts. 1:7-9).**
>
> **"Y un ángel poderoso tomó una piedra, como una gran piedra de molino, y la arrojó en el mar, diciendo: Con el mismo ímpetu será derribada Babilonia, la gran ciudad, y nunca más será hallada" (Ap. 18:21).**
>
> **"Porque Jehová está airado contra todas las naciones, e indignado contra todo el ejército de ellas; las destruirá y las entregará al matadero" (Is. 34:2).**
>
> **"He aquí enviaré y tomaré a todas las tribus del norte, dice Jehová, y a Nabucodonosor rey de Babilonia, mi siervo, y los traeré contra esta tierra y contra sus moradores, y contra todas estas naciones en derredor; y los destruiré, y los pondré por escarnio y por burla y en desolación perpetua" (Jer. 25:9).**
>
> **"He aquí, yo envío mi mensajero, el cual preparará el camino delante de mí; y vendrá súbitamente a su templo el Señor a quien vosotros buscáis, y el ángel del pacto, a quien deseáis vosotros. He aquí viene, ha dicho Jehová de los ejércitos" (Mal. 4:1).**

[6] (18:23-24) ***Babilonia - Juicio - Pecados:*** Están los motivos por la repetición de la destrucción de Babilonia. Estos serán enumerados aquí para un bosquejo. Advierta: Son los mismos pecados por los cuales Dios juzgaría a una nación, gobierno, sociedad o pueblo.

1. Hay orgullo y arrogancia.

> **"Tus mercaderes eran los grandes de la tierra" (Ap. 18:23).**
>
> **"Cuanto ella se ha glorificado y ha vivido en deleites, tanto dadle de tormento y llanto; porque dice en su corazón: Yo estoy sentada como reina, y no soy viuda, y no veré llanto" (Ap. 18:7).**
>
> **"Y Babilonia, hermosura de reinos y ornamento de la grandeza de los caldeos, será como Sodoma y Gomorra, a las que trastornó Dios" (Is. 13:19).**
>
> **"Pronunciarás este proverbio contra el rey de Babilonia, y dirás: ¡Cómo paró el opresor, cómo acabó la ciudad codiciosa de oro!" (Is. 14:4).**

2. Hay hechicería y corrupción espiritual.

> **"Por tus hechicerías fueron engañadas todas las naciones" (Ap. 18:23).**
>
> **"Y clamó con voz potente, diciendo: Ha caído, ha caído la gran Babilonia, y se ha hecho habitación de demonios y guarida de todo espíritu inmundo, y albergue de toda ave inmunda y aborrecible" (Ap. 18:2).**

3. Hay engaño.

> **"Por tus hechicerías fueron engañadas todas las naciones" (Ap. 18:23).**
>
> **"Porque todas las naciones han bebido del vino del furor de su fornicación; y los reyes de la tierra han fornicado con ella, y los mercaderes de la tierra se han enriquecido de la potencia de sus deleites" (Ap. 18:3).**

4. Hay persecución de creyentes.

> **"Y en ella se halló la sangre de los profetas y de los santos, y de todos los que han sido muertos en la tierra" (Ap. 18:24).**
>
> **"Dadle a ella como ella os ha dado, y pagadle doble según sus obras; en el cáliz en que ella preparó bebida, preparadle a ella el doble" (Ap. 18:6).**

5. Hay mal uso del dinero: Vivir egoístamente en el lujo, la indulgencia y la extravagancia.

> **"Tus mercaderes eran los grandes de la tierra" (Ap. 18:23; cp. Ap. 18:7, 9, 11-17, 19).**
>
> **"Porque todas las naciones han bebido del vino del furor de su fornicación; y los reyes de la tierra han fornicado con ella, y los mercaderes de la tierra se han enriquecido de la potencia de sus deleites" (Ap. 18:3b).**

6. Está la corrupción de los pueblos.

> **"Pues por tus hechicerías fueron engañadas todas las naciones [los pueblos]" (Ap. 18:23c).**
>
> **"Y oí otra voz del cielo, que decía: Salid de ella, pueblo mío, para que no seáis partícipes de sus pecados, ni recibáis parte de sus plagas" (Ap. 18:4).**

	CAPÍTULO 19 **XI. LA GRAN CENA DE BODAS DEL CORDERO, DEL SEÑOR JESUCRISTO, 19:1-10**	6 Y oí como la voz de una gran multitud, como el estruendo de muchas aguas, y como la voz de grandes truenos, que decía: ¡Aleluya, porque el Señor nuestro Dios Todopoderoso reina!	
1 La Cena de Bodas será una cena de gloriosa alabanza a. Será un aleluya de salvación b. Será un aleluya de victoria	1 Después de esto oí una gran voz de gran multitud en el cielo, que decía: ¡Aleluya! Salvación y honra y gloria y poder son del Señor Dios nuestro; 2 porque sus juicios son verdaderos y justos; pues ha juzgado a la gran ramera que ha corrompido a la tierra con su fornicación, y ha vengado la sangre de sus siervos de la mano de ella. 3 Otra vez dijeron: ¡Aleluya! Y el humo de ella sube por los siglos de los siglos.	7 Gocémonos y alegrémonos y démosle gloria; porque han llegado las bodas del Cordero, y su esposa se ha preparado. 8 Y a ella se le ha concedido que se vista de lino fino, limpio y resplandeciente; porque el lino fino es las acciones justas de los santos. 9 Y el ángel me dijo: Escribe: Bienaventurados los que son llamados a la cena de las bodas del Cordero. Y me dijo: Estas son palabras verdaderas de Dios.	**2 La Cena de Bodas se centrará en el Cordero** **3 La Cena de Bodas tendrá una novia pura y preparada** a. La novia, la iglesia, se prepara b. La novia, la iglesia, hace hechos justos **4 La Cena de Bodas será un acontecimiento bendito y glorioso** a. Será bendito por todos los invitados a la cena b. Será bendito porque es solo para la adoración de Dios
c. Será un aleluya de adoración	4 Y los veinticuatro ancianos y los cuatro seres vivientes se postraron en tierra y adoraron a Dios, que estaba sentado en el trono, y decían: ¡Amén! ¡Aleluya!	10 Yo me postré a sus pies para adorarle. Y él me dijo: Mira, no lo hagas; yo soy consiervo tuyo, y de tus hermanos que retienen el testimonio de Jesús. Adora a Dios; porque el testimonio de Jesús es el espíritu de la profecía.	
d. Será un aleluya del reino omnipotente de Dios	5 Y salió del trono una voz que decía: Alabad a nuestro Dios todos sus siervos, y los que le teméis, así pequeños como grandes.		

DIVISIÓN XI

LA GRAN CENA DE BODAS DEL CORDERO, DEL SEÑOR JESUCRISTO, 19:1-10

(19:1-10) ***Introducción:*** Esta es la gran *Cena de Bodas del Cordero, del Señor Jesucristo mismo.* Esta es la gran cena donde todo el cielo estará presente para celebrar la unión de Jesucristo y de los creyentes que lo han seguido a lo largo de los siglos. Todos los que están en el cielo estarán presentes: Dios, Cristo, los creyentes y la hueste celestial. Será el acontecimiento más celebrado y feliz jamás experimentado hasta ese momento en la historia. ¿Por qué? Porque es la gran Cena de Bodas del Señor Jesucristo mismo, del propio Hijo de Dios. Dios planificó una celebración para su hijo por encima y más allá de lo que jamás pudiéramos imaginarnos o describir. Será la primera vez que *todos los redimidos* de todas las épocas se reunirán *en una oportunidad* para honrar al Cordero que fue asesinado para redimir al universo. Por lo que ha hecho por el hombre, Él se merece todos los honores y las loas posibles de todas las criaturas celestiales. Para darle tal glorioso honor, Dios ha planificado la mayor celebración y banquete imaginable, la celebración que Él denomina la gran *Cena de Bodas del Cordero* (v. 9).

1. La Cena de Bodas será una cena de gloriosa alabanza (vv. 1-6).
2. La Cena de Bodas se concentrará en el Cordero (v. 7).
3. La Cena de Bodas tendrá una novia pura y preparada (vv. 7-8).
4. La Cena de Bodas será un acontecimiento bendito y glorioso (vv. 9-10).

[1] (19:1-6) ***Cena de Bodas del Cordero - Aleluya - Adoración - Alabanza:*** La Cena de Bodas es una cena de gloriosa alabanza. Todos en el cielo alabarán a Dios y a Cristo en la gran cena. Advierta que la alabanza se centra en cuatro *aleluyas* en estos versículos (v. 1, 3, 4, 6). Aleluya simplemente significa *alabar* a Dios. Proviene de dos palabras en hebreo: *Halal* que significa *alabar* y *Jah* que es el nombre de Dios.

1. La cena será el *aleluya de la salvación.* Esto es lo que probablemente cante la hueste celestial en este aleluya (cp. 5:11; He. 12:22).

   a. La salvación pertenece a Dios: Él es el que trajo la salvación a los creyentes y a la tierra. Los ángeles han estado observando el plan de Dios durante generaciones a medida que se ha ido desarrollando para la salvación del hombre. Se sorprendieron una y otra vez por la increíble misericordia y gracia de Dios para con el hombre. Han presenciado toda escena de tentación y prueba, pecado y maldad, toda lucha y conflicto sobre la tierra y dentro del alma del hombre. Estando allí en la gran *Cena de Bodas del Cordero*, los ángeles tendrán la visión más espectacular que hayan presenciado: la finalización de la salvación de Dios. Por lo tanto, alabarán a Dios como el Dios de la salvación en la gran *Cena de Bodas del Cordero.*

> **"¡Gracias a Dios por su don inefable!" (2 Co. 9:15).**
>
> **"Mas vosotros sois linaje escogido, real sacerdocio, nación santa, pueblo adquirido por Dios, para que anunciéis las virtudes de aquel que os llamó de las tinieblas a su luz admirable" (1 P. 2:9).**
>
> **"Pero la salvación de los justos es de Jehová, y él es su fortaleza en el tiempo de la angustia" (Sal. 37:39).**
>
> **"He aquí Dios es salvación mía; me aseguraré y no temeré; porque mi fortaleza y mi canción es JAH Jehová, quien ha sido salvación para mí" (Is. 12:2).**
>
> **"Y se dirá en aquel día: He aquí, éste es nuestro Dios, le hemos esperado, y nos salvará; éste es Jehová a quien hemos esperado, nos gozaremos y nos alegraremos en su salvación" (Is. 25:9).**

b. La gloria pertenece a Dios: Él solo posee gloria. Toda la gloria, la luz y el esplendor del cielo y la tierra fluyen de su propio ser. La misma gloria que se les dará a los creyentes en el día glorioso de la salvación vendrá de Dios. Por lo tanto, los ángeles alabarán a Dios por su Gloria en la gran Cena de Bodas del Cordero.

> **"Para que unánimes, a una voz, glorifiquéis al Dios y Padre de nuestro Señor Jesucristo" (Ro. 15:6).**
>
> **"¿O ignoráis que vuestro cuerpo es templo del Espíritu Santo, el cual está en vosotros, el cual tenéis de Dios, y que no sois vuestros? Porque habéis sido comprados por precio; glorificad, pues, a Dios en vuestro cuerpo y en vuestro espíritu, los cuales son de Dios" (1 Co. 6:19-20).**
>
> **"Los que teméis a Jehová, alabadle; glorificadle, descendencia toda de Jacob, y temedle vosotros, descendencia toda de Israel" (Sal. 22:23).**
>
> **"¿Quién es este Rey de gloria? Jehová de los ejércitos, él es el Rey de la gloria" (Sal. 24:10).**
>
> **"Dad a Jehová la gloria debida a su nombre; adorad a Jehová en la hermosura de la santidad" (Sal. 29:2).**

c. La honra pertenece a Dios: Él es la Fuente y el Creador de todo lo que hay. Por lo tanto, Él será honrado como la Fuente y Creador de la Gran Cena de Bodas del Cordero.

> **"Gocémonos y alegrémonos y démosle gloria; porque han llegado las bodas del Cordero, y su esposa se ha preparado" (Ap. 19:7).**
>
> **"Yo hice la tierra, y creé sobre ella al hombre. Yo, mis manos, extendieron los cielos, y a todo su ejército mandé" (Is. 45:12).**
>
> **"Engrandeced a Jehová conmigo, y exaltemos a una su nombre" (Sal. 34:3).**

d. El poder pertenece a Dios: Él es el poder supremo del universo. Es su poder el que ha salvado al hombre y al mundo. Por lo tanto, su poder será alabado en la gran Cena de la Boda del Cordero.

> **"Las riquezas y la gloria proceden de ti, y tú dominas sobre todo; en tu mano está la fuerza y el poder, y en tu mano el hacer grande y el dar poder a todos" (1 Cr. 29:12).**
>
> **"Ofrezcan sacrificios de alabanza, y publiquen sus obras con júbilo" (Sal. 107:22).**
>
> **"Nuestro Dios está en los cielos; todo lo que quiso ha hecho" (Sal. 115:3).**
>
> **"Y todos los ángeles estaban en pie alrededor del trono, y de los ancianos y de los cuatro seres vivientes; y se postraron sobre sus rostros delante del trono, y adoraron a Dios, diciendo: Amén. La bendición y la gloria y la sabiduría y la acción de gracias y la honra y el *poder* y la *fortaleza*, sean a nuestro Dios por los siglos de los siglos. Amén" (Ap. 7:11-12).**

2. La cena estará llena del *aleluya de la victoria* (vv. 2-3). El Señor Jesucristo triunfará sobre todo lo impío y malo de este mundo.

=> Él destruirá la política pagana del mundo y los sistemas sociales, comerciales, culturales y religiosos del mundo.

=> Él vengará la persecución y el abuso de sus queridos seguidores en la tierra. Él juzgará y destruirá toda persona mala, abusadora y asesina del mundo, tratándolos con justicia perfecta, dándoles un castigo igual al sufrimiento que infligieron en la tierra.

=> Él regresará a la tierra y establecerá justicia en ella.

Por lo tanto, en la gran Cena de Bodas del Cordero, los ángeles clamarán alabanzas a Dios por la gran victoria que libró en la tierra. Sus juicios son verdaderos y justos. Sus juicios son exactamente equivalentes a la maldad de una persona. Son perfectos, verdaderos y rectos. Por lo tanto, los ángeles alabarán a Dios por su gloriosa victoria en la gran Cena de Bodas del Cordero.

> **"Por lo cual Dios también le exaltó hasta lo sumo, y le dio un nombre que es sobre todo nombre, para que en el nombre de Jesús se doble toda rodilla de los que están en los cielos, y en la tierra, y debajo de la tierra; y toda lengua confiese que Jesucristo es el Señor, para gloria de Dios Padre" (Fil. 2:9-11).**
>
> **"Con gozo dando gracias al Padre que nos hizo aptos para participar de la herencia de los santos en luz" (Col. 1:12).**
>
> **"Diciendo: Te damos gracias, Señor Dios Todopoderoso, el que eres y que eras y que has de venir, porque has tomado tu gran poder, y has reinado" (Ap. 11:17).**
>
> **"Y mi lengua hablará de tu justicia y de tu alabanza todo el día" (Sal. 35:28).**

3. La cena estará llena del aleluya de la adoración (v. 4). Advierta que los veinticuatro ancianos y las cuatro criaturas vivientes ofrecerán su adoración. Se exaltarán en su alabanza al Señor, sin decir otra cosa que: "Aleluya, aleluya, aleluya..." Dios es tan maravilloso que Él mismo solo merece alabanzas, no por un hecho en particular, sino porque Él es tan maravilloso. En la gran Cena de Bodas del Cordero, los que estén más próximos al trono de Dios se exaltarán alabando a Dios solo por quién es.

> **"Exaltado seas sobre los cielos, oh Dios; sobre toda la tierra sea tu gloria" (Sal. 57:5).**
>
> **"Exáltenlo en la congregación del pueblo, y en la reunión de ancianos lo alaben" (Sal. 107:32).**

4. La cena estará llena del *aleluya del reino omnipotente de Dios* (vv. 5-6). Una voz gritará desde el trono de Dios a todos los siervos y a todos los que le temen y lo reverencian, gritará que la hueste celestial alabe al Señor nuestro Dios por su *reino omnipotente.* El Señor, nuestro Señor, el Señor Jesucristo, va a reinar con poder soberano sobre la tierra y reinará por los siglos de los siglos sobre los nuevos cielos y la tierra. Y advierta: Él va a reinar con poder omnipotente, supremo a todo. La oración de la gente de Dios "Que venga tu reino" está por convertirse en una realidad viviente en la tierra por los siglos de los siglos. En la gran *Cena de la Boda del Cordero* todos los del cielo estarán motivados a alabar al Señor Dios por su reino omnipotente.

> **"Porque preciso es que él reine hasta que haya puesto a todos sus enemigos debajo de sus pies" (1 Co. 15:25).**
>
> **"Por lo cual Dios también le exaltó hasta lo sumo, y le dio un nombre que es sobre todo nombre, para que en el nombre de Jesús se doble toda rodilla de los que están en los cielos, y en la tierra, y debajo de la tierra; y toda lengua confiese que Jesucristo es el Señor, para gloria de Dios Padre" (Fil. 2:9-11).**
>
> **"Diciendo: Te damos gracias, Señor Dios Todopoderoso, el que eres y que eras y que has de venir, porque has tomado tu gran poder, y has reinado" (Ap. 11:17).**
>
> **"Entonces oí una gran voz en el cielo, que decía: Ahora ha venido la salvación, el poder, y el reino de nuestro Dios, y la autoridad de su Cristo; porque ha sido lanzado fuera el acusador de nuestros hermanos, el que los acusaba delante de nuestro Dios día y noche" (Ap. 12:10).**
>
> **"Y oí como la voz de una gran multitud, como el estruendo de muchas aguas, y como la voz de grandes truenos, que decía: ¡Aleluya, porque el Señor nuestro Dios Todopoderoso reina!" (Ap. 19:6).**
>
> **"Pero yo he puesto mi rey sobre Sion, mi santo monte... Pídeme, y te daré por herencias las naciones, y como posesión tuya los confines de la tierra." (Sal. 2:6, 8).**
>
> **"Jehová reina; regocíjese la tierra, alégrense las muchas costas" (Sal. 97:1).**
>
> **"He aquí que vienen días, dice Jehová, en que levantaré a David renuevo justo, y reinará como Rey, el cual será dichoso, y hará juicio y justicia en la tierra" (Jer. 23:5).**
>
> **"Y le fue dado dominio, gloria y reino, para que todos los pueblos, naciones y lenguas le sirvieran; su dominio es dominio eterno, que nunca pasará, y su reino uno que no será destruido" (Dn. 7:14).**
>
> **"Y dijo: Jehová Dios de nuestros padres, ¿no eres tú Dios en los cielos, y tienes dominio sobre todos los reinos de las naciones? ¿No está en tu mano tal fuerza y poder, que no hay quien te resista?" (2 Cr. 20:6).**

2 (19:7) ***Cena de Bodas del Cordero:*** La Cena de Bodas se concentrará en el Cordero mismo, el Señor Jesucristo. Advierta que toda la atención de la cena se va a centrar en el Cordero. En la mayoría de las bodas y cenas de bodas de la tierra, la atención se centra en la novia. Pero esto no será así en la gran Cena de Bodas del Cordero. El Cordero de Dios, el Señor Jesucristo mismo, será el gran centro de atención. Las razones están claramente expresadas:

=> Será el Cordero el que sea la causa de nuestra alegría y felicidad.

=> Será el Cordero el que merece ser honrado. Nosotros no estaríamos siquiera aquí si no fuese por Él.

=> Es el Cordero por la que la cena lleva el nombre; es su cena, la gran *Cena de Bodas del Cordero.*

=> Es el Cordero que motivó a la novia a prepararse.

Pensamiento 1: Si Jesucristo va a ser el centro de ese día, ¿cuánto más sería Él hoy día? Jesucristo se merece toda nuestra atención, toda nuestra vida, todo nuestro servicio, adoración y alabanza.

> **"Y decía a todos: Si alguno quiere venir en pos de mí, niéguese a sí mismo, tome su cruz cada día, y sígame" (Lc. 9:23).**
>
> **"Si alguno viene a mí, y no aborrece a su padre, y madre, y mujer, e hijos, y hermanos, y hermanas, y aun también su propia vida, no puede ser mi discípulo. Y el que no lleva su cruz y viene en pos de mí, no puede ser mi discípulo" (Lc. 14:26-27).**
>
> **"Así que, hermanos, os ruego por las misericordias de Dios, que presentéis vuestros cuerpos en sacrificio vivo, santo, agradable a Dios, que es vuestro culto racional. No os conforméis a este siglo, sino transformaos por medio de la renovación de vuestro entendimiento, para que comprobéis cuál sea la buena voluntad de Dios, agradable y perfecta" (Ro. 12:1-2).**
>
> **"¿O ignoráis que vuestro cuerpo es templo del Espíritu Santo, el cual está en vosotros, el cual tenéis de Dios, y que no sois vuestros? Porque habéis sido comprados por precio; glorificad, pues, a Dios en vuestro cuerpo y en vuestro espíritu, los cuales son de Dios" (1 Co. 6:19-20).**
>
> **"Y ciertamente, aun estimo todas las cosas como pérdida por la excelencia del conocimiento de Cristo Jesús, mi Señor, por amor del cual lo he perdido todo, y lo tengo por basura, para ganar a Cristo" (Fil. 3:8).**

3 (19:7-8) ***Cena de Bodas del Cordero - Justicia:*** La Cena de Bodas tendrá una novia pura y preparada. Advierta dos puntos significativos.

1. La novia, la iglesia, los seguidores del Señor Jesucristo, se prepara. ¿Cómo? Esto incluye todo lo que hace un creyente para ser aceptable ante Dios.

a. Un creyente se prepara recibiendo al Cordero

de Dios como su Salvador. Una persona no será aceptable en la Cena de Bodas del Cordero a no ser que acepte el sacrificio del Cordero como el sacrificio por sus propios pecados. Él ha venido al Cordero para ingresar a la cena del Cordero. Si no viene al Cordero entonces nunca ingresará a la cena. Si no vive con el Cordero mientras está en la tierra, entonces cuando el Cordero aparezca en la Cena, la persona no estará allí. Será excluido y dejado fuera.

b. Un creyente se prepara siguiendo al Cordero. El Cordero, el Señor Jesucristo, se sacrificó hasta el último grado. Dio su vida totalmente y murió por el hombre. Por lo tanto, el hombre debe sacrificarse hasta el último grado. El hombre debe morir ante el yo y vivir por entero por el Cordero de Dios. El creyente...
   - debe trabajar y obrar hasta el punto del agotamiento como trabajó y obró el Cordero.
   - debe vivir en justicia y divinidad como vivió el Cordero.

Cuando el creyente se niega por completo y toma su cruz diariamente y sigue a Jesucristo, entonces se prepara para la gran *Cena de Bodas del Cordero.* El creyente ha dado todo su corazón y vida a Jesucristo. Por lo tanto, estará preparado para compartir en la gran Cena de Bodas del Cordero.

2. Un creyente se prepara mediante hechos o acciones justas (v. 8). La palabra "justicia" (dikaiomata) aquí significa hechos o acciones justas. Esto significaría dos cosas.

a. El creyente actúa justamente, *hace lo correcto* cuando recibe a Jesucristo como a su Salvador. Es ahí cuando Dios acepta la creencia de la persona como *justicia.* Dios en realidad toma la fe de una persona en su Hijo y *considera su fe como justicia.* ¿Por qué? Porque la persona cree que el sacrificio del Cordero, la muerte del Señor Jesucristo, fue por los pecados del mundo. La persona cree que Jesucristo murió por sus pecados, como su sacrificio, como su substituto. Él cree que el castigo y el juicio de sus pecados han sido pagados por Cristo. Por lo tanto, él es libre de pecado y aceptable ante Dios. Dios toma su fe y *toma su fe como justicia.* Dios lo considera justo en la justicia de Jesucristo. Esto es lo que se llama justicia *imputada,* la justicia que se da o se coloca en la cuenta de uno frente a Dios. Es una justicia que se considera y se acredita al creyente. Por lo tanto, cuando el creyente está preparado para asistir a la gran *Cena de Bodas del Cordero,* se le dará la vestimenta limpia y blanca necesaria para ingresar a la boda. Advierta: Se dice que la vestimenta fina es la justicia o los hechos justos de los santos.

   Ahora bien, esta es la primera acción justa que una persona debe hacer. Si hace este hecho justo, entonces será aceptado en la gran *Cena de Bodas del Cordero.*

b. El creyente también debe hacer otras acciones justas. Debe servir al Cordero de Dios hasta el grado máximo posible. Todo creyente sabe que no todos los creyente lo hacen ; no todos los creyentes sirven a Dios con todo su corazón, alma y cuerpo. En realidad, algunos creyentes hacen poco por Cristo. Por lo tanto, advierta atentamente el versículo ocho: La novia de Cristo —todos los creyentes— estará en el cielo. Serán aceptados y perfeccionados en la justicia de Cristo. Tienen túnicas que son blancas y puras. Pero advierta: Cuando se preparen para asistir a la gran *Cena de Bodas del Cordero,* Dios les dará a los creyentes otra vestimenta que está hecha de lino fino que será limpia y blanca. ¿Cuál es esta otra vestimenta? Es...
   - la vestimenta de los hechos y las acciones justas.
   - la vestimenta de la recompensa.
   - la vestimenta que demuestra posición y responsabilidad.
   - la vestimenta que recompensa por la fidelidad.

Recuerde: Cristo y las Escrituras declaran enfáticamente que habrá posiciones de los nuevos cielos y la tierra, grados de trabajo y servicio, de responsabilidad y deber asignados a todos nosotros. A los incrédulos y a los que creen a medias no se les asignará una posición tan elevada como a los creyentes ; no serán tan grandemente recompensados. Todos seremos perfeccionados y glorificados en el cielo, pero no todos gobernaremos y reinaremos en posiciones equivalentes. Todo el universo, tanto el cielo como la tierra, se reconstruirá, se perfeccionará y se lo revivirá. El Señor Jesucristo va a hacer que sus seguidores cuiden el universo por Él. Qué y cuánto seremos asignados a supervisar y a reinar sobre depende de nuestra fidelidad ahora. Estas túnicas para la gran *Cena de Bodas del Cordero* serán las túnicas de hechos y obras justas, las túnicas que demostrarán la posición de nuestra autoridad a lo largo de toda la eternidad. Sin duda, determinarán dónde estaremos sentados en la gran Cena de Bodas. (Ver nota, Recompensa, Ap. 14:13 para mayor discusión y una lista de recompensas.)

"Y seréis aborrecidos de todos por causa de mi nombre; mas el que persevere hasta el fin, éste será salvo" (Mt. 10:22).

"Pero tú, ¿por qué juzgas a tu hermano? O tú también, ¿por qué menosprecias a tu hermano? Porque todos compareceremos ante el tribunal de Cristo" (Ro. 14:10).

"Porque nadie puede poner otro fundamento que el que está puesto, el cual es Jesucristo. Y si sobre este fundamento alguno edificare oro, plata, piedras preciosas, madera, heno, hojarasca, la obra de cada uno se hará manifiesta; porque el día la declarará, pues por el fuego será revelada; y la obra de cada uno cuál sea, el fuego la probará. Si permaneciere la obra de alguno que sobreedificó, recibirá recompensa. Si la obra de alguno se quemare, él sufrirá pérdida, si bien él mismo será salvo, aunque así como por fuego" (1 Co. 3:11-15).

"Así que, hermanos míos amados, estad firmes y constantes, creciendo en la obra del Señor siempre,

sabiendo que vuestro trabajo en el Señor no es en vano" (1 Co. 15:58).

"Porque es necesario que todos nosotros comparezcamos ante el tribunal de Cristo, para que cada uno reciba según lo que haya hecho mientras estaba en el cuerpo, sea bueno o sea malo" (2 Co. 5:10).

"Así que vosotros, oh amados, sabiéndolo de antemano, guardaos, no sea que arrastrados por el error de los inicuos, caigáis de vuestra firmeza" (2 P. 3:17).

"Yo reprendo y castigo a todos los que amo; sé, pues, celoso, y arrepiéntete" (Ap. 3:19).

"¿No decís vosotros: Aún faltan cuatro meses para que llegue la siega? He aquí os digo: Alzad vuestros ojos y mirad los campos, porque ya están blancos para la siega" (Jn. 4:35).

[4] (19:9-10) ***Cena de Bodas del Cordero:*** La Cena de Bodas será un acontecimiento bendito y glorioso, el acontecimiento más glorioso que haya tenido lugar en la historia. Advierta dos cosas.

1. La Cena de Bodas será la celebración más bendita de toda la historia. La idea es que sea *enormemente bendita.* Advierta: Están los que dicen que los invitados se refieren a un grupo separado que no es el de la novia, es decir, la iglesia. Pero esto es poco probable. Esta es la cena del Cordero, no del Cordero y la Novia. El Cordero es el que ha llamado a todos los invitados a la gran cena. De hecho, los creyentes, la novia, abarcan la mayor cantidad de invitados a la cena.

La cena será un acontecimiento bendito por un motivo: Toda la hueste celestial estará allí, todos los creyentes y los seres angélicos, y Dios y Cristo. Será un acontecimiento bendito, una celebración gloriosa y espectacular, porque todos estarán allí, todos los creyentes estarán reunidos en la gran sala de banquetes de Dios, todos están reunidos por *primera vez* en la historia.

Pensamiento 1: Agita el corazón pensar que habrá cenas periódicas a lo largo de la eternidad donde Cristo nos reunirá a todos para una celebración. Imagine que nos llamen a todos desde nuestros diversos deberes y reinos de todas partes del universo para una gran cena de celebración. ¡Qué pensamiento glorioso! Ojalá que Dios agite nuestros corazones para servir a nuestro Señor tan diligentemente, día y noche. Estar con nuestro Señor y Dios en el cielo y en la eternidad, en los nuevos cielos y en la tierra, todo valdrá la pena cuando veamos a Jesús.

"Volvió a enviar otros siervos, diciendo: Decid a los convidados: He aquí, he preparado mi comida; mis toros y animales engordados han sido muertos, y todo está dispuesto; venid a las bodas" (Mt. 22:4).

"Entonces Jesús le dijo: Un hombre hizo una gran cena, y convidó a muchos" (Lc. 14:16).

"Antes bien, como está escrito: Cosas que ojo no vio, ni oído oyó, ni han subido en corazón de hombre, son las que Dios ha preparado para los que le aman" (1 Co. 2:9).

"Y el ángel me dijo: Escribe: Bienaventurados los que son llamados a la cena de las bodas del Cordero. Y me dijo: Estas son palabras verdaderas de Dios" (Ap. 19:9).

"El que venciere heredará todas las cosas, y yo seré su Dios, y él será mi hijo" (Ap. 21:7).

2. La Cena de Bodas será bendita porque tiene el propósito de adorar a Dios y a Él solamente. Esto se ilustra claramente por lo que le sucedió a Juan. Recuerde: Juan era todavía un hombre humano, no un hombre redimido. El Señor le estaba dando una visión del fin de los tiempos y sus acontecimientos. Juan está tan atrapado en el esplendor majestuoso y en la celebración de la cena que cae de rodillas a los pies del gran ángel para adorarlo. Pero el ángel le dice a Juan que no lo adore a él ni a nadie más, sino que adore solamente a Dios. Hay dos motivos para esto.

=> Primero, todas las criaturas, incluso los ángeles majestuosos del cielo, son solo siervos de Dios. Pueden ser seres majestuosos, pero no son Dios.

=> Segundo, Jesucristo mismo es el que da testimonio de la verdad. Cristo y solo Cristo posee y comparte la verdad. La única verdad que tienen los ángeles y los siervos es la verdad de Cristo. Por lo tanto, Él y solo Él es digno de adoración. Ningún ángel ni ninguna otra criatura posee la verdad. Por lo tanto, adore a Dios y solo a Dios.

"Entonces Jesús le dijo: Vete, Satanás, porque escrito está: Al Señor tu Dios adorarás, y a él sólo servirás" (Mt. 4:10).

"Dios es Espíritu; y los que le adoran, en espíritu y en verdad es necesario que adoren" (Jn. 4:24).

"Diciendo a gran voz: Temed a Dios, y dadle gloria, porque la hora de su juicio ha llegado; y adorad a aquel que hizo el cielo y la tierra, el mar y las fuentes de las aguas" (Ap. 14:7).

"Pero él me dijo: Mira, no lo hagas; porque yo soy consiervo tuyo, de tus hermanos los profetas, y de los que guardan las palabras de este libro. Adora a Dios" (Ap. 22:9).

"Dad a Jehová la honra debida a su nombre; traed ofrenda, y venid delante de él; postraos delante de Jehová en la hermosura de la santidad" (1 Cr. 16:29).

"Venid, adoremos y postrémonos; arrodillémonos delante de Jehová nuestro Hacedor" (Sal. 95:6).

"Adorad a Jehová en la hermosura de la santidad; temed delante de él, toda la tierra" (Sal. 96:9).

	XII. EL TRIUNFO FINAL: EL INGRESO AL MILENIO, 19:11—20:15	13 Estaba vestido de una ropa teñida en sangre; y su nombre es: EL VERBO DE DIOS.	**3 La Palabra justiciera de Dios: Vestida de sangre**
	A. La venida de Cristo como conquistador, 19:11-16	14 Y los ejércitos celestiales, vestidos de lino finísimo, blanco y limpio, le seguían en caballos blancos.	**4 El Líder celestial, guerrero: Los ejércitos celestiales lo seguirán**
1 El Cristo conquistador a. Se sentará en un caballo blanco b. Juzgará con justicia	11 Entonces vi el cielo abierto; y he aquí un caballo blanco, y el que lo montaba se llamaba Fiel y Verdadero, y con justicia juzga y pelea.	15 De su boca sale una espada aguda, para herir con ella a las naciones, y él las regirá con vara de hierro; y él pisa el lagar del vino del furor y de la ira del Dios Todopoderoso.	**5 El feroz Conquistador** a. Tendrá una espada: La espada de su boca, su Palabra. b. Derribará y gobernará las naciones c. Ejecutará feroz ira
2 El Príncipe consumidor a. Sus ojos son como de fuego b. Su cabeza está coronada c. Su nombre es secreto	12 Sus ojos eran como llama de fuego, y había en su cabeza muchas diademas; y tenía un nombre escrito que ninguno conocía sino él mismo.	16 Y en su vestidura y en su muslo tiene escrito este nombre: REY DE REYES Y SEÑOR DE SEÑORES.	**6 El Rey de reyes y Señor de señores: Un nombre revelado**

DIVISIÓN XII

EL TRIUNFO FINAL: EL INGRESO AL MILENIO, 19:11—20:15

A. La venida de Cristo como conquistador, 19:11-16

(19:11-16) ***Introducción:*** Este pasaje lanza el cierre de la historia humana. Esto es Armagedón, la guerra final y el clímax en la tierra. Esta es la batalla que destruye a todos los impíos y malos sobre la tierra, la batalla que da lugar a la justicia de Dios en la tierra. Sorprendentemente, Jesucristo librará esta batalla. Esta es la escena de este pasaje, una imagen de Jesucristo que pocas veces uno se imagina. Es la imagen de Jesucristo viniendo a la tierra como el Conquistador. Advierta: No hay acción en estos seis versículos: Solo nos dan una imagen de cómo luciría Cristo cuando regrese a la tierra como el Guerrero y Conquistador del cielo.

1. El Cristo conquistador (v. 11).
2. El Príncipe consumidor (v. 12).
3. La Palabra justiciera de Dios: Vestida de sangre (v. 13).
4. El Líder celestial, guerrero: Los ejércitos celestiales lo seguirán (v. 14).
5. El feroz Conquistador (v. 15).
6. El Rey de reyes y Señor de señores: Un nombre revelado (v. 16).

[1] (19:11) ***Jesucristo, Nombres - Títulos:*** Jesucristo será el *Cristo conquistador* (v. 11). Esta es la imagen que simboliza el caballo. En la antigüedad, cuando un general romano entraba a una ciudad como conquistador, lo hacía montado en un caballo blanco, para celebrar su triunfo. Llegará el día en que Jesucristo regrese a esta tierra como el conquistador. Y cuando lo haga, el hombre podrá depender de dos cosas.

1. Jesucristo será el Conquistador fiel y verdadero.

=> Fiel significa que se puede confiar en descansar en Él para juzgar a todo enemigo cuando Él venga. Él dijo que conquistaría, juzgaría y condenaría a todos los impíos y los malos de este mundo, y se puede confiar y descansar en su Palabra.

=> Verdadero es lo opuesto a falso. La conquista y el juicio de Jesucristo será verdadera. Jesucristo le dará exactamente a una persona lo que ésta merece, ni más ni menos. Ninguna persona impía y mala no tendrá que temer jamás que Jesucristo sea injusto o no equitativo con él. Toda persona impía y mala puede contar con que Jesucristo es verdadero. Jesucristo juzgará a una persona en forma perfecta, con justicia perfecta. Una persona cosechará exactamente lo que ha sembrado. Será juzgado y condenado exactamente por lo que ha hecho.

2. Jesucristo juzgará y hará la guerra en la tierra en justicia. Su justicia serán los criterios, la ley por la cual todos serán juzgados. Cualquier persona que no alcance la justicia de Jesucristo será conquistada, juzgada y condenada exactamente en aquello que le falta.

> **"Porque el Hijo del Hombre vendrá en la gloria de su Padre con sus ángeles, y entonces pagará a cada uno conforme a sus obras" (Mt. 16:27).**
>
> **"Y vi a los muertos, grandes y pequeños, de pie ante Dios; y los libros fueron abiertos, y otro libro fue abierto, el cual es el libro de la vida; y fueron juzgados los muertos por las cosas que estaban escritas en los libros, según sus obras" (Ap. 20:12).**
>
> **"He aquí yo vengo pronto, y mi galardón conmigo, para recompensar a cada uno según sea su obra" (Ap. 22:12).**
>
> **"Y tuya, oh Señor, es la misericordia; porque tú pagas a cada uno conforme a su obra" (Sal. 62:12).**
>
> **"Yo Jehová, que escudriño la mente, que pruebo el corazón, para dar a cada uno según su camino, según el fruto de sus obras" (Jer. 17:10).**

[2] (19:2) ***Jesucristo - Persona:*** Jesucristo será el *Príncipe consumidor* (v. 12).

1. Sus ojos serán como de fuego. Esto simboliza un poder penetrante y agudo. Él ve en todas partes, inclusive en los lugares oscuros y detrás de puertas cerradas. Sus ojos buscan

en los rincones recónditos del corazón. Él lo sabe todo; Él es omnisciente y es capaz de conquistar a todos los que lo rechazan y hacen el mal.

> **"Su cuerpo era como de berilo, y su rostro parecía un relámpago, y sus ojos como antorchas de fuego, y sus brazos y sus pies como de color de bronce bruñido, y el sonido de sus palabras como el estruendo de una multitud" (Dn. 10:6).**
>
> **"Y no hay cosa creada que no sea manifiesta en su presencia; antes bien todas las cosas están desnudas y abiertas a los ojos de aquel a quien tenemos que dar cuenta" (He. 4:13).**
>
> **"Yo Jehová, que escudriño la mente, que pruebo el corazón, para dar a cada uno según su camino, según el fruto de sus obras" (Jer. 17:10).**
>
> **"¿Se ocultará alguno, dice Jehová, en escondrijos que yo no lo vea? ¿No lleno yo, dice Jehová, el cielo y la tierra?" (Jer. 23:24).**

2. Él usará muchas coronas (diademas), es decir, las coronas reales del gobierno y la autoridad sobre muchos reinos. Él viene a conquistar todos los reinos de la tierra.

3. Él tendrá un nombre escrito en algún lugar de sus vestiduras, pero Él solo sabe cuál es ese nombre. Es fútil adivinar cuál será. Lo veremos ese día.

> **"Por lo cual Dios también le exaltó hasta lo sumo, y le dio un nombre que es sobre todo nombre, para que en el nombre de Jesús se doble toda rodilla de los que están en los cielos, y en la tierra, y debajo de la tierra; y toda lengua confiese que Jesucristo es el Señor, para gloria de Dios Padre" (Fil. 2:9-11).**
>
> **"Sus ojos eran como llama de fuego, y había en su cabeza muchas diademas; y tenía un nombre escrito que ninguno conocía sino él mismo" (Ap. 19:12).**

[3] (19:13) ***Jesucristo, Persona:*** Jesucristo será la *Palabra justiciera de Dios* (v. 13). Advierta que su túnica estará manchada de sangre. Esto significa la sangre de sus enemigos, no su propia sangre redentora. Jesucristo va a conquistar y vencer a todos los impíos y malos de esta tierra. Ahora advierta un hecho muy significativo: Él va a hacerlo. Por el Verbo de Dios. Él posee el poder de la Palabra de Dios. De hecho, este es su nombre mismo, la Palabra de Dios. Por lo tanto, todo lo que tiene que hacer es pronunciar el Verbo y el mismo poder, la energía y la fuerza de su Palabra asesinará a los impíos y malos de este mundo.

> **"He pisado yo solo el lagar, y de los pueblos nadie había conmigo; los pisé con mi ira, y los hollé con mi furor; y su sangre salpicó mis vestidos, y manché todas mis ropas" (Is. 63:3).**
>
> **"Sino que juzgará con justicia a los pobres, y argüirá con equidad por los mansos de la tierra; y herirá la tierra con la vara de su boca, y con el espíritu de sus labios matará al impío" (Is. 11:4).**
>
> **"Porque la palabra de Dios es viva y eficaz, y más cortante que toda espada de dos filos; y penetra hasta partir el alma y el espíritu, las coyunturas y los tuétanos, y discierne los pensamientos y las intenciones del corazón" (He. 4:12).**

[4] (19:14) ***Jesucristo, Persona:*** Jesucristo será el *Líder celestial, guerrero* (v. 14). Advierta que los ejércitos del cielo lo siguen. ¿Quiénes son? Advierta: Estarán vestidos "de fino lino, blanco y limpio". Esta es la misma vestimenta usada por los creyentes en la Cena de Bodas del Cordero (cp. Ap. 19:8). Por lo tanto, los ejércitos incluirán a los creyentes que han seguido a Cristo el Mesías a lo largo de los siglos, tanto a los creyentes del Antiguo como del Nuevo Testamento. Los ejércitos incluirán a todos los redimidos. Además, los ejércitos incluirán la multitud de ángeles que Jesucristo dijo que iba a traer con Él cuando regresara a la tierra (Mt. 25:31).

> **"Cuando el Hijo del Hombre venga en su gloria, y todos los santos ángeles con él, entonces se sentará en su trono de gloria" (Mt. 25:31).**
>
> **"Y a vosotros que sois atribulados, daros reposo con nosotros, cuando se manifieste el Señor Jesús desde el cielo con los ángeles de su poder, en llama de fuego, para dar retribución a los que no conocieron a Dios, ni obedecen al evangelio de nuestro Señor Jesucristo; los cuales sufrirán pena de eterna perdición, excluidos de la presencia del Señor y de la gloria de su poder" (2 Ts. 1:7-9).**
>
> **"De éstos también profetizó Enoc, séptimo desde Adán, diciendo: He aquí, vino el Señor con sus santas decenas de millares, para hacer juicio contra todos, y dejar convictos a todos los impíos de todas sus obras impías que han hecho impíamente, y de todas las cosas duras que los pecadores impíos han hablado contra él" (Jud. 14-15).**

[5] (19:15) ***Jesucristo, Persona:*** Jesucristo será el *Conquistador feroz.* Esto se ve en tres cosas.

1. Primero, Él tendrá un arma: Una afilada espada saldrá de su boca. Esto simboliza que su espada será el poder de su Palabra. La Palabra de Dios es la espada de Dios.

> **"Y tomad el yelmo de la salvación, y la espada del Espíritu, que es la palabra de Dios" (Ef. 6:17).**
>
> **"Porque la palabra de Dios es viva y eficaz, y más cortante que toda espada de dos filos; y penetra hasta partir el alma y el espíritu, las coyunturas y los tuétanos, y discierne los pensamientos y las intenciones del corazón" (He. 4:12).**
>
> **"Sino que juzgará con justicia a los pobres, y argüirá con equidad por los mansos de la tierra; y herirá la tierra con la vara de su boca, y con el espíritu de sus labios matará al impío" (Is. 11:4).**

2. En segundo lugar, conquistará y regirá las naciones con una vara de hierro. Los conquistará y los someterá a todos y ocupará su lugar justo como Señor Soberano sobre la tierra y sus pueblos.

> **"Los quebrantarás con vara de hierro; como vasija de alfarero los desmenuzarás" (Sal. 2:9).**
>
> **"Sino que juzgará con justicia a los pobres, y argüirá con equidad por los mansos de la tierra; y herirá la tierra con la vara de su boca, y con el espíritu de sus labios matará al impío" (Is. 11:4).**

3. En tercer lugar, ejecutará la ferocidad y la ira de Dios el Todopoderoso (ver nota, punto 2, Ap. 14:18-19; también ver nota, Ap. 14:10-11 para discusión y versículos).

[6] (19:16) ***Jesucristo, Persona:*** Jesucristo será el Rey de reyes

y el Señor de señores. Él es el *Rey soberano y Señor Soberano* del universo. No existe nadie salvo por su voluntad y a nadie le será permitido ser un ciudadano de su reino a no ser que tengan su aprobación. Cuando Él venga como conquistador, va a prohibir a todos los que no hayan reconocido y se hayan sometido a su soberanía, a los que *no lo adoraron ni sirvieron* como el más grande de todos los Reyes y Señores.

> **"La cual a su tiempo mostrará el bienaventurado y solo Soberano, Rey de reyes, y Señor de señores" (1 Ti. 6:15).**
>
> **"Y de Jesucristo el testigo fiel, el primogénito de los muertos, y el soberano de los reyes de la tierra. Al que nos amó, y nos lavó de nuestros pecados con su sangre" (Ap. 1:5).**
>
> **"Pelearán contra el Cordero, y el Cordero los vencerá, porque él es Senor de señores y Rey de reyes; y los que están con él son llamados y elegidos y fieles" (Ap. 17:14).**
>
> **"Y en su vestidura y en su muslo tiene escrito este nombre: REY DE REYES Y SEÑOR DE SEÑORES" (Ap. 19:16).**

	B. La gran batalla de Armagedón, 19:17-21	el que montaba el caballo, y contra su ejército.	
1 El aterrador llamado a la cena del gran Dios a. Los invitados: Aves b. El propósito: Destruir a los malos	17 Y vi a un ángel que estaba en pie en el sol, y clamó a gran voz, diciendo a todas las aves que vuelan en medio del cielo: Venid, y congregaos a la gran cena de Dios, 18 para que comáis carnes de reyes y de capitanes, y carnes de fuertes, carnes de caballos y de sus jinetes, y carnes de todos, libres y esclavos, pequeños y grandes.	20 Y la bestia fue apresada, y con ella el falso profeta que había hecho delante de ella las señales con las cuales había engañado a los que recibieron la marca de la bestia, y habían adorado su imagen. Estos dos fueron lanzados vivos dentro de un lago de fuego que arde con azufre. 21 Y los demás fueron muertos con la espada que salía de la boca del que montaba el caballo, y todas las aves se saciaron de las carnes de ellos.	**3 La captura simple y rápida de las fuerzas hostiles** **4 El triste juicio de las fuerzas hostiles: Un lago de fuego.** **5 El arma de la victoria**
2 La movilización de las fuerzas del mundo	19 Y vi a la bestia, a los reyes de la tierra y a sus ejércitos, reunidos para guerrear contra		

DIVISIÓN XII

EL TRIUNFO FINAL: EL INGRESO AL MILENIO, 19:11—20:15

B. La gran batalla de Armagedón, 19:17-21

(19:17-21) ***Introducción:*** Esta es la gran batalla de Armagedón, la batalla final de la historia humana. Aquí es donde termina la historia humana, cuando el Señor Jesucristo interviene y detiene la locura y la maldad de la humanidad. Esto es lo que la Biblia y los creyentes llaman...

- el gran día de Jehová
- el gran día de Dios
- el día
- el día del Señor
- la batalla final de la historia humana
- el juicio de Dios sobre los gobiernos paganos de este mundo
- el fin del reinado del diablo sobre la tierra
- la cena del gran Dios
- la gran batalla de Armagedón

La batalla de Armagedón es la intervención de Jesucristo en la historia mundial. Es su regreso a la tierra y la destrucción de todas las fuerzas del mal sobre la tierra, de una vez por todas. (Ver bosquejo y notas, Ap. 14:20; 16:12-16 para mayor discusión.)

1. El aterrador llamado a la cena del gran Dios (vv. 17-18).
2. La movilización de las fuerzas del mundo (v. 19).
3. La captura simple y rápida de las fuerzas hostiles (v. 20).
4. El triste juicio de las fuerzas hostiles: Un lago de fuego (v. 20).
5. El arma de la victoria (v. 21).

[1] (19:17-18) ***Armagedón:*** Habrá una llamada aterrorizadora a la cena del gran Dios. Esta cena difiere por completo de la *Cena de Bodas del Cordero* que será para los creyentes. Esta cena, la *Cena del Gran Dios* será para los incrédulos y será el momento más aterrorizador de la historia humana.

Advierta la preparación aterrorizadora para esta cena. Un poderoso ángel grita a viva voz a *todas las aves* del cielo. Les grita que se reúnan para la Cena del Gran Dios. ¿Por qué se llama a las aves a que se reúnan? Porque Dios está por destruir a las naciones y ejércitos paganos de este mundo. Dios terminará con los ejércitos de todas las naciones del mundo. Dios está deteniendo de una vez por todas el asesinato de la vida humana sobre esta tierra. Por lo tanto, el ángel está llamando a todas las aves del aire para que celebren sobre los impíos de esta tierra cuando sean asesinados. Advierta quién será asesinado y quién será un festín para las aves rapaces del aire.

- la carne de los capitanes
- la carne de los poderosos
- la carne de los caballos
- la carne de los jinetes de los caballos
- la carne de todos los hombres, tanto los esclavos como los libres, tanto los pequeños como los grandes.

La idea es que todos los ejércitos del mundo sean destruidos. Todo ejército será destruido por Jesucristo cuando regrese en gloria.

> **"Sobre los montes de Israel caerás tú y todas tus tropas, y los pueblos que fueron contigo; a aves de rapiña de toda especie, y a las fieras del campo, te he dado por comida" (Ez. 39:4).**
>
> **"Y tú, hijo de hombre, así ha dicho Jehová el Señor: Di a las aves de toda especie, y a toda fiera del campo: Juntaos, y venid; reuníos de todas partes a mi víctima que sacrifico para vosotros, un sacrificio grande sobre los montes de Israel; y comeréis carne y beberéis sangre. Comeréis carne de fuertes, y beberéis sangre de príncipes de la tierra; de carneros, de corderos, de machos cabríos, de bueyes y de toros, engordados todos en Basán. Comeréis grosura hasta saciaros, y beberéis hasta embriagaros de sangre de las víctimas que para vosotros sacrifiqué. Y os saciaréis sobre mi mesa, de caballos y de jinetes fuertes y de todos los hombres de guerra, dice Jehová el Señor" (Ez. 39:17-20).**

2 (19:19) ***Armagedón:*** Habrá la movilización de los ejércitos del mundo. Advierta exactamente qué se dice:

> **"Y vi a la bestia, a los reyes de la tierra y a sus ejércitos, reunidos para guerrear contra el que montaba el caballo [Jesucristo que regresa a la tierra], y contra su ejército" (v. 19).**

=> El anticristo está allí.

=> Los reyes o dirigentes de la tierra están allí (probablemente negociando e intentando prevenir la batalla entre unos y otros).

=> Los ejércitos de las naciones están allí.

¿Cómo es humanamente posible que tantos grandes ejércitos se reúnan en un lugar? Y si una guerra se librará en Palestina, ¿por qué preocuparse por soldados de a pie si el mundo tiene tantas armas sofisticadas como misiles y armas atómicas? La razón es simple: Los ejércitos usan soldados de a pie cuando quieren preservar la tierra y sus recursos. En el fin de los tiempos esto es exactamente lo que va a suceder. El anticristo conducirá su alianza oriental en contra de Palestina para exterminar totalmente a los judíos y tomar todo el Medio Oriente con sus ricos recursos para sí. Él marchará en contra de los que proclaman ser seguidores del Señor Jesucristo. Recuerde: Los judíos habrán sido salvos para ese momento. Habrán aceptado a Jesucristo como su Mesías (ver notas-Ap. 7:4-8; 11:3-13). Esto es lo que se quiere decir por la manifestación de que el anticristo y sus ejércitos se reúnen para luchar contra Cristo. Jesucristo y su pueblo son uno; por lo tanto, luchar contra los seguidores de Cristo es luchar contra Cristo. El anticristo no puede usar armas atómicas, puesto que las armas no solo destruirían la tierra y sus recursos, sino que probablemente causarían una huelga de represalias de algunas de las otras naciones del mundo.

Ahora bien, ¿cómo llegaron todos los ejércitos del mundo a Palestina? Hay dos maneras.

1. Llegaron allí de la misma forma en que lo haría hoy día. Si algún ejército grande comenzara a marchar y a reclamar todo el petróleo del Medio Oriente, todos sabemos exactamente qué ocurriría. Las naciones del mundo irían a proteger sus intereses. La situación en el fin de los tiempos será causada por una circunstancia similar. Estando donde estamos hoy día, no podemos ver en el futuro qué pasará en el Medio Oriente para que los ejércitos se reúnan. Todo lo que sabemos es esto: Se reunirán en Palestina en el fin de los tiempos.

El punto es este: Cuando el anticristo y la confederación de las naciones bajo su poder comiencen a marchar contra Israel, las otras naciones del mundo aparentemente se inquietarán y se pondrán nerviosas. El motivo puede ser...

- el temor a un movimiento militar para conquistar el mundo comenzando por Palestina.
- los recursos del Medio Oriente y la amenaza a dichos recursos (como el petróleo).
- la locura de exterminar a todo un pueblo y nación como los judíos.

> **"El sexto ángel derramó su copa sobre el gran río Eufrates; y el agua de éste se secó, para que estuviese preparado el camino a los reyes del oriente" (Ap. 16:12; cp. Ez. capítulos 38-39).**
>
> **"Y en los días de estos reyes el Dios del cielo levantará un reino que no será jamás destruido, ni será el reino dejado a otro pueblo; desmenuzará y consumirá a todos estos reinos, pero él permanecerá para siempre" (Dn. 2:44; cp. Dan 7:19-27).**
>
> **"Y juzgará entre las naciones, y reprenderá a muchos pueblos; y volverán sus espadas en rejas de arado, y sus lanzas en hoces; no alzará espada nación contra nación, ni se adiestrarán más para la guerra" (Is. 2:4).**
>
> **"Sino que juzgará con justicia a los pobres, y argüirá con equidad por los mansos de la tierra; y herirá la tierra con la vara de su boca, y con el espíritu de sus labios matará al impío" (Is. 11:4).**
>
> **"Proclamad esto entre las naciones, proclamad guerra, despertad a los valientes, acérquense, vengan todos los hombres de guerra. Forjad espadas de vuestros azadones, lanzas de vuestras hoces; diga el débil: Fuerte soy. Juntaos y venid, naciones todas de alrededor, y congregaos; haz venir allí, oh Jehová, a tus fuertes. Despiértense las naciones, y suban al valle de Josafat; porque allí me sentaré para juzgar a todas las naciones de alrededor. Echad la hoz, porque la mies está ya madura. Venid, descended, porque el lagar está lleno, rebosan las cubas; porque mucha es la maldad de ellos. Muchos pueblos en el valle de la decisión; porque cercano está el día de Jehová en el valle de la decisión. El sol y la luna se oscurecerán, y las estrellas retraerán su resplandor. Y Jehová rugirá desde Sion, y dará su voz desde Jerusalén, y temblarán los cielos y la tierra; pero Jehová será la esperanza de su pueblo, y la fortaleza de los hijos de Israel" (Jl. 3:9-16).**
>
> **"Por tanto, esperadme, dice Jehová, hasta el día que me levante para juzgaros; porque mi determinación es reunir las naciones, juntar los reinos, para derramar sobre ellos mi enojo, todo el ardor de mi ira; por el fuego de mi celo será consumida toda la tierra" (Sof. 3:8).**
>
> **"Y de Efraín destruiré los carros, y los caballos de Jerusalén, y los arcos de guerra serán quebrados; y hablará paz a las naciones, y su señorío será de mar a mar, y desde el río hasta los fines de la tierra" (Zac. 9:10).**
>
> **"Y en aquel día yo procuraré destruir a todas las naciones que vinieren contra Jerusalén" (Zac. 12:9; cp. Zac. 12:1-9).**

2. Los ejércitos del mundo se reunirán en Palestina porque hay un espíritu maligno tras la confederación de las naciones (cp. Ap. 16:13-14). Esto ya ha sido tratado en detalle, pero se repite aquí debido a su importancia al tratar la *batalla de Armagedón* (ver nota, Ap. 12:16).

Advierta: Este versículo dice que todas las naciones y alianzas del mundo se involucrarán en la gran batalla de Armagedón.

=> Los reyes del este: Todas las naciones al este de Palestina, aparentemente incluyendo a los árabes, China y todas las otras naciones orientales. Probablemente sean encabezadas por el anticristo.

=> Los reyes del norte: Todas las naciones al norte de Palestina incluyendo Rusia.

=> Los reyes del sur: Todas las naciones al sur de Palestina incluyendo las naciones de África.

=> Los reyes del oeste: Todas las naciones al oeste de Palestina incluyendo una alianza occidental e involucrando algunas de las naciones europeas y probablemente incluyendo a Estados Unidos y otras poderosas naciones de América y Canadá.

Los enemigos se reunirán de cada nación tomando parte para proteger sus propios intereses. Como ya se ha dicho, el punto de conflicto puede ser el petróleo del Medio Oriente, o la total locura del anticristo por exterminar un pueblo entero como los judíos, o puede ser algún otro interés que todavía desconozcamos. El punto a ver es este: En los últimos días todas las naciones del mundo convergerán en el Medio Oriente y se estacionarán dentro de las fronteras de Palestina en Megido. Cada una de las naciones unirá sus fuerzas con dos o tres más. Estarán allí para proteger sus propios intereses nacionales en el Medio Oriente y Palestina. (Compare con la Guerra del Desierto, las acciones de las Naciones Unidas contra Irak cuando Irak atacó a Kuwait en 1990.)

Advierta qué hay detrás de toda la escena: Espíritus malignos. Espíritus malignos le están dando poder a la boca del anticristo y a su falso profeta. Esto significa el poder de influir y engañar a los dirigentes de otras naciones. Los espíritus malignos les darán a los dos líderes poder sobrenatural para inspirar su confederación a marchar y conquistar Palestina. Todas las otras naciones marcharán para proteger sus intereses en la región (tal vez petróleo). La descripción de los espíritus malignos como ranas simboliza la capacidad de saltar y difundir el engaño del dragón (el diablo) al anticristo y a su falso profeta o funcionario ejecutivo y luego a cada una de las naciones. La imagen es la de demonios haciendo milagros. ¿Qué tipo de milagros? Las Escrituras no lo dicen, pero la idea es la de...

- sueños engañosos de gloria
- triunfos gloriosos
- visiones de grandeza
- pasiones encendidas
- hacer sentir miedo en el corazón y generar resentimiento y odio entre las naciones.

El resultado de los espíritus malignos es este: Habrá una reunión de todos los ejércitos del mundo en un lugar en Palestina llamado Armagedón o el valle y montaña de Megido. Este es el gran valle que corre por el medio de Palestina desde el Mediterráneo hasta el río Jordán. Tiene unos 300 kilómetros de largo y unos 15 de ancho.

> **"Y fue lanzado fuera el gran dragón, la serpiente antigua, que se llama diablo y Satanás, el cual *engaña al mundo entero*; fue arrojado a la tierra, y sus ángeles fueron arrojados con él" (Ap. 12:9).**
>
> **"Y vi salir de la boca del dragón, y de la boca de la bestia, y de la boca del falso profeta, tres espíritus inmundos a manera de ranas; pues son espíritus de demonios, que hacen señales, y van a los reyes de la tierra en todo el mundo, para reunirlos a la batalla de aquel gran día del Dios Todopoderoso" (Ap. 16:13-14).**

3 (19:20) ***Armagedón:*** Estará la simple y rápida captura del anticristo y del falso profeta. Segunda Tesalonicenses nos dice exactamente qué sucederá con el anticristo.

> **"Y entonces se manifestará aquel inicuo, a quien el Señor matará con el espíritu de su boca, y destruirá con el resplandor de su venida" (2 Ts. 2:8).**

1. El Señor Jesucristo vencerá al anticristo con el espíritu de su boca (en griego "aliento"). ¿Qué es el *espíritu de la boca de Jesús*? Es el espíritu de la verdad, la santidad y el poder ilimitado. Cuando Jesús habla, lo que dice es de Dios y no se lo puede detener. Cuando recurre al cielo para deshacerse del anticristo, no habrá batalla, puesto que todas las fuerzas del cielo y la tierra combinadas serían como no existentes en contra del Señor Dios del universo. Cristo solo dirá la Palabra para que el anticristo sea asesinado y así lo será. Será como soplar unas partículas de polvo, éstas no regresan jamás.

Leo Morris dice que el énfasis es la facilidad con la que el Señor destruirá al "sin ley, terrible como sea" (*The Epistles of Paul to the Thessalonians.* "The Tyndale New Testament Commentaries", comp. por RVG Tasker. Grand Rapids. Mi: Eerdman, 1956, p. 131).

El *Pulpit Commentary* dice: "Las palabras deben tomarse literalmente como una descripción del poder y la irresistible fuerza de Cristo en su venida, que el mero aliento de su boca es suficiente para consumir a los malos" (*Second Thessalonians,* "The Pulpit Commentary", Vol. 21, comp. por HDM Spence y Joseph S. Exell. Gran Rapids. Mi: Eerdmans, 1950, p. 25 ss).

2. El Señor de la gloria destruirá al anticristo con el brillo de su llegada. La palabra "brillo" (epiphanea) es una palabra muy especial. Es una palabra elegida por el Nuevo Testamento para referirse solo a la llegada (parousia) del Señor. Se la utiliza solo cinco veces en el Nuevo testamento y en todos los casos se refiere a la llegada del Señor al mundo. Se refiere una vez a su primera venida (1 Ti. 1:10) y cuatro veces a su segunda venida (1 Ti. 6:14; 2 Ti. 4:1, 8; Tit. 2:13). La idea completa de *brillo* es esplendor, radiación, gloria y luz. Alguien señaló que cuando Jesucristo regrese a la tierra, habrá un despliegue espectacular de gloria y esplendor que la explosión de toda estrella en el universo no podrá equipararse a la visión del Señor (fuente desconocida). Cuando Cristo aparezca por primera vez, aparentemente habrá la energía de un rayo láser de gloria apuntado al anticristo y él será inmediatamente destruido por la radiación de la gloria y luz del Señor, más rápido que un pestañeo. Simplemente por mostrarse, el Señor destruirá al anticristo. Imagine el enorme poder de la gloria del Señor, una gloria tan poderosa que explotará todo el universo y reconstruirá nuevos cielos y tierra. Advierta: La palabra "destruir" no significa aniquilar, sino volver inoperante, dejar sin poder, poner un coto a la mala obra del anticristo.

4 (19:20) ***Lago de fuego:*** Está el horrible juicio del anticristo y el falso profeta. Ambos serán arrojados de inmediato en el lago de fuego. El lago de fuego se denomina Geena o *Lago de Fuego.* Este es el lugar en donde los que se han rebelado en contra de Dios serán arrojados en el fin del mundo: todos los hombres incrédulos, ángeles caídos, demonios y el diablo. En el juicio final de los incrédulos, el lago de fuego es el *infierno final* donde todos los impíos serán juzgados y condenados, y se dice que el juicio de Geena es eterno.

"Enviará el Hijo del Hombre a sus ángeles, y recogerán de su reino a todos los que sirven de tropiezo, y a los que hacen iniquidad, y los echarán en el horno de fuego; allí será el lloro y el crujir de dientes" (Mt. 13:41-42).

"Por tanto, si tu mano o tu pie te es ocasión de caer, córtalo y échalo de ti; mejor te es entrar en la vida cojo o manco, que teniendo dos manos o dos pies ser echado en el fuego eterno" (Mt. 18:8).

"Y el diablo que los engañaba fue lanzado en el lago de fuego y azufre, donde estaban la bestia y el falso profeta; y serán atormentados día y noche por los siglos de los siglos" (Ap. 20:10).

"Entonces dirá también a los de la izquierda: Apartaos de mí, malditos, al fuego eterno preparado para el diablo y sus ángeles... E irán éstos al castigo eterno, y los justos a la vida eterna" (Mt. 25:41, 46).

"Y vi un gran trono blanco y al que estaba sentado en él, de delante del cual huyeron la tierra y el cielo, y ningún lugar se encontró para ellos. Y vi a los muertos, grandes y pequeños, de pie ante Dios; y los libros fueron abiertos, y otro libro fue abierto, el cual es el libro de la vida; y fueron juzgados los muertos por las cosas que estaban escritas en los libros, según sus obras. Y el mar entregó los muertos que había en él; y la muerte y el Hades entregaron los muertos que había en ellos; y fueron juzgados cada uno según sus obras. Y la muerte y el Hades fueron lanzados al lago de fuego. Esta es la muerte segunda. Y el que no se halló inscrito en el libro de la vida fue lanzado al lago de fuego" (Ap. 20:11-15).

"Pero los cobardes e incrédulos, los abominables y homicidas, los fornicarios y hechiceros, los idólatras y todos los mentirosos tendrán su parte en el lago que arde con fuego y azufre, que es la muerte segunda" (Ap. 21:8).

5 (19:21) ***Armagedón:*** Está el arma del Señor que utiliza para vencer a los enemigos. ¿Cuál será esa arma? Una espada, la espada de su boca. Jesucristo no tiene armas físicas, materiales ni carnales hechas en esta tierra. No las necesita. La única arma que siempre necesita es la *espada de su Palabra.* Todo lo que tiene que hacer es hablar el Verbo y lo que dice se hace, inmediatamente, instantáneamente, completamente, profundamente y finalmente. Una explosión del poder de su Palabra es tan poderosa que consume todo lo que está de pie ante Él. Por lo tanto, en la horrible batalla de Armagedón no se librará ninguna batalla. El Señor simplemente hablará las *Palabras de muerte*, y toda alma de las naciones y ejércitos presentes caerán muertas. Una visión horrible, y sin embargo, es la declaración de las Escrituras. Y todo será tan trágico, trágico porque todo el que esté presente podría haber dado su corazón y vida a Jesucristo y se podría haber salvado. En cambio, eligen rechazar, negar y maldecir a Cristo y a Dios, y asesinar a millones literalmente en el peor holocausto que el mundo haya presenciado. Por lo tanto, el Señor Jesucristo no tendrá opción. Deberá detener el asesinato y la loca maldad de los paganos de este mundo. Y Él lo detendrá en Armagedón.

"Porque la palabra de Dios es viva y eficaz, y más cortante que toda espada de dos filos; y penetra hasta partir el alma y el espíritu, las coyunturas y los tuétanos, y discierne los pensamientos y las intenciones del corazón" (He. 4:12).

"Y tomad el yelmo de la salvación, y la espada del Espíritu, que es la palabra de Dios" (Ef. 6:17).

"Sino que juzgará con justicia a los pobres, y argüirá con equidad por los mansos de la tierra; y herirá la tierra con *la vara de su boca*, y con *el espíritu de sus labios* matará al impío" (Is. 11:4).

1 ¿Quién va a quitar a Satanás? **2 ¿Quién es Satanás?**	**CAPÍTULO 20** **C. La gran remoción y atadura de Satanás, 20:1-3** 1 Vi a un ángel que descen- día del cielo, con la llave del abismo, y una gran cadena en la mano. 2 Y prendió al dragón, la ser- piente antigüa, que es el diablo	y Satanás, y lo ató por mil años; 3 y lo arrojó al abismo, y lo encerró, y puso su sello sobre él, para que no engañase más a las naciones, hasta que fuesen cumplidos mil años; y después de esto debe ser desatado por un poco de tiempo.	**3 ¿Por cuánto tiempo estará lejos Satanás?** **4 ¿Dónde estará ubicado Satanás?** **5 ¿Por qué Satanás es removido y atado?** **6 ¿Volverá Satanás a ser liberado?**

DIVISIÓN XII

EL TRIUNFO FINAL: EL INGRESO AL MILENIO, 19:11—20:15

C. La gran remoción y atadura de Satanás, 20:1-3

(20:1-3) ***Introducción:*** Jesucristo regresará a la tierra nuevamente con toda la gloria y majestuosidad de Dios. Él viene a eliminar todo lo impío y malo de la tierra. Viene a establecer el gobierno y el reinado de Dios sobre la tierra. La tierra estará llena con la justicia de Dios y no conocerá otra cosa que la justicia de Dios. Llegará el día en que...

- no habrá más pecado ni maldad ni injusticia en la tierra.
- no habrá más rechazo ni negación ni maldición de Dios o de Jesucristo.
- no habrá más salvajismo ni homicidio ni guerra.
- no habrá más enfermedades ni mala salud.
- no habrá más dolor ni sufrimiento ni muerte.

El reino de Dios viene a la tierra. La tierra será como el Huerto de Edén nuevamente, excepto que será mejor. Mejor porque Jesucristo, el Hijo mismo de Dios, va a reinar y gobernar los asuntos del mundo

Esto es lo que se conoce como el Milenio, que simplemente significa mil años, los mil años de reinado de Jesucristo sobre la tierra. Ningún hombre ni nación ni tecnología pueden lograr la tierra perfecta. El hombre no puede crear la perfección. No puede desarrollar el Estado y el gobierno perfectos, la sociedad y la cultura perfectas o la vida y el futuro perfectos. Solo Dios puede hacerlo. Y esto es lo más maravilloso: Las Escrituras declaran que esto es exactamente lo que Dios va a hacer. Las Escrituras proclaman que el Señor Jesucristo regresará a la tierra en poder y gloria, viniendo para establecer el Estado y la sociedad perfectos, la sociedad y la cultura, la vida y el futuro. Vuelve con poder y gloria para traer el reino de Dios a la tierra, el gobierno y el reino de amor, gozo, paz y justicia. ¿Cuándo? Justo después de la guerra final de la historia; justo después que todas las naciones y ejércitos impíos y malos de la tierra hayan sido eliminados del mundo. Esto se hará en la gran batalla de Armagedón. Esto se trató en el pasaje anterior. Ahora, justo después del Armagedón, se debe hacer una cosa más: El poder espiritual que reside tras toda la impiedad y maldad de esta tierra, Satanás mismo, debe ser atado. El hombre nunca será libre de la maldad y la ilegalidad, él nunca podrá tener un mundo perfecto hasta que se elimine de la tierra la tentación de hacer el mal. Mientras exista esa tentación, el hombre no tendrá ley y hará el mal. Por lo tanto, Jesucristo tiene que eliminar la posibilidad de tentación de la tierra. La única forma de hacerlo es eliminar a Satanás. Esta es la noticia gloriosa de este pasaje: *la gran remoción y atadura de Satanás.* Advierta cómo Dios responde a todas las preguntas que necesitamos saber sobre la remoción del mal y de Satanás de la tierra.

1. ¿Quién va a quitar a Satanás? (vv. 1-2a)
2. ¿Quién es Satanás? (v. 2)
3. ¿Por cuánto tiempo estará lejos Satanás? (v. 2)
4. ¿Dónde estará ubicado Satanás? (v. 3)
5. ¿Por qué Satanás es removido y atado? (v. 3)
6. ¿Volverá Satanás a ser liberado? (v. 3)

(Recuerde: El propósito de la Biblia de bosquejos y sermones es bosquejar la Biblia y simplemente desarrollar los puntos del bosquejo bíblico. Nuestro propósito no es presentar posiciones teológicas y denominacionales. Por este motivo no entramos en toda la controversia sobre la pre, media, pos y no tribulación y en las posturas del milenio. Como ya se ha dicho, Dios nos ha llamado para bosquejar y desarrollar solo lo que dicen las Escrituras. Esto lo hacemos con el mejor de nuestro empeño. Nuestra oración diaria y coherente para cada lector es que la *Biblia de bosquejos y sermones* le ayude a comprender mejor la Palabra de Dios. Este es el único propósito de nuestra existencia.)

1 (20:1-2) ***Satanás:*** ¿Quién va a eliminar a Satanás de la tierra? El ángel del poder de Dios. Advierta que el ángel proviene directamente del cielo, de la presencia de Dios. Recuerde que "ángel" (aggelon) significa *mensajero.* Algún mensajero del cielo eliminará a Satanás de esta tierra. Algunos eruditos creen que este mensajero es Jesucristo. Advierta que Él tiene "las llaves del infierno y la muerte" (Ap. 1:18). Creen que Cristo nunca le daría esas llaves a nadie. Cualquiera sea el caso, el mensajero tiene dos cosas en sus manos:

=> La llave del abismo: Esto significa que tiene el poder de arrojar a Satanás al abismo, lejos de la tierra.

=> Una gran cadena: Esto significa que tiene el poder de atar a Satanás y de evitar que tiente y conduzca a las personas al pecado y a la impiedad.

Pensamiento 1: Piense qué significa esto. Hay un poder suficientemente grande para retirar a Satanás y todo el mal y el pecado de esta tierra. Ese poder está en el cielo, es el propio poder de Dios.

"Y el Dios de paz aplastará en breve a Satanás bajo vuestros pies. La gracia de nuestro Señor Jesucristo sea con vosotros" (Ro. 16:20).

2 (20:2) ***Satanás - Nombres - Títulos:*** ¿Quién es Satanás? Sus nombres nos lo dicen

1. Él es el dragón: El poder espiritual que agita las pasiones encendidas, crueles y brutales de la gente y los gobiernos, que hace que la gente y los gobiernos se comporten como bestias y que rapiñen y destruyan a la gente y la propiedad.

"Y fue lanzado fuera el gran dragón, la serpiente antigua, que se llama diablo y Satanás, el cual engaña al mundo entero; fue arrojado a la tierra, y sus ángeles fueron arrojados con él" (Ap. 12:9).

"Y prendió al dragón, la serpiente antigua, que es el diablo y Satanás, y lo ató por mil años" (Ap. 20:2).

2. Él es esa *antigua serpiente:* El poder espiritual que engaña, seduce y atrae a la gente; que conduce a la gente al pecado y a la maldad; que hace que la gente desobedezca, ignore y rechace a Dios.

"Pero temo que como la serpiente con su astucia engañó a Eva, vuestros sentidos sean de alguna manera extraviados de la sincera fidelidad a Cristo" (2 Co. 11:3).

"Porque éstos son falsos apóstoles, obreros fraudulentos, que se disfrazan como apóstoles de Cristo. Y no es maravilla, porque el mismo Satanás se disfraza como ángel de luz. Así que, no es extraño si también sus ministros se disfrazan como ministros de justicia; cuyo fin será conforme a sus obras" (2 Co. 11:13-15).

"Entonces la serpiente dijo a la mujer: No moriréis... Y Jehová Dios dijo a la serpiente: Por cuanto esto hiciste, maldita serás entre todas las bestias y entre todos los animales del campo; sobre tu pecho andarás, y polvo comerás todos los días de tu vida" (Gn. 3:4, 14).

3. Él es el *diablo:* El poder espiritual que engaña, miente y asesina conduciendo a la gente a mentir y a matar.

"Vosotros sois de vuestro padre el diablo, y los deseos de vuestro padre queréis hacer. El ha sido homicida desde el principio, y no ha permanecido en la verdad, porque no hay verdad en él. Cuando habla mentira, de suyo habla; porque es mentiroso, y padre de mentira" (Jn. 8:44).

"Sed sobrios, y velad; porque vuestro adversario el diablo, como león rugiente, anda alrededor buscando a quien devorar" (1 P. 5:8).

4. Él es *Satanás:* El poder espiritual que acusa, se opone y permanece como enemigo de Dios y de sus seguidores. Satanás conduce a sus seguidores, los impíos y malos del mundo, a acusar, oponerse y estar en contra de Dios y los creyentes, incluso hasta el punto de perseguirlos y matarlos. Él es también el principal acusador de los creyentes. Se lo retrata como constantemente apuntando los pecados y fallas de los creyentes de Dios. Lo hace para lastimar el corazón de Dios y para agitar la justicia de Dios en contra del hombre.

"Entonces Jesús le dijo: Vete, Satanás, porque escrito está: Al Señor tu Dios adorarás, y a él sólo servirás" (Mt. 4:10).

"Y después del bocado, Satanás entró en él. Entonces Jesús le dijo: Lo que vas a hacer, hazlo más pronto" (Jn. 13:27).

"Para que abras sus ojos, para que se conviertan de las tinieblas a la luz, y de la potestad de Satanás a Dios; para que reciban, por la fe que es en mí, perdón de pecados y herencia entre los santificados" (Hch. 26:18).

"Y el Dios de paz aplastará en breve a Satanás bajo vuestros pies. La gracia de nuestro Señor Jesucristo sea con vosotros" (Ro. 16:20).

Este es Satanás, el ser espiritual que reside tras toda la impiedad y la maldad del mundo. Este es Satanás, el que debe ser atado y retirado de la tierra antes de que Jesucristo pueda traer el gobierno y la sociedad perfectos a la tierra. (Ver notas, Satanás - Ap. 12:3-4; Estudio a fondo 1 - 12:9 para mayor discusión.)

3 (20:2) ***Satanás:*** ¿Por cuánto tiempo Satanás será quitado? El tiempo está claramente expresado: Por mil años. Esto significa algo maravilloso: Viene un período de la historia en el que no habrá impiedad y maldad sin freno en la tierra. Este es el período de la historia que se conoce como el Milenio, el período en que Jesucristo vendrá a gobernar y a reinar sobre esta tierra como el Señor Soberano. Las Escrituras dicen que serán mil años. Piense cuán glorioso será esto...

=> No existirán más guerras ni matanzas.
=> No existirán asaltos, abusos o delitos sin castigo.
=> No existirá más hambre ni gente sin techo ni desempleo.
=> No se permitirá más pereza o letargo o falta de preocupación.
=> No se tolerará la esclavitud a la droga o al alcohol.

Todas los males y las enfermedades, la maldad y la falta de ley de esta tierra serán eliminados. El gobierno y la sociedad perfecta, utopía y vida llegarán a esta tierra. La justicia ?que todas las cosas sean justas? se establecerá en la tierra por mil años.

4 (20:3) ***Satanás - Abismo:*** ¿Dónde se ubicará a Satanás durante mil años? En el abismo (ver nota-Ap. 9:2 para mayor discusión).

"Acontecerá en aquel día, que Jehová castigará al ejército de los cielos en lo alto, y a los reyes de la tierra sobre la tierra. Y serán amontonados como se amontona a los encarcelados en mazmorra, y en prisión quedarán encerrados, y serán castigados después de muchos días" (Is. 24:21-22).

5 (20:3) ***Satanás - Utopía:*** ¿Por qué Satanás será atado y retirado? La razón está expresada claramente: Para que ya no puede engañar a la gente y a las naciones. Ahora mismo, el pecado parece bueno, tiene buen sabor y hace sentirse bien. Piense acerca de las cosas que parecen buenas, tienen buen sabor y hacen sentirse bien.

=> alimentos
=> dinero
=> posesiones
=> sexo

=> placer
=> estimulación de la carne
=> honra
=> poder
=> popularidad
=> reconocimiento
=> ropa
=> posición
=> vehículos
=> casas
=> comodidad

Ninguno de estos está mal. Son necesarios para la vida. Pero la pasión y la lascivia para obtener estas cosas está mal. Las Escrituras dicen que Satanás y sus espíritus malignos son los que despiertan estas pasiones de lascivia dentro de nosotros. Satanás es la fuerza maligna y el poder que nos hace...

- sentir lujuria de más y más comida.
- sentir lascivia por otra persona.
- sentir lujuria tras el poder sobre otros.
- sentir lujuria para tener más placer y posesiones.
- sentir lujuria tras más y más posesiones y dinero.

Piense cómo será la sociedad cuando Jesucristo venga a traer utopía, el Reino de Dios, a la tierra. Piense en el amor, el gozo, la paz, el control propio, la disciplina y la fuerza personal; la cooperación, la unidad y el ser como uno solo; la individualidad, la seguridad; el propósito, el significado y la importancia que tendrán las personas. Cuando Satanás sea retirado ya no habrá más engaño de gente o naciones. Habrá solo una sociedad donde no habrá necesidad ni carencia. Esta es la razón por la cual Jesucristo retirará a Satanás. Él, el Hijo de Dios, quiere que el hombre tenga el privilegio de vivir en la sociedad perfecta de esta tierra y hacerlo mientras está en su forma creada presente.

1. Satanás estará atado y será retirado de la tierra.

"Y les dijo: Yo veía a Satanás caer del cielo como un rayo" (Lc. 10:18).

"Y prendió al dragón, la serpiente antigua, que es el diablo y Satanás, y lo ató por mil años; y lo arrojó al abismo, y lo encerró, y puso su sello sobre él, para que no engañase más a las naciones, hasta que fuesen cumplidos mil años; y después de esto debe ser desatado por un poco de tiempo" (Ap. 20:2-3).

2. Va a haber un cambio en la tierra.

"Porque también la creación misma será libertada de la esclavitud de corrupción, a la libertad gloriosa de los hijos de Dios. Porque sabemos que toda la creación gime a una, y a una está con dolores de parto hasta ahora; y no solo ella, sino que también nosotros mismos, que tenemos las primicias del Espíritu, nosotros también gemimos dentro de nosotros mismos, esperando la adopción, la redención de nuestro cuerpo" (Ro. 8:21-23).

"Se alegrarán el desierto y la soledad; el yermo se gozará y florecerá como la rosa. Florecerá profusamente, y también se alegrará y cantará con júbilo; la gloria del Líbano le será dada, la hermosura del Carmelo y de Sarón. Ellos verán la gloria de Jehová, la hermosura del Dios nuestro" (Is. 35:1-2).

3. Va a haber un cambio en el reino animal.

"Desde la planta del pie hasta la cabeza no hay en él cosa sana, sino herida, hinchazón y podrida llaga; no están curadas, ni vendadas, ni suavizadas con aceite. Vuestra tierra está destruida, vuestras ciudades puestas a fuego, vuestra tierra delante de vosotros comida por extranjeros, y asolada como asolamiento de extraños. Y queda la hija de Sion como enramada en viña, y como cabaña en melonar, como ciudad asolada. Si Jehová de los ejércitos no nos hubiese dejado un resto pequeño, como Sodoma fuéramos, y semejantes a Gomorra" (Is. 1:6-9).

4. Va a haber un cambio en el envejecimiento, las enfermedades y los males del cuerpo.

"Entonces los ojos de los ciegos serán abiertos, y los oídos de los sordos se abrirán. Entonces el cojo saltará como un ciervo, y cantará la lengua del mudo; porque aguas serán cavadas en el desierto, y torrentes en la soledad" (Is. 35:5-6).

5. Habrá suficiente sobre la tierra.

"Comeréis hasta saciaros, y alabaréis el nombre de Jehová vuestro Dios, el cual hizo maravillas con vosotros; y nunca jamás será mi pueblo avergonzado. Y conoceréis que en medio de Israel estoy yo, y que yo soy Jehová vuestro Dios, y no hay otro; y mi pueblo nunca jamás será avergonzado" (Jl. 2:26-27).

"Sucederá en aquel tiempo, que los montes destilarán mosto, y los collados fluirán leche, y por todos los arroyos de Judá correrán aguas; y saldrá una fuente de la casa de Jehová, y regará el valle de Sitim" (Jl. 3:18).

6. Habrá paz en la tierra.

"En aquel tiempo habrá una calzada de Egipto a Asiria, y asirios entrarán en Egipto, y egipcios en Asiria; y los egipcios servirán con los asirios a Jehová. En aquel tiempo Israel será tercero con Egipto y con Asiria para bendición en medio de la tierra; porque Jehová de los ejércitos los bendecirá diciendo: Bendito el pueblo mío Egipto, y el asirio obra de mis manos, e Israel mi heredad" (Is. 19:23-25).

7. Habrá un cambio de gobierno.

"El séptimo ángel tocó la trompeta, y hubo grandes voces en el cielo, que decían: Los reinos del mundo han venido a ser de nuestro Señor y de su Cristo; y él reinará por los siglos de los siglos" (Ap. 11:15).

"Acontecerá también en aquel día, que saldrán de Jerusalén aguas vivas, la mitad de ellas hacia el mar oriental, y la otra mitad hacia el mar occidental, en verano y en invierno. Y Jehová será rey sobre toda la tierra. En aquel día Jehová será uno, y uno su nombre" (Zac. 14:8-9).

8. Habrá justicia, moralidad y bondad en la tierra.

"Acontecerá en lo postrero de los tiempos, que será

> **confirmado el monte de la casa de Jehová como cabeza de los montes, y será exaltado sobre los collados, y correrán a él todas las naciones. Y vendrán muchos pueblos, y dirán: Venid, y subamos al monte de Jehová, a la casa del Dios de Jacob; y nos enseñará sus caminos, y caminaremos por sus sendas. Porque de Sion saldrá la ley, y de Jerusalén la palabra de Jehová. Y juzgará entre las naciones, y reprenderá a muchos pueblos; y volverán sus espadas en rejas de arado, y sus lanzas en hoces; no alzará espada nación contra nación, ni se adiestrarán más para la guerra" (Is. 2:2-4).**

6 (20:3) ***Satanás:*** ¿Se liberará alguna vez a Satanás? Las Escrituras dicen que sí, por una temporada corta (ver notas, Ap. 20:7 para mayor discusión).

	D. La primera resurrección y el reinado milenario de Cristo, 20:4-6	manos; y vivieron y reinaron con Cristo mil años.	
		5 Pero los otros muertos no volvieron a vivir hasta que se cumplieron mil años. Esta es la primera resurrección.	**2 La resurrección de los creyentes únicamente**
1 La resurrección y el gobierno de los creyentes a. La visión de tronos, gobierno, autoridad b. La visión de un grupo especial: Los mártires	4 Y vi tronos, y se sentaron sobre ellos los que recibieron facultad de juzgar; y vi las almas de los decapitados por causa del testimonio de Jesús y por la palabra de Dios, los que no habían adorado a la bestia ni a su imagen, y que no recibieron la marca en sus frentes ni en sus	6 Bienaventurado y santo el que tiene parte en la primera resurrección; la segunda muerte no tiene potestad sobre éstos, sino que serán sacerdotes de Dios y de Cristo, y reinarán con él mil años.	**3 El gran privilegio de los creyentes resucitados**

DIVISIÓN XII

EL TRIUNFO FINAL: EL INGRESO AL MILENIO, 19:11—20:15

D. La primera resurrección y el reinado milenario de Cristo, 20:4-6

(20:4-6) ***Introducción:*** Este es uno de los pasajes más excitantes de las Escrituras en toda la Palabra de Dios para el creyente. Es el gran reino milenario del Señor Jesucristo aquí en la tierra. La palabra milenio solo quiere decir mil años. Cuando hablamos del Milenio, nos referimos al gobierno de mil años de Jesucristo en la tierra. Recuerde lo que acaba de pasar en Apocalipsis, los dos grandes eventos que se nos acaban de revelar.

En primer lugar, Jesucristo va a volver a la tierra como conquistador, y va a destruir al anticristo y todas las máquinas de guerra y ejércitos del mundo en Armagedón. No se disparará ni un tiro en Armagedón. Cuando Jesucristo aparezca en los cielos, explotará en su gloria y el más poderoso rayo láser que el mundo haya conocido destruirá a los ejércitos y a las naciones del mundo.

En segundo lugar, Cristo tomará a Satanás y lo atará y lo retirará de la tierra por espacio de mil años. Durante mil años Satanás no podrá tentar ni engañar a la gente de la tierra. Esto no significa que la gente no pueda pecar o equivocarse, puesto que el hombre seguirá teniendo su naturaleza humana que no alcanza a Dios *por su propia naturaleza.* El hombre todavía tiene opciones que realizar: Seguir a Cristo o no seguirlo. Pero con Satanás atado y retirado, habrá mucha menos maldad e impiedad en el mundo. Y el gobierno y la sociedad mismos estarán bajo el control de Jesucristo. Esto significa...

- que no existirán más guerras ni matanzas.
- que no habrá asaltos, abusos o delitos sin castigo.
- que no existirá más hambre, falta de techo o desempleo.
- que no se permitirá más pereza o letargo o falta de preocupación.
- que no se tolerará la esclavitud a las drogas o al alcoholismo.

Ahora bien, para este pasaje: Esta es la primera resurrección y el primer reinado milenario de Jesucristo sobre la tierra.

1. La resurrección y el gobierno de los creyentes (v. 4).
2. La resurrección de los creyentes únicamente (v. 5).
3. El gran privilegio de los creyentes resucitados(v. 6).

ESTUDIO A FONDO 1

(20:4-6) ***Reinado milenario de Jesucristo - Milenio:*** Debido a la longitud y a la cantidad de versículos contenidos en este pie de página, se lo ubica al final de este bosquejo. Esto es para evitar perder el hilo de pensamiento con este pasaje de Apocalipsis. (Ver Estudio a fondo 2, Milenio, Ap. 20:4-6 para mayor discusión.)

1 (20:4) ***Resurrección, La - Recompensas:*** Está la resurrección y el gobierno de los creyentes. Advierta tres hechos.

1. Juan ve tronos y gente sentada en ellos con autoridad para juzgar y gobernar. También ve a los millones de creyentes que fueron martirizados durante la tribulación, los que fueron muertos por dar testimonio de Jesús y su posición ante la Palabra de Dios, y los que se negaron a adorar y a recibir la marca del anticristo.

¿Quiénes son los que están sentados en los tronos? Juan nos lo dice.

=> Son los que *resucitan o vuelven nuevamente a la vida* y que reinan con Cristo (v. 4).

=> Son los que forman parte de la primera resurrección.

Esto nos dice exactamente quién es esa gente: Son los creyentes que murieron, los creyentes muertos de todos los tiempos. Los que gobiernen y reinen con Cristo en el Milenio serán los creyentes cuyos cuerpos han vuelto nuevamente a la vida, todos los creyentes que participarán de la primera resurrección.

2. Advierta que Juan separa a los mártires de la tribulación como un grupo especial de creyentes. ¿Por qué? Probablemente porque pagaron el último precio por Cristo: Murieron por Él. Su sangre clama especialmente por reivindicación y recompensa. Ellos, entre todos nosotros, deben ser recompensados y se les otorgará el derecho de gobernar con Cristo.

3. El reinado milenario de Jesucristo es cuando comienza el glorioso gobierno y reinado del creyente con Cristo. Advierta lo que Juan dijo haber visto:

"Y vi tronos, y se sentaron sobre ellos los que

recibieron facultad de juzgar; y vi las almas de los decapitados por causa del testimonio de Jesús y por la palabra de Dios, los que no habían adorado a la bestia ni a su imagen, y que no recibieron la marca en sus frentes ni en sus manos; y vivieron y reinaron con Cristo mil años" (v. 4).

El milenio es cuando Jesucristo establece la organización y la disposición del gobierno y reinado a través de todo el universo. El reinado milenario es cuando Cristo les da a los creyentes sus deberes y responsabilidades, sus tareas y servicio para la eternidad. (Las tareas y servicio serán mayores probablemente hacia el fin del milenio cuando cree los nuevos cielos y la tierra). El milenio es donde Cristo retira a los seres espirituales caídos del poder. Aquí es cuando Satanás y su hueste celestial es atada y sacada del poder.

=> Recuerde las fuerzas espirituales que lucharon contra Dios y el hombre, las altas posiciones que las Escrituras dicen que tienen.

"Porque no tenemos lucha contra sangre y carne, sino contra principados, contra potestades, contra los gobernadores de las tinieblas de este siglo, contra huestes espirituales de maldad en las regiones celestes" (Ef. 6:12).

"Porque en él fueron creadas todas las cosas, las que hay en los cielos y las que hay en la tierra, visibles e invisibles; sean tronos, sean dominios, sean principados, sean potestades; todo fue creado por medio de él y para él" (Col. 1:16).

=> Como ya se dijo, aquí es cuando Jesucristo destrona a Satanás y a su hueste celestial.

"Vi a un ángel que descendía del cielo, con la llave del abismo, y una gran cadena en la mano. Y prendió al dragón, la serpiente antigua, que es el diablo y Satanás, y lo ató por mil años; y lo arrojó al abismo, y lo encerró, y puso su sello sobre él, para que no engañase más a las naciones, hasta que fuesen cumplidos mil años; y después de esto debe ser desatado por un poco de tiempo" (Ap. 20:1-3).

"Acontecerá en aquel día, que Jehová castigará al ejército de los cielos en lo alto, y a los reyes de la tierra sobre la tierra" (Is. 24:21).

Aquí es cuando Cristo reclama las posiciones de las autoridades y los altos lugares de mando a lo largo del universo y exalta a los creyentes a dichas posiciones. (Ver nota, Ap. 14:13 para mayor discusión.)

"¿O no sabéis que los santos han de juzgar al mundo? Y si el mundo ha de ser juzgado por vosotros, ¿sois indignos de juzgar cosas muy pequeñas? ¿O no sabéis que hemos de juzgar a los ángeles? ¿Cuánto más las cosas de esta vida?" (1 Co. 6:2-3).

"Y juntamente con él nos resucitó, y asimismo nos hizo sentar en los lugares celestiales con Cristo Jesús, para mostrar en los siglos venideros las abundantes riquezas de su gracia en su bondad para con nosotros en Cristo Jesús" (Ef. 2:6-7).

"Si sufrimos, también reinaremos con él; si le negáremos, él también nos negará" (2 Ti. 2:12).

[2] (20:5) ***Resurrección, La:*** Está la resurrección de los creyentes únicamente. Las Escrituras no lo podrían expresar con mayor claridad. El reino milenario de Cristo verá solo la resurrección de los creyentes. La primera resurrección es solo para los creyentes. Advierta el versículo seis: Es para los que son benditos y santos y sobre los cuales la segunda muerte (la muerte eterna) no tiene poder. La primera resurrección será solo para los que van a vivir por siempre. El resto de los muertos, los incrédulos, no "vivirán de nuevo" hasta que hayan transcurrido los mil años. Advierta *exactamente* lo que Juan dice que vio:

"Y vi tronos, y se sentaron sobre ellos los que recibieron facultad de juzgar; y vi las almas de los decapitados por causa del testimonio de Jesús y por la palabra de Dios, los que no habían adorado a la bestia ni a su imagen, y que no recibieron la marca en sus frentes ni en sus manos; y vivieron y reinaron con Cristo mil años. Pero los otros muertos no volvieron a vivir hasta que se cumplieron mil años. Esta es la primera resurrección" (vv. 4-5).

=> Vio gente sentada en los tronos con la autoridad de juzgar o gobernar (v. 4).

=> Vio a los mártires de la tribulación (v. 4).

=> Vio a estos vivir de nuevo, es decir, fueron resucitados en la primera resurrección (v. 4).

=> Vio que el resto de los muertos, los incrédulos, no volverían a vivir hasta que transcurrieran los mil años (cp. Ap. 20:13).

Advierta que esto es exactamente lo que dicen las Escrituras: Habrá mil años entre la primera resurrección de creyentes y el resto de los muertos (los incrédulos, cp. Ap. 20:12-15, 21:8).

[3] (20:6) ***Milenio:*** Está el gran privilegio de los *creyentes resucitados* en el milenio. Advierta nuevamente: Este versículo sigue refiriéndose solo a los creyentes resucitados, no a la gente que estará en la tierra. Los creyentes resucitados tendrán seis gloriosos privilegios en el milenio.

1. Serán sumamente benditos. "Bendito" (makarios) significa gozo y satisfacción, sentirse pleno y satisfecho, seguro y en paz con su propio ser; tener significado, importancia y propósito.

Pensamiento 1: Ser bendito es lo que el hombre busca. El problema es que lo busca en las cosas de esta tierra: posición, dinero, posesiones, fama, poder y placeres mundanos. La *bendición* verdadera se encuentra en Jesucristo. Él solo puede resucitar a una persona en la primera resurrección. Él solo puede darle a una persona el derecho de gobernar y reinar con Él en su reinado milenario.

"No os hagáis tesoros en la tierra, donde la polilla y el orín corrompen, y donde ladrones minan y hurtan; sino haceos tesoros en el cielo, donde ni la polilla ni el orín corrompen, y donde ladrones no minan ni hurtan. Porque donde esté vuestro tesoro, allí estará también vuestro corazón" (Mt. 6:19-21).

"Por lo cual, salid de en medio de ellos, y apartaos, dice el Señor, y no toquéis lo inmundo; y yo os recibiré, y seré para vosotros por Padre, y vosotros me seréis hijos e hijas, dice el Señor Todopoderoso" (2 Co. 6:17-18).

"No améis al mundo, ni las cosas que están en el mundo. Si alguno ama al mundo, el amor del Padre no está en él. Porque todo lo que hay en el mundo, los deseos de la carne, los deseos de los ojos, y la vanagloria de la vida, no proviene del Padre, sino del mundo" (1 Jn. 2:15-16).

"Oí una voz que desde el cielo me decía: Escribe: Bienaventurados de aquí en adelante los muertos que mueren en el Señor. Sí, dice el Espíritu, descansarán de sus trabajos, porque sus obras con ellos siguen" (Ap. 14:13).

"He aquí, yo vengo como ladrón. Bienaventurado el que vela, y guarda sus ropas, para que no ande desnudo, y vean su vergüenza" (Ap. 16:15).

"Y el ángel me dijo: Escribe: Bienaventurados los que son llamados a la cena de las bodas del Cordero. Y me dijo: Estas son palabras verdaderas de Dios" (Ap. 19:9).

2. Los creyentes resucitados serán santos. Es decir, serán perfeccionados en la santidad de Cristo mismo. Estarán perfectamente separados del mundo y apartados para Dios. Tendrán la misma naturaleza de Cristo mismo, una naturaleza santa, una naturaleza que es perfectamente pura.

"Porque a los que antes conoció, también los predestinó para que fuesen hechos conformes a la imagen de su Hijo, para que él sea el primogénito entre muchos hermanos" (Ro. 8:29).

"Mas nuestra ciudadanía está en los cielos, de donde también esperamos al Salvador, al Señor Jesucristo; el cual transformará el cuerpo de la humillación nuestra, para que sea semejante al cuerpo de la gloria suya, por el poder con el cual puede también sujetar a sí mismo todas las cosas" (Fil. 3:20-21).

"Amados, ahora somos hijos de Dios, y aún no se ha manifestado lo que hemos de ser; pero sabemos que cuando él se manifieste, seremos semejantes a él, porque le veremos tal como él es" (1 Jn. 3:2).

3. Los creyentes resucitados nunca serán tocados por la segunda muerte. ¿Qué es la segunda muerte? Significa un segundo tipo de muerte. La primera muerte es cuando dejamos este mundo y pasamos al siguiente mundo. La segunda muerte se refiere a la muerte eterna, a estar separado por siempre de Dios. Significa ser colocado en un lugar diferente de dónde está Dios. Significa vivir en algún lugar que no sea el cielo con Dios. Las Escrituras nos dicen claramente qué es la segunda muerte:

"Y la muerte y el Hades fueron lanzados al lago de fuego. Esta es la muerte segunda" (v. 14).

La segunda muerte es *estar separado de Dios* y ser arrojado al lago de fuego. El punto es este: Los creyentes resucitados nunca deberán sufrir la segunda muerte. A pesar de la depravación, fallas y pecados que hayamos cometido en la tierra, a pesar de nuestra rebelión y rechazo de Dios durante tantos años antes de que rindiéramos nuestra vida a Jesucristo, a pesar de lo que merezcamos, si hemos sometido verdaderamente nuestra vida a Jesucristo, nunca sufriremos la segunda muerte. Este será uno de los gloriosos privilegios del creyente resucitado.

"Y el postrer enemigo que será destruido es la muerte" (1 Co. 15:26).

"Y cuando esto corruptible se haya vestido de incorrupción, y esto mortal se haya vestido de inmortalidad, entonces se cumplirá la palabra que está escrita: Sorbida es la muerte en victoria" (1 Co. 15:54).

"Pero que ahora ha sido manifestada por la aparición de nuestro Salvador Jesucristo, el cual quitó la muerte y sacó a luz la vida y la inmortalidad por el evangelio" (2 Ti. 1:10).

"Enjugará Dios toda lágrima de los ojos de ellos; y ya no habrá muerte, ni habrá más llanto, ni clamor, ni dolor; porque las primeras cosas pasaron" (Ap. 21:4).

"Destruirá a la muerte para siempre; y enjugará Jehová el Señor toda lágrima de todos los rostros; y quitará la afrenta de su pueblo de toda la tierra; porque Jehová lo ha dicho" (Is. 25:8).

4. El creyente resucitado servirá como sacerdote de Dios y de Cristo. Esto significa que los creyentes tendrán el mismo derecho que tienen ahora sobre la tierra, el derecho de ingresar a la presencia de Dios y de Cristo cuando lo necesiten. No habrá necesidad de que haya un mediador entre Dios y el creyente. Como ya se ha dicho, será justo como es ahora en la tierra, salvo que estaremos de pie cara a cara con Dios y Cristo, mientras que ahora nos acercamos a ellos mediante oración y pensamiento.

"Vosotros también, como piedras vivas, sed edificados como casa espiritual y sacerdocio santo, para ofrecer sacrificios espirituales aceptables a Dios por medio de Jesucristo" (1 P. 2:5).

"Y nos hizo reyes y sacerdotes para Dios, su Padre; a él sea gloria e imperio por los siglos de los siglos. Amén" (Ap. 1:6).

"Bienaventurado y santo el que tiene parte en la primera resurrección; la segunda muerte no tiene potestad sobre éstos, sino que serán sacerdotes de Dios y de Cristo, y reinarán con él mil años" (Ap. 20:6).

5. El creyente resucitado reinará y gobernará con Cristo. (Ver notas-Ap. 14:13 para discusión.)

6. El creyente resucitado servirá bajo el gobierno de Cristo. (Ver nota, Ap. 14:13 para discusión.)

ESTUDIO A FONDO 2

(20:4-6) ***Jesucristo - Reinado milenario - Milenio:*** Este es el único pasaje de las Escrituras que nos dicen cuán prolongado será el reinado milenario de Jesucristo (Ap. 20:2, 3, 4, 5, 6, 7). Milenio significa simplemente mil años o un periodo de mil años. Se refiere al regreso de Jesucristo a la tierra, en algún momento del futuro cuando regrese para reinar sobre las naciones y pueblos de la tierra.

=> He aquí una referencia bíblica rápida que muestra su significado.

"Miraba yo en la visión de la noche, y he aquí con las nubes del cielo venía uno como un hijo de hombre,

que vino hasta el Anciano de días, y le hicieron acercarse delante de él. Y le fue dado dominio, gloria y reino, para que todos los pueblos, naciones y lenguas le sirvieran; su dominio es dominio eterno, que nunca pasará, y su reino uno que no será destruido" (Dn. 7:13-14).

=> Pedro dijo definitivamente que el milenio vendría y que se refería a un tiempo en el futuro.

"Así que, arrepentíos y convertíos, para que sean borrados vuestros pecados; para que vengan de la presencia del Señor tiempos de refrigerio, y él envíe a Jesucristo, que os fue antes anunciado; a quien de cierto es necesario que el cielo reciba hasta los tiempos de la restauración de todas las cosas, de que habló Dios por boca de sus santos profetas que han sido desde tiempo antiguo" (Hch. 3:19-21).

Si bien esta es la única mención de mil años, la venida de Jesucristo para gobernar la tierra se menciona muchas, muchas veces en las Escrituras. Más adelante se darán muchos versículos al respecto, pero demos una rápida ojeada a qué se quiere decir con el milenio. El milenio simplemente significa el gobierno de Jesucristo sobre esta tierra, sobre todas las naciones y pueblos de esta tierra durante mil años. ¿Por qué es necesario un milenio? ¿Por qué Jesucristo no pone simplemente fin a todo cuando regrese a la tierra? ¿Por qué regresa y reina sobre la tierra durante mil años? Hay por lo menos tres motivos.

1. La tierra debe ser gobernada por Cristo tal cual está ahora. ¿Por qué? Porque la tierra pertenece a Cristo; le pertenece por derecho. Jesucristo creó el mundo y al hombre. Pero el hombre le dio el mundo a Satanás. El hombre obedeció a Satanás en lugar de a Dios. Cuando lo hizo, trajo la maldad a la tierra. Por lo tanto Jesucristo tiene que reclamar la tierra y traer justicia a la tierra, y debe hacerlo mientras la tierra tenga su forma presente. Destruir la tierra sería cejar esta tierra y destinarla a la destrucción; significaría que Dios fracasó con esta tierra. Por supuesto, Dios no puede fracasar. Por lo tanto, el Señor Jesucristo debe reclamar esta tierra y gobernarla antes de trasladar el mundo y los creyentes al mundo perfecto.

2. ¿Por qué es necesario el milenio? Porque Dios debe cumplir las promesas al hombre que están en su Palabra. Pero ¿por qué Dios haría promesas tales que no pudieran cumplirse en un hombre pecaminoso? Dios sabe que el hombre fracasará y que las promesas no podrían ser cumplidas. Entonces, ¿para qué hacer las promesas? Porque Dios ama al hombre, y quiere bendecir al hombre. Dios preferiría crear a un hombre y tener unos pocos que crean en Él y bendecirlos que no crear al hombre y no tener a quién bendecir.

El punto es este: Para poder bendecir a esos pocos en la tierra, para cumplir las promesas de Dios, Jesucristo tiene que volver a esta tierra mientras está en su forma presente. Dios hizo algunas promesas maravillosas y grandes en todas las Escrituras que todavía no se han cumplido y que no se pueden cumplir sin que Cristo mismo gobierne y reine y las lleve a cabo. Por lo tanto, Él vuelve a completar las promesas, vuelve mientras la tierra aún está en su forma presente.

3. ¿Por qué es necesario el milenio? Porque Dios es amor, y Él quiere ver cada vez más personas salvas a pesar de la terrible maldad de la historia pasada y de la horrible maldad del fin de los tiempos bajo el anticristo. Dios sigue siendo misericordioso. Por lo tanto, en el Milenio Dios le va a dar al hombre la presencia de su Hijo en su majestuosa gloria gobernando y reinando desde Jerusalén. Dios le va a dar al hombre su utopía en la tierra: paz y prosperidad, le dará al hombre toda la oportunidad del mundo para recibir a Jesucristo como Señor y Salvador. El milenio es necesario debido al amor de Dios por el hombre, un amor que ansía que más y más personas sean salvas.

Ahora, ¿cómo será el milenio? Una buena manera de obtener cierta comprensión del Milenio es hacer preguntas y luego responderlas con apoyo bíblico. Cualquier ministro o creyente lego puede hacer el mismo estudio que estamos haciendo. Es necesario porque hay muchas ideas erróneas alrededor del milenio. Advierta cuatro preguntas y puntos acerca del milenio.

1. ¿Cuáles son los versículos que nos dicen que Cristo va a volver en gloria a gobernar y reinar sobre la tierra?

=> Él reinará y gobernará las naciones.

"Y juzgará entre las naciones, y reprenderá a muchos pueblos; y volverán sus espadas en rejas de arado, y sus lanzas en hoces; no alzará espada nación contra nación, ni se adiestrarán más para la guerra" (Is. 2:4).

"Lo dilatado de su imperio y la paz no tendrán límite, sobre el trono de David y sobre su reino, disponiéndolo y confirmándolo en juicio y en justicia desde ahora y para siempre. El celo de Jehová de los ejércitos hará esto" (Is. 9:7).

"He aquí que yo lo di por testigo a los pueblos, por jefe y por maestro a las naciones" (Is. 55:4).

"Alégrense y gócense las naciones, porque juzgarás los pueblos con equidad, y pastorearás las naciones en la tierra" (Sal. 67:4).

"Porque de Jehová es el reino, y él regirá las naciones" (Sal. 22:28).

=> Él reinará y juzgará los rincones de la tierra.

"Delante de Jehová serán quebrantados sus adversarios, y sobre ellos tronará desde los cielos; Jehová juzgará los confines de la tierra, dará poder a su Rey, y exaltará el poderío de su Ungido" (1 S. 2:10).

"Dominará de mar a mar, y desde el río hasta los confines de la tierra" (Sal. 72:8).

"Y de Efraín destruiré los carros, y los caballos de Jerusalén, y los arcos de guerra serán quebrados; y hablará paz a las naciones, y su señorío será de mar a mar, y desde el río hasta los fines de la tierra" (Zac. 9:10).

=> Él viene a gobernar la tierra.

"Delante de Jehová que vino; porque vino a juzgar la tierra. Juzgará al mundo con justicia, y a los pueblos con su verdad" (Sal. 96:13).

"Delante de Jehová, porque vino a juzgar la tierra. Juzgará al mundo con justicia, y a los pueblos con rectitud" (Sal. 98:9).

=> Él ocupará un lugar superior que los reyes de la tierra.

"Será su nombre para siempre, se perpetuará su nombre mientras dure el sol. Benditas serán en él todas

las naciones; lo llamarán bienaventurado" (Sal. 72:17).

"Levántate, oh Dios, juzga la tierra; porque tú heredarás todas las naciones" (Sal. 82:8).

=> Todas las naciones vendrán y verán su gloria y toda rodilla se postrará.

"Por mí mismo hice juramento, de mi boca salió palabra en justicia, y no será revocada: Que a mí se doblará toda rodilla, y jurará toda lengua" (Is.45:23).

"Porque yo conozco sus obras y sus pensamientos; tiempo vendrá para juntar a todas las naciones y lenguas; y vendrán, y verán mi gloria" (Is. 66:18).

=> Él será exaltado por sobre todo gobierno y autoridad de este mundo y del mundo por venir.

"Sobre todo principado y autoridad y poder y señorío, y sobre todo nombre que se nombra, no solo en este siglo, sino también en el venidero" (Ef. 1:21).

=> Dios someterá al pueblo para que venga a Cristo.

"Porque no sujetó a los ángeles el mundo venidero, acerca del cual estamos hablando; pero alguien testificó en cierto lugar, diciendo: ¿Qué es el hombre, para que te acuerdes de él, o el hijo del hombre, para que le visites? Le hiciste un poco menor que los ángeles, le coronaste de gloria y de honra, y le pusiste sobre las obras de tus manos; todo lo sujetaste bajo sus pies. Porque en cuanto le sujetó todas las cosas, nada dejó que no sea sujeto a él; pero todavía no vemos que todas las cosas le sean sujetas" (He. 2:5-8).

=> Los reinos del mundo se convertirán en el reino de Dios.

"El séptimo ángel tocó la trompeta, y hubo grandes voces en el cielo, que decían: Los reinos del mundo han venido a ser de nuestro Señor y de su Cristo; y él reinará por los siglos de los siglos" (Ap. 11:15).

=> Cristo, la Roca, llenará y reinará sobre toda la tierra.

"Entonces fueron desmenuzados también el hierro, el barro cocido, el bronce, la plata y el oro, y fueron como tamo de las eras del verano, y se los llevó el viento sin que de ellos quedara rastro alguno. Mas la piedra que hirió a la imagen fue hecha un gran monte que llenó toda la tierra" (Dn. 2:35).

=> Cristo solo tiene el derecho a la corona.

"A ruina, a ruina, a ruina lo reduciré, y esto no será más, hasta que venga aquel cuyo es el derecho, y yo se lo entregaré" (Ez. 21:27).

=> Los reyes traerán regalos para Él y lo servirán.

"Los reyes de Tarsis y de las costas traerán presentes; los reyes de Sabá y de Seba ofrecerán dones. Todos los reyes se postrarán delante de él; todas las naciones le servirán" (Sal. 72:10-11).

=> Sus enemigos se convertirán en estrado de sus pies.

"Pues, ¿a cuál de los ángeles dijo Dios jamás: Siéntate a mi diestra, hasta que ponga a tus enemigos por estrado de tus pies?" (He. 1:13).

"De ahí en adelante esperando hasta que sus enemigos sean puestos por estrado de sus pies" (He. 10:13).

"Hasta que ponga a tus enemigos por estrado de tus pies" (Lc. 20:43).

"Dijo el Señor a mi Señor: Siéntate a mi derecha, hasta que ponga a tus enemigos por estrado de tus pies?" (Mt. 22:44).

=> La gente le va a obedecer.

"No será quitado el cetro de Judá, ni el legislador de entre sus pies, hasta que venga Siloh; y a él se congregarán los pueblos" (Gn. 49:10).

=> La gente se reunirá y lo obedecerá y servirá.

"No será quitado el cetro de Judá, ni el legislador de entre sus pies, hasta que venga Siloh; y a él se congregarán los pueblos" (Gn. 49:10).

"Y le fue dado dominio, gloria y reino, para que todos los pueblos, naciones y lenguas le sirvieran; su dominio es dominio eterno, que nunca pasará, y su reino uno que no será destruido" (Dn. 7:14).

=> La gente lo glorificará y le temerá.

"Por esto te dará gloria el pueblo fuerte, te temerá la ciudad de gentes robustas" (Is. 25:3).

=> A Él le será dado el trono de David.

"Este será grande, y será llamado Hijo del Altísimo; y el Señor Dios le dará el trono de David su padre" (Lc. 1:32).

=> Él reinará en Sion (Jerusalén) en su trono.

"Pero yo he puesto mi rey sobre Sion, mi santo monte" (Sal. 2:6).

"El edificará el templo de Jehová, y él llevará gloria, y se sentará y dominará en su trono, y habrá sacerdote a su lado; y consejo de paz habrá entre ambos" (Zac. 6:13).

=> Jerusalén será el lugar del trono del Señor.

"En aquel tiempo llamarán a Jerusalén: Trono de Jehová, y todas las naciones vendrán a ella en el nombre de Jehová en Jerusalén; ni andarán más tras la dureza de su malvado corazón" (Jer. 3:17).

"He aquí que vienen días, dice Jehová, en que la ciudad será edificada a Jehová, desde la torre de Hananeel hasta la puerta del Angulo. Y saldrá más allá el cordel de la medida delante de él sobre el collado de Gareb, y rodeará a Goa" (Jer. 31:38-39).

"En derredor tendrá dieciocho mil cañas. Y el nombre de la ciudad desde aquel día será Jehová-sama" (Ez. 48:35).

"Y conoceréis que yo soy Jehová vuestro Dios, que habito en Sion, mi santo monte; y Jerusalén será santa, y extraños no pasarán más por ella" (Jl. 3:17).

"Así dice Jehová: Yo he restaurado a Sion, y moraré en medio de Jerusalén; y Jerusalén se llamará Ciudad de la Verdad, y el monte de Jehová de los ejércitos, Monte de Santidad" (Zac. 8:3).

=> El reino de Israel será del Señor.

"Y subirán salvadores al monte de Sion para juzgar al monte de Esaú; y el reino será de Jehová" (Abd. 21).

=> El reino milenario estará centrado en Jerusalén y la gloria Shekiná morará allí.

"Y creará Jehová sobre toda la morada del monte de Sion, y sobre los lugares de sus convocaciones, nube y oscuridad de día, y de noche resplandor de fuego que eche llamas; porque sobre toda gloria habrá un dosel, y habrá un abrigo para sombra contra el calor del día, para refugio y escondedero contra el turbión y contra el aguacero" (Is. 4:5-6).

"En aquel tiempo llamarán a Jerusalén: Trono de Jehová, y todas las naciones vendrán a ella en el nombre de Jehová en Jerusalén; ni andarán más tras la dureza de su malvado corazón" (Jer. 3:17).

"He aquí que vienen días, dice Jehová, en que la ciudad será edificada a Jehová, desde la torre de Hananeel hasta la puerta del Angulo. Y saldrá más allá el cordel de la medida delante de él sobre el collado de Gareb, y rodeará a Goa" (Jer. 31:38-39).

"En derredor tendrá dieciocho mil cañas. Y el nombre de la ciudad desde aquel día será Jehová-sama" (Ez. 48:35).

"Y conoceréis que yo soy Jehová vuestro Dios, que habito en Sion, mi santo monte; y Jerusalén será santa, y extraños no pasarán más por ella" (Jl. 3:17).

"Jehová ha apartado tus juicios, ha echado fuera tus enemigos; Jehová es Rey de Israel en medio de ti; nunca más verás el mal... Jehová está en medio de ti, poderoso, él salvará; se gozará sobre ti con alegría, callará de amor, se regocijará sobre ti con cánticos" (Sof. 3:15, 17).

"Así dice Jehová: Yo he restaurado a Sion, y moraré en medio de Jerusalén; y Jerusalén se llamará Ciudad de la Verdad, y el monte de Jehová de los ejércitos, Monte de Santidad" (Zac. 8:3).

=> Él traerá paz y seguridad al mundo.

"Y juzgará entre las naciones, y reprenderá a muchos pueblos; y volverán sus espadas en rejas de arado, y sus lanzas en hoces; no alzará espada nación contra nación, ni se adiestrarán más para la guerra" (Is. 2:4).

"Lo dilatado de su imperio y la paz no tendrán límite, sobre el trono de David y sobre su reino, disponiéndolo y confirmándolo en juicio y en justicia desde ahora y para siempre. El celo de Jehová de los ejércitos hará esto" (Is. 9:7).

"Y las calles de la ciudad estarán llenas de muchachos y muchachas que jugarán en ellas" (Zac. 8:5).

"En aquel día, dice Jehová de los ejércitos, cada uno de vosotros convidará a su compañero, debajo de su vid y debajo de su higuera" (Zac. 3:10).

"Y él juzgará entre muchos pueblos, y corregirá a naciones poderosas hasta muy lejos; y martillarán sus espadas para azadones, y sus lanzas para hoces; no alzará espada nación contra nación, ni se ensayarán más para la guerra" (Mi. 4:3).

=> Cristo comenzará a reinar justo después de la victoria de Armagedón.

"Y oí como la voz de una gran multitud, como el estruendo de muchas aguas, y como la voz de grandes truenos, que decía: ¡Aleluya, porque el Señor nuestro Dios Todopoderoso reina!" (Ap. 19:6; cp. Ap. 19:11-21).

=> A Él, la Simiente de Abraham, se le dará la tierra de Canaán para siempre.

"Y apareció Jehová a Abram, y le dijo: A tu descendencia daré esta tierra. Y edificó allí un altar a Jehová, quien le había aparecido" (Gn. 12:7; cp. Gá. 3:16).

"Porque toda la tierra que ves, la daré a ti y a tu descendencia para siempre" (Gn. 13:15).

"Y te daré a ti, y a tu descendencia después de ti, la tierra en que moras, toda la tierra de Canaán en heredad perpetua; y seré el Dios de ellos" (Gn. 17:8).

"Jehová, Dios de los cielos, que me tomó de la casa de mi padre y de la tierra de mi parentela, y me habló y me juró, diciendo: A tu descendencia daré esta tierra; él enviará su ángel delante de ti, y tú traerás de allá mujer para mi hijo" (Gn. 24:7).

"Habita como forastero en esta tierra, y estaré contigo, y te bendeciré; porque a ti y a tu descendencia daré todas estas tierras, y confirmaré el juramento que hice a Abraham tu padre. Multiplicaré tu descendencia como las estrellas del cielo, y daré a tu descendencia todas estas tierras; y todas las naciones de la tierra serán benditas en tu simiente" (Gn. 26:3-4).

"Y te dé la bendición de Abraham, y a tu descendencia contigo, para que heredes la tierra en que moras, que Dios dio a Abraham... Y he aquí, Jehová estaba en lo alto de ella, el cual dijo: Yo soy Jehová, el Dios de Abraham tu padre, y el Dios de Isaac; la tierra en que estás acostado te la daré a ti y a tu descendencia" (Gn. 28:4, 13; cp. Gá. 3:16).

"La tierra que he dado a Abraham y a Isaac, la daré a ti, y a tu descendencia después de ti daré la tierra" (Gn. 35:12).

"Y me dijo: He aquí yo te haré crecer, y te multiplicaré, y te pondré por estirpe de naciones; y daré esta tierra a tu descendencia después de ti por heredad perpetua" (Gn. 48:4).

=> Toda la tierra le fue dada a la simiente de Israel [Cristo] para siempre.

"Y guarda sus estatutos y sus mandamientos, los cuales yo te mando hoy, para que te vaya bien a ti y a tus hijos después de ti, y prolongues tus días sobre la tierra que Jehová tu Dios te da para siempre" (Dt. 4:40).

"Porque no por la ley fue dada a Abraham o a su descendencia la promesa de que sería heredero del mundo, sino por la justicia de la fe" (Ro. 4:13).

Las fronteras de Israel serán expandidas (Ez. 47:13-21; 48:1-7, 10-14, 20-29).

La ciudad de Jerusalén será dispuesta con las mismas medidas exactas (Ez. 48:15-19, 30:35).

2. ¿Quién va a estar en el milenio? (Ver notas más arriba - Ap. 20:4; punto 1- Ap. 20:7-10 para mayor discusión.)

3. ¿Cómo será la vida en el milenio?

a. La vida en el milenio será bendita.

=> Habrá un pacto o tratado de paz mundial y seguridad.

Imagine mil años de paz y seguridad.

"Y yo daré paz en la tierra, y dormiréis, y no habrá quien os espante; y haré quitar de vuestra tierra las malas bestias, y la espada no pasará por vuestro país" (Lv. 26:6).

"En sus días será salvo Judá, e Israel habitará confiado; y este será su nombre con el cual le llamarán: Jehová, justicia nuestra" (Jer. 23:6).

"En aquel tiempo haré para ti pacto con las bestias del campo, con las aves del cielo y con las serpientes de la tierra; y quitaré de la tierra arco y espada y guerra, y te haré dormir segura" (Os. 2:18).

"Y él juzgará entre muchos pueblos, y corregirá a naciones poderosas hasta muy lejos; y martillarán sus espadas para azadones, y sus lanzas para hoces; no alzará espada nación contra nación, ni se ensayarán más para la guerra. Y se sentará cada uno debajo de su vid y debajo de su higuera, y no habrá quien los amedrente; porque la boca de Jehová de los ejércitos lo ha hablado" (Mi. 4:3-4).

"Porque los montes se moverán, y los collados temblarán, pero no se apartará de ti mi misericordia, ni el pacto de mi paz se quebrantará, dijo Jehová, el que tiene misericordia de ti" (Is. 54:10).

"Nunca más se oirá en tu tierra violencia, destrucción ni quebrantamiento en tu territorio, sino que a tus muros llamarás Salvación, y a tus puertas Alabanza" (Is. 60:18).

=> No se hará mal una nación en contra de otra.

"El remanente de Israel no hará injusticia ni dirá mentira, ni en boca de ellos se hallará lengua engañosa; porque ellos serán apacentados, y dormirán, y no habrá quien los atemorice" (Sof. 3:13).

"Jehová ha apartado tus juicios, ha echado fuera tus enemigos; Jehová es Rey de Israel en medio de ti; nunca más verás el mal" (Sof. 3:15).

=> No habrá enfermedad.

"Mas a Jehová vuestro Dios serviréis, y él bendecirá tu pan y tus aguas; y yo quitaré toda enfermedad de en medio de ti. No habrá mujer que aborte, ni estéril en tu tierra; y yo completaré el número de tus días" (Éx. 23:25-26).

"Entonces los ojos de los ciegos serán abiertos, y los oídos de los sordos se abrirán. Entonces el cojo saltará como un ciervo, y cantará la lengua del mudo; porque aguas serán cavadas en el desierto, y torrentes en la soledad" (Is. 35:5-6).

=> Habrá una población humana prolífica, no más esterilidad ni abortos.

"No habrá mujer que aborte, ni estéril en tu tierra; y yo completaré el número de tus días" (Éx. 23:26).

"Porque yo me volveré a vosotros, y os haré crecer, y os multiplicaré, y afirmaré mi pacto con vosotros" (Lv. 26:9).

"Bendito serás más que todos los pueblos; no habrá en ti varón ni hembra estéril, ni en tus ganados" (Dt. 7:14).

"Bendito el fruto de tu vientre, el fruto de tu tierra, el fruto de tus bestias, la cría de tus vacas y los rebaños de tus ovejas... Y te hará Jehová sobreabundar en bienes, en el fruto de tu vientre, en el fruto de tu bestia, y en el fruto de tu tierra, en el país que Jehová juró a tus padres que te había de dar" (Dt. 28:4, 11).

"Multiplicaste la gente, y aumentaste la alegría. Se alegrarán delante de ti como se alegran en la siega, como se gozan cuando reparten despojos" (Is. 9:3).

=> Habrá pan y agua y para las necesidades de la vida de todos los que habitan la tierra.

"He aquí vienen días, dice Jehová, en que el que ara alcanzará al segador, y el pisador de las uvas al que lleve la simiente; y los montes destilarán mosto, y todos los collados se derretirán. Y traeré del cautiverio a mi pueblo Israel, y edificarán ellos las ciudades asoladas, y las habitarán; plantarán viñas, y beberán el vino de ellas, y harán huertos, y comerán el fruto de ellos" (Am. 9:13-14).

"Mas a Jehová vuestro Dios serviréis, y él bendecirá tu pan y tus aguas; y yo quitaré toda enfermedad de en medio de ti" (Éx. 23:25).

"Benditas serán tu canasta y tu artesa de amasar. Bendito serás en tu entrar, y bendito en tu salir... Jehová te enviará su bendición sobre tus graneros, y sobre todo aquello en que pusieres tu mano; y te bendecirá en la tierra que Jehová tu Dios te da... Te abrirá Jehová su buen tesoro, el cielo, para enviar la lluvia a tu tierra en su tiempo, y para bendecir toda obra de tus manos. Y prestarás a muchas naciones, y tú no pedirás prestado" (Dt. 28:5-6, 8, 12).

"Y te hará Jehová tu Dios abundar en toda obra de tus manos, en el fruto de tu vientre, en el fruto de tu bestia, y en el fruto de tu tierra, para bien; porque Jehová volverá a gozarse sobre ti para bien, de la manera que se gozó sobre tus padres" (Dt. 30:9).

"Descenderá como la lluvia sobre la hierba cortada; como el rocío que destila sobre la tierra. Florecerá en sus días justicia, y muchedumbre de paz, hasta que no haya luna... Será echado un puñado de grano en la tierra, en las cumbres de los montes; su fruto hará ruido como el Líbano, y los de la ciudad florecerán como la hierba de la tierra" (Sal. 72:6-7, 16).

"En aquel tiempo el renuevo de Jehová será para hermosura y gloria, y el fruto de la tierra para grandeza y honra, a los sobrevivientes de Israel" (Is. 4:2).

"Y daré bendición a ellas y a los alrededores de mi collado, y haré descender la lluvia en su tiempo; lluvias de bendición serán. Y el árbol del campo dará su fruto, y la tierra dará su fruto, y estarán sobre su tierra con seguridad; y sabrán que yo soy Jehová, cuando rompa las coyundas de su yugo, y los libre de mano de los que se sirven de ellos... Y levantaré para ellos una planta de renombre, y no serán ya más consumidos de hambre en la tierra, ni ya más serán avergonzados por las naciones" (Ez. 34:26-27, 29).

"Y te desposaré conmigo en fidelidad, y conocerás a Jehová. En aquel tiempo responderé, dice Jehová, yo responderé a los cielos, y ellos responderán a la tierra" (Os. 2:21-22).

"Sucederá en aquel tiempo, que los montes destilarán mosto, y los collados fluirán leche, y por todos los arroyos de Judá correrán aguas; y saldrá una fuente de la casa de Jehová, y regará el valle de Sitim" (Jl. 3:18).

"He aquí vienen días, dice Jehová, en que el que ara alcanzará al segador, y el pisador de las uvas al que lleve la simiente; y los montes destilarán mosto, y todos los collados se derretirán" (Am. 9:13).

=> Habrá alimentos y descanso para todos y nada de miedo a los enemigos o delincuentes.

"En buenos pastos las apacentaré, y en los altos montes de Israel estará su aprisco; allí dormirán en buen redil, y en pastos suculentos serán apacentadas sobre los montes de Israel" (Ez. 34:14).

"El remanente de Israel no hará injusticia ni dirá mentira, ni en boca de ellos se hallará lengua engañosa; porque ellos serán apacentados, y dormirán, y no habrá quien los atemorice" (Sof. 3:13).

"En aquel tiempo se dirá a Jerusalén: No temas; Sion, no se debiliten tus manos" (Sof. 3:16).

"Y en el día que Jehová te dé reposo de tu trabajo y de tu temor, y de la dura servidumbre en que te hicieron servir" (Is. 14:3).

"Con justicia serás adornada; estarás lejos de opresión, porque no temerás, y de temor, porque no se acercará a ti" (Is. 54:14).

=> Habrá períodos de vida plenos y prolongados.

"No habrá mujer que aborte, ni estéril en tu tierra; y yo completaré el número de tus días" (Éx. 23:26).

"Destruirá a la muerte para siempre; y enjugará Jehová el Señor toda lágrima de todos los rostros; y quitará la afrenta de su pueblo de toda la tierra; porque Jehová lo ha dicho" (Is. 25:8).

"No habrá más allí niño que muera de pocos días, ni viejo que sus días no cumpla; porque el niño morirá de cien años, y el pecador de cien años será maldito" (Is. 65:20).

"Así ha dicho Jehová de los ejércitos: Aún han de morar ancianos y ancianas en las calles de Jerusalén, cada cual con bordón en su mano por la multitud de los días" (Zac. 8:4).

=> Será un día sin lágrimas, de gozo y alabanza.

"Destruirá a la muerte para siempre; y enjugará Jehová el Señor toda lágrima de todos los rostros; y quitará la afrenta de su pueblo de toda la tierra; porque Jehová lo ha dicho" (Is. 25:8).

"Y los redimidos de Jehová volverán, y vendrán a Sion con alegría; y gozo perpetuo será sobre sus cabezas; y tendrán gozo y alegría, y huirán la tristeza y el gemido" (Is. 35:10).

"Ciertamente volverán los redimidos de Jehová; volverán a Sion cantando, y gozo perpetuo habrá sobre sus cabezas; tendrán gozo y alegría, y el dolor y el gemido huirán" (Is. 51:11).

"Canta, oh hija de Sion; da voces de júbilo, oh Israel; gózate y regocíjate de todo corazón, hija de Jerusalén" (Sof. 3:14).

"Y a aquel que es poderoso para guardaros sin caída, y presentaros sin mancha delante de su gloria con gran alegría" (Jud. 24).

"Y diréis en aquel día: Cantad a Jehová, aclamad su nombre, haced célebres en los pueblos sus obras, recordad que su nombre es engrandecido" (Is. 12:4).

=> Se eliminarán la vergüenza y la culpa.

"En aquel día no serás avergonzada por ninguna de tus obras con que te rebelaste contra mí; porque entonces quitaré de en medio de ti a los que se alegran en tu soberbia, y nunca más te ensoberbecerás en mi santo monte" (Sof. 3:11).

"Comeréis hasta saciaros, y alabaréis el nombre de Jehová vuestro Dios, el cual hizo maravillas con vosotros; y nunca jamás será mi pueblo avergonzado. Y conoceréis que en medio de Israel estoy yo, y que yo soy Jehová vuestro Dios, y no hay otro; y mi pueblo nunca jamás será avergonzado" (Jl. 2:26-27).

=> Habrá reconocimiento y honor. Un yo saludable y emociones también saludables.

"He aquí, en aquel tiempo yo apremiaré a todos tus opresores; y salvaré a la que cojea, y recogeré la descarriada; y os pondré por alabanza y por renombre en toda la tierra. En aquel tiempo yo os traeré, en aquel tiempo os reuniré yo; pues os pondré para renombre y para alabanza entre todos los pueblos de la tierra, cuando levante vuestro cautiverio delante de vuestros ojos, dice Jehová" (Sof. 3:19-20).

=> Todos serán prójimos.

"En aquel día, dice Jehová de los ejércitos, cada uno de vosotros convidará a su compañero, debajo de su vid y debajo de su higuera" (Zac. 3:10).

=> Ya no habrá más esclavitud.

"En aquel día, dice Jehová de los ejércitos, yo quebraré su yugo de tu cuello, y romperé tus coyundas, y extranjeros no lo volverán más a poner en servidumbre, sino que servirán a Jehová su Dios y a David su rey, a quien yo les levantaré" (Jer. 30:8-9).

=> La gente podrá confiar en el brazo fuerte del Señor.

"Cercana está mi justicia, ha salido mi salvación, y mis brazos juzgarán a los pueblos; a mí me esperan los de la costa, y en mi brazo ponen su esperanza" (Is. 51:5).

=> Será un día de misericordia.

"Y se dispondrá el trono en misericordia; y sobre él se sentará firmemente, en el tabernáculo de David, quien juzgue y busque el juicio, y apresure la justicia" (Is. 16:5).

=> Todas las cosas serán restauradas.

"A quien de cierto es necesario que el cielo reciba hasta los tiempos de la restauración de todas las cosas, de que habló Dios por boca de sus santos profetas que han sido desde tiempo antiguo" (Hch. 3:21).

=> Las ciudades destruidas serán reconstruidas. (Recuerde: La mayoría de las principales ciudades del mundo habrán sido destruidas.)

"Reedificarán las ruinas antiguas, y levantarán los asolamientos primeros, y restaurarán las ciudades arruinadas, los escombros de muchas generaciones" (Is. 61:4).

"Edificarán casas, y morarán en ellas; plantarán viñas, y comerán el fruto de ellas" (Is. 65:21).

"He aquí vienen días, dice Jehová, en que el que ara alcanzará al segador, y el pisador de las uvas al que lleve la simiente; y los montes destilarán mosto, y todos los collados se derretirán. Y traeré del cautiverio a mi pueblo Israel, y edificarán ellos las ciudades asoladas, y las habitarán; plantarán viñas, y beberán el vino de ellas, y harán huertos, y comerán el fruto de ellos" (Am. 9:13-14).

=> Todos los animales vivirán en paz. No habrá salvajismo.

"El lobo y el cordero serán apacentados juntos, y el león comerá paja como el buey; y el polvo será el alimento de la serpiente. No afligirán, ni harán mal en todo mi santo monte, dijo Jehová" (Is. 65:25).

=> Israel se establecerá como nación para siempre.

"Así ha dicho Jehová, que da el sol para luz del día, las leyes de la luna y de las estrellas para luz de la noche, que parte el mar, y braman sus ondas; Jehová de los ejércitos es su nombre: Si faltaren estas leyes delante de mí, dice Jehová, también la descendencia de Israel faltará para no ser nación delante de mí eternamente. Así ha dicho Jehová: Si los cielos arriba se pueden medir, y explorarse abajo los fundamentos de la tierra, también yo desecharé toda la descendencia de Israel por todo lo que hicieron, dice Jehová" (Jer. 31:35-37).

=> Los gentiles recibirán la herencia y las bendiciones de Israel.

"Y echaréis sobre ella suertes por heredad para vosotros, y para los extranjeros que moran entre vosotros, que entre vosotros han engendrado hijos; y los tendréis como naturales entre los hijos de Israel; echarán suertes con vosotros para tener heredad entre las tribus de Israel. En la tribu en que morare el extranjero, allí le daréis su heredad, ha dicho Jehová el Señor" (Ez. 47:22-23).

"Los príncipes de los pueblos [de las naciones] se reunieron como pueblo del Dios de Abraham" (Sal. 47:9).

=> La fiesta de los tabernáculos se celebrará anualmente.

"Y todos los que sobrevivieren de las naciones que vinieron contra Jerusalén, subirán de año en año para adorar al Rey, a Jehová de los ejércitos, y a celebrar la fiesta de los tabernáculos" (Zac. 14:16; cp. Éx. 23:16. Ver nota, Jn. 7:37 para mayor discusión).

b. La vida en el milenio estará regida por la justicia.

=> Cristo juzgará la tierra con justicia y verdad.

"El Dios de Israel ha dicho, me habló la Roca de Israel: Habrá un justo que gobierne entre los hombres, que gobierne en el temor de Dios. Será como la luz de la mañana, como el resplandor del sol en una mañana sin nubes, como la lluvia que hace brotar la hierba de la tierra" (2 S. 23:3-4).

"Alégrense y gócense las naciones, porque juzgarás los pueblos con equidad, y pastorearás las naciones en la tierra" (Sal. 67:4).

"Delante de Jehová que vino; porque vino a juzgar la tierra. Juzgará al mundo con justicia, y a los pueblos con su verdad" (Sal. 96:13).

"Delante de Jehová, porque vino a juzgar la tierra. Juzgará al mundo con justicia, y a los pueblos con rectitud" (Sal. 98:9).

"Y se dispondrá el trono en misericordia; y sobre él se sentará firmemente, en el tabernáculo de David, quien juzgue y busque el juicio, y apresure la justicia" (Is. 16:5).

"He aquí que vienen días, dice Jehová, en que levantaré a David renuevo justo, y reinará como Rey, el cual será dichoso, y hará juicio y justicia en la tierra" (Jer. 23:5).

"En aquellos días y en aquel tiempo haré brotar a David un Renuevo de justicia, y hará juicio y justicia en la tierra" (Jer. 33:15).

=> Cristo va a designar un reino a los apóstoles.

"Yo, pues, os asigno un reino, como mi Padre me lo asignó a mí" (Lc. 22:29).

=> Cristo evitará que una nación le haga el mal a otra nación.

"El remanente de Israel no hará injusticia ni dirá mentira, ni en boca de ellos se hallará lengua engañosa; porque ellos serán apacentados, y dormirán, y *no habrá quien los atemorice*" (Sof. 3:13).

"Jehová ha apartado tus juicios, ha echado fuera tus enemigos; Jehová es Rey de Israel en medio de ti; nunca más verás el mal" (Sof. 3:15).

=> Los mandamientos de Dios serán guardados por las naciones. Habrá obediencia nacional.

"Yo preguntaba: ¿Cómo os pondré por hijos, y os daré la tierra deseable, la rica heredad de las naciones? Y dije: Me llamaréis: Padre mío, y no os apartaréis de en pos de mí" (Jer. 3:19).

=> A los ciudadanos de Jerusalén se los llamará santos.

"Y acontecerá que el que quedare en Sion, y el que fuere dejado en Jerusalén, será llamado santo; todos los que en Jerusalén estén registrados entre los vivientes, cuando el Señor lave las inmundicias de las hijas de Sion, y limpie la sangre de Jerusalén de en medio de ella, con espíritu de juicio y con espíritu de devastación" (Is. 4:3-4).

=> Los creyentes llamarán a Dios "mi Padre".

"Yo preguntaba: ¿Cómo os pondré por hijos, y os daré la tierra deseable, la rica heredad de las naciones? Y dije: Me llamaréis: Padre mío, y no os apartaréis de en pos de mí" (Jer. 3:19).

c. La vida en el milenio será una vida de verdadera adoración.

=> Todas las naciones, reyes y gente de la tierra adorarán a Cristo.

"Se acordarán, y se volverán a Jehová todos los confines de la tierra, y todas las familias de las naciones adorarán delante de ti" (Sal. 22:27).

"Toda la tierra te adorará, y cantará a ti; cantarán a tu nombre" (Sal. 66:4).

"Vivirá, y se le dará del oro de Sabá, y se orará por él continuamente; todo el día se le bendecirá" (Sal. 72:15).

"Todas las naciones que hiciste vendrán y adorarán delante de ti, Señor, y glorificarán tu nombre" (Sal. 86:9).

"Entonces las naciones temerán el nombre de Jehová, y todos los reyes de la tierra tu gloria... Para que publique en Sion el nombre de Jehová, y su alabanza en Jerusalén, cuando los pueblos y los reinos se congreguen en uno para servir a Jehová" (Sal. 102:15, 21-22).

"Te alabarán, oh Jehová, todos los reyes de la tierra, porque han oído los dichos de tu boca. Y cantarán de los caminos de Jehová, porque la gloria de Jehová es grande" (Sal. 138:4-5).

"Y jurares: Vive Jehová, en verdad, en juicio y en justicia, entonces las naciones serán benditas en él, y en él se gloriarán" (Jer. 4:2).

"Así ha dicho Jehová de los ejércitos: En aquellos días acontecerá que diez hombres de las naciones de toda lengua tomarán del manto a un judío, diciendo: Iremos con vosotros, porque hemos oído que Dios está con vosotros" (Zac. 8:23).

=> Todas las naciones buscarán la instrucción de Cristo. Los gentiles se convertirán en la simiente multiplicada de David y en miembros del sacerdocio del verdadero pueblo de Dios, la verdadera Israel.

"Acontecerá en los postreros tiempos que el monte de la casa de Jehová será establecido por cabecera de montes, y más alto que los collados, y correrán a él los pueblos. Vendrán muchas naciones, y dirán: Venid, y subamos al monte de Jehová, y a la casa del Dios de Jacob; y nos enseñará en sus caminos, y andaremos por sus veredas; porque de Sion saldrá la ley, y de Jerusalén la palabra de Jehová" (Mi. 4:1-2).

"Acontecerá en lo postrero de los tiempos, que será confirmado el monte de la casa de Jehová como cabeza de los montes, y será exaltado sobre los collados, y correrán a él todas las naciones. Y vendrán muchos pueblos, y dirán: Venid, y subamos al monte de Jehová, a la casa del Dios de Jacob; y nos enseñará sus caminos, y caminaremos por sus sendas. Porque de Sion saldrá la ley, y de Jerusalén la palabra de Jehová" (Is. 2:2-3).

"Ni a los sacerdotes y levitas faltará varón que delante de mí ofrezca holocausto y encienda ofrenda, y que haga sacrificio todos los días... Como no puede ser contado el ejército del cielo, ni la arena del mar se puede medir, así multiplicaré la descendencia de David mi siervo, y los levitas que me sirven" (Jer. 33:18, 22).

"Y tomaré también de ellos para sacerdotes y levitas, dice Jehová" (Is. 66:21).

=> Habrá un tratado de paz entre Dios e Israel, que incluye el perdón de los pecados.

"Y luego todo Israel será salvo, como está escrito: Vendrá de Sion el Libertador, que apartará de Jacob la impiedad. Y este será mi pacto con ellos, cuando yo quite sus pecados" (Ro. 11:26-27).

"Yo buscaré la perdida, y haré volver al redil la descarriada; vendaré la perniquebrada, y fortaleceré la débil; mas a la engordada y a la fuerte destruiré; las apacentaré con justicia" (Ez. 34:16).

"Porque los montes se moverán, y los collados temblarán, pero no se apartará de ti mi misericordia, ni el pacto de mi paz se quebrantará, dijo Jehová, el que tiene misericordia de ti" (Is. 54:10).

=> Todo lo de Dios será purificado.

"Y se sentará para afinar y limpiar la plata; porque limpiará a los hijos de Leví, los afinará como a oro y como a plata, y traerán a Jehová ofrenda en justicia. Y será grata a Jehová la ofrenda de Judá y de Jerusalén, como en los días pasados, y como en los años antiguos" (Mal. 3:3-4).

=> Las naciones bendecirán a Cristo y se glorificarán en Él.

"Y jurares: Vive Jehová, en verdad, en juicio y en justicia, entonces las naciones serán benditas en él, y en él se gloriarán" (Jer. 4:2).

"Se acordarán, y se volverán a Jehová todos los confines de la tierra, y todas las familias de las naciones adorarán delante de ti" (Sal. 22:27).

4. ¿Cuáles son algunos versículos que muestran que los creyentes resucitados gobernarán y reinarán durante el milenio?

=> El reino y el dominio del mundo les serán dados a los creyentes.

"Y que el reino, y el dominio y la majestad de los reinos debajo de todo el cielo, sea dado al pueblo de los santos del Altísimo, cuyo reino es reino eterno, y todos los dominios le servirán y obedecerán" (Dn. 7:27).

=> Los apóstoles gobernarán y reinarán sobre las doce tribus de Israel.

"Y Jesús les dijo: De cierto os digo que en la regeneración, cuando el Hijo del Hombre se siente en el trono de su gloria, vosotros que me habéis seguido también os sentaréis sobre doce tronos, para juzgar a las doce tribus de Israel" (Mt. 19:28).

"El les dijo: A la verdad, de mi vaso beberéis, y con el bautismo con que yo soy bautizado, seréis bautizados; pero el sentaros a mi derecha y a mi izquierda, no es mío darlo, sino a aquellos para quienes está preparado por mi Padre" (Mt. 20:23).

"Estuve mirando hasta que fueron puestos tronos, y se sentó un Anciano de días, cuyo vestido era blanco como la nieve, y el pelo de su cabeza como lana limpia; su trono llama de fuego, y las ruedas del mismo, fuego ardiente... y que el reino, y el dominio y la majestad de los reinos debajo de todo el cielo, sea dado al pueblo de los santos del Altísimo, cuyo reino es reino eterno, y todos los dominios le servirán y obedecerán" (Dn. 7:9, 27).

=> El pueblo de Dios serán los herederos del mundo, de todo el mundo o universo.

"A fin de exaltarte sobre todas las naciones que hizo, para loor y fama y gloria, y para que seas un pueblo santo a Jehová tu Dios, como él ha dicho" (Dt. 26:19).

"Porque no por la ley fue dada a Abraham o a su descendencia la promesa de que sería heredero del mundo, sino por la justicia de la fe" (Ro. 4:13).

=> El pueblo de Dios gobernará como príncipes.

"He aquí que para justicia reinará un rey, y príncipes presidirán en juicio" (Is. 32:1).

=> Todos los creyentes gobernarán y reinarán con Cristo.

"Al que venciere y guardare mis obras hasta el fin, yo le daré autoridad sobre las naciones, y las regirá con vara de hierro, y serán quebradas como vaso de alfarero; como yo también la he recibido de mi Padre" (Ap. 2:26-27).

"Al que venciere, le daré que se siente conmigo en mi trono, así como yo he vencido, y me he sentado con mi Padre en su trono" (Ap. 3:21).

"Y nos has hecho para nuestro Dios reyes y sacerdotes, y reinaremos sobre la tierra" (Ap. 5:10).

"Y vi tronos, y se sentaron sobre ellos los que recibieron facultad de juzgar; y vi las almas de los decapitados por causa del testimonio de Jesús y por la palabra de Dios, los que no habían adorado a la bestia ni a su imagen, y que no recibieron la marca en sus frentes ni en sus manos; y vivieron y reinaron con Cristo mil años... Bienaventurado y santo el que tiene parte en la primera resurrección; la segunda muerte no tiene potestad sobre éstos, sino que serán sacerdotes de Dios y de Cristo, y reinarán con él mil años" (Ap. 20:4, 6).

"Si sufrimos, también reinaremos con él; si le negáremos, él también nos negará" (2 Ti. 2:12).

=> El Señor pondrá pastores (líderes) sobre su pueblo.

"Y pondré sobre ellas pastores que las apacienten; y no temerán más, ni se amedrentarán, ni serán menoscabadas, dice Jehová" (Jer. 23:4).

=> La gente de Dios juzgará o reinará por encima de los ángeles. (Es posible que esto no suceda hasta que se creen los nuevos cielos y la tierra).

"¿O no sabéis que hemos de juzgar a los ángeles? ¿Cuánto más las cosas de esta vida?" (1 Co. 6:3).

=> La gente de Dios estará a cargo de todas las posesiones de Cristo.

"Bienaventurado aquel siervo al cual, cuando su señor venga, le halle haciendo así. En verdad os digo que le pondrá sobre todos sus bienes" (Lc. 12:43-44).

=> Los creyentes reinarán sobre los judíos incrédulos.

"He aquí, yo entrego de la sinagoga de Satanás a los que se dicen ser judíos y no lo son, sino que mienten; he aquí, yo haré que vengan y se postren a tus pies, y reconozcan que yo te he amado" (Ap. 3:9).

Recuerde: Los creyentes estarán en sus cuerpos resucitados y la gente de la tierra, en sus cuerpos terrenales. Aparentemente habrá una combinación entre ambos. Lo que debemos tener presente es esto: El cielo y la eternidad no son como cree la mayoría de la gente: un espíritu flotando alrededor de una nube tocando un arpa o un espíritu que aparece como un fantasma o una sustancia de tipo gaseoso. Tendremos cuerpo en el cielo y la eternidad. En realidad, tendremos nuestros cuerpos actuales con una diferencia: serán perfeccionados. Este es el propósito mismo de la resurrección: resucitar los elementos de nuestro cuerpo y perfeccionarlos para vivir eternamente en el perfecto entorno del cielo y la tierra. Por lo tanto, durante el Milenio será tal como era cuando Cristo estaba con sus discípulos luego de su resurrección. Él estaba en su cuerpo resucitado y los discípulos estaban en sus cuerpos terrenales. Durante el Milenio, será algo común para el Señor resucitado y los creyentes resucitados compartir momentos con personas en sus cuerpos terrenales. Todos tendrán cuerpo, algunos cuerpos terrenales y otros, celestiales, es decir, cuerpos perfeccionados. Recuerde: El Milenio será una época nueva para la tierra. La vida en la tierra será totalmente diferente de lo que es ahora. Como se ha visto en el estudio, cuando Jesucristo regrese a la tierra, su presencia y poder cambiarán todo.

	E. El regreso de Satanás y su destino eterno, 20:7-10	9 Y subieron sobre la anchura de la tierra, y rodearon el campamento de los santos y la ciudad amada; y de Dios descendió fuego del cielo, y los consumió.	**3 Los ejércitos finales del mundo serán destruidos y Satanás será condenado para siempre**
1 Satanás es liberado	7 Cuando los mil años se cumplan, Satanás será suelto de su prisión,		a. Las naciones marcharán contra el trono de Cristo en Jerusalén
2 Satanás engaña inmediatamente a las naciones: Gog y Magog a. Los reunirá para guerrear en contra de Cristo b. Su cantidad será como la arena del mar	8 y saldrá a engañar a las naciones que están en los cuatro ángulos de la tierra, a Gog y a Magog, a fin de reunirlos para la batalla; el número de los cuales es como la arena del mar.	10 Y el diablo que los engañaba fue lanzado en el lago de fuego y azufre, donde estaban la bestia y el falso profeta; y serán atormentados día y noche por los siglos de los siglos.	b. Dios destruirá a los ejércitos antes de que ataquen, v. 9 c. Satanás es condenado para siempre 1) En el lago de fuego 2) Con la bestia (anticristo) y el falso profeta

DIVISIÓN XII

EL TRIUNFO FINAL: EL INGRESO AL MILENIO, 19:11—20:15

E. El regreso de Satanás y su destino eterno, 20:7-10

(20:7-10) *Introducción:* Este es un pasaje impactante de las Escrituras. Nos dice esto: Al fin del Milenio, Satanás va a ser liberado del infierno y permitido engañar nuevamente a la gente. ¿Por qué? Hay por lo menos dos razones.

1. Satanás será liberado por la misma razón por la que se le permite tentarnos ahora: Para mostrarle al hombre qué hay en su corazón, para mostrarle al hombre que debe volcarse a Cristo o enfrentar la destrucción. La gente durante el Milenio no será diferente de cualquier otra generación de gente: Tendrán el mismo libre albedrío y seguirán necesitando volcarse a Cristo para la salvación. Por lo tanto, se les debe mostrar su necesidad. El hecho de que se vuelquen a Satanás tan fácilmente les mostrará a la gente su necesidad de Cristo de la manera más motivadora posible. Pero advierta: Al igual que con todas las demás generaciones, la mayoría de la gente rechazará a Cristo y elegirá tomar su propio camino en la vida. La mayoría de la gente elegirá seguir a Satanás.

2. Dios liberará a Satanás para reivindicar la justicia de Dios, es decir, para mostrar que las personas merecen ser juzgadas y condenadas. Cuando la gente se vuelque tan fácilmente a Satanás y se oponga a Cristo, no tendrán excusa, no podrán decir una palabra en contra del juicio justo de Dios. El juicio final y eterno de Dios será totalmente reivindicado. Por lo tanto, Satanás será liberado para que la gente vea la total corrupción de sus corazones y quede muda ante el juicio justo de Dios.

Este pasaje es la discusión del *regreso de Satanás y su destino eterno.*

1. Satanás es liberado (v. 7).
2. Satanás engaña inmediatamente a las naciones: Gog y Magog (v. 8).
3. Los ejércitos finales del mundo serán destruidos y Satanás será condenado para siempre (vv. 9, 10).

[1] (20:7) ***Satanás:*** Satanás es liberado al fin del milenio e inmediatamente engaña a las naciones. ¿Quiénes son estas naciones? ¿No se destruyeron todas las naciones en Armagedón? Las Escrituras dicen que no, que todavía habrá gente en la tierra después de Armagedón, gente que atravesará el milenio.

1. Habrá sobrevivientes de Armagedón que se convertirán en testigos de la gloria de Cristo cuando regresen a casa a sus correspondientes naciones.

> **"Porque he aquí que Jehová vendrá con fuego, y sus carros como torbellino, para descargar su ira con furor, y su reprensión con llama de fuego. Porque Jehová juzgará con fuego y con su espada a todo hombre; y los muertos de Jehová serán multiplicados... Y pondré entre ellos señal, y *enviaré de los escapados* de ellos a las naciones, a Tarsis, a Fut y Lud que disparan arco, a Tubal y a Javán, a las costas lejanas que no oyeron de mí, ni vieron mi gloria; y publicarán mi gloria entre las naciones" (Is. 66:15-16, 19).**
>
> **"Y todos *los que sobrevivieren* de las naciones que vinieron contra Jerusalén, subirán de año en año para adorar al Rey, a Jehová de los ejércitos, y a celebrar la fiesta de los tabernáculos. Y acontecerá que los de las familias de la tierra que no subieren a Jerusalén para adorar al Rey, Jehová de los ejércitos, no vendrá sobre ellos lluvia. Y si la familia de Egipto no subiere y no viniere, sobre ellos no habrá lluvia; vendrá la plaga con que Jehová herirá las naciones que no subieren a celebrar la fiesta de los tabernáculos. Esta será la pena del pecado de Egipto, y del pecado de todas las naciones que no subieren para celebrar la fiesta de los tabernáculos" (Zac. 14:16-19).**

2. Estarán incluso algunos sobrevivientes de los juicios de las copas que cayeron sobre la tierra, algunos sobrevivientes del terremoto catastrófico que golpea a todo el mundo y destruye las ciudades paganas del mundo (cp. Ap. 16:1-21, esp. vv. 17-21). Recuerde que este terremoto se produce al mismo tiempo que Armagedón, cuando Cristo regresa a la tierra. Pero advierta: Habrá algunos sobrevivientes (v. 21).

"Entonces hubo relámpagos y voces y truenos, y un gran temblor de tierra, un terremoto tan grande, cual no lo hubo jamás desde que los hombres han estado sobre la tierra. Y la gran ciudad fue dividida en tres partes, y *las ciudades de las naciones cayeron*; y la gran Babilonia vino en memoria delante de Dios, para darle el cáliz del vino del ardor de su ira. *Y toda isla huyó*, y *los montes no fueron hallados*. Y cayó del cielo sobre los hombres un enorme granizo como del peso de un talento; y los hombres blasfemaron contra Dios por la plaga del granizo; porque su plaga fue sobremanera grande" (Ap. 16:18-21).

3. Habrá gente que se vuelque al Señor durante el milenio, es decir, habrá gente salva.

"Cosas gloriosas se han dicho de ti, Ciudad de Dios. Yo me acordaré de Rahab y de Babilonia entre los que me conocen; he aquí Filistea y Tiro, con Etiopía; este nació allá. Y de Sion se dirá: Este y aquél han nacido en ella, y el Altísimo mismo la establecerá. Jehová contará al inscribir a los pueblos: Este nació allí" (Sal. 87:3-6).

"Con todo eso, Jehová quiso quebrantarlo, sujetándole a padecimiento. Cuando haya puesto su vida en expiación por el pecado, verá linaje, vivirá por largos días, y la voluntad de Jehová será en su mano prosperada" (Is. 53:10).

"Como no puede ser contado el ejército del cielo, ni la arena del mar se puede medir, así multiplicaré la descendencia de David [los creyentes en Cristo] mi siervo, y los levitas que me sirven" (Jer. 33:22; cp. Is. 53:10).

"Y echaréis sobre ella suertes por heredad para vosotros, y para los extranjeros que moran entre vosotros, que entre vosotros han engendrado hijos; y los tendréis como naturales entre los hijos de Israel; echarán suertes con vosotros para tener heredad entre las tribus de Israel. En la tribu en que morare el extranjero, allí le daréis su heredad, ha dicho Jehová el Señor" (Ez. 47:22-23).

4. Estarán las naciones que existen cuando Cristo regrese a la tierra. Esto muestra que habrá algunos sobrevivientes en la mayoría, sino en todas, las naciones. Habrá pocas en comparación con la población antes de los juicios de las trompetas y de las copas y antes de Armagedón, sin embargo, algunos sobrevivirán. Será la gente de esas naciones y las futuras generaciones nacidas durante el Milenio las que Cristo gobernará con vara de hierro. Serán estos sobre los cuales ejercerá justicia.

"Pero yo he puesto mi rey sobre Sion, mi santo monte. Yo publicaré el decreto; Jehová me ha dicho: Mi hijo eres tú; yo te engendré hoy. Pídeme, y te daré por herencia las naciones, y como posesión tuya los confines de la tierra. Los quebrantarás con vara de hierro; como vasija de alfarero los desmenuzarás" (Sal. 2:6-9).

"Lo que vio Isaías hijo de Amoz acerca de Judá y de Jerusalén. Acontecerá en lo postrero de los tiempos, que será confirmado el monte de la casa de Jehová como cabeza de los montes, y será exaltado sobre los collados, y correrán a él todas las naciones. Y vendrán muchos pueblos, y dirán: Venid, y subamos al monte de Jehová, a la casa del Dios de Jacob; y nos enseñará sus caminos, y caminaremos por sus sendas. Porque de Sion saldrá la ley, y de Jerusalén la palabra de Jehová. Y juzgará entre las naciones, y reprenderá a muchos pueblos; y volverán sus espadas en rejas de arado, y sus lanzas en hoces; no alzará espada nación contra nación, ni se adiestrarán más para la guerra" (Is. 2:1-4).

"Y le hará entender diligente en el temor de Jehová. No juzgará según la vista de sus ojos, ni argüirá por lo que oigan sus oídos; sino que juzgará con justicia a los pobres, y argüirá con equidad por los mansos de la tierra; y herirá la tierra con la vara de su boca, y con el espíritu de sus labios matará al impío. Y será la justicia cinto de sus lomos, y la fidelidad ceñidor de su cintura" (Is. 11:3-5).

"No habrá más allí niño que muera de pocos días, ni viejo que sus días no cumpla; porque el niño morirá de cien años, y el pecador de cien años será maldito" (Is. 65:20).

"Los que se santifican y los que se purifican en los huertos, unos tras otros, los que comen carne de cerdo y abominación y ratón, juntamente serán talados, dice Jehová. Porque yo conozco sus obras y sus pensamientos; tiempo vendrá para juntar a todas las naciones y lenguas; y vendrán, y verán mi gloria" (Is. 66:17-18).

"Y él juzgará entre muchos pueblos, y corregirá a naciones poderosas hasta muy lejos; y martillarán sus espadas para azadones, y sus lanzas para hoces; no alzará espada nación contra nación, ni se ensayarán más para la guerra" (Mi. 4:3).

"Y todos los que sobrevivieren de las naciones que vinieron contra Jerusalén, subirán de año en año para adorar al Rey, a Jehová de los ejércitos, y a celebrar la fiesta de los tabernáculos. Y acontecerá que los de las familias de la tierra que no subieren a Jerusalén para adorar al Rey, Jehová de los ejércitos, no vendrá sobre ellos lluvia. Y si la familia de Egipto no subiere y no viniere, sobre ellos no habrá lluvia; vendrá la plaga con que Jehová herirá las naciones que no subieren a celebrar la fiesta de los tabernáculos. Esta será la pena del pecado de Egipto, y del pecado de todas las naciones que no subieren para celebrar la fiesta de los tabernáculos" (Zac. 14:16-19).

"El séptimo ángel tocó la trompeta, y hubo grandes voces en el cielo, que decían: Los reinos del mundo han venido a ser de nuestro Señor y de su Cristo; y él reinará por los siglos de los siglos" (Ap. 11:15).

"Y oí al ángel de las aguas, que decía: Justo eres tú, oh Señor, el que eres y que eras, el Santo, porque has juzgado estas cosas" (Ap. 16:5).

"Cuando los mil años se cumplan, Satanás será suelto de su prisión, y saldrá a engañar a las naciones que están en los cuatro ángulos de la tierra, a Gog y a Magog, a fin de reunirlos para la batalla; el número de los cuales es como la arena del mar. Y subieron sobre la anchura de la tierra, y rodearon el campamento de los santos y la ciudad amada; y de Dios descendió fuego del cielo, y los consumió. Y el diablo que los engañaba fue lanzado en el lago de fuego y azufre, donde estaban la bestia y el falso profeta; y serán atormentados día y noche por los siglos de los siglos" (Ap. 20:7-10).

"Luego el fin, cuando entregue el reino al Dios y Padre, cuando haya suprimido todo dominio, toda autoridad y potencia. Porque preciso es que él reine hasta que haya puesto a todos sus enemigos debajo de

sus pies. Y el postrer enemigo que será destruido es la muerte. Porque todas las cosas las sujetó debajo de sus pies. Y cuando dice que todas las cosas han sido sujetadas a él, claramente se exceptúa aquel que sujetó a él todas las cosas. Pero luego que todas las cosas le estén sujetas, entonces también el Hijo mismo se sujetará al que le sujetó a él todas las cosas, para que Dios sea todo en todos" (1 Co. 15:24-28).

2 (20:8) ***Satanás:*** Cuando Satanás sea liberado en el fin del milenio, inmediatamente engañará a las naciones. Las Escrituras nos dicen que no todos en la tierra durante el Milenio *serán salvados*. Habrá muchos cuyos corazones no pertenecerán a Cristo. Y recuerde, Cristo estará viviendo realmente en Jerusalén donde se centrará su palacio y gobierno. Empero, los corazones de muchos serán duros hacia Él. ¿Cómo es posible que esto suceda cuando Cristo reinará durante mil años, cuando Él personalmente guiará la reconstrucción de las ciudades del mundo y traerá paz y prosperidad al mundo? La respuesta es la misma que experimentamos hoy y ha sido experimentado desde el inicio de los tiempos. Nunca olvide que el propio Hijo de Dios, el Señor Jesucristo, vino a la tierra miles de años atrás, y sin embargo, la gente no solo lo rechazó, muchos negaron que Él fuera siquiera el Hijo de Dios. Y hoy día, a pesar de la clara e inequívoca evidencia, la mayoría lo rechaza y lo niega. Recuerde esto también: El milenio durará mil años. Piense en ello: mil años. Es un período muy prolongado. La gente de alrededor de la tierra, como solemos hacer, comenzarán a caer en una rutina. Pasará año tras año; luego década tras década y siglo tras siglo. Algunos ni siquiera estarán cara a cara con Jesús. No van a ir a Jerusalén para la fiesta de los tabernáculos (Zac. 14:16-19). Como resultado, lo que sucederá fue lo que sucedió desde que Cristo vino por primera vez: La gente comenzará a pensar en Cristo como un mero hombre. Para muchas personas Él será un mero gobernador. Y advierta cuántos seguirán el engaño de Satanás: Serán numerados como la arena del mar. Advierta también que se llaman Gog y Magog. Estos son los nombres que simbolizan a las naciones que vienen del norte a luchar en contra de la gente de Dios. Gog era el rey de Magog (cp. Ez. caps. 38 y 39).

3 (20:9-10) ***Satanás:*** Los ejércitos finales del mundo serán destruidos y Satanás será condenado para siempre. Las naciones marcharán en contra de Jerusalén y el trono de Cristo para tomar el poder del mundo (v. 9). Pero no habrá batalla. Las naciones interpretarán mal quién es Cristo, la Majestad Soberana del universo. Dejarán de lado el hecho de que Él vino a la tierra y pensarán que es un simple hombre como lo son ellos. Dios intervendrá y ocasionará un fuego que caerá del cielo y consumirá a los ejércitos. Entonces el diablo será llevado y arrojado al lago de fuego con el anticristo y el falso profeta (v. 10). Y advierta: Serán atormentados día y noche por los siglos de los siglos.

"Entonces dirá también a los de la izquierda: Apartaos de mí, malditos, al fuego eterno preparado para el diablo y sus ángeles" (Mt. 25:41).

"Porque si Dios no perdonó a los ángeles que pecaron, sino que arrojándolos al infierno los entregó a prisiones de oscuridad, para ser reservados al juicio" (2 P. 2:4).

"Y a los ángeles que no guardaron su dignidad, sino que abandonaron su propia morada, los ha guardado bajo oscuridad, en prisiones eternas, para el juicio del gran día" (Jud. 6).

"Y la bestia fue apresada, y con ella el falso profeta que había hecho delante de ella las señales con las cuales había engañado a los que recibieron la marca de la bestia, y habían adorado su imagen. Estos dos fueron lanzados vivos dentro de un lago de fuego que arde con azufre" (Ap. 19:20).

"Y el diablo que los engañaba fue lanzado en el lago de fuego y azufre, donde estaban la bestia y el falso profeta; y serán atormentados día y noche por los siglos de los siglos" (Ap. 20:10).

1 **El lugar del juicio: El gran trono blanco** 2 **El momento del juicio: Cuando el cielo y la tierra huyan** 3 **Las personas a ser juzgadas** 4 **La base del juicio** a. El Libro de la vida b. El Libro de los registros	**F. La resurrección final y el juicio de los incrédulos: El juicio del gran trono blanco, 20:11-15** 11 Y vi un gran trono blanco y al que estaba sentado en él, de delante del cual huyeron la tierra y el cielo, y ningún lugar se encontró para ellos. 12 Y vi a los muertos, grandes y pequeños, de pie ante Dios; y los libros fueron abiertos, y otro libro fue abierto, el cual es el libro de la vida; y fueron juzgados los muertos por las	cosas que estaban escritas en los libros, según sus obras. 13 Y el mar entregó los muertos que había en él; y la muerte y el Hades entregaron los muertos que había en ellos; y fueron juzgados cada uno según sus obras. 14 Y la muerte y el Hades fueron lanzados al lago de fuego. Esta es la muerte segunda. 15 Y el que no se halló inscrito en el libro de la vida fue lanzado al lago de fuego.	**5 La resurrección para el juicio** **6 El aterrador castigo del juicio: El lago de fuego que es la segunda muerte**

DIVISIÓN XII

EL TRIUNFO FINAL: EL INGRESO AL MILENIO, 19:11—20:15

F. La resurrección final y el juicio de los incrédulos: El juicio del gran trono blanco, 20:11-15

(20:11-15) ***Introducción:*** El juicio final está viniendo, el gran día en que todos los incrédulos estarán de pie frente a Dios y darán su relato a Dios. El juicio final se denomina "El juicio del gran trono blanco". Muchos niegan un juicio final. Sonríen y se burlan ante la idea de que habrá un castigo futuro por los pecados. Se ríen ante la prédica y la enseñanza del infierno. Las Escrituras están en una posición totalmente opuesta a estas personas. Este pasaje de las Escrituras declara enfáticamente: Va a haber un juicio final para los incrédulos; todo incrédulo, grande o pequeño, estará de pie frente a Dios y dará su relato a Dios. La declaración es enfática: Todos los incrédulos serán juzgados y castigados por su rechazo de Jesucristo y por sus obras en la tierra. Los incrédulos serán juzgados en el "Juicio del gran trono blanco".

1. El lugar del juicio: El gran trono blanco (v. 11).
2. El momento del juicio: Cuando el cielo y la tierra huyan (v. 11).
3. Las personas a ser juzgadas (v. 12).
4. La base del juicio (v. 12).
5. La resurrección para el juicio (v. 13).
6. El aterrorizador castigo del juicio: El lago de fuego que es la segunda muerte (vv. 14-15).

[1] (20:11) ***Juicio:*** Está el lugar del juicio, el *gran trono blanco* de Dios. Los incrédulos estarán de pie ante el mismo trono de Dios, cara a cara con Dios y con Cristo. De pie allí verán exactamente lo que vio Juan. Entonces sabrán que su incredulidad y rechazo de Jesucristo fue un comportamiento loco e insano. Sabrán que nunca tenían que haber rechazado ni maldecido a Dios y a Cristo. Que no tenían que haber vivido por los placeres y las posesiones de este mundo. Pero será demasiado tarde. De pie allí, no estarán de pie ante la cruz de Cristo. Estarán de pie ante *el gran trono blanco,* ante el trono del juicio de Dios. Advierta cómo se describe el trono.

1. El trono de Dios es un *gran trono.* Es mucho, pero mucho más grande que el podio judicial de cualquier corte suprema. Es más grande porque Dios mismo, la Majestad Soberana del universo, se sienta allí. Cuando habla y emite una decisión...
   - la decisión es definitiva.
   - la decisión es para la eternidad, no por un período de la vida.
   - la decisión nunca puede apelarse, ni siquiera una vez.

Pero el trono también es grande por otro motivo: Sus decisiones conciernen una *gran salvación.* Todos los que están de pie ante el gran trono blanco de Dios han rechazado la *gran salvación del Hijo de Dios.* Han rechazado la gran salvación ofrecida por el *Hijo de Dios mismo.* La salvación ofrecida por el Señor Jesucristo es la única salvación del *Hijo de Dios mismo.* Esto es lo que hace que el rechazo de Jesucristo sea tan grave. Jesucristo es el Hijo de Dios, el verdadero Hijo de Dios. Por buenas que la moral y las enseñanzas de algunas religiones puedan ser, hay solo un Hijo de Dios. Dios tiene un solo Hijo, el Señor Jesucristo. Por lo tanto, la persona que es aceptable ante Dios es la persona que se acerca a Él a través de su Hijo, el Señor Jesucristo. Como ya se ha dicho, la salvación ofrecida por Jesucristo es la única salvación que existe; es el único camino a Dios. ¿Por qué? Porque es la salvación del *Hijo de Dios mismo.* Por lo tanto, es la *gran salvación,* la única salvación que existió o va a existir. En consecuencia, cuando llegue el momento de juzgar a los que rechazan la *gran salvación* del Hijo de Dios, serán juzgados desde el *gran trono.*

> **"¿Cómo escaparemos nosotros, si descuidamos *una salvación tan grande*? La cual, habiendo sido anunciada primeramente por el Señor, nos fue confirmada por los que oyeron" (He. 2:3).**
>
> **"Mirad que no desechéis al que habla. Porque si no escaparon aquellos que desecharon al que los amonestaba en la tierra, mucho menos nosotros, si desecháremos al que amonesta desde los cielos" (He. 12:25).**

2. El trono de Dios es un trono *blanco.* El blanco representa la pureza, la santidad y la justicia. Nunca debemos olvidar: Ninguna persona es perfecta. Ninguna persona es perfectamente pura o justa. Todos tenemos alguna impureza y alguna injusticia. Pero no Dios, Dios es perfecto. Él es perfecto en pureza y justicia. Por lo tanto, ninguna persona imperfecta puede vivir jamás con Dios. Si alguno de nosotros viviera con Dios, nuestra imperfección será eliminada para que podamos estar de pie perfectos ante Dios.

¿Cómo puede hacerse esto? Solo mediante Jesucristo. Jesucristo solo es perfecto y sin pecado. Por lo tanto, la persona debe creer que Jesucristo murió por sus pecados, que Jesucristo en realidad tomó sus pecados y murió por ellos. Si una persona cree esto, Dios lo considera. Dios en realidad considera la muerte de Jesucristo *para el creyente.* Por lo tanto, el creyente está de pie frente a Dios perfecto y sin pecado, no porque realmente sea sin pecado, sino porque Jesucristo cargó con sus pecados por él y pagó el juicio por ellos. La única persona que puede vivir con Dios es una persona que ha dejado que Jesucristo cargue con su pecado. Si una persona desea vivir con Dios, debe confiar en la muerte de Jesucristo, confiar en que Jesucristo murió por él.

El punto es este: Ningún incrédulo ha hecho esto. Todos los que están de pie frente al *gran trono blanco de* Dios cargarán con sus propios pecados. Ni un *incrédulo* habrá confiado en la pureza y justicia de Jesucristo. Por lo tanto, la pureza del trono de Dios brillará en justicia y condenará al incrédulo, lo condenará porque no es puro ni justo. La pureza y justicia de Jesucristo estaban disponibles para cubrir sus pecados, pero él rechazó a Jesucristo. Por lo tanto, el incrédulo está de pie en su injusticia ante la santa justicia de Dios. En consecuencia la justicia de Dios debe condenar su injusticia, y lo será. De esto se trata el gran trono blanco del juicio: del juicio de todos los incrédulos.

> **"Regocíjese el campo, y todo lo que en él está; entonces todos los árboles del bosque rebosarán de contento, delante de Jehová que vino; porque vino a juzgar la tierra. Juzgará al mundo con justicia, y a los pueblos con su verdad" (Sal. 96:12-13).**
>
> **"Entonces aparecerá la señal del Hijo del Hombre en el cielo; y entonces lamentarán todas las tribus de la tierra, y verán al Hijo del Hombre viniendo sobre las nubes del cielo, con poder y gran gloria" (Mt. 24:30).**
>
> **"Porque el que se avergonzare de mí y de mis palabras en esta generación adúltera y pecadora, el Hijo del Hombre se avergonzará también de él, cuando venga en la gloria de su Padre con los santos ángeles" (Mr. 8:38).**
>
> **"Y a vosotros que sois atribulados, daros reposo con nosotros, cuando se manifieste el Señor Jesús desde el cielo con los ángeles de su poder, en llama de fuego, para dar retribución a los que no conocieron a Dios, ni obedecen al evangelio de nuestro Señor Jesucristo" (2 Ts. 1:7-8).**
>
> **"He aquí que viene con las nubes, y todo ojo le verá, y los que le traspasaron; y todos los linajes de la tierra harán lamentación por él. Sí, amén" (Ap. 1:7).**

2 (20:11) ***Juicio:*** Está el momento del juicio. ¿Cuándo será el juicio del gran trono blanco? Cuando huyan la tierra y el cielo. Esta es una forma poética de describir la destrucción de los cielos y tierra actuales que va a venir. Recuerde: Dios prometió hacer un nuevo cielo y una nueva tierra. Para hacerlo, primero tiene que destruir los cielos y la tierra actuales. ¿Cuándo se va a producir esta destrucción universal? Cuando se lleve a cabo el juicio del gran trono blanco. ¡Imagine la escena! Allí están de pie todos los incrédulos que han vivido. Miles de millones de incrédulos de pie en el gran mar de vidrio ante el trono de Dios. Luego, de repente, hay una explosión masiva de átomos que nunca podría imaginarse. Una reacción en cadena hace explotar todos los átomos del universo. Una explosión atómica universal destruye todo el universo. Pero el cielo y la tierra son destruidos por Dios, destruidos con fuego.

Imagine el impacto para los incrédulos de pie frente a Dios en el mundo espiritual. La idea es que presenciarán la feroz destrucción de su mundo, el mundo en el que han vivido su vida. Advierta las palabras: "ningún lugar se encontró para ellos [los incrédulos]". Ellos habían vivido por el mundo y su mundo no existiría más. No pertenecen al cielo, por lo tanto, no hay lugar para ellos. Para todo lo que han vivido se ha ido: Dinero, casas, tierras, posición, poder, fama, popularidad, drogas, sexo, alcohol, placer, posesiones y comodidad, nada de eso quedará. Ya no habrá un mundo para el incrédulo, y ellos no pertenecen al cielo. *No habrá lugar para ellos.*

> **"El cielo y la tierra *pasarán*, pero mis palabras no pasarán" (Mt. 24:35).**
>
> **"Pero los cielos y la tierra que existen ahora, están reservados por la misma palabra, guardados para el fuego en el día del juicio y de la perdición de los hombres impíos" (2 P. 3:7).**
>
> **"Pero el día del Señor vendrá como ladrón en la noche; en el cual los cielos pasarán con grande estruendo, y los elementos ardiendo serán deshechos, y la tierra y las obras que en ella hay serán quemadas. Puesto que todas estas cosas han de ser deshechas, ¡cómo no debéis vosotros andar en santa y piadosa manera de vivir, esperando y apresurándoos para la venida del día de Dios, en el cual los cielos, encendiéndose, serán deshechos, y los elementos, siendo quemados, se fundirán! Pero nosotros esperamos, según sus promesas, cielos nuevos y tierra nueva, en los cuales mora la justicia" (2 P. 3:10-13).**
>
> **"Y vi un gran trono blanco y al que estaba sentado en él, de delante del cual huyeron la tierra y el cielo, y ningún lugar se encontró para ellos" (Ap. 20:11).**
>
> **"Vi un cielo nuevo y una tierra nueva; porque el primer cielo y la primera tierra pasaron, y el mar ya no existía más" (Ap. 21:1).**
>
> **"Desde el principio tú fundaste la tierra, y los cielos son obra de tus manos. Ellos perecerán, mas tú permanecerás; y todos ellos como una vestidura se envejecerán; como un vestido los mudarás, y serán mudados" (Sal. 102:25-27).**
>
> **"Y todo el ejército de los cielos se disolverá, y se enrollarán los cielos como un libro; y caerá todo su ejército, como se cae la hoja de la parra, y como se cae la de la higuera" (Is. 34:4).**
>
> **"Alzad a los cielos vuestros ojos, y mirad abajo a la tierra; porque los cielos serán deshechos como humo, y**

la tierra se envejecerá como ropa de vestir, y de la misma manera perecerán sus moradores; pero mi salvación será para siempre, mi justicia no perecerá" (Is. 51:6).

"Porque he aquí que yo crearé nuevos cielos y nueva tierra; y de lo primero no habrá memoria, ni más vendrá al pensamiento" (Is. 65:17).

3 (20:12) ***Juicio:*** Están las personas a ser juzgadas. Tanto los grandes como los pequeños serán juzgados.

1. Hombres y mujeres comunes serán juzgados.
   => Los que son la gente promedio y común del mundo: El trabajador de fábricas, los empleados y trabajadores de la tierra. Ellos serán juzgados.
   => Los que son esclavos y siervos del mundo. Ellos también serán juzgados.
   => Los que cometen los crímenes que la sociedad considera pequeños y a veces comprensibles: Pecados de egoísmo, acaparamiento, acopio, quejas, pereza, haraganería, indiferencia, peleas, chismes, contestar de mala manera, criticar, inmoralidad, robar y mentir. Ellos serán juzgados.

2. Grandes hombres y mujeres serán juzgados:
   => Los que están en posiciones de autoridad: Gerentes, capataces, supervisores, funcionarios de corporaciones, propietarios de negocios, gobernadores y reyes. Ellos serán todos juzgados.
   => Los que hacen abuso de autoridad, se aprovechan de los demás, ignoran y rechazan a los demás y en algunos casos destruyen y matan a otros. Serán juzgados.
   => Los rebeldes que aman sus pecados y gozan con ellos. Serán juzgados.

Todo incrédulo de la faz de la tierra estará de pie frente a Dios y será juzgado. No importan cuan grande o pequeño sea, el incrédulo estará de pie ante el juicio del gran trono blanco de Dios y será sentenciado.

=> Los pequeños y los grandes estarán de pie allí.
=> Los que ocupan puestos inferiores y superiores estarán de pie allí.
=> Los pobres y los ricos estarán de pie allí.
=> Los injustos y los que cometen justicia propia estarán de pie allí.
=> Los no religiosos y los religiosos estarán de pie allí.
=> Los desconocidos y los conocidos estarán de pie allí.

Ningún incrédulo estará exento; ningún incrédulo será ignorado ni pasado por alto. Todos los incrédulos, cada uno en su propio tiempo, serán llamados por nombre y enfrentarán al que se sienta en el trono. Todo incrédulo tendrá su día en el gran tribunal de Dios.

"En el día en que Dios juzgará por Jesucristo los secretos de los hombres, conforme a mi evangelio" (Ro. 2:16).

"Porque todos compareceremos ante el tribunal de Cristo" (Ro. 14:10).

"Mas yo os digo que de toda palabra ociosa que hablen los hombres, de ella darán cuenta en el día del juicio" (Mt. 12:36).

"Por lo cual el reino de los cielos es semejante a un rey que quiso hacer cuentas con sus siervos" (Mt. 18:23).

"De manera que cada uno de nosotros dará a Dios cuenta de sí" (Ro. 14:12).

"Baste ya el tiempo pasado para haber hecho lo que agrada a los gentiles, andando en lascivias, concupiscencias, embriagueces, orgías, disipación y abominables idolatrías. A éstos les parece cosa extraña que vosotros no corráis con ellos en el mismo desenfreno de disolución, y os ultrajan; pero ellos darán cuenta al que está preparado para juzgar a los vivos y a los muertos" (1 P. 4:3-5).

4 (20:12) ***Juicio, Libro de la vida:*** Está la base del juicio. Advierta exactamente qué se dice.

"Los libros fueron abiertos, y otro libro fue abierto, el cual es el libro de la vida; y fueron juzgados los muertos por las cosas que estaban escritas en los libros, según sus obras" (v. 12*b*).

Hay dos tipos de libros guardados en el cielo. Ambos estarán presentes en el juicio del gran trono blanco.

1. Está el *libro de la vida.* Este es el libro donde todo ser humano que haya vivido tiene su nombre escrito. Es el libro que incluye los nombres de todos los que han vivido o vivirán en la tierra. Dios ansía que todos vivan con Él para siempre, por lo tanto, el nombre de todas las personas se registra en el *libro de la vida.* Sin embargo, cuando una persona no recibe a Jesucristo como a su Salvador, su nombre se borra del libro, y pierde el derecho de vivir como un ciudadano del cielo con Dios. Pasaje tras pasaje de las Escrituras nos lo dicen:

"Que perdones ahora su pecado, y si no, ráeme ahora de tu libro que has escrito. Y Jehová respondió a Moisés: Al que pecare contra mí, a éste raeré yo de mi libro" (Éx. 32:32-33).

"Sean raídos del libro de los vivientes, y no sean escritos entre los justos" (Sal. 69:28).

"En aquel tiempo se levantará Miguel, el gran príncipe que está de parte de los hijos de tu pueblo; y será tiempo de angustia, cual nunca fue desde que hubo gente hasta entonces; pero en aquel tiempo será libertado tu pueblo, todos los que se hallen escritos en el libro" (Dn. 12:1).

"Pero no os regocijéis de que los espíritus se os sujetan, sino regocijaos de que vuestros nombres están escritos en los cielos" (Lc. 10:20).

"Asimismo te ruego también a ti, compañero fiel, que ayudes a éstas que combatieron juntamente conmigo en el evangelio, con Clemente también y los demás colaboradores míos, cuyos nombres están en el libro de la vida" (Fil. 4:3).

"El que venciere será vestido de vestiduras blancas; y no borraré su nombre del libro de la vida, y confesaré su nombre delante de mi Padre, y delante de sus ángeles" (Ap. 3:5).

"Y la adoraron todos los moradores de la tierra cuyos nombres no estaban escritos en el libro de la vida del Cordero que fue inmolado desde el principio del mundo" (Ap. 13:8).

"La bestia que has visto, era, y no es; y está para subir del abismo e ir a perdición; y los moradores de la tierra, aquellos cuyos nombres no están escritos

desde la fundación del mundo en el libro de la vida, se asombrarán viendo la bestia que era y no es, y será" (Ap. 17:8).

"Y vi a los muertos, grandes y pequeños, de pie ante Dios; y los libros fueron abiertos, y otro libro fue abierto, el cual es el libro de la vida; y fueron juzgados los muertos por las cosas que estaban escritas en los libros, según sus obras" (Ap. 20:12).

"Y el que no se halló inscrito en el libro de la vida fue lanzado al lago de fuego" (Ap. 20:15).

"No entrará en ella ninguna cosa inmunda, o que hace abominación y mentira, sino solamente los que están inscritos en el libro de la vida del Cordero" (Ap. 21:27).

"Y si alguno quitare de las palabras del libro de esta profecía, Dios quitará su parte del libro de la vida, y de la santa ciudad y de las cosas que están escritas en este libro" (Ap. 22:19).

2. Están los *libros de los registros.* Estos libros son los registros de todas las obras de los incrédulos. Cuando el nombre de una persona se borra del libro de la vida, entonces se abren los *libros de los registros* y se lo juzga a través de ellos. Advierta dos cosas.

a. Estos libros no se abren para ver si una persona está destinada al infierno. El libro de la vida dice eso. El libro de los registros muestra el grado de castigo que debe recibir una persona. Un hombre como Hitler será castigado y juzgado mucho más severamente que un ladronzuelo. Ambos están destinados al infierno, pero no sufrirán el mismo monto de castigo.

"Por tanto os digo que en el día del juicio, será más tolerable el castigo para Tiro y para Sidón, que para vosotras. Y tú, Capernaum, que eres levantada hasta el cielo, hasta el Hades serás abatida; porque si en Sodoma se hubieran hecho los milagros que han sido hechos en ti, habría permanecido hasta el día de hoy" (Mt. 11:22-23).

"Aquel siervo que conociendo la voluntad de su señor, no se preparó, ni hizo conforme a su voluntad, recibirá muchos azotes. Mas el que sin conocerla hizo cosas dignas de azotes, será azotado poco; porque a todo aquel a quien se haya dado mucho, mucho se le demandará; y al que mucho se le haya confiado, más se le pedirá" (Lc. 12:47-48).

b. Los *libros de los registros* significan que el juicio será exacto y justo. Un incrédulo será tratado con justicia. Hay un registro de sus obras, de exactamente lo que ha hecho y ha dejado de hacer. Hay un registro de pecados secretos, de los pecados cometidos en la oscuridad y detrás de puertas cerradas, o de malos sentimientos en el corazón, de pensamientos malos de la mente. Hay un registro de todas las obras del incrédulo. Por lo tanto, se lo puede tratar con total justicia. Será juzgado y castigado por exactamente lo que ha hecho, ni más ni menos.

"Y tuya, oh Señor, es la misericordia; porque tú pagas a cada uno conforme a su obra" (Sal. 62:12).

"Yo Jehová, que escudriño la mente, que pruebo el corazón, para dar a cada uno según su camino, según el fruto de sus obras" (Jer. 17:10).

"Porque el Hijo del Hombre vendrá en la gloria de su Padre con sus ángeles, y entonces pagará a cada uno conforme a sus obras" (Mt. 16:27).

"Mas el que sin conocerla hizo cosas dignas de azotes, será azotado poco; porque a todo aquel a quien se haya dado mucho, mucho se le demandará; y al que mucho se le haya confiado, más se le pedirá" (Lc. 12:48).

"Y si invocáis por Padre a aquel que sin acepción de personas juzga según la obra de cada uno, conducíos en temor todo el tiempo de vuestra peregrinación" (1 P. 1:17).

"Y vi a los muertos, grandes y pequeños, de pie ante Dios; y los libros fueron abiertos, y otro libro fue abierto, el cual es el libro de la vida; y fueron juzgados los muertos por las cosas que estaban escritas en los libros, según sus obras" (Ap. 20:12).

"He aquí yo vengo pronto, y mi galardón conmigo, para recompensar a cada uno según sea su obra" (Ap. 22:12).

Pensamiento 1: Más de una persona dice: "Hago lo mejor que puedo". Él será juzgado sobre esa base. Será juzgado por todas las cosas buenas que hizo así como por todas las malas que hizo. Pero advierta: Sigue destinado al infierno. ¿Por qué? Si hizo mayormente cosas buenas en la vida, ¿por qué está destinado al infierno? Porque no es perfecto —nunca fue perfecto y nunca será perfecto— dentro de sí mismo. Su única esperanza de perfección es confiar en Jesucristo, confiar en que Jesucristo ha tomado sus pecados y los ha cargado por él. Pero el incrédulo no acepta a Jesucristo. Por lo tanto, no importa cuán poco importantes sean sus pecados, sigue siendo un pecador e imperfecto. En consecuencia, tiene que cargar con sus propios pecados y dejar que Dios los lea en voz alta. De pie frente a Dios, si el incrédulo hubiera solo confiado en Jesucristo para que cargara sus pecados por él, estaría libre de pecado. No hubiera habido ningún pecado registrado en contra de él. Porque Jesucristo los hubiera cargado todos; Jesucristo hubiera liberado al incrédulo del pecado y lo hubiera presentado perfecto ante Dios. Esta es la razón por la que *las buenas obras y hacer lo mejor que podemos* no es suficiente. No importa cuánto bien hagamos, nunca podemos alcanzar la perfección. Y para vivir en el cielo con Dios debemos ser perfectos, porque el cielo y Dios son perfectos. Y Dios no va a permitir que el cielo y su presencia se vean contaminadas con el pecado. El cielo ya no sería el cielo si se permitiera el pecado dentro de él.

5 (20:13) ***Juicio:*** Está la resurrección para el juicio. La *primera resurrección* ya habrá sucedido hace mil años. Fue la resurrección de los creyentes (cp. Ap. 20:5-6). Esta resurrección, el llamado de los muertos, es la segunda resurrección y la final, la *resurrección de todos los no creyentes.* Dios sabe dónde están los átomos y partículas de una persona. Los átomos y partículas del cuerpo de una persona pueden estar diseminados en todo

el mundo, pero Dios sabe dónde está cada elemento. Y va a llamar a todo cuerpo humano ?todo elemento y partícula? de todos los incrédulos que han vivido.

Advierta de dónde vendrán los incrédulos muertos:

1. Vendrán del mar: De las profundidades de los océanos Pacífico y Atlántico, del Mediterráneo y el mar Persa, del Mar Negro y el Mar Muerto. De todos los mares del mundo vendrán los cuerpos de los incrédulos muertos, los cuerpos de los ahogados en las guerras de la historia humana, en los barcos mercantes y en los barcos de piratas. Incluso los cuerpos de los que fueron asesinados y arrojados al mar vendrán. No habrá ningún cuerpo perdido en el océano o en cualquier masa de agua que no venga. Todos los cuerpos de los incrédulos que han sido diseminados en los mares de la tierra serán traídos y resucitados —todo en un abrir y cerrar de ojos— y todo cuerpo de los mares del mundo estará de pie frente al gran trono blanco de Dios.

2. Vendrán de la muerte misma y de las tumbas de la tierra (la palabra traducida como "infierno" en la Versión Autorizada es "tumba" en griego). Todos los cuerpos de los incrédulos muertos que están en la tierra o diseminados en la tierra serán resucitados. Dios sabe dónde está cada átomo y cada partícula de polvo, todo elemento que compone el cuerpo de cualquier incrédulo. Por lo tanto, cuando convoque a los incrédulos a estar de pie ante Él en el juicio, todos los cuerpos de los incrédulos muertos que residen debajo del suelo seco de la tierra, ellos vendrán. Vendrán de las grandes pirámides de Egipto, de las junglas de África, de las selvas de Brasil, de los desiertos de Arabia, de los sepulcros de la India, de los campos de batalla, de los callejones y los lugares secretos de homicidio, y de las tumbas de América. Todo lugar sobre la tierra donde un cuerpo humano ha caído o ha sido colocado, ese cuerpo resucitará. Dios va a convocar a los átomos o a cualquier elemento básico de la vida humana: Él hará que esos elementos se junten y el cuerpo de la persona no salva va a estar de pie ante el juicio *del gran trono blanco* de Dios. Advierta que esto es exactamente lo que dicen las Escrituras:

> **"Y el mar entregó los muertos que había en él; y la muerte y el Hades entregaron los muertos que había en ellos; y fueron juzgados cada uno según sus obras" (v. 13).**

Advierta el énfasis doble: Todos los incrédulos serán juzgados *cada uno según sus obras.* Todo no creyente puede esperar ser tratado con justicia. Será juzgado con justicia perfecta. Recibirá el castigo por lo que hizo y dejó de hacer, ni más ni menos.

> ***Pensamiento 1:*** Dios ha hecho todo lo que pudo. Ha provisto la forma de salvación para cada persona. Todo lo que la persona tiene que hacer es seguir el camino, creer en Jesucristo y seguirlo. Y recuerde: Jesucristo es el propio Hijo de Dios. La vía de salvación le costó a Dios la vida de su Hijo. Dios debió pagar el precio supremo por la salvación; tuvo que colocar todos los pecados del mundo sobre su propio Hijo y dejar que cargara con todo el juicio y el castigo por esos pecados. Pero Él lo hizo: Lo hizo porque ama al hombre. No puede hacer más. La decisión es del hombre. El hombre elige creer y seguir a Jesucristo o bien enfrentar solo a Dios. Seguir a Cristo significa que Cristo cargó con nuestros pecados y castigo. Esto nos libera del pecado, nos hace perfectos y aceptables ante Dios. Pero si nos rehusamos a creer y a seguir a Cristo, entonces significa que cargamos con nuestro propio pecado. Elegimos estar frente a Dios con nuestro propio pecado. De esto se trata el *juicio del gran trono blanco.* Es el juicio de todos los que eligieron estar de pie frente a Dios como pecadores, cargando con sus propios pecados. Por lo tanto, los cargarán. Serán juzgados por sus obras, por exactamente lo que han elegido hacer. Serán tratados con justicia perfecta y equidad. Ellos...
>
> - cargarán con un castigo que es *igual* a sus obras.
> - cargarán con un castigo que *coincide perfectamente* con su conducta.
> - cargarán con un castigo que *mide exactamente* lo que hicieron.

No va a existir un tratamiento injusto, discriminación, parcialidad ni favoritismo en el gran juicio del gran trono blanco. Todos serán tratados exactamente como él mismo eligió ser tratado.

> **"Cuando el Hijo del Hombre venga en su gloria, y todos los santos ángeles con él, entonces se sentará en su trono de gloria, y serán reunidas delante de él todas las naciones; y apartará los unos de los otros, como aparta el pastor las ovejas de los cabritos" (Mt. 25:31-32).**
>
> **"Por cuanto ha establecido un día en el cual juzgará al mundo con justicia, por aquel varón a quien designó, dando fe a todos con haberle levantado de los muertos" (Hch. 17:31).**
>
> **"Te encarezco delante de Dios y del Señor Jesucristo, que juzgará a los vivos y a los muertos en su manifestación y en su reino" (2 Ti. 4:1).**
>
> **"Y de la manera que está establecido para los hombres que mueran una sola vez, y después de esto el juicio" (He. 9:27).**
>
> **"Sabe el Señor librar de tentación a los piadosos, y reservar a los injustos para ser castigados en el día del juicio" (2 P. 2:9).**
>
> **"Pero los cielos y la tierra que existen ahora, están reservados por la misma palabra, guardados para el fuego en el día del juicio y de la perdición de los hombres impíos" (2 P. 3:7).**
>
> **"De éstos también profetizó Enoc, séptimo desde Adán, diciendo: He aquí, vino el Señor con sus santas decenas de millares, para hacer juicio contra todos, y dejar convictos a todos los impíos de todas sus obras impías que han hecho impíamente, y de todas las cosas duras que los pecadores impíos han hablado contra él" (Jud. 14-15).**
>
> **"Regocíjese el campo, y todo lo que en él está; entonces todos los árboles del bosque rebosarán de contento, delante de Jehová que vino; porque vino a juzgar la tierra. Juzgará al mundo con justicia, y a los pueblos con su verdad" (Sal. 96:12-13).**

6 (20:14-15) ***Juicio:*** Está el terrorífico castigo del juicio. Si hay algo que los creyentes deben hacer, es tomar en cuenta estos dos versículos. Como dijo el gran predicador E. V. Hill en un

sermón: La primera razón por la que él aceptó a Jesucristo fue porque no quería ir al infierno. No quería ser atormentado y castigado por estar separado de Dios, no por los siglos de los siglos. Advierta los versículos.

> **"Y la muerte y el Hades fueron lanzados al lago de fuego. Esta es la muerte segunda. Y el que no se halló inscrito en el libro de la vida fue lanzado al lago de fuego" (vv. 14-15).**

1. La muerte y hades (la tumba) serán arrojadas al lago de fuego. Hades es el lugar al que van todos los incrédulos después de su muerte. Hades es un lugar temporal donde los incrédulos esperan su juicio final. Una vez completado el juicio del gran trono blanco, entonces todos los que están muertos y en el hades serán arrojados al *lago de fuego.* El lago de fuego es el lugar final y eterno de tormento donde serán arrojados todos los no creyentes.

Advierta: Hay muchos que dicen que la idea del fuego es simbólica, que el *lago de fuego* en realidad no es fuego. Pero no debemos olvidar jamás esto: Si no es fuego real, entonces es algo mucho, mucho peor. Puesto que las substancias físicas y materiales no son nada comparadas con las substancias espirituales y eternas. La sustancia de fuego físico y material es nada comparado con el fuego espiritual y eterno. La mente humana no puede concebir cuán glorioso es el cielo o cuán terrible será el lago de fuego. Por lo tanto, decir que el *lago de fuego* es un símbolo que no alivia el castigo del infierno. Las Escrituras describen el castigo del sufrimiento aparte de Dios como algo tan horripilante y atemorizador que una persona que va al infierno probablemente elegiría el fuego antes de la realidad del lago de fuego. Recuerde al hombre y rico y a Lázaro: La preocupación del hombre rico en el infierno no era estar en la llama del fuego, sino el tormento y el sufrimiento que debía soportar. Él estaba tan preocupado con el sufrimiento que ansiaba que sus hermanos escaparan al sufrimiento cuando murieran (cp. Lc. 16:24, 27:31).

> **"Mas los hijos del reino serán echados a las tinieblas de afuera; allí será el lloro y el crujir de dientes" (Mt. 8:12).**
>
> **"Enviará el Hijo del Hombre a sus ángeles, y recogerán de su reino a todos los que sirven de tropiezo, y a los que hacen iniquidad, y los echarán en el horno de fuego; allí será el lloro y el crujir de dientes" (Mt. 13:41-42).**
>
> **"Así será al fin del siglo: saldrán los ángeles, y apartarán a los malos de entre los justos, y los echarán en el horno de fuego; allí será el lloro y el crujir de dientes" (Mt. 13:49-50).**
>
> **"Entonces el rey dijo a los que servían: Atadle de pies y manos, y echadle en las tinieblas de afuera; allí será el lloro y el crujir de dientes" (Mt. 22:13).**
>
> **"Vendrá el señor de aquel siervo en día que éste no espera, y a la hora que no sabe, y lo castigará duramente, y pondrá su parte con los hipócritas; allí será el lloro y el crujir de dientes" (Mt. 24:50-51).**
>
> **"Y al siervo inútil echadle en las tinieblas de afuera; allí será el lloro y el crujir de dientes" (Mt. 25:30).**

2. El lago de fuego es la segunda muerte. Esto es, es la muerte externa. En las Escrituras la muerte significa la separación de Dios. La muerte no significa aniquilación, dejar de existir, ni extinción. Esta vida no es todo lo que hay. Cuando una persona muere en esta tierra, sigue existiendo. ¿Cómo? Él existe en el siguiente mundo, en el mundo y la dimensión espirituales, el mundo permanente y eterno, el mundo que no envejece, deteriora ni muere. El mundo físico sí fallece, pero no el mundo o la dimensión espiritual. El mundo espiritual, el mundo próximo, es eterno y dura por los siglos de los siglos. Pero advierta qué sucede con la persona que muere separada de Dios. Si no sigue a Dios, si elige estar separado de Dios en esta vida, entonces cuando pasa al mundo siguiente, sigue separado de Dios. Su condición y su estado nunca cambian. Él eligió estar separado de Dios; por lo tanto, estará separado de Dios por los siglos de los siglos.

El punto es este: Cuando el incrédulo está de pie frente al juicio del gran trono blanco de Dios, morirá en la segunda muerte. Será juzgado por estar separado de Dios. Dios sabrá que ese nombre nunca vivió ni lo siguió, que el hombre eligió estar separado de Él. Por lo tanto, el hombre morirá la segunda muerte. Estará separado de Dios eternamente.

La segunda muerte significa simplemente estar separado de Dios eternamente. Pero advierta cuán terrible es la segunda muerte: El lugar de la segunda muerte es el *lago de fuego.*

3. La base del juicio es el *libro de la vida.* Si el nombre de una persona no aparece escrito en el *libro de la vida,* entonces será arrojado al *lago de fuego.* Una persona debe poseer la vida perfecta de Jesucristo si es que quiere vivir para siempre en el cielo con Dios. Si una persona no posee vida, la vida perfecta y la justicia de Jesucristo, si su nombre no está escrito en el libro de la vida, entonces está destinado a la muerte. Está destinado a la segunda muerte, al lago de fuego.

> **"Pero yo os digo que cualquiera que se enoje contra su hermano, será culpable de juicio; y cualquiera que diga: Necio, a su hermano, será culpable ante el concilio; y cualquiera que le diga: Fatuo, quedará expuesto al infierno de fuego... Por tanto, si tu ojo derecho te es ocasión de caer, sácalo, y échalo de ti; pues mejor te es que se pierda uno de tus miembros, y no que todo tu cuerpo sea echado al infierno" (Mt. 5:22, 29).**
>
> **"Y no temáis a los que matan el cuerpo, mas el alma no pueden matar; temed más bien a aquel que puede destruir el alma y el cuerpo en el infierno" (Mt. 10:28).**
>
> **"Enviará el Hijo del Hombre a sus ángeles, y recogerán de su reino a todos los que sirven de tropiezo, y a los que hacen iniquidad, y los echarán en el horno de fuego; allí será el lloro y el crujir de dientes" (Mt. 13:41-42).**
>
> **"Por tanto, si tu mano o tu pie te es ocasión de caer, córtalo y échalo de ti; mejor te es entrar en la vida cojo o manco, que teniendo dos manos o dos pies ser echado en el fuego eterno. Y si tu ojo te es ocasión de caer, sácalo y échalo de ti; mejor te es entrar con un solo ojo en la vida, que teniendo dos ojos ser echado en el infierno de fuego" (Mt. 18:8-9).**
>
> **"¡Ay de vosotros, escribas y fariseos, hipócritas! porque recorréis mar y tierra para hacer un prosélito, y una vez hecho, le hacéis dos veces más hijo del infierno que vosotros" (Mt. 23:15).**
>
> **"Y los echarán en el horno de fuego; allí será el lloro y el crujir de dientes" (Mt. 13:42).**

"Entonces dirá también a los de la izquierda: Apartaos de mí, malditos, al fuego eterno preparado para el diablo y sus ángeles" (Mt. 25:41).

"E irán éstos al castigo eterno, y los justos a la vida eterna" (Mt. 25:46).

"Pero cualquiera que blasfeme contra el Espíritu Santo, no tiene jamás perdón, sino que es reo de juicio eterno" (Mr. 3:29).

"Si tu mano te fuere ocasión de caer, córtala; mejor te es entrar en la vida manco, que teniendo dos manos ir al infierno, al fuego que no puede ser apagado, donde el gusano de ellos no muere, y el fuego nunca se apaga. Y si tu pie te fuere ocasión de caer, córtalo; mejor te es entrar a la vida cojo, que teniendo dos pies ser echado en el infierno, al fuego que no puede ser apagado, donde el gusano de ellos no muere, y el fuego nunca se apaga. Y si tu ojo te fuere ocasión de caer, sácalo; mejor te es entrar en el reino de Dios con un ojo, que teniendo dos ojos ser echado al infierno, donde el gusano de ellos no muere, y el fuego nunca se apaga" (Mr. 9:43-48).

"Su aventador está en su mano, y limpiará su era, y recogerá el trigo en su granero, y quemará la paja en fuego que nunca se apagará" (Lc. 3:17).

"Pero os enseñaré a quién debéis temer: Temed a aquel que después de haber quitado la vida, tiene poder de echar en el infierno; sí, os digo, a éste temed" (Lc. 12:5).

"Aconteció que murió el mendigo, y fue llevado por los ángeles al seno de Abraham; y murió también el rico, y fue sepultado. Y en el Hades alzó sus ojos, estando en tormentos, y vio de lejos a Abraham, y a Lázaro en su seno. Entonces él, dando voces, dijo: Padre Abraham, ten misericordia de mí, y envía a Lázaro para que moje la punta de su dedo en agua, y refresque mi lengua; porque estoy atormentado en esta llama" (Lc. 16:22-24).

Pensamiento 1: Advierta lo que otros pasajes de las Escrituras dicen sobre el infierno.

"Los cuales sufrirán pena de eterna perdición, excluidos de la presencia del Señor y de la gloria de su poder" (2 Ts. 1:9).

"Y la lengua es un fuego, un mundo de maldad. La lengua está puesta entre nuestros miembros, y contamina todo el cuerpo, e inflama la rueda de la creación, y ella misma es inflamada por el infierno" (Stg. 3:6).

"Sabe el Señor librar de tentación a los piadosos, y reservar a los injustos para ser castigados en el día del juicio" (2 P. 2:9).

"él también beberá del vino de la ira de Dios, que ha sido vaciado puro en el cáliz de su ira; y será atormentado con fuego y azufre delante de los santos ángeles y del Cordero; y el humo de su tormento sube por los siglos de los siglos. Y no tienen reposo de día ni de noche los que adoran a la bestia y a su imagen, ni nadie que reciba la marca de su nombre" (Ap. 14:10-11).

"Y el diablo que los engañaba fue lanzado en el lago de fuego y azufre, donde estaban la bestia y el falso profeta; y serán atormentados día y noche por los siglos de los siglos... Y el que no se halló inscrito en el libro de la vida fue lanzado al lago de fuego" (Ap. 20:10, 15).

"Pero los cobardes e incrédulos, los abominables y homicidas, los fornicarios y hechiceros, los idólatras y todos los mentirosos tendrán su parte en el lago que arde con fuego y azufre, que es la muerte segunda" (Ap. 21:8).

"Sobre los malos hará llover calamidades; fuego, azufre y viento abrasador será la porción del cáliz de ellos" (Sal. 11:6).

"Los pecadores se asombraron en Sion, espanto sobrecogió a los hipócritas. ¿Quién de nosotros morará con el fuego consumidor? ¿Quién de nosotros habitará con las llamas eternas?" (Is. 33:14).

"Y saldrán, y verán los cadáveres de los hombres que se rebelaron contra mí; porque su gusano nunca morirá, ni su fuego se apagará, y serán abominables a todo hombre" (Is. 66:24).

"He aquí, yo envío mi mensajero, el cual preparará el camino delante de mí; y vendrá súbitamente a su templo el Señor a quien vosotros buscáis, y el ángel del pacto, a quien deseáis vosotros. He aquí viene, ha dicho Jehová de los ejércitos" (Mal. 4:1).

	CAPÍTULO 21 **CUARTA VISIÓN, 21:1—22:21** **XIII. LA ETERNIDAD DE DIOS: LOS NUEVOS CIELOS Y TIERRA Y LA NUEVA JERUSALÉN, 21:1—22:5** **A. Los nuevos cielos y la nueva tierra, 21:1-8**
1 La nueva creación, el nuevo cielo y la nueva tierra	1 Vi un cielo nuevo y una tierra nueva; porque el primer cielo y la primera tierra pasaron, y el mar ya no existía más.
2 La nueva ciudad de Dios	2 Y yo Juan vi la santa ciudad, la nueva Jerusalén, descender del cielo, de Dios, dispuesta como una esposa ataviada para su marido.
3 El compañerismo inmediato con Dios a. Declarado por una voz fuerte b. La inmediata presencia y el compañerismo de Dios	3 Y oí una gran voz del cielo que decía: He aquí el tabernáculo de Dios con los hombres, y él morará con ellos; y ellos serán su pueblo, y Dios mismo estará con ellos como su Dios.
4 La perfección de todas las cosas a. La vida será perfeccionada b. La garantía de que Dios perfeccionará todas las cosas 1) Dios lo asegura 2) La Palabra de Dios lo asegura 3) La soberanía de Dios lo asegura	4 Enjugará Dios toda lágrima de los ojos de ellos; y ya no habrá muerte, ni habrá más llanto, ni clamor, ni dolor; porque las primeras cosas pasaron. 5 Y el que estaba sentado en el trono dijo: He aquí, yo hago nuevas todas las cosas. Y me dijo: Escribe; porque estas palabras son fieles y verdaderas. 6 Y me dijo: Hecho está. Yo soy el Alfa y la Omega, el principio y el fin. Al que tuviere sed, yo le daré gratuitamente de la fuente del agua de la vida.
5 Los ciudadanos a. Los que tienen sed de vida b. Los que vencen 1) Heredarán todas las cosas 2) Serán hijos de Dios c. Los rechazados y su destino 1) Su identidad 2) Su destino: El lago de fuego, la segunda muerte	7 El que venciere heredará todas las cosas, y yo seré su Dios, y él será mi hijo. 8 Pero los cobardes e incrédulos, los abominables y homicidas, los fornicarios y hechiceros, los idólatras y todos los mentirosos tendrán su parte en el lago que arde con fuego y azufre, que es la muerte segunda.

CUARTA VISIÓN, 21:1—22:21

DIVISIÓN XIII

LA ETERNIDAD DE DIOS: LOS NUEVOS CIELOS Y TIERRA Y LA NUEVA JERSUSALÉN, 21:1—22:5

A. Los nuevos cielos y la nueva tierra, 21:1-8

(21:1-8) ***Introducción:*** ¿Cómo será la eternidad? ¿Cómo será vivir con Dios por los siglos de los siglos? Este capítulo de Apocalipsis nos lo dice. Todas las cosas malas y negativas de este mundo van a ser conquistadas y destruidas. Toda la contaminación y las impurezas, todo lo impío y malo, todo el sufrimiento y el dolor, toda la corrupción y la muerte, todo va a ser eliminado, borrado y eliminado. Llegará el día en que no habrá más...

- gobiernos impuros
- religión corrupta
- malos dirigentes
- sufrimiento doloroso
- pecado y tentación

Este es el glorioso mensaje de Apocalipsis. Dios va a tomar a Satanás y a todos los impíos y malos de este mundo y los destruirá. Dios hará un nuevo cielo y una nueva tierra. Dios va hacer muchas cosas nuevas. Y cuando lo haga, no habrá...

- más lágrimas
- más dolor
- más llanto
- más pena
- más muerte

Este es el gran tema de este pasaje de las Escrituras: *Los nuevos cielos y la nueva tierra.*

1. La nueva creación, el nuevo cielo y la nueva tierra (v. 1).
2. La nueva ciudad de Dios (v. 2).
3. El compañerismo inmediato con Dios (v. 3).
4. La perfección de todas las cosas (vv. 4-6).
5. Los ciudadanos (vv. 6-8).

1 (21:1) ***Cielo y tierra, nuevos:*** Habrá una nueva creación, el nuevo cielo y la nueva tierra. El cielo (cuerpos celestes en el espacio exterior) y la tierra que conocemos ya no existirá más.

1. Todos los cielos: el sol, la luna, las estrellas y los planetas serán destruidos y reconstruidos. Dios hará un nuevo cielo. Piense qué significa esto. No habrá...

- más tormentas eléctricas violentas, tifones, huracanes o lluvias y clima destructivo.
- más estrellas o sistemas solares que se quemen.

Todos los cielos serán reconstruidos, creados de nuevo y se proveerán de vida. Piense cuán glorioso y bello es ahora el cielo cuando miramos una noche estrellada. Pero imagine cómo será cuando Dios los recree en toda la gloria y magnificencia de un universo perfecto. Todas las cosas dentro del universo estarán vivas y reflejarán la gloria y el esplendor de Dios mismo. El universo será perfecto, un lugar donde nada se quema ni desgasta ni muere. Piense en la luz, brillo, esplendor y gloria de todos los cuerpos celestiales cuando Dios recree los cielos. Piense en qué significará tener un universo lleno de *planetas vivos y estrellas y sistemas solares.* No podemos imaginar la gloria y belleza. Va más allá de nuestras mentes finitas. Pero advierta un punto significativo: Las Escrituras declaran enfáticamente que el cielo será rehecho y recreado en un nuevo cielo (ver nota, punto 2, 2 P. 3:10).

2. La tierra se acabará. Habrá una nueva tierra. La tierra actual es defectuosa; está maldita. La tierra sufre bajo todo tipo de desastres naturales tales como terremotos, erupciones volcánicas, tormentas destructivas, inundaciones, calor abrasador, desiertos, hambre, enfermedades y muerte. Pero llegará el día en que Dios rehará la tierra. Dios va a crear una nueva tierra. Piense lo que esto significará.

=> No más desastres o destrucción.
=> No más abrojos, cardos, o tierras infértiles e improductivas.
=> No más hambre o sed.
=> No más enfermedad, degeneración, erosión o muerte.

La nueva tierra prosperará y será fructifera. Producirá todo lo bueno que se pueda imaginar. Piense en lo maravillosa, verde, exhuberante, productiva y fructífera que será. Piense en lo pacífica, serena y cómoda que será. Piense en la seguridad y la provisión, en la abundancia extrema de todo don bueno y perfecto, la plenitud de vida que será posible sobre la tierra. Ella será nueva, perfeccionada por Dios en cualquier concebible forma.

Advierta la frase: "el mar ya no existía más". Esto puede significar dos cosas. El mar va a ser eliminado y la nueva tierra no tendrá mar. O puede significar lo mismo que se quiere significar con los cielos y la tierra. Los cielos y la tierra y el mar se van a eliminar y se crearán de nuevo. El mar que causa devastación y destrucción será destruido junto con la tierra y los cielos; pero cuando sean recreados, el mar, siendo parte de la tierra, será parte de la nueva tierra, parte de la nueva creación.

Una tierra perfeccionada excede nuestra comprensión. Pero es exactamente lo que las Escrituras dicen que va pasar. Dios va a crear una nueva tierra así como un nuevo cielo.

"Porque de cierto os digo que hasta que pasen el cielo y la tierra, ni una jota ni una tilde pasará de la ley, hasta que todo se haya cumplido" (Mt. 5:18).

"El cielo y la tierra pasarán, pero mis palabras no pasarán" (Mt. 24:35).

"Pero el día del Señor vendrá como ladrón en la noche; en el cual los cielos pasarán con grande estruendo, y los elementos ardiendo serán deshechos, y la tierra y las obras que en ella hay serán quemadas. Puesto que todas estas cosas han de ser deshechas, ¡cómo no debéis vosotros andar en santa y piadosa manera de vivir, esperando y apresurándoos para la venida del día de Dios, en el cual los cielos, encendiéndose, serán deshechos, y los elementos, siendo quemados, se fundirán! Pero nosotros esperamos, según sus promesas, cielos nuevos y tierra nueva, en los cuales mora la justicia" (2 P. 3:10-13).

"Vi un cielo nuevo y una tierra nueva; porque el primer cielo y la primera tierra pasaron, y el mar ya no existía más" (Ap. 21:1).

"Desde el principio tú fundaste la tierra, y los cielos son obra de tus manos. Ellos perecerán, mas tú permanecerás; y todos ellos como una vestidura se envejecerán; como un vestido los mudarás, y serán mudados" (Sal. 102:25-27).

"Y todo el ejército de los cielos se disolverá, y se enrollarán los cielos como un libro; y caerá todo su ejército, como se cae la hoja de la parra, y como se cae la de la higuera" (Is. 34:4).

"Alzad a los cielos vuestros ojos, y mirad abajo a la tierra; porque los cielos serán deshechos como humo, y la tierra se envejecerá como ropa de vestir, y de la misma manera perecerán sus moradores; pero mi salvación será para siempre, mi justicia no perecerá" (Is. 51:6).

"Porque he aquí que yo crearé nuevos cielos y nueva tierra; y de lo primero no habrá memoria, ni más vendrá al pensamiento" (Is. 65:17).

"Porque como los cielos nuevos y la nueva tierra que yo hago permanecerán delante de mí, dice Jehová, así permanecerá vuestra descendencia y vuestro nombre" (Is. 66:22).

2 (21:2) ***Jerusalén, Nueva:*** Estará la nueva ciudad de Dios, la ciudad santa, la Nueva Jerusalén. La idea es que la Nueva Jerusalén será la ciudad capital en el nuevo cielo y tierra. Será el lugar donde la misma presencia de Dios se simbolice. La presencia de Dios, por supuesto, se manifestará en todas partes en los nuevos cielos y tierra, manifestada en toda la gloria y majestad de Dios. Pero la ciudad santa les dará a los creyentes un lugar para identificarse mientras sirven a Dios en todo el universo. El siguiente versículo lo demuestra. La ciudad celestial es el tabernáculo, la misma presencia de Dios que baja a vivir con el hombre. La Nueva Jerusalén es tratada en detalle en el siguiente pasaje (Ap. 21:9ss.). El punto en este versículo es demostrar que Dios ha preparado su nueva ciudad capital para asentarse en la tierra. Aparentemente será de la Nueva Jerusalén que Jesucristo gobierne el universo y requiera que sus siervos (creyentes) visiten ocasionalmente e informen de sus obras (ver nota, Ap. 21:24-27). El trono del Señor estará en la Nueva Jerusalén y desde allí Él gobernará y reinará durante toda la eternidad. Advierta que la ciudad baja del cielo. No se construye aquí en la tierra. Dios la construyó en el cielo y luego la traslada a la tierra. Advierta también que se dice que es tan bellamente preparada como una novia para su esposo. Esto apunta tanto a la belleza de la ciudad como a nuestro deseo de tener la presencia de Dios aquí con nosotros.

Recuerde lo que Jesucristo le dijo a los apóstoles cuando se iba a preparar un nuevo lugar para ellos. Existe la posibilidad de que se estuviera refiriendo a preparar la Nueva Jerusalén (Jn. 14:2-3).

3 (21:3) ***Cielo y tierra, Nuevos - Compañerismo con Dios:*** Habrá un compañerismo inmediato con Dios. El mismo tabernáculo de Dios será dispuesto aquí en la tierra. El tabernáculo es una imagen del tabernáculo del Antiguo Testamento, el centro de adoración de Israel, el lugar donde la

misma presencia y gloria de Dios moró en una forma especial. La imagen es esta: Cuando la Nueva Jerusalén,, la ciudad capital de la eternidad, se traslade a la tierra, entonces la misma presencia y gloria de Dios morará y vivirá aquí en la tierra. Cuando la Nueva Jerusalén se establezca en la tierra , la gloria y la presencia de Dios estarán por siempre en la tierra. La presencia de Dios nunca será opacada ni eliminada de la presencia de la gente.

Lo que el hombre ansía es la presencia de Dios, la gloria y la plenitud de Dios en toda la abundancia de la vida. Es posible que el hombre no lo sepa, pero el ansia de su corazón está dirigido a Dios. El hombre intenta satisfacer su ansia con todo tipo de placeres mundanos y posesiones, pero nada lo satisface, nada excepto Dios. Su presencia y su gloria. Hasta que el hombre permita llenar su corazón, atraviesa todo tipos de experiencias negativas:

=> falta de propósito, significado e importancia.
=> vacío, cuestionamiento y preguntas sobre la vida.
=> rutina, aburrimiento y sentirse vacío.
=> inseguridad, temor y fracaso.

Pero cuando un hombre entrega su vida a Dios, comienza a tener un compañerismo con Dios y a experimentar toda la plenitud de la vida. El punto es este: En el nuevo cielo y la nueva tierra la presencia y la gloria de Dios morará con el hombre todo el tiempo. El hombre nunca estará sin la presencia y gloria de Dios. Siempre experimentará el compañerismo de la presencia y gloria de Dios. Advierta cuán firme será el compañerismo:

> **"Y oí una gran voz del cielo que decía: He aquí el tabernáculo de Dios con los hombres, y él morará con ellos; y ellos serán su pueblo, y Dios mismo estará con ellos como su Dios" (v. 3).**

Se dicen cuatro cosas:

=> El tabernáculo de Dios, la misma presencia y gloria de Dios, estará con los hombres.
=> Dios morará con ellos.
=> Ellos serán su pueblo.
=> Dios mismo estará con ellos y será su Dios.

Piense cuán maravilloso será: Nunca estaremos sin la presencia y la gloria de Dios. Tendremos la inmediata presencia de Dios y podremos hablar y compartir con Dios cara a cara: ser compañeros y comulgar con Él; reírnos y regocijarnos con Él; alabarlo y adorarlo; servir y trabajar para Él, todo cara a cara. Dios dice que Él va a vivir y morar con nosotros; va a tomar el manejo de nuestra vida cara a cara, guiándonos y dirigiéndonos día tras día, cara a cara en toda la eternidad. Serviremos y obraremos con Dios cara a cara, estaremos bajo su inmediata presencia y compañerismo. Así será la eternidad, así serán los nuevos cielos y la tierra. La presencia y la gloria de Dios estará viviendo y morando con nosotros aquí en la tierra.

4 (21:4-6) ***Cielos y tierra, nuevos:*** Estará la perfección de todas las cosas. Advierta dos cosas.

1. La vida será perfeccionada. Esto significa que el cuerpo del hombre será perfeccionado, al igual que el medio ambiente y la tierra. La vida será totalmente diferente de como es ahora. La misma vida y la utopía que el hombre ha ansiado tanto será una realidad viviente. Todos los sufrimientos y la maldad de la vida y todas las experiencias negativas y malas de la vida se habrán ido. Las Escrituras explican el cambio en la forma más hermosa y asombrosa: Declara que "enjugará toda lágrima de los ojos de ellos [los creyentes]". Imagine un mundo tan perfeccionado que nunca más se derramará una lágrima. Mire lo que dicen las Escrituras:

> **"Enjugará Dios toda lágrima de los ojos de ellos; y ya no habrá muerte, ni habrá más llanto, ni clamor, ni dolor; porque las primeras cosas pasaron" (v. 4).**

=> no habrá más muerte, no habrá más envejecimien-to, homicidio, muerte ni guerra. No habrá más abortos ni niños que mueran, no habrá más madres ni padres que mueran, ni más padres que fallezcan. No habrá más funerales ni cementerios. Todos tendrán un cuerpo espiritual, un cuerpo que podrá ser perfeccionado, hecho incorruptible e inmortal, perfecto en fuerza y honor. No habrá muerte en los nuevos cielos y tierra. Dios enjugará las lágrimas de la muerte.
=> No habrá más angustia: No más rupturas, desilusión, lamentación, culpa, fracaso, debilidad, inferioridad, falta de adecuación o incapacidad. No más falta de techo, hambre o sed. No habrá nada que nos haga sentir angustiados. Seremos capaces y podremos, exitosos y fructíferos, confiados y seguros. Nunca habrá un lamento o una falla que nos haga sentir angustiados. Seremos perfeccionados. Podremos vivir y servir hasta el más alto grado sin ninguna falla. Dios enjugará las lágrimas de angustia en el nuevo cielo y tierra.
=> No habrá más llanto: No más desilusiones, peleas, discusiones, maldiciones, divisiones, drogas, maldad, inmoralidad, separación, amargura, carga o dolor en el corazón, no más cosas malas que hieran el corazón y hagan que el corazón y los ojos lloren. Toda vida será perfeccionada. Todos serán perfeccionados y vivirán juntos en amor, gozo y paz, no causándole nunca dolor a nadie. Dios enjugará las lágrimas del llanto
=> No habrá más dolor: No más enfermedades, accidentes, tristeza, presión, maltrato, golpizas, peleas, aflicciones ni agonía. No más dolor físico o emocional. No más de nada que cause dolor de algún tipo. Dios enjugará las lágrimas del dolor.

Pero advierta por qué: Es porque Dios recrea el universo. Es porque "las primeras cosas pasaron". Dios no puede decirlo con mayor claridad: La tierra como es ahora pasará. Advierta cuán clara y exactamente describen las Escrituras lo que Dios va a hacer:

> **"Enjugará Dios toda lágrima de los ojos de ellos; y ya no habrá muerte, ni habrá más llanto, ni clamor, ni dolor; porque las primeras cosas pasaron" (v. 4).**

¿Cómo podemos estar seguros de que Dios va a recrear el universo? ¿Cómo sabemos que Dios va a perfeccionar la vida para nosotros? *El siguiente punto nos lo dice.*

Pensamiento 1: ¡Solo piense! La vida será perfeccionada. Llegará el día en que Dios va a perfeccionar la vida humana. El va a hacer un nuevo cielo y una nueva tierra, un cielo y una tierra perfectos y va a perfeccionar a todos los creyentes. Todo lo del cielo y la tierra y todo lo que está dentro será perfeccionado. No hay mayor esperanza que esta promesa gloriosa de Dios, la promesa de que va a perfeccionar el universo.

"Porque el Cordero que está en medio del trono los pastoreará, y los guiará a fuentes de aguas de vida; y Dios enjugará toda lágrima de los ojos de ellos" (Ap. 7:17).

"Enjugará Dios toda lágrima de los ojos de ellos; y ya no habrá muerte, ni habrá más llanto, ni clamor, ni dolor; porque las primeras cosas pasaron" (Ap. 21:4).

"Porque esta leve tribulación momentánea produce en nosotros un cada vez más excelente y eterno peso de gloria" (2 Co. 4:17).

"Y el postrer enemigo que será destruido es la muerte" (1 Co. 15:26).

"Y cuando esto corruptible se haya vestido de incorrupción, y esto mortal se haya vestido de inmortalidad, entonces se cumplirá la palabra que está escrita: Sorbida es la muerte en victoria" (1 Co. 15:54).

"Amados, no os sorprendáis del fuego de prueba que os ha sobrevenido, como si alguna cosa extraña os aconteciese, sino gozaos por cuanto sois participantes de los padecimientos de Cristo, para que también en la revelación de su gloria os gocéis con gran alegría" (1 P. 4:12-13).

"Destruirá a la muerte para siempre; y enjugará Jehová el Señor toda lágrima de todos los rostros; y quitará la afrenta de su pueblo de toda la tierra; porque Jehová lo ha dicho" (Is. 25:8).

"Y los redimidos de Jehová volverán, y vendrán a Sion con alegría; y gozo perpetuo será sobre sus cabezas; y tendrán gozo y alegría, y huirán la tristeza y el gemido" (Is. 35:10).

"Ciertamente volverán los redimidos de Jehová; volverán a Sion cantando, y gozo perpetuo habrá sobre sus cabezas; tendrán gozo y alegría, y el dolor y el gemido huirán" (Is. 51:11).

"No se pondrá jamás tu sol, ni menguará tu luna; porque Jehová te será por luz perpetua, y los días de tu luto serán acabados" (Is. 60:20).

"Y me alegraré con Jerusalén, y me gozaré con mi pueblo; y nunca más se oirán en ella voz de lloro, ni voz de clamor" (Is. 65:19).

2. Dios nos asegura que Él va a perfeccionar todas las cosas. Nos da tres seguridades.

a. Dios mismo nos asegura. Advierta que Dios mismo habló desde el trono del cielo y declaró enfáticamente que iba a hacer todas las cosas de nuevo:

"Y el que estaba sentado en el trono dijo: He aquí, yo hago nuevas todas las cosas. Y me dijo: Escribe; porque estas palabras son fieles y verdaderas" (v. 5).

b. La Palabra de Dios nos asegura. Dios hizo una declaración doble. Él declaró que sus palabras son verdaderas y fieles. Por verdaderas Él significa ciertas en oposición a falsas. Él no miente. Él es Dios; por lo tanto, lo que dice sucederá. Por fiel Él significa que hará exactamente lo que dice. Podemos contar con ello. Y advierta: Dios instruyó a Juan a escribir todo lo que Él decía. Dios quería que nosotros supiéramos sobre su promesa de un nuevo cielo y tierra, de un cuerpo y una vida perfeccionados, y quería que estuviéramos seguros de su promesa.

c. La soberanía de Dios lo asegura. ¿Cómo? Por el poder y la soberanía de Dios. Dios declara: "Yo soy el Alfa y la Omega, el principio y el fin". Alfa es la primera letra del alfabeto griego y significa *el principio* y Omega es la última letra y significa *el fin.* Dios está declarando que Él es el principio y el fin, el Creador de todas las cosas. Todas las cosas tienen su principio en Él. Y Él es el fin de todas las cosas, la consumación y la meta y el fin y el objetivo de todas las cosas. Todas las cosas encuentran su significado y ser en Él. Y Él tiene un tiempo para todas las cosas así como el principio y el fin lo tienen. Por lo tanto, Él puede hacer lo que desea. El punto es este: Dios ha deseado nuevos cielos y tierra. Por lo tanto, ya lo ha hablado para que así sea. Ya ha declarado: "Hecho está". El reloj está puesto y el evento, fijado. Los minutos del tiempo están corriendo, y llegará la hora cuando arribe el tiempo señalado.

"Fiel es el que os llama, el cual también lo hará" (1 Ts. 5:24).

"Si fuéremos infieles, él permanece fiel; él no puede negarse a sí mismo" (2 Ti. 2:13).

"Porque de cierto os digo que hasta que pasen el cielo y la tierra, ni una jota ni una tilde pasará de la ley, hasta que todo se haya cumplido" (Mt. 5:18).

"El cielo y la tierra pasarán, pero mis palabras no pasarán" (Lc. 21:33).

"Fiel es Dios, por el cual fuisteis llamados a la comunión con su Hijo Jesucristo nuestro Señor" (1 Co. 1:9).

"Bendito sea Jehová, que ha dado paz a su pueblo Israel, conforme a todo lo que él había dicho; ninguna palabra de todas sus promesas que expresó por Moisés su siervo, ha faltado" (1 R. 8:56).

"Las obras de sus manos son verdad y juicio; fieles son todos sus mandamientos" (Sal. 111:7).

"El cual hizo los cielos y la tierra, el mar, y todo lo que en ellos hay; que guarda verdad para siempre" (Sal. 146:6).

5 (21:6-8) ***Cielo y tierra, Nuevos - Creyentes:*** Habrá ciudadanos de los nuevos cielos y la tierra. Advierta que Dios mismo sigue hablando. Lo que está diciendo es importante, tan importante que Él mismo debe hacer la declaración. Es demasiado importante para que un mensajero angélico declare el mensaje. Advierta: Dios nos dice quiénes serán los ciudadanos de su nuevo cielo y tierra, pero advierta algo más: nos dice quiénes no lo serán. Nos advierte que no todos van a vivir en los nuevos cielos y la tierra, que no todos serán aceptables para Él. Pero nos muestra cómo asegurarnos que seamos aceptables, de que recibamos el derecho de convertirnos en ciudadanos de los nuevos cielos y la tierra. ¿Cómo?

1. Los ciudadanos de los nuevos cielos y la tierra serán los

que tengan sed de vida. Dios dice que Él dará el agua de vida a los que tengan sed de ella. Esto es, la persona que tiene sed de vida será la persona que reciba el *agua de vida.* Dios le va a dar vida a la persona que tenga sed de ella. Le va a dar la fuente del agua de la vida y se la dará gratuitamente.

Tener sed de la vida significa que uno tiene sed...

- de conocer la vida que Dios quiere que el hombre viva.
- de conocer la vida que Dios da.
- de conocer la plenitud de vida que está en Dios mismo.
- de conocer la esperanza de vida que Dios ha planificado para el hombre.
- de conocer la perfección de vida que Dios ansía que el hombre viva.

Dicho de manera sencilla, tener sed de la vida significa tener sed de la vida que Dios da, tener sed de Dios mismo. Significa...

- conocer a Dios: ser su compañero, comulgar y compartir con Dios.
- conocer la salvación, el perdón y la pureza de Dios.
- conocer la esperanza, la seguridad y la garantía de Dios.
- vivir para Dios, obedecer y seguir a Dios.

La persona que tiene sed de Dios será un ciudadano de los nuevos cielos y tierra.

2. El ciudadano de los nuevos cielos y tierra será el vencedor. El vencedor es la persona que vence este mundo y permanece fiel y leal a Cristo. Significa la persona que permanece pura y sigue al Señor Jesucristo. El vencedor es la persona que conquista todas las tentaciones y pruebas de la vida. Se hacen dos promesas al vencedor:

=> Él heredará todas las cosas, todo lo que ofrecen los nuevos cielos y la tierra.

=> Él será un hijo de Dios.

"Mas a todos los que le recibieron, a los que creen en su nombre, les dio potestad de ser hechos hijos de Dios" (Jn. 1:12).

"Porque todos los que son guiados por el Espíritu de Dios, éstos son hijos de Dios. Pues no habéis recibido el espíritu de esclavitud para estar otra vez en temor, sino que habéis recibido el espíritu de adopción, por el cual clamamos: ¡Abba, Padre! El Espíritu mismo da testimonio a nuestro espíritu, de que somos hijos de Dios. Y si hijos, también herederos; herederos de Dios y coherederos con Cristo, si es que padecemos juntamente con él, para que juntamente con él seamos glorificados" (Ro. 8:14-17).

"Así que ya no eres esclavo, sino hijo; y si hijo, también heredero de Dios por medio de Cristo" (Gá. 4:7).

"Para que seáis irreprensibles y sencillos, hijos de Dios sin mancha en medio de una generación maligna y perversa, en medio de la cual resplandecéis como luminares en el mundo" (Fil. 2:15).

"Lo que hemos visto y oído, eso os anunciamos, para que también vosotros tengáis comunión con nosotros; y nuestra comunión verdaderamente es con el Padre, y con su Hijo Jesucristo" (1 Jn. 1:3).

3. El rechazo y el destino de la gente que será rechazada está claramente dicho. Qué lista tan trágica es.

=> *Los temerosos o los cobardes:* Los que no confiesan a Cristo porque temen lo que los demás podrían decir; los que temen dejar el mundo y negar el yo; los que temen tomar una posición por Cristo; los que temen ser compañeros o identificarse con los cristianos.

"A cualquiera, pues, que me confiese delante de los hombres, yo también le confesaré delante de mi Padre que está en los cielos. Y a cualquiera que me niegue delante de los hombres, yo también le negaré delante de mi Padre que está en los cielos" (Mt. 10:32-33).

"Que si confesares con tu boca que Jesús es el Señor, y creyeres en tu corazón que Dios le levantó de los muertos, serás salvo" (Ro. 10:9).

"Si sufrimos, también reinaremos con él; si le negáremos, él también nos negará" (2 Ti. 2:12).

"El temor del hombre pondrá lazo; mas el que confía en Jehová será exaltado" (Pr. 29:25).

=> Los *incrédulos:* Los que no creen que Jesucristo es el Hijo de Dios, el Salvador del mundo, los que rechazan a Jesucristo y su muerte en la cruz por sus pecados; los que profesan a Cristo, pero viven vidas hipócritas, que demuestran con su comportamiento pecaminoso que en realidad no creen en Él.

"El que en él cree, no es condenado; pero el que no cree, ya ha sido condenado, porque no ha creído en el nombre del unigénito Hijo de Dios" (Jn. 3:18).

"Por eso os dije que moriréis en vuestros pecados; porque si no creéis que yo soy, en vuestros pecados moriréis" (Jn. 8:24).

"El que me rechaza, y no recibe mis palabras, tiene quien le juzgue; la palabra que he hablado, ella le juzgará en el día postrero" (Jn. 12:48).

"En los cuales el dios de este siglo cegó el entendimiento de los incrédulos, para que no les resplandezca la luz del evangelio de la gloria de Cristo, el cual es la imagen de Dios" (2 Co. 4:4).

"¿Quién es el mentiroso, sino el que niega que Jesús es el Cristo? Este es anticristo, el que niega al Padre y al Hijo. Todo aquel que niega al Hijo, tampoco tiene al Padre. El que confiesa al Hijo, tiene también al Padre" (1 Jn. 2:22-23).

=> Los *abominables o contaminados:* Los que son mundanos y viven vidas mundanas; los que estiran sus manos para tocar y probar las impurezas y lujurias del mundo; los que están manchados y contaminados con la mundanalidad; los que se rehúsan a separarse de los placeres y posesiones de este mundo y rehúsan volverse a Dios.

"Mirad también por vosotros mismos, que vuestros corazones no se carguen de glotonería y embriaguez y de los afanes de esta vida, y venga de repente sobre vosotros aquel día" (Lc. 21:34).

"No os conforméis a este siglo, sino transformaos por medio de la renovación de vuestro entendimiento, para que comprobéis cuál sea la buena voluntad de Dios, agradable y perfecta" (Ro. 12:2).

"Por lo cual, salid de en medio de ellos, y apartaos, dice el Señor, y no toquéis lo inmundo; y yo os recibiré, y seré para vosotros por Padre, y vosotros me seréis hijos e hijas, dice el Señor Todopoderoso" (2 Co. 6:17-18).

"Enseñándonos que, renunciando a la impiedad y a los deseos mundanos, vivamos en este siglo sobria, justa y piadosamente, aguardando la esperanza bienaventurada y la manifestación gloriosa de nuestro gran Dios y Salvador Jesucristo" (Tit. 2:12-13).

"¡Oh almas adúlteras! ¿No sabéis que la amistad del mundo es enemistad contra Dios? Cualquiera, pues, que quiera ser amigo del mundo, se constituye enemigo de Dios" (Stg. 4:4).

"No améis al mundo, ni las cosas que están en el mundo. Si alguno ama al mundo, el amor del Padre no está en él. Porque todo lo que hay en el mundo, los deseos de la carne, los deseos de los ojos, y la vanagloria de la vida, no proviene del Padre, sino del mundo" (1 Jn. 2:15-16).

=> Los *asesinos:* Los que matan y toman la vida de los demás.

"No matarás" (Éx. 20:13).

"Y Jesús dijo: *No matarás*" (Mt. 19:18).

"Porque: No adulterarás, *no matarás*, no hurtarás, no dirás falso testimonio, no codiciarás, y cualquier otro mandamiento, en esta sentencia se resume: Amarás a tu prójimo como a ti mismo. El amor no hace mal al prójimo; así que el cumplimiento de la ley es el amor" (Ro. 13:9-10).

"Así que, ninguno de vosotros padezca como *homicida*, o ladrón, o malhechor, o por entremeterse en lo ajeno" (1 P. 4:15).

"Todo aquel que aborrece a su hermano es homicida; y sabéis que ningún homicida tiene vida eterna permanente en él" (1 Jn. 3:15).

=> Los *inmorales:* Aquellos que son sexualmente impuros; los que cometen fornicación o tienen sexo antes del matrimonio; los que cometen adulterio u homosexualidad y otros actos sexuales que Dios prohíbe; los que miran y sienten lujuria, leen y sienten lujuria, piensan y sienten lujuria.

"Oísteis que fue dicho: No cometerás adulterio. Pero yo os digo que cualquiera *que mira* a una mujer para codiciarla, ya adulteró con ella en su corazón" (Mt. 5:27-28).

"Y de igual modo también los hombres, dejando el uso natural de la mujer, se encendieron en su lascivia unos con otros, cometiendo hechos vergonzosos hombres con hombres, y recibiendo en sí mismos la retribución debida a su extravío" (Ro. 1:27).

"Sino vestíos del Señor Jesucristo, y no proveáis para los deseos de la carne" (Ro. 13:14).

"Los cuales, después que perdieron toda sensibilidad, se entregaron a la lascivia para cometer con avidez toda clase de impureza" (Ef. 4:19).

"Amados, yo os ruego como a extranjeros y peregrinos, que os abstengáis de los deseos carnales que batallan contra el alma" (1 P. 2:11).

"Para no vivir el tiempo que resta en la carne, conforme a las concupiscencias de los hombres, sino conforme a la voluntad de Dios. Baste ya el tiempo pasado para haber hecho lo que agrada a los gentiles, andando en lascivias, concupiscencias, embriagueces, orgías, disipación y abominables idolatrías" (1 P. 4:2-3).

=> Los *que creen en brujerías:* Los que creen en astrología, brujerías, adoración del diablo, espiritismo, lectura de manos, futurología y otras formas de falsa creencia que sostienen revelar y controlar la propia suerte, la vida y el destino.

"Así murió Saúl por su rebelión con que prevaricó contra Jehová, contra la palabra de Jehová, la cual no guardó, y porque consultó a una adivina" (1 Cr. 10:13).

"Y si os dijeren: Preguntad a los encantadores y a los adivinos, que susurran hablando, responded: ¿No consultará el pueblo a su Dios? ¿Consultará a los muertos por los vivos? ¡A la ley y al testimonio! Si no dijeren conforme a esto, es porque no les ha amanecido" (Is. 8:19-20).

"Asimismo destruiré de tu mano las hechicerías, y no se hallarán en ti agoreros" (Mi. 5:12).

"Y manifiestas son las obras de la carne, que son: adulterio, fornicación, inmundicia, lascivia, idolatría, *hechicerías*, enemistades, pleitos, celos, iras, contiendas, disensiones, herejías" (Gá. 5:19-20).

=> Los *idólatras:* Los que adoran ídolos, ya sea que han sido hechos con las propias manos o concebidos en la mente; los que tienen una imagen de cómo es Dios y adoran y siguen esa imagen en lugar de seguir el Dios revelado en las Escrituras; los que anteponen las cosas de esta tierra a Dios; los que dan su primera atención y devoción a algo o alguien que no sea Dios.

"Por tanto, amados míos, huid de la idolatría" (1 Co. 10:14).

"Y manifiestas son las obras de la carne, que son: adulterio, fornicación, inmundicia, lascivia, *idolatría*... los que practican tales cosas no heredarán el reino de Dios" (Gá. 5:19-21).

"Porque sabéis esto, que ningún fornicario, o inmundo, o *avaro, que es idólatra*, tiene herencia en el reino de Cristo y de Dios" (Ef. 5:5).

"Haced morir, pues, lo terrenal en vosotros: fornicación, impureza, pasiones desordenadas, malos deseos y *avaricia, que es idolatría*; cosas por las cuales la ira de Dios viene sobre los hijos de desobediencia" (Col. 3:5-6).

"Pero los cobardes e incrédulos, los abominables y homicidas, los fornicarios y hechiceros, los idólatras y todos los mentirosos tendrán su parte en el lago que arde con fuego y azufre, que es la muerte segunda" (Ap. 21:8).

"Mas los perros estarán fuera, y los hechiceros, los fornicarios, los homicidas, los idólatras, y todo aquel que ama y hace mentira" (Ap. 22:15).

=> Los *mentirosos:* Aquellos que dicen falsedades y no dicen la verdad; los que engañan y confunden a los demás; los que son chismosos y cuenteros y que hacen correr rumores.

"Pero el rey se alegrará en Dios; será alabado cualquiera que jura por él; porque la boca de los que hablan mentira será cerrada" (Sal. 63:11).

"El testigo falso no quedará sin castigo, y el que habla mentiras no escapará" (Pr. 19:5).

"Que deshago las señales de los adivinos, y enloquezco a los agoreros; que hago volver atrás a los sabios, y desvanezco su sabiduría" (Is. 44:25).

> **"Pero los cobardes e incrédulos, los abominables y homicidas, los fornicarios y hechiceros, los idólatras y todos los mentirosos tendrán su parte en el lago que arde con fuego y azufre, que es la muerte segunda" (Ap. 21:8).**

Cualquier persona que no se arrepienta y se aparte de estas cosas, cualquier persona que no se vuelva a Dios pidiendo perdón por estas cosas, cualquier persona que no abandone estas cosas esa persona no entrará en el nuevo cielo y tierra. No será un ciudadano de los nuevos cielos y tierra. ¿Dónde va? Las Escrituras son claras.

> **"[Ellos] tendrán su parte en el lago que arde con fuego y azufre, que es la muerte segunda" (v. 8).**

	B. La nueva Jerusalén. La ciudad de Dios (Parte 1): Su descripción, 21:9-23	cida en cuadro, y su longitud es igual a su anchura; y él midió la ciudad con la caña, doce mil estadios; la longitud, la altura y la anchura de ella son iguales.	b. El tamaño de la ciudad misma
1 La última visión dada a Juan a. Aparece el ángel con las copas b. Le muestra a Juan la novia, la esposa del Cordero c. Lleva a Juan a una montaña d. Le muestra a Juan una gran ciudad que desciende del cielo	9 Vino entonces a mí uno de los siete ángeles que tenían las siete copas llenas de las siete plagas postreras, y habló conmigo, diciendo: Ven acá, yo te mostraré la desposada, la esposa del Cordero. 10 Y me llevó en el Espíritu a un monte grande y alto, y me mostró la gran ciudad santa de Jerusalén, que descendía del cielo, de Dios,	17 Y midió su muro, ciento cuarenta y cuatro codos, de medida de hombre, la cual es de ángel. 18 El material de su muro era de jaspe; pero la ciudad era de oro puro, semejante al vidrio limpio; 19 y los cimientos del muro de la ciudad estaban adornados con toda piedra preciosa. El	c. El tamaño del muro y las puertas **7 Los materiales de la ciudad: Son preciosos e invalorables** a. Los materiales del muro b. Los materiales de los cimientos
2 La gloria de la ciudad	11 teniendo la gloria de Dios. Y su fulgor era semejante al de una piedra preciosísima, como piedra de jaspe, diáfana como el cristal.	primer cimiento era jaspe; el segundo, zafiro; el tercero, ágata; el cuarto, esmeralda; 20 el quinto, ónice; el sexto, cornalina; el séptimo, crisólito;	
3 Los muros de la ciudad: Seguridad perfecta **4 Las doce puertas de la ciudad** a. Guardadas por doce ángeles b. Tienen inscriptos los nombres de las doce tribus de Israel c. Tres puertas de cada lado	12 Tenía un muro grande y alto con doce puertas; y en las puertas, doce ángeles, y nombres inscritos, que son los de las doce tribus de los hijos de Israel; 13 al oriente tres puertas; al norte tres puertas; al sur tres puertas; al occidente tres puertas.	el octavo, berilo; el noveno, topacio; el décimo, crisopraso; el undécimo, jacinto; el duodécimo, amatista. 21 Las doce puertas eran doce perlas; cada una de las puertas era una perla. Y la calle de la ciudad era de oro puro, transparente como vidrio.	c. Los materiales de las puertas: perlas d. El material de las calles: oro puro, transparente
5 Los doce cimientos de la ciudad: Los nombres de los apóstoles están inscriptos en ellos **6 El tamaño y la forma de la ciudad** a. Su forma es cúbica	14 Y el muro de la ciudad tenía doce cimientos, y sobre ellos los doce nombres de los doce apóstoles del Cordero. 15 El que hablaba conmigo tenía una caña de medir, de oro, para medir la ciudad, sus puertas y su muro. 16 La ciudad se halla estable-	22 Y no vi en ella templo; porque el Señor Dios Todopoderoso es el templo de ella, y el Cordero. 23 La ciudad no tiene necesidad de sol ni de luna que brillen en ella; porque la gloria de Dios la ilumina, y el Cordero es su lumbrera.	**8 La adoración de la ciudad: Se centra en Dios mismo y el Cordero** **9 La luz de la ciudad: Viene de la gloria de Dios y del Cordero**

DIVISIÓN XIII

LA ETERNIDAD DE DIOS: LOS NUEVOS CIELOS Y TIERRA Y LA NUEVA JERUSALÉN, 21:1—22:5

B. La Nueva Jerusalén. La ciudad de Dios (Parte 1): Su descripción, 21:9-23

(21:9-23) ***Introducción:*** Los nuevos cielos y la nueva tierra tendrán una ciudad capital, un lugar específico donde la presencia de Dios estará centrada y donde el Señor Jesucristo vivirá y gobernará el universo. Las Escrituras nos dan el nombre de la ciudad: Es la *Nueva Jerusalén.* En realidad, las Escrituras dan varios nombres por los cuales se conocerá la ciudad capital:

=> La Nueva Jerusalén (Ap. 21:2; 3:12).
=> La Jerusalén celestial (He. 12:22).
=> La Ciudad Santa (Ap. 21:2; 22:19).
=> Santa Jerusalén (Ap. 21:10).
=> La Ciudad de mi Dios (Ap. 3:12).
=> La Gran Ciudad (Ap. 21:10).

¿Cómo será la gran ciudad? Es indescriptible. ¿Cómo alguien podría describir la ciudad de Dios y de Cristo? Piense en las estrellas del cielo, en los miles de millones de galaxias dispersas por el universo. Imagínelos por un instante: La vastedad, la enormidad, el infinito del universo. Recuerde que Dios es el Creador y la Fuerza del universo, el Sostenedor de todas las cosas. Él es la Inteligencia y el Poder que hizo todas las cosas y hace que sigan funcionando. ¿Cómo es que el lenguaje humano podría describir a Dios? ¿Cómo el lenguaje humano podría describir la ciudad donde está centrada la presencia de

Dios y donde vive Jesucristo? Este es el problema que Juan tuvo al tratar de describir la Nueva Jerusalén. La ciudad y la presencia de Dios dentro de la ciudad son tan gloriosos que son simplemente indescriptibles. No hay cosas terrenales lo suficientemente bellas o valiosas como para ser parte de la ciudad de Dios. Por lo tanto, Juan hizo lo que pudo: Utilizó las cosas más hermosas y preciosas de la tierra para describir la ciudad. Este pasaje nos cuenta acerca de la ciudad de Dios. Nos dice qué le mostró Dios a Juan, qué quiere Juan que sepamos sobre la Nueva Jerusalén, la ciudad de Dios, la ciudad donde vivirá Cristo y donde la presencia de Dios estará centrada en los nuevos cielos y la tierra. Advierta cómo se agita nuestro corazón al estudiar este pasaje, sabiendo que seremos una parte de un futuro tan glorioso. Dios nos ha dado el maravilloso privilegio de ser ciudadanos de la gran ciudad de Dios, la maravillosa ciudad de Jesucristo. Esta es *la descripción de la Nueva Jerusalén, la ciudad de Dios.* (Ver nota Nueva Jerusalén, Ap. 21:2 para mayor discusión.)

1. La última visión dada a Juan (vv. 9-10).
2. La gloria de la ciudad (v. 11).
3. Los muros de la ciudad: Seguridad perfecta (v. 12).
4. Las doce puertas de la ciudad (vv. 12-13).
5. Los doce cimientos de la ciudad: Los nombres de los apóstoles están inscriptos en ellos (v. 14).
6. El tamaño y la forma de la ciudad (vv. 15-17).
7. Los materiales de la ciudad: Son preciosos e invalorables (vv. 18-21).
8. La adoración de la ciudad: Se centra en Dios mismo y el Cordero (v. 22).
9. La luz de la ciudad: Viene de la gloria de Dios y del Cordero (v. 23).

1 (21:9-10) ***Visiones de Apocalipsis:*** Esta es la última visión que Dios le da a Juan, y es la más gloriosa de todas las visiones. Dios le muestra a Juan la Nueva Jerusalén, la gran ciudad de Dios que será la ciudad capital de los nuevos cielos y la tierra en el universo recreado. Advierta quién es el que Dios envía con Juan a la ciudad: Uno de los siete ángeles que arrojó uno de los juicios de las copas sobre la tierra. Hay un simbolismo en esto: Dios tenía un mensaje de advertencia para la tierra: El juicio está por venir. Pero también Dios tiene un mensaje de esperanza y gloria para la tierra: La Nueva Jerusalén, la ciudad de la misma presencia de Dios, también viene a la tierra, y cualquier persona puede vivir con Dios en la gloria de esa ciudad. La ciudadanía está disponible para todos si creen en el Hijo de Dios, el Señor Jesucristo, y buscan vivir en la ciudad con Dios y su Hijo.

El ángel lleva a Juan en el espíritu a una gran montaña y le muestra la gloriosa ciudad de Dios. Se dan ocho descripciones.

2 (21:11) ***Nueva Jerusalén:*** Está la gloria de la ciudad (v. 11). La gloria es la misma gloria de Dios.

"[La ciudad] estaba vestida en la gloria de Dios en todo su esplendor y radiación. Su brillo asemejaba una joya preciosa, como el jaspe, brillando claro como el cristal" (El Nuevo Testamento Amplificado).

La gloria de Dios da luz a toda la ciudad. La gloria de Dios está llena de tanta luz y brilla tanto que no hay necesidad que el sol ni otro cuerpo celestial le de luz a la ciudad. ¡Imagine el poder y la radiación de la gloria de Dios, tan brillante que es más fuerte que los rayos de luz de láser fluyendo del sol! Es la gloria de Dios que le da luz a la ciudad.

=> La gloria de Dios brilla en toda la ciudad, la ciudad realmente brilla y tiene chispas alrededor.

=> La ciudad brilla como el verde de un jaspe, pero es clara como el cristal.

=> La gloria de Dios relumbra la ciudad como si los edificios fueran de cristal, todo relumbra con el más hermoso verde del jaspe.

Pensamiento 1: Si alguna vez ha caminado en un bosque en una montaña donde todo está cubierto de hielo por una tormenta de hielo, ha caminado en medio de un palacio de cristal de hielo. Todo relumbra y brilla, las verdes agujas de los pinos, las ramas desnudas de los árboles, los pequeños troncos, los arbustos cercanos al piso, las hojas yaciendo en el suelo. Así como la gloria del sol golpea el bosque de la montaña, los cristales de hielo que cubren todo relumbran y brillan al igual que un palacio de cristal de hielo. Esta es una de las visiones más hermosas de la tierra, un bosque de hielo de cristal. Imagine cuán hermoso sería el jaspe verde brillando sobre los cristales de hielo. Esta es una lejana idea del relumbre y el brillo de la gloria de Dios en la ciudad brillante como el cristal de Dios.

"Y he aquí, se les presentó un ángel del Señor, y la gloria del Señor los rodeó de resplandor; y tuvieron gran temor" (Lc. 2:9).

"Pero Esteban, lleno del Espíritu Santo, puestos los ojos en el cielo, vio la gloria de Dios, y a Jesús que estaba a la diestra de Dios" (Hch. 7:55).

"Por tanto, nosotros todos, mirando a cara descubierta como en un espejo la gloria del Señor, somos transformados de gloria en gloria en la misma imagen, como por el Espíritu del Señor" (2 Co. 3:18).

"Los cielos cuentan la gloria de Dios, y el firmamento anuncia la obra de sus manos" (Sal. 19:1).

3 (21:12) ***Nueva Jerusalén:*** Están los muros de la ciudad (v. 12). Los muros son grandes y muy elevados. La idea es la de protección, de seguridad perfecta. Cuando los creyentes lleguen a la Jerusalén Celestial, estarán tras los muros de la perfección. Estarán seguros de toda maldad y de los enemigos del mundo físico.

"Y ya no estoy en el mundo; mas éstos están en el mundo, y yo voy a ti. Padre santo, a los que me has dado, guárdalos en tu nombre, para que sean uno, así como nosotros" (Jn. 17:11).

"Por lo cual asimismo padezco esto; pero no me avergüenzo, porque yo sé a quién he creído, y estoy seguro que es poderoso para guardar mi depósito para aquel día" (2 Ti. 1:12).

"Y el Señor me librará de toda obra mala, y me preservará para su reino celestial. A él sea gloria por los siglos de los siglos. Amén" (2 Ti. 4:18).

"Que sois guardados por el poder de Dios mediante la fe, para alcanzar la salvación que está preparada para ser manifestada en el tiempo postrero" (1 P. 1:5).

"Y a aquel que es poderoso para guardaros sin caída, y presentaros sin mancha delante de su gloria con gran alegría, al único y sabio Dios, nuestro Salvador, sea gloria y majestad, imperio y potencia, ahora y por todos los siglos. Amén" (Jud. 24-25).

4 (21:12-13) ***Nueva Jerusalén:*** Están las doce puertas de la ciudad (vv. 12b-13). Se dicen tres cosas sobre las puertas.

1. Las puertas tienen los nombres de las doce tribus de Israel sobre ellas. Esto simboliza que la única manera de llegar a Dios es a través del Mesías de las doce tribus, el Mesías de los judíos, el Señor Jesucristo. Las Escrituras dicen:"La salvación es para los judíos" (Jn. 4:22). Dios envió su salvación, su propio Hijo, al mundo a través de los judíos. Por lo tanto, la entrada a la Jerusalén Celestial es solo a través del Mesías de la nación judía. Ninguna persona puede entrar a la ciudad celestial a no ser que pase por las puertas de salvación provistas por Dios.

"Vosotros adoráis lo que no sabéis; nosotros adoramos lo que sabemos; porque la salvación viene de los judíos" (Jn. 4:22).

"Porque de tal manera amó Dios al mundo, que ha dado a su Hijo unigénito, para que todo aquel que en él cree, no se pierda, mas tenga vida eterna" (Jn. 3:16).

"Jesús les dijo: Yo soy el pan de vida; el que a mí viene, nunca tendrá hambre; y el que en mí cree, no tendrá sed jamás" (Jn. 6:35).

"Dijo entonces Jesús a los doce: ¿Queréis acaso iros también vosotros? Le respondió Simón Pedro: Señor, ¿a quién iremos? Tú tienes palabras de vida eterna" (Jn. 6:67-68).

"Jesús le dijo: Yo soy el camino, y la verdad, y la vida; nadie viene al Padre, sino por mí" (Jn. 14:6).

"Y en ningún otro hay salvación; porque no hay otro nombre bajo el cielo, dado a los hombres, en que podamos ser salvos" (Hch. 4:12).

"Porque hay un solo Dios, y un solo mediador entre Dios y los hombres, Jesucristo hombre" (1 Ti. 2:5).

"Pero ahora tanto mejor ministerio es el suyo, cuanto es *mediador* de un mejor pacto, establecido sobre mejores promesas" (He. 8:6).

"Así que, por eso es *mediador* de un nuevo pacto, para que interviniendo muerte para la remisión de las transgresiones que había bajo el primer pacto, los llamados reciban la promesa de la herencia eterna" (He. 9:15).

"Porque no entró Cristo en el santuario hecho de mano, figura del verdadero, sino en el cielo mismo para presentarse ahora por nosotros ante Dios" (He. 9:24).

"A Jesús el Mediador del nuevo pacto, y a la sangre rociada que habla mejor que la de Abel" (He. 12:24).

"Hijitos míos, estas cosas os escribo para que no pequéis; y si alguno hubiere pecado, abogado tenemos para con el Padre, a Jesucristo el justo" (1 Jn. 2:1).

2. Las puertas están guardadas por doce ángeles: esto simboliza que la entrada a la ciudad está protegida. A ninguna persona se le permite la entrada a la ciudad a no ser que esté aprobada por Dios. Una persona puede entrar solamente si viene a través de la salvación que Dios le dio a Israel, a través de su propio Hijo, el Señor Jesucristo.

3. Hay tres puertas en cada uno de los muros de la ciudad, doce puertas en total. Cada dirección de la tierra tiene tres puertas:

=> El este tiene tres puertas.
=> El norte tiene tres puertas.
=> El sur tiene tres puertas.
=> El oeste tiene tres puertas.

Esto simboliza que todos los de la tierra están invitados a entrar en la ciudad. Hay un muro que da el frente a todos en el este, y todos en el norte, y todos en el sur y todos en el oeste. Y hay tres puertas que dan el frente a todos. Por tanto, todos en la tierra pueden entrar a la ciudad. No hay discriminación ni prejuicio, ni parcialidad ni favoritismo mostrado por Dios. Todos pueden venir y vivir como ciudadanos de la ciudad. El único requisito es que vengan a través del Mesías, el Salvador del mundo, el Señor Jesucristo.

"Sino que en toda nación se agrada del que le teme y hace justicia" (Hch. 10:35).

"Porque no me avergüenzo del evangelio, porque es poder de Dios para salvación a todo aquel que cree; al judío primeramente, y también al griego" (Ro. 1:16).

"Porque no hay diferencia entre judío y griego, pues el mismo que es Señor de todos, es rico para con todos los que le invocan" (Ro. 10:12).

"Ya no hay judío ni griego; no hay esclavo ni libre; no hay varón ni mujer; porque todos vosotros sois uno en Cristo Jesús" (Gá. 3:28).

5 (21:14) ***Nueva Jerusalén:*** Están los doce cimientos de la ciudad (v. 14). Tienen los nombres de los doce apóstoles inscriptos en ellos. Advierta: Los doce apóstoles están claramente definidos como los apóstoles *"del Cordero"*. Esto significa que la fundación de la ciudad es el testimonio de los doce apóstoles, el testimonio que declara que Jesucristo es el Cordero de Dios. Es la *muerte sacrificial* de Jesucristo como el Cordero de Dios lo que hace que la ciudad esté disponible para las personas.

=> A no ser que Jesucristo haya muerto por el hombre, a no ser que haya tomado los pecados del hombre y sacrificado su vida por aquellos pecados nadie estaría libre jamás del pecado y sería aceptable ante Dios. Ninguna persona podría jamás entrar a la ciudad, porque cada persona estaría cargando con sus propios pecados.
=> A no ser que una persona crea en el Cordero de Dios, crea que Jesucristo sí sacrificó su vida por sus pecados, esa persona no es aceptable para Dios. Nunca se le permitirá ingresar a la ciudad.

Los cimientos mismos de la ciudad son el *testimonio del Cordero* declarado por los apóstoles. Por lo tanto, una persona debe construir su vida sobre ese testimonio.

"Así que ya no sois extranjeros ni advenedizos, sino conciudadanos de los santos, y miembros de la familia de Dios, edificados sobre el fundamento de los apóstoles y profetas, siendo la principal piedra del ángulo Jesucristo mismo" (Ef. 2:19-20).

"Atesorando para sí buen fundamento para lo por venir, que echen mano de la vida eterna" (1 Ti. 6:19).

"Pero el fundamento de Dios está firme, teniendo este sello: Conoce el Señor a los que son suyos; y: Apártese de iniquidad todo aquel que invoca el nombre de Cristo" (2 Ti. 2:19).

6 (21:15-17) ***Nueva Jerusalén:*** Está el tamaño y la forma de la ciudad (vv. 15-17). Se dan tres hechos.

1. La ciudad es cuadrada (v. 16). Hay un lado que mira al norte, otro al norte, otro al sur y otro al este. Nuevamente, la ciudad da el frente a todos los puntos cardinales. La ciudadanía dentro de la ciudad está disponible a toda nación, ciudad, tribu, lengua y persona sobre la tierra, disponible si una persona se acerca a la ciudad a través de la salvación que Dios mismo ha proporcionado para la tierra.

2. La ciudad es enorme y, como esperaríamos de la ciudad celestial, su tamaño sobrepasa todo lo que podríamos llegar a soñar (v. 16). Tiene 2.700 kilómetros de largo, de ancho y de *alto.* ¡Sus muros son de 2700 kilómetros de alto! Este es un total de 2. 250. 000 millas cuadradas o 3. 375. 000.000 millas cúbicas. Imagine una enorme estación espacial que el hombre pudiera construir en un siglo o dos y orbitara alrededor de la tierra. Si Jesucristo demora su venida demasiado tiempo, la idea de que el hombre se vea forzado a construir una gran ciudad en el espacio exterior para manejar la población ya ha cruzado la mente del hombre. El Dios que creó una luna para que orbitara alrededor de la tierra y planetas para que orbitaran alrededor del sol ha creado una ciudad que es mucho más bella que cualquier ciudad que el hombre pudiera construir. Algún día descenderá del cielo a la tierra y será la ciudad capital del universo. Dios va a reclamar la tierra de toda la maldad que la ha contaminado y hará lo más maravilloso de todo: Convertirá la tierra en el centro del universo, el lugar donde su misma presencia se centrará. La tierra será el trono del Señor Jesucristo. Y la ciudad capital de su gobierno y reinado será la Nueva Jerusalén. ¡Qué gloriosa imagen de la gran salvación y soberanía de Dios!

3. El espesor de la pared es de 144 codos o de 80 metros de espesor (v. 17).

Pensamiento 1: El tamaño de la ciudad es lo suficientemente grande como para ocuparse de todos lo que ingresen a ella. Hay lugar para todos los que vengan a Dios a través de su Hijo, el Señor Jesucristo.

"Mirad a mí, y sed salvos, todos los términos de la tierra, porque yo soy Dios, y no hay más" (Is. 45:22).

"A todos los sedientos: Venid a las aguas; y los que no tienen dinero, venid, comprad y comed. Venid, comprad sin dinero y sin precio, vino y leche" (Is. 55:1).

"Id, pues, a las salidas de los caminos, y llamad a las bodas a cuantos halléis" (Mt. 22:9).

"En el último y gran día de la fiesta, Jesús se puso en pie y alzó la voz, diciendo: Si alguno tiene sed, venga a mí y beba" (Jn. 7:37).

"Porque no hay diferencia entre judío y griego, pues el mismo que es Señor de todos, es rico para con todos los que le invocan" (Ro. 10:12).

"El cual quiere que todos los hombres sean salvos y vengan al conocimiento de la verdad" (1 Ti. 2:4).

"Y el Espíritu y la Esposa dicen: Ven. Y el que oye, diga: Ven. Y el que tiene sed, venga; y el que quiera, tome del agua de la vida gratuitamente" (Ap. 22:17).

7 (21:18-21) ***Nueva Jerusalén:*** Están los materiales de la ciudad (vv. 18-21). Debemos tener presente que en algunos casos las gemas o piedras preciosas que se mencionan en este pasaje diferían de las valiosas piedras que conocemos hoy. Las piedras parecerían ser así: (Note la espectacular belleza y variedad de colores en la ciudad).

1. Las paredes *están hechas de jaspe:* Una roca cristalina de color verde. Las paredes de cristal verde brillan con el color más hermoso mientras les da el reflejo de la gloria de Dios.

2. La ciudad está hecha de oro puro, un oro que es claro como el cristal. No hay ningún oro en la tierra que sea claro como el cristal. Imagine una ciudad mucho más grande que Nueva York o Tokio o cualquier otra ciudad grande hecha de oro puro, un oro tan puro que sería transparente. Imagine el brillante color oro de la Nueva Jerusalén mientras le da la gloria de Dios.

3. Los doce cimientos están decorados con todo tipo de piedra preciosa (vv. 19-20. Esta información es reunida por William Barclay, *The Revelation of John*, Vol. 2, p. 273ss.)

=> El primer cimiento es de jaspe: una roca verde cristalina.
=> El segundo cimiento es de zafiro: un azul cielo con pedacitos de oro (cp. Éx. 24:10).
=> El tercer cimiento es calcedonia: una piedra verde como el verde de la cola de un pavo real.
=> El cuarto cimiento es esmeralda: verde, la más verde de todos los verdes.
=> El quinto cimiento es sardonix: una piedra que tiene diferentes colores, básicamente blanca con capas de rojo y marrón.
=> El sexto cimiento es sardio: un rojo sangre.
=> El séptimo cimiento es crisolita: una piedra brillante con un brillo dorado.
=> El octavo cimiento es beril: una piedra azul mar.
=> El noveno cimiento es topacio: una piedra dorada verdosa que era transparente (cp. Job. 28:19).
=> El décimo cimiento es crisofaro: una piedra verde manzana
=> El undécimo cimiento es jacinto: una piedra violeta, púrpura azulada.
=> El duodécimo cimiento es amatista: también una piedra púrpura azulada, pero más brillante que el jacinto.

4. Las doce puertas son doce enormes perlas. ¡Que magnífica belleza!

5. Las calles estaban hechas de oro puro, pero nuevamente el oro es transparente, transparente como el vidrio.

Pensamiento 1: Esta es una asombrosa imagen de belleza y variedad. Imagine el maravilloso brillo y esplendor mientras la gloria de Dios se refleja en las piedras. La belleza podría ser una de las visiones más hermosas y asombrosas de todo el universo. ¿Las piedras y el color simbolizan algo? Por lo menos este significado detrás de tal belleza magnífica: Vale la pena entrar a la ciudad celestial a cualquier precio. No tiene precio. No importa lo que un hombre tenga que sacrificar, es un tonto si no deja todo lo que tiene para entrar a la ciudad celestial de Dios.

"Además, el reino de los cielos es semejante a un tesoro escondido en un campo, el cual un hombre halla, y lo esconde de nuevo; y gozoso por ello va y vende todo lo que tiene, y compra aquel campo" (Mt. 13:44).

"También el reino de los cielos es semejante a un mercader que busca buenas perlas, que habiendo hallado una perla preciosa, fue y vendió todo lo que tenía, y la compró" (Mt. 13:45-46).

"Sino haceos tesoros en el cielo, donde ni la polilla ni el orín corrompen, y donde ladrones no minan ni hurtan" (Mt. 6:20).

"Jesús le dijo: Si quieres ser perfecto, anda, vende lo que tienes, y dalo a los pobres, y tendrás tesoro en el cielo; y ven y sígueme" (Mt. 19:21).

"Vended lo que poseéis, y dad limosna; haceos bolsas que no se envejezcan, tesoro en los cielos que no se agote, donde ladrón no llega, ni polilla destruye" (Lc. 12:33).

"Y ciertamente, aun estimo todas las cosas como pérdida por la excelencia del conocimiento de Cristo Jesús, mi Señor, por amor del cual lo he perdido todo, y lo tengo por basura, para ganar a Cristo" (Fil. 3:8).

"Atesorando para sí buen fundamento para lo por venir, que echen mano de la vida eterna" (1 Ti. 6:19).

"Por tanto, yo te aconsejo que de mí compres oro refinado en fuego, para que seas rico, y vestiduras blancas para vestirte, y que no se descubra la vergüenza de tu desnudez; y unge tus ojos con colirio, para que veas" (Ap. 3:18).

8 (21:22) ***Nueva Jerusalén:*** Está la adoración de la ciudad (v. 22). No hay templo en la ciudad celestial, ya que tanto Dios como Cristo están allí. Su presencia se manifestará tanto...

- que la misma atmósfera será pesada con sus espíritus.
- que toda persona será llenada con el Espíritu de Dios, perfectamente llenada.
- que toda persona será perfectamente consciente de la presencia continua de Dios.

Ningún creyente estará sin el pleno y perfecto conocimiento del Espíritu y presencia de Dios. Por lo tanto, habrá una adoración, una comunicación y un compartir con Dios y Cristo que no se romperá. No importa qué servicio u obra esté realizando el creyente, y no importa en qué lugar del universo está sirviendo el creyente, estará en un inquebrantable compañerismo y comunión con Dios. Por lo tanto, no hay necesidad de un templo y sus ceremonias para empujar la mente humana a la adoración de Dios.

"Dios es Espíritu; y los que le adoran, en espíritu y en verdad es necesario que adoren" (Jn. 4:24).

"Derribando argumentos y toda altivez que se levanta contra el conocimiento de Dios, y llevando cautivo todo pensamiento a la obediencia a Cristo" (2 Co. 10:5).

"Por lo demás, hermanos, todo lo que es verdadero, todo lo honesto, todo lo justo, todo lo puro, todo lo amable, todo lo que es de buen nombre; si hay virtud alguna, si algo digno de alabanza, en esto pensad" (Fil. 4:8).

"Después de esto oí una gran voz de gran multitud en el cielo, que decía: ¡Aleluya! Salvación y honra y gloria y poder son del Señor Dios nuestro" (Ap. 19:1; cp. Ap. 19:1-7).

"Sino que en la ley de Jehová está su delicia, y en su ley medita de día y de noche" (Sal. 1:2).

"Tú guardarás en completa paz a aquel cuyo pensamiento en ti persevera; porque en ti ha confiado" (Is. 26:3).

9 (21:23) ***Nueva Jerusalén:*** Está la luz de la ciudad, la gloria de Dios y del Cordero, el Señor Jesucristo (v. 23; ver nota, Ap. 21:11).

	C. La Nueva Jerusalén. La ciudad de Dios (Parte 2): Sus ciudadanos y provisiones, 21:24—22:5	río limpio de agua de vida, resplandeciente como cristal, que salía del trono de Dios y del Cordero. 2 En medio de la calle de la ciudad, y a uno y otro lado del río, estaba el árbol de la vida, que produce doce frutos, dando cada mes su fruto; y las hojas del árbol eran para la sanidad de las naciones. 3 Y no habrá más maldición; y el trono de Dios y del Cordero estará en ella, y sus siervos le servirán, 4 y verán su rostro, y su nombre estará en sus frentes. 5 No habrá allí más noche; y no tienen necesidad de luz de lámpara, ni de luz del sol, porque Dios el Señor los iluminará; y reinarán por los siglos de los siglos.	a. Hay un río de vida, de vida continua 1) Perfectamente puro 2) Fluye de Dios y del Cordero b. Hay un árbol de la vida 1) Da frutos todo el año 2) Para la sanidad de las naciones c. No hay más maldición d. Está el trono de Dios y del Cordero 1) Los creyentes sirven perfectamente 2) Los creyentes están cara a cara con Dios e. Está el nombre de Dios escrito en la frente de los creyentes f. Hay una luz eterna en la ciudad g. Hay una regla eterna —trabajo y servicio— para Dios y para Cristo
1 Los ciudadanos de la ciudad a. Son de naciones terrenales b. Caminan a la luz de la ciudad de Dios c. Son reyes d. Tienen un acceso constante, ininterrumpido hacia Dios e. Traen la gloria de sus naciones a la ciudad f. Se les garantiza una vida y un servicio perfectos	24 Y las naciones que hubieren sido salvas andarán a la luz de ella; y los reyes de la tierra traerán su gloria y honor a ella. 25 Sus puertas nunca serán cerradas de día, pues allí no habrá noche. 26 Y llevarán la gloria y la honra de las naciones a ella. 27 No entrará en ella ninguna cosa inmunda, o que hace abominación y mentira, sino solamente los que están inscritos en el libro de la vida del Cordero. **CAPÍTULO 22**		
2 Las provisiones de la ciudad	1 Después me mostró un		

DIVISIÓN XIII

LA ETERNIDAD DE DIOS: LOS NUEVOS CIELOS Y TIERRA Y LA NUEVA JERUSALÉN, 21:1—22:5

C. La Nueva Jerusalén. La ciudad de Dios (Parte 2): Sus ciudadanos y provisiones 21:24—22:5

(21:24-22:5) ***Introducción:*** Los nuevos cielos y la tierra tendrán una ciudad capital, una ciudad donde se asientan el trono de Dios y de Cristo. La ciudad se está preparando en el cielo y está más allá de toda descripción. Su nombre es *Nueva Jerusalén* o la *Jerusalén Celestial*. Esto se trató en el pasaje anterior. Ahora, las Escrituras nos muestran a los *ciudadanos y las provisiones de la gran ciudad de Dios.*

1. Los ciudadanos de la ciudad (vv. 24-27).
2. Las provisiones de la ciudad (Cap. 22, vv. 1-5).

[1] (21:24-27) ***Nueva Jerusalén - Creyentes - Cielo:*** Están los ciudadanos de la Jerusalén Celestial. Se dicen seis cosas acerca de ellos.

1. Los ciudadanos son de naciones terrenales (v. 24). Son los *salvos* de todas las naciones de la tierra. Esto nuevamente nos demuestra que el evangelio es universal, cualquiera de cualquier nación puede ser salvo. Dios no discrimina entre las personas ni muestra parcialidad hacia persona alguna.

2. Los ciudadanos caminan a la luz de la ciudad. Esto significaría...

- que caminan a la luz de la gloria de Dios.
- que caminan a la luz del *conocimiento de Dios,* el pleno y perfecto conocimiento de Dios.
- que caminan a la luz de la *perfección,* perfección de *pureza y justicia* y perfección de *sabiduría,* sabiendo exactamente qué hacer y cómo hacerlo.

3. Los ciudadanos son reyes que traen su gloria y honra a la ciudad (v. 24). Esto nos dice dos cosas.

a. Los creyentes gobernarán y reinarán con Cristo. Reinarán como reyes para Él, probablemente sirviéndolo y supervisando el universo por Él. Recuerde: Los cielos serán creados de nuevo al igual que la tierra. A los miles de millones de cuerpos celestiales aparentemente se les dará vida y serán fructíferos. Cualquiera sea el caso, las Escrituras claramente enseñan que los creyentes gobernarán y reinarán con Cristo y lo servirán en posiciones responsables como reyes. (Ver notas, Ap. 14:13; 220:4-6 para mayor discusión).

"Y Jesús les dijo: De cierto os digo que en la regeneración, cuando el Hijo del Hombre se siente en el trono de su gloria, vosotros que me habéis seguido también os sentaréis sobre doce tronos, para juzgar a las doce tribus de Israel" (Mt. 19:28)

"Su señor le dijo: Bien, buen siervo y fiel; sobre poco has sido fiel, sobre mucho te pondré; entra en el gozo de tu señor" (Mt. 25:23)

"Y dijo el Señor: ¿Quién es el mayordomo fiel y prudente al cual su señor pondrá sobre su casa, para que a tiempo les dé su ración? Bienaventurado aquel siervo al cual, cuando su señor venga, le halle haciendo así. *En verdad os digo* que le pondrá sobre todos sus bienes" (Lc. 12:42-44)

"Él le dijo: Está bien, buen siervo; por cuanto en lo poco has sido fiel, tendrás autoridad sobre diez ciudades... Y también a éste dijo: Tú también sé sobre cinco ciudades" (Lc. 19:17, 19)

"Y si hijos, también herederos; herederos de Dios y coherederos con Cristo, si es que padecemos juntamente con él, para que juntamente con él seamos glorificados" (Ro. 8:17)

"Si sufrimos, también reinaremos con él; si le negáremos, él también nos negará" (2 Ti. 2:12)

"¿O no sabéis que los santos han de juzgar al mundo? Y si el mundo ha de ser juzgado por vosotros, ¿sois indignos de juzgar cosas muy pequeñas? ¿O no sabéis que hemos de juzgar a los ángeles? ¿Cuánto más las cosas de esta vida?" (1 Co. 6:2-3)

"Y de Jesucristo el testigo fiel, el primogénito de los muertos, y el soberano de los reyes de la tierra. Al que nos amó, y nos lavó de nuestros pecados con su sangre" (Ap. 1:5)

"Y nos has hecho para nuestro Dios reyes y sacerdotes, y reinaremos sobre la tierra" (Ap. 5:10).

b. Los creyentes traerán su gloria y honor *a la ciudad celestial* y le darán toda su gloria y honor al Señor que los invistió de ellos. Los creyentes le deben todo lo que son a Dios y a Cristo; por lo tanto van a reconocer y a halagar a Dios y a Cristo por haberles dado tan gran salvación. Advierta que los creyentes traerán su gloria y honor *dentro de* la ciudad.

=> Esto habla como si los creyentes sirvieran como reyes de naciones *fuera de la ciudad.*

=> Esto habla como si hubiera ocasiones especiales en los que los creyentes se reunieran *en la ciudad celestial,* que se reunieran para traer la gloria y honor de sus naciones a Dios y a Cristo. Léalo atentamente (en griego dice *eis auten)* dado que esta parece ser la imagen descripta. Una cosa está segura: No importa lo que describamos o imaginemos, va a ser mucho más de lo que podamos describir o preguntar o incluso pensar. La Palabra de Dios lo aclara enfáticamente:

"Antes bien, como está escrito: Cosas que ojo no vio, ni oído oyó, ni han subido en corazón de hombre, son las que Dios ha preparado para los que le aman" (1 Co. 2:9)

"Y a Aquel que es poderoso para hacer todas las cosas mucho más abundantemente de lo que pedimos o entendemos, según el poder que actúa en nosotros" (Ef. 3:20)

"¡Oh profundidad de las riquezas de la sabiduría y de la ciencia de Dios! ¡Cuán insondables son sus juicios, e inescrutables sus caminos! Porque ¿quién entendió la mente del Señor? ¿O quién fue su consejero? ¿O quién le dio a él primero, para que le fuese recompensado? Porque de él, y por él, y para él, son todas las cosas. A él sea la gloria por los siglos. Amén" (Ro. 11:33-36).

4. Los ciudadanos tendrán un acceso constante, inquebrantable con Dios (v. 25). Las puertas nunca estarán cerradas y no hay noche en el mundo espiritual. Hay siempre un perfecto acceso a la presencia de Dios, y no hay necesidad de dormir ni descansar. Tendremos cuerpos perfectos con fuerza perfecta. Además, el Espíritu Santo de Dios nos llenará totalmente. El Espíritu Santo nos dará un conocimiento perfecto y conciencia de la presencia de Dios. Él centrará nuestros corazones y mentes en Dios en una adoración constante, ininterrumpida. Nos dará un compañerismo inquebrantable y comunión y adoración de Dios.

Pensamiento 1: En los nuevos cielos y tierra, no importa qué obra y servicio estemos haciendo para Cristo, nuestras mentes y corazones serán conscientes de la presencia de Dios. Todo pensamiento de nuestra mente será un pensamiento justo y puro, un pensamiento que es sobre Dios mismo o sobre algo que tiene que ver con nuestra vida diaria (como nuestro servicio y trabajo o compañerismo con otros creyentes), un pensamiento que complacerá a Dios.

"Pues aunque andamos en la carne, no militamos según la carne; porque las armas de nuestra milicia no son carnales, sino poderosas en Dios para la destrucción de fortalezas, derribando argumentos y toda altivez que se levanta contra el conocimiento de Dios, y llevando cautivo *todo pensamiento* a la obediencia a Cristo" (2 Co. 10:3-5)

"Por lo demás, hermanos, todo lo que es verdadero, todo lo honesto, todo lo justo, todo lo puro, todo lo amable, todo lo que es de buen nombre; si hay virtud alguna, si algo digno de alabanza, en esto pensad" (Fil. 4:8)

"Tú guardarás en completa paz a aquel cuyo pensamiento en ti persevera; porque en ti ha confiado" (Is. 26:3).

5. Los creyentes traerán la gloria y el honor de sus naciones dentro de (eis auten) la ciudad. Esto es una continuación de lo que se dijo anteriormente (punto 3). Esto demuestra que los creyentes son los reyes de los que se habla, que los creyentes vendrán de varios gobiernos o naciones para traer la gloria de sus naciones a Dios. Nuevamente la imagen parece ser celebraciones periódicas de gran adoración. Por cierto habrá momentos en que todos los creyentes se reunirán de todos los rincones del cielo (el mundo o universo espiritual) en una gran celebración de adoración. Podríamos pensar que la Cena de la Boda del Cordero no será la única vez que se nos reuniremos para adorar a nuestro querido Señor.

Advierta nuevamente: Las Escrituras dicen que como reyes entramos "*dentro de*" la ciudad. Es como si viniéramos de los rincones recónditos del mundo espiritual para traer el honor de nuestras naciones a Dios y Cristo. Pero también debemos repetir: Cualquiera sea el caso —de donde sea que vengamos— que nuestra mente nunca podría imaginar la gloria y majestad de lo que realmente ocurre. (Ver punto 3 más arriba para los versículos y una mayor discusión).

6. A los creyentes se les garantiza una vida y un servicio perfectos. Los creyentes nunca tendrán que preocuparse porque el cielo sea imperfecto o esté contaminado. Dios no va a dejar a una persona imperfecta en el cielo, no importa de quién se trate. No va a dejar que el cielo se contamine con un solo pecado. El

cielo siempre será el cielo: perfecto, absolutamente perfecto. Ninguna persona que haya pecado jamás ingresará a la ciudad, no hasta que la persona acepte la limpieza de Jesucristo. A no ser que acepte la limpieza de Jesucristo, es culpable de pecado. Todavía carga con su propio pecado y su contaminación. Por lo tanto, si Dios deja a la persona contaminada en la ciudad celestial, la persona podría contaminar el cielo. El cielo ya no podría ser perfecto, limpio o puro. Por lo tanto, Dios siempre mantendrá fuera a cualquier persona...

- que contamine (está sucio con su pecado).
- que hace algo vergonzoso (cosas detestables, inmorales).
- que miente o engaña.

La única persona aceptada en la ciudad celestial es la que cuyo nombre está escrito en *El libro de la vida del Cordero.* La persona que acepta el sacrificio del Cordero, el Señor Jesucristo, por sus pecados, esa persona tendrá su nombre escrito en el libro de la vida del Cordero. Será un ciudadano de la gran Jerusalén Celestial.

> **"Y manifiestas son las obras de la carne, que son: adulterio, fornicación, inmundicia, lascivia, idolatría, hechicerías, enemistades, pleitos, celos, iras, contiendas, disensiones, herejías, envidias, homicidios, borracheras, orgías, y cosas semejantes a estas; acerca de las cuales os amonesto, como ya os lo he dicho antes, que los que practican tales cosas no heredarán el reino de Dios" (Gá. 5:19-21)**
>
> **"Porque os digo que si vuestra justicia no fuere mayor que la de los escribas y fariseos, no entraréis en el reino de los cielos" (Mt. 5:20)**
>
> **"De cierto os digo, que el que no reciba el reino de Dios como un niño, no entrará en él" (Mr. 10:15)**
>
> **"¿No sabéis que los injustos no heredarán el reino de Dios? No erréis; ni los fornicarios, ni los idólatras, ni los adúlteros, ni los afeminados, ni los que se echan con varones" (1 Co. 6:9)**
>
> **"Pero esto digo, hermanos: que la carne y la sangre no pueden heredar el reino de Dios, ni la corrupción hereda la incorrupción" (1 Co. 15:50)**
>
> **"No entrará en ella ninguna cosa inmunda, o que hace abominación y mentira, sino solamente los que están inscritos en el libro de la vida del Cordero" (Ap. 21:27).**

2 (22:1-5) ***Nueva Jerusalén - Cielo:*** Están las provisiones de la Jerusalén Celestial. Las provisiones son siete.

1. Hay un río puro en la ciudad, un río que tiene el agua de la vida (v. 1). ¿Hay un *río verdadero* en la Jerusalén celestial o lo debemos tomar simbólicamente? Probablemente ambas sean las respuestas. Por cierto, la Nueva Jerusalén, teniendo 1500 millas cúbicas, tendrá la belleza y el frescor de un río y de muchas otras aguas. Nosotros con frecuencia espiritualizamos cuando pensamos en el cielo, imaginando que estaremos en algún tipo de mundo de ensueño, irreal, en lugar de un mundo real. Siempre debemos recordar las enseñanzas de las Escrituras: Dios va a *recrear esta tierra y los cielos del universo.* Esto es lo que Él explícitamente enseña en las Escrituras (cp. 2 P. 3:10-12; Ap. 21:1; etc.)

Un mundo recreado, por cierto, tendría las mismas características que tiene este mundo con una excepción: Será perfeccionado. Se dice que la Jerusalén Celestial tiene un río que fluye por ella, y el río tiene el agua de la vida. ¿Qué significa esto? El versículo nos lo dice. Advierta dónde está la fuente del río: "el trono de Dios y del Cordero".

El agua del río fluye de Dios y de Cristo: Ellos son la fuente de toda vida que vive en la ciudad. No habrá vida allá, ninguna persona, salvo los que han bebido de la vida que Dios y Cristo dan. Por lo tanto, el río simboliza la vida que fluye de Dios y Cristo. Será un recordatorio constante de que Jesucristo es el *agua viva* que nos da vida...

- que *sacia* nuestra sed de vida.
- que *satisface* nuestra sed de vida.
- que *llena* nuestra sed de vida.
- que *completa* nuestra sed de vida.

> **"Respondió Jesús y le dijo: Si conocieras el don de Dios, y quién es el que te dice: Dame de beber; tú le pedirías, y él te daría agua viva" (Jn. 4:10)**
>
> **"Mas el que bebiere del agua que yo le daré, no tendrá sed jamás; sino que el agua que yo le daré será en él una fuente de agua que salte para vida eterna" (Jn. 4:14)**
>
> **"En el último y gran día de la fiesta, Jesús se puso en pie y alzó la voz, diciendo: Si alguno tiene sed, venga a mí y beba. El que cree en mí, como dice la Escritura, de su interior correrán ríos de agua viva" (Jn. 7:37-38)**
>
> **"Después me mostró un río limpio de agua de vida, resplandeciente como cristal, que salía del trono de Dios y del Cordero. En medio de la calle de la ciudad, y a uno y otro lado del río, estaba el árbol de la vida, que produce doce frutos, dando cada mes su fruto; y las hojas del árbol eran para la sanidad de las naciones" (Ap. 22:1-2)**
>
> **"Y el Espíritu y la Esposa dicen: Ven. Y el que oye, diga: Ven. Y el que tiene sed, venga; y el que quiera, tome del agua de la vida gratuitamente" (Ap. 22:17).**

2. Hay un árbol de la vida en la ciudad (v. 2). Recuerde: El árbol de la vida también estaba plantado en el *Huerto del Edén* (Gn. 2:9). Siempre y cuando el hombre permaneciera sin pecado, se le permitía comer del árbol, pero tan pronto como pecó, no se le permitió comer su fruto. El fruto era la nutrición de la vida: infundía vida eterna al cuerpo de Adán. O bien, simbolizaba el entorno perfecto y dador de vida que Dios le dio a Adán. Cualquiera sea el caso, el árbol de la vida está ahora en la Jerusalén celestial. Advierta dos cosas que se dicen sobre esto.

a. El árbol de la vida da doce cosechas de fruta, una cosecha por mes. El árbol da fruta todo el año. Esto simboliza fruto continuo o vida continua. No hay momento en el que el árbol no dé fruta. Siempre da fruto, proporciona fruto eterno. Por lo tanto, la persona que come del árbol de la vida es alimentado por su fruto eternamente. Vive por siempre.
   Hay otro símbolo aquí: Dar el fruto del Espíritu de Dios. La persona que come del árbol de la vida dará el fruto del Espíritu eternamente.

b. Las hojas del árbol de la vida son para la sanidad de las naciones. Esto es, proporcionan una vida perfecta. Las hojas evitan enfermedades y males.

Le da a la persona que lo come un cuerpo perfecto. Esto simboliza la perfección que da Jesucristo, la sanidad y liberación perfectas de todo sufrimiento que Él da, el cuerpo perfecto que Él proveerá ese día glorioso.

"En medio de la calle de la ciudad, y a uno y otro lado del río, estaba el árbol de la vida, que produce doce frutos, dando cada mes su fruto; y las hojas del árbol eran para la sanidad de las naciones" (Ap. 22:2)

"El que tiene oído, oiga lo que el Espíritu dice a las iglesias. Al que venciere, le daré a comer del árbol de la vida, el cual está en medio del paraíso de Dios" (Ap. 2:7)

"Y Jehová Dios hizo nacer de la tierra todo árbol delicioso a la vista, y bueno para comer; también el árbol de vida en medio del huerto, y el árbol de la ciencia del bien y del mal" (Gn. 2:9)

"Y dijo Jehová Dios: He aquí el hombre es como uno de nosotros, sabiendo el bien y el mal; ahora, pues, que no alargue su mano, y tome también del árbol de la vida, y coma, y viva para siempre" (Gn. 3:22)

"Y junto al río, en la ribera, a uno y otro lado, crecerá toda clase de árboles frutales; sus hojas nunca caerán, ni faltará su fruto. A su tiempo madurará, porque sus aguas salen del santuario; y su fruto será para comer, y su hoja para medicina" (Ez. 47:12).

3. No hay más maldición en la ciudad (v. 3). La tierra está maldita. ¿De qué manera? Maldita en cuanto al envejecimiento, la corrupción, el deterioro, la ruina, la muerte, el sufrimiento, la maldad, los disturbios, la división, los desastres y demás. Está maldita porque el hombre ha elegido hacer su propia vida y rechazar la vida de Dios. La vida de Dios es, como se dijo anteriormente, eterna. Únicamente su vida es eterna. Por lo tanto, cuando el hombre eligió hacer su propia vida, eligió morir. En consecuencia, el hombre trajo la muerte y toda su maldad al mundo. El hombre maldijo la tierra por su rechazo de Dios y de la vida de Dios.

Pero advierta: La Jerusalén celestial no tiene maldición. Esto significa que está libre de maldad y muerte. Es perfecta y perdurará eternamente. No hay maldición de maldad o de muerte en la ciudad. Sus ciudadanos son libres de la maldición; son perfeccionados por los siglos de los siglos.

"Y al hombre dijo: Por cuanto obedeciste a la voz de tu mujer, y comiste del árbol de que te mandé diciendo: No comerás de él; maldita será la tierra por tu causa; con dolor comerás de ella todos los días de tu vida" (Gn. 3:17)

"Porque todos los que dependen de las obras de la ley están bajo maldición, pues escrito está: Maldito todo aquel que no permaneciere en todas las cosas escritas en el libro de la ley, para hacerlas" (Gá. 3:10)

"Y morarán en ella, y no habrá nunca más maldición, sino que Jerusalén será habitada confiadamente" (Zac. 14:11).

4. Está el trono de Dios y del Cordero en la ciudad (vv. 3b-4). Esto significa dos cosas.

a. Los siervos del Señor servirán a Dios y a Cristo, operando fuera de la ciudad. Esto es, la Jerusalén Celestial será la ciudad capital del universo, el cuartel general del gobierno y reinado del Señor. La idea es que recibimos nuestras instrucciones y hacemos nuestro informe desde el mismo trono de Dios y Cristo. Tendremos acceso al trono del cielo mismo. (Ver nota, punto 3- Ap. 21:24-27 para los versículos.)

b. Los siervos del Señor verán su rostro (v. 4). Lo veremos cara a cara, en realidad estaremos de pie cara a cara con nuestro maravilloso Señor y Dios: Hablaremos, compartiremos, serviremos, intercambiaremos ideas, adoraremos, alabaremos y daremos gracias; y tendremos el derecho de verlo cara a cara a lo largo de toda la eternidad. ¡Ah, la preciosidad de la esperanza! ¡La gloria y la majestad de la esperanza! ¡La motivación y el entusiasmo de la esperanza! Nuestro maravilloso Señor nos ha dado una esperanza que sobrepasa toda imaginación. ¡Tendremos el glorioso privilegio de vivir cara a cara con nuestro maravilloso Señor!

"Bienaventurados los de limpio corazón, porque ellos verán a Dios" (Mt. 5:8)

"Y esta es la vida eterna: que te conozcan a ti, el único Dios verdadero, y a Jesucristo, a quien has enviado" (Jn. 17:3)

"Amados, ahora somos hijos de Dios, y aún no se ha manifestado lo que hemos de ser; pero sabemos que cuando él se manifieste, seremos semejantes a él, porque le veremos tal como él es" (1 Jn. 3:2)

"En cuanto a mí, veré tu rostro en justicia; estaré satisfecho cuando despierte a tu semejanza" (Sal. 17:15).

5. Está el nombre de Dios escrito en la frente de los creyentes (v. 4). Esto significa posesión y seguridad. Estaremos totalmente poseídos por Dios. Seremos sus siervos y podremos servirlo total y completamente. Perteneceremos a Él y estaremos bajo su cuidado y amor, dirección, guía y seguridad, eternamente.

"El cual también nos ha sellado, y nos ha dado las arras del Espíritu en nuestros corazones" (2 Co. 1:22)

"En él también vosotros, habiendo oído la palabra de verdad, el evangelio de vuestra salvación, y habiendo creído en él, fuisteis sellados con el Espíritu Santo de la promesa, que es las arras de nuestra herencia hasta la redención de la posesión adquirida, para alabanza de su gloria" (Ef. 1:13-14)

"Después miré, y he aquí el Cordero estaba en pie sobre el monte de Sion, y con él ciento cuarenta y cuatro mil, que tenían el nombre de él y el de su Padre escrito en la frente" (Ap. 14:1)

"Y verán su rostro, y su nombre estará en sus frentes" (Ap. 22:4).

6. Hay luz eterna en la ciudad (v. 5) (ver nota, punto 2-Ap. 21:24-27; además ver notas, Ap. 21:11; 21:23 para mayor discusión).

7. Está el reino eterno —obra y servicio— para Dios y Cristo (v. 5b) (ver notas, puntos 3, 5, Ap. 21:24-47 para mayor discusión).

	XIV. EL GRAN MENSAJE DE APOCALIPSIS: ONCE HECHOS MOTIVADORES, 22:6-21	14 Bienaventurados los que lavan sus ropas, para tener derecho al árbol de la vida, y para entrar por las puertas en la ciudad.	**6 El mensaje nos dice quién será aceptado por el Señor**
1 El mensaje es fiel y verdadero a. Es de Dios b. Es profético	6 Y me dijo: Estas palabras son fieles y verdaderas. Y el Señor, el Dios de los espíritus de los profetas, ha enviado su ángel, para mostrar a sus siervos las cosas que deben suceder pronto.	15 Mas los perros estarán fuera, y los hechiceros, los fornicarios, los homicidas, los idólatras, y todo aquel que ama y hace mentira.	**7 El mensaje nos dice quién será rechazado por el Señor**
2 El mensaje traerá una bendición a la persona que guarde la profecía de este libro	7 ¡He aquí, vengo pronto! Bienaventurado el que guarda las palabras de la profecía de este libro.	16 Yo Jesús he enviado mi ángel para daros testimonio de estas cosas en las iglesias. Yo soy la raíz y el linaje de David, la estrella resplandeciente de la mañana.	**8 El mensaje es proclamado por el Señor Jesucristo mismo** a. Proclamado a las iglesias b. Proclamado por quién es Él
3 El mensaje motiva adoración a. Juan vio y oyó los eventos b. Juan fue golpeado por el asombro: un sentido de adoración c. A Juan se le dijo que no adorara a ningún otro ser sino a Dios y únicamente a Dios	8 Yo Juan soy el que oyó y vio estas cosas. Y después que las hube oído y visto, me postré para adorar a los pies del ángel que me mostraba estas cosas. 9 Pero él me dijo: Mira, no lo hagas; porque yo soy consiervo tuyo, de tus hermanos los profetas, y de los que guardan las palabras de este libro. Adora a Dios.	17 Y el Espíritu y la Esposa dicen: Ven. Y el que oye, diga: Ven. Y el que tiene sed, venga; y el que quiera, tome del agua de la vida gratuitamente.	**9 El mensaje ofrece la más grande invitación jamás extendida a un hombre**
4 El mensaje debe ser leído y estudiado por todos a. No debe ser sellado b. Porque falta poco c. Porque llegará el momento en que será demasiado tarde para oírlo: el arrepentimiento entonces será imposible	10 Y me dijo: No selles las palabras de la profecía de este libro, porque el tiempo está cerca. 11 El que es injusto, sea injusto todavía; y el que es inmundo, sea inmundo todavía; y el que es justo, practique la justicia todavía; y el que es santo, santifíquese todavía.	18 Yo testifico a todo aquel que oye las palabras de la profecía de este libro: Si alguno añadiere a estas cosas, Dios traerá sobre él las plagas que están escritas en este libro. 19 Y si alguno quitare de las palabras del libro de esta profecía, Dios quitará su parte del libro de la vida, y de la santa ciudad y de las cosas que están escritas en este libro.	**10 El mensaje no debe ser cambiado** a. Una persona no debe agregar nada a la Palabra. b. Una persona no debe quitar nada a la Palabra
5 El mensaje se centra en el regreso del Señor y en el juicio por venir a. El juicio se basa en la obra de un hombre b. El juicio debe basarse en la persona del Señor	12 He aquí yo vengo pronto, y mi galardón conmigo, para recompensar a cada uno según sea su obra. 13 Yo soy el Alfa y la Omega, el principio y el fin, el primero y el último.	20 El que da testimonio de estas cosas dice: Ciertamente vengo en breve. Amén; sí, ven, Señor Jesús. 21 La gracia de nuestro Señor Jesucristo sea con todos vosotros. Amén.	**11 El mensaje cierra con la más grande de las seguridades**

DIVISIÓN XIV

EL GRAN MENSAJE DE APOCALIPSIS: ONCE HECHOS MOTIVADORES, 22:6-21

(22:6-21) ***Introducción:*** Este pasaje cierra el gran libro de Apocalipsis, también son las palabras finales de la Palabra de Dios, dado que el gran Libro de Apocalipsis es el último libro de la Biblia. Jesucristo dio a conocer el gran mensaje de Apocalipsis. Reveló el fin de los tiempos, qué iba a pasar durante los últimos años de la historia humana. Las cosas que ha mostrado han sido asombrosas. Han hecho que uno estuviera de pie en absoluto asombro ante la gloria y majestad de Dios, ante su suprema inteligencia y poder. Hemos visto la capacidad de Dios y el poder de quitar todo lo malo e impío de este mundo y obrarlos para bien. Piense en lo que hemos visto:

=> Vimos a Dios sosteniendo el gran *libro del destino* en su mano y a Jesucristo caminar y tomarlo y abrirlo para revelar el futuro del mundo.

=> Vimos que el mundo va a experimentar un incremento de catástrofes naturales, todas tan destructivas que áreas enteras del mundo serán devastadas.

=> Vimos que un gran dirigente carismático aparecerá en la escena mundial y se volverá tan malo que solo se lo puede describir como una bestia. Será el anticristo, un hombre que tendrá las respuestas para la paz y para algunos de los problemas terribles del mundo. Vimos que el mundo se volcará a él debido a sus respuestas y que él realmente traerá paz y resolverá algunos de los problemas masivos de la sociedad.

=> Vimos que una vez que el anticristo haya consolidado su poder sobre una cantidad de naciones, instituirá una lealtad mundial al Estado, lo que podría denominarse una religión del Estado. A cada ciudadano se le requerirá que brinde su lealtad al Estado como el gran *proveedor y protector* de sus ciudadanos. Hemos visto que el anticristo dejó de hacer el bien y lanzó la peor maldad que el mundo haya conocido jamás. Él instigará el peor holocausto más temido por el hombre, un holocausto que asesinará literalmente a millones y millones de personas, personas de todas las religiones que se rehúsen a dar su *primera lealtad y fidelidad* al Estado.

=> Vimos que el gobierno, la sociedad y la religión de este mundo se volverán tan malos bajo el anticristo que Dios tomará la decisión de avanzar y juzgar a los impíos y malos del mundo y terminar con la historia del mundo.

=> Vimos el juicio de Dios que caerá sobre la tierra, los grandes *juicios de los sellos* que traerán hambre y enfermedades y que matará a un cuarto de la población de la tierra.

=> Vimos los grandes *juicios de las trompetas* que traerán tormentas violentas, erupciones volcánicas, una masa meteórica, sucesos astronómicos en el espacio, todo tan devastador que un tercio de la vegetación, los mares y el suministro de agua serán destruidos. También vimos que habrá una plaga de criaturas como langostas que atormentarán a todos los impíos y malos de la tierra. También vimos que habrá una plaga de jinetes militares demoníacos que matarán a un tercio de la población de la tierra.

=> Vimos el fin venir en los siete *juicios de las copas* que caerán sobre la tierra. Los juicios de las copas son los juicios finales que darán por terminada la historia del mundo. Vimos una herida ulcerosa que azotará a la raza humana. También vimos la total comunicación del mar y del suministro de agua potable de la tierra y la muerte de toda vida acuática. Vimos que los rayos del sol golpearán la tierra con un calor abrasador y que luego una enorme tiniebla azotará la tierra. Y luego vimos que el anticristo lanzará la estructura militar más masiva y el ejército más grande jamás visto en la tierra.

=> Vimos que el anticristo y su ejército masivo será destruido en un instante en la última batalla de la historia humana, Armagedón.

=> Vimos que el Señor Jesucristo dará paso al Milenio, un período de mil años cuando Él reinará y gobernará sobre la tierra.

=> Vimos que el Señor Jesucristo destruirá a Satanás y el cielo y la tierra actuales y juzgará a los muertos en el juicio del gran trono blanco de Dios.

=> Y finalmente vimos que el Señor Jesucristo creará un nuevo cielo y una nueva tierra. Y vimos la Nueva Jerusalén, la capital de los nuevos cielos y tierra y el gobierno y reinado eternos de los creyentes con Jesucristo.

Esto es lo que hemos visto. Estos son los hitos de lo que Dios nos ha revelado en el gran *Libro de Apocalipsis.* Ahora el punto es este: Lo que Dios ha revelado es importante para Él. Dios quiere que el hombre sepa que hay más allá para que pueda prepararse. Él ha advertido al hombre de las cosas terribles que vendrán a la tierra. Pero Él también ha dado esperanzas al hombre. Vendrá un mundo mejor, el más glorioso de los mundos, un cielo y una tierra perfectos: Un mundo en el que no habrá angustia ni lágrimas, sufrimiento ni muerte, un mundo de justicia, gozo y vida. Dios quiere que el hombre conozca el *mensaje de Apocalipsis.* Por lo tanto, el Señor al cerrar este gran libro, todo lo que dice tiene que ver con el mensaje general del libro. El mensaje de Apocalipsis es tan importante que el Señor se toma el tiempo y el espacio para hablar del mensaje de Apocalipsis. Esto es lo que el Señor tiene que decir acerca del *Libro de Apocalipsis*, acerca del mensaje de Apocalipsis. Advierta que once hechos motivadores son presentados por el Señor mismo y por Juan.

1. El mensaje es fiel y verdadero (v. 6).
2. El mensaje traerá una bendición a la persona que guarde la profecía de este libro (v. 7).
3. El mensaje motiva adoración (vv. 8-9).
4. El mensaje debe ser leído y estudiado por todos (vv. 10-11).
5. El mensaje se centra en el regreso del Señor y en el juicio por venir (vv. 12-13).
6. El mensaje nos dice quién será aceptado por el Señor (v. 14).
7. El mensaje nos dice quién será rechazado por el Señor (v. 15).
8. El mensaje es proclamado por el Señor Jesucristo mismo (v. 16).
9. El mensaje ofrece la más grande invitación jamás extendida a un hombre (v. 17).
10. El mensaje no debe ser cambiado (vv. 18-19).
11. El mensaje cierra con la más grande de las seguridades (vv. 20-21).

1 (22:6) ***Apocalipsis, El - Palabra de Dios:*** El mensaje de Apocalipsis es fiel y verdadero.

=> El mensaje es fiel: Se puede confiar en él. Es digno de confianza.

=> El mensaje es verdadero: No es una mentira, no es falso, no es un mensaje creado por la imaginación de los hombres. ¿Cómo lo sabemos? ¿Cómo sabemos que el mensaje de Apocalipsis es digno de confianza y verdadero?

"Y me dijo: Estas palabras son fieles y verdaderas. Y el Señor, el Dios de los espíritus de los profetas, ha enviado su ángel, para mostrar a sus siervos las cosas que deben suceder pronto" (v. 6).

El mensaje de Apocalipsis proviene del mismo Señor Dios que inspiró a los profetas de la antigüedad. El Señor Dios les dio el mensaje a los profetas, y Él es el que ha dado el gran mensaje de Apocalipsis. Es una cuestión de creencia. O bien creemos o no creemos que las Escrituras son la Palabra de Dios. O bien creemos o no creemos en los profetas y autores de las Escrituras. El Señor Jesucristo ha hecho justo lo que este versículo declara: Nos ha mostrado "las cosas que deben suceder pronto". O bien creemos o no creemos que Él lo ha hecho. Pero cualquiera sea nuestra decisión, lo mejor es que escuchemos lo que Él tiene para decir en los puntos restantes de este pasaje. Si no lo hacemos, podríamos estar predestinados por toda la eternidad.

> **"El cielo y la tierra pasarán, pero mis palabras no pasarán" (Mr. 13:31)**
>
> **"El espíritu es el que da vida; la carne para nada aprovecha; las palabras que yo os he hablado son espíritu y son vida" (Jn. 6:63)**
>
> **"Le respondió Simón Pedro: Señor, ¿a quién iremos? Tú tienes palabras de vida eterna" (Jn. 6:68)**
>
> **"Los alguaciles respondieron: ¡Jamás hombre alguno ha hablado como este hombre!" (Jn. 7:46)**
>
> **"El que me rechaza, y no recibe mis palabras, tiene quien le juzgue; la palabra que he hablado, ella le juzgará en el día postrero" (Jn. 12:48)**
>
> **"El que no me ama, no guarda mis palabras; y la palabra que habéis oído no es mía, sino del Padre que me envió" (Jn. 14:24).**

2 (22:7) ***Apocalipsis, El - Palabra de Dios:*** El mensaje de Apocalipsis traerá una bendición a la persona que estudie y obedezca las profecías del libro. La persona que realmente estudie Apocalipsis será bendita en una forma muy especial.

=> Estará más cerca del Señor, se le dará una consciencia más profunda y una sensación de la presencia del Señor.

=> Sabrá qué ocurrirá con la tierra en el fin de los tiempos y estará mejor preparada para soportarlo hasta que venga el Señor.

=> Entenderá más acerca de los impíos y malos de este mundo y más acerca de cómo Dios va a conquistar toda la maldad y traerá justicia a la tierra.

=> Comprenderá más el cielo y estará más fuertemente motivado para ansiar el cielo.

=> Será atraído al Espíritu de Dios para tener un mayor compañerismo con el Señor preparándose para ese glorioso día de redención.

La lista podría continuar infinitamente, puesto que las bendiciones del Señor son interminables para la persona que realmente estudia su Palabra. Pero advierta: Hay un fuerte motivo para estudiar y obedecer las profecías de Apocalipsis. El Señor dice: "¡He aquí, vengo pronto!" Los eventos están por suceder en la tierra. La idea es que los eventos van a suceder rápidamente, uno detrás del otro. Por lo tanto, debemos estar preparados, y debemos dar testimonio rápidamente de un mundo perdido en el delito, las drogas, el sufrimiento y la muerte. Debemos estudiar y estudiar Apocalipsis. Debemos prepararnos y hacer lo que podamos para preparar a otros, puesto que el Señor y los días finales de la historia humana están por venir.

> **"De cierto, de cierto os digo, que el que guarda mi palabra, nunca verá muerte" (Jn. 8:51)**
>
> **"Si me amáis, guardad mis mandamientos. Y yo rogaré al Padre, y os dará otro Consolador, para que esté con vosotros para siempre" (Jn. 14:15-16)**
>
> **"Respondió Jesús y le dijo: El que me ama, mi palabra guardará; y mi Padre le amará, y vendremos a él, y haremos morada con él" (Jn. 14:23)**
>
> **"He manifestado tu nombre a los hombres que del mundo me diste; tuyos eran, y me los diste, y han guardado tu palabra" (Jn. 17:6)**
>
> **"Y en esto sabemos que nosotros le conocemos, si guardamos sus mandamientos" (1 Jn. 2:3)**
>
> **"Yo conozco tus obras; he aquí, he puesto delante de ti una puerta abierta, la cual nadie puede cerrar; porque aunque tienes poca fuerza, has guardado mi palabra, y no has negado mi nombre" (Ap. 3:8).**

3 (22:8-9) ***Apocalipsis, El - Adoración:*** El mensaje de Apocalipsis motiva la adoración. Cuando Juan oyó las profecías de Apocalipsis, quedó tan asombrado que sintió un espíritu de temor y adoración. En realidad cayó a los pies del ángel que estaba enviando el mensaje del Señor. Esta es la segunda vez que Juan hizo esto (Ap. 19:10). Nuevamente, el ángel le reprochó a Juan. Le dijo que se levantara, puesto que los ángeles son solo siervos de Dios al igual que los hombres. Le dijo a Juan que adorara a Dios y únicamente a Dios.

> ***Pensamiento 1:*** La gran tragedia es esta: Muchas personas están adorando a dioses falsos y tienen su propia idea de cómo es Dios. Son religiosos y han sido bautizados. Asisten a la iglesia y a veces sirven en la iglesia. Pero...
>
> - rechazan a Jesucristo como el Hijo de Dios que murió por sus pecados.
> - se niegan a vivir una vida divina y justa por Jesucristo.
> - rechazan las Escrituras como la Palabra de Dios.
> - rechazan Apocalipsis como la profecía del Señor, la profecía que revela lo que va a suceder en el fin de los tiempos.
>
> **"Entonces Jesús le dijo: Vete, Satanás, porque escrito está: Al Señor tu Dios adorarás, y a él sólo servirás" (Mt. 4:10)**
>
> **"Dios es Espíritu; y los que le adoran, en espíritu y en verdad es necesario que adoren" (Jn. 4:24)**
>
> **"Diciendo a gran voz: Temed a Dios, y dadle gloria, porque la hora de su juicio ha llegado; y adorad a aquel que hizo el cielo y la tierra, el mar y las fuentes de las aguas" (Ap. 14:7)**
>
> **"Dad a Jehová la honra debida a su nombre; traed ofrenda, y venid delante de él; postraos delante de Jehová en la hermosura de la santidad" (1 Cr. 16:29)**
>
> **"Venid, adoremos y postrémonos; arrodillémonos delante de Jehová nuestro Hacedor" (Sal. 95:6)**
>
> **"Adorad a Jehová en la hermosura de la santidad; temed delante de él, toda la tierra" (Sal. 96:9).**

4 (22:10-11) ***Apocalipsis, El - Estudio bíblico:*** El mensaje de Apocalipsis debe ser leído y estudiado. Las instrucciones del Señor son claras: El libro de Apocalipsis nunca debe ser sellado, es decir, cerrado. Se lo debe leer, estudiar, predicar y enseñar siempre. Se dan dos motivos.

1. Porque el tiempo para que los eventos caigan sobre la tierra son cortos. Nunca podemos estar preparados ni podemos preparar a otros a no ser que comprendamos lo que está por venir y que nos preparemos para su venida.

2. Porque está por llegar el momento en que será demasiado tarde para prepararse (v. 11). Cuanto más una persona endurece su corazón, más duro se vuelve y menos son las probabilidades de que cambie. Si no nos arrepentimos, nos alejamos de este mundo de pecado y nos volcamos a Dios, si no nos adentramos en la Palabra de Dios y en las profecías de Apocalipsis entonces nuestros corazones se volverán cada vez más duros, cada vez más testarudos. Entonces, cuando los eventos del fin de los tiempos azoten la tierra, no estaremos preparados y nuestros corazones serán tan testarudos y duros que estaremos perdidos eternamente.

- Seremos injustos, de manera que permaneceremos injustos.
- Seremos inmundos, de manera que permaneceremos inmundos.

Pero si nos volcamos a Dios y comenzamos a estudiar Apocalipsis y a hacer lo que dice Apocalipsis, seremos justos y permaneceremos justos. Seremos santos y permaneceremos santos.

"Pero cualquiera que blasfeme contra el Espíritu Santo, no tiene jamás perdón, sino que es reo de juicio eterno" (Mr. 3:29)

"Porque ¿qué aprovechará al hombre si ganare todo el mundo, y perdiere su alma?" (Mr. 8:36)

"Porque ya sabéis que aun después, deseando heredar la bendición, fue desechado, y no hubo oportunidad para el arrepentimiento, aunque la procuró con lágrimas" (He. 12:17)

"Se lisonjea, por tanto, en sus propios ojos, de que su iniquidad no será hallada y aborrecida" (Sal. 36:2)

"Porque para el malo no habrá buen fin, y la lámpara de los impíos será apagada" (Pr. 24:20).

[5] (22:12-13) *Apocalipsis, El - Jesucristo, Regreso - Juicio:* El mensaje de Apocalipsis se centra en el regreso del Señor y en el juicio por venir. Nuevamente el Señor declara: "He aquí, vengo pronto". Su retorno será próximo. Es inminente, muy pronto. Debemos prepararnos. Y advierta por qué: Cuando Él regrese, significa juicio. Él está regresando para juzgar al hombre. El juicio se basará en dos cosas.

1. Se basará en las obras del hombre, se basará en lo que hemos hecho. (Ver notas, Ap. 20:12, 14:14-16; 14:17-20 para mayor discusión).

2. Se basará en la persona de Jesucristo. Jesucristo es el Alfa y la Omega, el principio y el fin de todas las cosas. Esto significa que Él es tanto el Creador como el Terminador del universo. Él abarca todo el tiempo y todo el universo. Él dio comienzo a todas las cosas y Él termina todas las cosas. Por lo tanto, Él terminará con la tierra y los cielos, los juzgará a todos. Él juzgará a todos los que han actuado en contra de Él, juzgará a todos los que han vivido vidas impías, que han vivido en forma contraria a su divinidad.

"Y tuya, oh Señor, es la misericordia; porque tú pagas a cada uno conforme a su obra" (Sal. 62:12)

"Yo Jehová, que escudriño la mente, que pruebo el corazón, para dar a cada uno según su camino, según el fruto de sus obras" (Jer. 17:10)

"Porque el Hijo del Hombre vendrá en la gloria de su Padre con sus ángeles, y entonces pagará a cada uno conforme a sus obras" (Mt. 16:27)

"Porque es necesario que todos nosotros comparezcamos ante el tribunal de Cristo, para que cada uno reciba según lo que haya hecho mientras estaba en el cuerpo, sea bueno o sea malo" (2 Co. 5:10)

"Y si invocáis por Padre a aquel que sin acepción de personas juzga según la obra de cada uno, conducíos en temor todo el tiempo de vuestra peregrinación" (1 P. 1:17)

"Y vi a los muertos, grandes y pequeños, de pie ante Dios; y los libros fueron abiertos, y otro libro fue abierto, el cual es el libro de la vida; y fueron juzgados los muertos por las cosas que estaban escritas en los libros, según sus obras" (Ap. 20:12)

"He aquí yo vengo pronto, y mi galardón conmigo, para recompensar a cada uno según sea su obra" (Ap. 22:12).

[6] (22:14) *Apocalipsis, El - Salvos, Los:* El mensaje de Apocalipsis nos dice quien será aceptado por el Señor. Cuando dice: "Bienaventurados son los que lavan sus ropas" se refiere a la única manera en que una persona puede comer del árbol de la vida, *lavando sus ropas en la sangre de Cristo.*

El punto es este: La persona que es aceptada por Dios es la persona que ha *lavado sus ropas en la sangre del Cordero.* Esa es la persona...

- que tiene el derecho al árbol de la vida (ver nota, punto 2- Ap. 22:1-5 para mayor discusión).
- que ingresa a la Nueva Jerusalén, la celestial ciudad de Dios (ver bosquejo y notas, Ap. 21:9-23; 21:24-22:5 para mayor discusión).

"Todos nosotros nos descarriamos como ovejas, cada cual se apartó por su camino; mas Jehová cargó en él el pecado de todos nosotros. Angustiado él, y afligido, no abrió su boca; como cordero fue llevado al matadero; y como oveja delante de sus trasquiladores, enmudeció, y no abrió su boca" (Is. 53:6-7)

"El siguiente día vio Juan a Jesús que venía a él, y dijo: He aquí el Cordero de Dios, que quita el pecado del mundo" (Jn. 1:29)

"Y no por sangre de machos cabríos ni de becerros, sino por su propia sangre, entró una vez para siempre en el Lugar Santísimo, habiendo obtenido eterna redención. Porque si la sangre de los toros y de los machos cabríos, y las cenizas de la becerra rociadas a los inmundos, santifican para la purificación de la carne, ¿cuánto más la sangre de Cristo, el cual mediante el Espíritu eterno se ofreció a sí mismo sin mancha a Dios, limpiará vuestras conciencias de obras muertas para que sirváis al Dios vivo?" (He. 9:12-14)

"Y ciertamente todo sacerdote está día tras día ministrando y ofreciendo muchas veces los mismos sacrificios, que nunca pueden quitar los pecados; pero Cristo, habiendo ofrecido una vez para siempre un solo sacrificio por los pecados, se ha sentado a la diestra

de Dios, de ahí en adelante esperando hasta que sus enemigos sean puestos por estrado de sus pies" (He. 10:11-13)

"Sabiendo que fuisteis rescatados de vuestra vana manera de vivir, la cual recibisteis de vuestros padres, no con cosas corruptibles, como oro o plata, sino con la sangre preciosa de Cristo, como de un cordero sin mancha y sin contaminación" (1 P. 1:18-19)

"Quien llevó él mismo nuestros pecados en su cuerpo sobre el madero, para que nosotros, estando muertos a los pecados, vivamos a la justicia; y por cuya herida fuisteis sanados" (1 P. 2:24)

"Porque también Cristo padeció una sola vez por los pecados, el justo por los injustos, para llevarnos a Dios, siendo a la verdad muerto en la carne, pero vivificado en espíritu" (1 P. 3:18).

7 (22:15) ***Apocalipsis, La - Perdidos, Los:*** El mensaje de Apocalipsis no dice quienes serán rechazados por el Señor. Son algunas personas a las que no se les permitirá ingresar a la ciudad celestial de Dios. ¿Quiénes son?

=> Los *perros* de la sociedad. En la antigüedad el perro salvaje era un símbolo de vagabundear, de ser cruel y salvaje, sucio e inmoral. Por lo tanto a los que vagabundean y viven vidas crueles y salvajes, o vidas sucias e inmorales nunca les será permitido ingresar a la ciudad celestial de Dios.

=> Los hechiceros, los inmorales, los homicidas, los idólatras y los mentirosos ya han sido tratados (ver nota, punto 3-Ap. 21:6-8 para mayor discusión).

"Porque os digo que si vuestra justicia no fuere mayor que la de los escribas y fariseos, no entraréis en el reino de los cielos" (Mt. 5:20)

"De cierto os digo, que el que no reciba el reino de Dios como un niño, no entrará en él" (Mr. 10:15)

"¿No sabéis que los injustos no heredarán el reino de Dios?" (1 Co. 6:9)

"Pero esto digo, hermanos: que la carne y la sangre no pueden heredar el reino de Dios, ni la corrupción hereda la incorrupción" (1 Co. 15:50)

"No entrará en ella ninguna cosa inmunda, o que hace abominación y mentira, sino solamente los que están inscritos en el libro de la vida del Cordero" (Ap. 21:27).

8 (22:16) ***Apocalipsis, El:*** El mensaje de Apocalipsis es *proclamado por Jesucristo mismo.* Esta es una declaración fuerte y se la proclama enfáticamente para que no haya error sobre el hecho: "Yo Jesús... daros testimonio de estas cosas en las iglesias". Él es el Autor del mensaje de Apocalipsis. Pero advierta: Él envió a su ángel personal para traer el mensaje a la tierra. ¿Cómo sabemos que Jesucristo hizo esto? ¿Cómo sabemos que Jesucristo en realidad envió el mensaje de Apocalipsis a la tierra? Debido a quién Él es.

=> Él es *"la raíz y el linaje de David".* Esto significa que Él es la raíz de David, la raíz de la vida, el que le da vida al hombre. Por lo tanto, Él es el que le dio vida a David. Pero también es del linaje de David. Él es el Mesías prometido que iba a venir de la segunda semilla y línea de David. Él es el Salvador y Rey prometido que iba a venir a salvar al hombre y gobernar sobre el mundo, todo desde el trono de David.

=> Él es *"la estrella resplandeciente de la mañana".* Esto significa dos cosas. La primera estrella que surge es la más brillante, la más resplandeciente de todas. Por lo tanto, Jesucristo es el más resplandeciente de todos los seres del universo. Él es el Hijo de Dios mismo. Segundo, esta es una profecía del Mesías: "Saldrá estrella de Jacob" (Nm. 24:17). Jesucristo está declarando que Él es el Mesías prometido, la Estrella entre las estrellas del hombre.

Esta es la razón por la cual sabemos que Jesucristo es al Autor de Apocalipsis. Él es el Hijo de Dios, el Mesías prometido que da vida y que tiene el derecho de juzgar la vida. Él es el que conoce el futuro y puede dar calidez al hombre y decirle cómo prepararse para los devastadores eventos del fin de los tiempos. Siendo el verdadero Mesías, Él nos declarará la verdad; Él nos declarará el mensaje de Apocalipsis.

"Ya no os llamaré siervos, porque el siervo no sabe lo que hace su señor; pero os he llamado amigos, porque todas las cosas que oí de mi Padre, os las he dado a conocer" (Jn. 15:15)

"Antes bien, como está escrito: Cosas que ojo no vio, ni oído oyó, ni han subido en corazón de hombre, son las que Dios ha preparado para los que le aman. Pero Dios nos las reveló a nosotros por el Espíritu; porque el Espíritu todo lo escudriña, aun lo profundo de Dios" (1 Co. 2:9-10)

"Dándonos a conocer el misterio de su voluntad, según su beneplácito, el cual se había propuesto en sí mismo, de reunir todas las cosas en Cristo, en la dispensación del cumplimiento de los tiempos, así las que están en los cielos, como las que están en la tierra" (Ef. 1:9-10)

"El revela lo profundo y lo escondido; conoce lo que está en tinieblas, y con él mora la luz" (Dn. 2:22)

"Porque no hará nada Jehová el Señor, sin que revele su secreto a sus siervos los profetas" (Am. 3:7).

9 (22:17) ***Apocalipsis, El - Invitación - Venir - Agua de la Vida:*** El mensaje de Apocalipsis ofrece la mayor invitación jamás extendida al hombre.

"Y el Espíritu y la Esposa dicen: Ven. Y el que oye, diga: Ven. Y el que tiene sed, venga; y el que quiera, tome del agua de la vida gratuitamente" (v. 17).

La *esposa* es la iglesia, la hueste de verdaderos creyentes diseminados sobre la tierra. Tanto la iglesia como el Espíritu de Dios gritan: "Ven". Y advierta: Una vez que oímos la invitación y vamos, debemos comenzar a gritarles a los otros que vengan.

=> Los sedientos deben venir; los que están doloridos, abatidos, vacíos, ansiando, quemándose, trabajando y transpirando, todos los que necesitan la frescura, la satisfacción y la renovación del agua de la vida: "Ven, ven a Jesucristo, que es el agua de la vida".

"Y el Espíritu y la Esposa dicen: Ven. Y el que oye, diga: Ven. Y el que tiene sed, venga; y el que quiera, tome del agua de la vida gratuitamente" (v. 17*c*. Ver nota, punto 1- Ap. 22:1-5 para mayor discusión).

"Venid luego, dice Jehová, y estemos a cuenta: si vuestros pecados fueren como la grana, como la nieve serán emblanquecidos; si fueren rojos como el carmesí, vendrán a ser como blanca lana" (Is. 1:18)

"A todos los sedientos: Venid a las aguas; y los que no tienen dinero, venid, comprad y comed. Venid, comprad sin dinero y sin precio, vino y leche" (Is. 55:1)

"Venid a mí todos los que estáis trabajados y cargados, y yo os haré descansar" (Mt. 11:28)

"Volvió a enviar otros siervos, diciendo: Decid a los convidados: He aquí, he preparado mi comida; mis toros y animales engordados han sido muertos, y todo está dispuesto; venid a las bodas" (Mt. 22:4)

"Y a la hora de la cena envió a su siervo a decir a los convidados: Venid, que ya todo está preparado" (Lc. 14:17)

"Y el Espíritu y la Esposa dicen: Ven. Y el que oye, diga: Ven. Y el que tiene sed, venga; y el que quiera, tome del agua de la vida gratuitamente" (Ap. 22:17).

10 (22:18-19) ***Apocalipsis, El:*** El mensaje de Apocalipsis no debe ser cambiado. La advertencia es solemne y enfática.

=> Una persona no debe agregar palabras a este libro.

=> Una persona no debe quitar palabras de este libro.

¿Que pasa si una persona cambia las Palabras de Dios? Si hace un agregado a las palabras, va a sufrir las plagas descriptas en el libro. Si quita palabras, Dios va a...

- tomar su parte en el árbol de la vida.
- tomar su parte de la ciudad santa, la Jerusalén Celestial.
- tomar su parte de todas las promesas gloriosas de este libro de Apocalipsis.

"Así que, hermanos, cuando fui a vosotros para anunciaros el testimonio de Dios, no fui con excelencia de palabras o de sabiduría. Pues me propuse no saber entre vosotros cosa alguna sino a Jesucristo, y a éste crucificado. Y estuve entre vosotros con debilidad, y mucho temor y temblor; y ni mi palabra ni mi predicación fue con palabras persuasivas de humana sabiduría, sino con demostración del Espíritu y de poder, para que vuestra fe no esté fundada en la sabiduría de los hombres, sino en el poder de Dios" (1 Co. 2:1-5)

"Pues habiendo antes padecido y sido ultrajados en Filipos, como sabéis, tuvimos denuedo en nuestro Dios para anunciaros el evangelio de Dios en medio de gran oposición. Porque nuestra exhortación no procedió de error ni de impureza, ni fue por engaño, sino que según fuimos aprobados por Dios para que se nos confiase el evangelio, así hablamos; no como para agradar a los hombres, sino a Dios, que prueba nuestros corazones. Porque nunca usamos de palabras lisonjeras, como sabéis, ni encubrimos avaricia; Dios es testigo" (1 Ts. 2:2-5)

"Por lo cual también nosotros sin cesar damos gracias a Dios, de que cuando recibisteis la palabra de Dios que oísteis de nosotros, la recibisteis no como palabra de hombres, sino según es en verdad, la palabra de Dios, la cual actúa en vosotros los creyentes" (1 Ts. 2:13)

"Y si alguno quitare de las palabras del libro de esta profecía, Dios quitará su parte del libro de la vida, y de la santa ciudad y de las cosas que están escritas en este libro" (Ap. 22:19)

"No añadiréis a la palabra que yo os mando, ni disminuiréis de ella, para que guardéis los mandamientos de Jehová vuestro Dios que yo os ordeno" (Dt. 4:2)

"Cuidarás de hacer todo lo que yo te mando; no añadirás a ello, ni de ello quitarás" (Dt. 12:32)

"No añadas a sus palabras, para que no te reprenda, y seas hallado mentiroso" (Pr. 30:6).

11 (22:20-21) Apocalipsis, El - Seguridad: el mensaje de Apocalipsis cierra con la mayor de todas las seguridades. La seguridad es doble.

fi Jesucristo es el que revela y testifica las cosas escritas en Apocalipsis. No son imaginación ni palabras de los hombres. Son las Palabras del Señor viviente, del Hijo mismo de Dios.

fi Jesucristo declara: "Sí, es cierto, vengo pronto".

Esta es la seguridad inequívoca del Señor Jesucristo mismo. El corazón humano debería gritar: ¡Amen! ¡Que sea así! Aún así, ven, Jesucristo.

"La gracia de nuestro Señor Jesucristo sea con todos vosotros. Amén" (Ap. 22:21)

"Vuestra gentileza sea conocida de todos los hombres. El Señor está cerca" (Fil. 4:5)

"Tened también vosotros paciencia, y afirmad vuestros corazones; porque la venida del Señor se acerca" (Stg. 5:8)

"He aquí, yo vengo pronto; retén lo que tienes, para que ninguno tome tu corona" (Ap. 3:11).

"El que da testimonio de estas cosas dice: Ciertamente vengo en breve. Amén; sí, ven, Señor Jesús" (Ap. 22:20).

ÍNDICE DE BOSQUEJOS Y TEMAS APOCALIPSIS

RECUERDE: Cuando busca un tema o una referencia de las Escrituras, usted no solo tendrá el texto bíblico, sino también un bosquejo y una discusión (comentario) del pasaje de la Biblia y del tema.

Este es uno de los grandes valores de la Biblia de bosquejos y sermones. Cuando posea todos los tomos, no solo tendrá lo que los otros índices bíblicos le ofrecen; es decir, un listado de todos los temas y sus referencias bíblicas, SINO que también tendrá:

- un bosquejo de *cada* texto y tema de la Biblia.
- una discusión (comentario) de cada texto y tema.
- cada tema respaldado por otros textos de la Biblia o referencias cruzadas.

Descubra el gran valor usted mismo. Dé una mirada rápida al primer tema de este índice

ABADÓN
Significado. Nombre hebreo del rey de los espíritus malignos. Ap. 9:11

Busque las referencias. Después los textos bíblicos y el bosquejo de las Escrituras. Luego lea el comentario. De inmediato reconocerá el gran valor de este índice de la *Biblia de bosquejos y sermones.*
